Charlotte Chandler

GROUCHO

Der Chef
der Marx-Brothers

Originalausgabe

WILHELM HEYNE VERLAG
MÜNCHEN

HEYNE FILMBIBLIOTHEK
Nr. 32/232

Herausgeber: Bernhard Matt

Titel der amerikanischen Originalausgabe

HELLO, I MUST BE GOING

Deutsche Übersetzung von Benjamin Schwarz und Oliver Stephan

To Charlotte

Best from

Groucho

Inhalt

»Hallo, ich muß jetzt gehen«

Groucho wurde nicht würdevoll alt, denn so etwas gibt es nicht. Er lebte mit einer Schmach, aber er lebte sie mit der größtmöglichen Würde. »Alt wird man, wenn man Glück hat«, meinte er, und obwohl der Verfall eine permanente Beleidigung seines Stolzes bedeutete, warf Groucho all seine Kraft in eine Schlacht, die er letzten Endes verlieren mußte.

Die Legende Groucho jedoch alterte nicht; sie erstarrte in der Zeit. Manche erwarteten den *Duck Soup*-Groucho, andere den *You Bet Your Life*-Groucho. Machte er einen seiner Scherze, konnte man im Echo hören: »Er ist derselbe, derselbe wie immer.« Man will sein Idol nicht stürzen sehen. Wurde Groucho alt, so wurde er es nicht allein — das hohe Alter anderer ist eine Bedrohung für die eigene Unsterblichkeit. Mag auch die Zeit für einen selbst wie für alle anderen Sterblichen verstreichen, aber zu entdecken, daß auch die Unsterblichen der Leinwand und der Mattscheibe vergänglich sind, ist schockierend. Captain Jeffrey T. Spaudling, Professor Quincy Adams Wagstaff, Impresario Otis B. Driftwood und Dr. Hugo Z. Hackenbush sind zeitlos, Groucho aber war über achtzig.

Der ernsthafteste Konkurrent, dem Groucho im täglichen Leben begegnen mußte, war sein jüngeres Ich. Zwar trat er noch bis kurz vor seinem Tode auf, aber diese Auftritte wurden immer seltener — um das Altern in Großaufnahme zu vermeiden, und weil alt zu werden nichts Lustiges ist.

Grouchos Einstellung zu den Dingen unterschied sich von der seiner meisten Freunde, von denen kein einziger so nahe an die

Hundert herankam. Gesundheit und Überleben rückten in den Mittelpunkt. Ein funktionstüchtiger Verstand gewann höchste Priorität für ihn. »Ich will weitermachen, solange ich kann, solange ich gut in Form bin, besonders geistig.« Aber die Unbilden des Alterns und die angeblichen Geheimnisse der Langlebigkeit waren für ihn kein unterhaltsames Gesprächsthema.

»Es ist nicht sonderlich interessant, über das Alter zu reden. Jeder kann alt werden, und jeder wird älter, wenn er lange genug lebt.«

Auf Jack Nicholsons Frage, »Wie alt bist du, Grouch?«, zog er die Augenbrauen hoch und erwiderte: »Die Frage ist nicht, wie *alt* ich bin, sondern *wie* ich alt bin.«

Bei Grouchos letztem Besuch in New York speisten Adolph Green, Penelope Gilliatt und Betty Comden mit Groucho und mir in seinem Appartement im Sherry Netherland Hotel. Wir versammelten uns, die Gläser in der Hand, um ihn herum im Wohnzimmer. Groucho erhob sein Glas Tomatensaft zu einem Toast: »Auf die Gesundheit. Etwas anderes gibt es nicht.« Verwundert wiederholt Betty: »Etwas anderes gibt es nicht?« Groucho zuckte mit den Schultern und sagt: »*Vay iz mir.*« Adolph übersetzte und fragte dann: »Was ist das für ein Trinkspruch?« Groucho versuchte nicht einmal zu erklären, daß für ihn der größte Luxus im Leben bedeute, einfach gesund zu sein.

Während des Dinners, nach welchem wir eine Vorstellung von *Juno and the Paycock* besuchen wollten, fragte Billy Marx, Harpos Adoptivsohn, Groucho, was für ihn das aufregendste Erlebnis seines Lebens gewesen sei.

»Das Aufregendste, was mir je passiert ist, war, als der Arzt mir sagte, ich sei durch und durch gesund.«

»Ich meine im Showbusiness, Groucho,« bohrte Billy.

»Ich war im Showbusiness, als der Arzt das sagte.«

Er versuchte auch, seine Gefühle dem unternehmungslustigen jungen Freund Jack Nicholson zu erklären, der sich nicht ganz in Groucho hineinversetzen konnte.

JACK NICHOLSON Wir müssen unbedingt mal einen Zug durch die Stadt machen, Grouch. Wir würden einen tollen Abend erleben!

GROUCHO Wenn du erst ein gewisses Alter erreicht hast, interessiert dich Sex überhaupt nicht mehr. Dich interessiert einfach deine Gesundheit.

JACK NICHOLSON Aber es muß doch mehr geben als bloß das. Du kannst immer noch *irgend etwas* tun. Du kannst einfach daliegen und...

Das Gespräch wurde durch das Eintreten von Schwester »Happy« unterbrochen, die Groucho immer die »einzige Frau, die mich zum Schlafen bringen kann«, nannte: Sie kitzelte ihm die Füße, eine seiner kleineren Leidenschaften, »eine der wenigen, die ich noch befriedigen kann«. Wehmütig fügte er hinzu: »Das war nicht immer so. Aber wenn man 83 ist, sollte man das Ganze vergessen. Ich weiß, wenn ich es versuche, wird es jämmerlich, also warum mich demütigen? Es bedrückt mich nicht. Ich weiß, ich kriege es nie wieder ordentlich hin; wenn ich es noch könnte, würde ich es tun. Ich habe mich mit einer Menge Leute unterhalten, die 78, 79 sind, und alle sagen, es ist hoffnungslos. Wenn du ihn nicht mehr hochkriegst, solltest du es aufgeben. Wenn ein Bursche erst mal 80 ist, sollte er ein Buch lesen.«

ICH Gibt es irgendwas in deinem Leben, das du anders machen würdest?
GROUCHO Ich wünschte, ich wäre jung genug, um alle Fehler noch einmal zu machen.
ICH Aber gibt es denn nichts, was du anders machen würdest, wenn du dein ganzes Leben noch einmal vor dir hättest?
GROUCHO Ich würde mehr Stellungen ausprobieren.

Animal Crackers war seit mehr als zwanzig Jahren nicht mehr gezeigt worden, als Groucho sich eine Kopie besorgte und sie uns zuhause vorführte. Mike Nichols und Jack Nicholson waren zu dem Ereignis eingeladen worden und einhellig von dem Film begeistert. Jack war besonders von Grouchos Tanz beeindruckt. »Ich wünschte, ich könnte das auch«, sagte er zu Groucho. »Es muß wirklich schwierig sein, es genauso hinzukriegen wie du.« Grouch versprach: »Ich gebe dir Unterricht.«
Am nächsten Tag erschien Jack zu erster Stunde. Groucho erhob sich und tanzte, aber es war nur ein matter Abglanz des Tanzes von 1930. Jack sah einen Moment lang niedergeschlagen zu, und Groucho ärgerte sich über sich, weil er nicht mehr der alte war. Dann war es vorüber, und das Gespräch wandte sich anderen Themen zu.

Jack Nicholson war fast ein Jahrzehnt nach Grouchos Tanz — ja vielleicht, nachdem Groucho ihn schon wieder *vergessen* hatte — zur Welt gekommen und hatte — genau wie Groucho — den Zeitraum zwischen der Darbietung von 1930 und der von 1973 falsch eingeschätzt. Auf der Leinwand blieben die Schauspieler jahrzehntelang dieselben. Filme können für den Schauspieler etwas ziemlich Erschreckendes sein, wenn er bei den Großaufnahmen sieht, wie er langsam Falten bekommt. Als Jack gegangen war, meinte Groucho zu mir: »Ich hoffe, ich sehe so gut aus, wenn ich so alt wie er bin.«

1974 kam Groucho zur Wiederaufführung von *Animal Crackers* nach New York. Der Doubleday-Verleger Ken McCormick fragte ihn: »Was findest du am stärksten verändert, Groucho?« »Mich, ich bin 83.« Bei seinem New Yorker Auftritt in der Carnegie Hall faßte es Groucho so zusammen: »Ich komme aus einer Welt, die nicht mehr existiert, und auch ich tu's kaum noch.«

Groucho war froh, daß seine Rolle nie ausgeprägt jugendlich war. Wer hat je von einem jugendlichen Wüstling und Weiberhelden gehört? Er mußte nie dem Trauma begegnen, dem die einstige Film-Naive gegenübersteht. Grouchos Rolle war schon in seinen ersten Filmen im mittleren Alter angesiedelt und blieb es sehr lange. Tatsächlich war er noch als Mittachtziger leicht wiederzuerkennen, wie man sich während des kleinsten Bummels mit ihm auf jeder x-beliebigen Straße überzeugen konnte. Harpos Unschuld glich der eines Kindes, das wahrscheinlich nie erwachsen, und schon gar nicht alt würde, während Groucho, der der Matrone Margaret Dumont oder der Soubrette Thelma Todd den Hof machte, nicht mit dem Verlust seiner Jugend zu kämpfen hatte. Er konnte sogar Witze darüber machen. »Meine Jugend geht baden. Vielleicht sollte man ihr sagen, schön vorsichtig zu sein.«

Es gab Leute, die meinten, den öffentlichen Auftritten eines achtzigjährigen Groucho sollten Schranken gesetzt werden, am besten undurchsichtige. Sie empfanden seine Einfälle in die Welt des Showbusiness als Zerstörung des Mythos eines Groucho Marx, dessen Altern nicht vom grellen Licht der Scheinwerfer beleuchtet werden dürfte. Es ist Teil der Grenzen des Menschen, daß die Unerklärlichkeit des Glamours und der Fehler, sich allzu leutselig zu zeigen, es schon ohne die Komplikationen des Alterns schwer genug haben, nebeneinander zu bestehen.

Für Groucho war der wichtigste Tag in seinem Leben immer der neueste, und er liebte es, sich selbst zu spielen. Als die noch vor ihm liegende Zeit kürzer wurde, wurden die Ehrungen immer länger, dennoch war er nicht bereit, sich in einen Schrein einschließen zu lassen. »Ich will nicht im Museum in eine Vitrine gestellt werden wie Harpos Harfe.« Und für seine Fans, von denen nicht wenige jung genug waren, um seine Urenkel zu sein, war die Sensation des achtzigjährigen Groucho immer noch eine Sensation, selbst − oder besonders − wenn der Name, den er boshafterweise ins Autogrammbuch eintrug, gelegentlich »Mary Pickford« lautete.

Wenn man älter wird, verliert man ständig Illusionen, man entdeckt, daß der »wirkliche« Weihnachtsmann gleichzeitig für die Heilsarmee und Macy's abeitet, und daß die romantische, wahre und reine Liebe selten so ausgezeichnet altert wie ein Kognak. Doch Groucho brachte es fertig, sich im Angesicht der desillusionierenden Wirklichkeit zumindest einige Illusionen zu bewahren. Das Leben selbst unterliegt von einem gewissen Zeitpunkt an dem Gesetz immer kleiner werdender Gegenleistungen, und fünfundachtzigjähriger Optimismus ist seltener als einundzwanzigjährer oder selbst fünfundsiebzigjähriger.

ICH War es ein hartes Leben damals, als die Marx Brothers nicht viel Geld verdienten und die ganze Zeit herumreisten, in Logierhäusern absteigen und jeden Tag Chili essen mußten?

GROUCHO Ich war jung. Wenn man jung ist, ist das Leben nicht hart. Alles ist einfach.

ICH Mag sein, aber leider erkennt man das vielleicht nicht, wenn man jung ist.

GROUCHO Yeah. Du weißt es nicht, also kommt es dir hart vor. Aber wenn man jung ist, hat man keine Angst. Man kennt nichts besseres.

Dann brachte Groucho das zur Sprache, was für ihn im Alter anders war: »Alles wird schwieriger. Du mußt dich auf Sachen konzentrieren, über die du vorher nicht einmal nachdenken mußtest. Man kann nichts als selbstverständlich voraussetzen. Nicht einmal das Salz.«

Beim Dinner mit Jack Nicholson schlug Groucho ihm vor: »Vielleicht solltest du auf Salz verzichten, solange du noch jung bist, dann vermißt du es nicht, wenn du darauf verzichten mußt. Ich esse kein Salz, ich trinke und rauche nicht mehr.

Ich war immer von Somerset Maugham begeistert. Er wurde ungefähr neunzig Jahre alt. Und rauchte immer noch Zigaretten. Der Arzt sagte: ›Sie sollten das Rauchen aufgeben. Sie werden sterben, wenn Sie es nicht aufgeben.‹ Maugham erwiderte: ›Was können Sie mir als Ersatz bieten?‹ Der Arzt jagte beleidigt [*in a huff*] davon. Er fuhr damals gerade einen blauen Huff.«

Das Fröhlichsein besteht weitgehend in der Fähigkeit, den Tag zu verleben, ohne sich allzu sehr der verstreichenden Zeit bewußt zu werden. Der vergehenden Zeit gegenüber blind zu sein, ist der größte Luxus der Jugend, Groucho aber stand noch mit über achtzig der Zeit gleichgültig gegenüber, was ihm erlaubte, sie ohne Druck oder Schuldgefühle mit unproduktiven Beschäftigungen zu verschleudern.

»Ich nehme einen Tag wie den andern. Und ich stelle keinen wieder zurück.«

Ein anderer Aspekt des Glücklichseins ist, die Welt seiner Hoffnungen und Träume mit der Wirklichkeit in Einklang bringen zu können. Groucho hatte seinen Frieden mit dem gemacht, was er war und was er hatte. »Was schmerzt, ist das Altwerden. Wenn du einmal so weit bist, bist du froh, wenn du am Morgen noch aufwachst.« Er war ein Realist, wenn auch ein romantischer. Das Naturgesetz der sich verringernden Erträge akzeptierte er nicht als tragische Situation, sondern als den ihm gebührenden Lohn dafür, »zu viele Geburtstage gefeiert zu haben«. Er hatte die Genugtuung, auf die Frage, »Wer wären Sie gern gewesen?«, antworten zu können: »Groucho Marx.«

Groucho entdeckte als erster, daß er nicht mehr der Mann von einst war.

»Ich rief bei meinem Schneider an, und ein Mädchen meldete sich. Ich sagte: ›Hier ist Groucho Marx‹, und sie antwortete: ›Wollen Sie mich auf den Arm nehmen? Der ist tot.‹ Und sie hatte recht.«

Als ich Groucho fragte: »Was willst du machen, wenn du erst mal gesetzt bist?« antwortete er sachlich: »Bei mir legt sich's allmählich schon.«

Nichts machte Groucho unglücklicher, als wenn ihm eine junge Frau die Tür aufhielt, es sei denn, es hielt ihm eine alte Frau die Tür auf.

Groucho wußte genau, daß das Alter kein Idealzustand ist, nur die beste aller möglichen Möglichkeiten. Er las mir die Worte vor, die

Vincente Minnelli in ein Buch geschrieben hatte, das er Groucho einmal verehrte:

»Dem größten lebenden Komiker.« Groucho setzte nach einer Pause hinzu: »Nur, daß er nicht recht hat. Ich bin nicht am Leben.«

Das Alter kann Tantalusqualen gleichen. Die Frucht ist noch da, aber sie ist nicht nur außer Reichweite, man kann auch die Lust verloren haben, zuzugreifen. Groucho hatte noch Lust.

Wenn Menschen älter werden, lösten sie meist Schritt für Schritt ihr Hab und Gut auf, Groucho hingegen erwarb eifrig weiteren Besitz und hatte seine Freude daran. Bei ihm waren weder das Materielle noch das Geistige im Niedergang begriffen. Groucho, der jede Woche mehrere Bücher verschlang, blieb ein gieriger Leser, jemand, der allein sein konnte, ohne einsam zu sein. Er übte auf seiner Gitarre und nahm Nichtigkeiten immer noch ernst. Er versuchte weiter, sich zu vervollkommnen, als schon alle Kräfte der Natur gegen ihn arbeiteten. Wirkliches Alter beginnt mit dem Gefühl, daß einen nichts mehr erwartet. Groucho war noch voller Erwartungen.

Seine detaillierten Berichte über längst Vergangenes verfehlten es nie, Freunde wie Elliot Gould, George Segal, Jack Lemmon und Dinah Shore in Staunen zu versetzen. Manchmal läßt mit dem Altern das Erinnerungsvermögen nach. Aber wieviel Erinnerungsstoff gibt es, wenn man über fünfundachtzig ist! Als junger Mensch hat man sich eben an weniger zu erinnern. Wurde Groucho von einem Fan gefragt: »Wie fühlten sie sich vor der Schlachtszene in *Duck Soup*?«, dann antwortete er: »Sie Witzbold, das ist tausend Jahre her.« Oder: »Das war 1933, vor fast fünfzig Jahren. Ich kann mich nicht an alles erinnern.«

Von den meisten Menschen erwartete man auch nicht, daß sie sich so minutiös an ihr Leben erinnern, wie von Groucho. Doch die Vorteile, Groucho Marx zu sein, wogen alle Nachteile auf. Zumindest wollten die Leute über sein Leben hören, und wem widerfährt schon so etwas? Die Erinnerung ist eher launisch als nüchtern. Wir suchen uns nicht unsere Erinnerungen aus, sie suchen sich uns aus.

GROUCHO Man erinnert sich an die verdammtesten Sachen.

ICH Du hast ein so langes Leben hinter dir, erscheint dir jener Knabe Julius Marx, der von der 93. Straße, heute nicht wie ein anderer Mensch, wie ein Fremder?

GROUCHO Du hast die Fotos gesehen. Findest du nicht, daß ich mich verändert habe?

ICH Ich meine innerlich.

GROUCHO Keine Ahnung. Nein, ich glaube, ich bin derselbe, nur älter.

Jeder hat Probleme, und die Art, wie die Menschen damit umgehen, enthüllt viel von ihrer Persönlichkeit. Vielleicht gibt es sogar ein tiefes Bedürfnis nach Problemen, denn jeder, der so glücklich ist, gerade keine zu haben, wird sich wahrscheinlich schleunigst welche schaffen. Man ist glücklich, wenn Kleinigkeiten riesig groß erscheinen – Groucho plagte sich immer noch mit Kleinigkeiten herum.

Es gibt lösbare und unlösbare Probleme. Groucho erkannte die Wichtigkeit, seine Passiva gering zu halten und sich seine guten Zeiten nicht durch seine schlechten verderben zu lassen. Obwohl das Alter ein so schwer akzeptabler Zustand ist wie eine Körperbehinderung, von der man keine Heilung erwarten kann, verschwendete er weder seine Energie, noch Mühe und Zeit mit unnützem Jammern, Grübeln oder Bedauern.

Im Alter werden oft die Fragen wichtiger als die Antworten. Von Problemen, über die man lieber in völliger Unkenntnis geblieben wäre, erfährt man mehr, als einem lieb ist, und ständig wird man an die eigene Verwundbarkeit erinnert. Groucho sagte zu mir: »Wenn man fünfundachtzig ist, hat man gelernt, mit Dingen zu leben, die man nicht will, und wie man die Tür zumacht.« Er hatte es gelernt, Probleme, für die es keine Lösung gibt, unter den großen Teppich zu kehren. Ein solches Problem war für ihn das Alter.

Goddard Lieberson, mit dem Groucho dreißig Jahre befreundet war, erinnerte sich eines jüngeren Groucho, der so gesund war, daß er über jede unbedeutende Unpäßlichkeit jammerte. »Und wenn ich jetzt frage: ›Wie geht's dir, Groucho‹, sagt er ›Gut‹ und beklagt sich nie über was.«

Das Alter ist, wie wenn man eine verstärkte Anleihe aufnimmt, um alle seine Schulden zu bezahlen. Die Schulden verschwinden nicht, aber alle Probleme haben eine weniger hübsche gemeinsame Verpackung erhalten. Das Alter ist ein so vollkommenes, so allumfassendes, so total beherrschendes und ein so auf keine wünschenswerte Weise überwindbares Problem, daß es von allen anderen Problemen ablenkt.

Vielleicht die einzige Qualität, die Groucho an einem Mann hoch schätzte, war seine Stärke. Noch als er Mitte achtzig war, stützten sich viele Leute auf ihn, er aber mochte sich auf niemanden stützen. Norman Krasna berichtete von seinem langjährigen Freund: »Groucho ist kein Jammerer. Er hatte so viele Jahre lang schreckliche Familienprobleme, aber auf die Bühne kam er immer lustig.« Der Groucho, den ich kannte, war immer lustig, und seine Bühne war das tägliche Leben.

Wenn ein Mensch ein bestimmtes Alter erreicht, wird von ihm erwartet, daß er die Rolle eines alten Menschen übernimmt. Man bekniet ihn, sich endlich zur Ruhe zu setzen, fast wie als Probe zu der letzten, unausweichlichen Ruhe, zu der man sich legt. »Benimm dich entsprechend deinem Alter«, mahnt eine junge Welt, die daran kein Vergnügen findet. Groucho zog es vor, sich energisch dagegen zu wehren.

Er hatte schon früh erfahren, daß das Leben ein Schlachtfeld ist und daß auf einen Gewinner viele Verlierer kommen. Also achtete er sorgfältig darauf, niemals in die Arena oder in die Höhle der scharfen Zungen zu steigen, wenn seine Rüstung schief saß. Und seinen Harnisch schmückte stets der Wappenspruch: »Sag ihnen, Groucho hat dich geschickt.«

Nach der Lehre, Angriff ist die beste Verteidigung, führte Groucho den ersten Streich, und bei Gelegenheit konnte er einigermaßen beleidigend sein. Die meisten jedoch nahmen lieber eine Beleidigung von Groucho hin als ein Kompliment von irgend jemand anderem. Von denen, die ihn nicht leiden konnten (selbst bei Groucho gab's ein paar davon — man kann seinen Erfolg auch am Wert seiner Feinde messen), wurde er für egoistisch gehalten. In Wirklichkeit hatte er ein gut entwickeltes Selbstbewußtsein, was nicht mit Egoismus zu verwechseln ist.

Bei der Geburt verfügen noch alle über eine unversehrte Selbstachtung, die von jenem ersten Schlag auf den Rücken an unentwegt unter Beschuß steht. Da mögen wir uns selbst noch leiden: Groucho hörte damit einfach nie auf. Halsstarrig, Kopf voran sprang er durchs Leben, mit unerschüttertem Selbstvertrauen, ohne sich durch Aufruhr und Tumulte aus der Ruhe bringen zu lassen. Er verletzte nicht die Regeln, er ignorierte ihre Existenz. Er blieb nie bloß selbstbewußt, sondern war sich seines Selbst gelassen bewußt.

Groucho mied alte Geleise, er akzeptierte die Routine, nicht aber die Macht der Gewohnheit, und blieb berechenbar unberechenbar.

Groucho, schon über achtzig, hielt nichts von Anpassung.

»Es ist ein guter Gedanke, das Leben nicht zu leben, nur um anderen zu gefallen. Man gefällt sich selbst nicht, und am Ende gefällt man niemand mehr. Aber wenn man sich selbst gefällt, gefällt man vielleicht noch jemand anderem.«

Ein Kellner im Hillcrest Country Club in Beverly Hills begrüßte Groucho mit den Worten: »Wie fühlen Sie sich, Mr. Marx? Sie sehen jünger aus.« Groucho antwortete: »Ich werde jünger. Nächstes Jahr werde ich dreiundachtzig, übernächstes zweiundachtzig.«

Einmal waren wir mit George Jessel zusammen im Hillcrest zum Essen. Das Gespräch brach mitten im Satz ab, als Adolph Zukor, damals schon über hundert, vorbeigerollt wurde.

GEORGE JESSEL Es ist gut, am Leben zu sein.

GROUCHO Ich will nicht so lange leben. Ich nahm sie *(er zeigte auf mich)* neulich zu einem Besuch bei Durante mit. Ich sang ihm vor, und es gefiel ihm. Ich fragte ihn: »Wie geht's Frau Kalebasse?«

GEORGE JESSEL Angeblich geht's ihm nicht so gut.

GROUCHO Er wird nie wieder arbeiten.

Einmal fragte ich Groucho: »Hast du nicht während deiner jahrelangen Erfahrungen irgend etwas gelernt, das du gern mitteilen würdest? Hast du irgendeinen guten Rat anzubieten?« Er teilte mir die Früchte seiner Weisheit mit: »Setz dich auf einer Party niemals hin, denn es könnte sich jemand neben dich setzen, den du nicht leiden kannst.«

Groucho mochte es nicht, wenn ihm jemand, an dem ihm lag, »Goodbye« sagte. »Sag nie Goodbye«, ermahnte er Freunde.

Obwohl er an Jack Benny Begräbnis teilnahm, ging Groucho Beerdigungen beharrlich aus dem Weg. Er war einfach schon auf allzu vielen gewesen. Sein Adreßbuch durchzusehen und darin alle Menschen zu finden, die, obwohl er sie nicht ausgekreuzt hatte, dennoch nicht mehr erreichbar waren, war stets ein traumatisches Erlebnis für ihn. Über George S. Kaufman sagte er: »Ich werde mich einfach nie daran gewöhnen, daß es ihn nicht mehr gibt.« Der Tod seines Freundes Harry Ruby machte ihn tieftraurig, ebenso die Besuche, die er Arthur Sheekman regelmäßig im Krankenhaus abstattete.

Groucho sagte mir: »Ich bin noch am Leben. Daran liegt's.«

Schon gar nicht beeindruckt war er von der gutgemeinten Ermahnung eines Fans: »Sterben Sie nicht, bleiben sie einfach am Leben.« Entschieden darüber hinweggehend meinte Groucho: »Toller Text.«

Einmal sprach er mit Woody Allen über Leben und Tod.

GROUCHO Ich bin noch am Leben.

WOODY ALLEN Wie weiß man das?

GROUCHO Ich sehe das daran, daß ich morgens aufstehe. Wenn ich nicht mehr aufstehe, heißt das, ich bin tot.

Groucho zitierte gern Woodys Spruch, der einer seiner Lieblingssprüche war: »Ich hab' nichts dagegen zu sterben. Ich will nur nicht dabei sein, wenn's passiert.«

Einmal kam sein Enkel Andy hereingestürzt und erzählte uns, er wäre in einem unheimlich komischen Film gewesen. Er lachte noch immer darüber und meinte: »Ich bin gestorben vor Lachen.«

»Wenn du abtreten mußt, dann so«, war Grouchos nüchterner Kommentar. »Ich habe einen Freund, weißt du, er arbeitet bei einer Organisation, die versucht, die Leute vom Selbstmord abzuhalten. Wenn du dich umbringen willst, ruf diesen Mann an. Er tut's dann für dich.«

Als Groucho von einem Dinner bei Chasen's mit Arthur Whitelaw, dem Produzenten von *Minnie's Boys,* aufbrach, eilte uns ein ängstlich besorgter Ober nach, der Groucho gluckenhaft warnte: »Vorsicht, Mr. Marx! Vorsicht!« Sein Tonfall ließ vermuten, daß Groucho zwar agil, aber hilflos wie ein Kleinkind sei. Die Beschützerhaltung verfehlte nicht ihre Wirkung auf Groucho. Er krümmte sich vor, legte die Hand auf den Rücken, und begann, sich in einer gebeugten Haltung vorwärtszubewegen, die dem ältesten Menschen der Welt angemessen gewesen wäre. So kroch er voran, machte lange, ächzende Laute und schnatterte wie eine von Macbeth' Hexen, wobei er wiederholte: »Ich bin ein alter Mann, ich bin ein alter Mann.«

Der Ober, der den Wink nicht mitbekam, schickte hinterher: »Passen Sie auf die Stufe auf, Mr. Marx!« Groucho erstarrte und blickte wie gebannt die Stufe an. Der Parkwächter fuhr den Mercedes vor und meldete: »Ihr Wagen, Mr. Marx.« Groucho gab, ohne seinen Blick zu lösen, zurück: »Ich passe gerade auf die Stufe auf.«

Als Groucho sich einmal mit mir über das Altsein unterhielt, sagte er: »Es stört mich nicht, solange ich arbeiten kann.« Über sein völliges Ausscheiden aus dem Showbusiness meinte der Vierundachtzigjährige: »Ich will mich nicht zur Ruhe setzen, ich würde gern mitten auf der Bühne sterben. Das wäre der richtige Abgang, mitten auf der Bühne.« Diesem ernsten Gedanken fügte er noch hinzu: »Ich habe nicht die Absicht, überhaupt zu sterben.«

In *Animal Crackers* bittet Mrs. Rittenhouse Captain Spaulding, zu bleiben, und Groucho antwortete:

CAPTAIN SPAULDING Hallo, ich muß jetzt gehen. Ich kann nicht bleiben, ich bin nur gekommen, um zu sagen, ich muß jetzt gehen. Ich bin froh, daß ich gekommen bin. Aber trotzdem, ich muß jetzt gehen.

MRS. RITTENHOUSE Sie müssen bleiben, mir zuliebe. Wenn Sie weggehen, ruinieren Sie mir die ganze Party.

CAPTAIN SPAULDING Ich werde eine Woche bleiben oder zwei, den ganzen Sommer werde ich bleibe, aber ich sage Ihnen, ich muß jetzt gehen.

Und ohne Groucho kann die Party nie mehr dieselbe sein.

»Ich bin zu reich, um Brot zu essen«

Im Hause Marx wurde das Mittagessen serviert, aber Groucho war mit allem unzufrieden. Einige Speisen waren angebrannt. Der Salzersatz fehlte. Es gab keine aufgeschnittenen Tomaten. Beim Hauptgericht häuften sich Gemüse und Kartoffeln auf derselben Platte. Das Dessert, gefrorene Grapefruit, war voller Eissplitter.

Während des Essens war von Groucho keine Klage zu hören. Er aß, wie er immer aß – langsam, mit dem großen, aber penibel beherrschten Vergnügen eines Menschen, der wirklich gern ißt, aber nicht zunehmen will. Nach dem Mahl erhob er sich vom Tisch und verkündete:

»Toller Fraß! So kann man mich nicht behandeln. Bis jetzt bin ich immer noch Groucho Marx.«

Die berühmte Mißachtung etablierter Institutionen blieb so stark wie immer, selbst wenn die Institution zufällig Groucho selbst sein sollte.

Das gleiche konnte passieren, wenn in einem Restaurant oder zuhause der Brotkorb gereicht wurde. Dann konnte er geringschätzig antworten:

»Ich bin zu reich, um Brot zu essen.«

Groucho war stolz auf seinen selbstgeschaffenen Erfolg und die finanzielle Unabhängigkeit, die er ihm und den Seinen sicherte. Trotzdem behielt er seine respektlose Einstellung bei, sogar sich selbst gegenüber. »Eigentlich bin ich nicht so reich«, erklärte er. »Nach dem, was auf dem Markt vor sich geht, kann ich wahrscheinlich bald sagen, ›Ich bin zu arm, um Brot zu essen‹.«

Die Börse beeinträchtigte Grouchos Appetit kaum, obwohl sie nach 1929, als er seine Ersparnisse einbüßte, für zahlreiche schlaflose Nächte sorgte. Über seine Schlaflosigkeit sagte er: »Ich versuche sie wegzuschlafen. Ich subtrahiere Schafe.«

»Ich erinnere mich daran, daß ein Laib Pumpernickel vom Tag vorher vier Cent kostete, also muß meine Kindheit irgendwo zwischen Marie Antoinette und der Erfindung der Guillotine, der endgültigen Schneidemaschine, liegen. Ich habe überhaupt nichts gegen Brot, außer Butter.

Wenn ich sage, ich bin zu reich, um Brot zu essen, meine ich weiß Gott das Gegenteil, oder vielmehr weiß Wurst das Gegenteil.«

Groucho nahm es mit dem Brot sehr ernst, besonders wenn es sich um Pumpernickel handelte, das auf seinem Tisch zuhause immer und in den Restaurants, in denen er verkehrte, häufig zu finden war. Zum Pumpernickel gehörte immer süße Butter, ein Hauptartikel bei Groucho: »Oder es rollen Köpfe, ich bin der Herr in meinem Haus!« Seine Stammrestaurants, Chasen's und das Beverly Hills Hotel, hielten eigens für ihn einen Vorrat an süßer Butter bereit.

Ich hatte Groucho einen Laib Rosinenpumpernickel von Zabar's aus New York mitgebracht. »Ich wäre gern ein Rosinenpumpernikkel«, äußerte er beim Mittagessen. »Magst du noch etwas?« fragte er mich. »Ich glaube nicht, daß noch was da ist.« Ich versprach, das nächste Mal zwei Laibe mitzubringen. Er zuckte mit den Schultern. »Was das kostet!«

Grouchos Vorliebe für Pumpernickel und süße Butter ließ sich bis in die 90er Jahre des 19. Jahrhunderts zurückverfolgen, als er als kleiner Junge in Yorkville, dem deutschen Viertel New York, aufwuchs. In Grouchos Familie hatte Vater Sam die Kochmütze auf, während Minnie, die Mutter, lieber aß als kochte. »Minnie schaffte nichts außer meinen Vater«, erinnerte er sich.

»Sie konnte Bohnensuppe und geräucherte Zunge. Sie kochte schlecht. Zum Essen war es gut genug. Mein Vater war ein guter Koch. Er machte Obsttorten — Apfel und Zitrone. Durch seine Kocherei bekam meine Mutter reichlich für uns zu tun.«

Sam Marx, der im Elsaß geboren wurde, war jedem, selbst seinen Söhnen, als »Frenchie« bekannt. In Grouchos Worten: »Meine Mutter sprach Deutsch, mein Vater Französisch, aber sie hatten trotzdem sechs Kinder.« Frenchie war in Yorkvillekreisen berühmt für seine kulinarischen Triumphe. Als dilettierender Küchenchef von erstaunlichem Talent zauberte er lukullische Festmähler, um widerspenstigen Theateragenten, Kartenhändlern und jedem den Hof zu machen, von dem Minnie glaubte, er könne »den Jungs« helfen. Wenn Agenten oder Theaterbesitzer der Aufführung der Jungs keinen Geschmack abgewinnen konnten, machte Minnie ihrem Geschmack Beine und Frenchie beeindruckte sie geschmacklich, bis sie nachgaben.

Zur Familie Marx in Yorkville gehörte auch Tante Hannah. Zu Grouchos frühesten, lebhaftesten und geschätztesten Kindheitserinnerungen zählte Tante Hannahs Clam Chowder, eine Suppe mit Muscheln und Gemüse, die so denkwürdig war, daß er sie mit über achtzig noch immer beinahe schmecken konnte. »Tante Hannah nahm für das Clam Chowder denselben Topf, in dem sie auch die Wäsche kochte«, erinnerte er sich. »Ich glaube, es machte beides besser, das Clam Chowder und den Topf.«

Der Geschmack einer Speise ist ein so flüchtiger Sinneseindruck, daß es im Laufe der Zeit unmöglich wird, sich exakt daran zu erinnern. Als Groucho mir voller Begeisterung von der Bohnensuppe seiner Mutter erzählte, sagte er: »Ich wünschte nur, ich könnte mich noch erinnern, wie sie schmeckte.«

Groucho und seine Brüder waren damals alles andere als reich, aber sie wußten es nicht. Bombastische Portionen Bohnen und Chowder wurden in jenem mächtigen Topf gekocht, der ein Doppelleben als Waschkessel führte. Beides, das Essen und ihre Hemden, standen vor Stärke. Sam Marx, den Groucho »den übelsten Schneider der Welt« nannte, gelang vielleicht nicht viel, aber er konnte Reste in etwas verwandeln, das, wie Groucho sich erinnerte, »für Götter taugte, vorausgesetzt, es gibt noch welche«.

Auf gutes Essen wurde bei den Marxens Wert gelegt, und man wußte es zu genießen. Als enthusiastische Esser verzehrten die Brüder ihre Eiersandwiches auf dem Weg zur Schule, und mittags mußten sie dann Nachschub von zuhause holen. Nach der Schule waren sie Stammgäste in jeder Wohnung der Nachbarschaft, aus der der Duft frischgebackener Kuchen wehte. Grouchos Erinnerungen an diese Zeit sind die an eine Welt von Eisschränken (»Wir lutschten immer ein Eisstückchen, die wir vom Eiswagen klauten«), Pfeffernüssen, Käsekuchen mit Rosinen und seines Vaters Apfel- und Zitronentorten – aber auch an eine Welt des Versteckspielens vor dem Hausbesitzer, wenn er zum Mietekassieren kam.

Als Groucho und ich auf der Suche nach Pfeffernüssen zu Benes, einer tschechischen Bäckerei in Los Angeles gingen, wurden Erinnerungen in ihm wach.

»Wo sind die Kostproben«, fragte er beim Eintreten. »In New York bekamen wir als Kinder Rosinenkäsekuchen oder Heidelbeertorte für nur zehn Cent. Eine Eiscreme-Soda – eine Schokoladeneiscreme-Soda – kostete nur einen Nickel (fünf Cent). Auch Pumpernickel bekam man für einen Nickel. Aber wir haben das Brot vom Vortag für vier Cent gegessen. So habe ich siebzig Cent gespart, mit denen ich Annie Berger ins Kino einladen konnte. Ich bereue es nicht, ich liebte sie wahnsinnig. Ich würde es wieder tun.

Schau, Pfeffernüsse. Als ich klein war, gab es sie zu Weihnachten.«

Groucho sprach mit der deutschen Verkäuferin und äußerte seine Wünsche in überraschend fließendem Deutsch. Sie erkannte ihn und sagte: »Ich wußte gar nicht, daß Sie Deutsch verstehen, Mr. Marx.«

»Ich verstehe es nicht. Aber ich spreche es fließend«, erklärte er ihr.

Als wir die Bäckerei verließen, bemerkte er eine junge, blonde Frau, die mit ihrem kleinen Baby an einem der Tische saß. »Wie alt?« fragte Groucho auf Deutsch, und die Frau gab zurück: »Drei Wochen.« »Oh«, machte Groucho und ging Pfeffernüsse kauend hinaus.

Neben Pfeffernüssen war Schokolade stets eine seiner kleinen Leidenschaften. Als wir an Mrs. Sees Bonbonladen vorbeikamen, vertraute er mir an: »Mrs. See ist ein gerissenes altes Mädchen.« Als Mann von Willenskraft (er sagte immer Willnichtkraft [won't power]) und Disziplin beschränkte er sich auf zwei Stückchen Schokolade pro Tag. Nachdem wir beide unsere Schokoladenration vertilgt hatten, verkündete er: »Also, jetzt habe ich meine Schokolade gehabt. Da kann ich nur noch auf morgen warten.«

Die schokoladene Versuchung reicht weit zurück in Grouchos Leben.

»Als ich fünf Jahre alt war und blonde Locken hatte bis hier, fuhr ich mit meiner Mutter nach Deutschland. Meine Mutter hatte sich Geld von Sarah Wolfenstein geborgt, dann rief sie uns drei Jungs zusammen und sagte: ›Ihr könnt entweder eine Kinderkarre haben oder nach Deutschland fahren‹. Harpo nahm die Kinderkarre und Chico und ich fuhren mit nach Deutschland. An Bord des Schiffes gab es einen Mann, der auf die Pferde aufpaßte – es war eine Art Vieh-transporter – und unter Deck gab es auch Pferde. Er war in meine Mutter verknallt, aber sie nicht in ihn. Du kannst dir vorstellen, wie er roch!

Am letzten Abend der Reise gab es eine Party, aber meine Mutter wollte nicht mit diesem Mann auf die Party gehen. Also beschloß er, Rache zu nehmen. Er kam mit zwei Riegeln Schokolade zu uns herauf, einen für Chico und einen für mich, und sagte: ›Eure Mutter will euch auf der Party sehen. Sie will, daß ihr nackt kommt.‹ Wir hätten einfach *alles* für einen Riegel Schokolade gemacht, also gingen wir beiden nackt zur Party hinauf. Aber der Mann bekam nicht das, was er sich versprochen hatte, denn meine Mutter fand es einfach lustig.«

Groucho hätte wahrscheinlich immer noch fast alles für den richti-gen Schokoladenriegel gemacht, außer fett zu werden. Obwohl er ziemlich schlank war, wurde er unzufrieden mit sich, wenn er ein paar Pfund zunahm. Eine seiner kleinen Freuden bestand darin, seinen Morgenspaziergang zu unterbrechen, um eine Waffeltüte Eis zu essen. Aber wenn er zugenommen hatte, verzichtete er darauf, und auf unserem Rundgang mieden wir beharrlich die Stätten der Versu-chung. Wir gingen auf der anderen Straßenseite.

Essen war für Groucho, von Vergnügen und Ernährung abgese-hen, immer ein wichtiger Maßstab der Lebensqualität und eine erst-klassige Möglichkeit für gesellschaftliche Kontakte. Er aß gerne gut, und am liebsten zusammen mit seinen Freunden, die oft Tischgäste bei ihm waren. Was ihm wirklich wichtig war, waren Menschen, und Mahlzeiten boten mit die beste Gelegenheit zu ihrer Gesellschaft.

»Das beste Mahl der Welt ist es nicht wert, verspeist zu werden, wenn nicht jemand dabei ist, den du gern hast und bei dem du dich beklagen kannst, wenn der Toast angebrannt ist. Aber es muß schon der richtige Jemand sein.

Ich erinnere mich, wie ich in New York als junger Mann bei Horn & Hardart aß. Man saß mit sechs Fremden am Tisch. Mir gefiel das nicht besonders.«

Grouchos Interesse daran, gut zu essen, war auch eine Reaktion auf die Hexenfraß-Tourneen seiner frühen Vaudeville-Karriere. Dennoch bevorzugte er relativ einfache Küche und war weit entfernt davon, nur um des Essens willen zu essen. Eine seiner erklärten Lieblingsspeisen war Eis mit Gesalzenem, zusammen. »Cuisine«, sagte er mir einmal, als wir in einem Edelrestaurant tafelten, »wir nannten es immer Futter.«

Bei Groucho zuhause wurde alles auf einer Extra-Platte serviert. Als Folge jener Vaudeville-Pensionen, in denen alles zusammen auf einen Teller geklatscht wurde, bestand Groucho auf der Erhaltung der eigenen Identität jeder Speise. »Ich bin sehr reich, und ich kann es mir leisten, alles von verschiedenen Tellern zu essen«, verkündete er. Fleischsoßen und Tunken wurden extra serviert. Das Gemüse war auf einer Platte, der Salat auf einer anderen. Eigentlich mochte Groucho nicht einmal Eintopf, obwohl er bei Clam Chowder eine Ausnahme machte.

Groucho erinnerte sich noch »als wäre es heute« an den Tag, an dem ihm und seinen Brüdern Fisch zum Thanksgiving-Dinner vorgesetzt wurde, weil sie in ihrer Pension in New Jersey mit der Miete im Rückstand waren. Unverzagt (oder unverzahnt, wie Groucho sagen würde) warteten die Gebrüder Marx, bis die Vermieterin schlief. Dann verfügten sie sich in die Küche, wo sie sich alle Überreste des Truthahns einverleibten. Zuhause ließ Groucho zum Thanksgiving-Dinner Truthahn in allen erdenklichen Versionen auftragen, doch *niemals* Fisch.

Er erinnerte sich jener Tage, als er heartburn (Sodbrennen) noch mit einem großen H schrieb, »als wäre es erst hundert Jahre her, was es ja auch ist.«

GROUCHO Ich wollte dir von »Max's Busy Bee« erzählen, wo ich einmal gearbeitet habe. Ein Sandwich kostete drei Cent. Sie nahmen es und tauchten es in irgendeine fettige Tunke oder Soße. Tödlich.

ICH Hast du solche Sandwichs gelegentlich auch gegessen oder hast du sie nur serviert?

GROUCHO Ich hab' oft welche gegessen. Ich hatte Hunger. Normalerweise hatte ich fünfzehn Cent Essensgeld pro Tag. Zehn Cent Fahrgeld und fünfzehn Cent zum Essen, macht einen Quarter. Ich kaufte immer Windbeutel. Sechs Stück kosteten einen Quarter. Einmal aß ich wirklich sechs. Es waren keine Windbeutel, es waren Charlottes russes. Ich weiß nicht, ob du sowas kennst. Ich habe sie schon lange nicht mehr gesehen. So geformt, und außenrum Pappe. Innen so etwas wie Teig und dann Schlagsahne. Ich hab' sechs davon gegessen, und dann habe ich gekotzt. Immer habe ich von Max's Busy Bee-Sandwiches gekotzt. Ich habe eine Menge gekotzt damals.

Zwar aß Groucho nie allein, aber er achtete darauf, wer an seinem Tisch saß. Wenn man dort war, dann, weil Groucho es so *wollte*. Er wollte nicht für eine so lange Zeit wie eine Mahlzeit »festgenagelt« sein oder sich in eine Position gedrängt sehen, in der er Fremde unterhalten mußte, die vielleicht Bonmots als Aperitif, Bonmots zum Hauptgang und Bonmots zum Dessert erwarteten.

Nach fast siebzig Jahren als Schauspieler — die meisten davon im Brennpunkt der Öffentlichkeit — spürte Groucho noch immer das Kribbeln, »dran« zu sein bei jeder Art von Vorstellung oder öffentlichem Auftreten, und die reichten von einer größeren Fernsehsendung bis zu einem Diner mit ein paar relativ fremden Leuten.

ICH Ist es nur meine Einbildung? Ich weiß, du ißt nicht gern mit Fremden, aber ich kann die Spannung wirklich fühlen. Und was wir heute vorhaben, ist wirklich nicht sehr wichtig.

GROUCHO Essen ist immer ein Auftritt. Ich esse nicht gern mit Fremden. Man kann sich einfach nie gehenlassen, außer bei wenigen Leuten.

Groucho hatte zum Lunch und zum Dinner regelmäßig Gäste in seinem Haus, oder er war anderswo zu Gast. Oft besuchte er auch ein Restaurant, meist mit ein oder zwei Begleitern. Die Gesellschaft bestand dann häufig nicht nur aus Grouchos Begleitung, sondern bezog auch den Geschäftsführer, die Kellner und Piccolos ein. Gelegentlich schlossen sich selbst Nachbartische der Gesellschaft an, allerdings geschah so etwas immer nur vorübergehend. Genau wie in *A Night at the Opera* brachten seine Auftritte das etablierte Protokoll durcheinander und ließen jeden amüsiert und verwirrt zurück.

Sidney Sheldon, George Seaton und andere Freunde Grouchos entsannen sich einer seiner gängigen Fragen an Kellner und Kellnerinnen: »Haben Sie Froschschenkel?« George Seaton erinnerte sich an eine Kellnerin, die auf diese Frage in Tränen ausbrach. Als ich mit Groucho im »21« war, stellte er die Frage auch den Besitzern Jerry Berns und Sheldon Tannen. Als Antwort zogen sie ihre Hosenbeine hoch. Ich fragte Groucho, was er täte, wenn sich herausstellte, daß eines seiner Opfer *wirklich* Froschschenkel hätte. Ohne Zögern antwortete Groucho: »Ich würde das Lokal wechseln.«

Als wir einmal ins Restaurant des Beverly Hills Hotels gingen, gab Groucho dem Garderobenfräulein seinen Mantel und sagte: »Lassen Sie das bis Donnerstag reinigen.«

Der Ober erschien und Groucho verlangte: »Einen billigen Tisch für zwei Personen.«

Der Ober deutete auf den besten Tisch des Hauses und sagte: »Ist dieser Tisch angenehm?«

»Ein miserabler Tisch«, war Grouchos Antwort.

»Aber Mr. Marx, es ist der Tisch, den Sie immer wollen.«

»Ist der Tisch groß genug für vier?«

»Ja, Mr. Marx.«

»Gut. Wir sind zu zweit.«

»Fisch ist heute sehr zu empfehlen, Mr. Marx.«

»Wir haben keine Zeit zu essen. Bringen Sie nur die Rechnung.«

Als wir ein anderes Mal durch die Polohalle des Beverly Hills Hotels kamen, schlenderte Groucho gemächlich hindurch und nahm vom ersten Tisch, an dem er vorbeikam, eine Scheibe Pumpernickel, sehr zum Ergötzen derer, die dort saßen. Am nächsten Tisch blieb er stehen und strich sich unter überraschtem und erheitertem Gekicher Butter auf sein Brot. Ein Stück weiter stibitzte er einen Rettich. Dann blieb er wieder stehen, um sich den Rettich mit Butter zu bestreichen. Als er schließlich saß, hatte er mit seinem Stegreifauftritt den ganzen Raum mit Heiterkeit erfüllt.

Der Kellner kam und fragte Groucho, ob er einen Aperitif bringen solle.

»Vitriol«, bestellte Groucho.

»Es tut mir leid, aber wir haben kein Vitriol, Mr. Marx.«

»Sie haben kein Vitriol? Was ist denn das für ein Laden?«

Nach einem Glas Tomatensaft wurde das Clam Chowder aufgetragen. Clam Chowder war eines von seinen Lieblingsgerichten, die der Küchenchef des Beverly Hills Hotels eigens für Groucho an allen Tagen, nicht nur freitags, und ohne Salz zubereitete.

Als das Chowder vertilgt war und Groucho den Hauptgang erwartete, war das Restaurent mittlerweile sehr voll. Er sagte laut:

»Wenn ich nicht sofort bedient werde, verschwinde ich im Nu. Kann mir mal bitte jemand einen Nu rufen?«

»Ich habe auch nur zwei Hände«, sagte der gehetzte Kellner.

»Kennen Sie vielleicht jemand, der drei hat?« gab Groucho zurück.

»Das ist wie ›laughing your head off‹«, erklärte er mir später. »Was heißt das, ›laughing your head off‹? Man kann sich seinen Kopf doch nicht weglachen.«

Nach dem Clam Chowder bestellte Groucho einen großen Apfelpfannkuchen nach deutscher Art mit Sauerrahm. Danach erschien der Ober und fragte, was wir als Dessert wünschten.

»Haben Sie irgendwelche Früchtchen in der Küche außer dem Küchenchef?«

Bevor der verblüffte Ober antworten konnte, fuhr Groucho fort:

»Haben Sie vielleicht blaue Pflaumen?«

»Gewiß, Mr. Marx.«

»Gut, lassen Sie sie nach Hause gehen und den Rausch ausschlafen.«

Der Kellner, der wußte, daß Groucho als Mitglied der »Nescafé society« den Kaffee aufgegeben hatte, fragte:

»Sanka, Mr. Marx?«

»Sehr gern«, erwiderte Groucho.

Nach dem Essen fragte der Ober, ob denn alles recht gewesen sei.

»Es war alles sehr gut«, sagte Groucho. »Aber sagen Sie dem Küchenchef, das Essen war miserabel.«

Darauf strebte Groucho dem Ausgang zu, wobei er anstimmte: »Singin' in the Rain«.

Wenn Groucho ein Restaurant verließ, blieb er häufig zu einem kurzen Gespräch an einem Tisch stehen, selbst wenn er die Gäste nicht kannte — besonders, wenn er die Gäste nicht kannte. Er wußte, daß er zu ihrem Leben gehörte, selbst wenn sie nicht zu seinem gehörten, und gewöhnlich behandelte er jeden Menschen mit Höflichkeit, selbst wenn er ihn beleidigte. Die meisten schätzten es, von Groucho beleidigt zu werden.

Nur selten kam es vor, daß Groucho der Beleidigte war. Man brachte ihm ehrfurchtsvollen Respekt entgegen. Überall, selbst in Beverly Hills, wo er lebte und eine vertraute Erscheinung war, wurde er als Superberühmtheit, als lebender Mythos, als Anziehungspunkt der Augen aller behandelt. Wo immer er erschien, ertönte das allgegenwärtige »Hallo, Groucho!« Wo immer er eintrat, erhob sich achtungsvolles Geflüster: »Das ist Groucho Marx!«

»Wir haben gestern abend *You Bet Your Life* gesehen«, wurde Groucho berichtet, aber er war nicht übermäßig beeindruckt. »Sie sagen das, als wären sie die einzigen gewesen, die mich gesehen haben.«

Wo er auch ging, kamen Leute auf ihn zu. Groucho war ärgerlich, wenn man sich ihm nicht vorstellte. Bei Leuten, die er nur flüchtig kannte, war es ihm am liebsten, wenn sie sagten: »Ich bin der-und-der, und wir trafen uns da-und-da.« »Ich kann mich nicht an jeden erinnern«, erklärte er. Häufig stellten die Leute sich und jemanden, den sie mit hatten, vor.

»Ich bin Emil Sloop aus Danksville, und das ist meine Frau, Gilda. Ich habe eine Tierhandlung und sie ist Zahnarztassistentin. [Er zieht seine Brieftasche hervor und zeigt Groucho ein Foto.] Dies ist Rupert, unser Sohn. Auf dem Foto ist er erst acht, aber inzwischen ist er vierzehn und Klassenzweiter. Als Gilda — das ist Gilda, meine Frau hier — und ich jung verheiratet waren, haben wir uns immer Sie angesehen…« Und so weiter. Es versteht sich von selbst, daß Groucho nicht einfach einen kurzen Spaziergang machen konnte, weil die Leute nicht nur *ihn* erkennen, sondern auch *von* ihm erkannt werden wollten.

Jeder kannte Groucho, aber er kannte nur verhältnismäßig wenige Leute. Gelegentlich kam jemand von früher auf ihn zu, an den er sich wirklich erinnerte, oder der mit einem seiner Filme oder mit *You Bet Your Life* zu tun gehabt hatte, und der eine angenehme Erinnerung in ihm wachrief. Er sah immer gern ein altes Gesicht wieder — besonders wenn sie jung war.

Für Groucho gab es keine Anonymität und nur sehr wenig Privatleben. Dennoch genoß er seine Superberühmtheit. »Es wird Zeit, sich Sorgen zu machen, wenn einen niemand mehr erkennt.« Deshalb befand er sich immer in seiner Rolle, um seine Fans nie zu enttäuschen. War ihm frivol zumute, dann trug er eine Harpo-Perücke, wenn wir durch Beverly Hills schlenderten.

Auf die Frage: »Wie war's heute?« antwortete Groucho häufig: »Ich habe einen schönen Spaziergang gemacht.« Er empfand, daß ein Großteil seines Lebens »aus lauter kleinen Dingen« besteht. An den großen Dingen kann man ohnehin wenig ausrichten.

»In meinem Alter kann man nicht erwarten, daß etwas besser wird. Man hofft, daß alles beim alten bleibt.«

Grouchos Schritt war langsamer als früher, sein täglicher Gang durch Beverly Hills weniger flott, wenn auch nicht weniger hochgeschätzt. Die Wichtigkeit, die er dem körperlichen Wohlbefinden zuschrieb, hatte durch die traurige Erfahrung, den allmählichen physischen Verfall so vieler Freunde beobachten zu müssen, noch an Bedeutung gewonnen.

Grouchos Spaziergang war ein gesellschaftliches Ereignis und beinahe so etwas wie ein Auftritt, ein Hin und Her von Grüßen zwischen ihm und seinem Publikum. So wurde ihm seine Bekanntheit ständig von neuem bestätigt, der Lohn dafür, Groucho Marx zu sein. »Ich kann nicht so schnell gehen wie du«, sagte er zu mir, »aber du kannst nicht so langsam gehen wie ich.«

Ich erzählte Groucho, wie beeindruckt ich sei von seiner Wirkung auf Bauarbeiter, die ihm von ihren hohen Stahlgerüsten aus zuriefen, auf Teenager, die auf ihn zustürzten, auf Müllkutscher, die mit kreischenden Bremsen stehen blieben, weil der Fahrer Groucho grüßen wollte, auf die Kellnerin, die in ihrer Freude, Groucho Marx zu bedienen, die Suppe verschüttete (zum Glück nicht auf uns). Gerade während ich Groucho das erzählte, bespritzte ein Gärtner, der beim Rasensprengen war, uns die Füße. Groucho sah hinunter auf unsere aufgeweichten Schuhe und die riesige Pfütze, in der wir uns auf einmal befanden, und meinte: »Yeah.« Der Gärtner war inzwischen geflüchtet.

Als wir später Goddard Lieberson erzählten, was uns während unseres Spaziergangs begegnet war, spielte Groucho auf den Wert an, den man in Südkalifornien aufs Auto legte, und sagte: »Jeder, der in Beverly Hills zu Fuß geht, ist eine Berühmtheit.«

Ging Groucho zu Chasen's oder ins Beverly Hills Hotel, wurde er mit zurückhaltender Zuneigung behandelt und ein wenig von der Zudringlichkeit der Masse abgeschirmt. Dennoch wurde manchmal sein Essen kalt, weil er Autogramme gab oder Leute begrüßte, die herüberkamen und sagten: »Hallo, Groucho. Bleiben Sie gesund.« Wenn sie dann verschwunden waren, sagte er: »Yeah, ich will's versuchen.«

Es gab Autogrammjäger, die ihm einen kleinen Fetzen Papier hinlegten, den sie unterschrieben haben wollten. Groucho hatte eigentlich wenig Lust, sein Essen zu unterbrechen, aber er wurde dazu überredet zu unterschreiben. Kaum setzte er an, »Groucho« zu schreiben, hieß es: »Für Billy. Können Sie das bitte machen, ›Für Billy‹.« Also schrieb er »Für Billy«. »Nein, mit i-e«, sagte der Mensch. Groucho malte ein ie über das y. »Für Billy Jo. Könnten Sie bitte ›Für Billy Jo‹ schreiben? Jo ohne e.« Er setzte erneut an. »Kempner. ›Für Billy Jo Kempner.‹ Das schreibt sich K-E-M-P-N-E-R.« Und so weiter. Gewöhnlich hatten sie noch einige andere Ideen, was alles auf dem kleinen Stück Papier stehen sollte, aber mittlerweile konnten sie von Glück reden, wenn sie Groucho dazu brachten, überhaupt noch sein Autogramm zu geben. Wenn der nächste bat: »Für Harold«, schrieb Groucho seinen Namen und sagte: »Schreib *du* ›Für Harold‹.« Nach mehreren solcher Begegnungen meinte Groucho zu mir: »Kein Wunder, daß sie immer sagen, das Autogramm ist für jemand anderen.«

Grouchos Belastungsgrenze lag bei Kleenextüchern, die ihm manchmal vorgelegt wurden, vor allem bei gebrauchten.

In Nate ’n’ Al’s Delicatessen kam ein Mann mit breitem Grinsen an unseren Tisch und sagte: »Hallo, Groucho. Erinnern Sie sich noch an mich?«

Groucho erinnerte sich nicht, also stellte der Mann sich vor: »Als Sie im zweiten Jahr *You Bet Your Life* machten, war ich im Publikum, erinnern Sie sich nicht? Ich war nicht in Ihrer Show, aber ich hob die Hand, und ich wäre fast drin gewesen. Ich wollte nur herüberkommen und Hallo sagen. Ich bin mit meiner Frau und ein paar Leuten da. Ich wollte einfach Hallo sagen.«

Keine Antwort.

»Ich wollte sagen, wie schön es ist, Sie zu sehen, Groucho, und bleiben Sie gesund. Groucho, und wir sind alle Ihre Fans. Es ist wirklich schön, Sie wiederzusehen, Groucho. Und…ich bin glücklich, Sie zu sehen, Groucho…und, ja, äh…Bis dann, Groucho…«

Er zog sich zurück, wie von einer königlichen Audienz.

»Nette Unterhaltung«, war Grouchos Kommentar, als der Mann weg war.

Eines Abends war Groucho bei Chasen’s gerade sein geliebter Bananen-Shortcake serviert worden, als sich ihm zögernd ein Ober näherte und ihm mitteilte, an einem Nachbartisch feiere eine Dame Geburtstag und hätte schrecklich gern ein Autogramm von ihm. Der Shortcake war für Groucho das Hauptereignis des Essens, und er war gerade dabei, sich gierig darüber herzumachen. Dennoch ließ er ihn im Stich, doch nicht, bevor er nicht seine Ansprüche abgesteckt hatte: »Sollte dieser Shortcake auch nur ein Stückchen kürzer sein, wenn ich zurückkomme, werden die Gabeln gekreuzt.« Dann ging er an den Tisch der Dame und sang: »Happy Birthday.« Die Geburtstagsdame reagierte ekstatisch und Groucho kehrte zu seinem Shortcake zurück.

Wenn Groucho bei Chasen's eintraf, fand er sich Auge in Auge mit seinem Konterfei an der Wand dem Eingang gegenüber. Dort hing auch ein Bild des verstorbenen Dave Chasen, der selbst Varietékünstler gewesen war.

Groucho grüßte Maude Chasen mit »Ist das Essen gut hier?«, worauf er an den besten Tisch des Hauses geführt wurde.

»Hätten Sie lieber einen größeren Tisch?« fragte sie.

»Einen größeren Tisch und ein kleineres Essen«, antwortete Groucho.

Nachdem wir Platz genommen hatten, sah Groucho von der Speisekarte auf und sagte: »Ich weiß noch, als ich zuerst hierher kam, sah ich immer zuerst auf die Preise. Habe ich dir mal erzählt, wie das war, als wir gerade anfingen, Erfolg zu haben, und Harpo und ich in ein Luxusrestaurant in Oklahoma gingen? Sie reichten Harpo eine lange Speisekarte, er sah sie sich an und sagte: ›Ja, und eine Tasse Kaffee.‹ Also bekam er alles von der Speisekarte und eine Tasse Kaffee.«

Die meisten Leute, die in Grouchos Haus verkehrten, kamen aus dem Showbusiness. Zu ihnen hatte er die engste Beziehung, mit ihnen unterhielt er sich am fröhlichsten, angenehmsten und unterhaltsamsten. Die Verbindung zwischen ihnen glich der, die zwischen Zirkusartisten besteht. Zwischen dem Reiter ohne Sattel, dem Clown, dem Löwenbändiger und dem Hochseilartisten existiert eine Interessengemeinschaft, obwohl sie doch scheinbar ganz verschiedene Dinge tun. Dieselben Bande bestehen zwischen der dicken Dame, dem kleinsten Mann der Welt und dem Mädchen mit der Schlangenhaut. Der Ruhm von Grouchos Gästen aus dem Showbusiness war ganz unterschiedlich, aber das spielte keine Rolle. Was zählte, war, daß sie alle verstanden, was den Schwertschlucker bewegt, der allein dort oben steht, buchstäblich und im übertragenen Sinne bereit, sich für jene Minute Beifall die Kehle aufzuschlitzen.

Marvin Hamlisch, der Grouchos Pianist bei Konzertauftritten war, bevor er seine eigenen drei Oscars gewann, faßte das eines Abends bei Groucho so zusammen:

»In dem Moment, wo du mich auf die Bühne bringst, ist es, als wollte ich dort *bleiben!* Für immer! Ich würde gern einen Marathonauftritt machen, ohne Bezahlung oder dergleichen – einfach immer weiter machen, danke sagen, spielen.«

Morgan Ames, auch einer von Grouchos Pianisten, erzählte folgende Geschichte:

»Wir machten einmal eine Wohltätigkeitsveranstaltung, und ich spielte für Groucho. Sie fand im Haus einer Dame in Beverly Hills statt. Sehr etepetete. Mit vielen ›Wie geht es Ihnen, Mr. Marx, darf ich Ihnen meinen Mann vorstellen, er arbeitet für…‹, etc. pp. Da saßen wir nun, und auf einmal kriegte Groucho ein Funkeln in die Augen. Ich fühlte eine mittlere Unverschämtheit heraufziehen. Er beugte sich zu mir herüber und sagte sehr vernehmlich: ›Weißt du, mein ganzes Leben habe ich mich nie bei jemand wohlgefühlt, der nicht aus dem Showbusiness kommt.‹ Ende der Durchsage. Und ich glaube, er hatte völlig recht.«

Wenn Schauspieler wie George Burns, Bill Cosby, Milton Berle oder George Jessel sich an Grouchos Tafel versammelten, gab es mit Sicherheit eine amüsante (und rivalisierende) Unterhaltung. Groucho steuerte zwar gelegentlich ein markiges Bonmot bei, war aber völlig damit einverstanden, die Gäste die Unterhaltung bestreiten zu lassen. Insbesondere mochte er es gar nicht, während des Essens viel reden zu müssen. Und er mochte es nicht, wenn man ihm beim Essen eine Frage stellte, die eine lange Antwort forderte. Meist erwiderte er dann: »Ich esse gerade.«

Manchmal war Groucho bei Tisch nachdenklich oder einfach still. Sein Schweigen konnte äußerst schweigsam sein. Lange Gesprächspausen fürchtete er nicht und er sah keine Notwendigkeit, solche Pausen auszufüllen, auch wenn andere sich unbehaglich fühlten.

Als immer großzügiger Gastgeber besaß Groucho zwei gigantische Kühlschränke, stets vollgepropft mit Delikatessen von Jurgensen's, seinem bevorzugten Feinkostgeschäft in Beverly Hills. Zwar war Groucho niemand, der auf diese moderne Annehmlichkeit hätte verzichten wollen, aber er beklagte doch, daß es die alten Eisschränke nicht mehr gab, die ihm vor langer Zeit einiges von seinem besten Material geliefert hatten – was die Witze betraf, nicht unbedingt, was das Essen anging. »Kühlschränke sind nicht komisch«, unterrichtete er mich.

»Wir hatten immer riesige Lacherfolge mit Eisschrankgeschichten«, sagte er in Erinnerung an seine Varietézeit. »Aber wer kennt heute noch die Schalen, die man brauchte, um das tropfende Wasser aufzufangen? Als ich jung war, das ist so ungefähr hundert Jahre her, gab es keine Kühlschränke. Es gab keine Flugzeuge, keine Autos, kein Radio und kein Fernsehen. Es gab eigentlich nichts.

Na, auf jeden Fall wurde damals auf der Straße das Eis zum Kühlen verkauft. Der Eiswagen fuhr herum, und für 25 Cent bekam man so viel Eis. Im Sommer, wenn der Eismann raufging, um jemanden mit Eis zu beliefern, sprangen wir Jungs auf seinen Wagen und aßen das Eis. Eines Tages lieferte er wieder Eis, und eine Frau im vierten Stock rief zum Eismann runter, daß sie für 25 Cent Eis wollte. Er rief zurück: ›Ich weiß nicht, wo Sie wohnen. Sagen Sie mir die Etage, und ich bringe das Eis rauf.‹ Sie sagte: ›Four Q.‹ Er: ›Fork you, too, madam.‹«

»Das ist nicht erfunden«, setzte Groucho hinzu.

Groucho, der es immer vorzog, im Restaurant die Rechnung zu übernehmen, entsann sich eines Freundes, der dies nicht tat:

»Al Boasberg war sehr geizig. Wir aßen jeden Tag im MGM zu Mittag: Kaufman, Morrie Ryskind und die anderen. Und Boasberg. Dann losten wir um die Zeche. Eines Tages verlor Boasberg und mußte die Rechnung begleichen. Er ließ sich nie wieder zum Mittagessen im Studio-Restaurant sehen. Er holte sich Hamburger und Hot-Dogs vom Imbißwagen.

Weihnachten aber war er nicht knickerig. Dann holte er alle arbeitslosen Schauspieler zusammen, lud sie zu sich nach Hause ein, setzte ihnen ein Abendessen vor und schenkte ihnen Hemden und Krawatten und solche Sachen. Er war großartig. Ich vermisse ihn sehr.

Am Orpheum Circuit spielte ich mit einem Burschen im selben Programm, und er wollte nie anständig essen gehen. Er ging immer in solche Läden, wo er ein Menü für 75 Cent bekam. Schließlich starb er daran, das Essen war einfach zu schrecklich.«

Obwohl Groucho zu seiner Oscar-Verleihung eine rauschende Party gab, sagte er mir, daß er große Gesellschaften überhaupt nicht mehr mochte.

»Ich trinke nicht, ich rauche nicht, ich stehe bloß nüchtern herum.«

Auf den Rat seines Arztes hatte er sowohl die Zigarren, die sein Markenzeichen waren, als auch sämtliche alkoholischen Getränke aufgegeben. Sehr viel hatte er nie getrunken. »Ich war nur ein einziges Mal in meinem Leben betrunken, und das war von diesen süßen Rum-Drinks in Jamaika.« Der gelegentliche Cinzano, den er vor dem Essen trank, wurde durch ungesalzenen Tomatensaft ersetzt. Eines Abends stellte er beim zweiten Tomatensaft-Aperitif fest: »Ich trinke das, als gebe es kein Gestern.« Er erinnerte sich an den Wein seines Vaters. »So etwas wie den Wein, den mein Vater machte, hast du noch nie getrunken. In New York machte mein Vater immer Wein im Keller. Es war während der Prohibition, und als Franzose beschloß er, Wein zu machen. Gegenüber von uns war ein Abwasserkanal, und die Ratten kamen immer aus dem Kanal gekrochen und liefen in unseren Keller. Dort unten machte mein Vater seinen Wein. Es war ein richtiger Ratzkeller. Eines Nachts gab es eine fürchterliche Explosion. Wie ein Erdbeben. Der Wein war im Keller explodiert und hatte alle Ratten erledigt. Danach hatten wir nie wieder Ratten. Aber auch keinen Wein.«

Was das Rauchen betraf, glich Groucho einem bekehrten Alkoholiker, der sich nach der Entziehungskur der Christlichen Abstinenzlerinnen-Union angeschlossen hat. »Eines Tages sagte mein Arzt: ›Hören Sie auf zu rauchen‹, und ich tat es.« Jack Nicholson, eine Zigarette zwischen den Fingern, konnte ein Lied davon singen.

GROUCHO Warum gibst du das Rauchen nicht auf?

JACK NICHOLSON Habe ich. Vor zehn Jahren.

GROUCHO Du siehst nicht so aus, als hättest du es aufgegeben. *(Jack war Kettenraucher)*

JACK NICHOLSON Ich habe vor zwei Jahren wieder damit angefangen. Demnächst bin ich für zehn Tage auf einem Schiff, auf Sam Spiegels Yacht. Vielleicht klappt es dann.

GROUCHO Du meinst *(wobei er die Augenbrauen hochzog)* S.P. Eagle? *(Die Erwähnung des Produzenten Sam Spiegel entlockte Groucho oft diese Antwort)*

Groucho erzählte mir von T.S. Eliot, der ihn um ein Foto gebeten hatte und es dann zurückschickte, weil es Groucho nicht Zigarre rauchend zeigte. Groucho schickte das Zigarrenraucherfoto, und sie wurden gute Freunde. Winston Churchills Tochter schenkte ihm einmal einige Zigarren, und Groucho fragte sie: »Was wissen Sie von Zigarren?«

»Ich rauche sie«, antwortete sie. »Ich rauche sie mit meinem Vater. Wir machen immer Wettkämpfe, um zu sehen, wer die Asche am längsten halten kann.«

Grouchos mit Marx-Brothers-Andenken angefüllte Bar lag gleich hinter dem Eßzimmer. Dort versammelten sich die Gäste eine halbe Stunde vor dem Essen. Nachdem Groucho Alkohol und Tabak aufgegeben hatte, ging man gewöhnlich direkt zu Tisch.

Das In-die-Küche-Schauen wurde bei Grouchos Abendgesellschaften ein beliebter Sport, als Robin Heaney zum Marx-Haushalt stieß und, wie Groucho sagte, »der einzige Koch wurde, den ich je geküßt habe«. Groucho erzählte mir, daß Jack Nicholson, als er Robin in der Küche sah, ihn gefragt habe: »Wie kommst du denn an sowas?« Groß, schlank, blond und jung, war sie nicht gerade der Typ Spülmädchen, und die Gäste fragten immer ungläubig: »Und sie ist *wirklich* Ihre Köchin?« Robin war Gebieterin einer, wie Groucho es nannte, »Belle Kitchen«. Wenn Groucho zum Essen in ein Restaurant eingeladen war, nahm er Robin manchmal mit und stellte sie als seine Köchin vor. Meist hielt man das für einen Scherz.

Robin hatte eine höhere Schule absolviert und wollte immer kochen, vorzugsweise ausgefallene Spezialitäten für größere Gesellschaften, aber sie fand ihre Karriere nachhaltig durch ihre Erscheinung gehemmt. Denn wenige Hausfrauen waren gewillt, sie in ihrer Küche arbeiten zu lassen. Groucho ging selten in seine Küche, aber ihm lag viel an dem, was dort herauskam, und er schnitt eifrig Rezepte aus der Sonntagsausgabe der *New York Times* aus. Obwohl Groucho sich nicht für einen Gourmet hielt, und »salzfrei« ja kaum eine Escoffier-hafte Einschränkung ist, empfand Robin die Arbeit bei ihm als Herausforderung — rein kulinarisch, hatte doch Groucho Waffenstillstand verkündet für alles, was Röcke betraf. »Ich schaute nur noch«, meinte er zu mir.

Robin schmückte seine Küche mit ihrer Gegenwart und seine Tafel mit Gerichten wie Currysauce mit Gemüse, Käsecremebällchen, mit Dörrfrüchten gefüllte Kalbfleischrouladen, Broccoli, mit Spinatsouflé gefüllte Tomaten, mit Wurst gefüllte Champignons, Gemüse-Frucht-Nußsalat und frische Papayahälften mit Erdbeeren und Sahne als Nachtisch. Oft lief Robin barfuß herum, manchmal auch zum Servieren. Als Groucho nach New York fuhr, nahm er sie mit, und sie kochte in seinem Appartement im Sherry Netherland Hotel. Ihre

Kleidung war zwanglos. Sie trug ein T-shirt, dessen Vorderseite ein großer offener Mund zierte. Beim Atmen sah es dadurch, daß sich ihr Busen hob, so aus, als lache der Mund.

Vor Robin hatte Groucho zwei schwarze Köchinnen. Martha, die viele Jahre bei ihm war, buk als Spezialität einen englischen Kuchen, der lange liegen mußte und zu Weihnachten gegessen wurde. Eine andere Spezialität war die »Sidney Sheldon-Suppe«, eine Mahlzeit für sich, die aus gekochtem Rindfleisch und Gemüse bestand und ihren Namen von einem häufigen Tischgast hatte. Als Martha für Groucho kochte, bestand ein typisches Mal aus Karottensalat, Hackfleisch mit Erbsen und Kartoffelbrei und Himbeeren mit einer Sahnekrone.

Marthas Vorgängerin war Sarah, von der Groucho folgendes erzählte:

»Sarah war eine sehr attraktive Farbige, die nie geheiratet hatte. Einmal sagte ich zu ihr: ›Warum hast du nie geheiratet? Du bist eine gutaussehende Dame. Hinter dir müssen eine Menge Männer her gewesen sein.‹ Und sie sagte: ›Ich würde sagen, in Dallas war ich nicht unbekannt.‹«

Nach dieser Geschichte machte er eine Pause, als wolle er das heraufbeschworene Bild genießen.

Groucho aß stets so langsam, daß die, die zum ersten Mal mit ihm speisten, bestürzt entdecken mußten, daß sie ihren Teller schon fast geleert hatten, während Grouchos noch fast voll war. Um ihre Verlegenheit darüber, daß es den Anschein haben könne, als hätten sie ihr Essen gierig runtergeschlungen, zu verbergen, knabberten sie nervös und so langsam wie möglich an irgendwelchen Krümeln herum, die sie noch auf dem Teller hatten. Sie nahmen mit Bereitwilligkeit eine zweite, ja eine dritte Portion nach, um Groucho ja nicht allein essen zu lassen.

Schließlich mußten sie sich geschlagen geben, legten ihre Gabeln hin und warteten eben, bis Groucho fertig war. Die ganze Prozedur wurde oft noch durch Robins extra-knackigen Salat verlängert, den Groucho bis auf die letzte Nuß verzehrte, obwohl ihn Gesundheitskost an und für sich nicht sonderlich interessierte. Bei einem unserer ersten gemeinsamen Essen war ich erst nach ihm fertig. Das war Groucho nicht entgangen: »Sie kann bleiben. Ich könnte sie ständig hierbehalten.«

Groucho lebte allein, bis sich nach einer ernsten Krankheit, die er mit dreiundachtzig hatte, eine Rund-um-die-Uhr-Schicht von Krankenschwestern dem Haushalt anschloß. Sie waren oft jung und attraktiv und kamen einem eher wie Starlets vor, die Krankenschwestern spielten. Er beklagte zwar, aus der Not nicht ein Laster machen zu können, fand aber langsam an ihrer Gesellschaft und der Rolle, die er in ihrem Leben spielte, Gefallen. Er genoß ihren offensichtlichen Stolz und ihr Vergnügen an dem Job bei Groucho Marx. Donna, eine der jungen Krankenschwestern, beschrieb seinen Morgenablauf:

»Groucho hat seine Zeit sehr klug eingeteilt. Er steht morgens um sieben auf und nimmt eine Dusche. Dann geht er wieder ins Bett und liest bis 8 Uhr 30 seine Zeitung. Um 8 Uhr 30 bekommt er seine Post, und um 9 Uhr frühstückt er. Dann steht er auf, putzt sich die Zähne und rasiert sich, wenn er nichts weiter zu tun hat, legt er sich wieder hin und liest seine Zeitung zu Ende. Er hat sich für alles eine Zeit gesetzt.«

Grouchos Frühstück bestand aus frischgepreßtem Orangensaft, weichgekochten Eiern und koffeinfreiem Kaffee. Alles wurde von Ora, dem Mädchen aus Guatemala, zubereitet, die kurz vor neun kam.

Gelegentlich kam ein Freund vorbei, der schon zeitig auf den Beinen war, und frühstückte mit ihm. Elliott Gould kreuzte auf, der manchmal mit der Sonne aufstand, wenn er nicht gerade an einem Film arbeitete, aber nur, um Groucho Gesellschaft zu leisten, denn Elliotts Lieblingsfrühstück stand nicht auf der Speisekarte – ein Sandwich mit Eiersalat und einem Milchshake.

Elliott erzählte Groucho, daß er Zeppo zum ersten Mal auf Grouchos Oscar-Party begegnet sei.

»Er ließ mir am Buffett den Vortritt«, sagte Elliott.

»Zeppo war immer sehr höflich, es sei denn, er war hungrig«, bestätigte Groucho.

Mittagessen gab es stets um ein Uhr, selbst wenn Groucho außerhalb aß. Gewöhnlich ging er ins Hillcrest, seinen Club, wo er mit George Jessel, George Burns, Jack Benny, dem Schriftsteller Irving Brecher oder dem Bankier Al Hart zu Mittag aß. Die Stammgäste bezeichneten diese Gruppe als den »Runden Tisch«. In späteren Jahren pflegte Groucho jedoch zu Hause zu Mittag zu essen, oft mit einem Gast.

Der Hillcrest Country Club vermißte ohne Zweifel Grouchos täglichen Besuch, aber wenn er sich dann mittags einmal zeigte, machte er das versäumte Höllenspektakel wieder wett. Erin Fleming, seine Sekretärin, Geschäftsführerin und Gefährtin, und ich waren bei einer solchen Gelegenheit einmal mit ihm dort.

ERIN Was willst du bestellen, Groucho?

GROUCHO Ich hätte gern rotäugigen *[sockeyed]* Lachs.

ERIN Ich dachte, du sagtest glotzäugigen *[popeyed]* Lachs?

GROUCHO Tatsächlich. Ich war angesäuselt *[cockeyed]*, als ich das sagte. *(Zum Kellner)* Sie sagen, es ist kein Salz an diesem schieläugigen Lachs?

KELLNER Ja, Mr. Marx.

GROUCHO Gut, das und kalten Borschtsch. Aber kein Salz. Ich hätte gern die Putenbrust genommen, aber das klingt so sexuell. *(Lesend)* »Umsatzsteuer wird bei allen steuerpflichten Artikeln auf den Preis aufgeschlagen.« Also, denkt daran, Mädels! Überschlagt euch nicht. Schließlich bin ich nicht aus Geld gemacht. *(Zum Kellner)* Es bleibt beim Borschtsch, außerdem Hüttenkäse, Sauerrahm, Obst und Buttermilch. Und fragen Sie, was die Boys in the Backroom haben wollen. *(Zu Erin)* Magst du keinen Borschtsch?

ERIN Nein, und Buttermilch auch nicht.

GROUCHO Was kann eine Kuh sonst noch geben, außer Butter und Milch?

ERIN Groucho, magst du Apfel- und Erdbeertorte zum Nachtisch?

GROUCHO Für mich Apfeltorte. Denn ich bin Amerikaner. Erdbeertorte ist nur was für Tunten. *(Er bezog sich damit auf den Ausspruch des komischen Homosexuellen in dem Vaudeville-Stück der Marx-Brothers,* Fun in Hi Skule, *der immer Erdbeertorte essen wollte.)*

Das sonntägliche Gabelfrühstück im Hillcrest Country Club war ein besonderes Ereignis für die Mitglieder, ein wirksames Gegengift gegen die gewohnte Sonntagslangeweile. Das Buffet bot neben dem Üblichen unter anderem Brie mit Mazze, Lachs, Creamcheese und Beygels.

Nach dem Lunch zog sich Groucho zuhause manchmal ins Wohnzimmer zurück und knackte Nüsse von einer großen Holzschale.

Dazu nahm er nicht den Telefonhörer wie in *Monkey Business,* sondern bediente sich statt dessen eines herkömmlicheren Nußknackers.

Abendessen gab es Punkt sieben Uhr, in der Regel waren Gäste geladen. Selbst wenn Groucho nach einer Filmpremiere noch essen oder zu einer späten Party mit kaltem Buffet ging, aß er vorher zuhause um sieben Uhr zu Abend und spekulierte nicht auf spätere Verpflegung, besonders seitdem salzfreie Kost für ihn obligatorisch war.

Auf die Frage »Haben Sie Billy Wilder zum Essen da?« zeigte Groucho den Ausdruck gespielten Entsetzens: »Ich muß mich sehr wundern über Sie«, rügte er den grammatikalischen Missetäter. »Sollen wir ihn etwa verspeisen?« Groucho hatte immer Leute zu *Tisch.*

GROUCHO Kennst du das mit den Austern, die zum Essen eingeladen wurden?

ICH Ich glaube, es war zu einem Picknick. Aber es ist zu traurig. Ich versuche, nicht daran zu denken.

GROUCHO Du kommst mir vor wie eine Person aus *Alice im Wunderland...*

ICH Sicher. Du mir auch.

GROUCHO Ich will dir etwas anderes erzählen, was er [Lewis Carroll] geschrieben hat: »Er glaubt', er sähe einen Elefanten, der auf der Pfeife übte. Er sah noch einmal hin: ein Brief von seiner Frau war's, die er liebte.« Das ist gut.

Zu einer Abendgesellschaft bei Groucho konnten an jedem x-beliebigen Abend Sidney Sheldon, Mae West, Dinah Shore, Mike Nichols (der manchmal seinen kleinen Sohn Max mitbrachte), George Jessel, Elliott Gould, Jack Lemmon, Walter Matthau, Edgar Bergen, George Burns, George Seaton, Buddy Hackett, Dick Cavett oder Goddard Lieberson erscheinen. Groucho erwartete von jedem Pünktlichkeit.

Neben den üblichen improvisierten Auftritten der Gäste zeigte Groucho manchmal einen Film, etwa *Animal Crackers,* oder die Jack-Benny-Parodie auf *You Bet Your Life,* oder *The Mikado,* mit Groucho als Ko-Ko, der Lordoberscharfrichter.

Ich wohnte gerade bei Groucho, als er mich bat, Edgar Bergen anzurufen und zum Essen einzuladen. Ich fragte ihn, ob ich auch

Charlie McCarthy und Mortimer Snerd einladen könne. Groucho sagte: »Nein, vielleicht mag er das nicht. So verdient er schließlich sein Geld. Er könnte glauben, er soll hier zur Arbeit erscheinen.«

Grouchos Abendgesellschaften begannen früh genug, um vor elf Uhr zu Ende zu sein, besonders wenn *You Bet Your Life* gesendet wurde, was Groucho sich nicht entgehen lassen wollte. Dauerte die Party länger als erwartet, verkündete er kurz vor Beginn der Sendung: »Die Pâté ist vorbei« und zog sich in sein Schlafzimmer zurück, wo er sich das Programm nur mit seinen besten Freunden ansah. Groucho machte ein faires Spiel mit seinen Konkurrenten und freute sich, wenn er alle Antworten richtig erriet. Er wußte oder erinnerte sich der Antwort auf eigentlich jede Frage. Er schätzte *You Bet Your Life* über alles und erzählte mir: »Es war mit das Beste, was ich je gemacht habe. Ich mußte wirklich denken. Ich habe nie so hart gearbeitet.«

Während der Wiederholungssendungen von *You Bet Your Life* erhielt Groucho von den Zuschauern bergeweise Fanpost. Jeden Tag ging er mit Steve Stoliar, dem Organisator des CRAC-Kommitees an der UCLA (Universität von Los Angeles), das mitgeholfen hatte, die Wiederaufführung von *Animal Crackers* zuwegezubringen, Stapel von Briefen durch, um die Absender nach bekannten Namen zu durchforsten. Einer war von einer italienischen Dame namens Bettina Consolo, die dreimal in der Show aufgetreten war. Groucho, sehr angetan, zeigte mir ihre Karte. »Sie schreibt immer ›Gott segne Sie.‹ Nur das.«

Nach *You Bet Your Life* gab sich Groucho oft seinem Lieblingsvergnügen hin, das auch seine Mutter geschätzt hatte: Er ließ sich von Schwester Happy die Füße kitzeln.

In Eric Ross' Herrenbekleidungsgeschäft in Beverly Hills kamen ein paar Leute aus Kansas auf Groucho zu, um ihm zu sagen, wieviel Spaß sie an *You Bet Your Life* hätten. Sie hatten gerade eine Sendung mit einem Kandidaten gesehen, der, wie sie meinten, »so doof« gewesen sei, daß sie es nicht glauben konnten.

»Alle sind doof«, vertraute ihnen Groucho an. »Deshalb sind sie ja in der Show. Was glauben Sie, warum *ich* in der Show bin?«

Groucho sah sich *You Bet Your Life* normalerweise im Schlafanzug im Bett an. Während der Show lächelte er kaum und sah gespannt und ernsthaft zu. Als anspruchsvoller Zuschauer studierte er sorgfältig die Fernsehzeitung, bevor er seine Auswahl traf. Rechtzeitiges

Erscheinen vor dem Fernseher war ein Muß, denn er bestand darauf, eine Sendung von Anfang bis Ende zu sehen. Dann wurde der Apparat abgeschaltet. Nie ließ er ihn nach dem Programm einfach weiterlaufen.

Seine Einstellung zum Fernsehen war absolut nicht gleichgültig. Eigentlich kam sie der Achtung näher, die viele Leute dem Theater gegenüber empfinden. Groucho glaubte aufrichtig, daß alle Unterhaltungsmedien der Vergangenheit — Theater, Radio und Kino — im Fernsehen zusammengefaßt würden, »alles in dieser Kiste«. Er wußte es zu würdigen, denn: »Unterhaltend sein, ist harte Arbeit.«

Die Wahl der Gesprächsthemen an Grouchos Tafel war unvorhersehbar. Einmal, beim Essen mit Schwester Donna, wandte sich das Gespräch Hamstern im allgemeinen und Donnas Hamstern im besonderen zu.

GROUCHO Was hört man so von deinen Hamstern?

SCHWESTER DONNA Bloß Knabbern, die ganze Nacht durch. Ich habe nächtelang kein Auge zugetan, seitdem sie ausgebrochen sind. Ich habe Futter ausgelegt, um sie wieder einzufangen, aber sie fressen das Futter, und weg sind sie.

GROUCHO Hamster können ganz schön gerissen sein, wie die Sechs Fliegenden Hamster.

ICH Waren die Sechs Fliegenden Hamster wie Swaynes Ratten und Katzen?

GROUCHO Nichts war wie Swaynes Ratten und Katzen.

ICH Willst du uns nicht von den Sechs Fliegenden Hamstern erzählen?

GROUCHO Gut. Die Sechs Fliegenden Hamster war eine der berühmtesten Nummern im Showbusiness. Sie machten eine fliegende Nummer. Sie spielten überall auf der Welt. In Paris waren sie ein großer Hit und aßen Käse — den weichen Käse, nicht den harten — und tranken Wein. In China lernten sie mit Stäbchen essen und machten ihren Auftritt auf Chinesisch. In New York spielten sie im Palace, und *Variety* schrieb, sie wären ein »Volltreffer«. Sie waren die größten, und es war unmöglich, an sie heranzureichen. Niemand reichte an sie heran. Sie waren fast die letzten im Programm, und nach ihnen traten noch ein paar Artisten auf, aber sie reichten an die

Fliegenden Hamster nicht heran. Sie traten gewöhnlich dreimal pro Tag auf. Am Ende ihrer Nummer flogen sie hinaus, aber zur nächsten Vorstellung waren sie immer wieder da. Die Nummer dauerte um die vierzig Minuten.

ICH Was machten sie als Zugabe?

GROUCHO Als Zugabe sang eine von ihnen. Sie sang »Josephine in ihrer Flugmaschine«. Nur das Lied. Die Nummer starb, als das Mädchen Selbstmord beging. Es war hoffnungslos in einen der Männer verliebt, Irving Hamster. Er war der einzige Jude unter den Hamstern, weißt du. Das Hamsterweibchen war diejenige, die Zigarre rauchte. Sie rauchte ständig. Sie ruinierte sich ihre Kehle, aber sie rauchte trotzdem. Die Sechs Fliegenden Hamster waren eine sehr bedeutende Nummer. Sie waren die Hauptattraktion. E. F. Albee, der Chef des United Booking Office, sagte, sie waren eine der größten Nummern, die er je gesehen hätte. Und er hat nicht viele Nummern gesehen. Solche Nummern gab's nie wieder. Zu teuer. Sie ließen sich in Zlotys auszahlen. Sie wären jetzt noch unterwegs, aber der Ölpreis stieg so hoch, daß sie sich das Herumreisen nicht mehr leisten konnten. Sie hatten kaum Vertragsprobleme, denn sie hatten einen sehr guten Agenten. Einen Biber. Ihr vorheriger Agent war S. P. Eagle.

ICH Ich habe noch nie von so einer Nummer gehört.

GROUCHO *(mit einem Augenzwinkern)* Solche Talente gibt es nicht mehr.

Als Richard Adams auf einer Werbetournee für seinen Bestseller *Watership Down* in die Vereinigten Staaten kam, hatte er an seine Verleger einen Wunsch: er wollte Groucho Marx kennenlernen. Man trat an Groucho heran, und eines Nachmittags trafen er, Erin und ich uns mit Richard Adams, seiner Frau und seiner Tochter zum Essen im Beverly Wilshire Hotel. Richard Adams erwartete uns, und er war auf den Besuch perfekt vorbereitet. Er war mit den Besonderheiten von Grouchos Filmen besser vertraut als Groucho, er hatte sie vor kürzerer Zeit und vielleicht auch öfter als Groucho gesehen. Seine Meinung darüber war analytischer und detaillierter als Grouchos, die immer eher intuitiv und pragmatisch war. Nach bestimmten Einzelheiten befragt, sagte Groucho stets: »Das habe ich nie analysiert.« Adams' Betrachtung der Filme war außerordentlich scharfsinnig, besonders der ersten fünf Paramountfilme, und Groucho war offensichtlich erfreut über die Wertschätzung dieses intelligenten und erfolgreichen Verehrers. Doch Adams' Kritik an *Room Service* teilte Groucho nicht. Dann zog Richard Adams ahnungslos Exemplare von *The Marx Brothers Scrapbook* hervor. Damals war Groucho gerade in einen kostspieligen Prozeß um dieses Buch verwickelt. Richard Adams' Tochter wurde nach nebenan zu Brentanos geschickt, um etwas anderes zum Signieren zu holen. Sie kam mit einem Exemplar von *Groucho and Me* zurück, und Groucho schrieb hinein: »To a very Bunny Man.«

Adams hatte auch ein Exemplar seines Buches mitgebracht, das er Groucho verehrte.

Als wir mit den Vorspeisen fertig waren, wurden wir von dem französischen Konsul General Jacques Roux begrüßt, der gerade zum Essen kam und der zusammen mit seiner Frau und Henri Langlois von der Cinémathèque Française Groucho einmal besucht hatte. Groucho sagte: »Hallo, General.« Später, nach einem gemütlichen europäischen Mittagessen, nickte uns Monsieur Roux zu, als er fortging. Groucho war gerade dabei, sein Hauptgericht zu beenden, indem er sich sorgfältig seinen letzten Bissen zurechtlegte und ihn unter dem nervösen Blick des Kenners umständlich in zwei Gabelportionen zerlegte. Ungläubig hatte der Kellner seit mehr als einer halben Stunde versucht, Groucho den Teller zu entreißen, denn er lebte in dem Wahn, Groucho sei fertig, weil doch schließlich niemand so lange essen konnte Aber Groucho verteidigte seinen Teller, und seine Langsamkeit nahm vielleicht noch zu. Es war ein langes, langes Mahl.

Am Ende des Tages grübelte Groucho immer noch darüber nach, was Richard Adams gesagt hatte.

GROUCHO Er sagte, er mag *Room Service* nicht. Hast du gehört, was er gesagt hat?

ICH Sicher, aber ich habe ihn auch sagen hören, wie sehr er alles bewundert, was du gemacht hast, und es war doch ganz klar, wie sehr er dich schätzt. Außerdem hast du mir erzählt, daß du selber von *Room Service* nicht *so* begeistert warst.

GROUCHO Ich kann das sagen. *(Er zog seine Augenbrauen hoch)* Ich hätte es ihn nicht sagen lassen dürfen.

Eine von Grouchos guten Seiten war, daß er normalerweise einsah, wann er ungerecht war — obwohl ihn diese Einsicht keinesfalls gerechter machte.

Ein Jahr darauf erzählte Richard Adams in einem Gespräch mit *Newsweek,* wie wütend seine Verleger gewesen seien, als er sich geweigert habe, das Essen mit Groucho Marx abzubrechen, um in einem vorher fest vereinbarten Fernsehauftritt für sein Buch Reklame zu machen.

»...es wäre unehrenhaft und unhöflich gewesen, das Hotel vor Groucho, dem größten Komiker des Jahrhunderts, zu verlassen. Wenn ich vor Groucho Marx gegangen wäre, um irgendeiner für mich einträglichen Angelegenheit nachzugehen, hätte ich keinerlei Selbstachtung mehr.«

Groucho machte seine ganz speziellen Späße. Auf einer Teegesellschaft mit einer Gruppe prominenter und wohlanständiger Damen, auf der sein Auftritt während einer Wohltätigkeitsveranstaltung mit dem Namen »A Day at the Races« besprochen werden sollte, blieb die Konversation die ganze Zeit furchtbar hochgeschraubt. Die Damen unterhielten sich in wohlgesetzten Ausdrücken, bis Groucho sie unterbrach: »Ich muß mal pissen gehn. Denn eines ist wahr: ganz egal, wie reich man ist, manchmal muß man pissen gehn.«

»Die Damen zerfetzte es schier«, erzählte Erin. »Die ganze Atmosphäre entspannte sich, und es kam eine ganze Menge mehr zustande.«

Es gab oft Besuche bei Wohltätigkeitsgruppen, die mit Hilfe von Groucho Geld aufzutreiben versuchten. Einmal fragte ich ihn, ob es ihm denn nichts ausmache, von allen möglichen Leuten für irgend etwas ausgebeutet zu werden, und ob er sich dadurch nicht manchmal so vorkomme wie ein hübsches Mädchen. Er antwortete: »Nein — auf beide Fragen.«

Groucho gestand mir, »daß große Gesellschaften nie so ganz mein Bier waren«. Dennoch kreuzte er immer wieder auf welchen auf. Sein Erscheinen auf irgendeiner Hollywood-Party stahl oft genug allen anderen die Show. Seinem Freund Irwin Allen, der einige von Grouchos Filmen produziert hatte, wurde dies wieder in Erinnerung gerufen, als er zur Hollywood-Premiere seines Films *Towering Inferno* im Beverly Hilton Hotel eine Party gab. Viele Berühmtheiten waren da, darunter William Holden, Henry Fonda, Fred Astaire und Jennifer Jones, aber die Zeitungen brachten am nächsten Tag ein Bild von Groucho, auf dem er mit Red Buttons tanzt.

Groucho hatte zuerst Fred Astaire zum Tanz aufgefordert, der es aber ablehnte, mit ihm zu tanzen. Als nächsten fragte er Red Buttons, der in der Nähe saß und sofort aufsprang. Blitzlichter flammten auf, als sich die Reporter um Groucho und Red Button scharten, die das eindrucksvollste Paar auf dem Parkett waren.

Als die Fotografen zufriedengestellt waren, gab Groucho Red frei, der mit seiner Frau Alicia weitertanzte, während Groucho mit mir tanzte. Ich stellte überrascht fest, daß dieser Mann, dessen Gang mit vierundachtzig nicht immer sicher war, noch ein eleganter und gewandter Tänzer war, der nicht nur selbst auf der Tanzfläche eine fantastische Figur machte, sondern auch seine Partnerin zur Geltung brachte.

Groucho liebte es, mit Freunden essen zu gehen, aber seine salzfreie Diät machte das ein bißchen schwierig. Sie hinderte ihn jedoch nicht gänzlich daran, und als Elliot Gould und George Segal vorschlugen, ins Mr. Chow, ein Chinarestaurant in Beverly Hills, zu gehen, willigte er mit chinesischem Akzent ein. Die Gruppe bestand aus Groucho, Erin, Elliot mit seiner Frau Jennifer, George, seiner Frau Marion und mir.

Im Restaurant setzte es den ersten Streich, als Groucho verkündete, er könne nichts Gesalzenes essen. Als nächste weigerten sich George und Marion Segal, irgend etwas mit Glutamat zu sich zu nehmen, denn sie hatten den Verdacht, daß sie sich ein paar Abende zuvor irgendwo anders mit diesem chinesischen Zusatz eine Vergiftung zugezogen hatten. Elliott bestellte schließlich: »Nicht zu essen, nur sieben Glas Wasser.«

Endlich einigte man sich darauf, die ganze Speisekarte einmal rauf und runter zu bestellen, wie Harpo es viele Jahre zuvor gemacht hatte. Das Mahl bestand aus so verschiedenen Spezialitäten wie gebackenem Seetang, Pekingente und diversen chinesischen Vorgerichten. Groucho hatte noch nie mit Stäbchen gegessen, aber als er mich damit hantieren sah, konnte er der Versuchung nicht widerstehen. Selbst mit über achtzig war er noch zu Experimenten bereit. Er lernte, wie immer, schnell, und benutzte das ganze lange Essen hindurch seine Stäbchen mit beachtlichem Geschick.

Als die Schauspielerin Michelle Phillips Groucho auf ein Diner zu seinen Ehren einlud, versprach sie, alle anderen Gäste sollten schöne junge Frauen sein — ein Versprechen, das sie hielt. Ein paar Abende später erschienen Groucho und ich in Summit Ridge. Wir kamen ein wenig zu früh, und die Tür war leicht angelehnt. Groucho stieß sie ganz auf. Drinnen deckte eine junge Frau, nur mit einem Handtuch bekleidet, tief in Gedanken versunken den Tisch. Als sie Groucho entdeckte, schrie sie auf, was er nicht persönlich nahm. Dann stürzte sie zur Treppe und versuchte, auf der Flucht ihre Verlegenheit zu verbergen. Ein wenig später tauchte sie wieder auf, frisiert, ruhig und vollständig bekleidet, wozu ein absolut durchsichtiges Oberteil gehörte.

Michelle erschien mit ihrer Tochter China und spielte Klavier und sang für Groucho, der sich mit der Schauspielerin Helena Kallianiotes ein Avocadodip teilte. Groucho genoß seine ungewöhnliche Situation mit »diesen netten, jungen Dingern«, bis der Fotograf Harry Benson mit seiner Kamera erschien, der einzige andere Mann auf dem Schauplatz, und diesen Moment für das Magazin *People* unsterblich machte.

Trotz der unvermeidlichen Beleidigungen war Groucho ein gern gesehener Gast. Jorja Sheldon (früher die Schauspielerin Jorja Curtright) war die Zielscheibe des grouchoschen Humors, seitdem sie vor mehr als zwanzig Jahren den Schriftsteller Sidney Sheldon, einen von Grouchos engsten Freunden, geheiratet hatte. Über ihr Talent als Schauspielerin jedoch machte sich Groucho nie lustig. »Sie war eine gute Schauspielerin«, sagte er immer, eine Auszeichnung, die er sehr ernst nahm.

Als Jorja Groucho zum ersten Mal bewirtete, war sie bemüht, als Gastgeberin guten Eindruck zu machen, und bot ihm einen Drink von der reichbestückten Bar an. Er bat um einen Bushmill, das einzige, was nicht vorrätig war. Nur leicht irritiert erwartete sie seinen nächsten Besuch.

JORJA SHELDON Einen Bushmill, Grouch?
GROUCHO Ich trinke nie Bushmill. Ich möchte einen Campari.

Als Groucho das nächste Mal vorbeikam, war Jorja vorbereitet.

JORJA SHELDON Ich mach' dir einen Campari, Grouch.
GROUCHO Nein, danke. Ich nehme einen Aquavit.

So ging es jahrelang weiter, und die Sheldons trugen die verschie-
denartigsten Alkoholika zusammen, die niemand trank, vor allem
Groucho nicht.

»Aber nun«, sagte Jorja, »ist Groucho weich geworden. Er ist sogar
ganz reizend. Als Groucho das Trinken aufgab, bot ich ihm ein Glas
Tomatensaft an und erwartete…daß er nach Orangensaft fragen
würde, aber nichts geschah. Groucho ist weich geworden.«

Sidney und Jorja nahmen Groucho einmal zu Jack's at the Beach
mit, einem ihrer Lieblingsrestaurants. Sidney berichtete mir von
ihrem Auftritt:

»Jack lebte damals noch, und er war ehrlich begeistert, Groucho zu
Gast zu haben, und machte ein riesiges Spektakel um ihn. Nach einer
Weile, als Jack damit nicht aufhören wollte, sagte Groucho: »Jack,
hör auf mit der Schleimscheißerei!«

Das Herz der beiden Sheldons machte einen Plumps. Sie wußten,
Groucho meinte, was er sagte. Sidney war klar, wie weit Grouchos
Humor darauf beruhte, die Wahrheit zu sagen. Sie stellten sich schon
vor, das Lokal niemals wieder aufsuchen zu können. Aber alles lachte,
auch Jack. Eine Beleidigung aus Grouchos Mund war wie Picassos
Signatur auf einer Zeichnung. Sidney bemerkte: »Selbst wenn
Groucho jemanden beleidigen *wollte,* konnte er es nicht, denn
niemand nahm die Beleidigung ernst.«

Für einen Sonntagsbrunch hatte Jorja den ganzen Morgen auf die
Zubereitung von Brie mit Mazze, einer Omelette mit Lachs und gerö-
steten Beygels verwendet. Sie und ihre Tochter Mary, Grouchos
Patentochter, ordneten die Speisen liebevoll auf hübschem Porzel-
langeschirr an. Das Silber schimmerte, das Leinen war frischgestärkt,
und Groucho war ungefähr zwanzig Minuten vorher angekommen.
Groucho, Sidney, Marty und Frenchy Allen, Erin und ich saßen im
Wohnzimmer, als Jorja hereinkam und triumphierend verkündete:
»Das Frühstück ist angerichtet.«

Groucho blickte auf und sagte: »Wird auch Zeit.«

Auch Dorris Bowdon Johnson, Nunnally Johnsons Frau, eine ehemalige Schauspielerin, die bei *The Grapes of Wrath* mitgespielt hatte,
lernte Groucho zu akzeptieren, ohne etwas übelzunehmen. Groucho
besuchte Nunnally oft, mit dem er seit grauer Vorzeit befreundet war,
als er noch in New York arbeitete und in Great Neck wohnte, wie
Nunnally auch. Als wir einmal bei Johnsons waren, bat Groucho

Dorris um etwas Milch und sie brachte ihm ein Glas voll. Er trank es aus und bat um ein zweites Glas Milch. Beim Gehen wandte er sich an Dorris und sagte: »Das war die erbärmlichste Milch, die ich je getrunken habe.«

Bei einem Nachmittagstee bei Johnsons trafen wir Lauren Bacall. Groucho lud sie ein, ihn zu besuchen.

GROUCHO Warum kommst du nicht zum Dinner rüber, Betty?

LAUREN BACALL Trittst du auf?

GROUCHO Nicht sehr.

Groucho war nur einmal bei dem Regisseur George Cukor zum Essen, aber das war ein denkwürdiges Ereignis – für George Cukor:

»Olivia de Havilland kam auf einer ihrer häufigen Reisen von Paris vorbei – sie lebte in Paris –, und ich lud sie zum Essen ein. Sie fragte: ›Kann ich jemanden mitbringen?‹ Ich sagte: ›Aber sicher doch, Olivia‹, und sie sagte: ›Ich würde gern Groucho Marx mitbringen.‹ ›Gut‹, sagte ich, ›ich wußte gar nicht, daß er zu deinen Kavalieren zählt.‹

Dann kamen sie, und er war sehr, sehr lustig und charmant. Der Tisch war mit einem Tischtuch bedeckt, das sich recht eindrucksvoll ausnahm, und mit kleinen Kerzen in kleinen offenen Kerzenhaltern geschmückt. Wir speisten, und Groucho war die ganze Zeit über sehr lustig. Dann verließen wir das Eßzimmer, und Groucho blieb. Er machte irgendeinem Mädchen den Hof und redete und redete, und sie blieben noch, als alle schon gegangen waren. Dann kamen sie und setzten sich im anderen Zimmer zu uns.

Theodore, der Aushilfsbutler, der auf all diesen Gesellschaften bediente, kam ein paar Minuten später herein, ziemlich blaß und entsetzt. ›Im Eßzimmer ist ein kleines Feuer ausgebrochen!‹ Er berichtete, als Groucho aufgestanden sei, habe er, absolut galant, nicht wahr, seine Serviette auf den Tisch geworfen, wie wir es alle tun. Aber er rechnete nicht damit, daß sie Feuer fangen könne, und sie fing Feuer, und niemand war im Eßzimmer. Als schließlich jemand zum Tischabdecken kam, stand der ganze Tisch in Flammen. Zum Glück lag eine sehr schwere Matte unter der Tischdecke, und so blieb es dabei. Außer dem ruinierten Tischtuch gab es keinen Schaden. Aber wenn niemand hereingekommen wäre, hätte sich das Feuer weiter ausgebreitet. Diese Sorte von Kerzenhaltern habe ich nie wieder benutzt.

Das ist schon Jahre her, und ich habe es Groucho nie erzählt. Aber du hast es ihm gesagt, und er scherte sich überhaupt nicht darum, daß er eine Brandstiftung oder so etwas begangen hatte, weil es ein so fröhlicher Abend war.«

Bei den seltenen Gelegenheiten, zu denen Groucho einen Nachtklub aufsuchte, wurde er oft zur Hauptattraktion. Als er eines Abends mit Elliott Gould, George Segal und ihren Frauen unterwegs war, ließ sich Groucho zum Besuch eines Lokals namens The Speakeasy on Sunset Strip überreden.

Als wir ankamen, war das Lokal proppenvoll, keine Sardine hätte mehr hineingepaßt. Groucho vermutete: »Dies ist die Sorte Nachtklub, in die man besser tagsüber geht.« Als das junge Publikum entdeckte, wer da hereinzukommen versuchte, gerieten sie in respektvolle Begeisterung. »Hi, Groucho!« »Seht mal, das ist Groucho!« klang es durch die Neozwanziger-Jahre-Atmosphäre.

Sofort standen ein paar Leute von ihren Tischen auf und boten sie Groucho an. Die jugendliche Menge teilte sich und bildete ein Spalier, durch das wir hindurchgehen konnten. Man fand Platz, wo keiner mehr war. Groucho meisterte all das spielend, lächelte und fragte sich, was er hier wohl zu suchen hätte.

»Es ist wie im Puff«, bemerkte er.

Groucho fuhr oft nach Palm Springs, um Gummo und Zeppo zu besuchen, und gelegentlich kamen Gummo oder Zeppo zum Essen nach Beverly Hills.

Kurz vor Weihnachten, ein Jahr vor Gummos Tod, beschloß Groucho, mit seinen Brüdern essen zu gehen, mit Hin- und Rückfahrt ein Unternehmen von über fünf Stunden, was er aber ohne weiteres in Kauf nahm. Wie seine damalige Köchin Martha es formulierte: »Er fackelt nicht lange, er macht es einfach.«

Schwester Donna begleitete uns. Es stellte sich heraus, daß der Fahrer der Limousine, die Groucho geliehen hatte, ein junger Engländer namens Leonard war, ein guter Start, soweit es Groucho betraf. (»Ich hatte mal einen Bruder, der Leonard hieß.«) Während der Fahrt meinte Groucho, daß er in Palm Springs nicht glücklich wäre.

»Ich spiele weder Golf noch Tennis, noch schwimme ich, was sollte ich dort also machen? Ich habe elf Jahre in Palm Springs gewohnt, aber da wußte ich nichts besseres. Einmal nahm ich Ben Hecht mit

50

nach Palm Springs, und er sah sich um und meinte: ›Hier gibt es nichts außer einem Haufen fetter, alter, sonnengebräunter Juden.‹«

Die Fahrt nach Palm Springs dauerte drei Stunden, und als wir pünktlich eintrafen, wurden wir von Zeppo, Gummo und seiner Frau Helen erwartet. Gummo war noch mit seiner ersten und einzigen Frau verheiratet, was Groucho sehr respektierte. Als Gummo unserem Chauffeur Geld für sein Mittagessen geben wollte, bestand Groucho darauf, daß Leonard mit uns käme.

Als Zeppo mich sah (ich war schon früher einmal in Palm Springs mit Zeppo und Gummo im Tamarisk Country Club zu Besuch gewesen) rief er Gummo zu: »Sieh mal, hier ist wieder die Schriftstellerin.« Aber zu mir sagte er: »Ich bin fertig mit der Geschichte. Aus mir kriegen Sie nicht viel raus, Schätzchen. Ich habe das alles satt. Deshalb bin ich auch ausgestiegen.«

Zwar war Zeppo damals schon in den Siebzigern, aber er sah viel jünger aus. Er hatte blonde Haare, und seine Stimme klang wie in den alten Paramountstreifen. Er gestand mir, er sei immer »sehr schüchtern« gewesen, aber ich wußte nicht, ob ich ihm das glauben sollte, denn er hatte dabei seine Hand auf meinem Knie.

Zeppo berichtete, er sei »nervös und meistens sehr unsicher« gewesen, wenn er auftreten mußte. Er wäre nie so glücklich gewesen wie Groucho, der seiner Meinung nach solchen Druck nie erfahren habe. »Er war immer überzeugt von sich. Groucho konnte aufstehen und etwas erzählen, das lustig sein sollte, und wenn es daneben ging, machte es ihm auch nichts.«

Grouchos enorme Ausstrahlung wirkte in Palm Springs genauso kolossal wie überall sonst, wohin er sich wagte. Unaufhörlich drehten sich Köpfe. Der einzige Unterschied lag darin, wie offen die Leute gafften.

Zeppo und Gummo waren sich voll bewußt, wie gut ihr wohlbekannter Bruder zu erkennen war. Gummo ließ sich von ihm sogar für Freunde ein paar Autogramme geben.

In den eleganten Restaurants kann man seine Berühmtheit daran messen, wie laut und unbequem der Tisch ist, an dem man sitzt. Wenn dein Stuhl dort steht, wo jeder Besucher des Restaurants beim Vorbeigehen anstoßen muß, und du dein eigenes Wort nicht mehr verstehst, ganz zu schweigen von dem, was andere sagen, dann weißt du, dein Rang ist hoch.

Wir wurden mit dem »besten Tisch des Hauses« ausgezeichnet, was zumindest für die Unterhaltung eine Katastrophe bedeutete. Wir bekamen den Tisch neben dem Klavier. Der Pianist warf einen Blick auf Groucho, schnappte nach Luft und war überwältigt. Groucho war eher unterwältigt. Der Pianist bemühte sich, sein letztes zu geben. An unserem Tisch konnte jeder nur noch das verstehen, was er sich selbst sagte, und das mit Mühe. Ab und zu setzte der Pianist aus, und in diesen kurzen Momenten blühte die Unterhaltung auf. Sie wandte sich stets den alten Zeiten zu, der 93. Straße Ost, Chicago, Minnie und Frenchie und Chicos Eskapaden. Sie sprachen über Onkel Julius, Grouchos Namensgeber, der eine Weile bei ihnen in der 93. Straße gewohnt hatte, und »Opie«, ihr deutscher Großvater, der noch mit über achtzig ein unverbesserlicher und leicht entflammbarer Freier gewesen war.

Bei den Erinnerungen an die 93. Straße wurde Zeppo als viel jüngerer Bruder (»Du bist viel zu jung, um dich daran zu erinnern«) auf seinen Platz als Bürger zweiter Klasse verwiesen, denn obwohl die Brüder Marx von der 93. Straße für niemanden sonst mehr existierten, waren sie füreinander noch die Jungs und jungen Männer: Julius, Milton und Herbert, die Kinder von Minnie und Sam.

Groucho nannte seine Brüder »Zep« und »Gum«. Gummo, der während der Unterhaltung George S. Kaufman als »nur einen Schauspieldoktor« bezeichnete, verlieh seiner Meinung Ausdruck, die zu der Grouchos nicht konträrer hätte sein können. Groucho schien verärgert. Helen warf Gummo einen Blick zu, wie um anzudeuten, daß dieses Thema nicht zum erstenmal zur Sprache komme.

Zeppo warf einen Blick auf die Uhr, wie er es oft tat, wenn er wußte, daß irgendwo ein Kartenspiel ohne ihn stattfand.

Groucho und Zeppo diskutierten ihre beiderseitigen Gewichtsprobleme. Groucho war beunruhigt, weil er zwei oder drei Pfund zugelegt hatte, Zeppo war etwas weniger beunruhigt, weil er 15 Pfund zugenommen hatte. Groucho bestellte sich als Dessert eine halbe Grapefruit, Zeppo machte eine Schwarzwälder Kirschtorte mit Schlagsahne bis auf die letzte Kirsche und den letzten Krümel Schokoladenkuchen nieder.

Auf dem Rückweg nach Beverly Hills sagte ich zu Groucho, ich hätte vergessen, eine Speisekarte für meine Sammlung mitzunehmen. Er tröstete mich. »Das geht in Ordnung. Frage Zeppo oder Gummo, sie klauen eine und verkaufen sie dir.« Er kicherte. Er lachte selten über etwas, das er gesagt hatte, eine Ausnahme bildeten Kommentare über die eigene Familie, die ungewöhnlich reiche Assoziationen in ihm hervorriefen.

Eine zentrale Figur in Grouchos Leben war der Pianist, der ihn und andere Gäste auf seinen Gesellschaften begleitete. Wenn eine Party geplant wurde, wurde kein Gast mit größerer Überlegung und Sorgfalt ausgewählt als der Pianist, und er (oder sie) war oft der erste, der eingeladen wurde.

Für Groucho war eine Gesellschaft ohne Pianist wie Lydia ohne ihre Tätowierungen, und sein Anspruch an den Pianisten war nicht eben gering. Die Lieder, die er gern auf Parties sang, wie »Lydia, the Tattooed Lady«, waren verzwickt und stilistisch schwierig. Sie erforderten einen Musiker, der Grouchos Repertoire kannte und eine sichere Kenntnis vieler populärer Musikrichtungen hatte, wie etwa der klassisch geschulte Marvin Hamlisch. Marvin spielte auch auf Grouchos Sonderauftritten in der Iowa University und der Carnegie Hall und steuerte die Begleitung zu Grouchos erfolgreichem Album *An Evening with Groucho* bei.

Während Marvin für Groucho spielte, war er damit beschäftigt, die Musik zu *The Way We Were* und *The Sting* zu schreiben, Filme, die ihm schließlich drei Oscars einbrachten — bei derselben Verleihung, bei der Groucho seinen Sonder-Oscar empfing. Dann verließ er für *A Chorus Line* Hollywood. Obwohl er von Zeit zu Zeit zu Grouchos Gesellschaften zurückkehrte, war Marvins Pianohocker häufig leer. Häufig ergingen an Arthur Withelaw Einladungen, denen er mit Geschick und Begeisterung nachkam.

Als der Komponist Boris »Lalo« Schifrin in eines von Grouchos ehemaligen Häusern zog, ging Groucho vorbei, um sich die neuen Bewohner anzuschauen. Lalo wurde sofort eingeladen, den Platz auf dem Marx'schen Klavierhocker einzunehmen, und begleitete Groucho zu Klassikern wie »Peasie Weasie« und »Show Me a Rose«. Auch Morgan Ames schneite vorbei und spielte »There's a Girl in Maryland with a Watch That Belongs to Me«, »Father's Day« oder »Stay Down Here Where You Belong«.

Manchmal blieb Groucho bei seiner Wahl in der Familie, und dann wurde Billy Marx eingeladen, bei Groucho den Klavierhocker zu drücken. Er war ziemlich bewandert in Grouchos Repertoire, einschließlich einer Parodie auf »Tiptoe Through the Tulips« mit dem Titel »Slipshod Through the Cowslips«. Groucho sang diese Version, wenn er der Meinung war: »›Tiptoe Through the Tulips‹ ist viel zu gut für diesen verkommenen Haufen.«

Ein anderer familiärer Vertreter (oder eher Versitzer) am Klavier war Grouchos Enkel Andy Marx. Andys Großeltern mütterlicherseits, Gus und Grace Kahn, hatten unter anderem »Oh, How That Woman Could Cook!«, eines von Grouchos Standardliedern, komponiert.

Weitere Pianisten auf Grouchos Parties waren George Gershwin, Bronislaw Kaper, Oscar Levant und Goddard Lieberson. George Gershwin war ein Freund und großer Bewunderer der Marx Brothers, was auf Gegenseitigkeit beruhte. »Er kam vorbei, setzte sich ans Klavier und spielte den ganzen Abend«, berichtete mir Groucho.

In London erzählte mir die Schauspielerin Luise Rainer von George Gershwin und seiner großen Bewunderung für die Marx Brothers.

»Eine meiner ersten Begegnungen in Amerika war George Gershwin. Meine Mutter war hochmusikalisch, aber Pianistin durfte sie unter keinen Umständen werden, das gehörte sich nicht. George Gershwin sagte zu mir, ich inspirierte ihn. Wir hatten keine Affäre; er meinte nur, daß er etwas für mich komponieren wollte, aber bevor es dazu kam, starb er. Er sagte, das erste, was ich in Amerika tun müsse, wäre, in einen Film mit den Marx Brothers zu gehen. Also nahm er mich zu einem Marx Brothers-Film ins Kino mit. Das Publikum lachte ununterbrochen, aber ich bekam nicht alles mit. Ich sprach nur britisches Englisch.«

Eines Sonntagnachmittags lud Elliott Gould Barbra Streisand zu Groucho ein. Elliott wollte, daß seine beiden Freunde Freunde würden, denn Groucho hatte bei einer früheren Begegnung Barbras Gefühle durch einen Witz auf ihre Kosten verletzt: Als Groucho auf einer großen Hollywoodparty eintraf, lief ihm Barbra, die kurz vor ihm angekommen war, in der Eingangshalle über den Weg. Er zog seinen Mantel aus, reichte ihn ihr und sagte: »Hier, geben Sie ihn ab, lassen Sie ihn reinigen und sehen Sie, daß er bis Donnerstag fertig ist.«

Barbras Besuch begann mit einem Mißton, weil sie Grouchos Sinn für Pünktlichkeit mißachtete. Um 15 Uhr wurde sie erwartet, um

Viertel vor vier war sie noch nicht in Sicht und hatte auch nicht angerufen. Groucho saß in seinem Wohnzimmer und erklärte: »Wenn sie bis fünf Uhr nicht kommt, gehe ich nach Hause.«

Er brauchte sein Wort nicht einzulösen, denn einen Moment später erschien die ganze Korona: Barbra und Elliott, Elliotts Frau Jenny, Barbras Freund Jon Peters, Jason, der Sohn von Elliott und Barbra, Sam und Molly, Elliotts und Jennys Kinder, und Jon Peters' Sohn.

Im Hause waren Erin und ich, Schwester Donna und David Hixon, ein junger Schauspieler, der für Groucho ein paar Gelegenheitsarbeiten machte, während er auf ein besseres Engagement wartete. Barbra trug eine halbdurchsichtige Bluse und ausgeblichene Jeans, Elliott einen buntkarierten Sakko über einem blauen Maleroverall und einem kurzärmligen rosa Pullover. Barbra wurde auf den Platz neben Groucho gesetzt und nahm sofort Kampfhaltung an. Groucho, bereit, Frieden zu schließen, machte den ersten, einen für ihn üblichen Schritt: »Küß mich«, sagte er.

Barbra sah ein bißchen verdutzt drein. Ungerührt fragte Groucho nach: »Willst du mich nicht küssen?« Barbara antwortete so einfach und direkt, wie Groucho geantwortet haben könnte: »Nein.«

Groucho ließ sich, im Film wie im Leben, nie leicht entmutigen. »Jenny wird mich küssen.« Jenny befreite sich von der eineinhalbjährigen Molly, die sich um ihre Beine gewickelt hatte, und murmelte: »Oh, oh! Konfrontation!« Die Situation wurde schließlich durch Erin bereinigt, die Groucho widerwillig einen Kuß gab.

Groucho beschloß, Barbras Besuch mit einer Gesangsdarbietung zu ehren. »Es gibt so viele Lieder über Mütter«, belehrte er uns, »aber kaum welche über Väter«. Groucho sang »Father's Day« für sie. Barbra wurde sichtlich bewegt − in Richtung Haustür. »Es ist doch komisch«, sagte sie, »daß du auch noch als Sänger anerkannt werden willst, wo du doch schon als großer Komiker anerkannt bist.«

Groucho erzählte Barbra, Irving Berlin hätte ihm vor langer Zeit einen Dollar für jedes Mal angeboten, das er »Stay Down Here Where You Belong« *nicht* singen würde. Barbra nickte zustimmend, womit sie andeutete, Irving Berlin habe recht guten Geschmack bewiesen und der Betrag könne nach oben korrigiert werden, um der Inflation Rechnung zu tragen.

»Ich singe sehr gern«, gab Groucho freimütig zu. »Ich will dir noch ein Lied vorsingen.« Er zögerte einen Moment, während er überlegte, welches. Die kurze Pause reichte Barbra, um hastig in ihre Börse zu greifen, unglücklicherweise ohne einen Dollar herauszubefördern. Sie fand eine Zwanzigdollarnote, war aber offensichtlich noch nicht bereit, einen so hohen Preis für das Vorrecht zu zahlen, um Grouchos musikalische Darbietungen herumzukommen. In ihrer Not sah sie zu Elliott hinüber. Elliott grub tief in den Taschen seines Overalls nach, förderte aber nur 67 Cents zutage, während Groucho sich schon unheilverkündend räusperte und drohte, mit dem Lied herauszuplatzen. Barbra griff nach ihrer Zwanzigdollarnote. Groucho erbot sich, ihr einen Dollar zu leihen. Dann fand Barbra genug Kleingeld, um mit Elliott zusammenzulegen, und gab Groucho einen Dollar in Münzen, die sie »Schweigegeld« nannte.

»Du bist doch wirklich dreist, Groucho, Leute einfach zu beleidigen und damit auch noch Karriere zu machen. Es ist wunderschön, wenn ein Mensch herausfindet, was er kann, und es dann macht und sich damit eine ganze Karriere aufbaut.« Groucho nahm das »Kompliment« entgegen und fragte sie, ob sie einen der Marxfilme gesehen habe. Barbra bejahte und sagte, sie bewunderte vor allem die Rollschuhszene, aber sie erinnere sich nicht an den Titel des Films. (Es war *The Big Store*)

GROUCHO Harpo war ein guter Rollschuhläufer und ein miserabler Harfinist. Wußtest du, daß Harpo sich das Harfespielen selbst beigebracht hat? Meine Großmutter in Deutschland spielt Harfe.

BARBRA STREISAND Du hattest Glück, mit deinen Brüdern zusammenzuarbeiten und die ganze Zeit mit Leuten zu tun zu haben, zu denen du eine Beziehung hattest, und nicht alleine auftreten zu müssen...

GROUCHO Willst du, daß ich singe?

BARBRA STREISAND Kanntest du Mae West?

GROUCHO Ich kannte sie, bevor sie berühmt wurde, im Varieté, als sie nichts weiter als ein Klavier und drei dreckige Songs hatte. Wegen dieser Songs war ständig die Polizei hinter ihr her.

BARBRA STREISAND Sie hat nie geheiratet, nicht wahr?

GROUCHO Sie lebte mit einem Mittelgewichtler zusammen. Ich sah sie bei ihrem Auftritt mit den Muskelmännern. Ich fragte: »Kriegst du einen ab, Mae?« Sie sagte: »Nein, was für eine Verschwendung an Menschenmaterial.« Soll ich singen?

BARBRA STREISAND Interessant, wie sehr die Leute deine Nonsense-Lieder mögen.

GROUCHO Wir haben heute mehr Fans als damals.

BARBRA STREISAND Haben die Leute damals den Unsinn verstanden und akzeptiert?

GROUCHO Aber sicher.

BARBRA STREISAND Und heute scheinen sie ihn besonders zu mögen. Es gibt nichts, was ihm vergleichbar wäre.

GROUCHO Ich singe jetzt »Show Me a Rose«.

Elliott schlug vor, den Besuch so langsam zu beenden, und sagte: »Ich glaube, ich gehe in Kürze.«

»Wie kannst du in Kürze gehen, wenn du fast zwei Meter groß bist?« fragte Groucho und fügte leise hinzu: »Er ist lang für seine Größe.«

Als die Gäste gingen, gab Groucho Barbra ihren Dollar zurück.

Playboy West in Holmby Hills ist mehr als bloß ein x-beliebiges Haus. Es ist das *Playboy*-Hauptquartier in Kalifornien und spiegelt in allem seinen Eigentümer, Hugh Hefner, wider, den Erfinder des *Playboy*. Das Anwesen wurde 1927 im Tudorstil erbaut, eine Steinvilla mit Schieferdach und bleiverglasten Fenstern. Das Grundstück ist aufwendig mit exotischen und einheimischen Bäumen und Pflanzen bepflanzt und gestaltet. Es gibt einen Tennisplatz und ein sehr bemerkenswertes Schwimmbecken mit eigenem Wasserfall. Eine Grotte mit Jacuzzibädern, zu denen man durch den Wasserfall schwimmen muß, erinnert an die Gesellschaftsräume hinter dem Schwimmbecken im Chicagoer Playboy House, die man ebenfalls nur tauchend erreichen kann. Exotische Vögel und Tiere flattern und schwirren herum, und seltene Fische bevölkern den Weiher. Affen schaukeln in den Bäumen, Flamingos stehen wie angewurzelt da, und Pfauen schlagen ihre Räder, um ihre unattraktiven Weibchen zu beeindrucken. Papageien sitzen herum, sie brauchen keinen Käfig, denn sie denken nicht daran, fortzufliegen, weil sie sich kaum ein besseres Los wünschen könnten.

Am Tor wurden wir sorgfältig überprüft. Nach einem Telefonanruf im Haus wurde Groucho als »der echte Groucho Marx mit einem Gast« identifiziert, und wir durften die Einfahrt passieren. Vor dem

Haus warteten die üblichen jungen Männer, die den Wagen parkten, und wir betraten die von einer Galerie umzogene Eingangshalle mit ihrer eindrucksvollen handgeschnitzten Eichentreppe. Sugar Ray Robinson stand dort und bewunderte die Treppe. Er meinte: »Ganz flott.« Groucho nickte. »Ja, tolle Bude!«

Was Groucho und mich dorthin verschlagen hatte, war die Live-Kabelfernsehübertragung des Boxkampfes Foreman-Norton 1974. Groucho liebte Boxkämpfe. »Normalerweise nehme ich zu sowas nie ein Mädchen mit«, informierte er mich. »Ich fasse das als Kompliment auf«, gab ich zurück. So eng wie die Sicherheitsvorkehrungen war auch der Platz im Vorführraum. Um uns herum quetschten sich Sugar Ray Robinson, Jack Nicholson, Bill Cosby, Dick Rosenzweig und Mick Jagger. Das Publikum bestand fast ausschließlich aus Männern, aber Bunnies und Ausklapp-Girls zierten die Peripherie. Als der Kampf begann, rief Groucho: »Ich erinnere mich noch an Zeiten, als es weiße Boxer gab.«

Foreman schlug Norton in der zweiten Runde k.o. »Foreman hat eine eilige Verabredung«, war Grouchos Kommentar. Dann gab er seine Meinung zum Besten: »Er ist besser als Dempsey.« Groucho war der einzige, der Jack Dempsey noch hatte boxen sehen.

Das opulente, wie ein Buffet aufgemachte Dinner wurde früh serviert. Für Groucho hatte man eigens ein ungesalzenes Lendensteak bestellt.

Als Groucho von der Herrentoilette zurückkam, vertraute er mir an, daß sie »ganz aus Spiegeln« bestehe. Ich fand nie heraus, ob er Spaß gemacht hat. Er sagte auch, »ein Mädchen mit den größten Titten von der Welt kam vorbei und bot mir an, sie mal anzufassen«.

1974, bei einem Besuch in New York, gingen Groucho, Erin, der *New York Times*-Journalist Mel Gussow und ich zum Essen ins »21«. Unter den New Yorker Restaurants stellten das »21« und das La Côte Basque die letzten Bastionen der Schlips- und Kragentradition dar. In der Geschichte des »21« hatte nie jemand ohne Schlips die Tore passiert, bis zu jenem schicksalsschweren Abend, als Groucho seinen Schatten auf die Schwelle des Hauses warf. (Später vertraute er mir an, auch auf die Handtücher habe er einen Schatten geworfen.) Beim Eintreten war Groucho noch konventionell gekleidet, aber irgendwann zwischen den Krabben und dem coffeinfreien Kaffee befreite er sich, an südkalifornische Ungezwungenheit gewöhnt, von seinem Schlips. »Ich habe seit Jahren keinen Schlips mehr getragen«, verkündete er. Als Erwiderung auf Erins »Aber Groucho, *hier* doch nicht« erhob er sich von unserem Tisch und ging zu einer ziemlich feierlich und steif gekleideten Gruppe am Nachbartisch. Er zeigte ihnen den Schlips in seiner Hand und forderte sie auf, es ihm gleichzutun. Zweifellos hätten sie es lieber nicht getan, aber wenn es darauf hinauslief, entweder Zutritt und Gesicht im »21« zu verlieren, oder »Nein« zu Groucho zu sagen, legten die Herren lieber ihren Schlips ab.

Er ging zum nächsten Tisch: dasselbe Resultat, und weiter zum nächsten, wobei er natürlich nicht wenig Aufsehen erregte. Die Ober und Kellner versammelten sich zu einer Kriegskonferenz, die Besitzer, die eilends auf der Szene erschienen, steckten ihre Köpfe zusammen. Inzwischen machte Groucho seine Runde, und die Schlipse fielen, wenn auch nicht unbedingt mit Begeisterung. Um sicherzugehen, daß er sein Ziel erreichte, blieb Groucho an jedem Tisch so lange stehen, bis jeder seinen Schlips abgebunden hatte.

Die Besitzer zögerten und beschlossen endlich, sich nicht gegen eine lebende Legende zu stellen, die offensichtlich der Liebling aller Gefühle war, eine Position, die sich durch Widerstand nur festigen konnte. Aber sie lächelten nicht, als die Krawattenträger gegenüber den Krawattenlosen allmählich in die Minderheit gerieten.

Groucho fand nur einmal seinen Meister. Am letzten Tisch, an den er trat, saßen zwei Männer, die arabisch sprachen und ihn nicht verstanden. Sie schienen ihn auch nicht zu kennen. Als Groucho seine Runde beendet hatte, waren die Besitzer, die Ober und die zwei arabischen Gäste die einzigen, die im ersten Stock des »21« Krawatten trugen.

Nach Eis und Sanka steuerten wir auf die Treppe zu, und Groucho wirbelte keck seinen Schlips in der Hand, als er an Pete Kriendler und Jerry Berns vorbeischritt. Auf der Treppe trug Groucho mit seinem selbstgefälligen »Ich bin der Sieger«-Blick seine Krawatte frech vor sich her. Der Oberkellner ließ ein kleines Lächeln über einen, wie er wußte, kleinen Sieg sehen.

An den Tischen, denen Groucho beim Hinausgehen seinen Rücken zuwandte, begannen die Herrschaften hastig, ihre Krawatten wieder umzubinden. Als Groucho die Treppe hinabstieg, saß im »21« kein Mann mehr ohne Schlips.

Am nächsten Tag wurde die Geschichte in allen Zeitungen, im Radio und im Fernsehen gebracht. Als Groucho ein paar Abende später in dem eleganten Restaurant La Côte Basque aufkreuzte, bereiteten ihm Madame Henriette und Albert an der Tür einen warmen, aber wachsamen Empfang. Groucho zögerte einen Moment und sagte dann:

»Okay. Gebt mir eine Krawatte.«

Er erntete heftigen Beifall von den Gästen, und die Geschichte erschien am nächsten Tag in Earl Wilsons Kolumne.

Als wir Monate später nochmal auf den Vorfall im »21« zu sprechen kamen, zeigte Groucho keinerlei Reue. »Ich habe den Oberkellner zum Wahnsinn getrieben. Ich finde es albern, einen Schlips zu tragen. Ich kann auch ohne Schlips essen. Sie können von Glück sagen, daß ich mir nicht die Hosen ausgezogen habe.«

Als ich mich später mit Jerry Berns, einem der Besitzer des »21« über Grouchos Besuch unterhielt, faßte er es so zusammen: »Groucho ist ein Gesetz für sich. Er ist ein König. Er kann nichts verkehrt machen. Er steht über jeder Konvention.«

Bei einem Besuch in New York 1973 speiste Groucho nach einem Theaterbesuch mit Goddard Lieberson, Ron und Ellie Delsener, Erin und mir im Lutèce. Kurz vor der Vorstellung war Groucho völlig aus der Fassung geraten, als er entdeckte, daß sein »Nur-noch-Stehplätze«-Feuerzeug, ein Geschenk des Produzenten Ron Delsener anläßlich Grouchos »hot ticket«-Konzerts in der Carnegie Hall, nicht da war. Sein Appartement im Pierre Hotel wurde sorgfältig, aber ohne Erfolg durchsucht. Groucho war sichtlich verwirrt, ein seltenes Vorkommnis.

Leise Panik kam auf, als Groucho, Erin und ich seine Schritte an jenem Tag zurückverfolgten. Auf dem Weg ins Theater setzten wir in Goddards Limousine unsere erfolglose Spur fort. Goddard mußte seinen Chauffeur bei Sardi's anhalten lassen, und wir warteten, während Erin hineineilte, um nach dem Feuerzeug zu fragen. Nach vergeblicher Suche kehrte sie zurück.

GROUCHO Hast du gesehen, wie sie nach dem Feuerzeug gesucht hat? Siehst du, wie sie mich liebt?

ERIN Du meinst, wie ich dein Feuerzeug liebe.

Groucho war zu abgelenkt, um an der Vorstellung noch Freude zu haben. Als wir Ron und Ellie im Lutèce trafen, war es nur zu offensichtlich, daß Groucho nicht in Ordnung war, obwohl er darauf bestand, das Dinner fortzusetzen. Ron meinte später, wenn er Groucho nicht besser gekannt hätte, dann hätte er ihn für betrunken gehalten.

Nachdem man unten am Prominententisch Platz genommen hatte, bot Groucho alle seine Reserven auf, um durchzuhalten. Der Chef, André Soltner, begrüßte Groucho.

GROUCHO *(zeigte auf mich)* Sie meint, Sie stammen aus dem Elsaß. Mein Vater kam aus Straßburg, also bin ich ein halber Elsässer, ein Elsässer zweiten Grades. Es ist ganz schön voll hier heute abend. Sind das alles Elsässer? *(Dabei zeigte er auf die ganzen besetzten Tische.)*

ANDRÉ SOLTNER Nein, aber Charles Münch war oft Gast bei uns. Er kam immer, wenn er in New York war, und immer begann er mit *tarte à l'oignon.*

GROUCHO Ich kannte auch mal eine Nutte [engl. tart], die hieß aber nicht Onion [Zwiebel].

Als Henri, der Ober, unsere Bestellungen aufnehmen wollte, empfahl er Groucho zufällig als erstes *tarte à l'oignon.*

GROUCHO Das geht ja richtig auf die Tränendrüse.

HENRI Wir haben eine ausgezeichnete *soupe de poisson*…

GROUCHO First base, second base und Bouillabaisse. Wie wär's mit ein paar Blueprint-Austern?

HENRI Vielleicht hätten sie gern *poulet en croûte,* Mr. Marx? Es ist ein ganzes Küken in Blätterteig mit schwarzen Trüffeln.

GROUCHO Gut, gut, aber ich will nicht mit getrüffelt werden. Die Trüffel, die Trüffel, und nichts als die Trüffel.

HENRI Oder vielleicht *canard à l'orange?*

GROUCHO Ist das nicht Duck Wellington? Haben Sie vielleicht Barbarische Cremetorte zum Nachtisch?

Das ganze Essen über warfen die Gäste an den Nachbartischen diskrete und manchmal indiskrete Blicke auf Groucho. Beim Hauptgang setzte sich Ron Delsener eine Grouchonase und -brille und einen falschen Schnurrbart auf und trug sie bis zum Schluß des Essens, womit er die normalerweise sehr ernsten Kellner wie auch alle anderen amüsierte. Als Groucho sich erhob, um die Toilette aufzusuchen, erhielt er lauten Beifall. Als er zurückkam, erhob sich schon fast ein Beifallssturm, es fehlte nur noch eine stehende Ovation. Selten, wenn überhaupt, erlebte er den Luxus, irgend etwas unbemerkt zu tun.

Doch Groucho fühlte sich offensichtlich nicht wohl. Bald meinte er: »Ich geh mal auf den Pot und ein bißchen schlafen«, Goddard ging mit. Als sie zurückkamen, berichtete Goddard, Groucho sei ganz zittrig gewesen und hätte Schwierigkeiten gehabt, den Hosenschlitz aufzumachen, also habe er ihm geholfen. Genau in diesem Moment hätten zwei Herren die Toilette betreten, sahen wie Goddard Groucho den Reißverschluß aufzog und machten auf dem Absatz kehrt. »Schon gut«, rief Groucho den flüchtenden Gestalten hinterher. »Wir kennen uns erst seit eben.«

Ron Delsener, dem man beim Essen nichts vom Verlust des Feuerzeuges erzählt hatte, war entsetzt, als er sah, welche Wirkung das auf Groucho hatte. »Ich hätte ihm ein anderes Feuerzeug gekauft. Ich hätte ihm ein Dutzend davon besorgen können.« Aber für Groucho war nur das eine »Nur-noch-Stehplätze«-Feuerzeug das echte.

Am nächsten Tag fand es sich in einer Schublade im Hotel; es war bei der panischen Suche übersehen worden. Aber der Schaden war nicht mehr gutzumachen. Groucho hatte wieder einen Schlaganfall erlitten.

Wieder in Kalifornien, saßen Groucho und ich beim Mittagessen. Der Pumpernickel, den ich ihm von New York mitgebracht hatte, nahm einen Ehrenplatz auf dem Tisch ein. Nachdenklich sah er ihn an, dann mich.

GROUCHO Ich esse keinen Pumpernickel mehr.

ICH Weil du »zu reich bist, um Brot zu essen?«

GROUCHO (nickt) Kein Mensch würde Kaviar essen, wenn er billig wäre.

ICH Ich schon. Aber warum gibst du den Pumpernickel auf?

GROUCHO Wenn ich als junger Mann in ein Restaurant ging, sah ich immer erst auf die Preise. (Schneidet sich eine Scheibe Brot ab) Jetzt bin ich ein alter Mann und achte zuerst darauf, wie fett es macht. (Bestreicht die Scheibe mit Butter) Aber ein Bissen macht noch kein Mahl.

»Nie küßte er ein häßliches Mädchen«

Im Gespräch mit Jack Nicholson sagte Groucho über Jack Benny: »Er war ein schöner Mann und ein großer Komiker. Eine bessere Grabinschrift kann man gar nicht haben.« Er fügte hinzu: »Für mich habe ich auch eine gute. Willst du sie hören?« Ohne Jack Nicholsons Antwort abzuwarten, deklamierte Groucho:

»Hier liegt Groucho Marx und liegt und liegt und lügt. Nie küßte er ein häßliches Mädchen.«

Frauen waren in Grouchos Leben ungeheuer wichtig, und er war ungeheuer wichtig im Leben einiger Frauen. »Der Mann hat keine Kontrolle über sein Schicksal«, sagte Groucho. »Das übernehmen die Frauen in seinem Leben für ihn.« Als er das Fazit seiner 85jährigen Erfahrung mit Frauen zog, gestand Groucho: »Ich habe nichts gelernt.« Ich fragte ihn, ob er das Gefühl hätte, die Frauen verstünden ihn. »Ja, sie schon. Aber ich nicht.«

Groucho kam am 2. Oktober 1890 zur Welt und war kein bißchen verlegen darüber, gleich mit einer Frau im Bett zu liegen. Minnie Marx war die erste Frau in seinem Leben, chronologisch, aber auch der Bedeutung nach. Groucho beteuerte: »Ohne sie wären wir überhaupt nichts gewesen.«

Minnie starb zwar, bevor die Jungs zu Hollywoodstars wurden, aber sie erlebte noch ihren Aufstieg am Broadway und sah 1929, kurz vor ihrem Tod, den ersten Film. Die Erinnerung, die Groucho am meisten schätzte, waren die vier Worte, die seine Mutter ihm nach der Premiere der Filmversion von *The Cocoanuts* gesagt hatte.

»Meine Mutter sah sich Cocoanuts an und ich fragte sie: ›Mom, wie war der Film?‹ Und sie antwortete: ›Es wurde viel gelacht.‹«

Als die Academy of Motion Picture Arts and Sciences 1974 Groucho den Oscar verlieh, zollte er in seiner Dankrede seiner Mutter besondere Anerkennung. Ohne Minnies engagierte Leitung und stete Führung hätten die natürlichen Talente ihrer närrischen Söhne sich einfach verzetteln können, weil sie oft nichts anderes im Sinn hatten, als über die Runden zu kommen und ihren Spaß zu haben.

»Meine Mutter kam aus Deutschland, mein Vater aus Frankreich«, erinnerte sich Groucho. »Als er meine Mutter kennenlernte, konnte keiner ein Wort von dem verstehen, was der andere sagte, darum heirateten sie. Mein Vater lernte Deutsch. Er hatte keine richtige Schulbildung. Meine Mutter auch nicht, aber sie war die stärkere.«

Grouchos Eltern waren in ihrer Rollenverteilung der Zeit weit voraus. Anfangs versuchte Minnie, sich um Haushalt und Küche zu kümmern, aber ihr Herz schlug anderswo. Sam, der mit der Übernahme seiner neuen Rolle als Familienoberhaupt beschlossen hatte, Schneider zu werden, hatte nicht genügend Geld, um einen Laden zu mieten. Also eröffnete er das Geschäft in der Wohnung. Das bedeutete, daß Sam den ganzen Tag zu Hause war und die halbherzigen Haushaltsanstrengungen seiner Frau ergänzte und das Kochen übernahm, das er ebenso liebte, wie sie es verabscheute.

Minnie, von dieser Bürde befreit, setzte ihre Talente und Energien daran, die Showbusinesskarriere ihres jüngeren Bruders und ihrer Söhne zu lancieren. Sie kam selbst aus einer »Showbusiness«-Familie – Mutter und Vater waren mit einem Wagen kreuz und quer durch Deutschland gezogen und hatten »überall, wo es mehr Zahler als Prahler gab«, die Trommeln gerührt. Die Hauptattraktion war Minnies Vater: Lafe Schönberg, Zauberer und Bauchredner. Seine Frau Fannie jodelte und harfte zum Tanz. Minnie, damals Minna, wurde 1864 in Dornum im Friesland geboren, wo sich die Familie zwischen den Tourneen erholte. Das Leben in Dornum war kein Zuckerschlecken. »Es war nicht einmal ein Essiglecken«, sagte Groucho. Die Familienmitglieder nahmen jede Gelegenheitsarbeit an, für die sich Wanderschauspieler eignen konnten, während sie für ihre nächste beschwerliche Tournee ihre Vor- und Aufbereitungen trafen. Selbst für Abgehärtete war es ein hartes Leben. Minnie hatte einige lebhafte Erinnerungen an diese unsichere Existenz, aber nach dem

Erfolg ihres jüngeren Bruders Al Shean erkannte sie die Möglichkeiten, die sich durch das Showbusiness in der Neuen Welt eröffneten. Wie sie ihren Söhnen sagte: »Wo sonst kann jemand, der nichts kann, so viel Geld verdienen?«

Minnie kam 1880 mit fünfzehn Jahren nach Amerika. Da dem Bedarf an deutschsprechenden Bauchrednern und Jodlern in New York Grenzen gesetzt waren, verdienten sie und ihre Geschwister der Familie das tägliche Brot, obwohl es, wie Groucho bemerkte, »ziemlich krümelweise verdient wurde«. Während Minnie als Hilfsarbeiterin in einer Strohhutfabrik arbeitete, lernte sie Sam Marx kennen, einen schmucken, jungen Elsässer, der sich als Tanzlehrer in einer Tanzschule in der Lower East Side sein Geld verdiente. Sam (damals Simon), war 1878 als Siebzehnjähriger aus Elsaß-Lothringen herübergekommen und hatte sich in kürzester Zeit als mittelloser Einwanderer fest etabliert. Instinktiv fanden sie zueinander, oder wie Groucho es ausdrückte: »Sie fanden naturgemäß zueinander.«

Es gibt einige Unstimmigkeiten darüber, wo sich Sam und Minnie tatsächlich kennenlernten. Groucho behauptete, in der Tanzschule, während Grouchos Sohn Arthur die Geschichte gehört hatte, sie wären sich auf einem sonntäglichen Ausflug auf einem Ferryboat begegnet. Groucho entgegnete: »In der Familie Marx gibt es keine ferries [Feen].« Wie auch immer, jedenfalls lernten sie sich 1882 kennen, und als sie 1884 heirateten, war Sam 23 und Minnie 19 Jahre alt. Obwohl die Ehe sich nicht als die herkömmliche Idylle entpuppen sollte, schien es doch, als wäre sie im Himmel geschlossen.

Minnies ständige Gefährtin in der 93. Straße Ost war ihre Schwester Hannah Schickler, die eine Weile mit den Jungs zusammen auftrat. Ihr Porträt, ein Geschenk von Zeppo, hing in Grouchos Eßzimmer. Es zeigte sie zusammen mit Zeppo, dessen goldene Locken den späteren von Shirley Temple den Rang streitig machten. Groucho erinnerte sich seiner Tante mit Zuneigung:

»Wenn Tante Hannah eine Zigarette rauchen wollte, mußte sie auf die Toilette gehen. Heute rauchen die Frauen Pfeife und Zigarre. Und Marihuana.«

»Die beiden Schwestern waren unzertrennlich«, erinnerte sich Ethel Wise, eine Nachbarin aus der 93. Straße.

»Sie waren so entzückend. Sie trugen immer große Hüte, und sie waren arm, aber sie sahen so reizend aus mit diesen Hüten und ihren schönen Kleidern. Minnie Marx war eine faszinierende Frau — gut aussehend und immer fröhlich. Diese Frau war wirklich wer. Die Jungs verdanken Minnie Marx alles. Außer Groucho. Er hätte es auch allein geschafft.

Ich kann mich noch erinnern, wie Minnie Marx merkte, daß sie schon wieder schwanger war. Sie wußten nicht, daß ich in der Nähe war, aber ich hörte sie mit meiner Mutter reden. Sie hatten nicht viel Geld. Sie sagte: ›Was soll ich nur tun?‹ Und meine Mutter antwortete: ›Noch ein Kind bekommen.‹ Und das tat sie auch. Es war Herbert [Zeppo].«

Von all ihren Kindern sah Harpo ihr am ähnlichsten, besonders mit seiner blonden Lockenperücke. »Meine Mutter hatte so blonde Haare wie Harpo und du«, berichtete mir Groucho. Vor allem war Minnie Marx eine energische Frau, und hatte sie sich einmal ein Ziel in den Kopf gesetzt, wich sie von ihrem Weg nicht mehr ab. In dieser Hinsicht war ihr Groucho sehr ähnlich. Als ich ihn fragte, was seine Mutter wohl von Women's Lib gehalten hätte, antwortete er ohne Zögern: »Meine Mutter wäre *für* Women's Lib gewesen«, und fügte ehrfurchtsvoll hinzu: »Sie war eine große Frau.« (Für ihn war die Bezeichnung »Frau« ein viel größeres Kompliment als das Wort »Dame«.)

Zum Glück für ihre Jungs setzte sich Minnie deren Erfolg im Showbusiness zum Ziel. Um es zu erreichen, trieb sie sich und ihre Söhne unerbittlich an. Morrie Ryskind erinnerte sich:

»Ich werde nie vergessen, wie sie damals auf die Bühne kam und Chico eine knallte. Wir waren in Philadelphia, ich weiß nicht mehr genau, mit welcher Show — ich glaube, es war *Animal Crackers* —, und wenn du Chico gekannt hättest, wie ich ihn kannte! Er trieb sich herum, kam zu spät und verpaßte die Stichworte, aber den Leuten gefiel die Show, Gott sei Dank.

Als der Vorhang fiel, standen wir hinter der Bühne. Minnie Marx kam herauf und haute Chico vor allen anderen voll ins Gesicht. ›Wie kannst du es wagen, so eine Vorstellung zu geben! Die Leute da draußen haben dafür bezahlt. Du hast kein Recht so etwas zu tun!‹ Junge, sie machte ihm die Hölle heiß mit ihrem Gebrüll. Sie hatte ein Ziel!«

Nach Harpos Beschreibung hatte Minnie »die Zähigkeit eines Brauereipferdes, die Zielstrebigkeit eines Lachses, der sich auf seinem

Weg einen Wasserfall hinaufkämpft, die Verschlagenheit einer Füchsin und eine so grimmige Zuneigung zu ihrer Brut wie jede Löwin.«

In Palm Springs erzählte mir Gummo von der Entschlossenheit seiner Mutter:

»Meine Mutter und ich fuhren von La Grange, Illinois, nach Chicago — wir hatten während des Ersten Weltkrieges eine Farm in La Grange —, und meine Mutter sprach mit mir. Sie sagte: ›Gummo, ich muß mit dir reden. Es gibt fünf Marx Brothers, aber Zeppo ist zu jung, um eingezogen zu werden, und Chico ist verheiratet. Wenn Groucho oder Harpo eingezogen werden, würde die Truppe auseinanderbrechen.‹ Ich fragte: ›Was schlägst du vor?‹ ›Ich werde zur Musterungskommission gehen, und wenn du zum Heer gehen willst, kann ich die anderen dafür loseisen‹, was sie auch schaffte, denn sie war sehr energisch. Ich sagte, ich ginge gern zum Militär. Also ging sie zur Musterungskommission und setzte durch, daß es reichen würde, wenn einer von uns fünfen zur Army ginge. Und ich ging. Aber ich erzählte den anderen nie — bis auf den heutigen Tag —, was meine Mutter mir sagte, als wir nach Chicago hineinfuhren: daß ich entbehrlich sei. Und ich war es!«

Zeppo fügte dem hinzu:

»Herzchen, du kannst mir glauben: ihr ganzes Leben ging völlig in uns auf. Das meiste tat sie, bevor ich zu der Truppe kam. Als Groucho zur Armee gehen mußte, rief sie mich und sagte: ›Fahr nach Rockford!‹ Das war aufregend damals. Ich mußte die Rolle des Stichwortgebers übernehmen und tanzen lernen.

Meine Mutter war eine sehr freundliche Frau, ein sehr guter Mensch. Sie nahm jeden auf und …

Willst du alles über meine Mutter wissen, Herzchen? Eines Nachts stieg ein Räuber ins Haus, schlich ins Schlafzimmer meiner Eltern und nahm alles Geld aus der Hose meines Vaters. Sie wachte auf und der Räuber zischte: ›Schhh!‹, und sie blieb stumm. Nachdem der Räuber fort war, weckte sie meinen Vater und sagte: ›Sam, du bist ausgeraubt worden. Er hat einfach das Geld aus deinen Hosen genommen.‹ Anfangs wollte er es gar nicht glauben, aber es war wirklich so.«

Ich fragte Zeppo, ob seine Mutter Angst gehabt hätte, der Räuber könne seinen Vater verletzen, oder ob sie so nett war und nicht wollte, daß der Räuber gefangen würde. Zeppos Antwort war ein delphinisches »Nein«. Er wollte es nicht weiter erklären. Ich bat Groucho, mir Zeppos relativ dunkle Antwort zu erläutern, mit folgendem Resultat:

»Sie wollte nicht, daß mein Vater gefangen würde.«

Am Tag, als Groucho seinen Oscar erhielt, sagte er mir:

»Meine Mutter war eine fantastische Frau. Sie sammelte uns, sie brachte uns zusammen. Sie machte aus uns einen Strauß Blumen. Kannst du dir vorstellen, wie das war, als sie nach all ihren Kämpfen schließlich sah, wie wir Stars wurden? Ohne sie wären wir nichts geworden.«

Die Marx Brothers zusammenzubringen, war keine leichte Aufgabe. Die Jungs waren im wirklichen Leben genauso verrückt wie auf der Bühne oder im Film, aber die Familie besaß ein seltenes Zusammengehörigkeitsgefühl, das durch dick und noch dicker hielt. »Wir waren die einzige Truppe, die nie miteinander Streit hatte«, sagte Groucho stolz. Aber sie waren sich nicht immer so sicher wie Minnie, daß ihre Bestimmung im Theater lag.

Hattie Darling, die 1921 in *On the Mezzanine Floor* (später kurz *On the Mezzanine*) mit den Marx Brothers auftrat, erinnerte sich, daß die Jungs ihre Mutter nicht »Mutter« nannten, sondern »Minnie«. Sie behandelten sie, als ob sie selbst eine von den Jungs wäre − manchmal sogar wie eines der hübschen jungen Revuegirls. »Mrs. Marx liebte das. Aber sie hatten alle viel Respekt vor ihrer Mutter.«

Grace Kahn, die Witwe und Mitarbeiterin des Songkomponisten Gus Kahn, die einige Zeit mit Groucho durch die Ehe seines Sohnes und ihrer Tochter verwandt war, berichtete mir von der Minnie, die sie gekannt hatte.

»Minnie war entschlossen, die Jungs zu einem Hit werden zu lassen, und sie machte sie zu einem Hit. Ich nehme an, sie war, was man einen Agenten nennen würde. Sie war nicht nur der Agent, sie war der Boss von allem. Es ist lustig, wie gut ich mich an sie erinnere, denn so gut kannte ich sie gar nicht.«

Was auch immer vonnöten war, um die Karriere der Jungs voranzutreiben, Minnie besorgte es oder fand jemanden, der es konnte. Gelegentlich trat sie sogar selbst auf, bis während einer Vorstellung der Six Mascots in Atlantic City sie und Hannah sich zufällig auf denselben altersschwachen Bühnenstuhl setzten. Sie ernteten großes

Gelächter, und Minnie entschied kurzentschlossen, ihren Sturz zu einem ständigen Teil der Nummer zu machen.

Minnie, die klein war und eine Vorliebe für Sams kulinarische *chefs d'oeuvre* hatte, nahm schließlich Zuflucht zu einem Fischbeinkorsett, um die Uhr zu den Tagen ihrer Wespentaillenfigur zurückzustellen. Sie meinte, so jugendlich wie möglich aussehen zu müssen, um das »Nein« eines widerspenstigen Maklers oder Theaterbesitzers in ein »Ja« umwandeln zu können.

»Sie vermittelte uns stets selbst«, erzählte mir Groucho. »Sie glaubte, gut aussehen zu müssen, also trug sie ein Korsett und eine blonde Perücke, wenn sie sich mit Agenten traf. Sie war damals so um die fünfzig, und jeder wußte, es war eine Perücke.«

Da das Korsett unbequem war, legte Minnie es ab — wo sie auch war, wenn sie meinte, es wäre nicht mehr nötig. Groucho erinnerte sich, daß das bei Freunden vorkam, zu denen Sam und Minnie oft zum Kartenspielen gingen.

»Meine Mutter war versessen aufs Pokern. Sie spielten ein sogenanntes 2-Cent-Poker. Und sie trug ein Korsett. Mein Vater mußte ihr immer den Fuß in den Rücken stemmen und die Bänder strammziehen. Wenn sie dann bei der Kartenrunde ankamen, hatte sie schon genug von dem Korsett und wickelte es in eine Zeitung, aus der dann immer die Schnüre heraushingen.«

Minnie führte ihre Jungs durch Jahre mühseliger einabendlicher Engagements in unbedeutenden Varietébühnen, bevor *Home Again* die größeren Theaterringe aufmerksam werden ließ. Sie spürte, daß man ein anspruchsvolleres Theaterstück brauchte, um die Agenten zu beeindrucken, und bat ihren Bruder, Al Shean, ihnen eine längere komische Satire zu schreiben, zu dem sich einige grandiose Bühneneffekte, die sie im Kopf hatte, und die Bühnenbildüberbleibsel eines Fiaskos mit dem Titel *The Cindarella Girl* verwerten ließen. Das Bühnenbild, an das sich Groucho am deutlichsten erinnerte, war eine gebrechliche Dampferattrappe, die auf wackligen Rädern von einem schwankenden Kai ablegen sollte. Wenn die Räder klemmten, was nicht eben selten vorkam, mußte Harpo vor den Augen der Zuschauer das Schiff aus dem Hafen schleppen.

Home Again war der Wendepunkt in der gemeinsamen Karriere der Marx Brothers, und Minnies Manager- und Agententätigkeit war nicht mehr so erforderlich. Als die große Zeit der Marx Brothers begann, zogen Sam und Minnie in ein komfortables Haus in Great Neck, und ein prachtvoll livrierter Chauffeur fuhr sie, wohin sie wollten. Sam gewöhnte sich leichter an das Limousinenleben als Minnie, die sich mit ihrem Rücksitz keineswegs abfinden wollte und in ihrer Theaterbesessenheit und im Vollbesitz ihrer alten Energie eine Theaterkarriere für den Chauffeur anzuleiern versuchte! 1929 erlag Minnie einem Herzanfall, nachdem sie auf einer Familienfeier mehrere Stunden lang Pinokel und Pingpong gespielt hatte.

Obwohl Groucho viele Frauen in seinem langen Leben kannte, nahm keine jemals ihren Platz ein. Tatsächlich sprachen Groucho und seine Brüder immer so von ihr, als lebe sie noch immer und spiele eine wichtige Rolle in ihrem Leben. Ihr deutsches Porzellanpuppengesicht sah Groucho jeden Tag von den allgegenwärtigen Fotos an den Wänden seiner Diele und seines Schlafzimmers an.

Ihr zu Ehren tragen alle Töchter der Marx Brothers einen Namen, der mit M beginnt, mit M für Minnie. Grouchos älteste Tochter heißt Miriam, seine jüngste Tochter Melinda. Harpos Adoptivtochter heißt Minnie, Chicos Tochter Maxine.

Eine von Grouchos frühesten Erinnerungen an das andere Geschlecht war eine Tante, die »rote Haare und hohe Absätze hatte, in Chicago und St. Louis gewesen war und einmal sogar eine Nacht in Denver verbracht hatte«. Sie war bezaubernd und aufregend und verbreitete einen aufreizenderen Duft als der Petroleumofen, der die Atmosphäre der Wohnung bestimmte. Groucho sagte später, er habe ihn als den »Einheitsduft von Bordellen« wiedererkannt.

Er war völlig am Boden zerstört, als sie ihm ihr bewunderndes Lächeln schenkte und zu Minnie die Zauberworte sprach: »Julius hat die wunderschönsten großen braunen Augen, die ich je gesehen habe.« Er fühlte sich in Verzückung versetzt. Als jemand, dem außer von seiner Mutter noch nie weibliche Anerkennung zuteil geworden war, wuchs Grouchos Appetit mit dem Essen, und ihn dürstete nach mehr Aufmerksamkeit. Plötzlich wurde er sich seiner Augen, von denen ihm gar nicht klar gewesen war, daß sie schön sein könnten, überwältigend bewußt. Er paradierte unablässig vor seiner Tante auf und ab und zog die Augenbrauen so hoch, wie es irgend ging, aber ihre launische Aufmerksamkeit verflüchtigte sich, und die Herrlichkeit verging. Selbst zermürbende Anstrengungen, einen schwindsüchtigen Husten zu simulieren, verfehlten ihr Ziel. Schließlich gab er auf. Viel später offenbarte ihm eine nachträgliche Untersuchung vor dem Spiegel, daß »meine Augen grau sind«.

»Als ich dreizehn war«, berichtete mir Groucho, »glaubte ich, ein reiches Mädchen zu lieben. Sie war elf. Ihr Name war Rosie, also schickte ich ihr jeden Tag eine Rose. Sie fuhr mit ihrer Familie nach Europa, und als sie zurückkam, sah sie mich nicht mehr an. Tolle Romanze.«

Grouchos erste bedeutsame Begegnung mit dem schönen Geschlecht war die frühreife Schönheit Annie Berger. Er hat die Geschichte viele Male erzählt, aber auf Marvin Hamlischs Bitte wiederholte er sie für Mike Nichols und mich noch einmal.

MARVIN HAMLISCH Willst du mir nicht noch mal die Geschichte von Annie Berger erzählen? Ich liebe diese Geschichte.

GROUCHO Als ich fünfzehn war, wohnten wir im selben Haus wie Annie Berger. Sie wohnte einen Stock über uns. Ich hielt nach ihr Ausschau, bis sie aus der Schule kam, und saß auf der Treppe und sah ihr unter die Röcke. Ich war verrückt nach ihr.

MARVIN HAMLISCH So romantisch!

GROUCHO Ich liebte es, ihre Beine zu betrachten. Sie hatte ein Paar fabelhafte Beine. Und sie hatte zwei davon. Es war selten, daß man ein Mädchen mit zwei Beinen sehen konnte. Auf jeden Fall, ich kaufte immer für meine Mutter das Brot ein. Ein frisches Brot kostete einen Nickel. Ich kaufte einen Tag altes Brot, das vier Cent kostete. So sparte ich siebzig Cent zusammen, rief Annie Berger an und sagte: »Ich möchte dich ins Theater einladen.«

Eine Theaterkarte kostete 25 Cent. Das machte zusammen 50 Cent. Plus 10 Cent Fahrgeld für einen Weg. Als wir ins Theater hineingingen, sah sie den Bonbonverkäufer und sagte: »Mann, hätte ich gern ein paar Bonbons!« Ich hatte nur noch zehn Cent. Das war das Fahrgeld nach Hause. Ich kaufte ihr die Bonbons, und nun hatte ich nur noch einen Nickel. Und sie aß die Bonbons und bot mir keins an. Darum sagte ich, als wir aus dem Theater kamen, zu ihr: »Schau mal, du hast die Bonbons gehabt und hast mir keins abgegeben. Ich will gerecht zu dir sein. Ich mache es so wie du, und wir sehen mal, wer von der 42. Straße nach Hause laufen muß.« Von Hammersteins Victoria bis zur 93. Straße. Und sie mußte nach Hause laufen.

MIKE NICHOLS Hat sie's dir nicht übelgenommen?

GROUCHO Keine Ahnung. Ich ließ sie im Schnee stehen. Es war Winter.

Doch Grouchos Romanze mit Annie Berger endete nicht bei Hammersteins Victoria. Marvin, Mike und mir erzählte er die Geschichte zu Ende: »Zehn Jahre später, als ich im Palace Theater spielte, sah ich Annie Berger wieder. Aus einer Loge winkte mir ein hübsches Mädchen zu. Sie war damals bei der Tanztruppe des Winter Garden und war über das Nachhauselaufen hinweggekommen. Wir verbrachten zwei herrliche Wochen zusammen…in ihrem Appartement.« Groucho seufzte.

»Als ich später in der Merv Griffin-Show auftrat, erzählte ich die Geschichte mit Annie Berger. Ihre ältere Schwester sah die Show, rief mich an und sagte: ›Ich bin Annie Bergers Schwester.‹ Und wir luden sie zu uns ein.«

Ethel Berger Wise erzählte mir von dem Essen bei Groucho:

»Ich rief ihn an, und er lud mich zu sich zum Essen ein. Wir hatten uns seit siebzig Jahren nicht mehr gesehen, und er war genauso alt wie ich. Aber er war immer noch lebhaft und erzählte Witze und machte Kalauer. Es war einer der denkwürdigsten Abende meines Lebens. Sidney Sheldon, der nette Schriftsteller, war auch dort. Groucho war so, wie er als Junge gewesen war, und sagte immer lustige Sachen.

Groucho und meine Schwester waren verliebt. Es war nur eine Jugendschwärmerei. Er war ungefähr vierzehn, sie vielleicht zwölf. Sie war bereits ein *sehr* schönes Mädchen, er aber wollte Schauspieler werden, und wir hielten das alle für sehr anstößig. Wir wußten oder glaubten zu wissen, wie Schauspieler lebten. Wir sahen auf sie herab, weil sie Schauspieler waren, aber Annie glaubte, sie wolle auch so leben.

Ich erinnere mich noch, wie Groucho im New Yorker Star Theatre in der Lexington Avenue Premiere hatte. Gibt es das Theater noch? Wir gingen alle hin, um ihn zu sehen, meine ganze Familie, die ganze Nachbarschaft. In allen Lebensmittelgeschäften des Viertels wurde dafür Reklame gemacht, und als Dank für die Werbung bekam jedes Geschäft ein paar Freikarten. So kam unser Theaterbesuch zustande. Jeder ging hin, um zu sehen, wie aus Julie ein Star wurde.

Wir zogen dann nach Kalifornien, und Julie und seine Familie gingen mehrere Jahre nach Chicago, und es dauerte lange, bis sich Groucho und Annie wiedersahen. Annie liebte das gute Leben und das Theater. Sie liebte es auszugehen. Ich weiß, daß meine Schwester ihn in New York wiedergesehen hat, und sie hatten eine sehr enge Beziehung. Ich verachtete sie, weil sie sich so verrückt benahm. Ich war ein sehr ernstes Mädchen.«

Ethel Wise verriet mir, wie die Annie Berger-Geschichte ausging:

»Annie liebte das Pokerspiel, und Minnie Marx liebte das Pokerspiel. Als die Familie Marx nach Kalifornien zog, spielten Annie und Minnie oft mit ein paar anderen Frauen Poker. Sie sprachen über Julie und was gewesen sein könnte. Annie sagte zu Minnie: ›Man blickt zurück und fragt sich, warum man manche Dinge tut.‹ Ich glaube, Annie bedauerte, daß es mit Julie nicht weiterging, vielleicht auch, daß sie nicht geheiratet hatten.

Annie war zweimal verheiratet. Sie ging zur Bühne, nicht zur Revue, sondern zum Theater. Am Bühneneingang begegnete ihr Johnny, ein Engländer. Er wartete am Tor auf sie, und sie ging mit ihm aus und heiratete ihn.

Annie war *so* schön und sie war sich ihrer Schönheit sehr bewußt. Eines Tages gingen wir den Beverly Drive entlang und sahen plötzlich Groucho auf uns zukommen. Annie wandte ihr Gesicht ab, sprach auf mich ein und wechselte schnell die Straßenseite. Ich sagte: ›Guck mal, da ist Julie. Willst du ihn nicht sehen?‹ Aber sie wollte nicht. Sie sah immer noch sehr gut aus, war aber schon in mittleren Jahren und nicht mehr so schön, wie sie's als Mädchen gewesen war. Sie wollte nicht, daß er sie so sah.

Ich hielt das für dumm, darum sagte ich zu ihr: ›Denk doch nur, wie lustig das wäre, mit Julie über alte Zeiten zu plaudern.‹ Aber sie sah es ganz anders. Die Menschen denken eben verschieden. Annie ist vor ein paar Jahren gestorben. Wir waren uns sehr nahe. Die letzten fünfzehn Jahre haben wir zusammen gelebt.«

Grouchos Frühzeit war alles andere als eine Kette romantischer Triumphe.

»Den ganzen ersten Teil meines Lebens schlief ich mit farbigen Mädchen — Stubenmädchen in den Hotels, in denen wir abstiegen. Damals hatten alle Hotels schwarze Stubenmädchen. Man gab ihnen ein paar Dollar, nahm sie mit aufs Zimmer und schlief mit ihnen. Das war ganz üblich so. Sie unterschieden sich nicht von den weißen Mädchen. Nein, das stimmt nicht: einige von ihnen waren sogar besser. Als unbedeutende Varietékünstler kriegten wir keine weißen Mädchen. Sie hatten Angst vor Schauspielern. Viele Mädchen waren von Schauspielern vergewaltigt worden. Also nahmen wir, was wir bekommen konnten, und das waren schwarze Zimmermädchen. Aber ich erinnere mich an einen großen Auftritt mit W.C. Fields; wir hatten zwanzig Mädchen in der Show. Alle waren sie weiß, und alle waren sie nett. Ich kannte sie eher nach ihrer Zahl als dem Namen nach. Da gab es wirklich einiges Gerammel.«

Er bekam mehr als er gerechnet hatte, wie er in einer Unterhaltung mit Erin und mir gestand.

ERIN Was war deine erste körperliche Beziehung zu einer Frau?

GROUCHO Ins Bett gehen, natürlich.

ERIN Nein, ich meine, wer war das Mädchen?

GROUCHO Tja... Ich kann mich nicht erinnern. Es ist bald tausend Jahre her.

ERIN Wo hast du deine Unschuld verloren?

GROUCHO In einem Puff in Montreal. Ich war sechzehn und wußte nichts von Mädchen. Und bevor ich die Stadt verließ, hatte ich einen Tripper.

In einem Gespräch mit Groucho ließ Jack Nicholson nebenbei fallen, daß er aus New Jersey stammte. Das weckte in Groucho eine alte Erinnerung.

GROUCHO Woher kommst du in New Jersey?

JACK NICHOLSON Aus der Gegend von Asbury.

GROUCHO Asbury Park? Ich werde das nie vergessen, ich war fünfzehn und küßte ein Mädchen, und sie steckte mir ihre Zunge in den Mund.

JACK NICHOLSON In Asbury?

GROUCHO In Asbury Park.

JACK NICHOLSON Ja, dort machen sie alles.

GROUCHO Ich war so aufgeregt, daß ich eine Woche nicht schlafen konnte.

Als Grouchos Karriere im Showbusiness auf Touren kam, legte auch sein Liebesleben einiges zu.

»Als wir anfingen, durch die kleinen Varietés zu tingeln, hatte ich keine Mädchen. Wir waren einfach nicht lange genug in den Städten, um irgend jemanden kennenzulernen. Wir gingen in Puffs. Dort brachten wir ein paar von unseren Sachen. Harpo und Chico spielten Klavier und ich sang. Die Mädchen — und die Madame — kamen immer zu unseren Vorstellungen ins Theater, und wenn wir ihnen gefielen, schickten sie uns einen Zettel in die Garderobe. ›Wenn ihr heute abend nach der Show nichts vorhabt, kommt doch rüber und besucht uns.‹ Manchmal blieben wir die ganze Nacht. Wir waren immer hinter Mädchen her. Wir kamen mal in eine Stadt, da gab es ein Hotel, und im Mezzanin stand ein Klavier. Chico fing an zu spielen, und es waren zwanzig von den Damen um ihn rum. Chico riß auch Mädchen für uns auf.«

Damals sah man Schauspieler nicht als passende Liebhaber für »feine« Mädchen an, also nahmen die Marx Brothers, was verfügbar war.

Groucho erzählte mir, was passierte, als Gummo mal ein »feines« Mädchen in New Orleans kennenlernte:

»Ihr Vater kam nach der Vorstellung zu ihm und sagte: ›Du warst gestern abend mit meiner Tochter aus. Wenn das noch mal passiert, reist du in einer Kiste nach New York zurück.‹ Schauspieler waren damals nicht sehr beliebt. Außer in den Puffs. In den meisten Städten gab es kein Lokal, wohin ein Schauspieler gehen konnte, und nur wenn man Glück hatte, riß man sich vielleicht ein Mädchen auf. Aber die Regel war, daß man in den Puff gehen mußte.«

Als Groucho in New York war und wir auf das Flatiron Building zufuhren, ließ er den Wagen langsamer fahren. »Das ist das Flatiron Building«, sagte er nachdenklich. »Ein hübsches Gebäude. Die Marx Brothers standen immer an dieser Ecke und sahen den Mädchen hinterher. Aber damals«, fügte er hinzu, »damals standen wir an vielen Ecken und sahen den Mädchen hinterher.

Als ich jung war, war ich verrückt nach Mädchen. Besonders, wenn sie Seidenstrümpfe trugen. Damals hatte man in den Autos Klappsitze. Irgend ein Philosoph sagte: ›Man kann mehr über ein Mädchen sagen, wenn man beobachtet, wie sie auf einen Klappsitz steigt, als wenn man zwanzig Jahre mit ihr verheiratet ist.‹«

Groucho erreichte das 20 Jahre-Ziel in der Ehe nur mit seiner ersten Frau, Ruth. Die nächsten zwei Frauen kamen, als der Klappsitz längst der Vergangenheit angehörte, und keine dieser Ehen dauerte so lange. Aber selbst, wenn es Klappsitze gegeben hätte, als er Kay und Eden heiratete, hatte er das Gefühl: »Nach zwanzig Jahren wäre ich noch genauso im dunkeln herumgetappt wie beim ersten mal.« Oft sagte er, daß Frauen ihn verwirrten.

»Ich verstehe Frauen nicht. Sie sind von völlig anderem Schlag als Männer. Es gibt eine Menge Dinge, die ich an Frauen nicht verstehe, zum Beispiel, warum stützen Frauen beim Stehen immer eine Hand in die Hüfte? Männer machen das nicht. Aber ich glaube, eine Frau kann eine wunderbare Gefährtin sein. Zumindest war meine Mutter eine. Ich fand es erst vor ein paar Jahren heraus.«

Obwohl er vielleicht die Frauen nie verstand, hielt das die Frauen nicht davon ab, ihn zu mögen. Hattie Darling erinnerte sich an ihn als einen »ganz entzückenden Mann«:

»Groucho besaß viel Menschlichkeit, und er hatte eine Menge Charme. Er hatte immer viel Charme, und er sah sehr gut aus, obwohl er diesen Schnurrbart trug. Ich glaube, Groucho sah von allen Brüdern, inklusive Zeppo, am besten aus. Sicher, Zeppo war sehr jung, aber er hatte nicht so viel Charakter im Gesicht wie Groucho. Groucho hatte etwas im Gesicht, das energisch war. Ich glaube, das war er. Ich hatte immer etwas für Groucho übrig, mehr als für jeden anderen in der Truppe.«

Groucho selbst war sich seiner besonderen Anziehungskraft auf viele Frauen bewußt.

»Die Mädchen mochten mich. Ich meine, nicht wie Clark Gable oder Valentino, aber als ich jünger war, fanden mich die Frauen attraktiv. Sie fanden mich lustig. Bestimmte Frauen mögen lustige Männer.«

George Jessel unterhielt sich mal mit mir über die erotische Ausstrahlung von Komikern im allgemeinen und der Marx Brothers und Groucho im besonderen.

»Um wirklich groß zu sein, muß man ziemliches Stehvermögen haben, und ein Teil dieses Stehvermögens ist Sex. Das soll nicht heißen, daß im Publikum Frauen aufstehen und sagen: ›Groucho, ich will mit dir ins Bett gehen.‹ Aber die Marx Brothers hatten ein Gespür für Sex.«

Charlotte und Bert Granet, alte Freunde von Groucho, erörterten seine erotische Ausstrahlung als Mann und als Schauspieler.

CHARLOTTE GRANET Groucho war für mich als Mann immer attraktiv.

BERT GRANET Das habe ich nicht wahrgenommen. Glaubst du, es war der Mann, oder das Image, das ihm die Autoren und sein Ruhm verschafften?

CHARLOTTE GRANET Der Mann. Aber ich glaube, man kann das nicht trennen.

Ich fragte Groucho nach seinem »Ruf« bei Frauen.

ICH Du hast einmal gesagt, du stündest ganz im Ruf eines Lüstlings. Meinst du, du hast diesen Ruf verdient?

GROUCHO Nicht mehr. Aber sicher vor fünfzehn Jahren, vielleicht ein wenig früher.

ICH Wie bist du dazu gekommen?

GROUCHO Ich habe versucht, Frauen ins Bett zu bekommen.

ICH Wie hast du das angestellt?

GROUCHO Mit Charme. Als geistreicher, faszinierender Gesprächspartner. Ich brodelte nur so vor Charme.

ICH Wie hoch war deine Erfolgsquote?

GROUCHO Bei den Damen? Ungefähr fifty-fifty.

ICH Das ist eine Quote von 500!

Vor den erwähnten fünfzehn Jahren war er Ende sechzig. Bei einer anderen Gelegenheit aber, in einem Gespräch mit dem Innenarchitekten Peter Shore, war Groucho nicht so optimistisch.

PETER SHORE Ich entwerfe gerade ein Haus für einen fünfzigjährigen Junggesellen, dessen ganzes Image darin besteht, ein sehr flatterhafter Junggeselle zu sein. Sehr *macho*.

GROUCHO Es ist nicht so einfach zu flattern, wenn man über fünfzig ist.

PETER SHORE Oh, du ziehst einfach 'ne gute Show ab.

GROUCHO Es flattert sich besser, wenn man fünfundzwanzig ist.

Über Chicos unglaublichen Erfolg bei Frauen sprach Groucho oft. George Jessel erzählte mir: »Chico knöpfte seinen Hosenstall erst zu, als er über siebzig war.« Ohne Neid sann Groucho über das Mysterium Chico nach − etwas, das er sich nie erklären konnte.

GROUCHO Die Mädchen waren verrückt nach ihm. Ich habe nie einen Mann gesehen, dem so viele Frauen nachliefen wie ihm. Wir hatten alle Mädchen, aber Chico war derjenige, der für die Mädchen wirklich was hatte.

ICH Was war deiner Meinung nach das Geheimnis von Chicos großem Charme für Frauen?

GROUCHO Ein bestimmter Blick in seinen Augen. Ich bin nie genau dahintergekommen, was es war. Das Geheimnis starb mit ihm. Nur eine Frau, die ihn kannte, könnte es dir erzählen. Aber er hatte genug für alle. Er besorgte für uns alle Mädchen. Er war ein großer Frauenheld und versessen auf Mädchen. Aber er hatte überhaupt keine Achtung vor den Frauen. Chico sagte, in Kalifornien riechen nicht die Blumen, sondern die Frauen.

ICH Man könnte wohl nicht sagen, daß Chico ein Romantiker war.

GROUCHO Nein. Er war ein sachlicher Liebhaber. Er ging mit ihnen ins Bett und verließ sie, aber sie waren verrückt nach ihm. Er hatte Charme.

ICH Und Männer mochten ihn auch.

GROUCHO Ja. Jeder mochte ihn, bloß die Leute nicht, denen er Geld schuldete.

»Ich war das einzige Mädchen in der Truppe, daß Chico nicht schaffte«, erzählte mir Hattie Darling. »Ich war ein hübsches kleines jüdisches Mädchen. Irgend jemand reiste immer mit mir mit.«

Bobbe Brox, die mit ihren Schwestern in der Bühnenversion von *The Cocoanuts* auftrat, bestätigte Hattie Darlings Einschätzung von Chico und fügte hinzu:

»Chico war die Sorte Mann, die in den Garderoben Jagd auf uns machte. Er hatte nicht die Klasse, die Groucho hat. Harpo kannte ich nicht allzu gut. Denn Harpo angelte sich im allgemeinen ein Mädchen aus der Show, und dabei blieb es, solange die Show lief. Ich kann mich nicht erinnern, daß er irgend jemanden belästigt hätte.

Wen wir am besten kannten und leiden mochten, das war Groucho. Die anderen von den Jungs waren uns nicht so vertraut. Aber

Groucho waren wir sehr zugetan, denn er wollte immer mehrstimmig singen. Er liebte es, mit uns zusammen zu sein und zu singen. Unsere Freundschaft ging noch lange weiter, hier in Kalifornien, als wir alle hier lebten.«

Auch Maureen O'Sullivan, die mit den Marx Brothers in *A Day at the Races* arbeitete, war mehr von Groucho als von Chico beeindruckt.

MAUREEN O'SULLIVAN Ich mochte Chico sehr gern. Er war ein sehr ruhiger, ernster Mann.

ICH Groucho meint, Chico habe eine außergewöhnliche Anziehungskraft auf Frauen gehabt, und er hat mir den Rat gegeben, ich sollte Frauen, die ihn kannten, fragen, was es war.

MAUREEN O'SULLIVAN Groucho war derjenige, von dem ich Notiz nahm. Er war viel einfacher zu verstehen.

Hattie Darling zufolge nahm Groucho seine Ehegelübde sehr ernst, die ihn als »sehr verliebt« in seine junge Frau Ruth beschrieb. Aber Groucho leugnete nicht, daß auch er sich vor der Ehe in seiner Sturm-und-Drang-Zeit die Hörner abgestoßen habe.

GROUCHO Einmal im Adolphus Hotel in Dallas, machte ich es achtmal in einer Nacht. Ich war neunzehn.

ICH Würdest du, wenn man das könnte, all die Auszeichnungen und Preise dafür, Groucho Marx zu sein — den Oscar, die Ehrenlegion, die Tausende von Briefen — dafür weggeben, um wieder ein junger starker Mann zu sein?

GROUCHO Sie könnten mir die Auszeichnungen ja nächstes Jahr geben.

Obwohl Groucho die romantische Vorstellung einer dauerhaften Ehe für illusorisch und für sich selbst kaum erreichbar hielt, glaubte er noch immer, sie sei möglich.

ICH Glaubst du, es gibt so etwas wie eine ideale Ehe, eine wirklich gute Ehe?

GROUCHO Gummo ist dafür ein Beispiel. Harpo hatte keine Scheidung nötig. Nur Trottel wie ich. Wenn sich zwei Menschen wirklich lieben, betrügen sie einander nicht. Meine Großeltern feierten Goldene Hochzeit. Es ist wahr. Aber dann, als er schon über achtzig war, hatten wir ein farbiges Mädchen in der Küche, und er war nicht von ihr wegzukriegen.

Obwohl Groucho nicht daran glaubte, daß der Mann von Natur aus monogam sei, war er sich bei der Frau nicht so sicher. Er und Erin erörterten dieses zweierlei Maß.

ERIN Du meinst, der Mann ist kein monogames Wesen, und es sei natürlich für einen Mann, nach anderen Frauen zu gucken und sich für andere Frauen zu interessieren. Glaubst du, es ist natürlich für Frauen, sich für andere Männer zu interessieren? Was denkst du über Frauen, die Liebesaffären haben, während sie verheiratet sind.

GROUCHO Affären mit anderen? Das hat nicht viel mit Ehe zu tun.

ERIN Aber für einen Mann ist es in Ordnung?

GROUCHO Der Mann ist der Jäger von beiden. So ist die Natur. Die Frau ist unbewußt der Jäger, aber der Mann — der Mann ist eben ein Mann. Und wenn er ein attraktives Mädchen sieht, dann wird er sein Spielchen für sie abziehen. Ich finde das wundervoll.

ERIN Selbst wenn er verheiratet ist?

GROUCHO Nicht, wenn er sich mies dabei verhält. Sagen wir mal, er ist seit zwanzig Jahren verheiratet. Glaubst du, seine Frau ist da noch aufregend für ihn?

ERIN Aber du meinst, die Ehe ist schlecht, wenn er sie betrügt?

GROUCHO Ich glaube nicht, daß es aufs selbe rausläuft. Wenn die Durchschnittsfrau einen Mann hat, mit ihm verheiratet ist und ihn mag, glaube ich nicht, daß sie ihn unbedingt betrügen muß.

ERIN Und wenn doch?

GROUCHO Lassen sie sich scheiden und der Mann zahlt Alimente.

ERIN Warum können sie ihre Beziehung nicht weiterführen und trotzdem außereheliche Affären haben? Beide, nicht nur der Mann.

GROUCHO Dann hätten sie nicht zu heiraten brauchen.

ERIN Warum nicht?

GROUCHO Wenn sich beide betrügen, warum sollten sie heiraten?

ERIN Warum nicht, wenn sie sich mögen?

GROUCHO Wie soll er sie mögen, wenn er hinter einer anderen Frau her ist und sie hinter einem anderen Mann?

DUCK SOUP (Die Marx Brothers im Krieg)
Groucho mit Margaret Dumont

DUCK SOUP (Die Marx Brothers im Krieg)
von links: Zeppo, Groucho, Chico und Harpo

Beide Fotos:
A DAY AT THE RACES (Das große Rennen)

ERIN Du glaubst, daß die Frauen von Natur aus nicht zur Promiskuität neigen?

GROUCHO Nein, nicht wie die Männer.

ERIN Die Frauen erzählen's nur nicht.

GROUCHO *(ärgerlich)* Das ist ein Gebiet, auf dem ich mich nicht auskenne. Wenn sie hinter einem anderen her ist, dann ist das eine Scheißehe. Deshalb glaube ich, es wäre viel besser für zwei Menschen, wenn sie zusammenleben und nicht heiraten.

ERIN Du glaubst also an die Ehe auf Probe?

GROUCHO Sie ist besser als Elternschaft auf Probe.

Groucho, der ein so langes Leben hinter sich hatte und sich niemals neuen Ideen verschloß, drückte manchmal persönliche Meinungen aus, die widersprüchlich erschienen — weil sie es waren. Auf den ersten Blick erscheint vielleicht auch die vorangegangene Auseinandersetzung so, aber für Groucho war sie logisch, weil er ein Paradox war. Der angebliche Jäger, immer auf der Suche nach der nicht so wankelmütigen Frau, war in Wirklichkeit ein treuer Verfechter der Heiligkeit der Ehe. Groucho war insgesamt 47 Jahre verheiratet — wenn auch mit drei Frauen. Wir redeten über seine jugendlichen Vorstellungen von dem Werben und der Ehe.

GROUCHO Als ich jung war, las ich alle diese Geschichten über Horatio Alger, der eine Tochter reicher Eltern heiratete.

ICH Inwiefern haben sie dich beeinflußt?

GROUCHO Die Burschen in diesen Geschichten waren alle so anständig und tapfer. Die Geschichte handelte von der Tochter eines reichen Mannes, die immer in einem Zweispänner herumfuhr. Einmal gingen die Pferde durch und der junge Mann brachte sie zum Stehen. Später heiratete er die Tochter des reichen Mannes. Es waren Geschichten über Wagnis und Sieg! *(Er lachte)*

ICH Sie blieben nicht ohne Wirkung auf dich.

GROUCHO Bestimmt nicht. Ich habe drei Frauen geheiratet, und zusammen besaßen sie keine zwei Cent.

Ruth Johnson, Grouchos erste Frau und die Mutter von zwei seiner drei Kinder, war eine Tochter schwedischer Einwanderer und wurde 1901 geboren. Ihr Vater war Kapitän. Als Zeppos Adagiotanzpartnerin schloß sie sich 1919 der *Home Again*-Truppe an, als seine eigentliche Partnerin mitten in der Tournee ausschied. Gummo erzählte mir, wie Ruth in Grouchos Leben trat:

»Zeppos Partnerin verließ die Truppe. Groucho rief mich an und sagte, daß ich ein neues Mädchen drüben in Doyle's Billiard Parlor, 50. Straße, Ecke Broadway finden könnte. Ihr Vater, ein Schwede, sei immer dort. Groucho sagte: ›Sieh zu, daß du sie bekommst und ihr den Tanz so beibringst, daß sie ihn schon kann, wenn sie zur Truppe kommt.‹ Ich mietete also einen Übungssaal, das Mädchen erwischte ich durch ihren Vater und brachte ihr Schritt für Schritt den Tanz bei, den ich vor und Zeppo nach meinem Ausscheiden getanzt hatten. Tja, schließlich heiratete Groucho dieses Mädchen. Sie war seine erste Frau. Sie konnte nicht besonders gut tanzen, genau wie ich. Aber das Tanzen war auch nur ein weniger wichtiger Teil des Auftritts. Es war die Komik, die zählte.«

Noch einmal verlor Zeppo seine Tanzpartnerin – und bekam diesmal eine Schwägerin. Nachdem Groucho Ruth während der Tournee ein Jahr lang den Hof gemacht hatte, heiratete er sie 1920, als die Truppe durch Chicago kam. »Ich verbrachte meine Hochzeitsreise im oberen Schlafwagenbett auf der Fahrt durch Iowa«, erinnerte sich Groucho. »Ruth war mit mir dort oben.« Groucho war dreißig, Ruth neunzehn. Im nächsten Jahr kam Arthur, ihr erstes Kind, zur Welt – im selben Jahr wie Kay, Grouchos zweite Frau. Grouchos dritte Frau, Eden, wurde erst 1934 geboren, sieben Jahre nach der Geburt seines zweiten Kindes, Miriam.

Grace Kahn, die Groucho über ein halbes Jahrhundert lang kannte und mit ihm durch die geschiedene Ehe seines Sohnes und ihrer Tochter verwandt war, erinnerte sich an Ruth: »Ein wunderschönes, freundliches Mädchen. Sie war ein sehr liebenswerter und, ich würde sagen, erfolgloser Mensch, denn sie lebte irgendwie in Grouchos Schatten. Ich lernte Ruth als Mitglied der Truppe in Grand Rapids kennen, bevor Groucho und sie heirateten.«

Morrie Ryskinds Frau Mary beschrieb Ruth genauso:

»Ich hielt sie für einen sehr lieben, zärtlichen und reizenden Menschen. Aber sie entwickelte sich nicht neben Groucho. Sie war eine überaus hübsche Frau, aber sie hatte nie die Interessen, die er hatte.«

Bobbe Brox blieb noch Jahre, nachdem sie und ihre Schwester in *The Cocoanut* aufgetreten waren, eine gute Freundin der Marxens. Sie erzählte mir von Ruth und Groucho, wie sie sie gekannt hatte:

»Ruth war eine verhinderte Tänzerin, wissen Sie. Sie wollte immer eine Tänzerin sein. Das war ihr Problem. Einmal reisten William Perlberg, mein Mann, und ich mit Groucho und Ruth nach Honolulu, und sie waren so amüsant. Sie besorgte sich sofort einen Hulalehrer, und es wurde todernst mit Groucho. Er lag mit der Gitarre auf dem Bett und spielte diese verrückte Hawaimusik, und Ruth versuchte, mit dem hawaiischen Lehrer im Zimmer herumzuhüpfen. Groucho war wahnsinnig komisch, weil die Improvisationen ganz fantastisch waren, während all dies vor sich ging.«

Groucho unterhielt sich mit Erin und mir über seine erste Frau.

GROUCHO Ich wurde meine erste Frau bei Gilbert und Sullivan los.

ERIN Bei Gilbert und Sullivan.

GROUCHO Ja. Sie verstand sie überhaupt nicht, und ich spielte sie immer wieder.

ERIN Es machte sie wahnsinnig.

GROUCHO Nein, es machte sie nicht wahnsinnig, aber sie war nicht sonderlich glücklich, Gilbert und Sullivan hören zu müssen, weil sie ungebildet war. Ich glaube, sie hatte noch nie was von Gilbert und Sullivan gehört, bis ich sie heiratete.

Die Ehe dauerte bis 1942, als sie sich scheiden ließen. Wie alle drei seiner Frauen verließ ihn Ruth. Groucho lebte in der Gegenwart und redete nicht viel über seine früheren Frauen. Gelegentlich jedoch sprach er voll Trauer über Ruth:

»Ich arbeitete sehr hart und war allein. Und ich hatte eine Frau, die trank. Wir waren einundzwanzig Jahre verheiratet. Sie war sehr schön, als ich sie heiratete. Damals wog sie hundert Pfund. Als ich sie das letzte Mal sah, hatte sie so zugenommen, daß ich sie kaum wiedererkannte.«

1944 kam Norman Krasnas Erfolgsstück *Dear Ruth* am Broadway heraus. Er erzählte mir, das Vorbild für die Familie in *Dear Ruth* sei die Familie Marx gewesen, mit der er eng befreundet war. Der Richter hatte Groucho zur Vorlage, und die Titelrolle die »schöne, lebendige« Ruth Johnson Marx.

Nach der Scheidung sah Groucho Ruth von Zeit zu Zeit. Ruth hatte sich mit seiner Schwiegertochter Irene angefreundet, wobei es auch nach Irenes und Arthurs Scheidung blieb. Ihre letzte kurze

Begegnung fand 1961 auf Chicos Beerdigung statt. Ruth starb elf Jahre später, sie hatte nie wieder geheiratet. Zur Zeit ihres Todes hatte sich Groucho bereits von seiner dritten Frau scheiden lassen und Erin Fleming kennengelernt.

1945 heiratete Groucho Kay, seine zweite Frau. Die Exfrau des ehemaligen *Deadend*-Kid Leo Gorcey war vierundzwanzig, Groucho fünfundfünfzig. Trotz Grouchos Behauptung, daß sich mit 55 Jahren das Geschlechtsleben des Mannes drastisch einschränkte, wurde 1946, als Groucho immerhin 56 war, Melinda geboren. Die Ehe hielt nur bis 1951. Wieder hatte er sich ein schönes Gesicht gesucht, das nicht mit ihm Schritt halten konnte. Am Abend, wenn Groucho sich zu seiner Schriftstellerei zurückzog, las Kay im Lexikon, ein angestrengter Versuch, in die geistige Nähe Grouchos und der Menschen zu kommen, die seine Welt bevölkerten. Kay liebte das Singen und Tanzen, und während des Zweiten Weltkrieges trat sie mit Groucho auf Spendenversammlungen für die Army auf.

Außer Melinda und den Unterhaltszahlungen blieb Groucho eine vielbenutzte Kaffeekanne, die sich Kay im Dorset Hotel »geliehen« hatte, um ihn an sie zu erinnern. Wenn wir (vor seinen Ersatzkaffee-Tagen) zusammen Kaffee tranken, las er stets die Aufschrift der Kanne vor: »Hotel Dorset, 30 W. 54th Street, New York City — das ist mehr als fünfundzwanzig Jahre her.« Groucho und Kay telefonierten aber weiter miteinander.

Mary Ryskind erinnert sich an Kay als »...lieb und freundlich. Sie war ein sehr nettes Mädchen. Ich glaube, Kay tat ihm leid. Helen, Gummos Frau, war einfach großartig zu ihr. Sie strich ihr über den Kopf und sagte: ›Schau mal! Geh doch los und kauf dir ein paar Kleider. Groucho kann es sich leisten!‹ Aber Kay hatte keine Lust. Groucho war so lieb zu ihr, wie er nur konnte, aber es war einfach eines von den Dingen, an denen er nichts ändern konnte.«

1954, als *You Bet Your Life* den Höhepunkt seiner Beliebtheit erreicht hatte, heiratete Groucho Eden Hartford.

»Du hast gesagt, Eden sah genau wie Ava Gardner aus«, erinnerte Erin Groucho. »Und weißt du noch, wie du mir erzählt hast, wie sehr du Ava mochtest? Und daß du Ava bei Nunnally in London kennengelernt hast. Sie zog ihre langen weißen Handschuhe aus, und du sagtest: ›Oh, lala!‹ Ich finde, Eden hatte auch Ähnlichkeit mit Bianca Jagger.«

Groucho hatte die Neigung, seine Meinung über einen Menschen in einem einzigen Satz zusammenzufassen. Über Eden sagte er immer: »Sie war ein schönes Mädchen.« Dieser Satz folgte jeder ihrer Erwähnungen so regelmäßig, daß er fast wie ihr Nachname wirkte.

Wie vor 36 Jahren Ruth, war auch Eden neunzehn, Groucho aber näherte sich einem Alter, in dem sich viele Männer zur Ruhe setzen. Sein erstes Geschenk an sie war eine runde Badewanne, genau wie die, die sie in Zeppos Haus in Palms Springs bewundert hatte – tatsächlich baute er ihr ein Haus um ihre runde Badewanne herum. Groucho blieb in dem Haus wohnen, Eden aber zog 1969 aus und ließ die runde Badewanne und Groucho zurück. Die Badewanne blieb, bis einige Jahre später Erin den Raum umgestalten ließ.

Nachdem Eden Groucho verlassen hatte, begleitete sie ihn noch eine Weile auf seinen Reisen nach New York oder Europa. Groucho, der nie den Kontakt zu modernen Entwicklungen verlor, gab auf der Dick Cavett-Show zu, mit Eden unter diesen Umständen zusammen zu sein, sei viel besser, als verheiratet zu sein. Groucho willigte in die versuchsweise Scheidung ein, ohne daran zu glauben, daß Scheidung unbedingt ewig dauern müsse. Eines Abends brachte er Eden nach ihrer Trennung zu einer Abendgesellschaft bei Bert Granet mit und erklärte: »Ich wollte in der Nähe meines Geldes sein.« Groucho konnte man kaum den Vorwurf machen, in der Öffentlichkeit übermäßig gefühlvoll zu sein.

Von seiner letzten Ehe sagte Groucho: »Es tut mir leid, daß sie kaputt ging. Ich glaube, es war zum Teil meine Schuld. Ich tat alles, was ich konnte. Ich hörte sogar zu rauchen auf. Ich mag sie, und sie mag mich. Letztes Jahr schickte sie mir zu Weihnachten einen Bademantel.«

Kurz vor Weihnachten 1974 kam Eden zum Dinner bei Groucho vorbei. Auch Goddard Lieberson kam, und ich war, auf Besuch in Kalifornien, Gast in Grouchos Haus. Eden überreichte ihm ihr Weihnachtsgeschenk – einen Pullover, der nicht paßte. Er hatte sich zu diesem Anlaß in volle Montur geworfen: seinen Bademantel, »mein Morgendressing ohne Soße«, und, um dem Aufzug was »Feierliches« zu geben, eine große schwarze Fliege. Eden erinnerte sich an die fröhlichen Zeiten ihrer Ehe, besonders in London.

Sie erzählte mir auch, wie Groucho sie und ihre Schwester Dee Hartford (ein bekanntes Mannequin) einmal zu einem Besuch bei

George S. Kaufman in New York mitnahm. Kaufman und Groucho, ganz in ihre Unterhaltung vertieft, erinnerten sich erst nach einer ganzen Weile wieder an Eden und Dee und richteten zur Bestätigung ihrer Anwesenheit einige Sätze an die schönen jungen Mädchen, die mit »Ja, oh ja«, antworteten. Dann vertieften sich Kaufman und Groucho wieder in ihre Welt und vergaßen die respektvollen jungen Damen, bis sie sich wieder an sie erinnerten und ein neues »Oh, ja« ernteten. Sie verbrachten ein paar sehr schweigsame Stunden »in Gegenwart der großen Männer«. Als sie wieder im Aufzug standen, meinte Dee zu Eden: »Wir waren bloß der griechische Chor.«

Groucho jammerte darüber, endlos Alimente zahlen zu müssen (einmal mit Groucho verheiratet, schienen sich die Frauen nicht wieder verheiraten zu wollen), und sagte manchmal: »Alimente zahlen ist wie ein totes Pferd mit Heu füttern.« Dennoch zahlte er weiter und liebte auch die Frauen weiter, selbst seine Exfrauen, wie Arthur Whitelaw herausfand.

ARTHUR WHITELAW Richard Rodgers arbeitet an einer neuen Show. Etwas über Heinrich den Achten.

GROUCHO Niemand hat je einen Film über Heinrich den Neunten gemacht.

ICH Das war ja das Problem von Heinrich dem Achten. Er kriegte keinen Heinrich den Neunten hin.

GROUCHO Er kriegte seine Frauen nicht richtig hin. Wenn man damals seine Frau nicht mehr mochte, ließ man sie köpfen. Keine schlechte Idee, statt Unterhaltszahlungen.

ARTHUR WHITELAW Köpfen?

GROUCHO Klar!

ICH Glaubst du, du würdest das fertigbringen?

GROUCHO Nein, ich würde sie lieber küssen.

Grouchos Frauen waren alle schön, aber keine war bereit oder in der Lage, neben seinen Widerborstigkeiten die rechtschaffene, normale Frau zu spielen, wie es Margaret Dumont auf der Bühne und im Film mit solcher Geduld und Nachsicht tat. Freunde erinnerten sich, wie verwirrt Grouchos Frauen manchmal waren, wenn sie ganze lange Abende hindurch auf Gnade oder Ungnade Grouchos scharfem Witz ausgeliefert waren, und wie sie versucht hatten, sich anzupassen. Kay las ihr Lexikon, Ruth lernte, hervorragend Tennis zu spielen, und Eden, gut genug zu malen, um Einzelausstellungen zustande zu kriegen. Alle lernten zu trinken. Keine lernte, sich so gegen Groucho zu behaupten, wie Erin.

Bert Granet stellte Vermutungen über die Probleme von Grouchos schönen jungen Frauen an:

»Sicher wurden seine Frauen materiell gut versorgt, aber sie wurden geistig und vielleicht auch gefühlsmäßig im Stich gelassen. Sie wurden von vielen Menschen einfach ignoriert, denen nur an Grouchos Bekanntschaft lag. Groucho waren seine Freunde immer sehr wichtig, und er liebte die Gesellschaft von Schriftstellern. Das hatte vielleicht zur Folge, daß seine Frauen sich manchmal einsam und übergangen fühlten.«

Groucho umging es, Empfindungen in Worte zu fassen, und drückte nur ungern seine Gefühle aus. Niemand konnte ihm vorwerfen, seine Gefühle zur Schau zu stellen.

Hatten er und ich Karten für Plätze, die nicht nebeneinander lagen, überließ er mir immer seinen Platz, mit Sicherheit der beste im ganzen Haus. Er duldete keinen Widerspruch, auch nicht den Einwand, daß man doch erwarte, daß die Superberühmtheit Groucho diesen Platz einnehme. Der Komiker spottete öffentlich über Ritterlichkeit und Sentimentalität, aber bei Groucho hatte ich immer das Gefühl, wenn es gälte, durch eine Dreckpfütze hindurchzukommen, dann würde er seinen Mantel ausbreiten, damit ich darauf laufen könnte.

Bei der Premiere von *Towering Inferno* schob mich Groucho auf seinen Platz in der Mitte, neben William Holden.

GROUCHO *(zu Holden)* Paß gut auf sie auf. Nach der Vorstellung will ich sie wiederhaben.

ICH Aber der andere Platz ist in der letzten Reihe außen.

GROUCHO Zum Pissengehen ist er besser.

Als ich einmal Groucho gegenüber erwähnte, ich hielte ihn für einen sehr verschlossenen Menschen, sah er mich ganz ernst an und erwiderte: »Besser verschlossen als verschlissen.«

Als eine zurückhaltende Privatperson zeigte er nach außen wenig Gefühle. Das konnte nicht nur frustrierend sein, das war es auch für Frauen, die ihn sagen hören wollten: »Ich liebe dich« und ihn nicht einmal zu einem richtigen Wutanfall provozieren konnten. Grouchos extreme Selbstbeherrschung entsprang nicht etwa einem Mangel an Gefühl oder Anteilnahme. Er war nur oberflächlich gesehen oberflächlich. Aber für die Frauen, die sich unfähig fühlten, sich neben dieser Superberühmtheit zu behaupten, hätte ein um die Schultern gelegter Arm wirkungsvoller sein können als ein Schulterzucken.

Groucho sagte, obwohl er in jeder seiner Ehen ein paar gute Jahre gehabt habe, schätze er die Möglichkeit einer dauerhaften Liebesbeziehung pessimistisch ein. Diese Einstellung hatte er, wie er mir sagte, schon 1929, als er sein erstes Buch schrieb:

»Ich schrieb in *Beds,* wenn ein Mann frisch verheiratet ist, ist er immer der erste im Bett. Denn er will für seine Braut das Bett wärmen. Und nach fünf Jahren ist er immer noch der erste. Aber aus anderen Gründen. Er hat keine Lust mehr, darauf zu achten, daß die Uhr aufgezogen ist, daß das Licht abgedreht wird und daß die Frau zugedeckt ist.«

Fast ein halbes Jahrhundert später gab Groucho zu: »Ich glaube nicht, daß man eine ganze lange Ehe lang verliebt sein kann. Ich glaube, zwei Menschen können einander gern haben, und ich glaube, das ist wichtiger als Liebe. Ich war jedesmal ›verliebt‹ − oder ich glaubte, es zu sein. Daher zahle ich dreimal Alimente. Ich hatte mit jeder meiner Frauen eine schöne Zeit, solange es währte. Mit jeder war ich eine Weile glücklich.« Dann fügte er etwas nachdenklich hinzu:»Ein paar schöne Jahre ist nicht so schlecht − vielleicht ist das alles, was man verlangen kann.«

GROUCHO Was ist *deiner* Meinung nach eine gute Ehe?
ICH Ich würde sagen, wenn beide sie für eine gute Ehe halten.
GROUCHO Nicht schlecht.

Im Gespräch über Ehen, aus denen die Liebe entschwunden ist, sagte mir Groucho:

»Ich denke dabei immer an ein Lokal wie Chasen's; da sitzt ein Ehepaar an einem Tisch, und jemand kommt vorbei, der den Mann kennt. Sie klammern sich an den Gast und halten ihn fest, solange sie können, um nur nicht miteinander reden zu müssen. Denn wenn sie eine gute Weile miteinander verheiratet sind, haben sie sich nichts mehr zu sagen. Sie sind überglücklich, wenn ein Bekannter vorbeikommt, sich ein paar Minuten zu ihnen setzt und sich mit ihnen unterhält. Sie langweilen sich miteinander. Die Ehe ist nach einer Weile etwas schrecklich Langweiliges. Wenn es keine Kinder als Gesprächsstoff gibt, hat sich das normale Ehepaar nach ein paar gemeinsamen Jahren sehr wenig zu sagen.«

Ich fragte Groucho, ob er glaube, daß eine Ehe oder irgendeine bedeutsame Beziehung zwischen Mann und Frau erfolgreich sein kann, wenn die zwei Menschen nicht ähnlich intelligent sind. »Ich könnte eine dumme Frau lieben«, antwortete er. »Aber ich würde sie nicht gernhaben. Es kommt auf den Kopf an, nicht aufs Bett. Ich habe Frauen geheiratet, weil sie hübsch waren, und das ist kein Grund zum Heiraten. Man läßt sich von ihrem Aussehen verleiten. Sie waren nicht dumm, aber sie werden auch keine Einsteins. Es ist klüger, den Kopf zu wählen. Schönheit vergeht. Ich glaube, die meisten Männer sind mit ihren Frauen nicht zufrieden. Die meisten sind auf der Suche nach einem anderen Zopf. *Cherchez la femme.* Das ist die Geschichte vom Leben des Mannes. Es ist sehr schwierig für ihn, sein ganzes Leben nur einer Frau treu zu sein.«

Auf die Frage, was er von diesem männlichen Hang des *Cherchez la femme* halte, erwiderte er:

»Großartig! Wundervoll! Wenn ich noch zwanzig Jahre jünger wäre, käme keine Frau lebendig hier raus.«

Aber immerhin neigte er dazu, jedesmal nur *einer* Frau treu zu bleiben. Vielleicht war er nicht immer der absolut treue Ehemann wie Harpo, aber er war auch kein Schürzenjäger wie Chico. »Chico konnte mit seiner Frau telefonieren, während er es sich im Bett von einer anderen Frau besorgen ließ. Aber Harpo war solide. Das ist es, was ich achte.«

Groucho beklagte, daß Chico mit seinem Charme jede Frau ins Bett bekam, während »ich sie heiraten mußte«. Obwohl das ohne Zweifel übertrieben ist, nahm Groucho trotz seines Image, ein lausiger Liebhaber zu sein, nie eine Beziehung auf die leichte Schulter. Er war mehr ein Werther als ein Don Juan. Sidney Sheldon bemerkte, Liebe und Ehe gehörten für Groucho zusammen, der ihn immer ermutigt hätte, Jorja zu heiraten, denn, wie Groucho es ausdrückte: »Ich sehe Menschen gern verheiratet.«

Groucho stellte in Sidney Sheldons Erinnerung »immer einen Verfechter der Institution Ehe« dar:

»Groucho und ich hatten in New York gerade die Premiere von *Minnie's Boys* gesehen und wollten den Rückflug nach Los Angeles antreten. Groucho hätte die Reise gern um ein, zwei Tage verschoben, denn es gab gerade einen Fluglotsenstreik, aber ich redete es ihm aus, weil ich meinte, es könnte nur noch schlimmer werden.

Also gingen wir an Bord, und der Pilot sagte: ›Wir werden fünfzehn Minuten Verspätung haben.‹ Das ist nicht schlimm. Wir fingen an zu rollen, dann kam über den Lautsprecher: ›Wir haben dreißig Minuten Verspätung!‹ Wir blieben fünf Stunden am Boden! Die Abfertigung auf einen Flug wurde alle zwanzig Minuten gedrosselt, und wir mußten fünf Stunden lang auf dem Feld herumrollen.

Nach drei Stunden sagte der Pilot: ›Zum Teufel mit den Gesetzen von New York, wir werden jetzt am Boden Getränke servieren.‹ Es war unglaublich, fünf Stunden am Boden festgenagelt zu sein. Niemand konnte hinaus. Nach vier Stunden drückte Groucho auf den Knopf für die Stewardeß. Sie kam und fragte: ›Ja, Mr. Marx, was ist?‹

›Gibt es einen Geistlichen an Bord?‹

›Ich weiß nicht, Mr. Marx. Was ist denn los?‹

›Ein paar von den Männern werden langsam geil.‹

Groucho heiratete nie eine Jüdin und ging auch nicht viel mit jüdischen Mädchen aus. Er schrieb das nicht dem Zufall, sondern der Auswahl zu. Grouchos Antwort auf die Frage, warum er nie ein jüdisches Mädchen geheiratet oder kaum je eine Liebesaffäre mit einer gehabt habe, war: »Mir schien immer, mit einem jüdischen Mädchen zu schlafen, wäre dasselbe, wie mit seiner eigenen Schwester zu schlafen.«

Die Menschen haben die Neigung, ihren Erfolg ausschließlich sich selbst und ihren Mißerfolg nur den anderen zuzuschreiben. Groucho jedoch nahm weder den Erfolg seiner Karriere im Showbusiness ganz allein für sich in Anspruch, noch schob er die Schuld am Scheitern seiner Ehen allein den Frauen zu. Er sagte mir, seine Begeisterung für die körperliche Schönheit der Frau sei ein Fehler gewesen. »Wenn ich noch einmal alles von vorn beginnen müßte, würde ich eine intelligente Frau heiraten — wie Erin. Es stimmt, was du sagst: der Mann heiratet eine Frau, und die Frau heiratet die Lebensart des Mannes.« Ich hatte einmal die Vermutung geäußert, seine drei Ehen seien so gewesen.

Als ich Groucho fragte, ob ihn mal jemand sprachlos hätte dastehen lassen, sagte er: »Meine Frauen«, schränkte aber ein: »Sie ließen mich nicht sprachlos dastehen, sie sagten mir, was sie von mir hielten.«

Groucho gab gegenüber der Ehe ziemlich vieles auf, oder, wie er sagte: »Die Ehe gab mir gegenüber auf. Drei Schläge und du bist fertig. Wer zum Teufel will einen fünfundachtzigjährigen Mann? Da gibt es nichts zu lachen.« Er gab bereitwillig zu, daß ein aktives Liebesleben nicht zu den Freuden des Alters zählt. »Ich bin nicht mehr an Sex interessiert«, gestand er. »Ich sehe gern eine schöne Frau — das ist alles. Sex ist eine verdammte Plage, wenn man älter wird. Es kommen noch Frauen und sprechen mich an, meist ältere. Jüngere wissen, daß nichts mehr passiert.«

Groucho war in vielerlei Hinsicht ein junger Mann, der im Körper eines Greises herumgehen mußte — ein Körper, der unablässig mahnte: »Du kannst nicht, du kannst nicht.« Aber bloß, weil man nicht mehr um den Block rennen kann wie früher, heißt das doch nicht, daß man nicht mehr derselbe ist. Kurz nach seinem 85. Geburtstag stellte ihm ein junger Mann bei einem Fernsehinterview die Frage, ob er noch gern schöne Frauen sähe. Groucho antwortete mit einem Blick voller Abscheu: »Nein, ich mache die Augen zu.«

Groucho war ein auf Rivalität eingestellter Mensch. Der Erfolg kam nicht und fand ihn. In jeder seiner Ehen, wie in seiner Karriere, suchte er den goldenen Ring — wählte er jemanden, der ihm ein Siegespreis zu sein schien. Er war der erste, der den Wert in Frage stellte, den er auf äußerliche Schönheit legte, obwohl er auch der erste war, der zugab, daß seine Aufgeschlossenheit dafür sich kaum verringert hatte. »Es gibt nichts Köstlicheres als ein schönes Mädchen.« Er sagte auch: »Der Mann ist die einzige Ratte, die immer nach Käsekuchen anstatt nach Käse Ausschau hält.«

Wir genießen es, mit Leuten zusammen zu sein, die uns so sehen, wie wir gesehen werden wollen. Eines der Probleme in der Ehe ist, daß eine Weile nach den Flitterwochen das Bild des anderen oft um eine stets wachsende Zahl an Unvollkommenheiten zunimmt. Groucho meinte, ein Teil des Problems sei, »daß der Ehering nur einen Finger schützt.«

Das Bild, das Groucho sich von sich selber machte, war ihm äußerst wichtig. Er sah sich als einen sehr verantwortungsvollen Menschen und treusorgenden Beschützer. Eine Seite seines Image, auf die er besonders stolz war, war der Familienvater. Selbst seine Katzen, Blackie und später Frankie und Johnny, gehörten zur Familie. Er war die Autorität in seinem Haus und in seiner Beziehung zu den ihm Nahestehenden. Wie er es häufig ausdrückte: »Ich bin der Herr meines Hauses.«

Weil Groucho kein Mensch war, dem die Einsicht erst hinterher kommt, erhob er auch kein großes Geschrei darüber, wenn die Buttermilch vergessen war. In der Schule der Erfahrung hätte er, wie er sagte, Kameradschaften eher mit Mädchen als mit Freunden gehabt. Er meinte, er habe viel aus seinen Fehlern gelernt, und er könne sie alle wiederholen. »Wenn ich nochmal von vorn anfinge, würde ich wahrscheinlich alle Fehler noch einmal begehen«, meinte er zuversichtlich.

Groucho war ein Romantiker. Im Vertrauen auf seine Intuition, voller romantischer Träume und Hoffnungen heiratete er dreimal auf der Suche nach seinem Ideal. »Ich war jedesmal verliebt«, erzählte er mir. Norman Krasna glaubte, Groucho hätte Schwierigkeiten gehabt, seine Vorstellung des weiblichen Ideals mit der Wirklichkeit in Einklang zu bringen. »Groucho war, was Frauen anging, immer ein Einfaltspinsel. Er ist ein Romantiker – er erwartet immer so viel.«

War er mit seinen Ehen zufrieden, basierte diese Zufriedenheit immer auf beschränkten Erwartungen. Er erwartete nicht zu viel von den Frauen seines Lebens, nicht viel mehr, als daß sie schöne Gegenstände seien, aber die Gegenstände übten Widerstand. Eines, woran sie sich am meisten stießen, war, daß er nicht genug von ihnen erwartete. Er hatte das Bestreben, die Frauen seines Lebens auf einen Sockel zu stellen, aber sie sprangen immer wieder runter.

»Frauen sind eine vollkommen andere Rasse als Männer«, offenbarte er mir wiederholt. Ich fragte ihn, in welcher Hinsicht er die Frauen so anders empfände, und er erklärte:

»In jeder Hinsicht. Ihr Denken ist anders. Sie können dem Mann eine große Hilfe sein, denn sie denken völlig anders als er. Geh mit einer Frau durch eine Einkaufsstraße. Der Durchschnittsmann käme nicht auf die Idee, vor einem Schaufenster nach dem anderen stehenzubleiben und sich Kleider anzuschauen. Eine Frau tut das, denn es ist ihr Anliegen, attraktiv auszusehen. So erobert sie sich den Mann. Wenn eine Frau aussieht wie Matsch, bekommt sie keinen.

Frauen sind klüger als Männer. Wenn eine Frau mit einem Mann verheiratet ist, und sie liebt ihn und hat ihn gern und sie hat zwei, drei Kinder von ihm, dann ist es höchst unwahrscheinlich, daß sie ihm wegläuft. Ich glaube überhaupt, Frauen sind moralisch den Männern weit überlegen. Der Mann ist ein Tier. Er will vögeln. Es kann sein, daß Frauen vielleicht ganz gern promiskuitiv wären. Aber vergiß nicht, wenn sie Mütter sind und Kinder haben, sind sie auch bereit, diese Kinder zu verteidigen. Sie wollen Kinder. In diesem Fall sind sie mit dem zufrieden, was sie haben — den Kindern und dem Mann.

Frauen sind dem Mann Meilen voraus. Von Geburt an können sie ihn hinters Licht führen. Von dem Moment an, wo ein Mädchen einen Mann kennenlernt, hat sie sein Geld im Visier, denkt über Möbel nach und sucht Namen für die Kinder aus.

Die Männer werden von den Frauen aufs Kreuz gelegt. Eine meiner Lieblingsgeschichten handelt von einer verheirateten Frau, die sich einen Mann angelt. Sie nimmt ihn mit in ihre Wohnung und ab in die Falle. Nach ein paar Stunden sagt der Mann: ›Ich habe noch nie eine Frau wie dich gehabt. Du bist die fabelhafteste Frau im Bett, von der ich je gehört habe. Weißt du, ich bin nicht fromm, aber wenn ich sterbe und es gibt so etwas wie ein zukünftiges Leben, dann werde ich zurückkommen und dich finden, ganz egal, wo du auch bist auf der ganzen großen Welt.‹ Und sie antwortet: ›Gut, wenn du wirklich zurückkommst, versuche es auf den Nachmittag zu legen.‹«

Wenn Groucho mit guten Freunden zusammen war, fügte er vielleicht mit einem Augenblinzeln hinzu: »Das ist wahr. Es ist eine wahre Geschichte. Sie ist mir passiert.«

Mit Walter Matthau sprach Groucho nach einer Vorstellung von *Juno and the Paycock* bewundernd von den Reizen einer bestimmten jungen Schauspielerin, die ihm Matthau am gleichen Abend vorgestellt hatte.

WALTER MATTHAU Sicher sieht sie gut aus, aber sie ist langweilig.

GROUCHO Alle jungen Mädchen sind langweilig. Mehr sollte man nicht erwarten.

Groucho glaubte, daß die meisten Männer sich leicht von den Frauen einwickeln lassen, und definierte »einwickeln lassen« so: »Mehr mit der Verpackung beschäftigt sein als mit dem, was in dem Paket ist.«

Bei einem Gespräch über den Dichter T.S. Eliot, das Groucho mit seiner Patentochter Mary Sheldon führte, die eine Semesterarbeit über den Schriftsteller schrieb, erzählte er von seinem Besuch bei Eliot.

MARY SHELDON Und wie war T.S. Eliots Frau? War sie geistreich und kompliziert?

GROUCHO Nein.

MARY SHELDON Warum hat er sie dann deiner Meinung nach geheiratet?

GROUCHO Weil sie blonde Haare hatte. Männer lassen sich leicht von Frauen einwickeln. Und *er* servierte uns an diesem Abend das Dinner.

MARY SHELDON *Er* servierte das Dinner.

GROUCHO Yeah.

Ein beliebtes Couplet um die Jahrhundertwende (Grouchos Definition von Couplet war: »Ein kleiner Mann und eine kleine Frau«) beschreibt die männliche Idealvorstellung: »Eine Dame im Salon, eine Köchin am Herd, und eine Hure im Bett.« Groucho maß seine Frauen weder nach dem Escoffier- noch nach dem la Belle Otéro-Maß. Vielmehr mied er Frauen, die zuviel wußten oder zu erfahren waren, im Bett wie in der Küche. Obwohl er gern scherzte: »Es macht mit einer Frau mehr Spaß als mit einer Lady«, wenn es zur Sache kam, wurde seine Glut durch alles gedämpft, was er an einer Frau vulgär fand. Auf die Frage, was er an einer Frau *nicht* möge, antwortete er ohne Zögern: »Gewöhnlichkeit. Ich mag keine Gewöhnlichkeit.«

Ich fragte ihn, was er unter »Gewöhnlichkeit« verstehe.

»Vor meiner Heirat hatte ich ein Mädchen, das einen sehr reichen Vater in Portland hatte. Ich hätte sie heiraten können, aber ich mochte ihr Verhalten im Bett nicht. Sie machte einfach *alles*. Sie war zu ausgekocht im Bett. Sie kannte zu viele Tricks, und ich wollte nicht so ein Mädchen. Ich wollte ein sanfteres Mädchen. Oh, sie mochte mich, aber sie wollte immer bloß ins Bett.«

»Würden das nicht viele Männer mögen?« fragte ich.

»Eine Nymphomanin? Nein. Sie wollen ein schönes, sanftes Mädchen, mit dem sie ins Bett gehen, aber auch reden können.«

Groucho sprach mit Elliott Gould darüber, was ein Mann an einer Frau anziehend findet.

ELLIOT GOULD *(über seine frühere Frau Barbra Streisand)* Es machte Spaß, mit Barbra zu essen. Sie hat wirklich Vergnügen am Essen. Vom ersten richtigen Geld, das wir zusammenbrachten, kauften wir uns so ein riesengroßes, altmodisches Bett, das wir mal gesehen hatten, und das schluckte unser ganzes Vermögen. Wir hatten gerade noch genug, um uns eine Tüte Piroggen zu kaufen. Das machten wir, gingen nach Hause, setzten uns in dieses riesige altmodische Bett und aßen Piroggen. Barbra war so wehrlos. Ich wollte auf sie achtgeben.

GROUCHO Ein Mann will ein schönes Mädchen, auf das er achtgeben kann.

Die Unbilden dreier Scheidungen trübten weder Grouchos romantische Ansicht von der Ehe, noch seine Begeisterung für weibliche Reize. »Ich glaube, jeder sollte heiraten«, sagte er immer wieder, »auch wenn man sich scheiden läßt.« Eines Abends erinnerte Sidney Sheldon Groucho daran, daß dieser ihm vor seiner Heirat mit Jorja ständig zugeredet habe, zu heiraten.

SIDNEY SHELDON Was war der Grund dafür, Groucho?

GROUCHO Keiner von euch beiden interessierte mich. Ich wollte nur, daß ihr heiratet. Wer war das andere Mädchen vor Jorja, die mit den großen Titten?

SIDNEY SHELDON Entweder Helen Twelvetrees oder Zasu Pitts. Aber, Grouch, wenn du gar kein Interesse an uns hattest, warum warst du so versessen darauf, uns zu verheiraten?

GROUCHO Weil ich verheiratet war und glaubte, jeder müsse unter die Haube − selbst wenn er sich wieder scheiden ließe. Jagd auf Hasenherzen.

Das heißt sicherlich nicht, daß Groucho viel von der Scheidung hielt. Er akzeptierte sie nur als möglichen negativen Nebeneffekt der Ehe, an die er von ganzem Herzen glaubte. Er war ein verantwortungsvoller Mensch, der Familienbande stets ernst nahm. Privat kümmerte er sich viel um die kleinen Kinder in seinem Leben: die Enkel Miles und Jade. In der Öffentlichkeit boten ihm Kinder eher Stoff zu ziemlich anstößigen, rüden Erwiderungen, besonders vor einem weiblichen Publikum. Der Komponist Bronislaw Kaper erinnerte sich eines solchen Auftritts:

»Wir waren im Restaurant La Scala Boutique. Dort saßen einige Frauen mit sehr kleinen Kindern. Sie sahen Groucho an, und Groucho winkte und gestikulierte zurück. Alle waren sehr begeistert und beeindruckt. Eine der Frauen sagte: ›Oh, Sie mögen Kinder gern.‹ Und Groucho erwiderte: ›Nein, ich mache Kinder gern.‹«

Wenn Groucho auch seine Späße über Elternschaft, Ehe und Scheidung machte, wovor er die größte Achtung hatte, das war eine dauerhafte Ehe. Neben der seiner Eltern bewunderte er vor allem die Ehe seines Bruders Harpo mit Susan Fleming Marx.

Groucho erfreuten Frauen, wenn sie seine Vorliebe für Pünktlichkeit, Ordnung und Disziplin befriedigten. Er liebte es, Punkt eins zu Mittag und Punkt sieben zu Abend zu essen. In der Ehe war ihm das Eßzimmer sehr wichtig, vielleicht genauso wichtig wie das Schlafzimmer. Charlotte Granet erwähnte einmal Groucho gegenüber zufällig ein paar gemeinsame Freunde, die gerade in Scheidung lebten. Er kommentierte: »Niemand weiß, was in anderer Leute Schlafzimmern vor sich geht.« Mir gegenüber fügte er hinzu: »Das Liebesleben eines Mannes ist seine eigene Angelegenheit. Es ist nicht die Politik, die auf einmal zwei Fremde nebeneinander im Bett liegen läßt, es ist die Ehe.«

Groucho zog bei Frauen Unschuld weltkluger Aufgeklärtheit vor. Bei einem Dinner mit Arthur Whitelaw und mir machte es ihm ein riesiges Vergnügen, seine Krankenschwester Linda in die unbekannten Genüsse der Crème Vichyssoisse, der Malpequeaustern und des Steak Tatare einzuführen. Privat machte sich Groucho oft der Ritterlichkeit schuldig, die er in der Öffentlichkeit geißelte. Wenn er mit Erin und mir auf eine Party oder ins Theater ging, meinte er oft:

»Ich gehe immer mit zwei Frauen aus. Ich hasse es, ein Mädchen allein nach Hause gehen zu lassen.«

Bei Chasen's bestellte ich einmal etwas verhältnismäßig Billiges. Er bemerkte: »Du bist wohlfeil. Das ist gefährlich.« Aber Groucho, der nie gern ein Licht unnütz brennen ließ, billigte später mein Verhalten: »Du bist eine bedachte Esserin. Verschwendung ist kein Luxus.«

Bert Granet erzählte uns von einem Groucho-Fauxpas, der laut Groucho mehr »ein fox paw« [Fuchspfote] war:

»Es war in der Zeit, als Groucho unverheiratet war, und wir dachten, er sei einsam. Wir glaubten, es könnte ihm Spaß machen, mit einer sehr attraktiven Frau auszugehen, die wir alle kannten und deren Mann gestorben war. Groucho sagte: ›Die alte Vettel!‹ und verstummte plötzlich, weil ihm mit einemmal bewußt wurde, daß alle Frauen am Tisch, alles Frauen seiner Freunde, älter waren als die, über die er sich gerade den Mund zerrissen hatte. Groucho überspielte das mit ein paar fantasievollen Einlagen aus dem Stegreif, worin er großartig sein konnte, aber den ganzen restlichen Abend bekam er den Fuß nicht mehr aus dem Fettnäpfchen.«

Terry Hamlisch nahm als Marvins Schwester und als schönes, junges Mädchen einen besonderen Platz in Grouchos Herzen ein.

»Er küßte mich immer auf die Lippen. Sehr europäisch. Lange, feuchte Küsse. Nach einem dieser langen, feuchten Küsse war mein erster Satz: ›Bist du mir treu gewesen?‹, und er sagte: ›Nein, aber ich erzähle dir wenigstens davon.‹«

Marvin Hamlisch, der ihn in voller Aktion beobachtete, war sehr beeindruckt von Grouchos Neigung, Lippendienste anzufordern oder anzutragen. »Ich liebe es, wie er auf ein Mädchen zugeht, ›Küß mich, Honey‹ sagt und sie dabei praktisch auf der Schulter hat. Er sagt: ›Küß mich, dumme Gans!‹ und hebt die Augenbrauen. Ich sehe ihm zu gern dabei zu. Ich liebe die Art, wie er sich alles erlauben kann, und er liebt es, sich alles zu erlauben. Es ist fantastisch. Unglaublich!«

Groucho machte aus der Not ein Laster und sein Alter verschaffte ihm die Freibriefe für seine Annäherungsversuche. »Als ich jung war, hätte man mich dafür geopfert und ich mich auch.«

Er lernte es, aus seinem Alter Kapital zu schlagen, zumindest bei hübschen, jungen Mädchen, und er erlebte selten eine Abfuhr. Die meisten fühlten sich durch seine Aufmerksamkeiten geschmeichelt und erfreut. Groucho war ein heiliger Bulle, und eine Institution konnte man nicht ohrfeigen. Schnell war er auch mit dem Hinweis bei der Hand, daß ein junges Mädchen einen alten Mann nicht allzu ernst nehmen könne. Als er von einem alten Mann hörte, der ein junges Mädchen geheiratet hatte, stellte er fest: »Das kann nicht klappen, das kann nur klappern. Es kann nicht halten.« Ich sagte: »Meinst du, ein Narr und sein Schätzchen scheiden bald voneinander?« Groucho warf mir einen schiefen Blick zu und korrigierte: »Ein Narr und sein Schätzchen schießen bald aufeinander.«

Wenige Frauen wiesen ihn zurück, und wenn es doch geschah, war er nicht untröstlich. Im Varieté hatte er gelernt, daß man nicht jedesmal einen Lacher erwarten kann, und genausowenig erwartete er jedesmal einen Kuß. Ich fragte ihn, ob er im Kampf der Geschlechter je besiegt worden sei, und er antwortete: »Selbst Napoleon ist von Josephine besiegt worden.«

»Und du?« fragte ich.

»Nein«, erwiderte er, »erschreckt, aber nie besiegt.«

Kurz vor Weihnachten 1974 besuchten Groucho und ich mit Billy Marx das Mark Taper Forum Theater in Los Angeles, um uns *Juno and the Paycock* anzusehen. Regie führte George Seaton, und die Hauptrollen spielten Jack Lemmon und Walter Matthau. Eine schmucke, junge Platzanweiserin bot ihm ein Programm an.

PLATZANWEISERIN *(mit großen Augen)* Ich freue mich, Sie zu sehen, Mr. Marx.

GROUCHO Ich freue mich, *Sie* zu sehen. *(Er küßt sie).*

Kichernd floh sie zu ihren Kolleginnen, um zu berichten: »Groucho hat mich geküßt! Groucho hat mich geküßt!« Mehrere andere Platzanweiserinnen kamen herbeigeeilt, um ihn zu seinem Platz zu führen, wobei sie auf ähnliche Behandlung hofften. Inzwischen mußten sich die anderen Gäste, unter denen sich viel Prominenz befand, den Weg zu ihren Plätzen mühsam alleine suchen.

Groucho war natürlich klar, daß sie eine Legende küßten und nicht unbedingt den Mann, aber der Mann genoß es nicht weniger.

Eines Tages gingen wir nach dem Weihnachtseinkauf in Beverly Hills zum Parkplatz hinter Saks Fifth Avenue. Wir hatten Parfümfläschchen als Weihnachtsgeschenk für seine Krankenschwestern gekauft. Plötzlich reichte er mir sein Paket, lief auf eine hübsche Blondine zu, die an ihrem Auto stand, und küßte sie. »Ich mußte einfach«, erklärte er. »Sieh dir mal ihr Nummernschild an. Es lautet ›BIG EYS‹.«

Groucho hätte als Letzter geleugnet, daß er stets Gefallen an der bewunderungsvollen Aufmerksamkeit schöner junger Mädchen fand, obwohl sie nicht immer seine Hoffnungen erfüllten. Sidney Sheldon erzählte von einer enttäuschenden Begegnung:

»Vor vielen Jahren gingen wir zusammen in einen Nachtclub, und eine reizende kleine Tänzerin, die dort auftrat, kam hinterher an den

Tisch und fragte, ob sie sich zu ihm setzen dürfe. ›Natürlich‹, sagte er. Ich glaube, Groucho versuchte jede Frau umzulegen, die ihm unter die Finger kam, zumindest verbal. Auf jeden Fall, das hübsche Mädchen setzte sich, sie fingen an, sich zu unterhalten, und sie sagte: ›Ich habe das erst einmal in meinem Leben getan, aber dürfte ich Sie um ein Autogramm bitten?‹ Groucho sagte, er sei sehr geschmeichelt, und gab ihr sein Autogramm. Dann fragte er: ›Übrigens, Sie sagten, Sie hätten das erst einmal getan. Von wem ist denn das andere Autogramm?‹ Sie sagte: ›Von Fifi D'Orsay‹, und Groucho schmiß sie fast raus.«

Terry Hamlisch berichtete mir: »Er zieht mich immer wegen der Männer auf. Immer will er wissen, warum ich keinen habe. Und wenn ich mal einen habe, gefällt er ihm nicht. Ich liebe sein Lächeln. Es ist kein breites Lächeln, es ist nur in seinen Augen. Weißt du, was er mir zum Geburtstag geschenkt hat? Ein Negligé, ein weißes Ding mit Spitzen, genau richtig für den *Playboy*. Auf der Karte stand: ›Für Terry. Ich wünschte, ich könnte dir geben, was irgendein glücklicher Mann dir hierin geben wird. Juchhu! In Liebe, Groucho.‹ Und darunter noch: ›Und bald.‹«

Terry sagte: »Wenn in Grouchos Haus das Licht ausgeht, heißt es für jedes Mädchen, die Augen offen zu halten«, selbst als er über achtzig war. Sie fand das ganz einfach heraus.

»Letztes Jahr zu Silvester sahen wir uns *Duck Soup* an, den Groucho immer den ›Kriegsfilm‹ nennt, und wir schmusten im Dunkeln rum, und Groucho hatte wirklich viel Spaß an dem Film. Er fand ihn einfach fantastisch. Er erinnerte sich noch daran, wie alles gedreht wurde, die Texte, die Lieder, die Tanznummern und alles. Er war so aufgeregt, daß er mir fast mein Knie im Dunkeln brach. Es war ein tolles Erlebnis.«

Terry beschrieb Groucho als jemanden, für den das Leben zu wichtig war, um es ernst zu nehmen. »Am Tag, als er den Oscar bekam, ging er zu seinem Foto auf der Kommode hinüber, lächelte schwach und sagte: ›Wer ist der Kerl da?‹ Er ist mir wirklich lieb geworden, denn er weiß, daß die Frage, die meiner Meinung nach die Leute allzu oft vergessen, lautet: ›Na und?‹ Wir tun alle unser Äußerstes, wir rackern und mühen uns ab, aber er hat einen Platz, von dem aus er alle Höhen und Tiefen überschauen kann; er kann sich seine Auffassung vom Leben bewahren und über sich selber lachen.«

Ich ging mit Groucho zur Zanadra Rhodes-Modenschau in Beverly Hills, wo die Mannequins eine durchsichtige Mode vorführten, die nur wenig der Fantasie überließ. »Das ist ja wie auf 'ner Hautprobe«, war sein Kommentar, und als die Schar der kaum bedeckten Modelle in »kleiderlosen Abendträgern« vorbeiparadierte, verkündete er lauthals: »It's a gala day.« Dann setzte er mit gespielter Bescheidenheit hinzu: »Ich schaffte nie mehr als ›a gal a day‹ [ein Mädchen pro Tag].« Zum Glück wurde er durch Michelle Phillips von seinem nächsten Kommentar abgelenkt, die ihre Vorführung einer »fadenscheinigen« Kreation kurz unterbrach, um ihm einen Kuß zu geben.

Grouchos Krankenschwestern genossen gewissermaßen den Abglanz seines Ruhms, und jede wurde für ihre Freunde selbst fast so etwas wie eine Berühmtheit. Sie reisten mit Groucho, besuchten seine Freunde mit ihm, aßen mit ihm und teilten für jeweils einen Dienst sein Leben mit ihm. Um ihn herum wurde die Arbeit oft zum Zeitvertreib, und selbst sein unfreiwilliges Publikum lauschte gebannt, wenn sich die Schwestern ihm anvertrauten oder ihn bei allen möglichen Gelegenheiten um Rat befragten.

SCHWESTER DONNA Oh, Groucho, ich bring' es noch zur alten Jungfer.

GROUCHO Gut, komm, wir bringen's ihr zusammen.

SCHWESTER DONNA Halten Sie viel von Computerehen?

GROUCHO Nur wenn die Computer sich wirklich lieben.

Groucho, Schwester Linda und ich gingen in einen Film, den er und ich nach ein paar Minuten gern wieder verlassen hätten. Aber Linda war offensichtlich völlig gebannt und amüsierte sich köstlich. Er bemerkte das, lehnte sich wieder zurück und gab mir zu verstehen: »Wir können nicht gehen.«

Zu Grouchos Unterhaltung zeigte seine Köchin Robin manchmal ihre »Rapunzel«-Nummer, das heißt, sie ließ auf Grouchos Bitte am Ende des Essens ihr langes blondes Haar herab.

GROUCHO Wie bist du dazu gekommen, Köchin zu werden?

ROBIN Weil ich es gut konnte, und dann beschloß ich, wenn ich schon gerne kochte, könnte ich genauso gut versuchen, ein bißchen Geld damit zu verdienen.

GROUCHO Merkwürdiger Beruf für eine junge Frau ... die schön ist. Eine Menge Köchinnen sehen gräßlich aus. Sie müßten sich über sich selber schämen.

Miriam Marx war in Grouchos Familie immer eine mysteriöse, rätselhafte Gestalt. Ihre Halbschwester Melinda war durch ihre Auftritte in *You Bet Your Life* Millionen bekannt, und ihr Bruder Arthur war ein bekannter Tennisspieler, bevor er Schriftsteller wurde. Aber Miriam trat selten mit ihrem Vater ins Scheinwerferlicht. Er erzählte mir folgende Geschichte von Miriam:

»Eines Tages kam Miriam zu spät von der Schule nach Hause, und ich fragte sie: ›Wo bist du gewesen?‹ Sie sagte: ›Ich bin im Kino gewesen und habe mir die Ritz Brothers angesehen. Die sind *wirklich* komisch.‹«

Jeder, der sich an Miriam erinnert, beschreibt sie als ein äußerst sensibles junges Mädchen, das seinen Vater verehrte und anbetete. Sie war indirekt für die Geburt ihrer Halbschwester Melinda verantwortlich. Miriam war es nämlich, die Groucho mit ihrer Freundin Kay bekanntmachte. Er heiratete Kay, und Melinda war ihre gemeinsame Tochter. Miriam und Kay blieben gute Freunde. Wenig später heiratete auch Miriam.

Wenn Miriam eine Party bei Groucho besuchte, stellte sie sich den anderen Gästen folgendermaßen vor: »Ich bin Miriam. Ich bin die, über die keiner spricht.«

Groucho erinnerte sich ohne Bitterkeit, daß Melinda ihn sich nie im Fernsehen ansah: »Als Melinda zehn Jahre alt war, sah sie sich meine Quizsendung nicht an. Sie sah statt dessen immer Western oder Ringkämpfe.«

Er machte aus seiner besonderen Liebe zu Melinda nie ein Geheimnis, denn er glaubte, sie wäre die Marx, die die Familientradition im Showgeschäft fortsetzen würde, aber darin enttäuschte ihn Melinda. Sie konnte singen und tanzen, und er wurde nie müde, sich den Film anzusehen, in dem sie als zwölfjährige mit Gene Nelson tanzte. Jahre nach all den Auftritten in *You Bet Your Life* erzählte sie ihm, daß sie nur ungern als seine Tochter aufgetreten sei.

Melinda wurde erwachsen, heiratete und bekam selbst zwei Kinder, aber Groucho behielt sie weiter als kleines Mädchen in lebendiger Erinnerung.

ROBIN Hast du je den Weihnachtsmann für Melinda gespielt?

GROUCHO Nein, ich habe mich nie als Weihnachtsmann verkleidet.

ROBIN Hat sie denn als kleines Mädchen an den Weihnachtsmann geglaubt?

GROUCHO Bis sie drei Jahre alt war. Hinter die Wahrheit kam sie im Kindergarten. Sie hörte es von anderen Kindern. Eines Tages kam sie von der Schule nach Hause, und ich fragte sie: »Melinda, was hast du den ganzen Tag gemacht?« Sie antwortete: »Nichts.« Ich hakte nach: »Du bist da jeden Tag von neun bis zwölf. Du mußt doch etwas tun.« Sie erklärte: »Wir machen nichts anderes als malen und auf die Toilette gehen.«

Die jüngste Frau in Grouchos letzten Jahren hatte nicht viel Vergangenheit. Sie war erst wenige Jahre alt, und er sagte von ihr: »Sie ist nicht mehr so jung, wie sie mal war. Sie hat sich schon viel Windeln um die Nase wehen lassen.« Jane, das jüngste seiner drei Enkelkinder, war seine einzige Enkeltochter. Zwar hatte sein Sohn Arthur vor vielen Jahren eine Tochter gehabt, aber sie war im Babyalter gestorben. Irene Atkins, Arthurs ehemalige Frau, erzählte mir die folgende Geschichte:

»Ich weiß eine Geschichte über Groucho, die ich gerne erzählen würde. Ich habe sie noch nirgendwo veröffentlicht gesehen und ich glaube, viele Leute kennen sie nicht. Sie ist sicher in keinem der Grouchobücher zu finden, und ich bin nicht einmal sicher, ob das was ist, was Sie interessiert. Sie ist etwas rührselig und nicht typisch für Groucho.

1974 wurde mein erster Sohn Steve geboren. Da es mein erster Sohn und Grouchos erster Enkel war, war ich sehr aufgeregt, was ich bei jedem anderen auch voraussetzte. Jeder kam ins Krankenhaus, um das neue Baby zu besuchen und in Augenschein zu nehmen. Jeder, nur Groucho nicht, und ich fühlte mich langsam etwas verletzt. Sie wissen ja, wie frischgebackene Mütter sind, und ich sagte zu Arthur, der damals mein Mann und Steves Vater war: ›Jeder ist gekommen, um sich das Baby anzusehen, nur dein Vater nicht, und ich fühle mich ein bißchen beleidigt.‹

Nach mehreren Tagen sagte Arthur schließlich zu mir: ›Der Vater meines Vaters ist im Cedars of Lebanon Hospital gestorben, und Groucho hat geschworen, nie wieder seinen Fuß in ein Krankenhaus zu setzen. Deshalb ist er nicht zu Besuch gekommen. Es ist nur eine Scheu vor Krankenhäusern.‹ Darauf sagte ich: ›Weißt du, das hättest du mir gleich sagen sollen. Ich hätte es verstanden.‹ Als ich dann nach Hause kam, kam Groucho sofort das Baby besichtigen.

Naja, wie gesagt, es ist ein bißchen rührselig, aber genau zwei Jahre danach bekamen wir ein zweites Baby, aber es lebte nur ganz kurz. Ich glaube, schon am nächsten Morgen war Groucho im Krankenhaus, um mir sowas wie sein Beileid auszudrücken. Ich fühlte mich völlig am Ende, aber es war so nett von ihm, daß er mich trösten kam. Und ich dachte: ›Um Himmels willen, was für ein Alptraum für ihn, aus so einem Grund ins Krankenhaus kommen zu müssen, noch dazu, wo er geschworen hat, nie wieder eines zu betreten.‹ Ich fand das eine wirklich reizende Geste von ihm, gar nicht das, was man sonst von ihm hört.

Zwei Jahre später wurde Andy geboren, und diesmal war die ganze Geschichte mit seinem Vater vergessen oder der Bann war gebrochen. Er eilte herbei, um das Baby zu sehen, und es blieb nicht einfach bei dem Besuch, sondern er führte gleich noch sowas wie 'ne Show für die Schwestern auf. Mit all seinem Augenbrauenheben und einem regelrechten Tanz durch den Saal. Er schrieb Autogramme und tat einfach alles, und er war Thema Nummer eins im ganzen Krankenhaus. Aber ich erinnere mich an seinen Beileidsbesuch immer mehr als an den zu Andys Geburt. Er versuchte, mich aufzuheitern, und es endete damit, daß ich ihn trösten mußte; ich glaube, er war viel niedergeschlagener als ich.

Er war die ganze Zeit schrecklich besorgt, als ich mit Andy schwanger war. Ich glaube, das ist so mit Menschen, die ein Kind verloren haben — sie sind einfach sehr ängstlich, wenn der nämliche Mensch das nächste Mal schwanger wird. Ich glaube, deshalb war er auch so erleichtert, als Andy geboren wurde. Er war überglücklich, Andy zu sehen, der übrigens bei seiner Geburt elf Pfund wog — ein kolossales Riesenbaby.«

Obwohl manch einer Groucho geringes Mitgefühl zuschrieb und man wenig Einfühlungsvermögen in ihm vermutete, gab es doch solche, die ihn für so mitfühlend wie einfühlsam hielten. Seine Patentochter Mary Sheldon war eines der Mädchen in seinem Leben, die diese Gefühle in ihm erweckten. Sidney Sheldon schilderte ein Beispiel von Grouchos Zartgefühl für seine Patentochter.

»Vor einer Reihe von Jahren spielte Mary bei einer Theateraufführung an einer Jungenschule mit, und sie war das einzige Mädchen in dem Stück. Groucho sah sich die Vorstellung an und ging anschließend hinter die Bühne, und die Jungs waren sehr aufgeregt darüber, daß Groucho da war. Also schlug Jorja vor, bei uns eine Party zu veranstalten. Als ich in das ziemlich große Clubzimmer kam, das wir in unserem Haus hatten, sah ich Groucho in einem Lehnstuhl sitzen, und am Boden lagerten im ganzen Zimmer die Schuljungen und sogen jedes Wort, das er sagte, gierig auf.«

Es gab eine ganze Reihe Frauen, für die Groucho Zuneigung und Bewunderung empfand.

»Ich war in das Mädchen verknallt, das in *A Day at the Races* die Hauptrolle spielte, die Mutter von Mia Farrow. Ich würde sie gerne wiedersehen. Sie war eine irische Schönheit. Aber sie war verheiratet.«

Auch Maureen O'Sullivan erinnerte sich an Groucho.

ICH Groucho erinnert sich gut an Sie — als das ideale Traummädchen.

MAUREEN O'SULLIVAN Na, ich bin froh, daß ich für ihn mehr ein Traum als ein Alptraum war.

ICH Er sagte mir, Sie schienen nicht zu merken, wie sehr er Sie mochte, weil Sie damals verheiratet waren.

MAUREEN O'SULLIVAN Aber er war doch auch verheiratet!

ICH Haben Sie Groucho nach *A Day at the Races* je wiedergesehen?

MAUREEN O'SULLIVAN Wir begegneten uns immer im Studio, aber wir sprachen jedesmal nur ein paar Worte miteinander.

Budd Schulbergs Ex-Gattin Virginia war eine andere Frau, von der Groucho manchmal mit Wehmut und Zuneigung sprach.

»Ich war auch in Virginia Schulberg verliebt. Sie war wunderschön. Wenn ich mit Virginia auf eine Party ging — ich ging eine Zeitlang mit ihr, weißt du — also, zehn Minuten nach unserem Eintreffen waren acht Männer um sie herum, weil sie so schön und intelligent war. Oh, sie war intelligent! Auch sie hätte ich geheiratet.«

Groucho mochte auch Carole Lombard gern, die er bewunderte, wenn auch auf eine völlig andere Art. Er erzählte mir, wie er sie auf der Straße getroffen habe, kurz nach ihrer Heirat mit Clark Gable.

»Ich liebte die Lombard. Sie war ein großartiges Weibsbild. Ich machte eine ganze Reihe Shows mit ihr, weißt du. Eines Tages traf ich sie auf der Straße und fragte sie: ›Wie kommt ihr miteinander aus, du und Gable?‹ ›Er ist der miserabelste Fick, den ich je in meinem Leben hatte.‹ So redete sie immer. Sehr erotische Dame. Sie sprach so, wie 'ne Masse Männer reden.«

Als ich einschränkte: »Vielleicht war sie an dem Tag gerade wütend auf ihn«, widersprach Groucho.

»Du weißt nicht sehr viel vom Leben. Nur weil ein Bursche groß ist und gut aussieht und seine Ohren abstehen, ist er noch lange kein guter Liebhaber. Sie sagte, er wäre miserabel, und sie mußte es doch wissen. Sie redete wie ein Mann, benutzte Wörter, die Männer anderen Männern gegenüber gebrauchen. Sie benutzte alles. Sie war eine energische Frau. Ein richtiges Mädel aus dem Showbusiness.«

Groucho mochte auch Carmen Miranda sehr gern. Zur Hochachtung vor ihrem Talent kam die Wertschätzung ihres Familiensinns. »Sie schickte immer ihr ganzes Geld nach Hause an ihre Familie. Sie hatte eine riesige Familie in Brasilien. Carmen war *sehr* klein und trug immer Spezialschuhe.«

Ich erzählte ihm, daß ich eine Sammlung ihrer zierlichen hochhakkigen Schuhe und einige ihrer Kostüme in einem Museum in Brasilien gesehen hätte.

GROUCHO Sie hatte Talent, und sie war ein reizender Mensch. Ich habe dir erzählt, daß Harpos Harfe in einem Museum ist. Auch ich werde ziemlich bald in einem Museum landen.

ICH Deine Reithosen und der Safari-Tropenhelm aus *Animal Crackers*…?

GROUCHO Nein. Ich.

Groucho hatte auch für Zeppos ehemalige Frau, Barbara Sinatra, viel übrig. »Zeppos Ex war nicht nur eine hübsche Blondine, sie sorgte auch für ihn, wenn er krank war.«

Groucho erzählte mir von seinem Anteil daran, was er die »Monroe-Doktrin« nannte.

»Der erste Job, den Marilyn Monroe je hatte, war bei mir. Folgendes passierte: Ich war bei dem Produzenten zu Hause, und er sagte: ›Ich hab da drei Mädchen. Ich lasse jede auf- und abgehen, und du sagst mir, welche dir am besten gefällt.‹ Die erste ging auf und ab, dann die zweite, und die dritte war Marilyn Monroe. Er sagte: ›Welche willst du?‹ Ich sagte: ›Du machst Witze. Wie kannst du eine andere nehmen als *die* da?‹ Es ging um eine Nebenrolle in *Love Happy*. Sie trug ein so knappes Kostüm, daß mir mein Text nicht mehr einfiel.

Ich probierte sie aus, ich meine, ich probierte es bei ihr, aber ich erreichte überhaupt nichts. Sie war so schön, *jeder* war scharf auf sie.

Als sie mit DiMaggio verheiratet war, fuhr sie nach Fernost rüber und machte dort ein paar Shows. Als sie zurückkam, fragte DiMaggio: ›Wie war's?‹ Sie sagte: ›Solchen Beifall hast du noch nie gehört.‹ Er: ›Doch, das habe ich.‹ Er war nämlich der Star-Außenfeldspieler bei den Yankees gewesen. Viele waren verrückt nach ihr.«

Eine der Ladies in Grouchos Leben, deren er sich äußerst liebevoll erinnerte, war die einzige, die nie über seine Scherze lachte. Als ihm 1974 der Spezial-Oscar der Academy of Motion Picture Arts und Sciences verehrt wurde, bekannte er seine Dankbarkeit für diese *grande dame* des Geradlinigen durch ihre besondere Erwähnung neben seiner Mutter und Erin Fleming als den bedeutendsten Frauen seines Lebens. Für Groucho war das kein nur nebenbei geäußerstes Lob, sondern der Reflex wohldurchdachter dauernder Hochachtung und Bewunderung.

Margaret Dumont, 1889 in Atlanta unter dem Namen Daisy Baker geboren, wuchs im Hause ihres Paten Joel Chandler Harris auf, des Schöpfers von Uncle Remus, Br'er Rabbit und Br'er Fox. Groucho erzählte von ihr bei einem Dinner mit Arthur Whitelaw und mir.

ARTHUR WHITELAW Wie hast du Margaret Dumont entdeckt, Groucho?

GROUCHO Über Sam Harris, Sie hatte in einer seiner Shows gearbeitet.

ARTHUR WHITELAW Sie war wirklich auch im täglichen Leben diese Dame, nicht bloß auf der Bühne, nicht wahr?

GROUCHO Deshalb war sie ja auch so groß. Aber sie kapierte nie einen von den Witzen.

ARTHUR WHITELAW Als sie das erste Mal mit dir in einem Film zu sehen war, war sie da nur für den einen Film vorgesehen, und du hast dann weitergemacht?

GROUCHO Nur für den einen Film. Aber sie war so großartig, daß wir mit ihr eine Menge Filme machten.

ARTHUR WHITELAW War sie wirklich eine reiche Frau?

GROUCHO Nein, sie hatte überhaupt kein Geld.

ARTHUR WHITELAW Aber sie spielte eine Dame mit viel Geld.

GROUCHO Sie wollte nicht in meinem Quiz auftreten, wenn wir ihr nicht tausend Dollar zahlten. Sie wollte bezahlt werden. Niemand wurde bezahlt in dieser Show. Wenn man Geld gewann, war das in Ordnung. Peter Billy trat einen Abend auf und gewann $ 10 000. Dann schrieb er *The Exorcist*. Sie wäre fantastisch gewesen in meiner Quiz-Show.

Margaret Dumont war die Witwe von John Moller jr, dem Sohn eines reichen Geschäftsmannes und Mitglieds der New Yorker High Society. Die Familie ihres Gatten »billigte nicht eben meine Rückkehr zur Bühne«, wie sie zu sagen pflegte. Sie war als Daisy Dumont bekannt gewesen und spielte gerade »Trixie Fluff« in einem Musical mit dem Titel *The Summer Widowers,* als sie 1910 Moller heiratete. Zuvor war sie in Lew Fields' *The Girl Behind the Counter* aufgetreten, und ein Kritiker hatte Daisy Dumont als »groß, statuenhaft und schön« in ihrer Rolle als »Abteilungsleiterin in einem Londoner Kaufhaus« beschrieben. Ihre große Nummer war »I Want to Be Loved Like a Leading Lady«. Als operngeschulte Schauspielerin hatte sie eine zweijährige Lehrzeit als Showgirl an den Varietétheatern in England und Frankreich absolviert. Ihr Debut gab sie am Casino de Paris, spielte später mit George M. Cohan am Broadway, bevor sie in der Bühnenfassung von *The Cocoanuts* zu den Marx Brothers stieß.

»Sie war eine Dame der Gesellschaft, und als ihr Mann starb, brauchte sie einen Job«, erzählte mir Morrie Ryskind. Sie spielte gerade die Rolle einer gesellschaftlichen Aufsteigerin in *The Flourflushers,* da besetzte Sam Harris, der Produzent von *The Cocoanuts* sie mit der Rolle der Mrs. Potter, dem ersten ihrer vielen komischen Stelldicheins mit Groucho.

Lorayne Brox, eine der drei Brox Sisters, die in *The Cocoanuts* auftraten, erinnerte sich ebenfalls, daß Margaret Dumont ganz dieselbe im Leben wie auf der Bühne war. »Sie war der vollkommene Gegensatz zu Groucho«, erzählte sie mir. »Sie war eine hinreißend elegante Dame. Das war sie wirklich. Immer war sie empört, immer war sie würdevoll.«

Margaret Dumont drückte ihre Auffassung von innerer und äußerer Würde einmal folgendermaßen aus:

»Es ist nicht das Kleid oder dessen kostbarer Stoff, was heutzutage eine Frau elegant oder unelegant macht, sondern ihre Haltung und wieviel sie sonst noch unter dem Kleid trägt.«

Als die »normale« Frau in den Stücken der Marx Brothers konnte Margaret Dumont nichts anderes erwarten, als die Zielscheibe der Slapsticks zu sein, aber außerhalb der Bühne erwartete sie, daß man ihr eine Atempause von all den Demütigungen gönnte, die sie auf ihr zu dulden hatte. Die Marx Brothers aber hatten nie Kulissen nötig, um einen derben Scherz zu rechtfertigen.

»Wir zogen ihr einmal die Kleider aus«, erzählte Groucho. Die Gelegenheit bot sich auf einer Reise im Pullmanwagen spät in der Nacht während der *Night at the Opera*-Tournee. Die Jungs hatten genug von Karten und Revuegirls und suchten nach neuer Zerstreuung. »Und wir zogen ihr alle Kleider aus. Sie kreischte so laut, daß man nicht mal mehr den Zug pfeifen hörte.«

»Nach der ersten Woche bei den Marx Brothers«, erinnerte sich Morrie Ryskind, »war sie nicht mehr dieselbe. Eigentlich war ja keiner von uns mehr derselbe.«

MORRIE RYSKIND So etwas war sie absolut nicht gewöhnt. Auf den meisten großen Dinners, an denen sie teilgenommen hatte, tat man sowas nicht, verstehst du? Aber sie gewöhnte sich daran.

GROUCHO Sie kapierte nicht einen von den Witzen.

ERIN Wirklich nicht?

GROUCHO Nein.

MORRIE RYSKIND Sie kam eines Tages zu mir, und — jetzt habe ich's vergessen, aber ich glaube, es war irgendeine Szene über Rembrandt, jedenfalls brachte sie sie durcheinander, und sie fragte: »Worüber lachen die denn?« Und ich erklärte es ihr. Sie sagte »Oh«. Und am nächsten Abend sagte sie mitten auf der Bühne: »Das war Rembrandt, aber das ist ja allen *schnuppe!*« Es war wie eine wichtige Bekanntmachung — das hier war der größte Witz aller Zeiten, und sie

108

kam weinend von der Bühne. Sie sagte: »Was habe ich bloß getan?«
Ich sagte: »Du hast versucht, den Witz durchzuboxen. Laß das
bleiben. Vorher hast du's prima gemacht.«

GROUCHO Sie war eine Komikerin, wußte es aber nicht. Wir preßten
Lacher aus ihr heraus, wie bei dem Bridgespiel, wo Harpo nach ihr
tritt und sie in den Magen trifft.

Eine von Margaret Dumont berühmtesten Rollen war die Mrs. Rittenhouse in *A Night at the Opera*. Groucho schilderte eine Szene zwischen ihnen, die bei einer Live-Probevorstellung stürmischen Beifall
auslöste.

»Wir saßen in einer Loge, die eine Opernloge darstellen sollte, und
mein erster Satz lautete: ›Na, toots (Liebling), wie gefällt dir die Vorstellung?‹ Ich war nervös und sagte: ›Na, tits (Titten), wie gefällt dir
die Vorstellung?‹ Das Publikum lachte fünf Minuten.« Ich fragte
Groucho, ob das wirklich eine Zufallsimprovisation gewesen sei.
Seine Antwort war ein rätselhaftes Heben seiner Augenbrauen.

Margaret Dumont selbst war alles andere als naiv, was ihre Leistung
betraf:

»Ich bin eine ernste Liebhaberin, die beste in ganz Hollywood. Es
ist eine Kunst, ernste Rollen zu spielen. Man muß seinen Partner aufbauen, darf ihn aber nie an die Wand spielen oder ihm die Lacher
stehlen.«

George Seaton erinnerte sich im Hillcrest bei einem zweiten Frühstück mit Groucho und mir, daß der Vorfall, als die Marx Brothers
Margaret Dumont auszogen, kein einzelnes, ja nicht einmal ein seltenes Ereignis war.

»Harpo war einfach der liebenswürdigste, sanfteste Mensch, den
man sich denken kann. Ich glaube, man findet niemanden, der ein
böses Wort über Harpo sagen könnte. Aber er war ein Kobold, ein
Elf. Er machte immer wieder die verrücktesten, wunderbarsten
Sachen, wie zum Beispiel, daß er Margaret Dumont die Perücke
klaute. Sie war so kahl wie eine Billardkugel und trug stets eine
Perücke. Er hatte riesigen Spaß daran, ihr die Perücke zu stehlen,
bevor wir aus dem Zug ausstiegen. Maggie kam dann in Chicago oder
so an und hatte sich ein Handtuch um den Kopf gewickelt, auf dem
›Pullman‹ stand.« Groucho fügte hinzu:

»Ich genoß alle meine romantischen Szenen mit Margaret Dumont. Sie war eine wundervolle Frau. Sie war im täglichen Leben dieselbe wie auf der Bühne — immer eine pedantische, würdevolle Matrone. Sie nahm alles ernst. Sie sagte immer: ›Julie, warum lachen die?‹

Anfangs versuchte ich es ihr zu erklären, wie zum Beispiel die Sätze in *Animal Crackers,* wo Chico und Harpo ein Gemälde stehlen. Sie und ich kamen in den Raum, in dem es stockdunkel war. Sie sagte: ›Meine Güte, es ist so dunkel hier, daß man seine Hand nicht vor Augen sehen kann.‹ Ich gab zurück: ›Na, da hättest du auch nicht viel Vergnügen dran.‹ Das Publikum lachte wie wahnsinnig, aber sie begriff nicht, wieso. Sie sagte: ›Julie, was war daran lustig? Es war dunkel, und ich konnte meine Hand nicht sehen.‹

In *A Night at the Opera* habe ich ein Rendezvous mit Mrs. Rittenhouse, und wenn sie vor meinem Zimmer ankommt, kommen vierzehn Leute raus. Aber sie kapierte nie, was daran lustig war. Am Ende von *Duck Soup* sitzen wir allein in einem Bauernhaus, und draußen tobt der Krieg, und Margaret sagte zu mir: ›Was tust du, Rufus?‹ Und ich sagte: ›Ich kämpfe für deine Ehre, und das ist mehr, als du je getan hast.‹ Später fragte sie mich, was ich damit gemeint habe.

Die Leute fragten uns immer, ob wir verheiratet wären. Eine Menge Leute dachte, wir wären verheiratet.«

Maureen O'Sullivan erzählte mir, daß Margaret Dumont tatsächlich glaubte, *A Day at the Races* wäre ein ernster Film.

»Ich hatte immer viel Spaß mit Margaret Dumont. Sie hatte keine Ahnung, warum *A Day at the Races* lustig war, oder daß er *überhaupt* lustig war. Als wir zu drehen begannen, meinte sie zu mir: ›Diesmal wird es nicht eines von diesen Dingern. Diesmal habe ich eine sehr ernste Rolle.‹«

Der Schriftsteller J. B. Priestley sagte von Margaret Dumont: »Sie könnte ihre Haltung und Vornehmheit auch dann noch bewahren, wenn sie aus einer Kanone abgeschossen würde.« Die Marx Brothers drehten sieben ihrer dreizehn Filme mit ihr. Wenn sie bei einem Marx Brothers-Film nicht dabei war, bekam das Studio bergeweise Briefe, in denen ihre Rückkehr gefordert wurde. Sie spielte auch in anderen Filmen mit, aber manchmal gab es selbst für eine Witwe von Stand magere Jahre. George Seaton erinnerte sich an ein solches Jahr:

»Ich machte einen Film, eigentlich war es mein erster Versuch als Regisseur. Zanuck wollte, daß ich mit einem kleinen Film beginne, aber ich sagte ›nein‹. Ich wollte etwas ganz Großes machen, weil ich wußte, wenn ich einen erfolgreichen Kurzfilm machen würde, wäre ich als guter Kurzfilmregisseur bekannt. Also suchte ich mir ein Musical mit Betty Grable aus, und in dem Musical kam eine Traumszene vor. Die Figur, die Betty Grable spielte, wünschte sich immer einen Nerzmantel, und so träumt sie in der Szene, daß sie diesen wundervollen Nerzmantel anhat. Sie steigt eine ungeheure Treppe hinauf, und oben steht Mrs. Rich-Bitch, und alles, was Mrs. Rich-Bitch sagen muß, ist: ›Guten Abend, meine Liebe, wie reizend von Ihnen zu kommen.‹

Ich überlegte und sagte mir: ›Maggie Dumont wäre einfach perfekt.‹ Ich rief Maggie an, die im Knickerbocker Hotel wohnte, und trank Tee mit ihr. Sie pflegte dort Hof zu halten, und nachmittags veranstaltete sie immer einen Tee. Ich rief sie an und sagte: ›Ich komme mir einfach schäbig vor, dir das anzubieten, Maggie, aber du würdest mir einen großen Gefallen tun, wenn du es machst, denn niemand kann es so machen wie du.‹ Sie sagte: ›Gut, schick mir ein Drehbuch und laß mich die Rolle lesen, dann werde ich sehen, ob ich die Richtige bin.‹

Ich schickte ihr das Drehbuch, und sie rief mich an und sagte: ›Ja, das ist eine ganz interessante kleine Rolle. Ich würde sie gerne spielen. Wer wird mein Kostüm entwerfen?‹ Nun, Charlie Le Maire, der große Designer, der damals Chef der Fox-Kostümabteilung war, hatte mit Maggie in New York gearbeitet. Also sagte ich: ›Charlie, sie hat lange nichts mehr zu tun gehabt. Laß uns was für sie machen.‹ Und er meinte: ›Oh, großartig.‹ Er suchte im Fundus drei Kostüme heraus. Sie waren alle schon fertig, aber er machte Entwürfe, neue Entwürfe.

Wir gingen zum Tee ins Knickerbocker Hotel und legten Maggie die Entwürfe zur Auswahl vor, und sie suchte sich einen aus. Sie fragte: ›Wie lange wird es dauern, bis es fertig ist?‹ ›Ach‹, sagte er, ›ich setze Extrapersonal daran. Keine Sorge, es wird rechtzeitig fertig.‹ Natürlich nahm er es einfach vom Bügel.

Mein Partner, Bill Perlberg, stieg gleichfalls richtig mit ein. Er sagte: ›Wir geben ihr die größte Garderobe, die wir haben, hängen einen Stern an die Tür − ›Margaret Dumont‹ − und stellen alles mit Rosen voll.‹ Und das machten wir. Dann kam der Tag. Ich warnte Betty vor, und sie war einfach begeistert. Sie eilte mit Blumen für Miss Dumont herbei und sagte: ›Miss Dumont, ich bewundere Ihre Arbeit seit Jahren. Bitte, wenn es irgend etwas gibt, womit Sie mir bei meinem Auftritt helfen können, wäre ich nur zu glücklich, wenn Sie es mir sagten.‹ Maggie sagte: ›Völlig in Ordnung, Mädchen. Nun mal ran.‹

Also, wir fingen an zu drehen, und Betty kam die Treppe herauf. Margaret Dumont sagte: ›Hättest du was dagegen, wenn du ein kleines bißchen zurücktrittst? Nicht ganz so dicht, mein liebes Kind.‹ Und Betty sagte: ›Ja, Madam.‹ Wir machten drei Aufnahmen, und Maggie fragte: ›Welchen Take wirst du nehmen?‹ Ich antwortete: ›Tja, ich muß mir erst die Muster ansehen, aber ich ruf dich dann sofort an‹, was ich auch tat.

Ich sagte: ›Ich glaube, Take 2 war der beste, Maggie.‹ Sie erwiderte: ›Also, ist das nicht seltsam? Ich dachte, Take 3 wäre besser.‹ Also lenkte ich ein: ›Paß mal auf. Warum kommst du nicht ins Studio? Wir spielen dir alle drei vor, und *du* suchst aus, welcher dir am besten gefällt.‹ Sie sah sich alle drei an und sagte: ›Nein, ich muß dir recht geben, Take 2 ist besser.‹ Sie rauschte in aller Pracht und Herrlichkeit davon. Einen Tag lang war sie Königin.

Ein paar Wochen später saß ich mit Groucho auf einer Party am Tisch und erzählte ihm die ganze Geschichte. Er sagte: ›George, das ist das schönste, was man für diese Dame tun konnte. Weißt du, sie hat seit dem letzten Marx-Brothers-Film nichts mehr zu tun gehabt.‹ Dann machte er eine Pause. ›Wovon rede ich eigentlich? *Ich* habe seit dem letzten Marx-Brothers-Film nichts mehr zu tun gehabt.‹«

Obwohl Margaret Dumont immer als das Urbild der Matrone in den Marx-Brothers-Filmen in Erinnerung bleiben wird, war sie eine wandlungsfähige Schauspielerin. Sie hatte sich zum Glück damit abgefunden, daß sie nur mit ganz bestimmten Rollen besetzt wurde: »Ich bin immer die Dame aus Newport, ob ich mich auf einer Chaiselongue zurücklehne oder in Schlüpfern von einem Zeltdach herunterhänge.« Außer in den sieben Marx-Brothers-Filmen war Margaret Dumont in 34 weiteren Filmen zu sehen, darunter *Never Give a Sucker an Even Break* mit W. C. Fields. In ihrem letzten Film, *What a Way to Go!,* spielte sie Shirley MacLaines zänkische Mutter so überzeugend, daß nur wenige die Damen Potter, Rittenhouse und Claypool in ihr erkannten.

Groucho erzählte mir von seiner letzten Begegnung mit Margaret Dumont:

»Sie war eine große, gutaussehende Frau. Sie sah aus, als käme sie aus der High Society. Ich war in der letzten Show, in der sie auftrat — in *The Hollywood Palace*.

Ich werde es nie vergessen. Nach der Show stand sie am Bühnenausgang mit einen Rosenstrauß, den sie sich wahrscheinlich selber geschickt hatte. Ein Mann in einem schäbigen Auto kam und holte sie ab. Ein paar Wochen später starb sie. Sie war immer eine Dame, ein wundervoller Mensch. Starb ohne einen Pfennig Geld.«

Eines Nachmittags betraten Groucho und ich das Beverly Hills Hotel, um uns in den Polosaal zu begeben, wo wir mit Jack Nicholson und Mike Nichols essen wollten. Im Foyer saßen etwa zwanzig Mädchen in langen, rosa, mit Straß besetzten Tüllkleidern und ebensoviele junge Männer im Smoking. Neben dieser Gruppe stand eine ältere blonde Frau, die ebenfalls ein langes rosa Tüllkleid trug. Ihr glattes blondes Haar war straff aus der Stirn gekämmt und zu einer Hochfrisur der 40er Jahre aufgetürmt.

Die Gruppe beobachtete Groucho beim Hereinkommen, und er beobachtete sie. Er steuerte auf sie los und fragte: »Wer heiratet?« Die Frau, die sich später als die Chorleiterin zu erkennen gab, erwiderte: »Ich hoffe, niemand.«

GROUCHO Warum? Was haben Sie gegen die Ehe? Man muß mal verheiratet gewesen sein.

DAME War ich auch, bloß im Augenblick nicht.

GROUCHO Oh, hat's nicht funktioniert oder nicht gefunkt?

Durch das Gekicher der Schüler nicht im geringsten irritiert, verkündete sie in der gleichen ernsten Art: »Das hier ist der Pasadena High School-Chor.« Sie drehte sich zu ihrem Chor herum und fing an zu dirigieren. Als der Chor zu singen begann, strömte alles im Foyer des zauberhaften Beverly Hills Hotels zusammen, um Zeuge einer Aufführung zu sein, die es mit den besten Momenten der Marx Brothers-Filme aufnehmen zu können versprach. Hinter uns sagte eine Frau zu ihrer kleinen Tochter: »Dies ist ein Tag, an den du dich dein ganzes Leben lang erinnern wirst.« Groucho stimmte bald mit ein, sang jedoch laut und deutlich »Drink to Me Only with Thine Eyes«.

Als der Chor sein kleines Repertoire absolviert hatte, erzählte Groucho der Lehrerin, er habe in einem Kirchenchor in New York gesungen und dafür einen Dollar gezahlt bekommen. »Das war nicht sehr viel«, meinte die Lehrerin.

»Es war ganz ordentlich damals«, erwiderte Groucho. »Man bekam einen Pumpernickel für einen Nickel.«

Dann hob er seine Augenbrauen, rollte mit den Augen und ließ die ganze Gesellschaft vor seinem Grouchoblick erschauern. »Schön, ich muß jetzt gehen. Doch zuvor...«. und sein Blick richtete sich starr auf die biedere Chorleiterin, »...würde ich Sie gern küssen. Ist das in Ordnung?« Völlig unbeeindruckt nickte sie. Groucho stürzte sich auf sie, riß sie an sich, bog sie weit zurück und küßte sie lange und fest auf die Lippen.

Als wir ins Restaurant gingen, erklärte er mir: »Sie war eine fabelhafte Liebhaberin. Sie erinnerte mich an Margaret Dumont.«

Als Hugh Hefner Groucho dazu einlud, dem Playmate of the Year den *Playboy*-Preis zu überreichen, brauchte man Groucho nicht lange zu bitten. Von dem Abend erzählte er später:

»Das war vielleicht ein Anblick. Die Siegerinnen waren schön, und die Verliererinnen waren schön. Sie baten mich, dem schönsten Mädchen des Jahres den *Playboy*-Preis zu überreichen, und da standen nun diese zwölf wunderschönen Mädchen, und sie zeigten auf eine und sagten: ›Gib ihr da den Preis.‹ Ich stand auf und sagte: ›Du bist schön, aber du bist nicht schöner als die anderen. Alle diese Mädchen sind schön. Du hast bloß mehr Glück gehabt.‹«

Als ich Groucho fragte: »Was sind deine Hobbys?«, antwortete er ohne zu zögern: »Frauen.« »Und wie denkst du im allgemeinen von Frauen, Groucho?« Er erwiderte mit äußerster Aufrichtigkeit: »Immer. Ich war verrückt nach Frauen. Es gibt nichts Herrlicheres als eine schöne junge Frau.«

ICH Alfred Hitchcock hat mir mal gesagt, eine Frau sollte wie ein spannender Film sein und nicht alles auf einmal enthüllen. Alle Fragen sollten nach und nach beantwortet werden. Aber du sagst, daß dir überhaupt keine Frage beantwortet wurde.

GROUCHO Je mehr du zu wissen glaubst, desto weniger weißt du. Ich bin alt genug, um zu wissen, daß ich überhaupt nichts weiß. Es wird immer schwieriger, sie zu verstehen, aber mir ist's gleich.

ICH Wenn du an all die Probleme und Kosten, geldlich und sonstwie denkst, waren es dann die Mädchen wert?

GROUCHO Yeah!

ICH Glaubst du, die Frauen sind heute sehr viel anders als damals, als du ein junger Mann warst?

GROUCHO Sie dürfen heutzutage dreckige Reden führen, genau wie die Männer. Und Zigaretten rauchen. Als ich jung war, trug keine Frau Hosen. Sie trugen alle Kleider. Heute tragen sie in Amerika alle Hosen. Daß ich jung war, ist so lange her, daß meine Frau Ruth, wenn sie zum Strand ging, ihre Seidenstrümpfe anbehalten mußte. Es war damals schockierender, die Strümpfe auszuziehen, als heute, alles auszuziehen. Heute gibt's die Women's Lib, und ich bin völlig dafür. Ich meine, wenn zum Beispiel Krieg ist und ein Mann muß zur Armee, dann sollte seine Frau auch eine Aufgabe übernehmen, nicht unbedingt an der Front auf den Feind schießen, aber es gibt so vieles, was eine Frau in der Armee machen kann. Wenn der Mann sein Leben riskiert, warum sollte die Frau nicht auch etwas tun? Ich weiß nicht, ob das eine gute Erklärung ist. Ich finde, sie sollten dasselbe Einkommen haben und alles. Ich glaube, daß es eines Tages einen weiblichen Präsidenten geben wird. Das wird es eines Tages in Amerika bestimmt geben. Es gibt keinen Grund, warum das nicht kommen sollte.

ICH Findest du, Frauen sollten Alimente zahlen?

GROUCHO Hängt davon ab, wieviel Geld da ist. Wenn die Frau reich ist, und sie heiratet einen Mann, und die Ehe geht in die Brüche, dann sehe ich keinen Grund, warum sie ihrem Mann nicht Geld geben sollte, damit *er* sich wiederverheiraten kann. Es gibt eine Menge Männer, die gern heiraten würden und es nicht können, weil sie wegen der Alimente, die sie an die Frau zahlen, pleite sind.

ICH Außer in die Armee zu gehen und Alimente zu zahlen, wozu sollten die Frauen denn deiner Meinung nach auch noch die Freiheit haben?

GROUCHO Zu allem. Sie haben sie ohnehin.

ICH Was magst du an einer Frau am meisten?

GROUCHO Wenn sie mich mag.

ICH Aber welches sind die Eigenschaften oder Qualitäten oder Züge, die dich an einer Frau am meisten angezogen haben?

GROUCHO Man kann nicht alles in Worte fassen.

ICH Gibt es nicht etwas, das du besonders hervorheben könntest?

GROUCHO Weiblichkeit.

115

Er fügte noch hinzu: »Man kann solche Fragen nicht beantworten, wie zum Beispiel, was macht eine Frau attraktiv und eine andere nicht. Das ist, als versuchte man festzustellen, was eine gewinnende Persönlichkeit ist und was nicht.« Groucho, der etliche Generationsunterschiede munter übersprungen hatte, war sich seiner Modernität sicher genug, um gelegentlich unerschrocken für etwas ganz Altmodisches einzutreten. Er erzählte mir: »Als ich hörte, du würdest mich im Auftrag des *Playboy* besuchen kommen, dachte ich, sie würden mir eine von diesen Miezen schicken, aber du bist zurückhaltend und schüchtern und ganz so, wie eine Frau sein sollte.«

Wenn man auf Frauen zu sprechen kam, zeigte sich, daß die lebende Legende noch ein sehr lebendiger Mann war. Grouchos lebenslange Philosophie über Frauen läßt sich vielleicht am besten in den letzten zwei Worten einer seiner Lieblingsgeschichten zusammenfassen:

»Ich kannte mal ein Mädchen, das einen Fußreif trug, auf dem stand: ›Heaven's above.‹«

»Wenn ich Erin nicht hätte, säße ich zwischen alten Schachteln«

Für Groucho-Kenner bedarf Erin Fleming keiner Vorstellung. Als junge Kanadierin mit New Yorker Theaterlorbeeren trat sie in Grouchos Leben, um auf seine Fanpost einzugehen und, wie Groucho es formulierte, »um auf meine Gebete einzugehen«. Obwohl sie weiter als Schauspielerin arbeitete und in Woody Allens *Everything You Always Wanted to Know About Sex,* einem Bühnenstück in Los Angeles und einigen Fernsehstücken zu sehen war, fanden ihre allerletzten Auftritte im wirklichen Leben statt, wo sie in Alltagsszenen mit Groucho Margaret Dumont, Thelma Todd und sogar sich selbst: Erin Fleming darstellte.

Ihre Energie und ihr lebhaftes Temperament ließen mächtige Männer in ihren Gucci-Schuhen erzittern. In seiner Dankrede zur Oscar-Verleihung brachte Groucho ihr seine Hochachtung zum Ausdruck, indem er sie neben seiner Mutter und Margaret Dumont eine der wichtigsten Frauen seines Lebens nannte. Zur Erinnerung an dieses Ereignis trug Erin einen zierlichen Oscar aus Gold um den Hals, den ein Juwelier in Beverly Hills für sie angefertigt hatte.

Nach der Oscar-Rede 1974 bekam Erin körbeweise Briefe von Sekretärinnen, die mit ihr fühlten und sich über Grouchos aufrichtige Huldigung freuten. »Von überall aus dem Land kamen Briefe«, berichtete sie, »in denen sie schrieben, daß sie noch nie das Gefühl gehabt hätten, von ihren Chefs geschätzt zu werden, und daß endlich ein Chef seine Sekretärin zu schätzen wisse.«

Erin hatte sehr jung einen erfolgreichen New Yorker Rechtsanwalt geheiratet. Die Ehe endete in aller Freundschaft mit einer Scheidung, die zumindest zum Teil auf das Konto von Erins ehrgeizig weiter verfolgter Bühnenkarriere ging. Ihr Freund und Agent Harvey Orkin schlug ihr daraufhin vor, nach Kalifornien zu kommen, damit er ihre Karriere fördern könne. Dort stellte er sie dem Produzenten Jerry Davis vor.

Während sie noch in seinem Büro saß, wurde ihr ganzer weiterer Lebenslauf durch einen Telefonanruf von Groucho verändert, der zufällig in diesem Moment durchgestellt wurde. Jerry Davis, der im Moment kein Engagement für sie hatte, war deshalb froh, die hartnäckige Miss Fleming irgendwo unterzubringen, und sei es auch nur bei einem Lunch.

Erin erinnerte sich an diesen Augenblick während eines Essen mit Groucho und mir im Hillcrest Country Club.

ERIN Ich saß in Jerry Davis' Büro bei der Paramount und sah mir das vorläufige Drehbuch zu *The Odd Couple* an, als Groucho anrief. Jerry sagte: »Ich sitze hier mit einem hübschen Mädchen namens Erin Fleming.« »Erin Fleming!« rief Groucho. »Heißt sie wirklich Fleming?« Jerry fragte mich: »Heißt du wirklich Fleming?« Ich sagte ja, und Groucho meinte: »Schick sie mir mal rüber. Harpo hatte drei Freundinnen, die Fleming hießen. Ich würde sie gern kennenlernen.« Er hatte jahrelang eine Sekretärin, das war die, die die Groucho-Briefe aufgehoben hat. Aber sie hatte sich einen Mann geangelt und war nach Portugal gezogen, und Groucho brauchte also eine neue Sekretärin. Er beklagte sich bei Jerry am Telefon darüber. Nachdem Groucho aufgelegt hatte, sagte Jerry: »Das wäre ein guter Job für dich, Erin. Du müßtest nur ein paar Stunden am Tag arbeiten, Grouchos Post beantworten und seine Briefe schreiben. Die restliche Zeit könntest du dich nach Engagements umsehen.« Aber ich meinte: »Ich will nicht als Sekretärin arbeiten!« Auf jeden Fall, damals war ich gerade ins Chateau Marmont in die Wohnung eines Schriftstellers gezogen, der für einen Monat verreist war, und ich hatte keine Ahnung, ob ich bleiben oder was ich tun sollte. Als ich nach Hause kam, lag eine Nachricht da, daß Groucho angerufen habe. Ich wählte mit zitternden Fingern Grouchos Nummer, und er meldete sich: »Hier ist Groucho Marx. Ich würde mich freuen, wenn Sie zum

Essen kämen.« Er sagte, seine Köchin sei nicht da, aber wir könnten ja ausgehen und irgendwo einen Happen zu uns nehmen. Wir gingen zu Dupar's und aßen Buttermilch-Pfannkuchen. Das ist wirklich wahr, und Groucho warf eine Münze in die Luft...

GROUCHO Eine Fünf-Dollar-Note.

ERIN Nein, eine Münze, um zu sehen, wer zahlen muß, und ich mußte zahlen. Es waren ungefähr $ 3,25.

GROUCHO Wir haben um die Rechnung geknobelt?

ERIN Wir haben um die Rechnung geknobelt. Ich weiß noch, wann es war. Es war um den ersten August herum. Groucho fragte mich, wie alt ich wäre. Ich erwiderte, das würde er nie aus mir herauskriegen, aber mein Geburtstag sei am 13. August, noch ein paar Wochen hin. Er rief mich mehrere Male an. Aber ich war immerfort auf Achse, um mich all den Produzenten und so weiter vorzustellen. Groucho rief mich an und sagte: »Nächste Woche hast du Geburtstag. Willst du nicht zu mir zum Essen kommen?« Also ging ich an meinem Geburtstag zu Groucho zum Essen; er hatte die Granets und Arthur Jacobs zu Besuch, den Regisseur von *Planet of the Apes*. Groucho hatte mir bei Saks eine Flasche Parfüm gekauft, die ich immer noch habe. Bei Saks hatte er auch Anne Jackson getroffen und sie zum nächsten Abend zum Dinner eingeladen. Er erzählte mir, daß sie am nächsten Abend zum Essen käme, und ob ich nicht auch am Abend nach meinem Geburtstag kommen wolle. Inzwischen konnte er mich längst um seinen kleinen Finger wickeln. Es gab einen Geburtstagskuchen, meine Lieblingssorte – einen ganz besonderen Karottenkuchen, den Martha buk. Und Arthur gab mir eine Rolle in einem der *Apes*-Filme.

GROUCHO Sie war der Hauptaffe.

ERIN Ich wollte einen Affen spielen, aber ich vertrug die Kontaktlinsen nicht. Meine Augen brannten zu sehr. Ich bekam also einfach eine kleinere Rolle als einer von den Menschen. Ich arbeitete ein paar Tage und verdiente einen Haufen Geld. Dann wurde ich Grouchos Sekretärin. Du hättest mal die Post sehen müssen, die er bekam. Kisten voll! Und er sagte: »Ich habe ein klein bißchen Post [a little mail] zu beantworten.«

GROUCHO Der kleine Mann war ich. [The little male...]

ERIN Ja, das stimmt. Du warst der kleine Mann, der Antwort brauchte.

Auf die Frage, was sein erster Eindruck von Erin gewesen sei, antwortete Groucho: »Ich dachte, sie wäre auch bloß so eine flatterhafte Göre aus New York.« Diese Einstellung änderte sich sehr rasch: »Wenn sie mich je aufgeben sollte, gebe ich das Showbusiness auf.«

Erin brachte *Zukunft* in sein Leben, beruflich wie privat. Neben ihr blickte Groucho wieder erwartungsvoll nach vorn. Bevor sie kam, waren ständig Angebote eingegangen, denn Groucho war noch immer sehr gefragt, aber niemand hatte ihn wirklich umworben. Erin bedeutete ihm jemand, *mit* dem und *für* den es etwas zu tun gab. Seine letzten Showbusiness-Jahre waren mit Erin verbunden, die auch ohne den offiziellen Titel sein persönlicher Manager bei der triumphalen Reise nach Ames (Iowa) und seiner Rückkehr nach New York und dem »Nur-noch-Stehplätze«-Auftritt in der Carnegie Hall war. Sie spielte auch eine wichtige Rolle bei der Planung der Fernsehauftritte, der Wiederaufführung von *Animal Crackers* in New York, bei der Grouchos Erscheinen einen Aufruhr (einen gutartigen Aufruhr) auslöste, und der Konzerte in Los Angeles und San Francisco. Mit Erin, so fühlte er, begann er ein neues Leben.

Groucho hatte große Hochachtung vor Erins Fähigkeiten als Geschäftsführerin, und wenn er über ihre geschäftliche Weitsicht sprach, sagte er oft: »Sie ist viel gerissener als ich.« Er kümmerte sich ungern um das Business im Showbusiness. Er war auch stolz auf Erins Talent als Schauspielerin, die Shaw und Shakespeare gespielt hatte. Er glaubte jedoch nicht, daß sie sich *unbedingt* ausziehen müsse, was sie in Los Angeles bei einer Theaterproduktion getan hatte.

»Du hast das nicht nötig«, sagte er ihr. »Ich habe mich nie in einem Film ausgezogen, und ich sehe nicht ein, warum du das tun solltest. Ich habe keinen Platz in dieser Welt der Nacktheit. Sexy ist, was man nicht sieht. Frauen sind sexy, wenn sie angezogen sind und man sie auszieht. Dann hat man gesiegt. Boasberg wollte mal, daß ich meine Hosen ausziehe. Ich wollte nicht. Ich sagte, ich hätte es nicht nötig, meine Hose auszuziehen – auf der Bühne, versteht sich.«

Erin hielt seine Einstellung für überholt. Dennoch brachte er es fertig, sich alles anzusehen, was sie machte. Er versuchte nie, sie vom Theaterspielen abzuhalten, selbst wenn er das Stück ihres Talents nicht würdig erachtete. Es war für ihre Beziehung und ihr Verhältnis unbedingt notwendig, daß Erin keine »Zivilperson« war, sondern ein tätiges Mitglied des Schauspielerberufs.

Groucho vertraute Erins Urteil in allen geschäftlichen und den meisten künstlerischen Angelegenheiten, und er genoß ihre Achtung. Besonders sichtbar wurde ihr Einfluß an seiner immer gediegeneren Kleidung. Ihr Geschmack und der von Bernie Schwartz und Peter Jarem, unfehlbaren Autoritäten des Chic beim Herrenausstatter Eric Ross, spiegelte sich wider in Grouchos englischen Wollsachen, den Blazern, den Hemden mit dem Marx Brothers-Aufdruck und den bunten Rollkragenpullovern. »Ich wirke sehr anziehend auf sie«, stellte Groucho fest.

Aber Groucho hatte, wie bei allem sonst, selbstverständlich das Vetorecht. Während er sich über die qualvollen und mühsam durchgestandenen Anproben lustig machte, als versuche er, sich aus der allerpeinlichsten Niederlage herauszuwinden, steckte doch tief in ihm ein Stückchen Pfau, dessen hochmütiges Einherstolzieren beim Erhaschen eines Blickes auf sich selbst im großen Spiegel zu verstehen gab, daß er von seinem Vetorecht keinen Gebrauch machen würde.

Groucho erklärte Erin und mir, daß ein allzu großes Gefallen am Einkaufengehen weiblich sei. »Wenn man die Leute dabei beobachtet, wie sie die Straße entlanggehen, sind die, deren Köpfe sich nach allen Schaufenstern drehen, Frauen. Natürlich«, fügte er hinzu und hob die Augenbrauen, »kann man sie auch an anderen Dingen erkennen.« Die Exzesse der Neureichen sah er scheel an, und prahlerischer Schnickschnack war stets die Zielscheibe seines Witzes, obwohl ihn das Geschenk des Bankiers Al Hart, ein Lamamantel, sehr freute. Manchmal, wenn irgendwas zu protzig war, sagte er zu Erin: »Das ist für Leute, die nicht im Showbusiness sind, aber so aussehen wollen.«

Erin redete ihm immer zu, seine Baskenmütze zu tragen, weil sie glaubte, sie mache ihn auf Anhieb als Groucho erkennbar. Wie er es ausdrückte: »Sie gibt mir immer eins auf den Hut, wenn ich meine Mütze nicht trage.« Und manchmal fügte er hinzu: »Sie richtet mich her und hin.«

Groucho mochte Ordnung, und was sein Haus betraf, lag ihm nichts an Veränderung. Wenn er Erin sagte: »Ich bin hier der Oberstallmeister, Mädel«, klang seine Stimme heiter, aber was er meinte, war ernst.

Grouchos Gefühle für Erin wurden offenbar, als er auf ihr Betreiben dem Innenarchitekten Peter Shore gestattete, »mein Nest zu teeren und zu federn«, wie er es ausdrückte. Erin sagte: »Groucho, dein Nest muß ein bißchen aufpoliert werden.« Er konterte: »Dann besorge ich mir eine neue Polly«, und fügte murrend hinzu: »Ich glaube, dann haben wir hier bald ein Schippental.« Insgeheim mochte er das fertige Ergebnis, »besonders, daß es fertig ist«, und Peter Shore wurde regelmäßiger Gast bei Mahlzeiten und um Bilder aufzuhängen. Groucho rief mich an, um mir das Ende der Renovierung zu verkünden. »Alles ist neu, außer mir.«

Er faßte es in einer nicht gerade überschwenglichen Empfindung zusammen:

»Wenn ich Erin nicht hätte, säße ich immer noch zwischen alten Schachteln.«

Erin sagte: »Wenn mal jemand ein Buch über mich schreibt, gibt es etwas, das erwähnt werden sollte. Woran man sich bei mir sofort erinnert, ist, daß ich in jedem Hotelzimmer zuerst die Möbel umstelle. Ich räume alles um. Immer. Du kannst mich zitieren.«

Sorgfältig arrangierte sie in Grouchos Haus oder seinen Hotelzimmern die Möbel, um sicherzugehen, daß sein Lieblingsplatz gewahrt blieb, ganz egal, wie die Stühle bei Unterhaltungen umgestellt wurden. Wichtiger noch als das Möbelrücken in den Hotelzimmern war für Erin die Suche nach irgendwelchen unbemerkten Lampen- oder Fernsehkabeln, die Groucho zum Stolpern bringen konnten.

Erin hatte ihre eigene separate Wohnung, anfangs ein Appartement und später ein eigenes Haus. Das Haus, das früher mal Dorothy Parker gehörte, liegt ganz altmodisch ein Stückchen außerhalb von Beverly Hills.

Der Klatsch ließ Erin mit Groucho zusammenleben. Das trifft aber nur für die Zeit zu, in der sie sich nach einem Krankenhausaufenthalt ein paar Wochen lang in Grouchos Haus erholte. Das Gerücht wollte auch, daß Groucho ihr das Haus bezahlt habe, eine Geschichte, die sie kränkte und als Einmischung in ihre Privatsphäre und als Verdrehung der Tatsachen empfand. Für sie war es nur ein *Teil* eines Hauses, und das Haus war auch keine Villa, wie es das Gerede wissen wollte. Der Klatsch machte aus dem bescheidenen Wohnsitz etwas, das dem palastartigen Herrschaftshaus Harold Lloyds ähnlich sah. Ursprünglich wollte Groucho das ganze Haus kaufen und Erin schenken, denn frei und unbelastet sein eigenes Haus zu besitzen, war eine Sicherheit, die er zu schätzen wußte. Oft wiederholte er voll Stolz: »Ich habe den Schlüssel zu meiner Haustür.« Erin wies sein Angebot zurück und brachte eine Menge Zeit damit hin, sich zu überlegen, wieviele Räume des Hauses sie sich von Groucho schenken lassen wollte, bevor er sich völlig durchsetzte.

Am Valentinstag überraschte Groucho sie mit einem Geschenk: er schickte ihr einen Orientteppich. Glücklich erstaunt fragte sie ihn: »Wie komme ich denn am Valentinstag zu einem Teppich? Ich kam nach Hause, und da lag er. Hast du mir den Teppich hingelegt, Groucho?« [»Did you lay my rug?«]

Groucho antwortete: »I'm not in the habit of laying rugs.« [»Ich pflege keine Teppiche hinzulegen.« Oder: »…Teppiche zu vögeln.«]

Erins Häuslichkeit endete vor der Küchentür. Wie Minnie war sie eher Esser als Koch. Sie aß mit gieriger Hingabe, was alle in Erstaunen setzte, die Zeugen wurden, wie sie eine ganze Sauciere von Chasens heißer Schokolade, bergeweise Karameleis oder den größten Teil eines Schokoladenkuchens von Dorris Johnson verschlang und trotzdem schlank blieb. Das einzige, was sie hin und wieder in die Küche zog, war die Planung eines Menüs oder die Zubereitung von Tee, den sie mit wahrhaft britischer Begeisterung trank. Vor dem Tod ihrer geliebten weißen Angorakatze Gabrielle jedoch kochte Erin für sie das Fressen.

Aus einem Wurf Zuchtkatzen hatte sich Erin Gaby ausgesucht, die verkrüppelt zur Welt gekommen war, denn sie glaubte, wenn *sie* sie nicht nähme, würde es niemand tun.

Da Erin sie nicht gern allein ließ, gab sie sie manchmal bei Groucho ab, der sie dann »sitten« durfte. In seinem Haus gab es immer jemanden, der kochte oder arbeitete. Gaby jedoch hatte etwas gegen die fremde Umgebung und die Anwesenheit von Grouchos großem schwarzem Kater Blackie.

Als Groucho und ich eines Tages nach Hause kamen, hatte Gaby anscheinend sowas wie einen Anfall. »Die Katze ist verrückt geworden«, sagte David Hixon, als er uns hereinließ. »Sie ist hysterisch!« Die Katze versuchte, die Wände hochzuklettern, warf sich gegen die Möbel und schnitt groteske Grimassen.

Ich rief Erin an, die sagte, sie wäre sofort da. »Inzwischen«, ordnete sie an, »sag doch David, er soll sie einfangen, damit sie sich nicht verletzt.«

In den nächsten zehn Minuten gab es alle Augenblicke ein mittleres Blutbad, als ein zerkratzter und blutender David zu packen versuchte, was sich in eine rasende Bestie verwandelt hatte. »Sie macht Erin nach«, vermutete jemand. Groucho sagte, wir sollten die Polizei rufen. In dem Moment erschien Erin.

»Wo ist mein armes Baby?« rief sie. »Was habt ihr mit ihr angestellt?«

Sie eilte schnurstracks auf Gaby zu und nahm sie hoch. Erin wiegte die Katze, die laut zu schnurren begann und sofort völlig sanft wurde.

Erin mag Dinge, aber sie nimmt sich nicht viel Zeit dafür. Gelegentlich kauft sie gerne ein, wobei sie an ihre frustrierte Mutter denkt, die, da sie in Kanada in einer Kleinstadt wohnten, aus Katalogen bestellen mußte. Erin ist ein Fan von Flohmärkten und Auktionen. Sie liebt Kleider, kauft sich aber nicht sehr viele, da sie meistens Hosen und Pullover trägt. Sie verfügt lediglich über eine kleine Sammlung von Abendkleidern und eine Boa für die vielen formellen Anlässe, an denen sie und Groucho teilnahmen. Immer rührig und in Bewegung, mit der Anmut und Agilität einer berufsmäßigen Tänzerin, extrovertiert und voller Tatendrang, verschwendet Erin nicht viel Zeit auf Eitelkeit. Ihr Haar, dunkel mit einem rötlichen Schimmer, trägt sie offen, schulterlang oder kürzer. Sie ist hübsch mit ihren hohen Bakkenknochen und der nach oben gebogenen Nase.

Normalerweise fand man sie in der Nähe von Grouchos Telefon, das dort war, wo der Rummel stattfand oder wo sie für Rummel sorgte. Sie war so total begeistert von Alexander Graham Bells Erfindung, wie Groucho von ihr total entgeistert war, aber er versuchte nicht, sie umzustimmen (er wußte, es wäre unmöglich) und sie versuchte nicht, ihn umzustimmen (sie wußte, es wäre unmöglich).

Ich fragte Groucho, wie *er* Erin sähe, und er antwortete: »Jeden Tag.«

Wenn ihr Name fiel, sagte er manchmal: »Sie ist ein reizendes Mädchen, und ich bin verrückt nach ihr« oder »Sie ist reizend — für ein Mädchen.«

Groucho sagte, sie wäre ein Musterbeispiel einer emanzipierten Frau. Wenn man ihn fragte, was er unter emanzipiert verstünde, erklärte er: »Sie macht alles, wie's ihr verflucht nochmal paßt.«

Er fügte hinzu: »Mir ist es egal, was sie macht, solange sie mir nichts davon erzählt.«

Zwar ermutigte Groucho sie manchmal, mit anderen Männern auszugehen, aber es gab tatsächlich wenige, die sich in ihren Augen mit ihm messen konnten. Groucho meinte zu einem potentiellen Verehrer: »Er ist ein Wolf im Schafpelz.« Bei einer anderen Gelegenheit erwähnte Erin jemanden, mit dem sie sich zum Essen verabredet hatte.

GROUCHO Er ist zu alt.
ERIN Dieser Meinung ist er nicht.
GROUCHO Das tun sie nie, bis sie im Bett liegen.

In den Jahren, in denen sich Erin und Groucho kannten, hatten verschiedene Männer Interesse an ihr gezeigt, aber keiner hatte sich durchsetzen können. Auch wenn er über achtzig war — es gab nur einen Groucho Marx.

Gelegentlich spielten Groucho und Erin bloß zu ihrem eigenen Vergnügen im Stil der Commedia dell'arte. Dann tat Groucho für eine Zeitlang so, als wäre er Disreaeli, den er sehr verehrte, und Erin tat, als wäre sie die Queen Victoria.

Erin brachte ihn dazu, aus den alten Zeiten der Marx Brothers zu erzählen. Eines Tages hatte er uns von einigen Schauspielern erzählt, die er im Varieté gekannt hatte, und Erin sagte:

ERIN Das muß schon lange her sein.
GROUCHO Alles, was ich getan habe, ist lange her.
ERIN Ich nicht!
GROUCHO Alles außer dir.

Er genoß es, Erin ihre Eindrücke von der »eye-talian« Schauspielerin Gina Lollobrigida erzählen zu hören. Um Erin dazu zu animieren, würde er, sagte er, sehr weit gehen *[»to great lengths«]* (»nämlich nach Great Lengths, Montana«), und er drohte sogar, »Omaha, Nebraska« *nicht* zu singen. Und Erin ließ sich immer überreden.

»Als wir in Cannes waren, gab es eine riesige Pressekonferenz, nachdem sie Groucho seine Medaille verehrt hatten. Und aus irgendwelchen mysteriösen Gründen ließen sie keine amerikanischen Journalisten zu. Es gab ein mächtiges Geschrei und Gebrüll von Chuck Champlin und Hollis Alpert. Und so beschloß Margaret Varga, die für die Presse zuständig war, ein riesiges privates Essen in einem sehr schönen Restaurant zu geben, das sich in einem Haus mitten auf dem

Land befand. Es war sehr elegant. Die ganze Mitte des Speisesaals nahm ein riesiger Tisch mit der ganzen amerikanischen Presse ein, vielleicht siebzig Leute. Der Präsident des Filmfestivals von Cannes war Robert Favre Le Bret, der von Gina Lollobrigida sehr angetan war, nur wußten wir das nicht. Jeder saß dort, wo er sitzen sollte, und neben Groucho saß Rex Reed, und Rex und Groucho schwindelten das Blaue vom Himmel herunter und schwelgten in alten Zeiten. Gegenüber von Groucho war ein Platz leer, und es kam mir überhaupt nicht in den Sinn, daß dort jemand Wichtiges sitzen sollte.

Plötzlich führte Robert Favre Le Bret Gina Lollobrigida herein. Nun, es gab keine Möglichkeit, ihn zu warnen, denn es war alles voller Presse, und Groucho war von Kopf bis Fuß auf Presse eingestellt. Ich dachte: ›Mein Gott, was wird er sagen, was kann ich nur tun?‹ Plötzlich fängt sie an zu reden, und er sieht vom Essen auf und sagt — es herrschte große Stille, weil jeder jedes Wort, das er sagte, hören wollte — ›He, bist du nicht die »eyetalian« Mieze, die vor dreißig Jahren mit mir zusammen bei Perry Como gearbeitet hat, die übelste Klamotte, die er je produziert hat?‹ Und sie sagt: ›Nein, ich war damals noch ein Kind.‹ Und er sagt: ›Aha, ich verstehe, und jetzt bist du erwachsen und rasierst dich dreimal am Tag, was?‹ Mittlerweile war Rex Reed unter dem Tisch, Chuck Berry hing in seiner Suppe, und ich sagte: ›Oh, Miss Lollobrigida, er meint, sie haben einen sehr hübschen Teint.‹ Und er sagt: ›Ja, man kann ihn nur nicht sehen vor lauter Farbe und Kleister.‹ Schweigen. Jeder vergeht. Keiner weiß, was tun. Plötzlich sagt Groucho in diese Stille hinein: ›He, Gina, was hörst du so vom Papst?‹ und sie sagt: ›Der Papst, er ist ein sehr großer Star. Und ich, Gina Lollobrigida, ich bin ein sehr großer Star. Und zwei sehr große Stars zusammen, das ist sehr langweilig.‹ Und in diesem Moment ging Groucho auf sie zu, nahm sie bei der Hand und führte sie raus zu all den Fotografen, und sie machten einen Haufen Bilder von den beiden.«

Groucho war von Erins Schilderung so entzückt, daß er seine Drohung vergaß und »Omaha, Nebraska« gleich zweimal sang.

Der Mann, der das Talent hatte, so viele Leute zu unterhalten, schätzte diejenigen hoch, die das Talent hatten, ihn zu unterhalten. Erin wußte genau, wie man das machte, und vervollkommnete sich darin. Für sie als Künstlerin ergab sich einer ihrer strahlendsten Augenblikke am Ende von Grouchos Oscar-Party im Hillcrest. Es gab eine Stunde mit relativ improvisierten Darbietungen der Prominenz unter den Gästen, in der die Stars sich spontan erhoben und einen kleinen Auftritt hinlegten, um dem Gastgeber ihre Huldigung darzubringen. Das abendliche Mahl hatte sich in Knochen, Muschelschalen, Krümel und schmutzige Teller verwandelt, und die Mitglieder des Orchesters waren dabei zusammenzupacken, als Erin auf die Bühne ging und einen Tanz begann, der einen wirbelnden Derwisch beschämt hätte. Das Orchester hatte Mühe, ihr zu folgen, während sie von wild auf noch wilder schaltete. Ihr Können und ihre Begeisterung brachten ein paar Minuten zustande, die für die letzten noch verweilenden Gäste, die Kellner und Piccolos des Hillcrest Clubs und besonders für Groucho, unvergeßlich waren, der seine Augen nicht von ihr ließ. Es war ihr Geschenk an ihn, und er wußte es.

Groucho irrte sich nie, was Erins Identität anging, aber einige seiner alten Freunde verrieten sich gelegentlich und nannten sie Eden. Solche Momente fand Erin ganz entschieden nicht lustig, und sie reagierte heftig. Ursprünglich und exzentrisch, eher widerborstig als gelassen, wie sie war, langweilte sie Groucho nie. Sie war seine letzte »erste Liebhaberin« und die erste unter seinen Fans. Mit Sicherheit war Erin der Fan, dem zu gefallen sich Groucho größte Mühe gab.

Die Schauspielerin Anna Strasberg erzählte mir, wie sie mal Groucho in Tana's Restaurant in Beverly Hills getroffen habe. Burgess Meredith, die mit ihr und ihrem Ehemann Lee Strasberg dort war, stellte sie einander vor. Anna war erfreut, Groucho kennenzulernen, und Groucho war entzückt, Lee Strasberg zu begegnen. »Wartet nur, bis ich das Erin erzähle«, sagte Groucho in fröhlicher Begeisterung.

Bei einer anderen Gelegenheit kam Groucho von seiner täglichen Wanderung durch Beverly Hills zurück und fand Erin bei sich zum Lunch vor. Er berichtete: »Ich habe eine Frau getroffen, mit der ich vor dreißig Jahren immer ausging, und jetzt ist sie ein dickes, fettes Weib.« Sie wandte ein: »Du meinst wohl, sie ist älter geworden und du überhaupt nicht.« Er verstand sofort, was sie meinte, und entgegnete: »Nein, ich bin so alt, wie der Tag lang ist, und dies war ein sehr kurzer Tag.«

Die Welt blickte etwas scheel auf ihre Beziehung und hob das halbe Jahrhundert Altersunterschied hervor, aber Groucho und Erin hatten ein Verhältnis zueinander, das viel mehr Gegenseitigkeit enthielt, als gewöhnlich angenommen wird. Sie betrachteten ihre Beziehung als Komplement wie als Kompliment.

Auf einem Wohltätigkeitsessen, zu dem wir zu Ehren von Jack Benny erschienen, wurden Groucho und Erin von Jack mit den Worten begrüßt: »Ich bin froh, daß ihr hier seid.« Groucho erwiderte: »Ich wäre nicht hier, wenn's mir nicht um sie ginge, aber wenn's ihr nicht um mich ginge, wäre sie auch nicht hier.«

Erin war Grouchos Sekretärin und persönliche Managerin, seine Vertraute und Gefährtin und sein Mädchen für alle Tage. Ihr Altersunterschied barg zwar viele ernste Probleme, hatte aber auch seine helleren Seiten. Erin erzählte Groucho und mir von einer scharfsinnigen Beobachtung, die Bill Cosby gemacht hatte:

»Als wir letztes Wochenende in Reno waren, erzählte mir Bill, er sei ins Casino gegangen, und dort habe ihm ein Mädchen gesagt: ›Ich habe Groucho Marx gesehen. Ich habe gesehen, wie Groucho Marx ins Hotel kam, und er hatte ein sehr junges Mädchen bei sich.‹« Als Bill mich sah, erzählte er mir das und setzte hinzu: »Das ist es, was *er* für dich tut. Wenn du mit mir oder einem anderen Mann meines Alters in das Hotel gingest, würde niemand so etwas sagen. Aber du gehst mit Groucho hinein, und sie sagen: ›Das ist ein *sehr* junges Mädchen.‹«

Als ein kanadischer Journalist Erin in einem Interview bat, ihm ihre Beziehung zu Groucho zu erklären, suchte sie zur Beantwortung einiger Fragen Grouchos Rat.

ERIN Kannst du unsere Beziehung erklären?

GROUCHO Ja. Ich bin wahnsinnig verliebt in dich, und du bist meine Sekretärin.

ERIN Sie fragen, warum du mich nie geheiratet hast, Groucho. Wie lautet die Antwort darauf?

GROUCHO Ich bin zu alt. Ich würde dich nicht heiraten, weil ich dir nicht geben kann, was du sexuell brauchst.

Später sagte Groucho zu mir: »Es ist schon seltsam. Man kann jemanden lieben, auch wenn man nicht mehr mit ihm ins Bett geht.« Erin nannte mir oft ihren Grund dafür, warum sie ihn nicht heiratete.

»Ich liebe Groucho, aber ich möchte ein Kind haben.«

Manchmal aber ging er mit ihrer Beziehung locker und mit einer flapsigen Respektlosigkeit um. Als wir drei mal mit dem englischen

Groucho mit Jayne Mansfield

MONKEY BUSINESS (Die Marx Brothers auf See)
Groucho mit Thelma Todd

A NIGHT IN CASABLANCA
(Eine Nacht in Casablanca)

Schriftsteller Richard Adams zu Mittag aßen, waren Groucho und ich zuerst dort, dann stürzte Erin für einen Moment herein, um gleich wieder zu verschwinden. Adams fragte: »Wer war denn das?« Groucho erklärte: »Das ist Erin. Sie ist bloß ein einfaches, dummes Mädchen. Ich kann überhaupt nichts für sie tun, außer körperlich.«

Groucho erklärte mir, wie er mit Erin fertig wurde. »Ich lasse sie glauben, sie hätte ihren eigenen Willen. Und dann ... lasse ich ihn ihr.«

Daß Groucho Jude war, war nichts, worüber er viel nachdachte, ganz im Gegensatz zu Erin. Sie schrieb vieles von seiner überlegenen Lebenseinstellung einer Sicherheit und Standhaftigkeit zu, die seiner ethnozentrischen, wenn nicht gar seiner glaubensmäßigen Orientierung entspringe. Sie hoffte, daß der Übertritt zum Judentum ihr die Zufriedenheit und das Gefühl des Friedens in einer ruhelosen Welt gäbe, die ihr bisher keine Religion hatte geben können. Ihre Achtung vor dem Judentum wurden nicht nur durch ihre Beziehung zu Groucho gesteigert, sondern auch durch die zu seinen Freunden, die geborene Juden waren. Ihr sagten der Familiensinn und das Zusammengehörigkeitsgefühl ebenso zu wie das Mystische dieser Religion, und die Gebote schienen für ihre eigenen Bedürfnisse wie geschaffen.

Entschlossen, zur jüdischen Religion zu konvertieren, schrieb sie zur Erinnerung an das Ereignis ein Lied mit dem Titel »Jewish in June« und beschloß, nicht nur jüdisch zu sein, sondern jüdischer, als Groucho es je gewesen war. Sie hielt sich nicht nur an die kulturellen Traditionen, die er und seine Freunde für selbstverständlich nahmen, sie bemühte sich auch um die formelleren Gebräuche. Der Synagogenbesuch mit Groucho, der seit Jahren in keiner Synagoge mehr gewesen war, wurde zu einem regelmäßigen freitagabendlichen Ereignis. Sie lernte Hebräisch und studierte die religiösen Lehren. Jeden Freitagabend zündete sie die Kerzen in dem silbernen siebenarmigen Leuchter an, womit sie einer Tradition folgte, die bei Groucho schon seit einem halben Jahrhundert nicht mehr gepflegt wurde, und murmelte: »*Bo-ruch at-taw a-do-noy elo-hay-nu meh...*« Eve Lazarus, ihre jüdische »Adoptivmutter«, war ihre Patin, und zehn jüdische Männer, die den erforderlichen Minyan bildeten, bürgten für sie, unter ihnen Elliott Gould und George Segal. Erin trug ein langes weißes Kleid und beschrieb das Erlebnis mit: »Als wäre man eine Braut.« Ihr neuer jüdischer Name wurde »Chayah«.

Groucho nahm die ganze Geschichte weniger respektvoll als Erin. Er rief mich an, um mir mitzuteilen, daß Erin jüdisch geworden sei, und fügte hinzu: »Jetzt konvertiere ich auch, ich werde katholisch und ändere meinen Namen in O'Hoolihan. Pat O'Hoolihan.« Er setzte hinzu: »Hochwürden Patrick O'Hoolihan.«

In jeder einigermaßen bedeutsamen Beziehung zwischen Mann und Frau kann es ab und zu zu einer Rollenveränderung kommen. Ungeachtet seines Alters kann der Mann manchmal der Vater der Frau sein, manchmal ihr Kind, aber auch ihr Bruder und ihr Freund. »Wenn ich Erin adoptiere, ist sie meine einzige jüdische Tochter«, bemerkte Groucho, denn Miriam und Melinda sind nur zur Hälfte jüdisch. (Erins Vater war gestorben, als sie noch sehr jung war, und ihre Mutter starb vor einigen Jahren nach langer Krankheit.) Aber Groucho meinte, er müsse Erin ständig zureden, sich einen jungen Mann für »die Liebe, die Ehe und den Kinderwagen« zu suchen.

Erin wurde manchmal bekrittelt, weil sie einen viel zu alten Groucho wieder auf die Bühne zurückführte. Es war indessen Groucho, der hier die Führung übernahm. Er ließ sich nie stoßen, es sei denn, in die Richtung, in die er wollte. Erin wurde beschuldigt, den legendären Groucho Marx mit zu viel Wirbel und zu wenig Takt allzusehr dem Scheinwerferlicht auszusetzen, aber Groucho befand sich nicht unter diesen Kritikern. Seine Liebe zum Scheinwerferlicht hatte sich mit den Jahren nicht vermindert, sie hatte ganz im Gegenteil zugenommen.

Das trat in seinem gesellschaftlichen Leben besonders zutage. Eine Party bei sich oder jemand anderem, auf der er nicht von Lydia, the Tattooed Lady oder Peasie Weasie gesungen hätte, wäre nicht nach Grouchos Geschmack gewesen. »Ich gehe früh, selbst wenn ich zu Hause bin.« Erin, die Grouchos Verlangen, sich zu präsentieren, verstand, begleitete ihn oft zu Lied und Tanz von »Peasie Weasie« und stellte sicher, daß stets ein tüchtiger Pianist ganz oben auf der Einladungsliste zu Grouchos Parties stand. Erin war das Mädchen in Grouchos Nummer, sei es auf der Bühne in der Carnegie Hall oder in Elliott Goulds Wohnzimmer. Und das Publikum, zahlendes oder nur eingeladenes, war immer noch das »Nur-noch-Stehplätze«-Publikum.

Manchmal faßte Erin einige überaus ehrgeizige Pläne für die Zukunft ins Auge, die Jahrzehnte erfordert hätten. Einmal, als sie voller Begeisterung ein schwindelerregendes Arsenal an zukünftigen

Möglichkeiten runterrasselte, warf Groucho trocken ein: »In der Zwischenzeit beabsichtige ich zu sterben.«

Als Grouchos Geschäftsführerin unternahm Erin einen kurzen Ausflug ins Gebiet der Produktlizenzen. Es gab Groucho-Uhren, die ein Bombengeschäft waren. (Groucho sagte, sie hätten lieber ein Bombengeschäft aufmachen sollen.) Obwohl es einen riesigen Bedarf an diesen langerwarteten Uhren gab, hatten nur ganz wenige Fans jemals die Gelegenheit, eine zu kaufen, weil Groucho beschloß, sie an seine Freunde zu verschenken – und er hatte sehr viele Freunde. Auf Grouchos Oscar-Party im Hillcrest Country Club wurde auf den Platz jedes Gastes eine Uhr gelegt. Für irgendeinen Spitzbuben war die Versuchung zu groß, und er machte sich mit der Hälfte der Uhren aus dem Staub. Groucho meinte dazu: »Diese Uhren sind nicht mal gegangen, und jetzt sind sie trotzdem weg.« Er leistete für die Uhren Ersatz, und zwar mehr, als der Produzent auf Lager hatte. Wie Groucho sagte: »Die Sekundenzeiger [= *second hands,* also, die zweiten Hände] gelangen oft in dritte.« Groucho kaufte mehr Groucho-Uhren als sonst jemand, und das ganze Projekt erwies sich als sehr viel weniger als ein einträgliches Unternehmen. Die letzte Groucho-Uhr trug er zu der New Yorker Wiederaufführung von *Animal Crackers,* wo er sie abnahm und mir mit dem Hinweis schenkte: »Es ist Viertel nach Groucho.«

»Tell 'em Groucho sent you«-T-shirts gehörten zum selben Unternehmen. Das letzte davon verehrte Groucho Dick Cavett, der sich sofort auszog (bis zur Taille, versteht sich) und sich sein Geschenk überstreifte. »Gefällt es dir?« erkundigte sich Groucho. Dick Cavett gab mit etwas unschlüssiger Begeisterung zurück: »Ich bin mir nicht sicher, ob ich mich wohlfühle, wenn ich dich auf dem Magen habe.«

Die Gewinne der ganzen Lizenzangelegenheit waren für eine Gesellschaft bestimmt, deren Name aus »Groucho« und »Erin« zu »GRIN« (Grinsen) kombiniert war, das aber manchmal eher in »CHAGRIN« (Ärger) umschlug.

Das Geschäft mit der Lizenzvergabe für Grouchoprodukte hatte das Nachsehen gegenüber interessanteren Konkurrenzprojekten, noch ehe die »Salonkabinen-Marmelade« aufs Brot gestrichen und ein »Tell 'em Groucho sent you«-Suspensorium, das Goddard Lieberson scherzhafterweise vorgeschlagen hatte, auf den Markt gebracht werden konnte.

Im November 1974 erreichte mich ein Ferngespräch von Groucho. Er sagte: »Erin fliegt nach Paris, um einen Film zu machen. Du *mußt* sofort kommen und bei mir wohnen.« Später rief Erin an und sagte: »Du mußt einfach kommen. Du bist die einzige, der ich vertraue.«

Kurz vor ihrer Abreise gab mir Erin den Rat: »Behandle Groucho *einfach* so wie ich.« Sie hätte genausogut nichts zu sagen brauchen.

Groucho liebte es, den Morgen, während er las, im Pyjama zu verbringen, bis es für uns Zeit zum Spazierengehen war. Eines Tages hatten wir mit Jack Nicholson und Mike Nichols im Beverly Hills Hotel eine Verabredung zum Lunch. Als die Zeit näherrückte, machte Groucho keinerlei Anstalten, sich anzuziehen. Freundlich erinnerte ich ihn daran, daß wir zu spät kommen würden, wenn er nicht sofort begänne, ja selbst wenn er sofort begänne. Nichts geschah.

Nach einer angemessenen Pause gab ich mir einen Ruck und brachte die Verabredung nochmal aufs Tapet. Wieder geschah nichts.

ICH Hast du vor, im Pyjama essen zu gehen?

GROUCHO Ich habe mal einen Elefanten im Pyjama geschossen.

ICH Ich weiß.

GROUCHO Du weißt alles.

ICH Eigentlich nicht.

GROUCHO Du bist zu jung, um das zu wissen.

ICH Niemand ist zu jung, um *das* zu wissen. Und ich weiß, du kommst nicht gern zu spät zu einer Verabredung, noch weniger als ich.

GROUCHO Außer mir bist du der einzige Mensch, der zu früh geht, um nicht zu spät zu kommen.

ICH Ich glaube aber, heute sind wir drauf und dran, Jack und Mike warten zu lassen.

GROUCHO Hallo, ich muß jetzt gehn.

Und wir gingen wirklich noch zum Essen, kamen aber ziemlich verspätet hin. Weder Groucho noch sonst jemand verlor ein Wort darüber.

Als Erin aus Europa zurückkehrte, wiederholte sich die Geschichte. Wir drei waren mit Jack Nicholson und Mike Nichols, der seinen kleinen Sohn Max mitbrachte, zum Essen im Beverly Hills Hotel verabredet.

»Das Baby wird erwachsen, wenn wir auf dich warten, Groucho«, verkündete Erin so laut, daß ihm keine Silbe entgehen konnte, selbst wenn die Batterien seines Hörgeräts verbraucht gewesen wären. Sie zog ihm das Pyjama-Oberteil aus, was ihm zu gefallen schien, und drohte damit, ihm auch die Hose auszuziehen, wenn er sich nicht beeilte.

»Da gibt es nichts«, sagte er sanft.

»Das werden wir sehen, wenn du nicht Tempo machst«, brüllte sie und griff nach dem Gummizug. Groucho zog sich ins Bad zurück.

Wir kamen als erste zum Essen.

Weil Grouchos und Erins Beziehung sich jeder schablonenhaften Kategorisierung entzog und nicht in die sogenannte normale Ecke paßte, stellten die beiden, und besonders sie, eine weithin sichtbare Zielscheibe dar, auf die es viele abgesehen hatten. Durch Unterstellungen verletzt und durch das Gerede beleidigt, sie sei hinter seinem Geld her, neigte die von Natur aus so extrovertierte Erin dazu, sich aus einer Arena zurückzuziehen, in der sie allzu viel Ablehnung erfahren hatte. In ihrer »Santa Claws«-Liste schlug die Kolumnistin Joyce Haber 1975 für Erin und Groucho als Weihnachtsgeschenk eine »Voraus-Eröffnung des Testaments« vor. Erin sagte entschlossen: »Nie wieder will ich meinen Namen in der Zeitung sehen.«

Bei einem Essen im New Yorker Sherry Netherland Hotel mit Betty Comden, Adolph Green, Groucho und mir erklärte Erin, warum sie keine Lust mehr habe, Schauspielerin zu sein, wenn das bedeute, ewig auf ein Rollenfach festgelegt zu werden: »Ich wollte meinen Namen nie wieder gedruckt sehen. Ich konnte diese ganze Quälerei einfach nicht mehr ertragen. Ich bin keine Nutte, und trotzdem wurde ich immer wieder in schwarze Strapse gesteckt. Ich war in Paris: und auch da genau dasselbe. Ich fragte Woody [Woody Allen bei dem Film *Love and Death*], ob ich nicht das Mädchen spielen könne, das am Ende des Films ein kleines rothaariges Kind bekommt. Statt dessen: schwarze Strapse. Wenn ich auch die Rolle gespielt habe, bei der Reklame, tja, ich konnte diese Schinderei einfach nicht ertragen. Ich will keine Nutten spielen. Ich habe diese Rollen satt.«

Während Groucho ein leichtes Thema immer ernst nahm, nahm er ein ernstes Thema selten anders als leicht. Als er Erins Telefonanruf erhielt, sie sei aus Paris wieder zurück, bemerkte Groucho: »It's a gala

day. I can't handle more than a gal a day.« [Heute ist ein Galatag.
Mehr als ein Mädchen am Tag schaffe ich nicht.] Als Erin bei
Groucho eintraf, begrüßte er sie:

GROUCHO Ich bin froh, daß du zurück bist, wenn auch nur vorübergehend.

ERIN Vorübergehend froh?
GROUCHO Ich bin nicht restlos froh.
ERIN *(lachend)* Warum nicht?
GROUCHO Ich liebe dich.
ERIN So?
GROUCHO Deswegen bin ich froh.
ERIN Und warum nicht restlos?
GROUCHO Bescheidenheit.

Da Erin ständig zu Grouchos Publikum zählte, während die anderen
fortwährend wechselten, hatte sie Gelegenheit, seine Lieblingsgeschichten mehr als einmal zu hören. Wenn Groucho eine Geschichte
erzählte, die sie schon kannte, stand sie auf und ging mit der Bemerkung hinaus: »Ich gehe« oder »Die habe ich schon mal gehört«,
worauf er ruhig erwiderte: »Ich auch.«

Groucho und Erin waren so friedfertig wie streitlustig. Manche
Leute hatten etwas gegen die ungestüme Art, in der sie ihm verbal
und manchmal sogar körperlich zusetzte. Sie machten sich Gedanken
darüber, daß sie ihn anschrie, was manche als »grausam« bezeichneten, Groucho aber amüsant fand. Spannungen gaben ihm Auftrieb,
und er war gern der Gegenstand leidenschaftlicher Gefühle.

Wenn Groucho und Erin sich stritten, hatte er, je mehr sie zu sagen
hatte, immer weniger zu sagen. Wenn ihre Stimme lauter wurde,
wurde seine sanfter, bis er manchmal kaum noch die Lippen bewegte.
Kurz nachdem ich Groucho kennengelernt hatte, saß ich mit den
beiden in seinem Schlafzimmer, als ein riesiger Streit ausbrach. Ich
wußte nicht, wohin ich mich verstecken sollte. Wir hatten gerade zu
Chasen's zum Essen gehen wollen, aber der tobende Kampf versprach
alles andere als ein fröhliches Mahl oder eine gute Verdauung.

ERIN *(Groucho anschreiend)* Ich gehe nicht mit dir essen!
GROUCHO *(ruhig)* Gut. *(Dreht sich zu mir um und nimmt meinen
Arm.)* Wir gehen jetzt essen.

ERIN Sie geht mit *mir* essen.

GROUCHO *(zu mir in einem Tonfall, der erkennen läßt, daß es sich keineswegs um eine Frage handelt)* Bist du fertig.

ERIN Mit dir geht sie auch nicht.

Groucho drehte sich um und ging langsam zur Haustür. Als er außer Sicht war, schob mich Erin zur Schlafzimmertür hinaus und sagte: »Los, geh mit!«

Bei Chasen's war Groucho das ganze Essen über still und mürrisch. Er verwandte viel Zeit darauf, seinen Teller aufmerksam zu studieren. Dann und wann sah er mich an und verkündete: »Ich habe sie nicht nötig.«

Wir wurden durch das Erscheinen des Oberkellners unterbrochen.

OBER Mr. Marx, da ist ein Anruf für sie von Miss Fleming.

GROUCHO *(der aufmerksam seinen Teller fixiert)* Ich bin nicht da.

ICH Soll ich ihr das sagen?

GROUCHO Ja.

Ich ging zum Telefon und sprach mit Erin, die darauf in einer halben Stunde nochmal anrufen wollte. Der nächste Anruf kam, als wir gerade bei der Bananencremetorte waren, gewöhnlich ein Höhepunkt in Grouchos Dinner. Er aß, als hätte er ein Pappmodell vor sich.

OBER Mr. Marx, ein Anruf von Miss Fleming.

GROUCHO Ich bin nicht da.

ICH Soll *ich* ihr das sagen?

GROUCHO Ja.

Ich nahm den Anruf entgegen und erklärte Erin, daß Groucho noch nicht bereit sei, zum Telefon zu kommen. »Ich werde zu Hause auf euch warten«, sagte sie mir.

Als ich zum Tisch zurückkam, spielte Groucho immer noch mit demselben Häppchen Torte herum. Er hätte mich nie gefragt, was Erin gesagt hatte, und wenn wir Tausende Jahre dort gesessen hätten, also teilte ich es ihm unaufgefordert mit.

»Ich brauche sie nicht«, sagte Groucho.

Als wir zu Hause ankamen, ging Groucho direkt ins Schlafzimmer. Alle Lichter brannten und die Tür war leicht angelehnt. Ich blieb im Wohnzimmer.

Nach ein paar Minuten rief mich Erin ins Schlafzimmer. Groucho lächelte, und sie entwarf den Terminplan für den nächsten Tag, wobei sie ihn voller Eifer zu genau dem überredete, was er ohnehin tun wollte.

Wo andere vielleicht entsetzt gewesen wären, war der Sturm und Drang, den Erin verbreitete, genau das Quentchen Kampf, das Groucho behagte. Sein glückliches Künstlerleben war mit aufregenden Spannungen erfüllt gewesen. Wenn es ein Bedürfnis nach Beständigkeit gab, so gab es auch eines nach Unbeständigkeit, denn eine Art zu sterben ist die Langeweile. Mit Erin um sich, war er nie gelangweilt. Wenn er in ständiger Bewegung war, war sie in ständiger Erregung.

Groucho sprach sehr eindringlich mit Erin darüber, was sie gemeinsam hatten und was nicht. Erin, die sich durch so viel Ernsthaftigkeit unbehaglich fühlte und keine leichte Erwiderung parat hatte, schmiß ihr Haar und sagte scheu und etwas neckisch zu ihm: »Oh, Grouch, das sagst du jetzt, aber wenn hier ein hübscheres Mädchen vorbeikommt, wirst du mich vollkommen vergessen.« Ein ernster Satz wie dieser brachte Groucho sofort auf Unsinn. »Nein, das werde ich nicht. Ich schreibe dir zweimal die Woche.«

Wollte man Grouchos und Erins Beziehung in einem Wort zusammenfassen, dann wäre es das Wort »Steckrüben«. Es war ihr geheimes Losungswort. Wenn Erin glaubte, er verhalte sich jemandem gegenüber nicht ganz angemessen, sagte sie einfach [deutsch] »Steckrüben«, und er setzte ein ungeheuer künstliches Lächeln auf. »Es bedeutet ›Sei guter Laune, denn du bist ein alter, boshafter Griesgram [grouch]«‹, erklärte Erin. »Bin ich nicht«, murrte Groucho.

Erin zog Marvin Hamlisch und Mike Nichols ins Vertrauen und erklärte ihnen die Notwendigkeit eines Codewortes zwischen ihr und Groucho: »Wir haben für verschiedene Gelegenheiten Signale, denn wir haben schon ein paar Katastrophen hinter uns. Wir haben da Dinge, die unmöglich jemand kapieren kann. Steckrüben!«

Sobald »Steckrüben« ertönte, setzte Groucho ein gezwungenes, zuckersüßes Grinsen auf, sehr zum Ergötzen Mikes und Marvins. »Ganz schön raffiniert«, bemerkte Mike Nichols. »Hätten wir nie erraten«, stimmte Marvin Hamlisch zu.

Erin setzte die Demonstration fort.

»Wollt ihr noch was sehen? Okay, Groucho.«

Erin hustete.

»Was bedeutet das, Erin?« fragte Mike.

»It isn't the cough that carries you off, it's the coffin they carry you off in« [Es ist nicht der Husten, der dich hinwegrafft, es ist der Sarg, in dem sie dich davontragen], war Grouchos Antwort.

»Oh, Groucho«, schimpfte Erin. »Du weißt doch, daß es das nicht ist.«

»Ich erinnere mich nicht«, sagte er ganz aufrichtig.

»Richtig!« rief sie. »Es bedeutet, du sollst dich nicht erinnern.« Dann räusperte sie sich ganz demonstrativ.

»Das bedeutet, ich soll nicht zu viel reden. Ich soll Harpo sein und meinen Mund halten.«

»Wir beschlossen, daß wir das machen *mußten*«, erläuterte Erin, »denn manchmal kommt er ins Reden, und ich merke dann, daß sie gemein sind und uns bloß mit Dreck beschmeißen wollen.«

Erin konnte in jeder Situation »Steckrüben« sagen, von einem Wohltätigkeitsessen bis hin zu einem Gerichtstermin mit Anwälten und Zeugen, oder einfach auf einem Spaziergang durch die Straßen, wenn sie an jemandem vorbeikamen, von dem sie glaubte, Groucho müsse sich *eigentlich* an ihn erinnern. Vielleicht fiel Groucho bei »Steckrüben« immer »Greenberg« ein − eine Warnung, die Minnie ihren Jungs aus den Kulissen zuflüsterte, wenn sie auf der Bühne zu toll herumzukaspern begannen. Greenberg hieß der Bankier, bei dem sie eine Hypothek auf ihr Haus in Chicago aufgenommen hatten. Minnies Warnung lautete: »Kaspert nicht zu viel herum, sonst werdet ihr noch gefeuert, und dann können wir die Hypothek nicht abbezahlen.«

Kurz nach seinem 85. Geburtstag speisten Groucho, Erin und ich zusammen mit Jon Nordheimer, der für die *New York Times* einen Artikel über Groucho schreiben wollte. Groucho verbreitete sich über ein oft strapaziertes Lieblingsthema: die Bedeutung Erins in seinem Leben. Er rühmte ihre Tugenden, als sie ihn unterbrach:

»Groucho, weißt du noch, wie du mal wütend auf mich warst? Du sagtest, du wärest New York und ich Newark.«

Groucho antwortete mit äußerst ernster Miene (und niemand konnte ernsthafter aussehen als er): »Ich bin Los Angeles und du Paris.«

»*Der Herr alpt denen, die sich selber alpen*«

»Jenseits der Alpen liegen noch mehr Alpen,
und der Herr alpt denen,
die sich selber alpen.«

GROUCHO, als Napoleon in
I'll Say She Is

Grouchos Zugehörigkeit zur jüdischen Volksgruppe äußerte sich in einer gewissen, noch in Resten vorhandenen Anhänglichkeit an bestimmte Speisen und ein paar der Bräuche, aber selbst in Fragen seiner Religion ging seine Exzentrität über dieses Zugehörigkeitsgefühl hinaus. Er besaß diesen extremen, traditionell jüdischen wie deutschen Respekt vor Bildung und Literatur. Er war ein unersättlicher, unverdrossener, unermüdlicher Leser in der Tradition des *yeshivah bucher,* des reinen jüdischen Gelehrten. Er las mehrere Stunden am Tag, besonders Sachbücher, und fand darin immer Zufriedenheit und Zerstreuung. Nachmittags saßen wir gewöhnlich zusammen im Schlafzimmer und lasen. Bücher waren die häufigsten Geschenke seiner Freunde, deren einziges Problem darin bestand, »etwas zu finden, das er noch nicht gelesen hatte«, wie Goddard Lieberson sagte. Auf seine Werke als Schriftsteller war Groucho viel stolzer als auf seine Begabung als Schauspieler.

Wenn er in seinem Leben irgend etwas bedauerte, so war es, daß er keine richtige Erziehung genossen und nicht studiert hatte. Er scherzte: »Ich mache mir nur deshalb nichts aus Fußball, weil ich keine Universität besucht habe.« Aber wie gewöhnlich flachste er über etwas, das ihm bitterernst war. Auf die Freundschaft zu Schriftstellern legte er ungeheuren Wert, und er war stolz darauf, George S. Kaufman, Ring Lardner, T. S. Eliot, James Thurber, S. J. Perelman, Morrie Ryskind, Goodman Ace, Adolph Green, Betty Comden, Nunnally Johnson, George Seaton, Sidney Sheldon, Goddard Lieberson und Woody Allen zu Freunden zu haben.

Grouchos deutsches und jüdisches Erbe äußerte sich auch in seinem Streben nach Genauigkeit, Pünktlichkeit und Perfektion. Er gab immer sein Bestes und hatte kein Verständnis für jemand, der weniger als volle hundert Prozent gab. Seine Arbeitsmoral war ein wesentlicher Bestandteil seiner Persönlichkeit, und bis Mitte achtzig war er noch immer in Bewegung, wenn auch in langsamerer, und hielt einen gewissen Arbeitsplan ein.

Er glaubte fest an das Familienleben. Die Marxens, die längst schon nicht mehr lebten – Opie, Frenchie, Chico, Harpo, Tante Hannah und vor allem Minnie –, sie alle lebten in Groucho weiter, für den Blut dicker als Sellerietonikum war. Als einer, der die Ehe hoch achtete, ging er dreimal dem Eheideal seiner Kindheit nach. Seine Kinder und auch seine Enkel waren ihm wichtig.

Groucho begegnete dem Leben mit einer Art Stoizismus, wohl eine Auswirkung der Geduld der Einwanderer. Seine Großeltern und Eltern kamen in eine neue Welt, die nicht aus *pâté de foie gras,* sondern aus Leberwurst bestand; nicht aus Gänsebraten, sondern aus Hühnersuppe; nicht aus Kaviar, sondern aus welkem Kohl und Schinkenwürsten. Möglichkeiten gab es, nur waren die Straßen nicht eben mit Gold gepflastert, wenn sie überhaupt gepflastert waren. Es ist ziemlich wahrscheinlich, daß der tägliche Immigrantenkampf seiner Eltern ihm lernen half, wie man von einem Tag zum anderen weiterlebt und das Leben in der Gegenwart erfaßt, vierundzwanzig Stunden am Tag.

Gelegentlich erinnerte sich Groucho seiner *Bar-Mizwa.* Auf dem Weg zum Essen erzählte er mir und Arthur Whitelaw davon:

»Ich erinnere mich an meine Bar-Mizwa-Rede. Es war eine fabelhafte Rede. Mein Vater kaufte sie für fünf Dollar, und alle fünf Jungs verwendeten sie. Jeder von uns hielt dieselbe Rede. Ein Dollar pro Nase.«

Groucho entsann sich noch des Anfangs.

»Meine lieben Eltern: dreizehn lange Jahre habt ihr euch für mein Glück geplagt und gemüht. Von dem Augenblick an, da ich das Licht der Welt erblickte, habt ihr für mich gesorgt...‹ Oder ›geborgt‹, ich hab' vergessen, wie's ging.«

Arthur Whitelaw fragte, wohin wir zum Essen gingen.

»Du bist trefe, und du bist trefe. Aber ich bin koscher, also gehen wir in ein koscheres Restaurant«, informierte er uns.

Er ging mit uns zu Chasen's, das, wie er uns mitteilte, »so koscher ist wie ein Schweineschnitzel«.

Ethel Wise, deren Familie im New Yorker Stadtteil Yorkville über den Marxens gewohnt hatte, erinnerte sich daran, wie sehr Grouchos Großvater der jüdischen Tradition verbunden gewesen war.

»Ich sehe noch Großvater Marx in der 93. Straße im Vorderzimmer sitzen und in der Tora lesen. Oder er saß auf der Veranda und erzählte uns Kindern auf deutsch Geschichten aus der Haggada. Er machte auch Zauberkunststücke, die uns viel besser gefielen.«

Minnie jedoch war mehr damit beschäftigt, an der Karriere ihres Bruders und ihrer Söhne zu basteln, und Sam war mehr an lukullischen Tafelfreuden als an den Tafeln Moses interessiert. Groucho war stolz auf Frenchies gallische Schürzenzipfelbande zu Frankreich. »Er kannte keine Blintse, er machte Crêpes.«

Groucho erwähnte auch manchmal seinen »italienischen Bruder Chico: Die Leute fragten mich immer: ›Ist Chico wirklich Italiener?‹« Beide waren als Kinder in Deutschland gewesen, um sich Minnies Geburtsort anzusehen, wobei sie statt des angebotenen Kinderleiterwagens die Reise wählten. Grouchos Leben war nie ausschließlich Hühnersuppe, sondern stets ein »melting pot«.

Die Familie Marx feierte die Feste, wie sie fielen − und zwar *alle* Feste: Weihnachten, Chanukka, Thanksgiving, St.Patrickstag − Hauptsache, es gab etwas Gutes zu essen. Grouchos Köchin Robin befragte Groucho einmal über Weihnachten.

ROBIN Freust du dich auf Merry Christmas, Groucho?

GROUCHO Ist das ein Mädchen?

ROBIN Im Ernst, hängt es dir in deinem Alter nicht zum Hals heraus? Du kannst dich an mehr als achtzig Weihnachtsfeste erinnern. Ist es dir nicht einfach nach all den Jahren zu kommerziell und immer wieder dasselbe?

GROUCHO Nein.

ROBIN Wurde in deiner Familie Weihnachten gefeiert, als du klein warst?

GROUCHO Wir haben Weihnachten gefeiert, aber es gab keine Geschenke. Ich bekam ein Paar schwarze Strümpfe und eine halbe Orange.

ROBIN Hast du an den Weihnachtsmann geglaubt?

GROUCHO Ja, das war mein Vater.

ROBIN Was habt ihr zu Weihnachten sonst noch gemacht, als du klein warst?

GROUCHO Wir haben uns Schneeburgen in New York gebaut.

ROBIN Habt ihr Weihnachtslieder gesungen?

GROUCHO Ich habe keine gekannt.

ROBIN Hattest du als Kind einen Weihnachtsbaum?

GROUCHO Nein, ich hatte einen Ast.

Groucho war ein geborener Jude, aber keiner, der sich damit großtat. Er fühlte sich nicht als »Berufsjude«. Als wir einmal mit dem Schauspieler Bud Cort in New York auf der Park Avenue spazierengingen, benutzte Groucho diesen Ausdruck, um jemanden, den er kannte, zu beschreiben.

»Was ist ein Berufsjude?« erkundigte sich Bud Cort.

»Einer, der alles aus jüdischer Sicht sieht«, erläuterte Groucho.

Groucho war so wenig ein orthodoxer Gläubiger wie überhaupt ein orthodoxer Mensch. Religiöse und persönliche Konventionslosigkeit charakterisierten Groucho, der immer alles in Zweifel zog.

Doch Groucho bewahrte sich einen tiefen Respekt vor den moralischen Traditionen in allen Religionen. Das ließ nicht, daß nicht seine Religion so gut wie jede andere die Zielscheibe seiner stachligen Kommentare werden konnte:

»Es gibt einen alten Witz über eine irische Totenwache. Der Leichnam liegt da, und eine Frau sagt zur Witwe: ›Der Körper ist noch warm!‹ Und die Witwe sagt: ›Heiß oder kalt, am Morgen kommt er raus.‹«

Zu Chanukka begrüßte Groucho seine Freunde, Juden wie Nichtjuden, mit »Fröhliche Harmonika«.

Im allgemeinen mochte Groucho keine Witze über bestimmte Volksgruppen. Bei einem Essen mit Goodman Ace unterbrach er

»Goody«, der gerade einen Witz in ausländischem Akzent erzählte. »Die Marx Brothers hatten sowas nicht nötig«, sagte Groucho. »Entweder ist ein Witz lustig oder nicht. Wenn man die Person zu einem Polen oder Italiener oder Juden macht, wird nichts lustig, wenn's das nicht schon ist.« Privat aber machte Groucho manchmal einen Scherz dieser Art. »Möchest du ein jüdisches Eis?« fragte er mich, als wir den Rodeo in Beverly Hills entlanggingen. »Ein Eiskrem Cohn [*cone* = Waffeltüte]?« Er setzte hinzu: »Sehr lustig ist das nicht.« In der Eisdiele kam ich mit meiner Eistüte etwas zu kurz. Als er meine magere Portion sah, meinte er: »Sehr konisch ist das auch nicht.«

Als Groucho achtzig war, begann er, am Freitagabend in die Synagoge zu gehen — die Synagoge Emanuel am Burton Way in Beverly Hills. Das ist eine moderne Reformsynagoge in einer wohlhabenden Gemeinde. Der Rabbi war verständnisvoll und nicht nur an Theologie, sondern auch an Gemeindeangelegenheiten interessiert. Groucho wurde eingeladen, Ehrengast zu sein. Erin sprach mit ihm über die Einladung.

ERIN Der Rabbi möchte dich auf der Kanzel haben, Groucho.
GROUCHO Auf der was?
ERIN Auf der Bühne. Wie steht's damit Groucho?
GROUCHO Wann ist das?
ERIN Nächsten Freitagabend.
GROUCHO Ich gebe dir Bescheid.
ERIN Wann?
GROUCHO Nächsten Monat.

Ich ging mit Groucho und Erin zur Synagoge, wo Eve Lazarus, Erins »jüdische Adoptivmutter«, zu uns stieß. Als Ehrengast ließ man Groucho auf dem Podium Platz nehmen. Es war Kinderabend, und Groucho wurde von Rabbi Meyer Heller gebeten, ein paar Worte zu sagen.

»Kann ich eine Geschichte erzählen? Eine Frau mit zwei Kindern erschoß ihren Mann mit Pfeil und Bogen. Man fragte sie: ›Warum mit Pfeil und Bogen?‹ Sie antwortete: ›Ich wollte die Kinder nicht wecken.‹«

Die Kinder (jeden Alters) hatten ihren Spaß. Als wir nach dem Gottesdienst ins Auto stiegen, während Groucho noch ein paar Autogramme gab, meinte Erin: »Kinder mögen ihn wirklich, weil er dieselbe Unschuld besitzt wie sie und dem Leben gegenüber genauso offen ist.«

Später fragte sie Groucho: »Waren die Kinder nett?«

»Alle Kinder sind nett«, erwiderte er. »Erst wenn sie älter sind, geht der Ärger los.«

Groucho war offenbar immun gegen Sorgen darüber, was andere Leute denken könnten. Die Marx Brothers mußten sich nie nach den Spielregeln anderer richten, Groucho noch weniger als seine Brüder. Die Hemmschwelle, die andere hinderte, existierte für Groucho Marx einfach nicht. Er tat, was andere sich zu tun vornahmen, er stampfte dorthin, wohin normale Sterbliche nicht zu treten wagten, und wurde in der Regel dafür belohnt, wofür jeder andere bestraft worden wäre.

Selbst in die Synagoge bekam er den Marxschen Irrsinn hinein. Zu Beginn des Gottesdienstes sagte der Rabbi: »Bitte setzt euch«, und Groucho erhob sich. Später bat er die Gemeinde, sich zu erheben, und Groucho setzte sich. Dann stellte der Rabbi die Frage, die traditionell am ersten Seder-Abend gefragt wird:

»*Mah nishtanaw na-lahy ha-zeh mi-cawl ha-lay-los...*« (Warum ist dieser Abend anders als alle anderen?)

Groucho antwortete: »Weil *ich* hier bin.«

Später sagte der Rabbi: »Nun will ich euch den Segen geben.«

Und Groucho rief: »Whoopie!«

Als er eines Abends eine andere Synagoge verließ, sagte er zu dem Rabbi, der von Leuten umgeben war und zufällig einen Bart trug: »Rabbi, Ihr Schnurrbart brennt!«

Selbst für den Rabbi einer Synagoge in Deverly Hills war es nicht einfach, sich zu einem Marx Brother zu bekennen. Groucho zögerte nicht, das Establishment aufs Korn zu nehmen, selbst wenn es sich um seine eigene Religion handelte. Aber wenn er dazugehörte, stellte es sich für jeden als herzerfrischend heraus. Am nächsten Freitagabend hatte sich das Gerücht verbreitet, Groucho Marx stehe wieder auf dem Programm, und das Haus war voll. Auch wenn seine Auftritte nicht im voraus geplant waren, und noch dazu in einer Synagoge, war Groucho stets eine »hot ticket«-Persönlichkeit.

Eines Abends hielt Erin mit dem Wagen vor der Synagoge, und Groucho versuchte, die Tür zu öffnen. Am Abend zuvor hatte er

Schwierigkeiten gehabt, die Tür auf seiner Seite aufzubekommen, und Erin war herumgeeilt, um sie für ihn zu öffnen. »Du darfst mir *nie* wieder die Tür aufmachen, Mädel!« hatte er darauf so scharf gesagt, wie ich ihn Erin gegenüber noch nie hatte reden hören. Er brummte und murrte den ganzen Rest des Abends. Als Groucho nun wieder mit der Wagentür zu kämpfen hatte, lehnte Erin sich einfach in ihrem Fahrersitz zurück, während er sie aus den Augenwinkeln ansah.

»Schau mich nicht so an, Groucho. Wir bleiben hier einfach den ganzen Abend sitzen.« Einige sehr lange Minuten schien es, als würden wir genau das tun. Inzwischen hatte sich von den Synagogenbesuchern eine Schar um den Wagen versammelt, die gespannt das berühmteste Mitglied der Gemeinde erwartete.

Groucho unternahm eine gewaltige Anstrengung, stieß mit all der Kraft, die er aufbringen konnte, die Tür auf und stürzte kopfüber hinaus. Er wäre der Länge nach hingefallen, hätte ihn nicht Eve Lazarus, die auf ihn gewartet hatte, mit ausgestreckten Armen aufgefangen. Er fiel auf sie, und sie dämpfte seinen Sturz.

»Das hat nichts zu bedeuten«, sagte er, bäuchlings auf der flach hingestreckten Mrs. Lazarus liegend.

Eines Freitagabends, als Groucho in der Synagoge war, stellte der Rabbi das Thema »Mischehen« zur Diskussion. Groucho ließ jeden seine Meinung sagen, dann äußerte er sich:

»Ich meine, es ist ganz in Ordnung für einen Juden, ein nichtjüdisches Mädchen zu heiraten – solange sie reich ist.«

Alle lachten, einschließlich des Rabbis. Obwohl Groucho mit drei nichtjüdischen Frauen verheiratet gewesen war, sprach er bestimmt nicht aus persönlicher Erfahrung. Er hatte weder eine jüdische Frau noch ein jüdisches Kind gehabt. Als ein Schwimmverein, der keine Juden aufnahm, seinen Sohn abwies, schrieb Groucho zurück und fragte an, ob Arthur nicht bis zur Taille ins Wasser gehen könne, »denn er ist nur Halbjude«.

In der Hoffnung, seine Tochter Melinda in die jüdische Tradition einführen zu können, schickte Groucho sie nach Israel, aber sie reiste zur Enttäuschung ihres besorgten Vaters Hals über Kopf wieder ab.

Bei einem Weihnachtsdinner kam das Gespräch mit Goddard Lieberson auf das Phänomen des jiddischen Theaters in seiner historischen Perspektive, und es fielen Namen wie Tomeschewsky und *The Dybbuk*. Goddard nannte »seine Virtuosität der der italienischen

Oper vergleichbar«. Aber das jiddische Theater war ein Thema, von dem Groucho zugegebenermaßen nicht viel verstand. »Es war wichtig zu seiner Zeit«, kommentierte er. »Paul Muni war großartig. Fred Allen ging ständig hin. George Jessel ging ständig hin. Ich sprach kein Jiddisch. Aber ich sah jüdisch aus, und komischerweise tu ich das immer noch.« Groucho lernte zu Hause Deutsch, aber Jiddisch lernte er nie.

Der Zweite Weltkrieg war ein harter Schlag für Groucho, der zwar in erster Linie Amerikaner war, sich aber seinem deutsch-jüdischen Erbe sehr stark verbunden fühlte. Er erzählte Arthur Whitelaw und mir, wie er nach dem Krieg eigens nach Deutschland fuhr: »Ich wollte auf Hitlers Grab tanzen.«

Ein Ereignis, das ihn so aus der Fassung brachte wie kein zweites während der Zeit, in der ich ihn kannte, war der Mord an den israelischen Athleten während der Münchner Olympiade. Der Schrecken über diese Untat traf ihn so tief, als hätte ein Mitglied seiner eigenen Familie zu den Opfern gehört. »Als sie diese jüdischen Jungs dort erschossen«, sagte er mir, »nahm ich acht Schlaftabletten, und am nächsten Tag lag ich im Krankenhaus. Es war eines der gräßlichsten Dinge in meinem ganzen Leben.«

Zwei Menschen auf der Welt, für die Groucho höchste Bewunderung empfand, waren Golda Meir und Henry Kissinger. Sie waren Juden. Dennoch fühlte Groucho, es wäre dasselbe gewesen, wenn ihre Namen O'Meir und von Kissinger gelautet hätten.

Im allgemeinen beantwortete Groucho die Frage: »Wer wären Sie gern gewesen?« mit »Groucho Marx«. Aber als ihm Erin einmal auf dem Weg zur Synagoge diese Frage stellte, antwortete er: »Disraeli«.

Grouchos Freund, der Regisseur George Seaton, schwedischer Abstammung und römisch-katholisch getauft, war in einem jüdischen Viertel in Detroit aufgewachsen und nannte sich selbst einen »Shabbas goy«. Samstags wollten die orthodoxen jüdischen Jungen alle gern ins Kino gehen, aber sie durften sich samstags nachmittags keine Karten kaufen. George Seaton wurde dazu ausersehen, das ganze Geld zu nehmen, sich an der Kasse anzustellen und für alle Karten zu kaufen. Als es eines Tages regnete und er draußen vor der Synagoge auf seine Freunde wartete, kam der Rabbi heraus und forderte ihn auf, hereinzukommen. Daraufhin fing er an, Hebräisch zu lernen und feierte sogar seine Bar-Mizwa.

Als sich George Seaton in Hollywood niederließ, beschloß er, einem Country Club beizutreten, aber keinem, der Juden nicht zuläßt, und so wandte er sich an den Hillcrest Club. Bei einem Lunch im Hillcrest berichtete er von den Schwierigkeiten, auf die er gestoßen war.

GEORGE SEATON Habe ich euch mal die Geschichte erzählt, wie ich in den Hillcrest Club gekommen bin? Ihr wißt ja, daß ich nicht Jude bin.

GROUCHO Genau was wir brauchen. Mehr Nichtjuden.

GEORGE SEATON Als ich mich entschloß, Golf zu spielen, wurde ich in den Bel Air Club eingeladen. Ich fragte: »Sind bei Ihnen Juden ausgeschlossen?« Und sie sagten: »Aber selbstverständlich.« Und ich sagte: »Vielen Dank, aber ich halte nichts von diesem Unfug« und ging. Ich ging zum Lakeside Club − dasselbe. Da fragte ich schließlich meinen Partner, Bill Perlberg: »Gibt es irgendeine Chance, daß ich in den Hillcrest Club komme?« »Na klar, los!« sagte er. Ich stellte einen Antrag und wurde abgelehnt, weil sie keine Nichtjuden aufnehmen.

GROUCHO Genau danach hatten wir eine große Versammlung.

GEORGE SEATON Sie sagten mir, sie könnten mich nicht aufnehmen, und ich fragte, warum. Ich erschien vor dem Komitee und sie sagten: »Schauen Sie, wir räumen Ihnen alle Privilegien ein, genau wie Skouras. Sie können Rechnungen unterschreiben, und Sie können spielen, aber Mitglied werden können Sie nicht.« Ich sagte: »Ich will nicht toleriert werden. Entweder ich bin Mitglied oder nicht.« Ich mußte vor dem Aufnahmekomitee erscheinen, und dort hieß es: »Sie müssen unseren Standpunkt verstehen. Wenn wir einen reinlassen, lassen wir auch zwei rein, und eins, zwei, drei übernehmen sie den Club.« Ich war sprachlos, so verrückt war es. Gut, Dore Schary hörte davon und ging vor das Komitee und sagte: »Ich trete aus, wenn Seaton nicht reinkommt.« Und sie sagten: »In Ordnung, treten Sie aus.« Er bekam seinen Mitgliedsbeitrag zurück, der damals 4000 Dollar betrug. Daraufhin veranstalteten Groucho und mein Partner Bill Perlberg und Harpo und Chico eine große Versammlung, und sie bekamen ungefähr achtzig Unterschriften zusammen...

GROUCHO Jack Benny.

GEORGE SEATON Jack Benny, Al Jolson und die anderen sagten, wenn ich nicht reinkäme, wollten sie alle austreten. Dem konnte der Club nicht widerstehen, und so wurde ich das erste nichtjüdische Mitglied. Dore Schary hatte seine Schlacht gewonnen. Ich war drin. Nun kam er zurück und sagte: »In Ordnung, er ist drin. Ich will wieder eintreten.« Sie sagten: »Tut uns leid, aber wir haben eine Warteliste.« Als er dann an die Reihe kam...

GROUCHO Guter Witz.

GEORGE SEATON ...kostete die Aufnahmegebühr 8500 Dollar. Er sagte, das wäre der teuerste Grundsatz gewesen, auf dem er je bestanden hätte. Jetzt haben wir Jack Lemmon und noch ein paar andere als Mitglieder.

Als Groucho den Oscar erhielt, sagte er, er wünschte, Harpo und Chico könnten dabei sein und ihn mit ihm teilen. Später sprachen er und Sidney Sheldon über die Academy Awards, und Groucho setzte hinzu, daß er es zu dumm fände, daß sie den Oscar nicht früher verliehen hätten, als Harpo und Chico noch am Leben waren.

»Vielleicht wissen sie es«, sagte Sidney Sheldon.

»Das glaube ich nicht«, meinte Groucho. »Wenn man tot ist, ist man tot.«

Er erzählte uns, daß er und seine Brüder mal vereinbart hätten, wenn einer von ihnen stürbe, sollte er versuchen, mit ihnen aus dem Jenseits Kontakt aufzunehmen. »Aber ich habe nie ein Wort gehört.«

Doch hinter der frivolen Fassade verbarg sich ein ernster Mensch.

»Weißt du, was ich sage, wenn ich abends ins Bett gehe? ›Gestern noch ungeboren und morgen schon tot. Warum sich um sie grämen, wenn das Leben angenehm ist.‹ Der einzige Augenblick, den's gibt, ist jetzt.«

»Und du kannst wirklich danach leben?« fragte ich.

»Es ist die einzige Möglichkeit zu leben«, erwiderte Groucho ernst.

In der jüdischen Religion ist der Seder eine religiöse Handlung, die am ersten Abend des Passahfestes begangen wird und ein Festmahl einschließt. Dieses Festessen wird von einer speziellen liturgischen Ordnung begleitet. Arthur Whitelaw berichtete von einer Sederfeier bei Groucho:

»Ich war seit Jahren nicht mehr bei einem Seder gewesen. Wenn Louis B. Mayer und Irving Thalberg noch gelebt hätten, hätte man den Abend wahrscheinlich *A Night at the Seder* genannt. Ein Podium war aufgebaut. Außer mir waren Elliott Gould, George Segal, der

Schauspieler Warren Berlinger, Grouchos Rechtsanwalt Ed Pearlstein und ein Mr. Schubert da. Ich fragte: ›J. J. oder Lee?‹ und Erin sagte, Groucho habe genau dasselbe gefragt. Andy Marx und Ahmet Ertegun waren auch dort. Ahmet war der Anstandsgoi des Abends. Mr. Schubert zelebrierte, und nach jedem Gebet fragte Groucho: ›Und jetzt trinken wir den Wein? Wann trinken wir denn den Wein?‹ Dann kam wieder ein Gebet, und wieder fragte Groucho: ›Wann trinken wir denn den Wein?‹

Dann fragte Mr. Schubert: ›Kann irgend jemand Klavier spielen? Wir brauchen jemanden, der die Choräle begleitet.‹ Und Groucho sagte: ›Arthur und Andy, ans Klavier!‹ Ich sah mir die Noten an und sagte zu Andy: ›Ich kann das nicht lesen. Spielen wir doch Joplin.‹ Also, Groucho war in Hochform, und Mr. Schubert, dieser arme Kerl, versuchte immer noch, die Liturgie zu zelebrieren. Er las ein Gebet. Währenddessen spielten wir Scott Joplin, und Groucho sagte: ›Wann trinken wir denn den Wein?‹

Da sagte Mr. Schubert plötzlich: ›*Jetzt* trinken wir den Wein.‹

Und Groucho fragt: ›*Müssen* wir den Wein denn trinken?‹

Und Mr. Schubert sagt: ›Wir hören noch ein Gebet.‹ Und Groucho ruft: ›Nein, das tun wir nicht. Ich werde jetzt singen.‹ Und damit geht er ans Klavier.

Es war der gottloseste Gottesdienst, den ich je erlebt habe.

Ed Pearlstein sah mich an und sagte: ›Ich kann gar nicht glauben, was hier passiert.‹ Ich sagte: ›Dies sollte eigentlich ein ziemlich heiliger Tag sein. Die Teilung des Roten Meeres, ein sehr wichtiger Festtag in der jüdischen Religion.‹ Und Groucho führte sich auf, als wäre es *A Night at the Opera* und als wolle er sagen: ›An deiner Stelle würde ich die Rechnung hierfür nicht bezahlen.‹«

Groucho selbst erklärte nicht genau, was es heißt, ein Jude zu sein. Er sagte: »Ich habe noch nie einen Juden gesehen.« Aber Jude zu sein, blieb doch ein Teil von ihm. »Es ist etwas, was man nicht verlieren kann.« Er erzählte diese Geschichte:

»Ein Jude und ein Buckliger gehen an einer Synagoge vorbei, und der Jude sagt: ›Früher war ich mal Jude.‹ Und der Bucklige sagt: ›Früher war ich mal bucklig.‹«

Vielleicht könnte man seinen respektvollen Unglauben oder seinen respektlosen Glauben an das Glück, an ein mystisches Unbekanntes, an ethische Traditionen und an sich selbst mit dem Zitat aus *I'll Say She Is* und *Horse Feathers* zusammenfassen, mit dem das Magazin *Time* seine Titelgeschichte über die Marx Brothers überschrieb:

»The Lord Alps those that Alps themselves« — Gott alpt denen, die sich selber alpen.

»Wir sind vier
von den drei Musketieren«

Über seine Beziehung zu seinen Brüdern erzählte mir Groucho: »Jahrelang spielten wir fünf Shows pro Tag und gaben an den Wochenenden auch noch Extravorstellungen woanders, aber wir stritten uns nie.« Die ausgelassene, unerschütterliche Beziehung der Brüder Marx zueinander findet ihren besten Ausdruck in den Zielen aus »The Musketeers«, einem Lied aus *Animal Crackers,* das Groucho mir vorsang, fast ein halbes Jahrhundert, nachdem er es in der Broadway-Inszenierung, die der Verfilmung vorausging, gesungen hatte:

> *Einer für alle und zweie für fünf.*
> *Wir sind vier von den drei Musketieren.*

Dieser Song spiegelt eine närrische, treue Kameradschaft wider, in der 2+2 gleich 22 sind, besonders da die 2 plus 2 Groucho und Harpo, Chico und Zeppo entsprachen. Eigentlich gab es fünf Musketiere. Groucho, Harpo und Chico waren die berühmtesten, wahrscheinlich in dieser Reihenfolge, aber auch Gummo und Zeppo hatten ihre Bedeutung. Zeppo erläuterte mir seine Position als jugendlicher, ernster, romantischer Held in der Truppe:

»Ich kam erst spät dazu, und drei Komiker waren genug.«

In der Varietézeit hatte Gummo Zeppos Rollen gespielt, war aber nie sehr bekannt geworden, weil er sich von der Truppe zurückgezogen hatte, ehe der Film die Marx Brothers verewigte.

Es gab noch einen sechsten Marx Brother. Manfred Marx wurde 1885 geboren und starb 1888, kurz vor seinem dritten Geburtstag.

GROUCHO Manfred starb vor ungefähr neunzig Jahren. Ich habe ihn nie kennengelernt.

ICH Was war mit ihm passiert?

GROUCHO Es war ein schrecklicher Unfall. Meine Mutter hat mir von ihm erzählt. Ich wüßte gern, was wohl aus Mannie geworden wäre...

Im Jahr vor Manfreds Tod wurde Chico geboren. Ein Jahr später, 1888, kam Harpo zur Welt, und zwei Jahre später, 1890, Groucho. Gummo und Zeppo wurden 1897 bzw. 1901 geboren.

Kurz nach Grouchos Geburt zog die Familie in die 93. Straße Ost in der New Yorker Upper East Side, das deutsche Viertel von Yorkville. Vorher hatten sie in der 78. Straße Ost, zwischen Lexington und Third Avenue, gewohnt. Als die Marx-Brüder aufwuchsen, lernten sie die »Otherstreeters«, die Leute aus den anderen Straßen um sie herum kennen – irische, italienische und deutsche Immigranten, die sich Yorkville teilten.

Zur Zeit des Umzugs in die 93. Straße bestand die Familie Marx aus Sam, Minnie, den drei Jungs, Lafe und Fannie (Opie und Omie) Schönberg und der Kusine Polly. Fannie starb 1898, kurz nach ihrer Goldenen Hochzeit, und hinterließ als einziges Vermächtnis die zerschrammte, saitenlose alte Harfe, auf der sie in der Zeit ihrer Auftritte in Deutschland nach Lafes Bauchredner- und Zaubervorführungen zum Tanz aufgespielt hatte. Die Harfe war eine unerschöpfliche Quelle des Staunens und Entzückens für Adolph, der manchmal auch Arthur und später Harpo genannt wurde, dem sie schließlich den Namen und die Lebensart verlieh.

Als die Schönbergs in die Vereinigten Staaten einwanderten, fanden sie so wenig Bedarf an ihren Spezialbegabungen, daß sie sich zur Ruhe setzten, während ihre Kinder in New York »bürgerliche« Berufe ergriffen.

Großvater Schönbergs Welt begann mit Napoleon und endete mit John F. Kennedy. Er wurde 1818 geboren, drei Jahre vor Napoleons Tod, und starb 1919, zwei Jahre nach der Geburt Kennedys. Er blieb bis zum Alter von 101 Jahren, als er an einer doppelseitigen Lungenentzündung starb, körperlich aktiv. Seine Lieblingsbeschäftigungen waren Schlittschuhlaufen, Kino, Mädchen und Essen, doch nicht unbedingt in dieser Reihenfolge.

GROUCHO Er war ein starker Esser. Er stand mitten in der Nacht auf, aß morgens um vier ein paar Pumpernickelbrote mit Limburger und legte sich dann wieder schlafen. Von Zeit zu Zeit ging er ins Judenviertel in der Gegend um Grand- und Canal-Street herum — die ganze Strecke runter bis Downtown —, wo er sich mit Tabak eindeckte. Ein Beutel voll kostete damals rund fünfzehn Cent. Er brachte den Tabak nach Hause, ging in sein Zimmer — er war der einzige im Haus, der ein eigenes Zimmer hatte — und rollte sich Zigarren daraus.

ICH Du hast mir erzählt, er hätte nie Englisch gelernt.

GROUCHO Nicht viel, nein. Manchmal sah er sich denselben Film zwei- oder dreimal hintereinander an. Er erfand sich seine eigenen Geschichten zu den Bildern. Im Winter ging er normalerweise in den Central Park Schlittschuhlaufen. Damals war er über achtzig. Ein sehr vitaler, starker Mann.

Annie Bergers Schwester Ethel Wise erinnerte sich liebevoll: »Ich erinnere mich besonders gut an Grouchos Großvater. Er war ein schöner Mann, ein richtiger Zauberer. Er war ziemlich groß und stattlich.«

Die letzten Jahre seines langen Lebens verbrachte Lafe Schönberg mit Reisen in der Familientruppe, wie er es so viele Jahrzehnte zuvor im Vor-Bismarck-Deutschland gemacht hatte. Groucho erinnerte sich, wie sein Großvater stets darauf bestand, sein unteres Bett im Schlafwagen den Jungs mit der Begründung zu überlassen, sie bräuchten die Erholung zwischen den Auftritten. Nach vierzig Jahren in den Vereinigten Staaten sprach Großvater »Opie« nur ein sehr bescheidenes Englisch, aber er konnte alle Automarken aufzählen. Von seiner Familie sagte Groucho: »Sie kamen mit der *Augustflower* rüber, weil sie die *Mayflower* verpaßt hatten.«

Warum Sam Marx sich entschloß, seine Familie als Schneider zu ernähren, war nie klar, besonders denen nicht, die seine normalerweise schlechtsitzenden Anzüge bestellten. Er bezeichnete sich selbst als »Sam Marx, Maßschneider für Herren«. Minnie sollte eigentlich für ihn die Maße nehmen, aber da sie ständig auf Achse war, um Theaterengagements an Land zu ziehen, schätzte Sam lediglich die Größe seiner Kunden, ohne ein Maßband zu Hilfe zu nehmen. Groucho zufolge waren diese Schätzungen »ungefähr so richtig wie Chamberlains Voraussagen über Hitler«.

Ethel Wise erinnerte sich, wie alles war:

»Der Vater der Marx Brothers hatte eine kleine Werkstatt in der Lexington Avenue. Er war ein netter Mann. Aber die Jungs waren wild, und er konnte sie nicht bändigen. Eine Zeitlang ließ er sich von Leonard (Chico) helfen, aber der nahm die Hosen, die er abliefern sollte, und trug sie ins Leihhaus. Er ging Würfel spielen und ließ sich den ganzen Abend nicht mehr blicken.

Ich weiß noch, wie das war, wenn ihr Vater nach Hause kam: ›Wärr wass ju?‹ Ich kann mich entsinnen, daß er seinen ältesten Sohn sehr oft fragte: ›Wärr wass ju?‹ Er war ein so ungezogener Bengel. Der nächste, Adolph (Harpo), war auch ein Schlawiner. Die Jungs waren wirklich wild. Man konnte sie nicht bändigen.«

Dennoch erinnerte sich Ethel Wise einer glücklichen Familie Marx.

»Bei den Marxens gab es immer gutes Essen. Ihr Vater konnte wirklich gut kochen. Nach der Schule gingen wir uns bei ihnen immer Plätzchen holen. Es ging bei ihnen immer ungeheuer lustig zu. Es waren wilde Burschen mit viel Talent, sich zu amüsieren. Die Wohnung sah immer wie ein Schlachtfeld aus, besonders wenn Mrs. Marx sie alleine ließ. Ewig rissen sie die Gardinen runter. Gegenüber wohnte die Frau eines Arztes, die immer Zettelchen rüberschickte, daß sie die Polizei rufen wolle, was die Jungs wahrscheinlich noch mehr aufstachelte.

Die ganze Familie war ständig am Herumalbern. Sie hatten immer mächtig viel Spaß und ließen sich's gut gehen, aber alle hatten Respekt vor ihrer Mutter. Groucho war der Ernsthafteste und auch der Ehrgeizigste. Er wollte jemand sein und etwas aus sich machen. Er wollte, daß es der ganzen Familie besser ginge, genau wie Mrs. Marx. Er war ihr am ähnlichsten.«

Groucho brachte nie das siebte Schuljahr zu Ende, und Harpo schaffte nicht einmal die ersten zwei. Groucho hatte zwar immer geistige Interessen, aber er mußte doch zugeben, alles andere als ein hervorragender Schüler gewesen zu sein.

GROUCHO Wir hatten einen Lehrer, der hatte immer ein Schlüsselbund in der Hand, das er so herumwirbelte. Wenn man was falsch machte, warf er mit dem Schlüsselbund nach einem.

ICH Heute gibst du so viel auf Bildung. Bist du damals gern in die Schule gegangen?

GROUCHO Ich war nicht besonders gut. Grammatik machte mich völlig konfus.

ICH Aber du schreibst grammatikalisch richtig.

GROUCHO Das habe ich mir selbst beigebracht. Ich las alles, was mir in die Hände kam. Meine Bildung ist Marke Eigenbau.

Trotz seiner begrenzten Schulbildung war Groucho mit Recht stolz auf seine literarischen Leistungen. Als ich Groucho kennenlernte, erzählte er mir: »Ich kam nicht über die 7. Klasse hinaus und habe fünf Bücher geschrieben.«

Harpo schmiß die Schule nach eineinhalb Jahren in der zweiten Klasse, weil er die Nase davon voll hatte, von zwei stämmigen irischen Klassenkameraden ständig aus dem Klassenzimmerfenster geschmissen zu werden. Gummo war ein kränkliches Kind, das nur sporadisch die Schule besuchte. Chico hätte mit seinem phänomenalen Gedächtnis und seiner Begabung für Zahlen und Figuren ein hervorragender Schüler sein können, aber alles, womit er sein Gedächtnis quälte, waren Zahlenwetten, und die Figuren, die ihn interessierten, trugen Röcke. Zeppo war in der Schule auch nicht viel besser und gab sich erst später als erfolgreicher Hersteller von Präzisionsinstrumenten etwas Mühe. Seine wichtigste Leistung in der Schule bestand darin, alle anderen Schüler verprügelt zu haben.

Ihre wahre Erziehung erhielten die Jungs zu Hause und auf den rauhen Straßen Yorkvilles. Harpo entwickelte Routine darin, immer etwas Wertvolles bei sich zu haben, wie einen kaputten Tennisball oder eine leere Zwirnrolle, um sich die Freiheit zu erkaufen, wenn er von einer gegnerischen Straßenbande in die Enge getrieben wurde. Chico bereitete sich auf das Leben vor, indem er ein Meister in der Beherrschung von Dialekten wurde, um nie der falsche »Streeter« zu sein.

Grouchos früheste Erinnerung war, hinten auf einem Möbelwagen mitzufahren:

»Gummo und ich saßen dort hinten drauf. Wir müssen noch ziemlich klein gewesen sein, denn wir hatten unser Klavier noch nicht. Und ich kann mich ans Schlagballspielen erinnern. Um uns herum, wo wir wohnten, lagen drei Brauereien. Wenn ich zur Schule ging, konnte ich das Malz riechen. Wir gingen immer rüber in die Park Avenue, wo der alte Ruppert in einem großen Haus mit einem Obstgarten lebte, und klauten ihm Äpfel und Birnen. Es gab dort einen ungefähr acht Fuß hohen Zaun mit Eisenspitzen und Hunde. Die Hunde hätten uns zerfleischen können, aber wir waren sehr jung und versessen auf die Äpfel und Birnen.

Ich erinnere mich auch an den Eismann, der das Soleis lieferte. Man rief aus dem Fenster, wieviel man haben wollte. Wir hatten keinen Eisschrank; wir waren sehr arm.

Wir waren so arm, daß wir uns alle versteckten, wenn jemand an die Tür klopfte. Wir zahlten monatlich 27 Dollar Miete und wir waren zu zehnt. Die fünf Brüder, die beiden Eltern, die beiden Großeltern und eine Adoptivschwester. Wir waren zehn, und es gab bloß eine Toilette. Und kein Toilettenpapier.

Chico arbeitete in einer Firma namens Klauber-Horn und Co. in Brooklyn, einer Papier-Großhandlung. Im Keller wurde gewürfelt, und Chico verdiente drei Dollar die Woche. Jede Woche verspielte er seinen Lohn. Schließlich sagte mein Vater: ›Wenn du nächste Woche wieder ohne Lohn nach Hause kommst, schlage ich dich tot.‹ Die Woche darauf bekam Chico seinen Lohn und machte sich sofort ans Würfeln. Natürlich verlor er sein ganzes Geld und hatte Angst, nach Hause zu kommen. In dieser Firma gab es große Ballen, wie Baumwolle, nur bestanden sie aus Klopapier. Er nahm also einen ganzen Ballen, stieg in die Hochbahn und kam damit nach Hause. Das war das erste Mal, daß wir Toilettenpapier hatten. Vorher hatten wir immer *The Morning World* benutzt.«

Groucho besuchte mit mir die Wohnung in der 93. Straße Ost. Er fand, es habe sich überraschend wenig verändert, fügte aber hinzu: »Alles sieht kleiner aus... Oder ich bin größer geworden.« Ein paar Leute, die in dem Haus wohnten, sagten zu uns: »Hier haben die Marx Brothers gewohnt, genau hier.« Groucho tat erstaunt und fragte: »Wer ist das denn?« Dann wurde er erkannt.

Ethel Wise beschrieb die Wohnungen:

»Unsere Wohnung lag direkt über ihrer, ungefähr acht Räume, einer hinter dem anderen, mit einem sogenannten Luftschacht in der Mitte, um Licht und Luft hereinzulassen.«

Das Viertel um die 93. Straße Ost war nicht besonders wohlhabend, und die Marxens waren nicht gerade die reichsten Bewohner der Gegend. »Der Abfall aller anderen war reicher als unserer«, erinnerte sich Groucho. In seiner Kindheit konnte er von einem eigenen

Zimmer nicht einmal träumen. Das einzige, worauf er hoffen konnte, war ein eigenes Bett. »Wir schliefen zu viert in einem Bett, zwei an jedem Ende.«

Minnie verbrachte die Tage damit, bei den Theateragenten die Runde zu machen, während Sam kochte. Eine Einladung zu einer von Sams kulinarischen Wundertaten wirkte oft besänftigend auf einen sonst unnachgiebigen Agenten, und ein Engagement war somit gesichert. Ehe die Marx Brothers ihre Laufbahn im Showgeschäft begannen, hatten sich Minnies Anstrengungen darauf konzentriert, ihrem jüngeren Bruder, Al Shean, den Weg zu ebnen. Er war Hosenbügler, konnte sich aber weder mit geraden Bügelfalten, noch mit seiner Arbeit befreunden, und ging darum zum Varieté.

»Ich glaube, er war kein besonders guter Hosenbügler«, erinnerte sich Groucho. »Sobald er einen Job als Bügler bekam, stellte er ein Gesangsquartett zusammen, und der Kerl, der die Fabrik leitete, warf sie alle viere raus. Ständig gründete er Quartette und wurde er gefeuert.«

Groucho behauptete, als Kind habe er nicht daran gedacht, Schauspieler zu werden. »Als ich sehr jung war, wollte ich Arzt werden, aber dann wollte ich ernstlich Schriftsteller werden. Ich wurde Schauspieler, weil ich einen Onkel im Showbusiness hatte, der 200 Dollar die Woche verdiente, und ich hatte überhaupt nichts, nicht mal gelegentlich ein Mädchen. Bei meinem ersten Job saß ich in Coney Island auf einem Bierfaß und sang. Dafür bekam ich einen Dollar. Das war mein Start ins Showbusiness. Danach kriegte ich einen Job in einer protestantischen Kirche als Sänger im Kirchenchor, bis sie rausfanden, was mit mir los war. Das war mein zweiter Job.«

Als ältester Sohn bekam Chico die Klavierstunden. Eigentlich hätten alle Jungen der Reihe nach Klavierstunden bekommen sollen, aber dafür war nie genug Geld da. Chico war ein Künstler mit schneller Auffassungsgabe, der nie üben mußte, der, sobald er ein paar Lieder spielen konnte, seine neuerworbenen Fähigkeiten sofort zu Geld machte. In Groschenkinos, Kneipen und Bordellen waren Klavierspieler sehr gefragt, und Chico fand schnell Beschäftigung, wobei er oft mehr Jobs annahm, als er gleichzeitig bewältigen konnte. Nach ein paar Tagen löste er dieses Problem stets dadurch, daß er Harpo als Ersatzmann unterschob. Harpo hatte sich selbst ein paar Melodien beigebracht und sah Chico damals so ähnlich, daß er als sein Zwillingsbruder gelten konnte. Harpos noch beschränkteres Repertoire sorgte bald dafür, daß beide gefeuert wurden, aber immer erst, wenn er schon ein paar Tagelöhne einkassiert hatte und wieder bereit war, in einem anderen Job als Double für Chico einzuspringen.

Obwohl ihre Temperamente ganz unterschiedlich waren, standen sich Harpo und Chico als heranwachsende Kinder sehr nahe. Harpo, der sich den ganzen Tag nicht in der Schule blicken ließ, war entweder faul und hatte nur Unfug im Sinn, oder er suchte nach Arbeit, und so blickte er natürlich zu seinem älteren Bruder Leonard auf, der, wie es ihm schien, zu allem taugte. Billy Marx erzählte mir: »Sie sahen sich wahnsinnig ähnlich und ergänzten sich wirklich.« Chico, wie er einige Jahre später wegen seiner Erfahrung im Umgang mit den »chicks« (Mädchen) genannt wurde, ist bis heute rätselhaft geblieben. Viel ist über und von Groucho und über Harpo geschrieben worden, aber kaum etwas über Chico. »Er war bei weitem der verrückteste, sonderbarste Kerl, der mir je begegnet ist«, erzählte mir Gummo.

Maxine Marx, Chicos Tochter, erzählte mir, sie habe jahrelang versucht, ein Buch über ihren Vater zu schreiben, habe ihn aber für »zu schwer faßbar« gefunden und »unmöglich aufs Papier zu bannen«. Beschreibungen Chicos, wie auch die Harpos, schildern jemanden, dem das Jagen stets lieber als das Erlegen war. »Ich hatte immer das Gefühl, als könnte niemand etwas wirklich Schlechtes über Chico sagen«, meinte Billy Marx, der mit seinem Vater und seinem Onkel Chico Tourneen durch die englischen Varietébühnen gemacht hatte. Billy wies auch darauf hin, daß der scheinbar extrovertierte Chico in Wirklichkeit ein Einzelgänger gewesen war. Groucho stimmte dem zu: »Das war er schon immer. Selbst als wir noch Kinder waren. Er spielte nie mit uns. Er ging eine Straße weiter zur 94. Straße und spielte Würfel.«

Hattie Darling beschrieb Chico als »nett und sehr aufgeweckt. Außerdem nahm er immer Vorschuß auf sein Gehalt, um seine Spielschulden zu bezahlen, und versuchte, seine Frau, die äußerst eifersüchtig war, zu überlisten.« Groucho bestätigte, daß der Verdacht von Chicos Frau nicht unbegründet war.

Mit Al Sheans Erfolg im Varieté wuchs bei Minnie die Überzeugung, daß zumindest auch einer ihrer Söhne im Showbusiness seinen Weg machen könnte. Der erwählte Sohn war Groucho. Er war nicht nur ernsthaft und intelligent, er konnte auch singen — eine in der

Familie Marx hochgeschätzte Gabe. Groucho hatte einen ausgezeichneten Knabensopran. »Unglücklicherweise wurde ich älter«, sagte er. Noch mit über achtzig sang Groucho sehr gern, und zwar bei jeder passenden oder unpassenden Gelegenheit.

In seinem ersten wirklichen Job im Showgeschäft arbeitete Groucho als Frauendarsteller in einer unbedeutenden Varietégruppe, die »The Leroy Trio« hieß. Das war 1905, ein Jahr, nachdem ihn der protestantische Chor verstoßen hatte. Ein paar Monate später machte sich Mr. Leroy mit dem anderen Knaben des Trios und Grouchos Gehalt aus dem Staub und ließ ihn in Cripple Creek, Colorado, auf dem Trockenen sitzen, wo es ihm gelang, einen Job als Pferdekutscher zu bekommen, bis ihm Minnie das Geld für die Heimfahrt schicken konnte. »Ich hatte noch nie ein Pferd gesehen, und die Pferde wußten das.«

Dasselbe passierte ihm noch mal, als er von einer Engländerin namens Lily Saville als Sänger engagiert war. In Waco, Texas, brannte sie mit einem verheirateten Löwenbändiger durch, der im selben Programm auftrat, und ließ Groucho mit einer Rückfahrkarte nach New York zurück, doch ohne seinen »grouch bag« – den kleinen Lederbeutel, in dem die Schauspieler ihre Ersparnisse um den Hals trugen. Sein nächster Job stellte einen deutlichen Fortschritt dar: Er wurde in Chicago sitzengelassen.

»In *The Man of My Choice* hatte ich meine erste dramatische Rolle. Ich war der junge Held. Im zweiten Akt versucht der Hauptdarsteller der Naiven die wichtigen Papiere zu stehlen, die sie im Krankenhaus in ihrem Kopfkissen versteckt hat. Ich kam mit einer Pistole auf die Bühne und rief: ›Halt! Noch ein Schritt, und ich puste dich in tausend Fetzen!‹ Und der Vorhang fiel.«

Als die Show unerwartet in Chicago dichtmachte, stand Groucho wieder ohne einen Pfennig da. Er hatte seiner Familie die Hälfte seiner Wochengage in Höhe von 25 Dollars geschickt und den Rest für Kost und Logis ausgegeben. In der Zwischenzeit ging Harpo all den niedrigen Arbeiten nach, zu denen ein Schulabgänger aus der ersten Volksschulklasse damals qualifiziert war; Chico arbeitete als professioneller Billardspieler, dann als Bademeister, bis er von einem anderen Bademeister gerettet werden mußte, und schließlich hämmerte er als »song plugger« den Leuten die neuesten Schlager in die Köpfe.

In diesem Job ging er für Shapiro-Bernstein nach Pittsburgh, wo er sich um ein Haar für immer niederließ. Eine Zeitlang arbeitete auch Groucho als »song plugger« für Jerome Remick und verdiente 25 Dollar die Woche damit, eines von deren Liedern zu singen.

Groucho wußte, daß er im Showbusiness bleiben wollte, aber manchmal gelang es ihm nicht, näher an die Sache heranzukommen, als den Schauspielern die Perücken zu reinigen, ein Job, den er »eine haarstäubende Erfahrung« nannte. 1906 jedoch schaffte er es, an der Metropolitan Opera in New York zu singen. Er sprach darüber mit Erin, Ted Mann, dem Direktor des »Circle in the Square Theatre« in New York, und mir.

GROUCHO Es war nach dem Erdbeben in San Francisco. Tausende von Menschen waren umgekommen. Wir meldeten uns freiwillig, um im Metropolitan Opera House aufzutreten und Geld für die Verletzten zu sammeln. Ich sang »Somebody's Sweetheart«. Ich gehörte zur Varietégruppe von Gus Edwards, in der ich einen deutschen Komiker spielte. Ich war ganze 15 Jahre alt.

TED MANN Ihr wart doch damals sicher völlig unbekannt. Warum ließen sie euch dann auf die Bühne von der Met?

GROUCHO Weil wir eine ganze Gruppe waren. Gus Edwards hatte eine Truppe mit etwa acht Mitglieder, und einer davon war Jessel. Und wir alle traten zur Belustigung der Leute auf. Zumindest glaubten wir das. Wir bekamen überhaupt kein Geld. Ich weiß noch, wie wir einmal Gus Edwards nachjagten, um unsere Gage zu kriegen.

Grouchos Erfahrung mit dem berühmten Gus Edwards-Schul-Sketch beeinflußte zweifellos das spätere Marx Brothers-Stück *Fun in Hi Skule,* aber für den Moment blieb Groucho noch Knabensopran und Schauspieler und dachte kaum daran, als Komiker weiterzumachen. »Wir versuchten uns als Komiker, aber ich war nicht richtig lustig«, erzählte mir Groucho. Er und Harpo schminkten sich, zogen sich Kostüme an, die sie lustig fanden, und stellten sich eines Abends bei einem Theater in Coney Island vor. Der Direktor warf einen Blick auf sie und sagte ihnen: »Wascht euch eure dreckigen Gesichter und schert euch zum Teufel.« Bei anderer Gelegenheit bekamen sie tatsächlich die Chance, ihren komischen Sketch unten in der 14. Straße vorzuführen. Aber der Direktor holte sie fast postwendend wieder von der Bühne runter, weil ihm ihr zusammengeklautes und geborgtes Material zu heikel erschien, obwohl mir Groucho versicherte: »Wir arbeiteten immer sauber.« Hier eine Kostprobe:

HARPO Dort drüben in der Ferne ein Eiland liegt.
GROUCHO Legt was? Eier?
HARPO Nein. Liegt am Busen des Ozeans.
GROUCHO Oh, welch kecke Insel!

Mehr Erfolg war einem mit Groucho und Gummo besetzten Duett beschieden, das Minnie 1909 arrangierte. Gummo war dreizehn, und nach den Grundsätzen jener Zeit mehr als alt genug, um arbeiten zu können. Da er eine hübsche Singstimme hatte, wurden er und Groucho zu einem Auftritt zusammengetan, der bald darauf »The Three Nightingales« getauft wurde, als Minnie zur Vervollständigung ein schielendes Mädchen namens Mabel O'Donnell anheuerte. Die Wahl des Mädchens hatte sich nach ihrer Stimme, ihrem Aussehen und ihrer Konfektionsgröße gerichtet, die mit dem Kleid übereinstimmen mußte, das Minnie schon bei Bloomingdale's im Ausverkauf erworben hatte. Außerdem mußte sie einwilligen, quasi für umsonst zu arbeiten. Mabel O'Donnell füllte das Kleid und erfüllte alle Anforderungen, wenn man mal von dem Schielen und der fatalen Neigung ihrer Stimme absah, auf einem ganz bestimmten Ton umzukippen. Das Schielen wurde durch eine Perücke behoben, die ein Auge verdeckte, und der Kickser in ihrer Stimme wurde beinahe dadurch behoben, daß Groucho und Gummo sehr laut sangen, sobald man in die Nähe dieses bestimmten Tones kam. Sie hatte noch einen Fehler, den mir Gummo so beschrieb: »Mabel hatte eine wundervolle Stimme, aber sie fing in einer Tonart an und hörte in einer anderen auf.« Minnie schloß sich der Truppe bald persönlich an und köderte Harpo mühelos von einer wenig erfolgversprechenden Karriere als Page im Seville Hotel weg, wo er sich gleichzeitig die Masern und die Filzläuse geholt hatte.

Gummo hatte es schon früher mal im Showbusiness versucht, das hatte ihn aber alles andere als theaterbesessen gemacht. Ein gewisser Onkel Heimie, der Bauchredner werden wollte, aber keine Begabung dazu hatte, baute eine Puppe, die innen hohl war, so daß ein Zwerg oder ein kleiner Junge darin versteckt werden konnte. Gummo wurde zu diesem Dienst gepreßt. Um jeden Zweifel daran auszuschließen, daß er mit einer echten Puppe arbeitete, plante Onkel Heimie, seinen Auftritt damit zu beenden, daß er eine Nadel in eines der Puppenbeine stach. Um das machen zu können, wenn Gummo darin steckte, wurde die Puppe so konstruiert, daß beide Beine Gummos in eines der Puppenbeine paßten, während das andere ein echtes Puppenbein war. Bei ihrem Debüt in York, Pennsylvania, stach Onkel Heimie ins falsche Bein und beendete somit vorzeitig, was die »zweitschlechteste Varieténummer gleich hinter den Whangdoodle Four« zu werden versprach.

Diese zweifelhafte Auszeichnung hätte man genauso gut auch Minnies Nightingales zusprechen können, nur war der Wettbewerb in jenen Niederungen grauenhaft. George Jessel entsann sich einer Truppe, die »Osterman's Austern« hieß, und es gab allen Ernstes Nummern wie »Van Camp's Ziegen und Schweine« und »Der singende Bauernhof« mit einem Bauern und seiner Frau in den Hauptrollen, die »The Blue Bells of Scotland« sangen und währenddessen eine richtige Kuh molken. In dieses Milieu also begab sich Minnie voller Eifer.

Eines der ersten Dinge, die Minnie lernte, war, daß an den kleinen Varietébühnen eine Truppe nach der Anzahl ihrer Mitglieder bezahlt wurde — je mehr Darsteller, desto höher die Gage. Offenbar tröstete es die Direktoren, wenn wenigstens die Bühne voller Schauspieler war, auch wenn sie dem Publikum zahlenmäßig überlegen waren, was nicht selten vorkam. Aus diesem Grunde brüteten The Three Nightingales bald eine vierte Nachtigall aus — Harpo. Als dann Minnie und Tante Hannah der Truppe beitraten, wurden aus den vier Nachtigallen die Six Mascots. Die Marx Brothers hatten ihr Spiel noch nicht ausschließlich auf Lacher abgestellt, obwohl Groucho den Kittel eines Metzgerjungen trug und einen Korb in der Hand hatte, aus dem Würste baumelten, während er mit komischem deutschem Akzent sang. Als Grouch sich diesen Auftritt in Erinnerung rief, sagte er mitfühlend: »Ich sank von schlecht zu Schlächter.« Er erklärte mir, daß vor dem Ersten Weltkrieg »so etwas als klasse Nummer galt«. Nach dem Untergang der *Lusitania* wechselte er vom deutschen zu dem sichereren jüdischen Akzent über.

GROUCHO Ich setzte mir eine Melone auf und wurde ein jüdischer Komiker. und ich sang »There I Was Waiting in My Shirt«, das war eine Parodie auf »There I Was Waiting in the Church«.

161

ERIN Du gingst einfach während der Pause auf die Bühne und sangst die Lieder?

GROUCHO Drei Lieder.

ERIN Wie hießen die anderen zwei?

GROUCHO Das weiß ich nicht mehr.

ERIN Hast du überhaupt Lacher bekommen?

GROUCHO Nicht daß ich wüßte.

ERIN Fand man das nicht komisch, »There I Was Waiting in My Shirt«?

GROUCHO Ich schon, aber das Publikum war anderer Meinung.

ERIN Wie bist du auf die Idee gekommen, in den Pausen zu singen?

GROUCHO Ich singe immer. Ich könnte auch jetzt singen.

ERIN War das damals so üblich, daß jemand in der Pause auftrat?

GROUCHO Sicher. Als ich im Howard Theatre in Boston spielte – das war so ein Tingeltangel – gab's Auftritte während der Pause, und wir waren eine von diesen Nummern zwischen dem ersten und dem zweiten Teil. Wir waren »The Four Nightingales«. Kennst du Boston? Also, das Howard lag da unten in einer ziemlich rauhen Gegend, und der Zuschauerraum war voller Matrosen. Wir sangen »How'd You Like to Be My Little Sweetheart?«, und ein Matrose lehnte sich aus seiner Loge und spuckte Harpo eine Ladung Tabaksaft in die Augen.

1910 beschloß Minnie, es mit Chicago zu versuchen. Al Shean schwor, daß es im Mittleren Westen jede Truppe schaffen könne, selbst Nachtigallen und Maskottchen. Die Marxens verkauften ihre Möbel, kündigten ihre Wohnung in der 93. Straße und machten sich auf den Weg nach Chicago, und zwar in Richtung Süden. Die Idee war, sich bis Chicago mit Auftritten in Theatern durchzukämpfen, die so miserabel waren, daß sie rein alles engagierten, und außerdem hatten damals nur wenige Yankeetruppen Lust, den Süden zu bereisen. Zur Absicherung des Unternehmens hatten Sam und Onkel Julius (nach dem Groucho benannt war) vor, den Schneidern im Süden Stoff zu verkaufen, während Minnie, die Jungs und Tante Hannah an den Theatern spielten. Wie sich bald erwies, wurde der Nebenerwerb zum Haupterwerb, der das Unternehmen finanzierte. Schließlich erreichten die Marxens Chicago, wo die Bedingungen besser waren – zumindest für eine Weile.

162

Anfangs gelang es Minnie, der Truppe eine Menge Engagements zu verschaffen, vielleicht nicht in den besten Häusern, aber man hatte zu tun. Doch bald war sie mit den kleinen Varietés in Chicago durch, und die Truppe ging wieder auf Tournee, diesmal zum letzten Auftritt, wie es schien.

Bei einer neuerlichen Runde durch den Süden blieben sie im Sommer 1912 in New Orleans auf dem Trockenen sitzen. Da sie kein Geld zur Rückreise nach Chicago hatten, nahmen sie die einzigen Engagements an, die ihnen angeboten wurden, und zwar in Oklahoma und Texas. Es waren die Zeiten vor der Erfindung von Klimaanlage und Insektiziden. Jede Truppe, die willens war, den Moskitos der Freiluftbühnen und den Dampfbadverhältnissen der Theater die Stirn zu bieten, wäre willkommen gewesen – selbst »Osterman's Austern« oder »Der singende Bauernhof«. In Nacogdoches, Texas, passierte es sogar, daß sich während ihrer Vorstellung das Theater leerte, ein letzter Schicksalsschlag, wie es schien. Aber Grouchos Meinung nach war es der eigentliche Wendepunkt in ihrer Laufbahn.

»Wir spielten in einer Kleinstadt in Texas. Die Farmer kamen herein und banden ihre Pferde neben dem Pantages Theatre fest. Wir waren eine Gesangstruppe, The Six Mascots. Keiner von uns konnte singen. Während der Vorstellung entlief ein Maultier, und das ganze Publikum rannte hinterher, um es wieder einzufangen. Dann kamen sie zurück. Inzwischen waren wir so wütend geworden, daß wir anfingen, sarkastische Bemerkungen zu machen. Wie etwa ›Nacogdoches is full of roaches‹ [Nacogdoches ist voller Schaben] oder ›The Jackass is the finest flower of Texass‹ [Der Esel ist die schönste Zierde von Texarsch]. Statt wütend zu werden, lachte das Publikum. Es war unser erster komischer Auftritt dieser Art.«

Nach diesem unerwarteten Erfolg versuchten sie es mit Komik, wann immer es zu passen schien, aber mit unterschiedlichen Ergebnissen. Manchmal lachten die Leute, manchmal nicht. »Es war wie bei einem Schußwechsel in einem alten Western, mit Pistolen, die für das russische Roulette geladen waren«, erinnerte sich Groucho.

Das Gerücht, daß eine lustige Gesangstruppe unterwegs sei, verbreitete sich schnell, und in Denison, Texas, wurden die Six Mascots begeistert empfangen. Der Theaterdirektor bot ihnen an, mit einer Gagengarantie länger zu bleiben, vorausgesetzt, sie könnten seinem

Publikum, zu dem auch eine Lehrertagung gehörte, einen komischen Sketch bieten. Im Bestreben, die Lehrer im Publikum zu amüsieren, schrieb Groucho ein von Gus Edwards Schul-Sketch beeinflußtes Stück. Groucho wurde der Herr Lehrer; Harpo Patsy Brannigan oder der dumme Junge; Paul Yale (der Baß der Gruppe) die »Schwuchtel« oder der komische Homosexuelle; Tante Hannah das aufgeweckte Mädchen; Minnie das dumme Mädchen. Die Nummer hieß *Fun in Hi Skule*. Auf viele spätere Stücke der Marx Brothers übte *Fun in Hi Skule* seinen Einfluß aus. Am bemerkenswertesten war, daß Harpo sich seine berühmte rote Perücke aufstülpte und zu Harpo wurde. Groucho setzte eine strenge Miene auf und trug uneingeschränkte Autorität zur Schau. Gummo spielte die Rolle des ernsten jungen Mannes, die nachher Zeppo erbte. (Chico kam später zu dem Schul-Sketch hinzu und fügte sich nahtlos als der treu-dumme »Eyetalian« ein). Die Shows der Marx Brothers, die auf *Fun in Hi Skule* folgten, einschließlich der Filme und selbst Grouchos Fernsehshows, verdanken diesem Stück sehr viel. *You Bet Your Life* ist in gewisser Hinsicht *Fun in Hi Skule* in modernem Gewand, wo Groucho immer noch den Herrn Lehrer spielt. *Horse Feathers* ist das zu Hochschule und Hollywood avancierte *Fun in Hi Skule*. Als der große weiße Jäger in *Animal Crackers,* der Premierminister in *Duck Soup* oder der falsche Doktor in *A Day at the Races* ist Groucho in vielerlei Hinsicht nach wie vor der Herr Lehrer, obwohl er nach Ausbruch des Ersten Weltkrieges einige Änderungen an der Rolle vornehmen mußte.

»Ich war ein deutscher Komiker, aber, wie ich dir erzählt habe, verlor ich meinen Akzent binnen eines Tages, als die *Lusitania* versenkt wurde. An dem Abend nahm ich einfach das falsche Kinn ab, das ich immer trug, und wurde ein jüdischer Komiker. Es geschah im Chase Theatre in Toronto. Ich ging dort in eine Cafeteria und sagte: ›Ich hätte gerne deutsche Bratkartoffeln.‹ Die Frau hinter der Theke erwiderte: ›Wir haben keine deutschen Bratkartoffeln. Wir haben einheimische Bratkartoffeln.‹ Ich sagte: ›Dann geben Sie mir etwas Sauerkraut‹, und sie: ›Wir haben kein Sauerkraut. Wir haben geschnetzelten Kohl.‹«

Fun in Hi Skule war im Südwesten sehr erfolgreich, fand aber im Mittleren Westen, als die Truppe in Richtung Chicago zurücksteuerte, einen weniger warmen Empfang. Um 1913 kündigte Chico bei Sapiro-Bernstein, wo er zum Reisevertreter aufgerückt war, und startete mit einem »song plugger«-Kollegen nun selber eine Tournee durch die Varietés. Sie kündigten sich als Marx und Gordini an, Chico spielte Klavier, und sein Partner sang. Als Gordini in Cleveland ausstieg, sprang der Cousin Lou Shean ein, und sie nannten sich aus unerfindlichen Gründen Van und Schenck. Diese Partnerschaft hielt bis Milwaukee.

In Milwaukee sah Chico seine erste musikalische Revue und kam zu der Überzeugung, daß das die neue Welle sei. Als er wieder nach Chicago zur Familie zurückkehrte, beredete er Minnie, eine Revue mit dem Schul-Sketch als Kernstück zusammenzustellen. Das Ergebnis war schließlich *Mr. Green's Reception,* das sorgfältiger ausgearbeitete Musikdarbietungen und Bühneneffekte sowie einen zweiten komischen Sketch enthielt. Dabei handelte es sich einfach um eine Fortsetzung der Schul-Geschichte, nämlich um ein Klassentreffen der erwachsenen Schüler. Chico trat in die Truppe ein und steuerte seine Dialektbeherrschung, seine »Mit-dem-Zeigefinger-auf-die-Tasten-Schieß«-Klaviertechnik und seinen unbekümmerten Optimismus bei.

Ungefähr um diese Zeit, als sie gerade im Süden von Illionois auftraten, erhielt Harpo mit der Post von Minnie ein Paket. Es enthielt eine gebrauchte Harfe, auf der man nur eine Tonart spielen konnte. In seliger Ahnungslosigkeit und von aller Harfentechnik vollkommen unbeleckt stimmte Harpo das Instrument nach dem Gehör, glücklicherweise zu tief, sonst hätte es das arg mitgenommene Ding zerrissen. Durch geduldiges Herumprobieren brachte er sich selbst das Spielen bei, wobei er sich eine ganz unkonventionelle Technik aneignete, die später andere professionelle Harfinisten in Erstaunen versetzte. Gummo behauptet, Harpo stimmte das Instrument sein ganzes Leben lang falsch, selbst als er sich dann eine teure, neue, chromatische Harfe leisten konnte.

Als ich Mildred Dilling, Harpos Harfenlehrerin, bei einem privaten Solovortrag, den sie 1976 in ihrer New Yorker Wohnung gab, besuchte, erzählte sie mir von ihrer ersten Begegnung mit Harpo und ihrer sich daran anschließenden Beziehung.

»Ich begegnete Harpo bei Lyon & Healy in der Charles Ditson Company gegenüber von Altman's. In *The New Yorker* war gerade der Woollcott-Artikel erschienen, es muß also Ende der zwanziger Jahre gewesen sein. Sie spielten Theater. (Ich erinnere mich nicht mehr, ob es *Cocoanuts* oder *Animal Crackers* war.) Ich probierte eine neue Harfe für einen Schüler aus. Ich bemerkte, wie mich ein ernst aussehender junger Mann aufmerksam beobachtete, während ich spielte. Er lauschte, bis ich fertig war, dann kam er auf mich zu und sagte: ›Lady, bringen Sie mir das bei.‹

Er nannte mir seinen Namen, und ich hatte über ihn in *The New Yorker* gelesen.

Ich sagte, ich täte es, und er fragte mich, wann. Ich sagte, jederzeit. Und er fragte: ›Jetzt?‹ Ich sagte ja, und er fragte: ›Bei mir oder bei Ihnen?‹ Ich sagte, bei mir. Wir nahmen ein Taxi, und so fing's an.

Er stimmte seine Harfe auf B statt auf Ces, und den zweiten Finger ließ er immer liegen, immer an seinem Platz. Er spielte nur mit drei Fingern. Seine Harfe hätte er auf Ces stimmen müssen, aber er stimmte sie auf B. So klang alles sehr eigenartig. Drei b's sind in Es-Dur normal. Er hatte auf einer alten Pedalharfe angefangen, einer Art Harfe, wie sie vor 1810 gebaut wurde.

Wenn wir zur gleichen Zeit in derselben Stadt waren — in New York oder in Kalifornien, in Paris oder in Étretat an der Küste der Normandie, nahm er jeden Tag Unterricht. Ich stellte Harpo meiner Harfenlehrerin, Henriette Renié, der bedeutendsten Harfenlehrerin, vor, und Harpo nahm Unterricht bei ihr. Sie lebte in Paris, aber den Sommer verbrachte sie in Étretat, der schönsten Küste der Welt. Um 1850 gab es dort eine wichtige kulturelle und künstlerische Bewegung. Es war ein Zentrum der Künste. Maupassant und Offenbach lebten dort.

Was die Musik anging, war Harpo todernst. Die klassische Musik erfüllte sein Leben. Die Musik war die überwältigende Leidenschaft, die sein Dasein bereicherte.

Ich war noch keine zwanzig. Er war älter als ich, aber er hatte großen Respekt vor meinen Kenntnissen. Harpo hat sich nie verändert. Ich weiß nicht, wie alt er war, als ich ihn kennenlernte.

Nach dem Unterricht streckte er sich immer auf dem Sofa aus und sagte: ›Und jetzt, Dilling, spiel mir was vor. Und wenn ich einschlafen sollte, wäre es das größte Kompliment, das ich dir machen könnte.‹

Den Unterricht hielten wir manchmal in meinem Appartement ab, manchmal auch in Woollcotts Wohnung in der 52. Straße, gleich am Fluß. Ich wohnte in einem sehr solide gebauten Haus mit starken Mauern, und wir arbeiteten sehr spät, aber es beschwerte sich nie jemand.

In der Zeit, als sie in New York spielten, hatte ich immer eine Loge im Theater und lud alle meine Gäste dorthin ein. Wir mußten lediglich durch den Bühneneingang rein, und wenn Männer dabei waren, war es immer schwer, sie an den Revuegirls vorbeizubekommen. Ich nahm eine Menge berühmter Leute mit dorthin, und es gefiel ihnen immer. Ich erinnere mich, daß einmal Andres Segovia und seine erste Frau dabei waren, und er amüsierte sich köstlich. Und Harpo kam immer auf allen Vieren in die Loge gekrabbelt, damit ihn niemand sah.

Den anderen ging ich ein wenig aus dem Weg. Ich hatte das Gefühl, sie dachten, ich mache ihn zu ›normal‹. Die Familie glaubte, ich würde ihn verderben. Aber es schadete ihm nichts.

So, wie er auf der Leinwand ist, so wie ihn jeder kennt, so spielte er, nachdem ich angefangen hatte, ihm Unterricht zu geben. Vor jedem Film, den sie machten, setzten wir uns zusammen. Harpo hatte seinen eigenen Kopf. Nie konnte ich ihm beibringen, Noten zu lesen.

Er war voller Tricks. Er hatte eine Baßsaite aus Gummi, obwohl ich sie nie zu Gesicht bekam. Dann saß er an seiner Harfe und drehte mit der linken Hand an seiner Nase rum, während er mit der Rechten die Saite zupfte. Einen Teil von dem, was er machte, verdeckte er mit seinem Körper, und so sah es so aus, als käme der Ton aus seiner Nase.

Harpo war wirklich kein Intellektueller. Er war nicht der Intellektuelle, der Groucho war. Er hatte viele intellektuelle Freunde, aber der einzige Intellektuelle in der Familie war Groucho. Dennoch war Harpo geistreich.

Harpo hatte einen wunderschönen Swimmingpool, und als er und Susan die Kinder adoptierten, ließ er das Becken zuschütten. Solche Menschen waren das.

Ich weiß noch, wie ich einmal in Kalifornien in San Fernando Valley auftrat. Es war, nachdem Harpo aufgehört hatte, Filme zu machen. Er sagte zu mir: ›Dilling, wenn du heute abend müde bist, helfe ich dir aus. Ich spiele die Zugaben für dich.‹ Ich fragte: ›Mit Perücke?‹ Und er antwortete: ›Ja.‹ Und er machte es. Nach meinem Auftritt schob er seine Harfe auf die Bühne und spielte, und ich begleitete ihn.«

Mildred Dilling erinnerte sich, daß Harpo, wenn er eine Nummer beendet hatte, mitten im Applaus von der Bühne eilte. Selbst wenn der Beifall zunahm und hinten im Publikum nach einer Zugabe gebrüllt wurde, erschien Harpo nicht wieder. Das konnte er nicht. Er war nämlich derjenige, der »Zugabe« brüllte.

»Das letzte Mal sah ich ihn, als ich ein Konzert in Kalifornien gab. Er kam und brachte seine Familie mit.

Es war eine ganz unromantische Freundschaft, die auf der Musik beruhte, die ja ein starkes Band ist. Ich glaube, Harpo, Renié und ich waren die drei Menschen, denen mehr als allen anderen Menschen auf der Welt die Harfe wichtig war.«

Im Gespräch über Harpo und seine Harfe meinte Groucho:

»Mein Lieblingsinstrument war die Harfe nicht, aber Harpo nahm sie ungeheuer ernst. Und es gab nicht viele Harfinisten im Varieté.«

Über Chico sagte Groucho:

»Chicos Vorstellung vom Üben war, seine Hände kurz mal in heißes Wasser zu tauchen. Er mag vielleicht ein Pianist gewesen sein, aber noch mehr lag ihm daran, die Mädels zu geigen.«

George Seaton erzählte über die Faszination von Chicos Klavierspiel:

»Wir waren in San Francisco zu Probeaufführungen von *A Day at the Races,* und wir nahmen uns die komischen Szenen vor, spielten sie in den Wirtshäusern und arbeiteten sie durch. Chico war auf der Bühne, spielte Klavier und schoß mit dem Finger auf die Tasten, und ich stand mit Groucho in der Gasse. Groucho konnte einfach nie begreifen, wieso einem Publikum Chicos Art, Klavier zu spielen, gefiel. Das Publikum spendete Chico, der eine Zugabe brachte, Beifall. Groucho ging auf die Bühne und sagte scherzend: ›Solltest du mal den richtigen Ton treffen, spiele ihn.‹

Er dachte, er würde dafür einen dicken Lacher bekommen, aber statt dessen zischte ihn das Publikum aus. Er kam in die Gasse zurück und verstand einfach nicht, daß Chicos Klavierkünste einem Publikum dermaßen zusagen konnten, daß es ihn, Groucho, auspfiff statt zu lachen, wenn er etwas improvisierte.«

In Rockford, Illinois, war es, wo die Marx Brothers 1914 umgetauft wurden, »vorausgesetzt, man kann vier jüdische Jungs überhaupt taufen«. Sie hatten die Bekanntschaft Art Fishers gemacht, eines Alleinunterhalters, der im selben Programm wie sie auftrat und die Vorliebe hatte, seinen Freunden Spitznamen zu geben. Damals gab es einen beliebten Comic Strip mit dem Titel »Sherlocko the Monk«

(später »Hawkshaw the Detective«), der vermutlich Fisher dazu inspirierte, Julius, Adolph, Leonard und Milton in Groucho, Harpo, Chico und Gummo umzutaufen. Tatsächlich gab es in diesem Comic eine Gestalt namens »Groucho«.

Julius wurde wegen seines ernsthaften Benehmens zu Groucho (grouch = Griesgram), Adolph wurde aus naheliegenden Gründen zu Harpo. Leonard wurde wegen seiner Leidenschaft für die »chicks« [Mädchen] zu Chico; so lautet sein Name, richtig ausgesprochen, »Chicko«. Milton wurde zu Gummo, weil er bei Sonne und Regen Überschuhe aus Gummi trug. »Ich hatte immer Löcher in den Schuhen«, erklärte er. »Deshalb trug ich darüber Gummischuhe, auch wenn es nicht regnete, und bekam so den Namen Gummo.« Herbert war erst dreizehn und zu Hause in Chicago, als Fisher die Jungs umbenannte, so wurde er erst später zu Zeppo. Niemand, vor allem Zeppo, wußte genau, weshalb. Die Namen setzten sich fest, aber bis *I'll Say She Is* im Jahr 1924 benutzten sie ihre richtigen Namen weiter.

Minnie war in Chicago geblieben, wo sie die Minnie Palmer-Agentur gründete, die die Marx Brothers und andere Schmalspur-Varietégruppen managte. Ihr wurde klar, daß ihre Söhne unter Umständen für immer in billigen Pensionen und bröckeligen Kleinstadttheatern schmachten könnten, und so beschloß sie, ihnen bei den angeseheneren Tourneeunternehmen Engagements zu verschaffen. 1914 jedoch ging das Interesse an Schul-Sketches allmählich zurück. Minnie wandte sich an ihren Bruder Al Shean, der inzwischen eine etablierte und geachtete Figur im Spitzenklassen-Varieté war.

Al Shean sah sich *Mr. Green's Reception* an und stellte fest, daß die Marx Brothers, statt mit Pauken und Trompeten von der Bühne zu gehen, die Vorstellung einfach abbrachen, wenn Gelächter und Beifall nachließen. Um dem abzuhelfen, gab Onkel Al Minnie 25 Dollar, damit sie sich von dem Vaudevilleautor Charly Van »Peasie Weasie« schreiben ließe, was sich als großer Hit entpuppen sollte. »Peasie Weasie« war eine Art Zungenbrecher-Lied, das am Ende einer Varieténummer gesungen werden sollte, bis das Publikum von den endlosen Knittelversen genug hätte. »Es war sehr knittelig«, gab Groucho zu, »aber der Knüttel ist der beste Freund des Menschen — selbst im Glashaus.« Er sang das Lied ungeheuer gern, und tat es auch so ungefähr auf jeder Party.

Onkel Al war der Ansicht, der beste Weg, ihren Sketch aufzumöbeln, wäre, einen neuen zu schreiben, und so setzte er sich eines Abends bei Marxens an den Küchentisch und schrieb *Home Again*. Das war eine ausführliche Bearbeitung der zweiten Hälfte von *Mr. Green's Reception,* die Schule blieb also draußen. Als Bewunderin raffinierter Bühneneffekte hatten es Minnie die Möglichkeiten, die *Home Again* dafür bot, besonders angetan. Groucho erinnerte sich lebhaft an eines der Wunder ihrer Inszenierungskunst:

»In *Home Again* kam ein Boot vor. Wir standen alle in dem Boot, und Harpo versetzte ihm mit einem Tau einen Ruck, und alle Leute in dem Boot kippten um. Es war kein richtiges Boot, es war bloß ein flaches Brett mit Rädern. Ein hervorragendes Stückchen Bühnenmaschinerie«, lachte Groucho bei dieser Erinnerung vergnügt in sich hinein.

Home Again brachte die Marx Brothers auch an ihre reifen komischen Rollen einen Schritt näher heran. Onkel Al gab Groucho die meisten Pointen, übertrug Chico den Dialekt sprechenden Stichwortgeber und machte Harpo zum Pantomimen. Beide fühlten sich zurückgesetzt und maulten. Chico verlangte wenigstens ein paar komische Sätze. »So mußte Onkel Al auch den biederen Stichwortgeber komisch machen«, erinnerte sich Groucho.

Er erzählte, daß vor *Home Again* Harpo alles andere als stumm gewesen war:

»In dem Schul-Sketch redete er eine ganze Menge. Er spielte einen Jungen namens Patsy Brannigan. Wenn man damals einen Schul-Sketch brachte, mußte ein Patsy Brannigan darin vorkommen. Patsy Brannigan war ein Bursche mit roten Haaren und einer komischen Nase. Von da hatte Harpo die Idee mit der Perücke. Ein Kumpel hatte ihm eine Menge hochtrabender Wörter beigebracht, und manchmal verblüffte Harpo das Publikum mit dieser Rede voller großkotziger Ausdrücke. Die meisten verstand er selber nicht, aber die Rede liebte er.«

Groucho erzählte, daß Al Shean der Meinung war, Harpos Stimme entspräche nicht seiner schrulligen Erscheinung. Harpo war enttäuscht, akezptierte aber Onkel Als Einwand und redete während seiner ganzen beruflichen Laufbahn nur noch ein einziges Mal. Ein Vierteljahrhundert später rasselte er am Schluß der Voraufführungen von *Go West* dieselbe für ihn nicht charakteristische Gelehrsamkeit herunter, über die sich das *Fun in Hi Skule*-Publikum vor Lachen gekrümmt hatte. Seine Brüder kamen zu der Überzeugung, daß die Rede zwar komisch und außerordentlich wirkungsvoll sei, aber von der unschuldigen Harporolle abweiche, und so wurde sie im Drehbuch zum Film ausgelassen. »Der Rollencharakter ist alles«, sagte Groucho häufig zu mir. Über die Jahre wurde Harpo mit attraktiven Angeboten, öffentlich zu sprechen, überschüttet, aber er lehnte sie alle ab, selbst wenn sie von seinem guten Freund Jack Benny kamen. Jack sprach mit Groucho und mir über seine Enttäuschung:

»Harpo war wahrscheinlich der liebenswerteste Mensch, den kennenzulernen man sich wünschen konnte, aber es gelang mir nicht, ihn dazu zu bringen, in meiner Fernsehshow zu reden. Er wollte einfach nicht. Er hatte die Vorstellung, daß es seinen Rollencharakter kaputtmachen könne, wenn er redete. Ich wollte das nie glauben. ich meinte, wenn er in einer anderen Show aufträte, könne er eine andere Figur sein, die eben redet. Aber er dachte anders als ich, dabei blieb es, und er redete nicht.«

Groucho erzählte mir, die häufigste Frage, die ihm gestellt worden sei, war: »Konnte Harpo sprechen?« Und Groucho antwortete immer: »Nein.«

Home Again verschaffte Minnie, was sie brauchte: ein Schaufenster für die Marx Brothers, und es gelang ihr, ihnen Engagements in besseren Häusern zu verschaffen. Durch den bescheidenen Erfolg von *Home Again* ermutigt, versuchte sie, die Truppe in eine echte Musical Comedy zu stecken, in der Hoffnung, die Aufmerksamkeit eines vielleicht zufällig im Publikum anwesenden Broadway-Produzenten zu erregen. Das Resultat war *The Cinderella Girl* nach einem Buch von Jo Swerling, mit der Musik von Gus Kahn. Eine schlecht vorbereitete Probetruppe gab 1918 in Battle Creek, Michigan, wo die Spanische Grippe wütete, die erste und letzte Vorstellung. Selbst wenn die Show gut gewesen wäre (Groucho räumte ein, daß sie es nicht war), gab es nicht die leiseste Chance, finanziell auch nur einigermaßen ungeschoren davonzukommen, da die Gesundheitsvorschriften am Ort ihnen lediglich erlaubten, nur jeden zweiten Platz in jeder zweiten Reihe zu verkaufen. Zu Beginn des zweiten Aktes ging Groucho an die Rampe und sagte:

»Leute, der erste Akt war nicht so gut. Wir spielen jetzt aus dem Stegreif weiter.«

Als sie wieder in Chicago waren, versuchten sie, von *The Cinderella Girl* zu retten, was zu retten war, indem sie die kostspieligen Bühnenbilder und Kostüme in eine sehr viel aufwendigere Produktion von *Home Again* steckten. Das war während des Ersten Weltkriegs, als gute Varietégruppen rar waren. Für Minnie war es überhaupt kein Problem, die aufgeputzte Produktion ins Wilson Avenue Theatre zu bringen, das von E. F. Albee, dem Herrscher des Orpheum-Theater-Konzerns, kontrolliert wurde.

Als die Vereinigten Staaten in den Krieg eintraten, kauften sich die Marxens eine Farm in La Grange, Illinois, einem nordwestlichen Vorort Chicagos. Wie vielleicht zu erwarten, waren die Marx Brothers auf der Farm lustig, aber landwirtschaftlich nicht erfolgreich. »Nach einer Weile mußten wir Eier *kaufen,* damit unsere Hühner was zum Draufsitzen hatten und wir uns vor Besuchern nicht blamierten.« Groucho erklärte mir das Problem ihrer Farm: »Wir verbrachten die meiste Zeit damit, in Wrigley Field den Cubs zuzusehen.« Das war ein Baseball-Club. Er sprach mit mir über diese Zeit:

GROUCHO Habe ich dir von La Grange erzählt?

ICH Als ihr Farmer wart?

GROUCHO Wir waren keine Farmer. Wir hatten eine Farm. Es war während des Krieges.

ICH Des Ersten Weltkriegs?

GROUCHO Ja. Meine Augen waren schlecht. Deswegen wollten sie mich nicht nehmen. Nahmen Gummo. Und wir kauften uns die Farm.

ICH Du sagtest, ihr hättet mit großer Begeisterung begonnen und wärt sehr früh am Morgen aufgestanden. Und es wurde immer später und später, und schließlich seid ihr bloß noch aufgestanden, um gleich zum Baseball zu gehen. Von Farm war keine Rede mehr.

GROUCHO Wir landeten schließlich in Wrigley Field in Chicago. Wir hatten Meerschweinchen im Keller, aber wir hatten alle Angst, dort runterzugehen. Da holten wir immer unser Wasser, aus einer Pumpe im Keller.

ICH Wie kamen denn Meerschweinchen in euren Keller?

GROUCHO Wir dachten, wenn wir Meerschweinchen züchteten, könnten wir sie jemandem verkaufen, so wie man halt Ratten verkauft. Wir hatten wahnsinnig viele. Wir hatten bestimmt drei- oder vierhundert Meerschweinchen. Die Hühner gingen alle ein. Wir verdienten etwas Geld, weil auf der anderen Straßenseite ein Golfplatz war, und wenn jemand einen Ball verlor, suchten wir ihn und kriegten einen Quarter dafür. Es gab ein Mädchen in der Stadt, in das ich restlos verknallt war. Sie arbeitete in einer Bäckerei. Wenn man dort Krapfen oder Hefestücken oder sowas bestellte, bediente sie einen. Mit mir wollte sie überhaupt nichts zu tun haben. Sie war nach Chico verrückt.

Als es schließlich offenbar wurde, daß wenigstens einer der Jungs zum Militär müßte, ging Gummo. Nach dem Ersten Weltkrieg kehrte er ins Showbusiness zurück, aber nicht als Darsteller, sondern als Theateragent. Selbst während seiner Showbusinesszeit hatte Gummo seinem Vater gern geholfen, während der Sommerflauten mit dem Verkauf von Paraffinkartons an die Metzger in den Städten um Chicago herum ein Auskommen zu finden.

Die Marx Brothers kehrten mit *Home Again* auf die Bühne zurück, und Zeppo, damals siebzehn, übernahm Gummos Platz in der Truppe als Tänzer, Sänger und Stichwortgeber. Wenn es mir mal möglich war, aus Zeppo Erinnerungen an seine Showbusinesszeit herauszuquetschen, was nicht oft vorkam, dann waren sie alles andere als nostalgisch. Von den Tanzgirls abgesehen bedeutete der Part des Stichwortgebers bei den Marx Brothers keinen Spaß für ihn. Auch er wollte ein Komiker sein, aber es gab einfach keinen Platz für noch einen komischen Marx Brother, vor allem nicht für den jüngsten, der dazu kam, als die Truppe schon ihre Form gefunden hatte. Zeppo war immer klar, daß er komisch sein könne, und einmal bekam er sogar seine Chance, als Groucho in Chicago ganz plötzlich am Blinddarm operiert werden mußte. Nach diesen Vorstellungen gingen Grouchos Freunde hinter die Bühne, fest davon überzeugt, mit Groucho in seiner Garderobe reden zu können.

In Erinnerung an diesen Zwischenfall sagte Groucho: »Zeppo war so gut, daß ich schneller gesund wurde.«

Groucho erinnerte sich an Zeppo als einen nervösen Schauspieler und kühnen Raufbold:

»Er wollte kein Schauspieler sein. Bei der ersten Gelegenheit, die sich ihm bot, hörte er auf und wurde Agent. Aber im täglichen Leben war er der lustigste von uns. Er versuchte immer, Norman Krasna als

Klienten zu bekommen, aber Krasna war bei einer anderen Agentur. Eines Abends saßen wir im Clover Club in Hollywood, und ein Betrunkener trat hinter Krasna und machte alle möglichen Bemerkungen. Zeppo hatte einen guten Schlag. Er beugte sich hinüber und gab dem Kerl eins aufs Kinn. Er knockte ihn unter den Tisch, dann wandte er sich an Krasna und fragte: ›Leistet Mike Levy Ihnen solche Dienste?‹ Zeppo war ein guter Boxer. Er prügelte sich mit allen.«

Aufgrund des Erfolgs von *Home Again* am Wilson Avenue Theatre erhielten die Marx Brothers einen Dreißig-Wochen-Vertrag beim hochklassigen Orpheum-Theaterring. Mit ihnen auf dem Programm der Tournee durch den Westen stand ein junger Alleinunterhalter namens Ben K. Benny, der sich später Jack Benny nannte.

Das New Yorker Palace Theatre des Orpheum-Circuit bezeichnete sich wahrheitsgemäß als »die höchste Sprosse« und prahlte: »Hier sichert Genie und nicht Geburt Euch Euren Rang.« Natürlich waren die Marx Brothers erpicht darauf, im Palace zu spielen. Ein Erfolg im Palace würde sicherlich »Home Again« für alle in der Ferne weilenden New Yorker bedeuten. Und kaum ließ sich das Engagement ihrer Jungs beim Orpheum-Circuit gut an, da begann Minnie bereits, ihren Auftritt am Palace Theatre zu betreiben.

Der honignaschende Premierminister von E. F. Albees mächtigem Bühnenimperium, J. J. Murdock, berühmt für das stets auf seinem Schreibtisch stehende Honigglas, genehmigte den Marx Brothers einen Versuch am Bostoner Palace Theatre. Wenn sie dort erfolgreich wären, würde man sie im New Yorker Royal und Palace auftreten lassen. Als die Marx Brothers das letzte Mal in Boston spielten, war ihr Auftritt alles andere als ein Triumph gewesen.

Home Again war viel besser als *The Four Nightingales,* und das Publikum im Bostoner Palace empfänglicher (und vornehmer) als das des alten Howard. Der Erfolg ihres Gastspiels übertraf Minnies kühnste Träume. Aber im New Yorker Royal »sackten unsere Hoffnungen schlimmer zusammen als ein Soufflé von gestern«. Das New Yorker Publikum ließ kühl, worüber das Publikum in New England sich krummgelacht hatte. Ebenso kühl blieb J. J. Murdock, der das Engagement am Palace Theatre auf der Stelle absagte. Aber Minnie war nicht bereit, sich das Schicksal ihrer Jungs durch eine schlechte Leistung unter widrigen Umständen vermasseln zu lassen. Vor Minnies unerschrockener Beharrlichkeit kapitulierte Murdock und willigte ein, sie im Palace spielen zu lassen, aber nur, wenn sie als erste aufträten – der unangenehmste Platz auf dem Programm. Trotz der Zuspätkommer und der traditionellen Gleichgültigkeit gegenüber den ersten Nummern hatten die Marx Brothers das Publikum bald auf ihrer Seite und wurden eine Hauptstütze am Palace, wo, wie Groucho sagte, »wir als die ›Palace Stammtruppe‹ bekannt wurden.«

1919 hatten die Marx Brothers den Gipfel ihres Erfolges am Varieté erreicht. Anscheinend führte von dort kein Weg weiter, und so setzte sich Minnie zur Ruhe, und Chico übernahm mehr oder weniger die Leitung der Truppe. Chico, der nie genug Geld verdiente, um seine Spielverluste finanzieren zu können, konnte es sich einfach nicht leisten zu glauben, daß sie den Gipfel ihrer Möglichkeiten schon erreicht hätten. Selbst wenn sie parterre waren, pflegte Chico, wie Groucho sich erinnerte, zu sagen: »Immer werden wir in diesen Bruchbuden nicht spielen.« Von da bis zu den Thalberg-Jahren war Chicos Einfluß dafür entscheidend, daß sie es vom Varieté über den Broadway nach Hollywood und zum Weltruhm schafften.

Während der erfolgreichen Laufzeit von *Home Again* heiratete Groucho Zeppos Tanzpartnerin, die neunzehnjährige Ruth Johnson. Dies führte indirekt zu Grouchos berühmtem Schminkeschnurrbart. Da es mit einem anderen bedeutenden Ereignis in seinem Leben zusammenfiel, erinnerte sich Groucho der Umstände sehr gut:

»Wir spielten am Keith's Flushing. Meine Frau bekam damals ein Kind, und ich verbrachte viel Zeit bei ihr im Krankenhaus. Eines Abends blieb ich zu lange, und als ich ins Theater kam, war es zu spät, mir noch meinen Schnurrbart anzukleben. Ich nahm einfach ein bißchen Schminke. Das Publikum schien es nicht zu stören, und so blieb ich dabei.«

Viele von Grouchos berühmten Bühneneigenheiten erblickten auf ähnliche Weise das Licht der Welt:

»Ich probierte zum Beispiel eine Pointe aus. Wenn sie keinen Lacher brachte, nahm ich sie aus dem Text raus und schrieb eine neue. Ziemlich bald hatte ich eine bestimmte Rolle.«

Der unnachahmliche Grouchogang kam folgendermaßen zustande:

»Eines Tages alberte ich einfach so herum und begann, komisch zu gehen. Dem Publikum gefiel es, also behielt ich es bei.« Oscar Levant, der manchmal zuhause bei Groucho Klavier spielte, meinte zu dem Gang: »Ich würde mich nicht so hoch bücken.«

Anfang der zwanziger Jahre beschlossen die Marx Brothers, sie würden gerne Filme machen. Sie hatten den Erfolg ihres Freundes Charlie Chaplin beobachtet. Und so kamen sie überein, selber einen Film zu drehen. Groucho erzählte mir von *Humorisk:*

»Ich habe den Film nie gesehen. Jo Swerling schrieb das Buch. Wir spielten gerade am Palace Theatre, aber wir rasten immer nach Weehawken hinüber. Wir drehten zwei Akte, die überhaupt keinen Sinn ergaben. Es ging aber auch gar nicht um Sinn, es ging nur darum, komisch zu sein. Niemand führte Regie. Es gab nichts zu inszenieren. Wir brachten das Geld selber auf. Wir wollten Filmschauspieler sein.«

Als ihnen *Home Again* über war, kamen die Marx Brothers 1921 mit einem neuen Stück heraus, *On the Mezzanine Floor.* Der Sponsor dieser Show war Benny Leonard, Weltmeister im Leichtgewicht und glühender Verehrer der Marx Brothers. Da Benny Leonard auch Schauspieler sein wollte, kaufte er ein Stück, in dem er als er selbst mit seinen Idolen, den Marx Brothers, auftreten konnte. Das Ergebnis war *On the Mezzanine Floor,* das für den beruflichen Aufstieg der Marx Brothers von Bedeutung war, weil einiges von dem Material dieser Show *I'll Say She Is* einverleibt wurde, dem großen Wendepunkt ihrer Karriere. Hattie Darling, die in der Show eine Hauptrolle spielte, erinnerte sich:

»Benny Leonard war verliebt in mich und wollte, daß ich ihn heiratete. Mein Bruder, Herman Timberg, war ein ausgezeichneter Schriftsteller; er schrieb *On the Mezzanine,* und Benny Leonard brachte das Geld für die Show auf. Ich leitete die Truppe und hielt die Gagen in der Kasse zusammen, was Chico nicht ertragen konnte. Die vier Marx Brothers bekamen nur tausend Dollar die Woche, und Chico war ein ziemlicher Spieler. Er liebte das Spiel und verlor immer, darum mußte er wegen Vorschuß zu mir kommen, und das wurmte ihn gewaltig. Groucho gefiel es, weil er nicht wollte, daß Chico spielte.

Die Marx Brothers waren wundervoll zu mir. Natürlich war ich ein Mädchen, das nie in der Weltgeschichte herumrannte, und das wußten sie und gingen mit mir essen. Sie nahmen mich überallhin mit. Die beste Kritik, die ich je bekam, war die mit den Marx Brothers in *On the Mezzanine.*

Ich hatte vier oder fünf Umzüge in dem Stück, aber die Marx Brothers waren die Stars und hatten folglich die Stargarderobe. Einmal ging ich zu ihnen und sagte: ›Hört mal, ich habe all diese Umzüge,

A NIGHT AT THE OPERA (Skandal in der Oper)
Groucho, Chico und Harpo singen den hohen Zeh

Beide Fotos: THE BIG STORE (Die Marx Brothers im Kaufhaus)

Oben: A NIGHT IN CASABLANCA (Eine Nacht in Casablanca)
Unten: MONKEY BUSINESS (Die Marx Brothers auf See)

und ihr habt nicht einen einzigen. Warum gebt ihr mir nicht die Stargarderobe?‹ Sie sagten: ›Aber klar!‹ Und als wir, glaube ich, in Brooklyn auftraten, klebten sie den Stern [als Zeichen der »Star«-Garderobe] auf eine Garderobe ganz oben unterm Dach, so daß ich es kaum rechtzeitig auf die Bühne schaffen konnte. Solche Biester waren sie. Also nahm ich Harpos rote Perücke und wischte den Boden damit auf. Aber sie waren wundervoll zu mir. Und Groucho hatte Sinn für Humor, wie es mir bei niemand anderem noch mal begegnet ist.«

Eines Abends sprach Groucho mit Erin und mir über *On the Mezzanine Floor:*

ERIN Worum ging's in *On the Mezzanine?*

GROUCHO Es ging ungefähr vierzig Minuten.

ERIN Und was passierte darin?

GROUCHO Tja, es sollten eigentlich zwei Bühnenbilder vorkommen, ein Obergeschoß und ein Erdgeschoß. Ich erinnere mich noch an den letzten Satz: »Das ist das letzte Mal, daß ich den Ozean überquere. Das nächste Mal nehme ich den Zug.«

ERIN Dann kommt gleich noch einer: »Der Müllmann ist da.«

GROUCHO »Sag ihm, wir brauchen nichts.«

ERIN Und was passierte dann?

GROUCHO Dann sagte Chico: »Ich würde gern Ihrer Frau auf Wiedersehen sagen.« Und ich sagte: »Wer nicht?«

ERIN Und es gab eine Menge Türen im Ober- und im Erdgeschoß des Bühnenbildes.

GROUCHO Ich tanzte immer die Treppe rauf.

Als die *On the Mezzanine Floor*-Tournee in Cleveland zu Ende ging, bekam Chico »a notion to cross the ocean«, Lust, nach Europa zu fahren, und so organisierte ihr Agent eine Tournee durch England, die im Londoner Coliseum begann. Das Publikum dort verstand aber den amerikanischen Humor der Marx Brothers nicht und reagierte mit einem Hagel von Pennystücken. »Das war damals so Sitte, wenn dem Publikum das Stück nicht gefiel – eine ganz schön gefährliche Sitte, denn der englische Penny war so groß wie ein Silberdollar.« Groucho watete in dem Geprassel von Kupfermünzen herum und richtete sich mit folgenden Worten an das unfreundliche britische Publikum:

»Wir sind den ganzen Weg von Amerika hierher gekommen, um euch zu unterhalten, da könntet ihr doch wenigstens mit ein paar Schillingen werfen.«

Grouchos Extempore brachte es fast fertig, das Londoner Publikum aufgeschlossener zu machen, aber die Jungs beschlossen, bei ihrer Tournee durch die Provinz auf Nummer Sicher zu gehen und gruben das weniger anspruchsvolle *Home Again* wieder aus, das begeisterte Aufnahme fand, selbst bei ihrer Rückkehr ans Londoner Coliseum. Das war allerdings nicht der Fall, als sie wieder nach New York zurückkamen.

Weil sie ohne die Billigung von Keith-Albee im Ausland aufgetreten waren, wurden sie auf die Schwarze Schauspielerliste gesetzt und zu zweitrangigen Engagements verdonnert. Obwohl die Saison zu Ende gewesen war, war von den Marx Brothers erwartet worden, daß sie in Cleveland abrufbereit bleiben würden, nachdem *On the Mezzanine Floor* abgespielt war. Damals hatte Albees United Booking Office das Varieté völlig unter seiner Kontrolle.

Die Shubert Brothers, die sich für das klassische Theater erfolgreich ein ähnliches Monopol errungen hatten, beschlossen, es mit United Booking aufzunehmen. Sie nahmen so viele unzufriedene Truppen unter Vertrag, wie sie dem Orpheum-Circuit nur abluchsen konnten, und bauten sich daraus ihr eigenes Varietéunternehmen auf, wobei sie in Keith-Albee-Hochburgen oft ungünstigere Möglichkeiten in Kauf nehmen mußten. Die Marx Brothers, die meinten, sie hätten nichts zu verlieren, verließen den Orpheum-Circuit und schlossen sich den Shuberts an, bei denen sie eine der Hauptattraktionen wurden.

Trotz einer glückverheißenden Eröffnungsvorstellung am Winter Garden in New York kamen die Marx Brothers bald dahinter, daß es die Shuberts mit einem ernst zu nehmenden Gegner zu tun hatten. Nicht nur, daß die Shubertshäuser oft unter dem gewohnten Niveau waren, es waren auch zu wenige publikumsträchtige Truppen von Keith-Albee fortgelockt worden, und viele von ihnen kehrten nun reumütig zur Herde zurück. Die Brüder aber konnten nicht zurück, und so blieben sie bei den Shubert Brothers, bis deren Varietéunternehmen zusammenbrach. Zu diesem Zeitpunkt standen sie auf jedermanns Schwarzer Liste, und der einzig mögliche Weg war der nach oben.

Nach einigen erfolglosen Verhandlungen mit Charles Dillingham und Flo Ziegfeld (Al Shean war mittlerweile ein großer Star bei den

Ziegfeld Follies) traf Chico zufällig einen anderen unabhängigen, wenn auch weniger bekannten Produzenten namens Joseph M. Gaites, der nach Talenten suchte, die er in ein teures Bühnenbild stellen wollte, das von verschiedenen Pleiten übriggeblieben war. Sein Geldgeber war James P. Beury, ein millionenschwerer Kohlenhändler aus Pennsylvania, der gerade das Walnut Street Theatre in Philadelphia gekauft hatte und etwas brauchte, was man den Sommer 1923 über dort spielen konnte.

Die Marx Brothers bauten in aller Eile etwas zusammen, was sich schließlich zu einer gigantischen musikalischen Revue auswuchs. Ihr lag angeblich eine erfolglose Musical Comedy von Will und Tom Johnstone zugrunde, die mal *Love for Sale,* mal *Gimme a Thrill* hieß. Nur ein paar von den Liedern und die Hauptidee, eine Millionärin auf Sensationssuche, wurden beibehalten, dagegen kam viel neues, auf die Marx Brothers zugeschnittenes Material hinzu. Einiges, wie die 1931 von Paramount gefilmte Vorspielproben-Szene, stammte aus *On the Mezzanine Floor,* während eine Menge von Groucho und Will B. Johnstone, der eher als Karikaturist des New Yorker *World-Telegram* bekannt war, neu geschrieben wurde. Die berühmte Napoleonszene war ein Ergebnis dieser Zusammenarbeit.

Probeaufführungen in Brooklyn und Allentown, Pennsylvania, gaben keinen Hinweis darauf, daß hier ein Broadwayrenner herankeimen würde. Am 1. Juni 1923 dann ging *I'll Say She Is* am Walnut Street Theatre als »Philadelphias erste alljährliche Sommerrevue« zum ersten Mal in Szene. Obwohl die Kritiker die Show sofort als eine Bearbeitung von *Gimme a Thrill* erkannten, das schon bis zum Exzeß im Shubert-Circuit gelaufen war, zeigten sie sich beeindruckt. Ebenso das Publikum.

Groucho war immer noch sehr stolz auf den unerwarteten Erfolg von *I'll Say She Is* in Philadelphia. »Wir spielten den ganzen Sommer durch bis zum Labor Day (1. Montag im September). Das war bis dahin noch keiner Show gelungen. Es war das Bedeutsamste, was mir je widerfahren ist.«

Auf Erins Drängen beschrieb mir Groucho die Show:

GROUCHO J. P. Beury war dick im Kohlengeschäft. Außerdem bumste er eins von den Revuegirls. Harpo auch, aber davon hatte er keine Ahnung. Er gab das Geld. Wir hatten Bühnenbilder, die von all den verschiedenen Shows in Kane's Warehouse stammten. Wir hatten kein einziges Stückchen Bühnenbild, das wirklich uns gehörte.

ERIN Sie mußten das Stück so zurechtbiegen, daß es zu dem Bühnenbild paßte. Eine Hauptrolle wurde von Lotta Miles gespielt, und Groucho spielte den Napoleon. Er trug ein Kostüm, in dessen Rücken ein Faden eingearbeitet war, mit dem die Epauletten rauf und runter bewegt werden konnten. Erzähle Charlotte mal, was du sagtest, als du auf die Bühne kamst.

GROUCHO »Ich heiße Sammy Glatt...«

ERIN Genau. Und was geschah dann?

GROUCHO Metcalf ist auf der Bühne, und Zeppo kommt rein und singt: »Ich heiße Sammy Glatt und komm grad' in die Stadt.« Und der Stichwortgeber sagt: »Was können Sie uns zeigen?« »Mit mir können Sie einen Haufen Geld verdienen.« »Und was machen Sie?« »Ich tanze und singe. Ich kann imitieren.« »Machen Sie mal Joe Frisco nach.« Und er macht es. Der Zweite kommt rein, Chico, und macht dasselbe. Mittlerweile sitzt Harpo Metcalf auf dem Kopf.

ERIN Im Varieté wurde immer imitiert. Du hast eine Zeitlang Al Shean imitiert. Jeder, der auftrat, brachte als erstes eine Imitation. Und die wechselten mit der Zeit. Damals war Joe Frisco dran, dann, in *Monkey Business,* war es Maurice Chevalier.

GROUCHO Die Idee der Show war, es gab acht Männer...

ERIN Der Metzger, der Bäcker, der Kerzenhalterhersteller, der Anwalt, der Arzt, der Indianerhäuptling...

GROUCHO Der Butler sagte: »Ist sie nicht eine Schönheit?« Und wir antworteten alle: »I'll say she is!« Und das war der Titel des Stücks.«

ERIN Und was geschah dann?

GROUCHO Wir verließen das Theater.

ERIN Nein!

GROUCHO Das Publikum ging.

ERIN Nein, erzähl von den Tänzern und was sie machten. Ich wollte, Zeppo wäre hier. Er erzählt es großartig.

GROUCHO Sie brachten »Die Sensation von der Wallstreet.« Danach traten wir auf...

ERIN Wer waren die Tänzer?

GROUCHO Das weiß ich nicht mehr. Es waren ein Mann und eine Frau, die beide lesbisch waren. Dann kamen wir als Landstreicher auf die Bühne und tanzten ein Ballett.

ERIN Sie brachten denselben Tanz, den die wirklich fabelhaften Tänzer aufgeführt hatten...

GROUCHO Als Landstreicher kostümiert. Und wir tanzten besser als sie.

Nach dem Erfolg von *I'll Say She Is* in Philadelphia machten sich die Marx Brothers über ihre Zukunft im Showgeschäft allmählich weniger Sorgen. Die Show, deren Produktion nur $ 5000 gekostet hatte, warf nun $ 4000 die Woche ab. Groucho feierte das mit einem Autokauf.

»Ich hatte mir gerade ein neues Auto gekauft, meinen ersten nigelnagelneuen Wagen. Er war ein Studebaker. Zahlte tausend Dollar dafür. Der Händler brachte mir also den Wagen zum Theater. Er war Franzose, er nannte ihn immer »Stü-dä-bäk-*kär*«. Ich war versessen darauf, eine Spritztour zu machen. Und so stieg ich in der Pause in das Auto, und wenig später war eine Autoschlange vor mir und eine hinter mir. Ich saß fest und mußte in fünf Minuten wieder auf der Bühne sein. Ich rannte in Richtung Walnut Street Theatre los. Als Napoleon verkleidet rannte ich die Straße lang. Und ein Polizist hinter mir her. Er dachte, ich wäre verrückt. Gerade rechtzeitig kam ich im Theater an. Das Auto ließ ich in der Schlange stehen. Wahrscheinlich ist da heute noch 'ne Stauung.«

Als einen Tag nach Thanksgiving die Laufzeit von *I'll Say She Is* in Philadelphia zu Ende war, ging die Show auf Tournee, die den Rest des Jahres und bis 1924 hinein dauerte. Gaites hatte damit sofort am Broadway starten wollen, aber ihm wurde von New Yorker Produzenten wie Lee Shubert davon abgeraten, die von der Produktion in Philadelphia nicht beeindruckt gewesen waren. Die Aufnahme, die ihnen außerhalb von Philadelphia zuteil wurde, überzeugte die Marx Brothers fast davon, daß sie für den Broadway eigentlich noch nicht reif wären. Boston, wo sie ihre Tournee begannen, empfing sie kühl, Toronto noch kühler. »Als wir nach Toronto kamen, herrschten zehn Grad minus, aber das Publikum war vierzig Grad minus«, erinnerte sich Groucho.

Zum Glück nahm Chicago *I'll Say She Is* freundlich auf. Nach drei total ausverkauften Monaten setzten sie ihre Tournee fort und beendeten sie dort, wo sie begonnen hatten, in Boston. Die Show muß mit zunehmendem Alter immer besser geworden sein, denn: »Das Publikum war sehr gesetzt«, erzählte Groucho, »aber zum Schluß saß keiner mehr.« Nun wußten die Marx Brothers, daß sie reif für den Broadway waren, und am 19. März 1924 hatte *I'll Say She Is* in Shuberts' Casino Theatre Premiere in New York.

Es gibt einen alten Bühnenaberglauben, der es verbietet, einem Schauspieler vor der Premiere Glück zu wünschen. Statt dessen soll man sagen: »Hals- und Beinbruch!« Und letzteres passierte Minnie tatsächlich genau vor der New Yorker Premiere von *I'll Say She Is*. Bei einer Anprobe fiel sie von einem Stuhl, brach sich den Knöchel und mußte am Premierenabend in ihre Loge im Casino Theatre getragen werden. Minnie war immer ein Mensch mit ausgeprägtem Gefühl fürs Theater gewesen, und ihr Auftritt an diesem erinnerungswürdigen Abend war entsprechend dramatisch.

Gewöhnlich würde die erste Garnitur der Kritiker die Premiere einer Show wie *I'll Say She Is* gar nicht besprochen haben. Selbst die Produzenten müssen Zweifel gehabt haben, daß sie für den Broadway das richtige Kaliber war, denn Groucho erzählte: »Uns wurde geraten, unsere Tournee-Koffer ja nicht auf den Boden zu schaffen.« Aber eine andere Show, die am selben Abend Premiere haben sollte, war verschoben worden, und so erschienen Kritiker wie Alexander Woollcott und Franklin P. Adams, die halt nichts besseres zu tun hatten, im Casino Theatre. Woollcott wurde angeblich gezwungen hinzugehen, weil er vergessen hatte, seinen Ersatzmann mit dem Bericht über die Premiere zu beauftragen, bis es zu spät war. Unter Führung von Woollcott gerieten die Kritiker einmütig ins Schwärmen.

I'll Say She Is lief fast zwei Jahre am Broadway. »Die ganze Stadt brachte Toasts auf uns aus«, sagte Groucho, »was viel besser ist, als um Brot betteln zu müssen.« Harpo verbrachte den größten Teil seiner Freizeit an dem berühmten runden Tisch im Algonquin Hotel, wo er in Gegenwart einiger der berühmtesten Geister unserer Zeit klugerweise seine stumme Rolle weiterspielte. Und Chico und Zeppo brauchten auch nicht lange, um herauszufinden, wo was los war, und gingen geradewegs dorthin.

Groucho, mehr ein Stubenhocker, verbrachte die meiste übrige Zeit mit seiner Frau und den Kindern in seinem neuen Haus in Great Neck. (Die Tochter Miriam wurde 1927 geboren.) Hier schrieb er Artikel, die in *The New Yorker* unter dem Namen Julius H. Marx veröffentlicht wurden, »dem unwahrscheinlichsten Schriftstellerpseudonym, das mir je zu Ohren gekommen ist«, sagte Groucho zu mir, »bis auf Charlotte Chandler.« Allmählich wurde Groucho zum Wortführer der Marx Brothers, auf der Bühne wie im täglichen Leben. Er erzählte mir, wie es dazu kam:

»Ich redete und Harpo nicht. Er spielte Harfe und stand Kopf, und Chico spielte Klavier. Zeppo war ein komischer Mensch, aber auf der Bühne war er bloß der Stichwortgeber und hatte nicht so viel zu sagen. Ich hatte ein paar Dialoge mit Chico, die er nie im Kopf behielt, weil er immer bloß hinter irgendwelchen Miezen her war. Und so wurde ich der Anführer dieser Zigeunerbande.«

Gegen Ende der zweijährigen Laufzeit von *I'll Say She Is* lernten die Marx Brothers Sam Harris kennen, einen allseits geschätzten Broadway-Produzenten. Harris wollte die nächste Marx-Brothers-Show herausbringen und engagierte George S. Kaufman als Autor. Das war genau die richtige Wahl, denn die Kritik hatte den Humor der Marx Brothers bereits als »George S. Kaufmans würdig« befunden, eine Prophezeiung, die in Erfüllung ging. Zum Mitarbeiter wählte Kaufman den jungen Morrie Ryskind. Die Musik schrieb Irving Berlin. Das Ergebnis war *The Cocoanuts,* die nächste Broadwayshow der Marx Brothers.

Manchmal war mit den Marx Brothers zu arbeiten selbst einem so gestandenen Theatermann wie George S. Kaufman zu viel. Morrie Ryskind sprach mit Groucho und mir über eine Zeit, als Kaufman glaubte, er hielte es nicht mehr aus.

»Einmal wollte George Kaufman einfach aussteigen. Das war während *The Cocoanuts.* Wir hatten die ganze Nacht an einer Szene gearbeitet, und George hatte um zehn eine Probe angesetzt, aber kein Marx Brother war in Sicht. Ich schwöre euch, George wollte mich sitzenlassen. Damals war er im Theater *der* große Renner, und er sagte: ›Ich denke gar nicht daran, mir sowas bieten zu lassen.‹ Ich mußte ihn praktisch am Rockschoß festhalten. Ich sagte: ›Schau mal, für dich ist es okay, wenn du gehst, aber was passiert mit *mir,* George?‹«

The Cocoanuts hatten am 8. Dezember 1925 Premiere im Lyric Theatre. Grouchos Partnerin war Margaret Dumont – eine Sam-Harris-Entdeckung. Wieder schwärmten die Kritiker, obwohl Percy Hammond das Stück »nicht so komisch wie seinen Vorgänger, *I'll Say She Is,* fand. (Es handelte sich um denselben Percy Hammond, der einige Jahre zuvor in Chicago über *Home Again* geschrieben hatte, es sei »ein kompliziertes Durcheinander dilettantischer Possen, das in irgendwelchen Provinzvarietés angeblich mal groß Furore gemacht haben soll«.

Es gibt ein Sprichwort im Theater, wonach Stücke nicht geschrieben, sondern umgeschrieben werden. Wie nicht anders zu erwarten, trieben die Marx Brothers diese Maxime zu ihrem Maximum, indem sie den Dialog nach jeder Vorstellung umschrieben, auch als das Stück seine Probeaufführungen längst hinter sich hatte. Besonders für Groucho war das Extemporieren so lebensnotwendig wie das Atmen. Während der dreijährigen Laufzeit von *The Cocoanuts* wurde so viel verändert, daß von dem ursprünglichen Dialog kaum noch etwas übrig blieb. Groucho erinnerte sich, wie sich Kaufman schließlich damit abfand, daß die Marx Brothers seine und Morrie Ryskinds Pointen als Sprungbrett für ihre närrischen Extempores benutzten:

»Kaufman stand eines Abends in der Gasse und unterhielt sich mit Heywood Broun. Broun war gerade mitten in einer Geschichte, als ihn Kaufman unterbrach: ›Augenblick mal, bitte!‹ und ihn stehenließ. Einen Moment später kam Kaufman zu dem eingeschnappten Broun zurück und erklärte ihm: ›Entschuldige, daß ich deine Geschichte unterbrochen habe, aber ich glaubte eben, ich hätte einen von meinen Sätzen gehört.‹«

Grouchos Hang, neue Texte aufzunehmen, wenn die Inspiration ihn packte, verwirrte manchmal seine Mitspieler. Die Brox Sisters — Lorayne, Patricia und Bobbe — teilten mir ihre Erinnerungen an Grouchos Stegreifeinfälle auf der Bühne und auch sonst in *The Cocoanuts* mit.

LORAYNE BROX Groucho liebte es, sich uns, wenn wir abgingen, anzuschließen. Ganz plötzlich merkten wir, daß das Publikum über uns lachte, wo es eigentlich gar nicht lachen sollte. Es lachte, weil Groucho hinter uns her watschelte und anfing, einen Refrain zu singen. Uns machte es nie was aus. Wir hatten nie wieder solchen Spaß wie bei der Arbeit mit den Marx Brothers, vor allem mit Groucho. Groucho war besonders komisch. Er sang immerzu und spielte gern auf seiner Gitarre.

PATRICIA BROX Wenn wir in der Eisenbahn reisten, holte Groucho seine Gitarre raus. Wir sangen die ganze Zeit, egal, wohin wir fuhren.

Im Zug sangen wir alle Lieder, die wir kannten, und das war ein ganz schönes Repertoire. Und bums! waren wir schon angekommen.

BOBBE BROX Es war immer lustig mit ihm. Ich glaube, er ist der wundervollste Improvisator der Welt. Er ist ein von Natur aus lustiger Mensch. Ich liebte es, mit ihm zusammen zu sein, weil es immer so eine Gaudi war.

ICH Hat sich Groucho über die Jahre verändert?

BOBBE BROX Nein, kein bißchen. Er war schon immer so.

ICH Erinnern Sie sich, wie Sie die Marx Brothers kennenlernten?

BOBBE BROX Ich erinnere mich nur, daß wir sehr jung waren, und Irving Berlin, unser Förderer und Hüter, uns sagte: »Steht diesen Burschen nicht im Weg rum.« Aber sie hätten nicht freundlicher zu uns sein können! Sie waren großartig, denn wir waren Kinder und sie waren wirklich gut zu uns. Aber es war unsere erste Begegnung mit ihnen, und wir waren ein bißchen ängstlich und scheu. Schließlich ging einer von den Jungs zu Berlin und fragte: »Was ist los mit den Mädchen? Sie reden nicht mit uns und laufen weg, wenn wir kommen.« Und Berlin antwortete: »Das habe ich ihnen geraten.« Es ist sehr komisch, denn sie hätten wirklich nicht netter zu uns sein können. Aber Irving machte uns Angst, als er zu uns sagte, wir sollten ihnen besser aus dem Weg gehen. Jahre später sah ich Zeppo öfters, als er mit Barbara verheiratet war. Ich traf ihn bei Sinatra, weil wir jeden Abend dort waren. Einmal sagte Milton Berle: »Weißt du, die Brox Sisters waren in jeder Show, die Berlin herausbrachte.« Und Zeppo, der nie ein Blatt vor den Mund nahm, sagte: »Ja, er *zwang* uns, sie zu nehmen!« Ich weiß nicht, ob das stimmt oder nicht. *(Lachen)*

King Vidor erzählte mir von einem Abend, an dem die Marx Brothers während der *Cocoanuts*-Tournee bei einer Vorstellung in Los Angeles vollkommen auf den richtigen Text verzichteten.

»Greta Garbo, John Gilbert, Eleanor Boardman und ich gingen 1928 ins Biltmore, um uns die Marx Brothers in *The Cocoanuts* anzusehen. Am Nachmittag war ich im Fundus gewesen und hatte mir vier schwarze Bärte und andere verrückte Sachen besorgt, die wir zur Vorstellung mitnahmen. Es war die letzte Vorstellung, und als der Vorhang sich zum zweiten Akt hob, hatten wir alle unsere Bärte um und komische Hüte auf. Wir glaubten, wir würden sie aus der

Fassung bringen, aber nein, Groucho fing an, aus dem Stegreif eine Menge Witze über uns zu reißen. Er sah zu uns herunter und sagte: ›Ich glaubte, Greta Garbo säße im Publikum, dabei ist es General Grant.‹ Wir warfen unsere schwarzen Bärte auf die Bühne, und sie fingen an, Kostüme und Requisiten auf uns herabzuwerfen.«

Kaufman und Ryskind erklärten sich damit einverstanden, das nächste Marx Brothers-Stück zu schreiben, was dann *Animal Crakkers* hieß. Bert Kalmar und Harry Ruby schrieben die Songtexte und die Musik, darunter das berühmte »Captain Spaulding«, das Grouchos Erkennungsmelodie wurde. Keiner der Songs aus *The Cocoanuts* wurde ein Hit, obwohl das Morrie Ryskinds Ansicht nach nicht an Irving Berlin lag:

»Berlin schrieb eine göttliche Musik zu unserer Show, aber niemand beachtete sie, denn diese Burschen konnten wirklich alles ruinieren. Sie rannten fünfzehn Minuten auf der Bühne rum, und dann sangen die jungen Liebenden ein Lied. Aber da scherte sich niemand einen Dreck drum, ob der Junge das Mädchen liebte oder nicht.«

Als *Animal Crackers* am 23. Oktober 1928 im Forty-fourth Street Theatre Premiere hatte, waren die Marx Brothers berühmt genug geworden, um Hollywood zu interessieren. Paramount nahm sie unter Vertrag, und im Frühjahr 1929 drehten sie *The Cocoanuts* in den neu errichteten Tonstudios in Astoria, Long Island. Robert Florey führte Regie.

Als ich bei Groucho wohnte, sprachen er, Morrie Ryskind und ich über *The Cocoanuts,* und dabei fiel Robert Floreys Name. Ich schlug vor, ihn zum Essen einzuladen, und Groucho sagte: »Schön.« Ich rief ihn an, doch obwohl er durch die Einladung erfreut schien, lehnte er mit dem Hinweis auf seine schlechte Gesundheit ab. Später erfuhr ich, daß sich Robert Florey lange Zeit durch Grouchos Darstellung von den Filmarbeiten an *The Cocoanuts,* gelinde gesagt, gekränkt gefühlt hatte, in der er als nicht englischsprechender Regisseur geschildert wurde.

Trotz seiner bemerkenswerten, über fünf Jahrzehnte währenden Hollywoodkarriere erinnert man sich an Robert Florey häufig ausschließlich als den Regisseur, der das Marx-Brothers-Bühnenstück *The Cocoanuts* auf die Leinwand brachte. Groucho erwähnte ihn oft, wenn er über die Broadwayzeit und die frühen Filme sprach, die er in den Paramount-Studios in Astoria gedreht hatte. Diese Kommentare erschienen Robert Florey abschätzig. In einem Brief an den Schriftsteller und Filmhistoriker Herman G. Weinberg stellte er seine Ansicht dar.

LIEBER HERMAN!

Danke für das Grouchointerview von Joe Adamson. Ich habe es gerade erhalten und kann nicht verstehen, warum Groucho seit sechsundvierzig Jahren erzählt, daß ich, als die Paramount *Cocoanuts* produzierte, Ausländer gewesen sei, der kein Wort Englisch verstand.

Zuerst einmal war ich schon in den zwanziger Jahren amerikanischer Staatsbürger geworden und kein »Ausländer« mehr. Und vor *Cocoanuts* hatte ich schon jahrelang in Hollywood gearbeitet. Ich war Gagschreiber für die Sunshine-Komödien und Regieassistent bei Al Santell, Louis Gasnier und Bill Beaudine. Ich war sogar erster Regieassistent bei bedeutenden Produktionen für Samuel Goldwyn und Joseph M. Schenck (Filmen mit Stars wie Norma Talmadge, Ronald Colman, Vilma Banky etc.), Positionen, in denen es unerläßlich war, nicht nur Englisch zu verstehen, sondern auch zu sprechen. Zwei Jahre arbeitete ich bei MGM mit King Vidor, Robert Z. Leonard, John Stahl, Edmund Goulding, Phil Rosen, Sternberg und anderen. Ich mußte Englisch sprechen, wenn ich Stummfilme für Harry Cohn (Columbia), Phil Goldstone (Tiffany) und Joe Rock inszenierte oder zweite Filmteams leitete. Ich habe auch fast zwei Jahre mit Mary Pickford und Douglas Fairbanks gearbeitet, und bevor ich die Frères Marx kennenlernte, führte ich im Paramount Studio in Astoria innerhalb eines Jahres bei drei Filmen und einem Dutzend Kurzfilmen Regie. Ich war nicht gerade eben aus Paris gekommen, wie Groucho immer behauptet.

Als ich einmal für Four Star eine Fernsehshow inszenierte, kam Harpo ins Studio und sagte zu mir: »Ich habe dich immer wunderbar verstanden, als wir *Cocoanuts* drehten. Ich weiß nicht, warum Groucho darauf besteht, du hättest nur Französisch gesprochen und Santley wäre dein Dolmetscher gewesen. Santley spricht doch kein Französisch, wie hätte er dich da dolmetschen können?«

Während des ersten Jahres, in dem ich in Astoria als Regisseur arbeitete, beklagten sich weder Edward G. Robinson, Raymond Hitchcock und Fanny Brice noch der liebe Eddy Cantor über mein Englisch, nicht einmal über meinen französischen Akzent. Als ich Groucho später gelegentlich in Arrowhead, Palm Springs oder Musso-Franks traf, war Groucho immer sehr herzlich, und ich weiß nicht, was er gegen mich hat. Ich kenne Mr. Adamson, den Autor des Interviews, nicht. Wenn du Mr. Adamson kennst, dann sage ihm doch bitte, daß ich 1928 Englisch verstand, wir haben ja oft miteinander gesprochen. Und übrigens habe ich es mir nicht ausgesucht, *Cocoanuts* zu

»inszenieren«. Meine Vereinbarung mit Monta Bell sah vor, daß ich hauptsächlich an ernsten Firmen arbeiten sollte, und ich war mit *The Letter* beauftragt, aber da wurde die Geschichte Jean de Limur übertragen.

Bell und Wanger »spekulierten«, wie sie sagten, mit den Marx Brothers.
Cocoanuts sollte schnell und billig gedreht werden, wenn möglich innerhalb
von drei Wochen, nicht gerechnet die Nachmittage, an denen die Jungs ihre
Theatervorstellungen hatten. Monta Bell schlug vor, *Cocoanuts* während
einer Vorstellung mit vier Kameras aufzunehmen. Meine Idee war, mit einem
zweiten Team in Florida zusätzliches Material aufzunehmen und mehr
»action« und Bewegung in die Geschichte zu bringen. Das wurde abgelehnt.
Darauf schlug ich Monta Bell vor, er solle an irgendeinem Morgen die Marx
Brothers auf einer Theaterbühne in New York *Cocoanuts* spielen lassen und
die ganze Vorstellung mit vier oder fünf Kameras aufnehmen – wie eine
Live-Aufführung, jeweils in Zehn-Minuten-Abschnitten, halt die Zeit, um die
Magazine wieder zu laden, so könne er das fertige Produkt innerhalb eines
Tages haben. Bell antwortete, daß die Qualität, die man auf diese Weise
bekäme, nicht gut genug wäre. Ich sollte ein paar »interessante Einstellungen«
machen, besonders von den Musiknummern, Tänzen usw. und die Jungs ihre
Show abziehen lassen, wie sie sie schon tausendmal auf der Bühne abgezogen
hätten.

In seinen Memoiren *[Harpo Speaks]* schreibt Harpo, daß ich während der
Aufnahmen dermaßen über das, was sie machten, gelacht hätte, daß ich alles
verpatzte. Groucho sagt, ich hätte über seine Witze nicht nur nicht gelächelt,
sondern sie auch nicht verstanden. Die Kreidemarkierungen, die seine Gänge
begrenzten, und die Positionen der schwerfälligen Mikrophone waren für
Groucho eine Quelle ständiger Reizbarkeit. Er lief über die Kreidemarkierungen hinaus, wobei sein Kopf aus dem Bild verschwand, und ich mußte dann
stets die Aufnahme unterbrechen und ihn wieder bitten, im Kamerabereich zu
bleiben und direkt in eines der Mikrophone zu sprechen. Das machte ihn
jedesmal wütend.

Er verstand nichts von der Filmerei und bestand darauf, sich seinen
Schnurrbart mit einem glänzenden schwarzen Lack aufzumalen. Als Monta
Bell die ersten Muster sah, versuchte er, Groucho zu erklären, daß es vielleicht
besser wäre, wenn er Krepp statt Farbe nähme, denn in der Großaufnahme
sehe es ziemlich schlecht aus, wenn sich zwischen Nase und Mund das Licht
spiegele, und Groucho fühlte sich fürchterlich auf den Schlips getreten. Er war
so wütend, daß er Bell feuern lassen wollte. Bell rief mich an und bat mich,
doch möglichst »etwas wegen des aufgemalten Schnurrbarts zu unternehmen«. Er fügte hinzu: »Was mich betrifft, ich gebe auf, und mir ist es egal, ob
dieses A…loch in dem Film ein Affenkostüm trägt oder was der Kerl sonst
macht…«

Auf jeden Fall genoß ich es, mit Zeppo, Harpo, Chico und Mary Eaton
zusammen zu sein. In New York ging ich oft mit Harpo und Chico essen.

Aber mit Groucho zu arbeiten — oder mit ihm zusammen zu sein —, war kein Zuckerlecken. Mit dem Film tat ich mein Bestes, ich stellte ihn rechtzeitig fertig, blieb im Rahmen des Budgets oder darunter, machte ein paar gute Einstellungen, meistens in den Musikszenen, brachte ein paar Gags für Harpo und Chico rein und hoffe immer noch, eines Tages hinter den Grund von Grouchos Feindschaft zu kommen.

Votre ami Bob

Die Marx Brothers pendelten täglich zwischen Astoria und Manhattan hin und her, tagsüber drehten sie *The Cocoanuts* und abends spielten sie *Animal Crackers* auf der Bühne. Sie waren buchstäblich nicht in der Lage, der Uraufführung von *The Cocoanuts* im Rialto Theatre am Broadway beizuwohnen, weil sie gleichzeitig am Forty-fourth Street Theatre, nur zwei Straßen weiter *Animal Crackers* spielten. Aber Minnie vertrat sie.

Zwei Wochen später starb sie, vierundsechzig Jahre alt. Als Groucho 1974 seinen Sonder-Oscar erhielt, sagte er: »Ich würde gern meiner Mutter danken, ohne die wir eine Pleite geworden wären.« Frenchie überlebte sie um vier Jahre und wurde zweiundsiebzig, bevor auch er 1933 in Hollywood starb.

Schon 1929 waren die Marx Brothers *der* Riesenerfolg, sowohl auf der Bühne als auch auf der Leinwand, aber der wenig später folgende Börsenkrach traf sie hart. »Ich war vernichtet«, erzählte mir Groucho. »Ich hatte eine Viertel Million, die ich mir über viele Jahre mit Varietégetingele zusammengespart hatte, und ich verlor sie binnen zwei Tagen, als die Börse zusammenbrach.« Harpo brachte es fertig, den Nachzahlungsaufforderungen nachzukommen und alles zu verkaufen, ehe er ruiniert war, während Chico alle seine Einkünfte längst verspielt hatte. Zeppo, der nur ein angestelltes Mitglied der Truppe war, hatte wenig zu verlieren. Die Marx Brothers waren jedoch sehr begehrt, und so hinderten sie der Börsenkrach und die Depression nicht daran, viel Geld zu verdienen. Selbst nach dem Börsenkrach war *Animal Crackers* jeden Abend ausverkauft, und die Karten kosteten damals zehn Dollar pro Platz.

Nach einer Tournee mit *Animal Crackers* kehrten sie 1930 nach New York zurück, um das Stück auf Long Island zu verfilmen: Teil eins der Tier-Tetralogie, die 1933 mit *Duck Soup* abgeschlossen wurde.

Der Regisseur von *Animal Crackers* war Victor Heerman, ein Stummfilmveteran. Offensichtlich befürchtete er das Schlimmste, denn er stellte sofort Regieassistenten zur Überwachung jedes einzelnen Bruders ein und ließ sogar vier kleine Zellen errichten, in denen sie sich während der Drehpausen aufhalten sollten. Aber er kriegte sie trotzdem nicht pünktlich ins Studio. Lillian Roth, die in dem Film die jugendliche Naive spielte, schilderte, wie Zeppo so um halb zehn eintrudelte; um zehn mußte dann jemand Groucho telefonisch wecken. Etwas später kam Chico hereingeschlendert, und Harpo kröpfte sich über die Verzögerung derart, daß er irgendwohin verschwand, wo man ihn dann nicht mehr fand. Wenn das den ganzen Morgen so gegangen war, kam Chico wieder auf einen Sprung herein und fragte fröhlich: »Kommt jemand mit essen?« Sie umschrieb das mit »nur ein Schritt vom Zirkus entfernt«.

Um ihren Paramount-Vertrag erfüllen zu können, zogen die Marx Brothers mit ihren Familien 1931 nach Kalifornien; dort wurde noch in dem Jahr *Monkey Business* gedreht, gefolgt von *Horse Feathers* 1932 und *Duck Soup* 1933. Für Groucho war Südkalifornien die Liebe auf den ersten Blick. Gummo, der sich nach seiner Entlassung aus der Armee dem Textilhandel zuwandte, blieb in New York. Später stieß er als erfolgreicher Agent in Hollywood wieder zu seinen Brüdern. Aber zuerst gründete er in New York eine Niederlassung von Zeppos Theateragentur, nachdem Zeppo nach der Erfüllung des Paramount-Vertrages aus der Truppe ausgeschieden war. Harpo bereiste unterdessen zwischen den Dreharbeiten zu den Filmen russische Varietébühnen.

Obwohl treue Marx Brothers-Fans die Paramountfilme der Brüder als Klassiker verehren, nannte Groucho sie gelegentlich ganz unehrerbietig »diese fünf Pleiten«. Wenn man ihn jedoch fragte, welche seiner Filme ihm am besten gefielen, kamen gleich hinter den Thalberg-Filmen immer der »Kriegsfilm« *(Duck Soup)* und der »Collegefilm« *(Horse Feathers)*.

Während der Zeit, in der Groucho sich allmählich im Filmgeschäft etablierte, schrieb er auch. 1930 erschien sein erstes Buch, *Beds,* nachdem es ein Jahr zuvor in Fortsetzungen im Magazin *College Humor* veröffentlicht worden war. Er war schon früher publiziert worden, aber nie als Autor eines Buches, auch wenn er *Beds* später als »ein dünnes Buch« bezeichnete.

Groucho war immer besonders stolz auf seine frühen schriftstellerischen Arbeiten für das Magazin *The New Yorker*, für das er, als Julius H. Marx, schon 1925 schrieb. Seine Beiträge reichten von Dialogen zwischen Vaude und Vill (Vaude: »Hattest du nicht eine Frau, als ich dich das letzte Mal traf?« Vill: »Ja, aber ihr Mann bat mich, auf sie zu verzichten.«) bis zu satirischen Kommentaren über Boston, Chicago und Presseagenten. 1929 schrieb er einen Brief »An die Herausgeber des New Yorker«, der stark an seine später veröffentlichte Korrespondenz erinnert. Er beklagte sich:

Drei Viertel meiner Brüder richteten mein Augenmerk auf die Tatsache, daß die letzte Ausgabe Ihres geschätzten Blattes behauptete, der Gouverneur Alfred E. Smith habe bis zum gegenwärtigen Zeitpunkt lediglich vier Shows gesehen, nämlich »Whoopee«, »Scandals«, »Three Cheers« und »Street Scene«. Ich gebe Ihnen genau vierundzwanzig Stunden Zeit, diese Behauptung zurückzunehmen, bevor ich bei Ihnen vorspreche und Sie vier oder fünf Zoll bis ans Jenseits ranprügele.

Legen Sie Ihre Bibeln bereit, mobilisieren Sie Ihren Notar! Ich kann beweisen, daß Gouverneur Smith eine Vorstellung von »Animal Crackers« besuchte. Ich weiß das, weil ich sah, wie er über Zeppo lächelte, über Chico kicherte, über Harpo lachte und über mich wieherte. Wenn er nicht wieherte, krümmte er sich vor Lachen; wenn er sich nicht vor Lachen krümmte, wußte er sich vor Heiterkeit nicht zu lassen; wenn er das nicht tat — ich könnte das stundenlang fortsetzen, aber ich will nicht.

Zwölf Jahre später erschien sein nächstes Buch, *Many Happy Returns*, dann folgten 1959 *Groucho and Me*, 1965 *Memoirs of a Mangy Lover* und 1967 *The Groucho Letters*. Da er immer danach gestrebt hatte, ein Schriftsteller zu werden, noch bevor er Schauspieler hatte werden wollen, war er auf sein literarisches Schaffen stolzer als auf alles andere, was er in seinem Leben zuwege gebracht hatte.

1934 gingen Groucho und Chico mit einem Programm, das sie *Flywheel, Shyster and Flywheel* nannten, zum Rundfunk — ein bescheidener Beginn, der Jahre später in dem in Rundfunk und Fernsehen ungeheuer beliebten *You Bet Your Life* gipfeln sollte. Bis zu *You Bet Your Life* im Jahre 1947 blieb ihm dieser Erfolg, den Groucho, der große Redner, doch zu verdienen schien, im Rundfunk versagt. Mehr als einmal erzählte er mir mit offensichtlichem Stolz: »Chaplin hat zu mir gesagt: ›Ich wünschte, ich könnte so reden wie du.‹« Doch Grouchos Ausstrahlung scheint so sichtbar wie hörbar gewesen zu sein, wie die pantomimische Spiegelszene in *Duck Soup* zeigt.

Diese Szene war ein Einfall von Leo McCarey, dem Regisseur von *Duck Soup* und, Grouchos Meinung nach, »dem einzigen bedeutenden Regisseur, mit dem wir je arbeiteten. Mit ihm zu arbeiten machte sehr viel Spaß.« Groucho erzählte mir, die drei Regisseure, mit denen die Marx Brothers am liebsten gearbeitet hätten, seien René Clair, Ernst Lubitsch und Rouben Mamoulian gewesen. Alle drei bewunderten auch die Marx Brothers.

Oft sagte mir Groucho, wie sehr er sich wünschte, die Marx Brothers hätten René Clair als Regisseur haben können: »Es gab keinen besseren als ihn.«

Beim Lunch im Pariser Restaurant Grand Véfour unterhielt ich mich mit René Clair über die Marx Brothers.

»Ich kannte Harpo viel besser als Groucho«, erzählte mir René Clair. »Zwischen ihren Arten von Humor gab es einen großen Unterschied. Grouchos Humor war aggressiv, Harpos empfindsam. Harpo wäre für mich als Regisseur die einfachere Figur gewesen, denn ich finde es einfacher, für Charaktere zu schreiben, die mir entsprechen.

Es ist immer ein unerfüllter Traum von mir gewesen, einen Film mit den Marx Brothers zu machen. Das war es, was ich machen wollte, als ich nach Hollywood ging. Dann, viel später, lernte ich Groucho kennen, und er sagte mir, es wäre genau das gewesen, was er immer gewollt hätte, einen Film mit mir zu machen. Er sagte mir, unter der Regie von René Clair zu arbeiten, sei genau das, was die Marx Brothers immer gewollt hätten. Es war ein Fall von *Par Hazard,* genau wie der Titel meines Buches.«

Ich fragte ihn, welche Filme der Marx Brothers er gern inszeniert hätte.

»Alle großen. Mir gefallen die frühen Filme sehr gut. Leo McCarey war ein guter Regisseur. Aber das Wichtigste wäre das Drehbuch gewesen. Ich betrachtete mich selbst als Schriftsteller. Regisseur sein heißt nicht viel. Man muß nicht unbedingt hinausgehen und mit einem Studio voller Leute arbeiten. Man kann es auf dem Papier machen. Jeder einigermaßen intelligente Mensch kann aus einem ausführlichen, guten Drehbuch einen Film machen.«

Groucho erzählte mir von Ernst Lubitschs Begeisterung darüber, einen Marx-Brothers-Film zu schreiben und zu inszenieren:

»Ich glaube, Lubitsch war einer der besten amerikanischen Regisseure. Er wollte einen Film mit uns machen, aber wir waren an Paramount gebunden. Ich weiß noch, Lubitsch hatte einen Einleitungssatz, den er eines Tages an mir ausprobierte. Er lautete ungefähr so: ›Du bist mit einem Mädchen in ihrem Schlafzimmer, und sie ist verheiratet. Und ihr Mann kommt unerwartet nach Hause, gerade als eine Straßenbahn durchs Zimmer fährt.‹ Ich fragte: ›Wo ist die Pointe?‹ ›Mein nächster Satz‹, sagte er, ›wäre: ›Glauben Sie es oder glauben Sie es nicht, aber ich habe hier auf die Straßenbahn gewartet.‹ Das war so eine Redensart damals. Und ich sollte dann aus dem Schrank kommen und in die Straßenbahn steigen. Er war ein Genie.«

Eines Abends sprach ich während des Essens im El Padrino in Beverly Hills mit Rouben Mamoulian über die Marx Brothers und fragte ihn, ob er als Regisseur gerne mit ihnen gearbeitet hätte.

»Nein, ich glaube nicht, daß ich gern einen Marx Brothers-Film gemacht hätte. Ich bewunderte sie sehr, aber ich hielt das, was sie machten, für genau richtig. Ich hätte sie nicht verändern wollen, es wäre also für mich keine schöpferische Erfahrung gewesen. Es wäre so gewesen, als ließe man sich auf eine halbe Sache ein.«

Er erinnerte sich daran, wie er einmal in der Pause zwischen zwei Aufzügen von *The Cocoanuts* in die Garderobe der Marx Brothers gegangen war.

»Sam Harris war dort, und die Marx Brothers begannen, für uns eine Show aus dem Stegreif aufzuführen. Sie waren sehr lustig, und als Leute in die Garderobe kamen, die sie aufforderten, wieder auf die Bühne zu gehen, machten sie sie zum Bestandteil ihrer Show, warfen sie dann hinaus und spielten ihre Show nur für uns weiter. Natürlich gingen sie schließlich wieder auf die Bühne und spielten die Vorstellung zu Ende.«

Die Marx Brothers genossen es, für ein Publikum wie Sam Harris und Rouben Mamoulian zu spielen, das zwar klein war, ihnen aber Respekt einflößte. Natürlich amüsierten sie sich dabei auch selbst. Ihre Improvisationen stellten für sie die unverzichtbare Spontaneität dar, ohne die sie sich gelangweilt hätten. Wie Groucho zu mir sagte:
»Vor allem mußte es mir selber Spaß machen.«

Nicht jeder fand Gefallen an Grouchos Vorliebe, seinen Spaß mit Namen zu treiben. Rouben Mamoulian gefiel es.

»Groucho und ich waren zur selben Zeit bei Paramount. Wenn ich in die Kantine ging, und die vier saßen dort schon zusammen, hörte ich sie jedesmal, wenn ich reinkam, singen: ›Ich liefe Mamoulian Meilen für dein Lächeln zuweilen…‹«

Er schätzte an Groucho auch, daß er es gelegentlich sehr genoß, das Opfer einer geschickt formulierten Spitze zu sein.

»Es gab eine Zeit, noch gar nicht so lange her, da lief ich, wo ich auch war, Groucho in die Arme, und er sagte stets zu mir: ›Muß ich dir denn wirklich überall begegnen?‹ Dann sah ich Groucho eines Tages mit ein paar Leuten bei Nate 'n' Al's sitzen, steuerte auf ihn zu und fragte: ›Muß ich dir denn wirklich überall begegnen?‹ Er lächelte und sagte nichts.«

Salvador Dalí erzählte mir, er habe mit den Marx Brothers arbeiten wollen. Er sagte, er habe einmal ein komplettes Drehbuch »mit vollständigen Bildern« für die Marx Brothers geschrieben, das offenbar verlorenging. In der Bar des St. Regis Hotels in New York erzählte mir Dalí von seiner Freundschaft mit Harpo:

»Dalí wollte Harpo kennenlernen. Dalí rief Harpo an. Harpo wollte Dalí kennenlernen. Dalí ging zu Harpo und schenkte Harpo eine Harfe, eine Harfe, deren Saiten aus Stacheldraht waren. Harpo ging zu der Harfe und spielte, und seine Hände wurden über und über blutig. Von diesem Tag an waren Dalí und Harpo stets Freunde, und Dalí malte ein Bild von Harpo mit einem Hummer auf dem Kopf.«

Nach Dalís eigenen Worten war das Drehbuch, das er für die Marx Brothers geschrieben hatte, »sehr surrealistisch«, und die ganze Idee des Filmes wurde durch ein Gemälde symbolisiert, das »Gondeln auf einem Meer aus Fahrrädern« zeigte.

Grouchos Kommentar mir gegenüber war: »Das wäre kein sehr tolles Gespann gewesen. Dalí sprach nicht viel Englisch, und Harpo auch nicht.«

Bei einem von Grouchos Besuchen in New York trafen wir Salvador Dalí im Russian Tea Room, und Groucho wurde herzlich mit: »Butterfly-eeee!« begrüßt. Als Dalí gegangen war, wandte sich Groucho, der gewöhnlich bei anderen Verwirrung stiftete, an mich und fragte: »Was hat er gesagt? Du sprichst doch Spanisch und Französisch. Es klang wie ›Butterflyeeee‹.« Ich war außerstande, es zu übersetzen. Aber als ich später einmal mit Dalí Tee trank, übersetzte er es mir.

»Als Dalí und Harpo sich kennenlernen, sehen sie einen Schmetterling, und Dalí sagt: ›Butterfly-eeee‹, die spanische Aussprache des Wortes, da er nicht weiß, wie man das Y ausspricht. Harpo erklärt es, und es wird unser Geheimwort. Ich dachte, Groucho würde es verstehen.«

Obwohl *Duck Soup* inzwischen ein Klassiker geworden ist, zögerte die Paramount 1933, den Vertrag mit den Marx Brothers zu verlängern. Groucho war, wie üblich, beunruhigt, Harpo im Ausland, Zeppo hatte die Truppe verlassen, und Chico war tief verschuldet. Zum Glück für Harpo und Groucho stand Chico bei Irving Thalberg, dem Produktionschef der MGM, in der Kreide.

Thalberg war der jüngste Mann, der je einen so wichtigen Posten in Hollywood innegehabt hat, und zwar war seine Berufung erfolgt, als er noch ein Twen war. Wenn er nicht arbeitete, erholte er sich am liebsten beim Bridge. Es war nicht zu vermeiden, daß er Chico an irgendeinem Spieltisch begegnen würde, und es war ebenso unvermeidlich, daß ihm Chico bald Geld schulden würde.

Auf seine unnachahmliche Art brachte es Chico fertig, Thalberg davon zu überzeugen, daß die Marx Brothers noch immer ein kostbarer Besitz seien. Da die Paramount kein Interesse zeigte, sie weiterhin in ihren Diensten zu behalten, hatten sie mit Sam Goldwyn gesprochen, der mäßig interessiert war. Thalberg, der sich mit dem Boß von MGM, Louis B. Mayer, nicht gut verstand, wollte seine eigene Produktionsgesellschaft gründen und Stars wie die Marx Brothers herausbringen. Es kümmerte ihn wenig, was sie für Paramount gemacht hatten, vielmehr glaubte er, daß sie unter seiner Leitung Filme machen könnten, die ein größeres Publikum ansprächen. Glücklich, einen solchen Mann gefunden zu haben, schlossen die Marx Brothers mit MGM ab und machten für Thalberg zwei Filme, *A Night at the Opera* und *A Day at the Races,* bevor er im Alter von siebenunddreißig Jahren während der Dreharbeiten an dem zweiten Film starb. Groucho hatte große Hochachtung vor Thalberg und hielt *A Night at the Opera* für seinen besten Film. Immer, wenn er über Thalberg sprach, sagte er: »Er war ein Genie. Er war der größte Produzent von allen. Man hat ein Gebäude nach ihm benannt. Thalberg kam jeden Tag und sah sich die Muster an. Wenn sie ihm nicht gefielen, drehte sie [Sam] Wood noch einmal. Er [Thalberg] war in Wirklichkeit der Regisseur.«

Thalberg war sicherlich einer von Hollywoods geschätztesten Produzenten, und er war willens, sehr viel Geld, Zeit und Mühe zusätzlich aufzuwenden, um die Ergebnisse zu erzielen, von denen er glaubte, das Talent der Marx Brothers verdiene sie. Auf Grouchos Vorschlag engagierte er Kaufman und Ryskind und gestattete den Marx Brothers, eine Tournee mit einer Bühnenfassung beider Drehbücher zu machen, damit die Publikumsreaktionen beurteilt werden könnten, bevor die Filme wirklich gedreht wurden. Er erkannte auch den Geschmack der Masse und brachte Inszenierungselemente in die Filme, die sie einen viel breiteren Anklang finden ließen als zuvor. Heutzutage sind den Filmfans einige der musikalischen Nummern und einige Aspekte der Handlung, auf die Thalberg so großen Wert legte, vielleicht nicht so wichtig, aber Groucho war der Ansicht, daß in diesem Punkt Thalberg entscheidend für die Karriere der Marx Brothers sei.

Thalberg drückte den nun folgenden Filmen der Marx Brothers seinen Stempel auf. Groucho zitierte ihn folgendermaßen: »Die ersten fünf Filme waren keine richtigen Filme, denn sie handelten von nichts. Sicher, sie waren lustig, aber es ist nicht nötig, daß in einem Film so viel gelacht wird. Ich werde mit euch einen Film mit halb so vielen Lachern drehen, aber ich werde eine richtige Geschichte hineinpacken, und ich wette, er spielt doppelt so viel ein wie *Duck Soup*.« *A Night at the Opera* machte auch tatsächlich doppelt so viel Gewinn wie *Duck Soup*.

Thalberg besaß Grouchos Ansicht nach auch großen persönlichen Charme. George S. Kaufman, der geschworen hatte, nie in Hollywood zu arbeiten, kam, um für Thalberg zu arbeiten, und nannte ihn einen »neuen Sam Harris«. George Seaton erzählte mir, wie Thalberg, den jeder bei MGM nur als »Mr. Thalberg« kannte, Kaufman bat, ihn beim Vornamen zu nennen. »Ich nenne dich Irving, wenn du Mr. Kaufman zu mir sagst«, antwortete er.

Goldie Arthur, Irving Thalbergs persönliche Sekretärin, schilderte mir ihre Eindrücke von der Arbeit mit den Marx Brothers bei MGM in den dreißiger Jahren.

»Mir gefiel ihre Komik schon immer, und besonderen Spaß machte mir die Arbeit an *A Night at the Opera,* den ich für einen sehr lustigen Film halte. Offenbar dachten viele Leute ebenso, denn er war geschäftlich ein ungeheurer Erfolg − und das zu einer Zeit, als ihre

Filme nur eine sehr kümmerliche Resonanz hatten und man die Marx Brothers für erledigt hielt. Ich betrachte das als einen weiteren Beweis für die herausragenden Fähigkeiten von Mr. Thalberg, der den Film produzierte.

Als ich hörte, sie wollten einen Film für Mr. Thalberg machen, war ich persönlich sehr erfreut, denn ich hielt sie wirklich für sehr lustige Leute. Sie kamen ins Studio, wo ihnen Räume zugeteilt wurden, und wir bekamen ein paar amüsante Anrufe von ihnen. Chico rief kurz nach ihrem Einzug an und sagte, sie hätten in ihrem Büro ein paar schwarze Witwen gefunden und man sollte ›doch besser ein paar Fliegen rüberschicken, bevor sie anfangen, uns Juden aufzufressen.‹ Wenn sie Mr. Thalberg aufsuchten, hatten sie immer den einen oder anderen Gag auf Lager — keiner davon war besonders lustig, ich würde mich auch nicht daran erinnern — aber es war nie langweilig, wenn sie da waren. Ich erinnere mich aber noch wie heute daran, wie sie einmal warten mußten, weil Mr. Thalberg noch in einer Konferenz war — und ich glaube, es war Chico, der versuchte, Rauch unter der Tür durch in Mr. Thalbergs Büro zu blasen, aber es klappte nicht, weil die Tür isoliert war.

Als sie die Szene drehten, in der Groucho auf seinem Koffer in seine Salonkabine reitet, kann ich mich erinnern, daß er das nicht tun wollte, weil er glaubte, es entspräche nicht seiner Rolle — aber offensichtlich war Mr. Thalberg nicht seiner Meinung; er machte es, und es wurde eine sehr lustige Szene.

Chico war offenbar ein sehr guter Bridgespieler und spielte ziemlich oft mit Mr. Thalberg und einigen seiner Freunde, und Mr. Thalberg redete ihm immer zu, ein neues Lied zu lernen. Es scheint, er spielte lieber Bridge, als daß er ein neues Stück auf dem Klavier einstudierte — aber schließlich hatte er doch rechtzeitig eines parat.

Harpo ist mir als sehr freundlicher, liebenswürdiger Mensch in Erinnerung, der ungeheuer gern Harfe spielte. Es hieß, er hätte — nur zu seinem Vergnügen — gespielt, bis er wunde Fingerspitzen hatte. Er war Autodidakt, und ein paar Harfinisten, die ihn spielen sahen, sagten ihm, es sei unmöglich, mit einer solchen Technik (oder ohne sie) Harfe zu spielen — aber er spielte, und sogar schön. Es war mir immer interessant, während der Harfensoli in den Filmen sein Gesicht zu beobachten — man konnte immer sehen, daß es etwas war, in das er sein ganzes Wesen hineinlegte.

Soweit ich mich erinnere, ging es mit dem Film ganz reibungslos voran. Der Regisseur, Sam Wood, war in Filmkomödien gründlich erfahren, und die Marx Brothers waren Profis, die sehr daran interessiert waren, alles zu tun, um einen guten Film zustandezubringen. Sie freuten sich schrecklich, als er dann wirklich gut wurde, und waren Mr. Thalberg dankbar, daß er ihrer Karriere neuen Schwung gegeben hatte.«

Obwohl die Marx Brothers-Filme immer große und bedeutende Hollywoodproduktionen waren, war nicht jeder Schauspieler begeistert von der Aussicht, darin aufzutreten. Lillian Roth sah ihre Verpflichtung für *Animal Crackers* als eine Art Verbannung an, und Maureen O'Sullivan war anfangs alles andere als begeistert über *A Day at the Races:*

»Ich war nicht besonders erpicht darauf«, erzählte sie mir. »Mir lagen mehr die ernsteren Sachen − *The Barretts of Wimpole Street* und *David Copperfield.* Aber das war so lange her, und ich erwartete nicht, danach überhaupt gefragt zu werden. Man weiß nie, woran die Nachwelt sich erinnern wird und wonach sie einen beurteilt.

Die Dreharbeiten waren das reine Vergnügen. Jeden Tag gab es eine Menge Spaß und Unsinn, und das ließ auch nicht nach, bis die Arbeit getan war. Ich erinnere mich, daß ich in ein Boot stieg und mein Rock flog hoch − solche Sachen. Ich bin froh, daß ich den Film gemacht habe. Als ich ihn neulich sah, war ich sehr zufrieden.«

Nach Thalbergs Tod machten die Marx Brothers drei weitere Filme für MGM: *At the Circus* (1939), *Go West* (1940) und *The Big Store* (1941), dazu *Room Service* (1938) für RKO, ein Nebengeschäft, das Zeppo eingefädelt hatte. Die Thalberg-Formel ohne Thalberg diente ihnen weiterhin, aber etwas von dem Zauber war verschwunden. Louis B. Mayer stand im Ruf, gegen die Marx Brothers eine persönliche Abneigung zu haben, und Groucho bestätigte, daß jene Animosität auf Gegenseitigkeit beruhte. Eines Tages kam Mayer im Studio auf Groucho zu und fragte ihn, wie alles liefe. »Ich glaube nicht, daß Sie das was angeht«, schnauzte Groucho. 1942 war es die MGM, die die Marx Brothers nichts mehr anging, denn sie waren fertig damit. Damals verkündeten sie ihren ersten »Rücktritt« und Groucho fügte hinzu: »Um dem allgemeinen Publikumswunsch vorzugreifen.«

Auch Grouchos häusliches Leben veränderte sich in dieser Zeit. Seine Ehe mit Ruth ging in die Brüche, und »ihre Lösung war

Alkohol«. Es war an ihm, die Scheidung herbeizuführen, was er 1942 tat. Drei Jahre später heiratete er die beste Freundin seiner Tochter Miriam, die 24jährige Catherine Marvis Gorcey, die Ex-Frau von Leo Gorcey, dem ehemaligen *Deadend*-Kid. 1946 wurde Melinda geboren.

Nach einem langen, eingefleischten Junggesellendasein hatte Harpo 1936 die Schauspielerin Susan Fleming geheiratet. Sie adoptierten vier Kinder. Von den fünf Brüdern entgingen nur Harpo und Gummo der Scheidung. Gummo heiratete seine Frau Helen kurz nachdem er die Truppe verlassen hatte, und sie hatten zusammen einen Sohn. »Ich weiß noch, wie Bobby ein kleiner Junge war«, erzählte mir Groucho. »Ich gab ihm einen Nickel, wenn er mir die Schuhe putzte. Jetzt ist er vierzig oder fünfzig Jahre alt.«

Angesichts der Verantwortung seiner neuen Familie gegenüber trat Groucho von seinem Rücktritt schleunigst wieder zurück. Aber *er* war ja schließlich auch nie wirklich zurückgetreten, nur die Marx Brothers als Truppe. Während des zweiten Weltkrieges arbeitete Groucho wieder beim Rundfunk, bereiste Militärstützpunkte und nahm an den von Hollywood im ganzen Land veranstalteten Sammlungen für Kriegsschuldverschreibungen teil. 1946 jedoch brachte Grouchos neuer Zustand als zukünftiger Papa und Chicos alter Zustand als künftiger Bettler die Truppe wieder zusammen, und zwar für *A Night in Casablanca*. Groucho tat noch ein übriges und glänzte mit Einzelauftritten in *Copacabana* (1947), *Mr. Music* (1950), *Double Dynamite* (1951) und *A Girl in Every Port* (1952).

In *Double Dynamite* arbeitete Groucho mit Frank Sinatra zusammen. Groucho war, was Pünktlichkeit anging, ungeheuer pingelig und erschien fast immer zu früh im Studio. Frank Sinatra nahm es mit der Zeit nicht so genau, so daß Groucho, der von sich sagte: »Ich warte nicht mal auf mich selber«, plötzlich feststellen mußte, daß er auf Sinatra wartete. Das erinnerte ihn an die Zeit, »als wir noch nicht groß waren und stets und ständig auf jeden x-beliebigen Menschen warten mußten«. Seine Lösung war, *später* als Sinatra zu kommen, was Sinatra veranlaßte, wiederum später zu kommen, und Groucho, noch später, und so weiter. Schließlich einigte man sich.

»Sinatra sprach mit mir darüber, und ich sagte: ›Wenn du pünktlich kommst, werde auch ich da sein.‹ Und wir hielten uns beide daran.« Später wurde Frank Sinatra fast ein Mitglied der Familie Marx, als er Barbara Marx, Zeppos frühere Frau, heiratete.

Obwohl sie ein Jahrzehnt später noch einmal zusammen zu sehen waren, war der letzte wirkliche Marx-Brothers-Film *Love Happy* (1949). *Love Happy* war, ganz im Gegensatz zum Titel, eine unglückliche Affäre, zu der Harpo sich allein hatte überreden lassen. Erst dann kamen seine Brüder dazu. Der Film war Marilyn Monroes erster und der letzte der Marx Brothers.

Mitte der dreißiger Jahre hatte Groucho einen jungen, kaum bekannten Schriftsteller kennengelernt, den er sofort sehr gern hatte. Er und Norman Krasna begannen zusammenzuarbeiten, und das erste Ergebnis war Warner Brothers' *The King and the Chorus Girl* (1937). Nachdem sich Norman Krasna fest als einer der besten Stückeschreiber des Broadway etabliert hatte, schrieben Groucho und er *Time for Elizabeth.* Das Stück hatte 1948 am Broadway Premiere und wurde schon nach sieben Vorstellungen wieder abgesetzt. Zehn Jahre später aber gelang ihm im Sommerrepertoire ein bescheidener Erfolg, als Groucho die Hauptrolle selbst spielte.

Mitte des Jahrhunderts, als Groucho sechzig wurde, wurde das Fernsehen im ganzen Land Wirklichkeit, und Groucho gehörte dazu. *You Bet Your Life* war im Radio ein Erfolg gewesen (es hatte 1949 den Peabody-Preis erhalten), und so war es ganz natürlich, daß die Show zum neuen Medium überwechselte, was 1950 auch geschah. *You Bet Your Life* war eher eine Show der Familie Marx, was die meisten Leute gar nicht wußten. Sowohl Gummo als auch Chico nahmen hinter den Kulissen daran teil. Gummo war Grouchos Agent, und Chico war »die verirrte Seele« der Familie, wie Groucho ihn nannte. Chico trug nichts Greifbares zur Show bei, aber er bekam ein Gehalt, das nur ausgezahlt wurde, wenn er Spielschulden zu begleichen hatte, was die Regel war. Gummo erzählte mir, wenn Chico ihn anrief und das Gespräch mit »Gummy« begann, wußte er bereits, was kommen würde und zog unwillkürlich sein Scheckheft aus der Tasche. Das war allerdings nicht Chicos einziges Einkommen. Er trat auch in Nachtclubs auf, gewöhnlich in Las Vegas, wo seine Einnahmen aber mehr den Charakter von Ausgaben hatten.

Manchmal trat Harpo mit ihm zusammen in Nachtclubs auf. Harpo gab auch Harfenkonzerte. Mittlerweile hatte Zeppo seine Rechte an der Agentur verkauft, die er und Gummo von ein paar Klienten zu einer der größten Agenturen in Hollywood aufgebaut hatten, und war ein erfolgreicher Fabrikant geworden.

Zumindest drei der fünf Eheleben der Marx Brothers blieben turbulent. Zeppo hatte sich von seiner ersten Frau, Marian, getrennt und bald darauf Barbara geheiratet. Chico und Betty hatten sich scheiden lassen, und ihre Tochter Maxine war mittlerweile erwachsen. Grouchos Eheglück schien in dem Maße zu schwinden, wie sein berufliches Glück zunahm. Das war mit Ruth so gewesen, und so war es nun auch mit Kay. Sie ließen sich 1951 scheiden, als *You Bet Your Life* gerade zu einer der erfolgreichsten Fernsehsendungen geworden war. Von Natur aus rückfällig, zumindest was die Ehe betraf, heiratete Groucho 1954 ein drittes Mal, diesmal Eden Hartford. Sie hatten sich während der Dreharbeiten zu *A Girl in Every Port* kennengelernt, als Eden ihre Schwester Dee besuchte, die mit Groucho in dem Film auftrat. Eden fiel in Ohnmacht, und Groucho übernahm die Mund-zu-Mund-Beatmung.

You Bet Your Life lief bei der NBC bis 1961, ihm folgte bei CBS eine kurzlebige Reihe, *Tell It to Groucho.*

Als wir über *You Bet Your Life* sprachen, sagte Groucho: »Das Publikum ist der Stichwortgeber. Was die Zuschauer sagen, macht das, was du sagst, lustig. Solche Leute kann man nicht ersetzen.« Wenn Leute auf uns zutraten, um Groucho zu erzählen, sie sähen sich die Wiederholungen seiner Show aus den siebziger Jahren an, dann antwortete er immer: »Ich auch.«

Der große Erfolg von *You Bet Your Life* ließ Groucho wenig Raum für andere berufliche Unternehmungen. Er fand aber nach *A Girl in Every Port* Zeit für zwei kurze Filmauftritte. In einem dieser Filme, in Irvin Allens *The Story of Mankind* (1957) traten auch seine Brüder auf, aber nicht als Gruppe. Als die Marx Brothers waren sie alle zusammen das letzte Mal 1959 in *The Incredible Jewel Robbery* in der Fernsehshow *General Electric Theatre* zu sehen. Von 1957 bis 1960 unternahm Groucho Sommertourneen mit *Time for Elizabeth;* es war seine erste Nicht-Groucho-Rolle, seit er vor 23 Jahren in Maine in *Twentieth Century* aufgetreten war. Für Groucho, der Gilbert und Sullivan so sehr verehrte, war einer der Höhepunkte seiner Karriere sein Auftritt als Lord High Executioner in einer Fernsehfassung von *The Mikado,* die Goddard Lieberson 1960 produzierte.

Nach *You Bet Your Life* gab sich Groucho nicht damit ab, etwa seinen »Rücktritt« zu verkünden, wie es die Truppe vor zwanzig

Jahren getan hatte. Statt dessen wurde er sowas wie ein »comicus emeritus«, der in vielen Fernsehsendungen als Gast auftrat. Seine letzte Filmrolle spielte er 1968 in Otto Premingers *Skidoo*. Preminger über seinen Schauspieler:

»Er war ein vollendeter Profi. Er erschien pünklich, konnte seinen Text und war vollkommen vorbereitet. Er war ein Star, aber er tat nie des Guten zuviel.«

Groucho hatte mir von der Arbeit mit Otto Preminger erzählt:

GROUCHO Er ist ein guter Regisseur. Und er ist ein Spieler.

ICH Ein Spieler?

GROUCHO Nicht so wie Chico. Ich meine, er scheut sich nicht, Risiken einzugehen.

Einer von Grouchos denkwürdigsten Gastauftritten fand 1965 in *The Hollywood Palace* statt, wo er und Margaret Dumont die Szene mit Captain Spauldings Ankunft aus *Animal Crackers* noch einmal zum besten gaben. Zwei Wochen später war Margaret Dumont tot.

Die sechziger Jahre bedeuteten auch für Chico und Harpo das Finale. Chico starb 1961, Harpo 1964. Ganz gleich, wie alt sie mittlerweile waren: solange sie noch lebten, bestand die Hoffnung, alle zusammen könnten noch einmal vor ein Publikum treten. Groucho blieb übrig, um die Show allein fortzusetzen.

Eine Menge kluger und nicht sehr kluger Bücher sind darüber geschrieben worden, warum wir lachen, aber niemandem ist es bisher wirklich gelungen, die Sache zufriedenstellend zu erklären. Vielleicht kam Groucho der Lösung am nächsten, als er sagte, jede große Komik erwachse aus glaubhaften Charakteren. Lee Strasberg stimmte dem zu, als er sich mir gegenüber zu der Komik der Marx Brothers äußerte:

»Groucho und Harpo waren die ganz Großen. Auch Chico und selbst Zeppo waren wichtig, weil sie alle gut zusammenarbeiteten, aber es waren Groucho und Harpo, die wirklich Charaktere schufen.«

Gegen Ende der sechziger Jahre ging auch Grouchos dritte Ehe langsam in die Brüche. Er und Eden ließen sich schließlich 1969 scheiden. Ihre Trennung fand in aller Freundschaft statt, und sie sahen sich auch weiterhin von Zeit zu Zeit.

Minnie's Boys, ein Musical, das auf dem Leben der jungen Gebrüder Marx basiert, kam 1970 im Imperial Theatre in New York heraus.

Die Aufführung war kein so großer Erfolg, wie sie es hätte sein können, aber wie Arthur Whitelaw, der Produzent, Groucho und mir erzählte, wurde *Minnie's Boys* seither von einem Amateurtheater nach dem anderen gespielt. Arthur, Groucho und ich besuchten eine von diesen Aufführungen in Los Angeles. Die Musik stammte zum Teil von Marvin Hamlisch, den Groucho damals noch nicht kennengelernt hatte.

Von der Mitte der sechziger Jahre an trat Groucho öffentlich auf, während der Ruhm der Marx Brothers bei einer neuen Generation neue Höhen erklomm. 1971 kam Erin Fleming in Grouchos Leben gewirbelt und wurde seine Sekretärin. Weil Groucho Erin nicht enttäuschen wollte, und weil das, was sie von ihm wollte, das war, was er sowieso wollte, kehrte er ins Showbusiness zurück. »Ich schlug wieder den alten Weg ein, und er schlug nicht zurück«, erzählte mir Groucho. Es folgten die Show in Ames, Iowa, der Soloabend in der Carnegie Hall und die Wiederaufführung von *Animal Crackers.*

Groucho sagte zu mir: »Ich wollte, du hättest Harpo und Chico kennengelernt. Wir spielten in jeder Stadt in Amerika, und ich glaube, wir waren die einzige Truppe, die sich niemals stritt. Keine Varietégruppe verstand sich besser als wir. So etwas wie meine Brüder und mich gibt's nicht noch mal.«

Ich lernte Zeppo und Gummo in der Bar des Tamarisk Country Club in Palm Springs kennen, kurz nachdem ich Groucho für den *Playboy* interviewt hatte. Zeppo war zwar schon über siebzig, sah aber erheblich jünger aus und hatte immer noch die Stimme des vierten Marx-Bruders aus den Paramountfilmen. Unser Gespräch stand er höflich durch, aber er war sichtlich nervös. Irgendwo gab es immer noch jenen leeren Stuhl, der an einem Spieltisch auf ihn wartete.

Gummo war der am wenigsten bekannte der Brüder, aber in Palm Springs, seinem Wohnort, war er eine Berühmtheit. Als wir im Club eintrafen, hatte sich das angrenzende Clubrestaurant noch nicht zu füllen begonnen. Als Zeppo ging, kamen allmählich Gäste, und die meisten grüßten Gummo. Er wurde um sein Autogramm gebeten, und ein paar Leute fragten ihn, ob er ihnen nicht Grouchos Autogramm für ihren Sohn besorgen könne. Gummo willigte ein.

Als ich ankam, wartete Zeppo vor dem Club auf mich. Wir gingen hinein, wo Gummo an einem Tisch saß.

ZEPPO Ich fand dein Interview einfach hervorragend, wahrscheinlich eines der besten, die ich je über die Marxens zu Gesicht bekommen habe, denn du hast es wahnsinnig gut in den Griff gekriegt, und ihn auch. Aber ich war überrascht, als ich dich sah. Ich dachte, du wärst wahrscheinlich ein achtzehnjähriges Mädchen mit riesengroßem Busen und dem üblichen schönen Gesicht — und hättest dieses großartige Interview von Groucho bekommen, denn normalerweise ist er nicht so geduldig. Aber du bist trotzdem eine sehr attraktive Lady — ich wollte dich auf keinen Fall irgendwie herabsetzen. Es war wirklich ausgezeichnet gemacht — Kompliment! Das ist einer der Gründe, warum ich mich diesem Interview unterziehe.

ICH Was machst du denn jetzt so?

ZEPPO Ich betreibe eine Fischerei. Komisch, nicht? Aber ich bin in meinem Leben schon in ein paar Branchen tätig gewesen. Ich war im Pferderenngeschäft und habe mit Barbara Stanwyck Pferde gezüchtet. Wir hatten eine Zuchtfarm und nahmen Pferde in Pflege. Wir versorgten die Pferde von Alfred Vanderbilt, Liz Whitney und L. B. Mayer auf unserer Ranch im Valley, die wir beide gemeinsam besaßen. Davor war ich bei den Marx Brothers, aber das gefiel mir überhaupt nicht. Ich war sehr unglücklich darüber, was ich bei den Marx Brothers zu tun hatte, und ich fühlte mich so eingeengt bei ihnen, weil ich nicht machen konnte, was ich machen wollte. Ich mußte den Stichwortgeber spielen, und das wollte ich nicht. Ich wollte Komiker sein. Aber es gab schon drei Komiker, und für einen vierten war kein Platz, besonders für einen jüngeren Bruder nicht, der später dazukam. So mußte ich mich mit der Rolle als Stichwortgeber zufriedengeben und eine, ja, Nebenrolle in der Truppe übernehmen, über die ich mich ärgerte. Ich ärgerte mich nicht nur darüber, sondern fühlte mich auch minderwertig. So kam ich schließlich an den Punkt, wo ich es nicht mehr aushielt. Einmal übernahm ich Grouchos Rolle, weißt du. Er war krank, in Chicago. Und als wir mit dem Zug nach Chicago kamen... Kennst du die Geschichte?

ICH Ja, aber erzähle sie mir, dann erzähle ich dir, was Groucho gesagt hat.

ZEPPO Oh, ich weiß, was er gesagt hat, denn er hat's mir neulich abend am Telefon gesagt. Na, jedenfalls, ich war der Meinung, das wäre etwas, was ich könnte, aber bei den Marx Brothers hatte ich keine Gelegenheit dazu. Ich mußte den Stichwortgeber spielen.

ICH Erzähl mir von dem Abend, an dem du seine Rolle übernahmst.

ZEPPO Also, als wir in Chicago ankamen, wurde er sofort ins Krankenhaus gebracht, und ich hatte seine Rolle nicht studiert und nichts, denn wer hatte schon sowas erwartet? Er mußte sich am Blinddarm operieren lassen, und ich mußte einspringen und fünf Vorstellungen pro Tag spielen. Ich mußte fünfmal pro Tag am Chicago Theatre Groucho spielen, und das machte ich. Tatsächlich merkten ein paar von seinen Freunden nicht einmal, daß ich es war. Sie glaubten, es wäre Groucho. Sie kamen hinter die Bühne und wollten Groucho besuchen. Naja, jedenfalls wurde es nach ein paar Tagen ziemlich schlimm, weil ich nie Zigarren rauchte und jetzt den ganzen Tag diese verdammten Dinger rauchen mußte. Jeden Abend nach der letzten Vorstellung mußte ich mich übergeben − vier oder fünf Vorstellungen pro Tag, verstehst du, das war sehr schwierig. Aber jedenfalls wußte ich, ich könnte es. Und das enttäuschte mich noch mehr, weil ich wußte, ich kriegte Lacher, durfte das aber nicht bei den Marx Brothers. Als ich dann ausstieg, hatte ich kein Geld und wußte nicht, was ich verdammt noch mal machen sollte. Ich hatte keine Ausbildung. Ich war ungefähr bis zur fünften Klasse in der Volksschule gewesen. Oder bis zur sechsten. Dann bekam ich als Mechaniker Arbeit bei der Ford Motor Company in Chicago.

Als Gummo zur Armee ging, spielten die Marx Brothers gerade in Rockford, Illinois, und meine Mutter rief mich in der Werkstatt an, in der ich arbeitete, und sagte: »Komm sofort nach Hause.« Ich ging sofort nach Hause, und sie sagte: »Pack deine Sachen und fahr zu deinen Brüdern nach Rockford.« Ich mußte also Gummos Rolle übernehmen. Ich mußte tanzen und den jugendlichen Liebhaber und den Stichwortgeber spielen, was ich auch machte. Natürlich, ich glaube, keiner von uns war allzu großartig (lacht) als Schauspieler. Aber ich stand die Varietézeit bei ihnen durch, und dann die Shows, und dann die Filme. Zum Schluß spielte ich in vier oder fünf Filmen mit, ich weiß nicht mehr, in wie vielen. Dann sagte ich einfach: »Jungs, ich hau ab.«

Ich war völlig pleite. Ich wußte nicht, was tun, hatte keine Ausbildung, aber ich mußte weg, sonst wäre ich geistig zusammengeklappt. Das wollte ich nicht. Also sagte ich mir: »Was kann ich am besten machen, wofür ich keine feine Erziehung brauche, das aber etwas mit Showbusiness zu tun hat?« Und so kam ich auf das Agenturwesen.

Ich eröffnete eine Agentur, machte ein kleines Büro auf, hatte keine Klienten *(Lachen)*, nicht einmal die Marx Brothers. Ich fing an, nach Klienten zu suchen, und schloß mich schließlich ein paar Leuten aus der Agenturbranche an, mit denen ich befreundet war. Sie hatten eine Agentur namens Orsatti and Brent. Naja, Orsatti war ein sehr guter Freund von L. B. Mayer, war also von dort gut eingedeckt. Und Brent war ganz schön auf Draht. Ich redete mit ihnen, und sie meinten, ich wäre ein ganz brauchbarer Agent. Ich kaufte mich zu einem Drittel in ihre Firma ein.

Ich pumpte mir das Geld, und als ich ungefähr einen Monat in der Firma war, stellte ich fest, daß Brent und Orsatti überhaupt nicht miteinander sprachen.

Brent sagte: »Na, Zep, was hast du heute gemacht?« Und ich sagte: »Ich war bei Paramount und bei Warner Brothers und habe ein paar Klienten ausfindig gemacht.« Er sagte, das wäre schön, und ich fragte: »Wie geht's Frank?« Er sagte: »Na, geh rein und besuch ihn.« Und ich ging zu Orsatti rein, und er fragte: »Was macht Brent?« Ich fand also schließlich heraus, daß diese Burschen überhaupt nicht miteinander redeten. Da wußte ich, ich saß in einer Falle. Also sagte ich: »Ich will aussteigen«, und bekam mein Geld zurück und machte ein kleines Büro am Sunset Strip auf und hatte keine Klienten.

Ich war ungefähr zwei Monate bei Orsatti und Brent gewesen und hatte mir ein paar sehr gute Freundschaften und Verbindungen zu einigen der Klienten aufgebaut. Jetzt begann ich, mich auf die Leute zu konzentrieren, die ich in der Agentur kennengelernt hatte, und schließlich bekam ich auch ein paar. Und dann bekam ich noch ein paar dazu. Meine Agentur wuchs allmählich, und ich arbeitete. Ich schuftete mir den Arsch ab, achtzehn Stunden am Tag, ich ging zu jedem Studio, jedem Schauspieler, jeder Schauspielerin, jedem Regisseur und Produzenten. Ich ging einfach hin und fragte: »Wer vertritt dich?« Damals waren die Verträge noch nicht so streng, und ich kriegte 'ne Menge Leute zusammen, die über die Agenten, bei denen sie waren, keine Arbeit bekamen. Und ich besorgte ihnen Arbeit. Es hieß nur immer: »Mann, geh zu Zeppo Marx! Der besorgt dir einen Job.« Schließlich baute ich mir ein sehr, sehr gutes Geschäft auf.

Gummo war damals in New York, in der Textilbranche oder so, aber er wollte ins Agenturgeschäft. Meine Brüder kamen zu mir und fragten: »Sag mal, was hältst du von Gummo?« Und ich sagte:

»Okay, wir machen ein Büro in New York auf, und Gummo übernimmt es.« Und er machte ein Büro auf, und es klappte sehr gut. Er warb New Yorker Schauspieler für unsere Agentur an, schickte sie mir rüber, und ich vermittelte sie, wenn ich konnte. Schließlich schloß er das New Yorker Büro, nahm die Klienten und zog hierher.

Wie ich vorhin schon sagte, war ich Mechaniker. Ich liebe mechanische Sachen, und überall, wo ich wohnte, hatte ich eine kleine Werkstatt hinterm Haus. Ich habe auch hier eine. Also, das Agenturgeschäft florierte weiter. Gummo holte weiterhin Klienten ran, mein Partner holte Klienten ran, und ich holte Klienten ran und vermittelte sie. So nach und nach hatten wir ungefähr 250 Klienten in der Agentur, die sich prächtig machte. Wir waren die drittgrößte Agentur in der Branche. Aber inzwischen hatte ich keine Lust mehr, weil die Leute mich verrückt machten, diese Schauspieler und Regisseure und alle. Sie kamen und sagten: »Warum habe ich den Job nicht gekriegt? Gable hat ihn gekriegt.« Also, so ein kleiner Miesling, der bei Goldwyn oder sonstwo hundert Dollar verdiente, er wollte Gables Rolle draußen bei Metro. Mit solchen Sachen mußte man sich in dem Laden herumschlagen. Man mußte ihr Manager und obendrein ihr Psychoanalytiker sein. Für einige dieser Leute mußte man einfach alles machen. Und ich hatte es satt. Und verkaufte einfach den ganzen Käse.

Inzwischen hatte ich mit einer Maschinenbaufirma angefangen. Ich hatte eine kleine Werkstatt hinter meinem Haus. Und ich hatte mit Barbara Stanwyck diese Pferdefarm, die nicht allzu gut lief. Die Ausgaben waren zu hoch, gemessen an dem, was wir damit verdienen konnten. Schließlich verkauften wir sie. Na jedenfalls, während wir uns mit dieser Pferdefarm rumplagten, überließ ich die Leitung der Agentur hauptsächlich Gummo und Miller, meinem Partner. Ich war nicht allzu oft dort. Eines Tages war ich draußen in Santa Anita, da hatten wir ein Häuschen gleich neben dem Vizepräsidenten von Douglas Aircraft, der ein paar von seinen Pferden bei uns auf der Ranch hatte. Und er sagte zu mir: »Wir suchen händeringend Maschinenwerkstätten und Schlosser.« Inzwischen war Krieg. Naja, ich hatte bei RKO einen Burschen kennengelernt, als ich bei den verschiedenen Studios herumlief und meine Klienten vermittelte und ihnen Jobs beschaffte. Bei RKO trieb ich mich immer in der Maschinenwerkstatt herum. Jedes Studio hat eine Maschinenwerkstatt. Und dort freundete ich mich sehr eng mit einem fantastischen Maschinen-schlosser an. Ich sagte zu ihm: »Charlie, ich habe eine kleine Werk-statt hinter meinem Haus im Valley. Ich hätte Lust, mit dir dort ein bißchen herumzubasteln. Ich habe ein paar Ideen und verschiedene Erfindungen.« Und er sagte: »Prima. Ich hätte Lust, da mit rumzu-spielen, und mit dir zusammen zu arbeiten.« Übrigens habe ich das Bremslicht für Autos erfunden, was ich nie weiterverfolgt habe. Das war eine meiner Ideen, wie auch verschiedene andere Sachen, die heute in Gebrauch sind.

Dieser Vizepräsident von Douglas Aircraft sagte also: »Ich habe gehört, du hast eine Werkstatt. Paß auf, für uns müßten sehr dringend Schlosserarbeiten erledigt werden. Wir sind sehr knapp mit Werkstät-ten.« Ich sagte: »All right, schickt mir Material und die Pausen rüber, und wir machen das für euch.« Dann kam eine Kiste an, ungefähr halb so groß wie dieser Tisch, mit Teilen, die bearbeitet werden sollten. Und ich hatte nur die kleine Werkstatt hinter meinem Haus im Valley! Nachdem ich also in der Agentur gearbeitet hatte und in all den Studios rumgelaufen war, bearbeiteten wir bis ein oder zwei Uhr früh diese Teile, denn der Krieg war wichtig.

Wir machten alles fertig, schickten die Kiste zurück, und ungefähr vier Tage darauf kam eine doppelt so große Kiste an. Denen gefiel unsere Arbeit so gut, daß sie noch mehr Teile bearbeitet haben wollten, Maschinengußteile. Und ich sagte: »Mein Gott, Charlie... es sieht so aus, als hätte ich mich hier auf was eingelassen. Wenn das so weitergeht, muß ich was Größeres mieten.« Wir bearbeiteten die Teile, und ich mietete eine Werkstatt im Valley, denn diesmal hatten sie drei Kisten zurückgeschickt. Ich stellte ein paar Schlosser ein, und wir hatten die Werkstatt im San Fernando Valley, die war ungefähr so groß wie dieser Raum. Und ich kaufte ein paar Maschinen und mietete immer größere Werkstätten und stellte immer mehr Leute ein. Schließlich baute ich zwei Fabriken und hatte fünfhundert Leute, die für mich arbeiteten.

Ich konnte der Agentur jetzt nicht mehr sehr viel Zeit widmen, denn ich hatte diese riesige Sache am Hals. Deshalb übernahm Gummo die Geschichte. Dann einigte ich mich mit der MCA, Gummo schloß sich der MCA an, und ich stieg aus dem ganzen Agen-turgeschäft aus, das mich sowieso wahnsinnig machte. Jetzt war ich also im Maschinenbaugeschäft. Ich hatte fünfhundert Leute, und wir arbeiteten 24 Stunden, in drei Schichten. Wir ackerten wie die Verrückten und produzierten Teile für die ganze Flugzeugindustrie.

Eines Tages begann ich schließlich, mir über mich selber klarzuwerden. Ich sagte mir: »Guck mal, du hast hier eine Werkstatt und bearbeitest Teile. Wenn der Krieg sehr schnell vorbei ist, hast du hier für eine Million Dollar Maschinen rumstehen, und wer braucht sie dann? Und was mache ich dann damit? Ein Markenartikel muß her, etwas, bei dem wir sowohl für den Staat als auch für uns arbeiten können.«

Tja, eines Tages kam ein Typ in die Werkstatt und ins Büro, und das Mädchen kam rein und sagte: »Draußen ist ein Mr. King, der möchte Sie gerne sprechen.« Ich sagte: »Ich kenne keinen Mr. King.« Sie sagte: »Ja, aber er hat eine Erfindung gemacht, und die will er Ihnen zeigen.« Ich sagte: »Holen Sie ihn rein.« Natürlich wollte ich jeden sehen. Sie brachte ihn herein, und er setzte sich. Er hatte Löcher in den Schuhsohlen. Sah schrecklich aus, der Mann. Er hatte eine kleine Klammer, eine Kupplungshülse erfunden, und die sagte mir zu. Er hatte seine Patente und sagte, er wäre schon überall gewesen, aber wegen des Krieges ließe sich niemand sprechen, alle seien zu beschäftigt und wollten keine Sachen wie diese.

Ich sagte: »Wir beide machen ein Geschäft. Ich nehme Ihre Sache an und zahle Ihnen die regulären Erfindertantiemen.« Wir schlossen einen Vertrag, und ich ging mit dem Ding in Produktion. Es war wirklich eine sehr gute Klammer- oder Verbindungsmuffe. Tatsächlich sitzt das Ding heute an fast allem, was sich bewegt, und an vielem, was sich nicht bewegt. Es war an allen Flugzeugen, an Schiffen, wir benutzten es auf den Ölfeldern, überall. Der Mann wurde schließlich Millionär. Er fuhr in einem Cadillac mit Chauffeur durch die Gegend, er hatte eine Jacht und alles, nur aus den Tantiemen für dieses Ding, so gut ließ es sich verkaufen.

Ich blieb eine Weile dabei, dann verkaufte ich. Damals lief gerade meine Scheidung, und ich wollte einen sauberen Abgang aus der ganzen Geschichte, ich gab also meiner Frau, worauf sie Anspruch hatte, und verkaufte. Nun hatte ich selber nichts mehr am Laufen, aber ich hatte etwas Geld. Ich war wieder Junggeselle und riß mir jede Menge Mädchen auf. Übrigens handelte ich völlig richtig so. Denn schließlich lernte ich ein Mädchen kennen − Himmel, muß ich das wirklich alles erzählen? Na egal, ich weiß nicht, ob ich das reinbringen soll oder nicht. Sie war ein sehr attraktives Mädchen, und wir blieben ein Jahr zusammen, dann trennten wir uns. Wir blieben ein Jahr getrennt, dann kamen wir wieder zusammen. Der Grund, warum wir uns trennten, war, wir kamen nicht besonders gut miteinander aus. Aber als wir uns wieder zusammentaten, verstanden wir uns prächtig. Ich heiratete sie, die Ehe hielt dreizehn oder vierzehn Jahre, und jetzt bin ich natürlich wieder allein.

Inzwischen hatte ich eine Uhr erfunden, die einen vor einem Herzinfarkt warnt. Ich habe alle Patente dafür, und jetzt wird weiter daran gearbeitet. Wenn jemandem ein Herzinfarkt droht oder der Blutdruck steigt zu hoch oder fällt zu tief ab, dann gibt das Ding eine Warnung von sich, einen Ton, ein Bip-Bip-Bip. Und es ist auch eine Uhr, nicht größer als die hier. Das Ding funktioniert, und ich glaube, es ist eine sehr revolutionäre Erfindung. Ich habe die Kontrollmajorität, ich besitze den größten Teil der Aktien.

Im Moment betreibe ich ein Fischereiunternehmen. Ich besitze eine Gewerbelizenz und ein Schiff. Ich wollte eine ganze Fischereiflotte kaufen, als das alles aufkam mit dem Sprit und den Sparmaßnahmen, und ich dachte, es wäre vielleicht doch keine so gute Idee, einen Haufen Geld für noch mehr Schiffe auszugeben. Und so betreibe ich jetzt einfach das neue Schiff als Charter- und Fischereischiff. Das ist das einzige Geschäft, das ich jetzt im Moment habe.

ICH Wie heißt deine Firma?

ZEPPO The Marx Brothers. Das ist der Name des Schiffes und der Name der Firma. Die andere Firma, die von der Uhr, heißt Lifeguard. Und das ist sie ja auch. Ich glaube, sie könnte groß einschlagen, sie könnte von großer Hilfe sein. Die Idee dafür kam mir angesichts meiner Familie. Mein Vater starb an Herzversagen, meine Mutter bekam einen Herzschlag, und Harpo hatte ein schlechtes Herz, Gummos Herz ist nicht besonders gut, und meines auch nicht. Ich hatte kürzlich zwei Operationen, zwei chirurgische Eingriffe am offenen Herzen. Aber damals wußte ich noch nichts davon. Ich dachte, es sei eine großartige Sache, um anderen Leuten zu helfen, die Probleme haben. Und die Uhr sagt es ihnen. Viele Ärzte, viele Herzspezialisten haben mir gesagt, sie hielten die Sache für eine großartige Idee. Ich habe sie in Japan, Deutschland, Frankreich, England, den Vereinigten Staaten und den Ostblockländern patentieren lassen, das wäre alles, das ist der gegenwärtige Stand, und ich freue mich sehr, dich kennengelernt zu haben…

ICH Willst du mir nicht, bevor du gehst, noch etwas über deine Jugend erzählen, was du von den Marx Brothers hältst, von den Filmen der Marx Brothers…?

ZEPPO Ich habe dir alles darüber erzählt. Ich habe dir erzählt, daß ich sehr unglücklich war.

ICH Hattest du denn überhaupt keinen Spaß daran?

ZEPPO Nein. Naja, der einzige Spaß, den ich hatte, waren die Ballettmädchen. Und daß ich alle bumste, oder zumindest so viele ich konnte. Das war der Spaß, den ich daran hatte. Ich bin kein Exhibitionist, und mir liegt nichts an Publicity oder dergleichen. *(Zu Gummo)* Jetzt bist du dran.

ICH *(zu Zeppo)* Groucho hat mir gestern abend eine Geschichte über dich erzählt. Er hat mir erzählt, wie du wolltest, daß Norman Krasna…

ZEPPO Ach, ich habe ein paar Jungs ausgeknockt, die ihn belästigten. Das war, als ich noch die Agentur hatte. Ja, da gab's eine Menge solcher Geschichten, aber ich kann das jetzt nicht alles erzählen. Das würde zwei oder drei Tage dauern. Okay? War nett, dich zu treffen, Schätzchen, ich hoffe, es läuft für dich alles okay. Ich hoffe, du machst damit einen Haufen Geld.

GUMMO Ääh, danke für die Drinks.

ZEPPO Keine Ursache! *(Lacht)* Okay. Bye! *(Er geht)*

ICH *(zu Gummo)* Groucho hat gesagt, er glaubt, du bist der geborene Agent, und er erzählte mir auch, du hättest bereits einige Schauspieler entdeckt.

GUMMO Dennis Morgan, Glenn Ford, Rhonda Fleming, Evelyn Keyes. Erst letzte Woche sagte Glenn Ford: »Wenn Gummo nicht gewesen wäre, wäre ich nicht da, wo ich heute bin.« Denn er war von jedem Studio am Ort abgelehnt worden. Aber ich dachte mir einen Plan aus, wie ich ihn aufbauen könnte, und machte einen Star aus ihm. Ich hatte ein ganz bestimmtes Gefühl, wenn ich jemand wie ihn sah.

ICH Wie war es früher bei den Marx Brothers?

GUMMO Ich will dir eines sagen: Ich wußte, ich war kein guter Schauspieler, und ich wollte nicht im Showbusiness bleiben. Zeppo nahm meinen Platz ein, und ich mußte seiner Tanzpartnerin das Tanzen beibringen. Übrigens heiratete sie dann Groucho.

ICH Groucho sagte, du warst ein guter Tänzer.

211

GUMMO Ich war kein sehr guter Tänzer. Ich war vielleicht als Amerikas langsamster Wirbelwindtänzer bekannt. Ich schreibe den Erfolg der Marx Brothers weitgehend mir zu. Ich verließ die Truppe.

ICH Zeppo beklagte sich darüber, daß er der jüngste Bruder gewesen sei. Er sagte, es war ziemlich hart, der jüngste Bruder zu sein, weil er nur gehorchen mußte…

GUMMO Vor Zeppo war *ich* der jüngste Bruder. Als ich dann die Truppe verließ, setzten sie Zeppo an meine Stelle. Zeppo war kein großartiger Tänzer, und ich übrigens auch nicht. Aber ich war nicht allzu schlecht. Ich habe das Interview gelesen, das du mit Groucho gemacht hast, und ich fand es gut. Der Grund, weshalb Zeppo es so gut fand, war, daß Groucho gesagt hat, Zeppo wäre der komischste der Marx Brothers gewesen. Na, meine Freunde denken, *ich* wäre der komischste.

ICH Gestern abend sagte Groucho, du wärest auch sehr komisch gewesen, trotzdem meinte er, Zeppo wäre im täglichen Leben der komischste Marx Brothers gewesen.

GUMMO Könnte sein. Chico war ein sehr komischer Mensch. Aber Chico war verantwortungslos. Über Groucho ist viel geschrieben worden, aber nichts über Chico. Sein Leben war so fantastisch, es ist eine Schande, daß über ihn kein Buch geschrieben worden ist. Es wird gerade ein Buch über ihn geschrieben, von seiner Tochter Maxine. Die Dinge, die sich in Chicos Leben ereignet haben, sind so fantastisch, daß sie aufgeschrieben werden sollten. Ich kann es nicht schreiben, und ich glaube nicht, daß noch genug Leute leben, die alles wissen, was ihm in seinem Leben passiert ist. Seine Tochter weiß nichts von den Dingen, über die ich rede.

ICH Zum Beispiel…

GUMMO Ich weiß noch, wie seine Frau Betty mal auf der Lauer lag, weil sie ihn dabei ertappen wollte, wie er sie betrog. Genauso gut könnte man versuchen, eine Mücke im Netz zu fangen! Es ist einfach unmöglich. Na, jedenfalls, sie spielten gerade in New York eines ihrer Stücke, und sie schlich sich in die Kulissen, um ihn zu erwischen. Und da stand er tatsächlich und knutschte eines der Mädchen. Ein richtiger Zungenkuß. Sie sagte: »Diesmal habe ich dich erwischt!« Er fragte: »Erwischt? Wobei?« Sie sagte: »Wie du das Mädchen auf den Mund geküßt hast!« Er sagte: »Ich habe das Mädchen nicht auf den Mund geküßt, ich habe ihr was in den Mund geflüstert.«

Er fand immer Gelegenheiten, sich mit ihr zu streiten. Das war immer dann, wenn er noch bei Kasse war. Aber er hatte nie Geld, weil er es nicht zusammenhalten konnte. Sie wohnten in einem einstöckigen Haus in Rexford oder so. Und sie hatten getrennte Schlafzimmer. Sie hatten oft einen Mordskrach, was ihm nur recht war, denn wenn er einen Streit vom Zaun brechen konnte, ging er einfach weg und spielte Bridge. Das ging so sechs Wochen. Und nach sechs Wochen, verstehst du, hielt sie diese Trennung einfach nicht mehr aus. Sie liebte ihn sehr. Und da kam ihr eine Idee. Sie nahm ein Spiel Karten und verteilte sie die ganze Treppe rauf. Vor ihre Tür legte sie die Herzkönigin. Und an ihr Nachthemd heftete sie das Herzas. Um nun in sein Zimmer zu kommen, mußte er an ihrem Zimmer vorbei. Er muß die Karten die ganze Treppe hoch gesehen haben, aber er ging schnurstracks in sein Zimmer und legte sich ins Bett. Sie hörte ihn, stand auf und sagte: »Du gemeiner Schweinehund! Ich lasse mir eine so wundervolle Idee einfallen, damit wir uns wieder vertragen, und du gehst einfach in dein Zimmer!« »Liebling, als ich die Herzkönigin vor deiner Tür liegen sah, wußte ich, du hast das Herzas an deinem Nachthemd, und da mußte ich einfach impassieren.« Und er impassierte einfach an ihrer Tür vorbei in sein Zimmer.

Ich kenne tausend Geschichten über Chico. Aber das gehört in ein eigenes Buch, denn er war ein Typ, wie es ihn nicht oft gibt. Er war der gutherzigste Mensch, außer wenn er wie eine Ratte in die Enge getrieben wurde. Dann wurde er unangenehm. Ich weiß noch, wie ich mal ein Geschäft für ihn machte; Groucho half mir dabei. Er sollte von der NBC für drei Shows 50 000 Dollar pro Jahr bekommen. Gut, wir wußten, das würde Chico nicht reichen. Und so zahlten Groucho und ich einen Teil dazu. Ich hatte zehn Prozent von Grouchos Einkommen. Ich zahlte zehn, und Groucho die anderen vierzig. Es machte Groucho nicht viel aus, er verdiente eine Menge Geld. Mir machte es auch nichts, weil ich ganz gut zurechtkam. Also, ich hatte 10 000 Dollar in bar in meinem Tresor liegen, nur für den einen Zweck: Ich wußte, egal, wieviel Chico von der NBC bekäme, es würde nicht reichen.

Jede Woche bekam ich von Chico einen Anruf. Er sagte: »Gummy…«, und ich wußte schon, was kommen würde. Ich fragte: »Wieviel brauchst du?«, und er sagte: »300 Dollar. Ich hatte gestern einen schlechten Abend.« Und ich gab ihm dreihundert Dollar von dem Geld, das ich beiseite gelegt hatte. Jede Woche — und wohlge-merkt, er bekam 50000 Dollar pro Jahr von der NBC — kam ein Anruf.

»Gummy, es lief gestern abend sehr schlecht. Kannst du mir nicht 500 Dollar geben?« Tja, er brachte die ganzen 10000 Dollar durch.

ICH Und was passierte, als die 10000 Dollar weg waren?

GUMMO Ich weiß nicht mehr, was geschah. Er war schon ziemlich am Ende damals. Er war kurz vorm Sterben.

ICH Glaubst du, Chico war ein glücklicher Mensch?

GUMMO Ja, und einer der egoistischsten Menschen, die mir in meinem Leben begegnet sind. Es ist merkwürdig, daß ein Mensch ego-istisch und trotzdem großzügig sein kann. Und das war er. Weißt du, es gibt einen Menschen, der noch lebt, der Chicos bester Freund war. Sie verfügten testamentarisch, daß sie jeweils dem anderen alles verer-ben würden, was sie noch besäßen. Keiner von beiden besaß noch fünf Cent.

ICH Wie würdest du Harpo beschreiben?

GUMMO Harpo spielte das richtige Instrument. Er war ein Engel. Einen Menschen wie ihn gibt es nicht wieder. Er war einfach ganz wundervoll. Er hatte nie ein schlechtes Wort für jemanden... ganz anders als ich. Ich sage zumindest manchmal etwas. Aber Harpo... die Sorte wird nicht mehr hergestellt.

ICH Wie steht's mit Groucho? Wie würdest du Groucho beschrei-ben?

GUMMO Groucho ist, oder war, sehr hart, aber gerecht, und auf seine Art sehr gutherzig. Wenn Groucho nicht wäre, stünde ich niemals dort, wo ich heute bin: ich bin zwar nicht reich, aber ziemlich wohlhabend. Meine Frau ist sehr krank gewesen. Und es gibt wirklich nichts mehr, was ich dir erzählen könnte.

ICH Gefallen dir die Marx Brothers-Filme?

GUMMO Ich liebe sie.

ICH Magst du einen ganz besonders gern?

GUMMO Ja. *A Night at the Opera.* Als zweiten *Day at the Races.*

ICH Gestern abend erzählte mir Groucho von einem ganz besonde-ren Geschäft, das du als sein Agent gemacht hättest, und er sagte, du hättest gute Arbeit geleistet.

GUMMO Tja, ich war halt immer der Ansicht, daß ich allein Groucho nicht genügend Beistand leisten konnte. Das stimmt nicht ganz — ich konnte schon, aber eine Mithilfe wäre zu Grouchos Nutzen gewesen, selbst wenn sie die Hälfte der Provision verschlungen hätte. Deshalb zog ich die Agentur Morris mit heran, und wir vertraten Groucho gemeinsam. Ich schloß einen Vertrag für ihn beim Rundfunk, dann mit dem Fernsehen. Es ging um *You Bet Your Life*. Morris flog mit mir und meinem Anwalt nach New York, und CBS und NBC wollten sich die Show sichern. Groucho war bei CBS, und ich rief bei CBS an und sagte: »Wir wollen Allen Gelman den Vertrag abkaufen.« Er hatte die Show im Radio. Er ist inzwischen gestorben. Er besaß die Elgin-American Company, die Zigarettenetuis, Puderdosen und so weiter herstellte. Wir wollten den Vertrag von ihm haben, damit wir einen Deal machen könnten. Wir hatten schon einen Deal in der Tasche. Gelman wollte 50000 Dollar für den Vertrag. Wir wollten ins Fernsehen, aber Gelman konnte unter keinen Umständen ins Fernsehen, weil er es sich nicht leisten konnte.

Ich rief bei CBS an und sagte: »Hört mal zu, wir haben euch ein Geschäft zu bieten, aber Gelman will 50000 Dollar für seinen Vertrag. Das kriegen wir jetzt nicht zusammen, aber wenn wir warten, bis sein Vertrag ausläuft, sind wir raus aus dem Handel. Ich will euch sagen, was wir machen: Ihr zahlt die 50000 Dollar, und ich willige ein, 50 Wochen bei CBS zu bleiben, also praktisch zwei Jahre.« Sie sagten zu mir: »Der Handel ist einseitig.« Da sagte ich: »Vergeßt die Sache.« Ich ging zu Morris und sagte: »Wir sollten den Vertrag zusammen kaufen. Dann kommen wir mit der Sache weiter.« Und das machten wir. Dann kam CBS an und wollte die Show. Ich sagte: »Ihr hattet die Chance für 50000 Dollar, und die Show wäre euch für zwei Jahre sicher gewesen.« Ich sagte: »Ihr habt einen teuren Fehler gemacht, denn NBC bietet, und ABC genauso.« Inzwischen war Morris drauf und dran, die Show für eine Viertelmillion zu verkaufen. Ich sagte: »Kommt nicht in Frage.« Gut, um schnell zu erzählen, was dann bei mir los war: NBC, CBS und ABC begannen zu bieten, bis sie bei einer Million siebenhundertfünfzigtausend Dollar waren. Und ich sagte: »Meine Herren, wir müssen diese Bieterei beenden. Jeder hat noch ein Gebot, und wer das meiste bietet, zu dem gehen wir.«

Also, NBC bot zwei Millionen. Und das nur für die Rechte an der Show. Groucho mußte noch für die Show bezahlt werden. Der Deal war perfekt. Wir wollten bei CBS bleiben, aber wir machten den Handel mit NBC. Das war das Geschäft, von dem er sprach.

ICH Hast du es je bereut, nicht als Schauspieler bei den Marx Brothers geblieben zu sein?

GUMMO Nein, ich hatte einfach nicht genug Talent, um ein guter Schauspieler zu werden, und ich war damit nicht glücklich, einfach das zu sein, was ich dort sein konnte. Es flog mir nicht so einfach zu wie den anderen, wie Chico und Groucho. Wenn ich auf die Bühne mußte, hatte ich immer Angst. Ich konnte doch nicht mein ganzes Leben so zubringen. Ich konnte nie meinen Text so improvisieren wie Groucho. Ich hatte immer Angst, meinen Text zu vergessen und stekkenzubleiben. Meine Freunde halten mich für einen lustigen Menschen, aber man kann nicht nach seinen Freunden gehen. Ich hatte verdammtes Glück, daß ich ausstieg und mit eigenem Können und eigener Arbeit es zu etwas Eigenem brachte. Ich habe nie bereut, die Marx Brothers verlassen zu haben.

»Ist es traurig oder irre lustig?«

»Wir spielten in einer Kleinstadt in Ohio, da kam ein Mann an die Kasse und sagte: ›Bevor ich eine Karte kaufe, will ich eines wissen: ist es traurig oder irre lustig?‹

Das ist der beste Spruch, den ich je über das Showbusiness gehört habe. Darin ist das ganze Showbusiness enthalten.«

Für Groucho sagte »traurig oder irre lustig« alles aus, nicht nur über das Showbusiness, sondern auch über das Leben. Grouchos Leben war zum größten Teil »irre lustig«, besonders wenn er vor einem Publikum stand.

»Groucho ist wirklich am aufgedrehtesten, wenn er auf der Bühne steht«, bemerkte Morrie Ryskind. »Und wenn es sich um ein aufgeschlossenes Publikum handelt...«

»Dann ist ›no business like show business‹«, warf Groucho ernst ein. »Daran glaube ich.«

Er zog sich nie offiziell vom Showbusiness zurück, und einmal sagte er zu mir: »Ich würde gern auf der Bühne sterben.« Nachdem seine zweite Quizsendung im Fernsehen, *Tell It to Groucho,* 1962 ausgelaufen war, wurden Grouchos öffentliche Auftritte seltener. Gleichzeitig aber wurden die Marx Brothers bei einer völlig neuen Generation von Fans paradoxerweise populärer denn je.

Wenn Zuschauer im College-Alter zum ersten Mal die Filme der Marx Brothers sahen, entwickelten sie für Groucho dasselbe Gefühl wie für Humphrey Bogart, wobei sich viele von ihnen nicht bewußt waren, daß Groucho Marx eine *lebende* Legende war. Da er so selten

217

persönlich auftrat, wußten viele nicht, daß es ihn noch gab. »Ich bin ein Standbild, aber ich laufe noch herum.« Sobald bekannt wurde, daß das »Herzstück der Marx Brothers«, wie ihn Woody Allen nannte, noch sehr lebendig war, entstand eine große Nachfrage nach ihm. Kein Zweifel, die Zeit war bereit für Groucho Marx Superstar, doch Groucho, der 1970 achtzig geworden war, war sich dessen nicht bewußt.

Er saß da und betrachtete seinen Nabel, als Erin daherkam, wodurch sein Interesse am Showbusiness und am Leben enormen Auftrieb erhielt, weil er sich sagte, es wäre besser, sich statt dessen ihren Nabel anzusehen.

In diesen Jahren war er mehr als einmal im Krankenhaus, und Erin teilte sich mit seinen Ärzten das Verdienst um seine geistige, wenn nicht seine körperliche Wiederherstellung. »Als ich ihn kennenlernte, war es ihm manchmal sogar egal, ob er aufstand oder nicht«, erzählte Erin. »Jetzt ist er voller Pläne.« Groucho bestätigte oft, daß er in Erins Schuld stand, und sagte immer wieder: »Wenn Erin mich jemals verläßt, mache ich Schluß mit dem Showbusiness.« Und für Groucho war Showbusiness das Leben.

Als Erin als Grouchos Teilzeitsekretärin die Szene betrat, entdeckte sie unter den Tausenden unbeantworteter Briefe, die sich bei ihm stapelten, eine Einladung, in der Iowa State University aufzutreten. Erin drängte ihn, die Einladung anzunehmen und die Ein-Mann-Show auszuprobieren, die sie zusammengestellt hatten. Ames in Iowa, wo die State University ihren Sitz hat, war eine der wenigen Städte Amerikas, in denen die Marx Brothers nie gespielt hatten, und Groucho, der Gelehrsamkeit und akademischer Bildung einen ungeheuren Wert beimaß, war Schulen gegenüber immer wohlwollend gestimmt.

Er, Erin und Grouchos Klavierbegleiter Marvin Hamlisch kamen im April 1972 in Des Moines an und wurden mit der Limousine eines Beerdigungsinstituts abgeholt. »Ist das hier Death Moines?« fragte Groucho. In Ames hing an der Markise des Motels, in dem sie wohnten, ein Schild, das auf der einen Seite stolz verkündete: »Willkommen in Ames, Groucho Marx.« Die andere Seite gab mit demselben Stolz bekannt: »Midnight Buffet, Freitag und Samstag $ 1,75.« »Midnight Buffet, wer ist das, ein Rockstar?« fragte Groucho. »Seht mal, da steht: ›Für $ 1,75, soviel Sie essen können.‹ He, das ist ja fantastisch.«

Eric Lax, der für *Life* schrieb, war mit von der Partie. Er erinnerte sich, wie er mit Groucho am Theater vorbeigefahren sei, in dem er auftreten sollte. Auf die Frage, ob er hineingehen und es sich anschauen wolle, lehnte Groucho ab. »Nein, das ist, als wollte man Lincoln bitten, nochmal in die Loge zurückzugehen.«

Vor der Vorstellung, als Groucho Maske machte, war er ein bißchen mürrisch. »Das ist ein alten Gesicht«, meinte er zu Erin. »Du wachst am Morgen auf und siehst in den Spiegel, und da ist nichts mehr zu retten. Am liebsten würdest du dich wieder ins Bett legen und liegenbleiben.«

Aber er ging nicht wieder ins Bett zurück. Statt dessen unterhielt er ein Publikum von rund 2500 Menschen mit Geschichten und Liedern. Noch ehe die Show begann, erhielt Groucho stehende Ovationen für all die Erinnerungen an seine Filme, die durch sein Erscheinen auf der Bühne wieder wach wurden. Nach der Show empfing er stehende Ovationen für seine Darbietung.

Kurz nach der feierlichen Oscar-Verleihung 1974 frischte Groucho zusammen mit Erin, Marvin Hamlisch und Mike Nichols Erinnerungen an Iowa auf.

GROUCHO Erinnert ihr euch an diesen Ort in Iowa?

MARVIN HAMLISCH Oh, Iowa ist überhaupt das Größte. Wir hatten so viel Spaß dort. Ames, Iowa.

GROUCHO Mit Mädchenfangen.

MIKE NICHOLS Wann war denn das?

GROUCHO Wir machten eine Show in Iowa.

MARVIN HAMLISCH Es war Grouchos erster Soloauftritt. Wir übten den Auftritt ein. Eigentlich war es dieser Bursche von der Iowa State [University], der überhaupt die ganze Idee mit dem Auftritt hatte.

GROUCHO *(zu Erin)* Wie hieß denn noch dieser Knabe, in den du so vernarrt warst?

ERIN Oh, Tom Wilhite. Kennst du das Stück, *The Butter and Egg Man?* Der Junge war genau wie diese Rolle. Unglaublich. Wir bekamen Briefe aus Iowa, mit dem Briefkopf: Thomas L. Wilhite Productions, in denen Groucho dieses fabelhafte Angebot gemacht wurde. Wir brauchten einen Ort zum Ausprobieren und dachten: »Gut, wir fahren halt mal dahin, und wenn wir grauenhaft schlecht sind, schleichen wir uns wieder davon, und niemanden interessiert es.« Er organisierte die Limousinen und alles, plauderte über Thalberg, und wir dachten, er wäre der Impresario des Mittleren Westens! Wir kamen dahin mit Leuten von *Life,* einer Plattenfirma und so ein paar großen Tieren – und er war einfach noch ein Kind! Ich glaube, er war so ungefähr sechzehn.

MARVIN HAMLISCH Aber was für ein Organisator! Der war auf Draht. Es gab dies Schild »Ames heißt Groucho willkommen«. Das hatte alles er sich ausgedacht. Und im Holiday Inn gab's ein Groucho-Dinner für $ 3,99.

ERIN Die Limousine war ein Leichenwagen.

MARVIN HAMLISCH Erzähl alles von dem Küssen.

GROUCHO Jedesmal, wenn die Glocke läutete, küßten wir alle Mädchen.

MARVIN HAMLISCH Man durfte ein Mädchen – jedes x-beliebige Mädchen – küssen, wenn die Kirchturmglocke läutete. Und da war ein Mädchen, das hieß mit Nachnamen – und das stimmt wirklich – Kissinger. Sie lungerte draußen vor unserem Zimmer im Holiday Inn herum und wartete auf einen Kuß. Sie war von der Iowa State, und es gab da diese Einrichtung, daß man bei jedem Glockenläuten das Mädchen küssen durfte, das in der Nähe war…

GROUCHO Man durfte ein Mädchen küssen, jedes x-beliebige Mädchen. Aber Marvin – ich wollte, ich müßte das nicht noch extra sagen – in Wirklichkeit wollte ich nur dich küssen.

MARVIN HAMLISCH …Jedesmal, wenn die Glocke losging, sagtest du: »Wo ist die Kissinger?«, weil du für das Mädchen schwärmtest. Sie war eine niedliche Blondine und machte uns alle verrückt, ich mußte mir also die Kissinger sichern. Ich sah auf meine Uhr, und wenn es Viertel nach war, wußte ich, es ging gleich los. Ich sagte: »Kissinger, komm schnell hierher, gleich passiert's«, und die Glocke läutete. Ich nutzte nur die Enttäuschung aus. Ich bekam nur, was übrig war. Wer nicht zu Groucho durchkam, kam zu mir.

GROUCHO Ich ließ keinen einzigen Glockenton oder Gluckenton aus.

MARVIN HAMLISCH Groucho hörte auch dann Glocken, wenn niemand was läuten hörte.

Tom Wilhite, der junge Produzent der Ames Show, wurde später nach Kalifornien geholt, wo er bei Rogers, Cowan & Brenner arbeitete, der Agentur, die Groucho vertrat. Bei einem Dinner mit Groucho und mir erinnerte sich Tom an einige Einzelheiten des Auftritts in Ames.

TOM WILHITE Groucho, ich schrieb dir so viele Briefe, daß ich allmählich aufzugeben begann. Ich dachte, du würdest niemals mehr antworten. Dann geschah alles so schnell, und du und Erin waren plötzlich da. Ich fahre bald zurück und dachte, ich könnte mal nachsehen, was aus Kissinger geworden ist. Erinnerst du dich noch an sie?

GROUCHO Sie war ein hübsches Mädchen. Ich war ein Teufelskerl damals. Die Glocken läuteten, und ich küßte alle hübschen Mädchen. Juchhu! Du bist jetzt also der Assistent des Direktors von Rogers, Cowan & Brenner. Was machst du denn dort?

TOM WILHITE Alles quer durch den Garten. Ich arbeite mit Klienten und erledige Dinge für Mr. Cowan.

GROUCHO Führst du auch seine Frau aus? Sie ist ein ansprechendes Frauenzimmer.

TOM WILHITE Nein, so weit habe ich's noch nicht gebracht. Ich fahre jetzt auf Besuch nach Iowa zurück. Soll ich dir irgend etwas mitbringen?

GROUCHO Kissinger.

Im Mai 1972 bewies das sich wie rasend gebärdende Publikum in der nüchternen New Yorker Carnegie Hall, daß Groucho tatsächlich ein beispielloses »hot ticket« war, wie der junge Produzent von *An Evening with Groucho* ihn genannt hatte, der sonst eher darauf eingestellt war, Elton John, Mick Jagger, David Bowie und Bette Midler zu produzieren. Groucho sagte von dem Abend: »Es war so schwierig reinzukommen, daß *ich* es fast nicht geschafft hätte. Das Programm bestritten neben Groucho Marvin Hamlisch, der hinreißend Klavier spielte und manchmal als Stichwortgeber fungierte, und Erin, die ein paar von den Liedern zusammen mit Groucho sang.

Die Plattenaufnahme der Show ist eine Rarität für Sammler geworden. Groucho sagte, Schwester Donna könnte die Platten, die er ihr geschenkt hatte, später ja mal versteigern, »zusammen mit meinen Zähnen, die sie aufgehoben hat.«

Ron Delsener erzählte mir, wie die Vorstellung in der Carnegie Hall zustande kam:

»Wir wollten etwas mit Groucho machen, aber wir wußten nicht, wie wir ihn erreichen könnten. Wir schrieben einfach an Groucho Marx, Beverly Hills, und bekamen Antwort.

Wir hatten ihm so ungefähr geschrieben, wir würden für Tänzerinnen sorgen und gern mit ihm eine Show in der Carnegie Hall machen. Die Antwort lautete: ›Vergeßt das mit den Tänzerinnen, aber wieviel wollt ihr mir zahlen?‹ Das nächste, was ich hörte, war sein Agent, der anrief und sagte: ›Groucho Marx will 10000 Dollar.‹ Ich sagte: ›Das ist eine Menge Geld, aber wir zahlen − wir verlangen einfach mehr Eintritt.‹ Nicht, daß es wirklich viel Geld war, aber die Carnegie Hall faßt nur 2800 Leute.

Wir trafen telefonisch Vereinbarungen und feilschten hin und her, wer für was zu sorgen hätte. Ich sprach mit Erin Fleming über das Programm und schlug vor, sie sollten ein paar Bilder für die Werbung schicken. Groucho selbst hatte ich immer noch nicht zu Gesicht bekommen.

Der Agent sagte, wir sollten den vierten Akt von *A Night at the Opera* zeigen, die Szene in der Salonkabine. Man sagte uns, mit wem wir uns deswegen in New Jersey in Verbindung setzen müßten, und alles warte nur noch auf das große Ereignis in der Carnegie Hall. Dann kam der große Augenblick, wo ich Groucho kennenlernen sollte, und ich wurde aufgefordert, ins Regency Hotel zu kommen.

Erin öffnete die Tür, und direkt hinter ihr stand er. Er sah ein wenig anders aus, als ich ihn mir aus den Filmen vorgestellt hatte. Das Lächeln war da, und er war älter als erwartet, aber er hatte das gewisse kleine Augenzwinkern. Es war Groucho Marx. Er fragte: ›Wer sind Sie?‹, und Erin sagte: ›Das ist Ron Delsener, dein Produzent.‹ Er sagte: ›Hallo, wie geht's? Sie sehen ziemlich jung aus für einen Produzenten‹, und ein paar andere Bemerkungen dieser Art, und ich reagierte ziemlich schlagfertig. Wir verstanden uns sofort. Wir kamen glänzend miteinander aus. Er war genau mein Typ.

Am Nachmittag beschlossen wir, eine kurze Verständigungsprobe abzuhalten, ehe Groucho zum Soundcheck käme, und ich beschloß, die Filmszene laufen zu lassen. Ich glaubte, sie wäre im vierten Akt von *A Night at the Opera,* die Kabinenszene. Wir ließen den Film laufen und warteten und warteten, aber die Szene kam nicht. Wir sahen uns die ganze Spule an, aber die Szene war nicht drauf. Ich bekam langsam Panik. Ich rief Erin an und sagte: ›Einen Moment mal — das kann nicht die richtige Spule sein!‹ Tatsächlich *war* es aber die richtige Spule. Wir hatten uns genau das ausgeliehen, was der Agent gesagt hatte, aber jemand hatte uns die falsche Nummer gegeben, und es war Samstag.

Ich nahm mein Auto und jagte über die Washington Bridge nach Jersey, wo wir uns den Film besorgt hatten. Ich trommelte gegen die Scheiben, aber es war niemand da. Ich rief dort an. Vielleicht hatten sie nach Geschäftszeit einen besonderen Anschluß. Keine Antwort. Ich fuhr zurück und sagte: ›Wir müssen die Sache ohne die Filmszene machen‹, und Erin sagte: ›Nein! Nein! Nein! Ich treibe diese Spule schon irgendwo in der Stadt auf.‹

Wie sich dann zeigte, hätten wir auch die Szene nehmen können, die wir hatten. Es war eigentlich egal, denn es war ein sehr lustiger Filmausschnitt. Erin fand einen Filmfan, der die Spule besaß, nach der wir suchten, nur eben in 16 mm statt in 35 mm; das bedeutete, wir konnten den 35 mm-Projektor, den wir uns geliehen hatten, nicht verwenden. Wir riefen den Vorsitzenden der Filmvorführergewerkschaft bei sich zu Hause an und baten ihn flehentlich, uns doch einen 16 mm-Tonprojektor zu leihen. Er brachte ihn, der Film kam rechtzeitig an, und obwohl wir den Film noch nicht getestet hatten, mußte die Show beginnen. Der Vorführer versuchte immer noch krampfhaft, den Film einzufädeln, als die Show auch schon losging.

Dann kam Groucho auf die Bühne. Es war wirklich ein ganz ungewöhnlicher Abend. Die Leute hatten sich als Groucho Marx verkleidet — junge Fans, die ihn persönlich noch nie gesehen hatten, nur die Filme. Er hatte eine Kultgemeinde. Damals war Lindsay Bürgermeister, und er kam, und Woody Allen, Simon und Garfunkel, Elliott Gould und viele andere Prominente waren ebenfalls da. Dick Cavett machte die Conférence. Jeder war da. Es war eine ›hot ticket‹-Show. Sie war ausverkauft, von zehn Dollar an aufwärts.

Groucho kam auf die Bühne, und das Publikum brachte ihm stehend Ovationen dar, zu denen Dick Cavett es animiert hatte. Und los ging's: Er eilte vom Jahr Null, dem Jahr seiner Geburt, schnurstracks zur Gegenwart. Als es Zeit für den Filmausschnitt war, wurde die Leinwand heruntergelassen, und als der Film anfing, ging Groucho hinter die Bühne.

Man konnte sehen, daß es ein sehr alter Film war. Er war auf einer sehr wackligen Spule und rutschte dauernd runter. Der Film mußte mehrmals unterbrochen werden, und das Publikum lachte, aber mir kam das nicht so lustig vor. Wir beschlossen, darauf zu verzichten, einfach aufzuhören und die Leinwand wieder hochzuziehen. Als wir die Leinwand hochzogen, saß Groucho dahinter, und er sah aus, als wäre er halb eingeschlafen, was stürmischen Beifall auslöste. Von da an herrschte völlige Hysterie, und er war einfach eine Sensation. Marvin Hamlisch unterstützte ihn am Klavier, und Erin Fleming kam auf die Bühne und sang ein paar Nummern zusammen mit ihm.

Hinterher ging auf Groucho ein Sturm los. Er kam einfach nicht aus der Carnegie Hall raus. Er versuchte, zu einer Tür hinauszukommen, aber wir mußten ihn zum Vordereingang bringen. In der sich anschließenden Verfolgungsjagd wurde er fast in Stücke gerissen. Sie verloren mich im Gedränge, aber Groucho bestand darauf, nochmal um den Block herumzufahren und mich zu suchen. Na, schließlich fanden wir wieder zueinander und machten, daß wir fortkamen, in ein Restaurant namens Raffles im Kellergeschoß des Sherry Netherland, um etwas zu uns zu nehmen. Sie steckten uns in ein kleines Privatzimmer, und wir machten mit dem Spektakel einfach weiter. Wir waren sehr fröhlich.

Die Show war mitgeschnitten worden, und am nächsten Tag hörten wir uns die Bänder an. Ich war bei Groucho im Hotel, und er erzählte Geschichten über Swaynes Ratten und Katzen, von Coney Island, über die Familie Marx, und ich war einfach wahnsinnig beeindruckt von dem Gedächtnis dieses Mannes. Ich weiß am Abend nicht mehr, was ich am Nachmittag als Lunch zu mir genommen habe, und dieser Mann hatte ein so außerordentlich lebendiges Gedächtnis. Seine Sätze schienen einfach so zu strömen, darüber, was die Leute getragen, was sie gesagt hatten, Namen, Straßen – diese unmittelbare Erinnerung verblüffte mich. Und diese Bonmots! Ich kann ums Verrecken keinen Witz erzählen. Und dieser Mann erzählte mit seinen achtzig Jahren solche hinreißenden Geschichten.

Es war ein sehr erhebender Abend und Nachmittag für mich, und ich glaube, für Groucho auch. Ihn beeindruckte, daß er jetzt ein Schallplatten-Künstler war. Etwas Neues war zu seiner Karriere hinzugekommen, und er war sehr angeregt von dem Abend in der Carnegie Hall.

Ich hatte ihm am Tag der Vorstellung ein Feuerzeug geschenkt, das ich bei Dunhill gekauft hatte – ein goldenes Feuerzeug. Ich hatte

Groucho mit seiner Frau Erin

MONKEY BUSINESS (Die Marx Brothers auf See)

Groucho mit Margaret Dumont

darauf ›SRO [Standing Room Only] Carnegie Hall‹ und das Datum der Vorstellung eingravieren lassen. Er war sichtlich gerührt darüber. Er fragte mich, ob schon mal bei jemandem der Saal ausverkauft gewesen wäre, und ich antwortete: ›Ich glaube, niemand sonst brächte das fertig.‹«

Marvins Vater, Max Hamlisch, der selbst Berufsmusiker war, erzählte von der Show in der Carnegie Hall:

»In seiner Show-Nummer sagte Groucho, daß er nicht so gut wie Jack Benny Geige spielt, und zum Beweis bricht er eine Geige in Stücke. Am Tag der Vorstellung fiel meinem Sohn ein, daß er noch zwei Geigen zum Kaputtmachen brauchte: eine für die Probe und eine für die Show. Ich ging also in eins der Carnegie-Hall-Geschäfte. Attrappen konnte ich keine kriegen, deshalb mußte ich zwei relativ teure Geigen nehmen. Die erste, für die Probe, machte Groucho nicht kaputt, und bei der Vorstellung *konnte* er die Geige einfach nicht zerbrechen. Er mußte sich schließlich auf sie draufstellen, was ihm einen Riesenlacher einbrachte. Groucho schenkte Marvin die andere Geige mit einer silbernen Gedenkplakette daran.«

Marvin und seine Eltern waren mit Groucho, Erin und Ron und Ellie Delsener nach dem Konzert im Raffles, und Mr. Hamlisch erzählte folgendes davon:

»Wir gingen alle ins Sherry Netherland zum Essen. Aber zuerst fuhren wir mit dem Wagen einmal um den Block, um die riesige Menschenmenge vor dem Bühnenausgang warten zu sehen. Als wir im Restaurant ankamen, war die Bedienung langsamer als sonst, und wir kriegten bloß noch etwas kalten Lachs.«

Als Ouvertüre zu Grouchos Carnegie Hall-Show spielte Marvin Beethovens »Waldstein«-Sonate, die plötzlich in *Captain Spaulding* überging, gefolgt von einem Melodien-Potpourri aus den Filmen der Marx Brothers, das mit Mozart- und Gershwin-Zitaten durchsetzt war.

Marvin erzählte mir, wie er Grouchos Pianist und Freund wurde:

»Erin suchte einen Pianisten für Groucho, und ich besuchte ihn und spielte ihm alle möglichen Melodien und Lieder vor. Ich weiß noch wie heute, daß Groucho sagte: ›Du bist ein zweiter George Gershwin.‹ Es gefiel ihm wirklich, wie ich spielte.

Er war sehr ermutigend, sehr nett. Es ist ulkig, aber ich glaube, wenn man zwei Juden zusammen in ein Zimmer sperrt, setzt es eine

Menge jüdischer Witze, wo es nur immer geht, und ich wollte nie was anderes, als zu versuchen, ihn sehr glücklich zu machen.

Immer, wenn wir ein Lied von Irving Berlin spielten, kam er wieder auf seine Irving Berlin-Geschichte zurück. Es machte nichts, daß ich sie schon kannte. Mir gefiel es schon immer, wie er sie erzählte. Dann lernte er meine Schwester und meinen Neffen kennen und lud meine Mutter zu sich ein. Es war *fan*-tastisch! Er war sowas wie ein Großvater für mich.

Er schenkt einem Liebe. Er redet viel mit einem, und im täglichen Leben ist er fast genauso witzig wie auf der Bühne. Er ist ständig im Einsatz. Und für Musik hat er wirklich viel übrig.

Als wir anfingen, war er es, der wollte, daß ich zehn oder fünfzehn Minuten mit ihm in der Show aufträte, und daß ich ganz allein auf die Bühne ginge und die Leute unterhielte. Er sagte: ›Du machst irgend etwas, du spielst dies, du spielst das.‹ Als wir dann in Iowa waren, machte ich zehn Minuten, nicht wirklich allein, denn er war auf der Bühne, aber ich unterhielt doch die Leute, während auch er auf der Bühne war. Es war nicht gerade das Einfachste von der Welt, obwohl ich versuchte, es so aussehen zu lassen.

Er wollte, daß ich ihm in einem ganz bestimmten Augenblick einen Satz zuwarf, und das probten wir, das genaue Timing des Satzes und so weiter, alles paukte er mit mir. Es mußte spontan aussehen. Wir arbeiteten hart, aber wir hatten ungeheuer viel Spaß miteinander.

Es gab immerzu sehr viele Änderungen, und ich mußte aufpassen, daß ich am Ball blieb. Es kam auch noch vieles hinterher, aber es war eine sehr angenehme Zeit, verstehst du, mit ihm im Cadillac zu sitzen und immer irgendwohin zu fahren.

Ich glaube, es machte ihn ungeheuer glücklich, als das Echo in New York so spektakulär war. Sie hauten wirklich auf die Pauke in New York. Die drehten einfach durch seinetwegen, die flippten einfach total aus wegen ihm. Die Leute im Publikum waren als Groucho verkleidet. Plötzlich sah man jemanden, der wie Groucho Marx aussah, oder einen anderen, der wie Harpo aussah.

Was für ein Abend! Ich spielte eine Ouvertüre, und darin kam ›Hooray for Captain Spaulding‹ vor, wie Beethoven es gespielt haben würde. Alles war ganz still, und auf einmal schnappten alle über. Ich meine, schon die Ouvertüre bekam Beifall. ›Mein Gott‹, dachte ich. So ein Publikum war das. Sie waren einfach eitel Wonne und Zuneigung. Zu so einem Ereignis dazuzugehören, ist sicher etwas, was ich nie vergessen werde.

Mit meinem Leben ist das komisch. Bestimmte Augenblicke in meinem Leben sind einsame Spitze. Das erste Mal, da begegnete ich Judy Garland und spielte Klavier, und sie sang — das kann man mir niemals nehmen. Die Aufnahmen mit Barbra Streisand — das kann man mir niemals nehmen. Das sind große Momente, und das war es auch, mit Groucho auf der Bühne der Carnegie Hall zu stehen. Wenn ich damals gestorben wäre, ich wäre mit lächelndem Gesicht gestorben. Es wäre das Größte gewesen.«

Betty Comden und Adolph Green beschrieben mir, wie die Carnegie Hall-Show auf sie wirkte:

BETTY COMDEN Es war etwas, womit er lange schwanger gegangen war, und er hatte eine Menge anekdotisches Material beisammen, über das er reden konnte. Es war sowas wie ein Bewußtseinsstrom, den er einfach herausließ. Und Marvin tat das seinige, das Ganze zusammenzuhalten, denn er saß am Klavier, spielte verbindende Melodien und machte mit.

ADOLPH GREEN Hamlisch war glänzend. Er hatte ein fabelhaftes Gespür für Grouchos Stil.

Morgan Ames nahm die folgenden Bühneneindrücke von ihm mit:

»Es war eine Gelegenheit, einen Blick in eine Welt zu werfen, die fast vergangen ist; die Welt, könnte man vielleicht sagen, des Varietés und der Posse. Handfeste Pointen. Gute, derbe Witze. Als ich für ihn Klavier spielte, da merkte ich, daß man ihn trotz seiner dünnen piepsigen kleinen Stimme einfach nicht aus dem Konzept bringen kann. Er weiß ganz instinktiv, was richtig ist — nicht als Musiker, sondern als Entertainer. Er weiß einen Musiker zu nehmen. Als er zu mir sagte: ›Spiel es im Walzertakt‹, anstatt zu sagen, spiel's im Dreivierteltakt, wußte ich sofort, was er an Sound und Tempo brauchte.

Falls ich rauskomme, wenn ich für ihn spiele, macht er einfach weiter. Er versucht nicht zu korrigieren. Er weiß, wie man eine Sache in die Hand nimmt und nochmal macht. Dann bügle ich den Fehler aus, das ist der Gleichmut, der einfach herrschen sollte. Das weiß vielleicht jeder Schauspieler, aber Groucho weiß es ganz besonders.

Seine Konzentration ist immer noch einfach hervorragend. Manchmal schwimmt er davon — er gleitet einfach gewissermaßen aus dem

Text raus und wieder rein. Es ist, als ob ein Strom neben ihm entlang-fließt, und ab und zu steigt er hinein und läßt sich treiben. Dann kommt er raus und ist wieder da. Er macht das, wenn wir zusammen singen und spielen. So ist er in allem. Ich vermute, so ist er der geworden, der er ist. Wahrscheinlich könnte ihn niemand aus dem Konzept bringen, weil er nicht mal weiß, daß er drin ist. Anders hat er sich einfach nie wohlgefühlt. Er hat diesen Schwung und weiß, wo er ihn einsetzt.«

Im Mai 1972, kurz nach dem Auftritt in der Carnegie Hall, fuhr Groucho nach Cannes, um von der französischen Regierung eine Auszeichnung entgegenzunehmen. Mit einundachtzig Jahren wurde er zum *Commandeur dans l'Ordre des Arts et des Lettres* ernannt, eine Ehrung, die auch schon Charlie Chaplin und Alfred Hitchcock zuteil geworden war. Anläßlich des großen Ereignisses fand eine Gala statt, und einem ungeheuer begeisterten Publikum wurde *A Night at the Opera* gezeigt. Er wurde mit Beifall und »Grooocho! Grooocho!«-Rufen begrüßt. Er und Erin besuchten das Filmfestival in Cannes, und Groucho war schnell mit seinem Französisch am Ende, das aus »*Ooo-la-la*«, »*Vive la Beaujolais*« und »*Voulez vous choucher avec moi?*« bestand. Stolz erzählte er jedem: »Mein Vater war Franzose.«

Der französische Regisseur Louis Malle begleitete Erin und Groucho. »Ich war sowas wie der offizielle Gastgeber für Groucho«, erzählte mir Malle, »aber er war mir immer voraus. Er war ungeheuer auf Draht, und jederzeit zu singen bereit. Ich habe nie jemanden gekannt, der so gerne sang. Er ist unbeschreiblich. Wie würde ich ihn in einem Wort zusammenfassen? Nun, ich würde sagen, er ist ohne Fehl.«

Und »ohne Fehl« war Groucho in der Tat in seiner Hochachtung vor der Ehrenlegion. Als ich mit Michael Caine im Burkes in London zu Mittag aß, erwähnte er eine Party, die mehrere Monate zuvor im Hause Sidney Sheldons in Beverly Hills für ihn gegeben worden war. Michael war von Grouchos förmlichem Aufzug fasziniert gewesen. »Du warst doch mit ihm dort. Sag mal, warum trug er auf einer so zwanglosen Party seinen Frack?«

Ich erklärte ihm, daß er als Zeichen seiner Huldigung für die Party, den Gastgeber und den Ehrengast den Orden der Ehrenlegion angelegt habe und daß der Frack zu diesem Orden *de rigueur* gewesen sei. (Vor der Michael Caine-Party hatte Groucho noch zu Hause gesagt:

»Ich lege den Orden an.« Erin sagte: »Nicht zu deinem Rollkragenpullover. Du kennst doch die Regeln. Und trag die Hosen nicht so hoch.«)

1974 erhielt Groucho den Oscar. Als er die Nachricht erhielt, daß er der Empfänger des Sonder-Oscars werden sollte, war seine alles andere als überschwengliche Antwort: »Wird auch Zeit.«

In Wirklichkeit war er gerührter, als es seine Antwort vermuten ließ, aber er hätte vor nichts haltgemacht, um seine wahren Gefühle zu verbergen. Er hielt Gefühlreaktionen für nicht sonderlich amüsant, für unpassend und zutiefst privat. Auf der anderen Seite war, ernstgenommen zu werden, das einzige, was ihn noch mehr störte, als *nicht* ernstgenommen zu werden. Seine Reaktion auf diesen Moment kam ehrlicher und aufrichtiger im völligen Verzicht auf die üblichen Frivolitäten und »Rücksichtslosigkeiten« zum Ausdruck. Die Oscar-Verleihung an ihn war eines der seltenen Male, wo er sein Publikum nicht zum Lachen bringen wollte.

Groucho war der fleischgewordene »Amerikanische Traum«, das Kind von Einwanderern, für deren Kinder die Straßen tatsächlich mit Gold gepflastert waren − der Broadway nämlich und der Hollywood Boulevard. Er war ein Selfmade-Millionär, der seinen Erfolg darauf gründete, daß er das tat, was ihm von Natur aus lag und das durch ein glückliches Zusammentreffen Millionen Menschen in der ganzen Welt Freude brachte.

GROUCHO Bei der Verleihung werde ich sagen: »Ich empfange diese Ehrung nicht nur für mich, sondern auch für Chico und Harpo.« Dann werden sie acht Minuten lang unsere alten Filme zeigen.

ICH Wie würde deiner Mutter dieser Abend gefallen haben!

GROUCHO Nach all ihren Mühen sah sie uns doch schließlich Stars werden. Sie war eine großartige Frau.

In der Woche vor dem großen Ereignis wartete Groucho begierig auf die Glückwunschtelegramme seiner Freunde. Als dann die Telegramme eintrafen, spielte er den Gleichgültigen, genau wie in *The Cocoanuts.* »Das hier ist von meiner Tante Fanny. Sie hat gerade einen acht Pfund schweren Jungen zur Welt gebracht, und wir sind nächste Woche zur Hochzeit eingeladen.« Aber jedes Telegramm wurde sorgfältig aufbewahrt. Das erste kam von Bill Cosby. »Er ist ein wirklicher Freund«, bemerkte Groucho.

Am 2. April 1974, dem Verleihungsabend, nahmen Groucho, Erin und ich früh ein leichtes Dinner zu uns. Sie war viel nervöser und aufgeregter als er.

ERIN Oh, ich habe mir nicht einmal das Haar waschen können.

GROUCHO Ich würde mir das Haar waschen, wenn ich's finden könnte.

Wir aßen früher als gewöhnlich zu Abend, weil Groucho lieber sein eigenes Essen zu sich nehmen wollte. Wenn er auf das nach der Verleihung gebotene Party-Service-Essen gewartet hätte, hätte er sich nicht darauf verlassen können, daß es salzfrei war. Während des Essens probierte er für uns seine Dankrede aus. Und während er sprach, wurden überall in Beverly Hills Dankreden geprobt, die nie gehalten wurden. Denn nur die Empfänger der Sonder-Oscars wissen im voraus, daß sie Gewinner sind. Groucho hatte lange, lange auf seinen Oscar warten müssen, aber nun wußte er wenigstens noch vor all den Zeremonien sicher, daß er wirklich einen bekäme. Im Auto auf dem Weg zum Dorothy Chandler-Pavillon probte er mit Erin.

Zu der feierlichen Oscar-Verleihung trug Erin ein Silberlamékleid. Dieses Kleid verhielt sich dem Anlaß völlig angemessen, indem es ins Rutschen kam. Erin erzählte − mit gelegentlichen Zwischenbemerkungen von Groucho − Nunnally Johnson die Geschichte kurz nach der Verleihung bei einem Tee in Johnsons Haus. Groucho hatte den Oscar mitgebracht, was nur recht und billig war, denn Nunnally Johnson war es gewesen, der der Academy of Motion Picture Arts and Sciences den Brief mit der Nominierung Grouchos geschrieben hatte.

ERIN Wir bekamen einen 50 000 Dollar teuren Stutz Black Hawk geliehen, um damit vorzufahren, darin gesehen zu werden und dafür zu werben. Der Presseagent saß vorn neben dem Chauffeur und wir auf dem Rücksitz, ich in voller Garderobe und mit Diamanten im Wert von $ 60 000 an mir, die uns ebenfalls zu Werbezwecken geliehen worden waren. Du weißt ja, wie das so läuft. Auf der Sixth Street, vielleicht vier Querstraßen vor dem Pavillon, gab der Wagen den Geist auf. Der Chauffeur drehte durch, kriegte ihn aber nicht wieder hin. Und wir standen mitten auf der Straße, wo alle vorbeikamen.

Bill Feeder, der Presseagent, sprang aus dem Wagen und stoppte das erstbeste Auto. Es gehörte zwei jungen Männern, die absolut nicht erwartet hatten, daß sie uns dorthin fahren würden. Wegen meines Kleides saß ich vorn. Es war ein Cabriolet, und ich vermute, der Sitz war dreckig. Ich merkte das nicht, bis wir ankamen. Daher das Foto von uns, wie wir aus diesem alten, runtergekommenen Cabrio steigen. Wir wußten nicht einmal, daß es im Fernsehen übertragen wurde. Aber du kannst dir die Leute von Stutz Black Hawk vorstellen, wie sie erwarteten, ihren Wagen zu sehen, und dann kommt da so ein altes, rotes Cabriolet an, und wir springen heraus.

GROUCHO Aber du hast die Geschichte mit deinem Busen noch nicht erzählt. Die eine Brust guckte raus.

ERIN Das ist *deine* Lieblingsstelle.

GROUCHO Sie trug ein sehr tief ausgeschnittenes Kleid...

ERIN Ich hätte mir eigentlich ein Stück Doppelklebeband innen in mein Kleid kleben müssen, aber ich vergaß es. Als wir schließlich reingingen, bemerkte ich, daß ich mir im Auto mein Kleid hinten schmutzig gemacht hatte. Die Garderobenfrau rannte herum, um irgend etwas aufzutreiben, womit man mein Kleid reinigen könnte, und als nächstes, du weißt, wegen dem vergessenen Klebeband, hopste eine meiner Brüste heraus. Burt Reynolds kam vorbei und sagte: »Nett, was sich hier tut.«

Als wir vor dem Dorothy Chandler-Pavillon aus dem Auto stiegen, wurde auch ich von der Menge, die auf die Prominenten wartete, mit ungeheurem Jubel empfangen. Am selben Abend sprachen wir auf der Party über den Hochruf, den ich abbekommen hatte.

ERIN Wenn man ankommt, fühlt man sich wie ein Löwe im Käfig oder so ähnlich. Sie machen alle »Ooooo!« Und sie lassen alles und jeden hochleben. Ich meine, *jeder* könnte da kommen und würde riesigen Applaus erhalten.

ICH Ich bekam einen Riesen-Hochruf ab.

GROUCHO Du bekamst was ab?

ICH Einen Riesen-Hochruf.

ERIN Man brachte einen der gewaltigsten Hochrufe auf sie aus.

GROUCHO Nur einen?

ICH Ja... aber einen ganz anständigen.

Von da an nannte mich Groucho oft sein »Einfach Hoch«.

Bei der feierlichen Oscar-Verleihung ist die Kleidung formell, aber die Eleganz geht weit über alles Formelle hinaus. Das Theater funkelt von Juwelen, schimmert von metallischem Putz, und meterweise weht luftig wallender Chiffon durchs Parkett. In ihren Smokings sehen die Männer außerordentlich chic aus, aber der Abend gehört in Wahrheit den strahlenden, geputzten Damen.

Ein mit allen denkbaren Vorzügen ausgestattetes europäisches Starlet eilte auf Groucho zu und umarmte ihn, wobei sie die Luft neben seinen beiden Wangen küßte. Groucho sah diese Spezies des europäischen Kusses schon immer als reine Verschwendung an. Er erkannte weder Gesicht noch Dekolleté der Dame wieder, aber sie sagte leidenschaftlich: »Groucho, wollen wir uns nicht einen Moment zusammensetzen?« Er warf einen Blick auf ihren Brustansatz und das arg strapazierte Mieder ihres Kleides und antwortete: »Wieso? Fallen Sie auseinander?«

Für den Abend der Verleihung werden zu beiden Seiten des Eingangs provisorische Tribünen mit Blick auf die Straße errichtet. Der Weg, der zum Pavillon hinaufführt, ist mit einem langen roten Teppich ausgelegt, auf dem die Gäste von ihren Autos bis zum Eingang gehen. Uniformierte junge Männer, manche von ihnen aufstrebende Schauspieler, die hoffen, entdeckt zu werden, eilen hin und her und helfen Leuten aus den Autos, die sie dann zum Parkplatz fahren, als gebe es keine Chauffeure, die das tun könnten. Viele kommen in ihren eigenen Limousinen mit Fahrer, oder in einem Wagen, der gemietet oder von den Studios ausgeliehen oder vom *Playboy* zur Verfügung gestellt wurde. Einige wenige, wie zum Beispiel Marvin Hamlisch, fahren selbst.

Wenn die Stars über den roten Teppich sich dem Pavillon nähern, bleiben sie an Army Archerds Interviewpodium stehen, wo sie für die inländischen Fernsehstationen interviewt werden. Die Reaktion der Menge auf ihre Ankunft ist das Barometer ihrer Bedeutung als Star. Die Blitzlichter der Fotografen blenden einen fast. Man hört ein Potpourri fremder Sprachen, denn hier haben die Mitglieder der Auslandspresse ihren Platz.

Im Innern des Pavillons sieht die Szene einer Galapremiere in einem größeren Opernhaus nicht unähnlich, außer daß es in Südkali-

232

fornien weniger Pelze zu sehen gibt, auch haben die Garderobenfrauen nicht so viel zu tun wie vielleicht in anderen Teilen des Landes. Denn viele Leute tragen nur einen leichten Umhang, den sie oft einfach im Kofferraum ihres Wagens lassen. Im Foyer wird Champagner serviert, und Operngläser stehen denen zur Verfügung, die in den entferntesten Regionen des Zuschauerraums sitzen müssen.

Groucho gab mir seine Eintrittskarte. »Ich werde sie nicht brauchen«, erklärte er. »Wenn sie mich nicht reinlassen, gehe ich nach Hause und sehe mir's im Fernsehen an.« Mein Platz war neben Cher, die zu den Oscar-Überreichern gehörte. Wie alle Überreicher war sie schon vor ihrem Auftritt genauestens über alles informiert, damit sie noch rechtzeitig hinter die Bühne gehen und ihre Frisur und ihr Make-up richten konnte. Viele der Teilnehmer an der Oscar-Verleihung probten im voraus im Parkett ihren Auftritt, wie auch Groucho es getan hatte.

Wegen der Wichtigkeit der Fernsehberichterstattung werden diejenigen Plätze als die besten angesehen, die von der Kamera erfaßt werden können. Für die Fernsehanstalten ist es wichtig, daß die Stars, die Kandidaten und manchmal ihre Begleitung für Einstellungen, die ihre Reaktionen zeigen, im Publikum leicht ausfindig gemacht werden können. Einige sehr gute Plätze liegen außer Reichweite der Kamera, und dort sitzen wichtige, aber weniger bekannte Persönlichkeiten — Studiochefs, Produzenten und Leute hinter den Kulissen. Die Gewinner kehren nicht auf ihre Plätze zurück. Sie verschwinden hinter der Bühne, wo sie den Rest der Festivität damit zubringen, interviewt und fotografiert zu werden. Die Verlierer bleiben normalerweise auf ihren Plätzen sitzen, um der Welt mit ihrem Dulderlächeln zu beweisen, daß sie »keine Spielverderber« sind eine fürchterliche Tortur, vor allem für die, denen alle Freunde versichert hatten, daß sie »mit Sicherheit« gewännen.

Marvin Hamlisch erzählte mir, wie es für ihn als dreimaligen Oscar-Preisträger war:

»Von der Verleihung, auf der ich den ersten Oscar bekam, erinnere ich mich an nichts mehr. Ich war einfach wie betäubt. Es war *fantastisch*! Das nächste, woran ich mich erinnere, ist, daß wir uns alle [Marvin, Terry und ihre Eltern] über die Schokoladentorte hermachten, die meine Mutter aus New York mitgebracht hatte, bevor wir dann zum Academy-Dinner gingen.«

Terry Hamlisch fügte hinzu:

»Als Marvin zu der Oscar-Verleihung ging, bat ihn kein Mensch um sein Autogramm, und nur Army Archerd wußte überhaupt, wer er war. Als er rauskam, drängten und schrien die Leute nach einem Autogramm von ihm.«

Groucho blieb den größten Teil des Abends hinter der Bühne, wo er geschminkt wurde und mit der Presse redete. Kurz bevor er auf die Bühne ging, wurde eine Szene aus *Minnie's Boys* mit dem Titel »The Act« mit Danny Fortus als Groucho gezeigt. Jack Lemmon, der später am Abend selbst den Oscar als bester Schauspieler erhalten sollte, überreichte Groucho die Auszeichnung. Als Groucho auf der Bühne erschien, empfing ihn das Publikum mit langanhaltendem Applaus. Ehe er auf die Bühne ging, sagte er zu mir:

»Das hier ist ein Anlaß, bei dem ich nur ernst sein kann. Ich glaube, Witze sind heute nicht angebracht. Ich habe stets für jede Situation einen Scherz bereit gehabt, aber nicht für diese.«

Wie versprochen, war seine Ansprache ernst. Die drei wichtigsten Frauen seines Lebens — seine Mutter, Margaret Dumont und Erin — bedachte er mit einem Sonderlob und sagte auch, er wünschte, Harpo und Chico hätten diesen Abend miterleben können.

Dennoch erntete er trotz seiner ernsten Absichten und seines zurückhaltenden Auftretens Gelächter, als er davon erzählte, wie Margaret Dumont mit Beharrlichkeit auf seine Witze reagierte. »Nie kapierte sie die Witze. Immer wieder fragte sie mich: ›Worüber lachen die, Julie?‹« Das Academy-Publikum jedoch kapierte.

Obwohl Groucho offensichtlich weniger aufgeregt war als Marvin, war er, an Rücksicht, Hochachtung und die Schmeicheleien gewöhnt, die ihm von der Menge wie von seinesgleichen zuteil wurden, alles andere als abgebrüht. Sein Oscar stand die nächsten paar Tage während aller unserer Mahlzeiten auf dem Eßtisch. Als er schließlich weichen mußte, erhielt er einen Ehrenplatz auf dem Tisch im Gang, der zu Grouchos Schlafzimmer führte. Erin äußerte den Wunsch, einen Spot auf ihn zu richten, aber Groucho wies die Idee als »spotbillig« zurück. Nach der Verleihung brachen wir zum Hilton Hotel auf, wo der Governors' Ball stattfand, wobei sich »Governors« auf den Board of Governors, das Kuratorium der Academy of Motion Picture Arts and Sciences, bezieht. Groucho nannte die Veranstaltung die »Gouverneurs-Balz«.

Zuerst aber mußten wir auf seinen Wagen warten. Nach Grouchos Worten ist der wahre Gleichmacher, wenn man nach der Oscar-Verleihung auf sein Auto warten muß. »Daß man einen Oscar gewonnen hat, holt einem den Wagen kein bißchen schneller herbei.« Man muß trotzdem die ganze Masse der Limousinen abwarten.

Beim Warten begegneten wir William Wyler, der erzählte: »Erinnerst du dich noch an das Jahr, Groucho, als wir auf unsere Wagen warteten, und durch den Lautsprecher wurde ›Simone Simon‹ aufgerufen? Du sagtest: ›Die kenne ich beide.‹«

Der Governors' Ball ist eine Dinnerparty, die im Anschluß an die Oscar-Verleihung stattfindet. Nicht jeder, der zur Oscar-Verleihung eingeladen ist, ist es auch zu dem Ball, aber alle für den Oscar Nominierten sind eingeladen. Die Verlierer gehen manchmal trotz Einladung nicht hin. »Ihr habt wohl unterwegs ein paar verloren«, sagte Groucho und zeigte auf ein paar leere Stühle in der Nähe. »Es ist aber auch alles andere als amüsant, wegen des Beileids auf den Governors' Ball zu gehen.« Zu diesem Anlaß wird der Ballsaal des Hilton mit Tischen vollgestellt, nur ein kleiner Bereich bleibt frei, der zum Tanzen nach der Musik eines Orchesters reserviert ist. Die Plätze an den Tischen sind namentlich reserviert.

Nach dem Essen wird getanzt. Die Unterhaltung besteht aus Fachsimpeleien über Filme, die Leute, die sie machen, und die Oscar-Preisträger. In dem Jahr rannte während David Nivens Rede ein nackter männlicher »Flitzer« über die Bühne, worum sich natürlich viele Unterhaltungen drehten.

An Grouchos Tisch hatte auch der mittlerweile verstorbene Henri Langlois seinen Platz. Er hatte für die Rettung und Erhaltung von 60000 Filmen in der Cinémathèque Française einen Oscar erhalten. Viele bedeutende Filme wären verloren gegangen, hätte er nicht, während der Nazizeit selbst unter Einsatz seines Lebens, eine Kopie gerettet. Groucho begrüßte Langlois mit: »Crepe Suzette« und fragte ihn, ob er eine Kopie von *Humorisk,* dem Stummfilm der Marx Brothers, habe. Er hatte keine, wünschte aber, er besäße eine.

GROUCHO Welcher von unseren Filmen gefällt Ihnen am besten?

HENRY LANGLOIS Mir gefallen *Duck Soup, Night at the Opera, At the Circus, The Cocoanuts, Animal Crackers* und *Horse Feathers* sehr gut.

GROUCHO Mein Lieblingsfilm ist *Night at the Opera*.

HENRY LANGLOIS Aber jeder Marx Brothers-Film, den wir sehen, ist fantastisch. *Duck Soup* habe ich viele Male in meinem Leben gesehen. Aber 1940, kurz nach dem Ende des Krieges in Frankreich und der Invasion, ging ich nach Südfrankreich und sah *Duck Soup*. Fantastisch! Der Film war genau wie ein Dokumentarfilm von der Zeit, als ich in Frankreich Soldat war. Er war absolut verrückt. Wenn man wissen will, was von Mai bis Juni 1940 in Frankreich passiert ist, muß man sich *Duck Soup* ansehen. Es ist der einzige Film, der erklärt, was damals in Frankreich geschah.

GROUCHO Glauben Sie, die Maginot-Linie ist sehr sicher?

HENRI LANGLOIS Wissen Sie, was jetzt mit der Maginot-Linie passiert? Man verkaufte die Überreste der Maginot-Linie, aber niemand will sie. Sie haben sie öffentlich versteigert, aber niemand will die Maginot-Linie kaufen.

GROUCHO Es ist ganz simpel. Anstatt die Maginot-Linie anzugreifen, gingen sie um sie herum.

HENRI LANGLOIS Genau wie in *Duck Soup,* ganz genau.

GROUCHO Leo McCarey war ein großartiger Regisseur. Und ein lustiger Mensch. Wir hatten eine Menge Spaß mit ihm.

HENRI LANGLOIS Aber ich glaube, die allergrößten Regisseure der Marx-Brothers-Filme sind die Marx Brothers.

GROUCHO Wissen Sie, daß wir heute populärer sind als vor dreißig Jahren? Die ganz Jungen stehen jetzt auf uns.

HENRI LANGLOIS Jedes Jahr kommen neue Leute in die Cinémathèque, um zu lachen. In den Büchern steht warum, aber die sind unwichtig. Sie lachen, weil die Marx Brothers jeden zum Lachen bringen. Es war einmal ein Stuhl, und ein Philosoph und ein Naturwissenschaftler und andere redeten, jeder auf seine Weise, über den Stuhl. Dann kam ein Mann herein, der es nicht besser wußte. Er setzte sich auf den Stuhl. Und der Stuhl, er war so glücklich, denn dafür war er gemacht. Heute habe ich entdeckt, wie oft alle diese Filme im Fernsehen gezeigt werden. Ich besuchte heute Mae West. Sie zeigte mir die Briefe, die sie bekommt, Briefe von Kindern, die elf, zwölf und sechzehn sind, und sie schreiben: »Madam, ich habe Ihre Filme im Fernsehen gesehen. Sie sind wundervoll. Ich liebe Sie.«

GROUCHO Heute kamen zwei Elfjährige an meine Haustür und brachten mir eine Schachtel Zigarren. Rauchen Sie Zigarren?

HENRI LANGLOIS Immer nur Zigaretten. Ich rauche fünf *paquets* pro Tag.

GROUCHO Wie gefällt Ihnen Amerika?

HENRI LANGLOIS Es ist großartig! Ich bin sehr glücklich, denn ich habe einen Ort in der Welt gefunden, wo man nicht annimmt, man sei verrückt, wenn man sagt: »Bitte ein Glas Wasser.« Überall, wo ich hinkomme, sage ich, ich möchte Wasser, und man gibt mir Wasser. In allen Restaurants wird einem ohne Aufforderung ein Glas Wasser gebracht.

GROUCHO Das erste, was sie in Paris tun: sie klatschen dir eine Flasche Champagner hin, ob du sie willst oder nicht.

Während des Essens wandte sich Groucho an mich und sagte: »Ich hätte diesen Oscar schon vor Jahren bekommen müssen.« Er war ganz ernst, wie schon den ganzen Abend.

Am nächsten Tag erhielt Erin *ihren* Oscar — ein winziges Goldamulett. Es war eigentlich Erin, die beschloß, wo in Grouchos Haus der Oscar aufgestellt werden sollte.

ERIN Dein Oscar kommt an die hintere Wand in der Diele vor das Bild von den vier Marx Brothers, mit einem Spot drauf. Ich möchte, daß du, wenn du auf dem Weg in dein Zimmer um die Ecke biegst, absolut überwältigt bist. Ich habe was Kleines für die Eingangsdiele bekommen, ein kleines französisches Sofa...

GROUCHO Ich habe was Kleines bekommen, Punkt.

ERIN Wenn du mit Leuten einen Rundgang durch deine Fotosammlung machst, werden sie überwältigt sein, wenn sie das Bild mit dem Oscar davor sehen. Das wirkt sehr dramatisch.

Einer von Grouchos Gästen war Billy Wilder, selbst sechsfacher Oscar-Preisträger. Ein anderer Gast, Bill Cosby, nahm Grouchos Oscar in die Hand, besah ihn sich und stellte fest: »Er sieht eher wie einer von meinen Leuten aus, und nicht wie einer von deinen.«

Auf dem Governors' Ball hatte Henri Langlois Groucho zu einer Vorführung einiger seltener französischer Filme aus der Zeit um die Jahrhundertwende eingeladen, die er aus der Cinémathèque Française eigens zur Film Exhibition in Los Angeles mitgebracht hatte. Ein paar

Tage später begleiteten Grouchos Enkel Andy und ich Groucho ins Paramount Theatre, wo wir von Gary Abrahams und Gary Essert, den Direktoren der Filmex, begrüßt und zum Balkon hinaufgeführt wurden, der nur für uns reserviert war. Obwohl das übrige Theater voll war, saßen wir allein auf dem Balkon.

Groucho war von den Filmen ziemlich beeindruckt. Seine Begeisterung fand lauten Ausdruck und war im ganzen Theater zu hören, denn die Filme waren stumm. »Ich bin froh, daß ich hier bin.« Seine Stimme wurde sofort erkannt, und unter uns hörten wir Leute sagen: »Das ist Groucho Marx!« Er gab die ganze Vorstellung hindurch seine Kommentare ab. Das Publikum genoß nicht nur die seltene Aufführung, sondern auch Grouchos gelegentliche Bemerkungen. Er bekam einen großen Lacher, als er sagte: »Diese Filme sind so alt wie ich.«

Das zweistündige Programm begann mit Filmen von vor 1900 und wurde dann mit Filmen von Pionieren wie Lumière, Méliès und Zecca fortgesetzt. Auch einen *Hamlet* mit Sarah Bernhardt gab es zu sehen, der Groucho daran erinnerte, daß er einmal in einem Programm mit ihr aufgetreten war. Grouchos Liebling unter diesen Filmen war Zeccas *Les Victimes de l'Alcoolisme*. Besonders bewunderte er die Darstellung des Säufers, sowie Little Tich, einen Anfang des Jahrhunderts in Londoner und Pariser Varietés berühmten Clown. Hinterher blieb Groucho bei Henri Langlois und Dan Price stehen und sprach kurz mit ihnen. »Den Säufer fand ich am besten«, sagte er.

Vier Wochen später gab Groucho anläßlich seiner Auszeichnung mit dem Oscar eine denkwürdige Party im Hillcrest Country Club. Alle seine Freunde waren eingeladen, und es setzte keine Beleidigungen, nicht einmal freundliche. Die Party fand am 30. April 1974 statt.

Am Nachmittag vor der Party gingen Groucho, Erin und ich die Gästeliste durch. Groucho wollte sie noch einmal genau überprüfen, um sicherzugehen, daß auch keiner seiner Freunde vergessen worden war.

ERIN Liza Minnelli kommt. Warum bitten wir sie nicht zu singen?

GROUCHO Sie ist ein Gast. Ich habe sie eingeladen. Sie kommt nicht zum Arbeiten.

Am Abend der Party speiste ich allein mit Groucho, während Erin schon vorging, um sich zu vergewissern, daß im Hillcrest alles in Ordnung war. Als Grouchos Garderobiere legte sie letzte Hand an seinen Aufzug. Sie legte seinen blauen Drillichanzug und seinen weißen Rollkragenpullover bereit, dann schüttelte und bürstete sie umständlich seine blaue Baskenmütze. Sie zeigte mir, wie es auszusehen habe, und erklärte mir, daß ich mich vergewissern müßte, daß er sie auf genau die richtige Art und Weise trüge. Erins letzte Ermahnung, als sie zur Tür hinaus ging, war: »Groucho, trag deine Hosen nicht zu hoch.«

Wir beendeten unser kleines Mahl. Obwohl Groucho wußte, was für ein Fest er für seine Gäste im Hillcrest arrangiert hatte, gab er doch dem Geregelten seiner Essenszeit und der Ruhe seines Eßzimmers den Vorzug, um später auf der Party nur noch ganz wenig zu sich zu nehmen. Er sah auch voraus, daß im Hillcrest nicht viel Zeit zum Essen bleiben würde, denn es handelte sich ja nicht nur um eine Privatparty, sondern auch um eine Vorstellung sozusagen auf allerhöchsten Befehl. »Bei so was kriege ich nie die Chance, was zu essen«, sagte er leise zu mir.

Als Groucho und ich ankamen, war der Hillcrest Country Club schon voller Menschen. Bei seinem feierlichen Einzug begrüßten ihn Freunde und Bekannte herzlich, darunter Morrie Ryskind, Bill Cosby, Jack Nicholson, Marvin Hamlisch, Nat und Helen Perrin, Milton Berle, George Burns, George Seaton, Eden Marx, Steve Allen, Liza Minnelli, Jack Haley jr., George Segal, June Banker, Tony Navarro, Bud Yorkin, Robert Altman, S. M. Estridge, Alice Cooper, John Guedel, Terry und Lilly Hamlisch, Joe Hyams, Elke Sommer, Irving Wallace, Walter Mirisch, Carl Reiner, Cass Elliott, Freddie Fields, George Peppard, Lee Bowman, William Wyler, Hugh Hefner, Barbi Benton, der französische Konsul, General Jacques Roux, und seine Frau Gunvar, Warren und Josette Cowan, William Peter Blatty, Bill Feeder und Marvin und Nan Meyer. Zeppo war auch da, von seiner Ex-Frau Barbara begleitet, aber Gummo hatte nicht kommen können. Grouchos Köchin Martha und sein Dienstmädchen Agnes waren eingeladen, und Groucho posierte mit ihnen für ein Foto.

Groucho hatte von allem das Beste in schier unbegrenzten Mengen auftragen lassen. Das Ganze wurde von endlosen Strömen Mouton Cadet begleitet. Sobald der Wein in den Gläsern der Gäste auch nur etwas abnahm, wurde nachgefüllt. Austern, Hummer, Garnelen gab es im Überfluß und Salate in einem so reichhaltigen kalten Bufett, daß sich die meisten Gäste schon übersatt gegessen hatten, als verkündet wurde, nun werde das Dinner serviert. Es folgten das Exzellenteste vom Rind, Chateaubriand, Hühnchen, Kalb, frische Lachsfilets und das ganze Drum und Dran. Die erlesenen Blumengebinde auf den Tischen waren mit Bändern geschmückt, an denen Kekse in Tierform (animal crackers) hingen. Als Dessert gab es Eisbomben, Kuchen, Torten, Eis und Petits fours.

Erin, die ein enganliegendes langes, weißes, perlenbesetztes Kleid trug, saß auf der einen Seite neben Groucho und ich auf der anderen, während jeder Gast einzeln an den Tisch trat, um den Gastgeber, der hier auch der Ehrengast war, zu begrüßen und von ihm begrüßt zu werden. Mit an unserem Tisch saßen Keenan Wynn und seine Tochter, sowie Bill Cosby. George Burns kam heran, um Groucho zu begrüßen, und erzählte uns folgende Geschichte:

»Vor Jahren gab es ein Lied, das ging: ›Wenn ich meine Mama nicht jeden Abend seh, seh ich sie nie!‹ Nun, ich mag Seebarsch, aber jedesmal in den letzten vierzig Jahren, wenn ich Seebarsch bestellte, verpaßte mir Groucho den Satz: ›Wenn ich nicht See Barsch jeden Abend, ich See Barsch nie.‹

Vor vierzig Jahren war das sehr lustig. Heute, nach vierzig Jahren, ist es nicht mehr so lustig. Also, neulich habe ich Appetit auf Seebarsch. Aber ich denke nicht daran, in Gegenwart Grouchos zu bestellen und diesen lausigen Witz wieder zu hören, also flüstere ich meinen Wunsch dem Kellner ins Ohr. Der Kellner kommt zurück und sagt: ›Wenn ich nicht See Barsch jeden Abend, ich See Barsch nie.‹«

Hugh Hefner kam mit Barbi Benton an den Tisch und erzählte Groucho, wie sehr er das Interview bewundere, das Groucho dem *Playboy* gegeben hatte — und Groucho erzählte Hefner, wie sehr er Barbi bewundere.

Tony Navarro faßte eine von Grouchos schlagendsten Eigenschaften in Worte:

»Als ich ihn kennenlernte, war das, was mich damals beeindruckte und mich auch heute noch beeindruckt, daß die Figur aus seinen Filmen mit dem wirklichen Menschen so perfekt übereinstimmt. Seht ihn euch an. Es ist, als wäre er gerade von der Leinwand heruntergestiegen.«

240

Bevor der Unterhaltungsteil begann, spielte ein Orchester Tanzmusik, eine Gelegenheit, die sich Groucho nicht entgehen ließ, um mit Erin zu tanzen.

Bill Cosby übernahm die Conférence für den Abend. Die meisten der berühmten Gäste, aber auch ein paar weniger berühmte traten auf. Grouchos Dienstmädchen, Agnes, sang »Summertime«, wie schon oft auf Grouchos Parties zu Hause. George Segal spielte Banjo und sang »Darktown Strutters' Ball«, während Bill Cosby dazu trommelte, Steve Allen und George Burns erzählten Geschichten, und Robert Altman polterte zum Mikrophon rauf und verkündete: »Das hier ist die beste Party, auf der ich je gewesen bin.« Alice Cooper überreichte Groucho den zweiten alljährlichen Alice Cooper Living Legend Award — eine Plakette mit einer aufgerollten Schlange darauf. »Muß ich das behalten?« fragte Groucho und revanchierte sich später mit einem ausgestopften Gorilla, der ein »Tell 'em Groucho sent you« T-shirt trug.

Morrie Ryskind, einer der besten Autoren des Broadway und Hollywoods, stand auf und hielt eine Rede. Obwohl er ein interessanter Redner war, brachte er die Sache nicht so wie ein professioneller Schauspieler und erntete wenige Lacher. »Ich bin halt kein Showmensch«, erklärte er mir später. »Wenn Groucho meine Rede gehalten hätte, lachten die Leute jetzt noch. Kein Mensch bittet *mich* je um ein Autogramm.«

Gegen Ende des Abends, als schon fast alle gegangen waren, ging Erin auf die Tanzfläche. Sie sah Groucho an, dann setzte die Musik wieder ein, und Erin begann ihren Solotanz für ihn. Das ging schon ziemlich verrückt los und wurde schneller und schneller bis zum Punkt totaler Hemmungslosigkeit, während die Musiker tapfer versuchten, ihrem Gewirbele zu folgen. Erin wiegte sich und kreiselte, ging in die Hocke und kam wieder hoch, wobei ihr der Rock ein paarmal über den Kopf wirbelte. Hinterher fragte sie mich: »Man konnte doch hoffentlich nichts sehen, oder?« Ihre Beweglichkeit und Leidenschaft verbanden sich mit einer Heftigkeit, die dem kleinen noch anwesenden Publikum fast mehr den Atem benahm als der Tänzerin. Keiner ging; vielmehr, es bewegte sich kaum jemand, bis sie zu Ende getanzt hatte, und Groucho wandte kein Auge von ihr. In seiner übergroßen Freude erzählte er tagelang jedem voller Stolz, wie großartig sie gewesen war.

Die Party endete wie so viele von Grouchos Partys mit *da capo*-Rufen nach dem unvermeidlichen »Peasie Weasie«. Die Gäste verließen den Hillcrest Club an diesem Abend in einer Stimmung, gemischt aus Rührung und Euphorie. Am nächsten Morgen nannte der *Hollywood Reporter* das Ereignis »das schönste Fest des Jahres oder überhaupt«.

Nach der Oscar-Verleihung trat Groucho auch weiterhin in Shows oder öffentlich auf. Er war in Bob Hopes Comedy Special und bei Emmy-Verleihungen zu sehen und nahm an zahlreichen Wohltätigkeitsveranstaltungen teil. Anläßlich der New Yorker Wiederaufführung von *Animal Crackers* machte er Schlagzeilen.

Aus Rechtsgründen war *Animal Crackers* seit mehr als zwanzig Jahren nicht mehr im Verleih. Mittlerweile aber war eine ganz neue Generation von Marx Brothers-Fans herangewachsen. Durch Wiederaufführungen und über das Fernsehen hatten sie bis auf *Animal Crackers* alle Filme kennengelernt, und eine riesige Nachfrage entstand nach diesem Film, der im Laufe der 70er Jahre allmählich so etwas wie eine *cause célèbre* geworden war. Aber Universal Pictures, die den Film von Paramount erworben hatten, konnten den Film nicht neu herausbringen, bis die Verhandlungen mit den Erben George S. Kaufmans, die die Dialogrechte besaßen, nicht abgeschlossen waren. Obendrein war Universal nicht ganz sicher, ob die Nachfrage groß genug sei, um die Kosten für die neuen Kopien, den Vertrieb und die Werbung für einen Film zu decken, der 1930 in New York nach einem abgetakelten 20er Jahre-Musical gedreht worden war, selbst wenn die Marx Brothers darin auftraten.

Eine Gruppe von Studenten des UCLA, auch sie Marx Brothers-Fans, beschloß etwas zu unternehmen, um Universal davon zu überzeugen, daß *Animal Crackers* es wert sei, wieder für den Filmvertrieb freigegeben zu werden. Unter der Leitung von Steve Stoliar gründeten sie eine Gruppe mit dem Ziel, *Animal Crackers* wieder in die Kinos zu holen, und nannten sie CRAC, eine Abkürzung für Committee to Re-release Animal Crackers. CRAC breitete sich schnell im ganzen Land aus, und Tausende von Unterschriften aus allen Universitäten Amerikas wurden gesammelt und an Universal weitergeleitet.

Auch Groucho war außerordentlich interessiert daran, *Animal Crackers* wieder »aus der Büchse« zu holen, obwohl er keine finanziellen Interessen mehr an dem Film hatte. Universal war erstaunt, ja beeindruckt, aber nicht eben überzeugt, was die potentielle Zugkraft ihrer Erwerbung von Paramount betraf. Zu Grouchos persönlichem Werbefeldzug für *Animal Crackers* gehörte es, während des March of Dimes-Dinners zu Ehren von Jack Benny das Ohr von Sid Sheinberg von der Universal »geneigt zu machen«. (»Stell dir bloß mal ein geneigtes Ohr vor«, sagte Groucho zu mir und faltete eins seiner Ohren zusammen). Bei der Oscar-Verleihung knöpfte sich Groucho Lew Wasserman von der Universal vor. (»Und er hatte nicht mal was zum Knöpfen.«) Wasserman war mit Groucho und Henri Langlois nach der Oscar-Verleihung zum Governors' Ball gegangen, und Groucho erzählte ihm von den *Animal Crackers*-Premieren in Kalifornien und New York und von dem geplanten Benefiz für die Cinémathèque Française. Daß Grouchos Oscar auf dem Tisch neben dem von Henri Langlois stand, übte vielleicht auch eine stille, charakterstärkende Überzeugung aus. Und Jennings Lang von der Universal wurde bei einem Spaziergang durch die Straßen von Beverly Hills von Erin, die in ihrer Rolle als Grouchos persönliche Managerin nie zimperlich war, regelrecht ins Gebet genommen.

Um die Reaktion des Publikums abschätzen zu können, wurde für eine geladene Gruppe eine Sondervorführung des Filmes arrangiert. Sie fand kurz nach der Oscar-Verleihung statt. Neben Groucho, Erin und mir saßen an diesem Abend viele jubelnde CRAC-Mitglieder von UCLA in dem überfüllten Theater. Die Veranstaltung war also das genaue Gegenteil eines wissenschaftlich gesicherten Tests. Die Ausgelassenheit erwies sich jedoch als der richtige Vorgeschmack auf die Dinge, die da kommen sollten. Hinterher, als wir durch das uns fast blendende Gewitter der Blitzlichter dem Ausgang zustrebten, war das sehr junge Publikum außer Rand und Band. Bill Feeder schleuste uns durch die Menge, die den Weg zum Parkplatz säumte.

Die vielleicht beeindruckendste Vorstellung von *Animal Crackers* war für mich die, als ich den Film zum ersten Mal sah. Groucho hatte den Film Jack Nicholson, Mike Nichols, Marvin Hamlisch, Erin und mir bei sich zu Hause gezeigt. Unsere Begeisterung tat er mit einem Achselzucken ab: »Ein alberner Film.« Aber als er »albern« sagte, klang deutlich Stolz in seiner Stimme, und er fügte hinzu: »Ein lustiger Film.« Groucho, der falsche Bescheidenheit als Heuchelei empfand, war entschieden ein Marx-Brothers-Fan.

Am 23. Mai 1974 erlebte *Animal Crackers* seine offizielle Wiederaufführung im United Artists Theatre in Westwood. Zu diesem Anlaß begleitete ich Groucho und Erin; das taten auch viele CRAC-Mitglieder, darunter Steve Stoliar. (Schließlich arbeitete Steve für Groucho und übernahm Erins Job, Grouchos Post zu beantworten, Material zu sammeln und über das Marx-Archiv die Aufsicht zu führen – Groucho sagte stets »die Absicht zu führen«.)

Während eines Essens bei Groucho berichtete Steve Stoliar Groucho, Robin und mir, wie CRAC entstanden war:

STEVE STOLIAR CRAC war ein Komitee, das ich gründete, um die Wiederaufführung von *Animal Crackers* zu erreichen. Das ging im letzten Dezember [1973] los, als ein Kino in Anaheim [Kalifornien] eine Raubkopie von *Animal Crackers* zeigte. Ich wußte, er war das fehlende Glied in der Kette der Marx Brothers-Filme, und ich wollte ihn sehen. Es war mitten in der Benzinkrise, also kam eine Reise nach Anaheim für die meisten Leute wohl nicht in Betracht. Aber meinen Freunden und mir kam es nicht darauf an, daß wir zum Tanken eine Stunde lang Schlange stehen mußten, um nach Anaheim zu fahren und uns einen alten Streifen anzusehen. Aber wir organisierten das und fuhren dort hin; und die Kopie war ganz grauenhaft. Der Ton war schrecklich, das Bild war verschwommen – man konnte nicht sagen, wer Groucho und wer Margaret Dumont war. Aber es war ein großartiger Film, und ich wollte Groucho wissen lassen, daß er wieder lief. Ich nahm an, daß er genauso viele Schwierigkeiten wie jeder andere auch hätte, der den Film sehen wollte, denn er war durch rechtliche Probleme blockiert. Ich wußte nicht, wie ich mit Groucho in Kontakt kommen sollte, deshalb hinterließ ich bei Harry Ruby eine Nummer. Ich wußte, daß sie sehr gut bekannt waren. Ich sprach mit Mr. Ruby, und er notierte meinen Namen und trat mit Erin und Groucho in Verbindung. Es war sehr aufregend für mich, mit Harry Ruby zu sprechen, denn ich wußte, wer er war, und ich kannte sein Werk gut.

Im Januar dieses Jahres dann bekam ich ein fantastisches Neujahrsgeschenk: einen Anruf von Erin. Sie sagte mir, sie sei sehr interessiert an der Geschichte, denn sie versuche schon seit einigen Jahren, den Wiedereinsatz des Films zu erreichen. Aber nicht jeder glaubte, daß es genug Leute gäbe, die diesen alten Film sehen wollten. Ihr ursprünglicher Gedanke war, mich zu Universal zu bringen, nämlich als eine Art erstes Beweisstück dafür, daß es jemanden gebe, der sich diesen ganzen langen Weg macht, nur um einen alten Film zu sehen.

Ich sprach mit einem alten Freund von mir, und er meinte, daß eine Petition all der Leute, die den Film gern sehen würden, die Schlagkraft eines einzelnen erhöhen würde. Und so setzte ich mit einigen Freunden das Komitee in Gang. Ich glaube, den Namen habe ich bloß aus Not so erfunden, denn um die Papiere für eine Campus-Initiative ausfüllen zu können, muß man einen Namen haben. Ich nahm die ersten vier Buchstaben des Namens unserer Initiative (Committee to Re-release Animal Crackers) und bildete ein Akronym daraus.

GROUCHO CRAC ist gut.

STEVE STOLIAR Gefällt es dir? Danke! Wir sammelten also Unterschriften. Alle anderen Campus-Initiativen waren eifersüchtig. Da gab es Leute, die versuchten, Marihuana zu legalisieren, und was es sonst noch alles gab, und sie bekamen eine Handvoll Unterschriften pro Woche zusammen. Und wir mehrere hundert am Tag. Keiner wollte glauben, daß kein Haken daran sei. Sie setzten zur Unterschrift an, dann fragten sie: »Moment mal… kriegt das FBI das in die Finger?« Die Leute waren so meschugge von all den Petitionen, die dort herumschwirrten, sie konnten es einfach nicht glauben. Als sie dann mitkriegten, worum's ging, daß nämlich die Universal der Meinung war, es gäbe kein genügend großes Publikum, unterschrieben sie sofort.

Am letzten Tag der Kampagne kreuzte Groucho auf dem Campus auf. Es waren Zeitungsleute da, und wir bekamen eine Menge Publicity. Universals Antwort war, sie seien »sehr erfreut über die Reaktion der Studenten«. Kurze Zeit später hieß es, das Geschäft sei perfekt. Der Besuch Grouchos auf dem Campus wurde landesweit im Fernsehen übertragen. Alle Zeitungen der USA griffen die Sache auf. Sie schickten Bilder von mir und Groucho in meine Heimatstadt St. Louis…

GROUCHO Los Angeles schickte mir die Schlüssel der Stadt. Das ist eine große Ehre, aber aufschließen läßt sich damit nichts.

STEVE STOLIAR Universal hatte immer noch Bedenken wegen des Films, und sie dachten: »Gut, wir bringen ihn in Westwood raus, und wenn er überhaupt Erfolg hat, lassen wir ihn vielleicht in Los Angeles laufen. Und *vielleicht* setzen wir ihn landesweit ein. Ansonsten lassen wir ihn einfach laufen und verkaufen ihn ans Fernsehen.« Aber der Film war ein Riesenhit. Die Leute standen ein paar Monate lang um den Block herum nach Karten an.

GROUCHO Meine Quizshow wurde gerade als Experiment in Kanal 5 herausgebracht. Glaubte nicht, daß das gehen würde. Jetzt ist die Show in New York, Cleveland, Chicago zu sehen... im ganzen Land. Es ist eine tolle Show. Viel besser als die Nachrichten. Die kriegt man jeden Tag zu hören. Es sind sowieso schlechte Nachrichten.

STEVE STOLIAR Die Reaktion der Studenten war wirklich vielversprechend. Die Marx Brothers sind jetzt sehr, sehr populär, und keiner kapierte, *warum* der Film zurückgehalten wurde. Das Rechtsproblem lag in den Eigentumsrechten an dem Film. Die Rechte waren an Kaufmans Erben zurückgefallen. Als ich den Leuten das erklärte, wollten sie unbedingt unterschreiben. Es gab ein paar Leute, die sagten: »Warum vergeudest du deine Zeit? Warum ziehst du nicht los und machst dem Krieg oder der Armut ein Ende? Warum willst du einen alten Film ins Kino holen?« Ich warf ihnen bloß einen scheelen Blick zu. Zur Premiere in Los Angeles überließ mir die Universal fünfzig Plätze, die ich unter den Leuten vom Komitee verteilte. Es war sehr großzügig. Und ich saß da und dachte, daß es noch gar nicht lange her war, als ich in Anaheim im Kino saß und mich fragte, ob der Film wohl jemals wieder herauskommen würde.

GROUCHO Ich war auch da. Ich gab mein Autogramm einer Frau auf die Brust.

STEVE STOLIAR Tatsächlich?

GROUCHO Eine Frau kam zu mir und wollte, daß ich ihr meinen Namen auf die Brust *[bust]* schreibe. Ich sagte ihr, der Film sei eine große Pleite *[a big bust]*. Aber ich meinte es nicht ernst.

ICH Meinst du, dein Name steht noch immer dort?

GROUCHO Das will ich hoffen.

ROBIN Was hatte sie denn für Brüste?

GROUCHO Eine Handvoll. Einen großen Busen. Es war der ungewöhnlichste Autogrammwunsch, den ich je bekam.

Groucho hatte vereinbart, daß die Ostküsten-Premiere von *Animal Crackers* zugunsten der Cinémathèque stattfinden sollte, und hatte eingewilligt, nach New York zu fliegen, um am Premierenabend persönlich aufzutreten. Eines der ersten Dinge, die er nach seiner

Ankunft in New York tat, war der Versuch, Lou Soren anzurufen, seinen Freund aus alten Broadwayzeiten. Seine gute Laune war in tiefe Traurigkeit umgeschlagen, als er mit Mrs. Soren gesprochen hatte.

»Sie hat mir gesagt, er sei vor ein paar Monaten gestorben. Er war wundervoll in *Animal Crackers*. Er war ein wundervoller Mann.«

Dann kam ein Anruf von Maxine Marx, Chicos Tochter. Sie sagte, sie komme mit Toby (Harry Rubys Tochter) zu *Animal Crackers* und sie bräuchten nur einen Sitz. Maxine erzählte mir, daß sie sich als kleine Mädchen, wenn sie zu den Marx Brothers ins Theater mitgenommen wurden, immer einen Platz teilen mußten.

Die neue Premiere fand am 23. Juni 1974 statt. Bevor wir an diesem Abend ins Kino gingen, gab Groucho in seinem Appartement im Regency für Adolph Green, Goddard Lieberson, Erin und mich ein Essen. Groucho und ich teilten uns das Gericht, das er im Hotel am liebsten aß, Steak Tatare. Er aß gern nur die Hälfte, ertrug es aber nicht, die andere Hälfte übrigzulassen. Nach dem Essen kam Betty Comden mit ihrem Mann zum Kaffee. Dann fuhren wir alle zum Sutton Theatre in der 57. Straße.

Betty und ihr Mann nahmen ihren eigenen Wagen, Groucho, Goddard, Adolph, Erin und ich fuhren in einer Limousine mit Chauffeur, die uns die Universal zur Verfügung gestellt hatte. Als wir uns unserem Ziel bis auf ein paar Blocks genähert hatten, gerieten wir in einen gigantischen Verkehrsstau und krochen buchstäblich nur noch zentimeterweise voran. Am Erreichen des Kinos hinderten uns nicht nur die Autos, die den Weg blockierten, sondern auch die Menschen, die die Straße füllten. Um eine Querstraße voranzukommen, brauchten wir mehr als zwanzig Minuten. Schließlich kamen wir vor dem Kino an und erkannten, daß das Verkehrschaos dadurch verursacht wurde, daß man Grouchos Ankunft erwartete. Überall um uns herum war die Straße voll mit jungen, festlich gestimmten Leuten.

Unser Wagen wurde umringt, und die Leute sprangen aufs Dach und begruben das Auto unter sich. Das Verwirrendste war das Geräusch von Münzen, mit denen aufs Autodach geklopft wurde. Das verursachte ein unglaublich lautes, äußerst schmerzhaftes Getöse und verstärkte unser Gefühl, eingesperrt und gefangen zu sein. Wir konnten weder hinausschauen noch irgend etwas erkennen, weil die Fenster von plattgedrückten Gesichern, die zu uns hereinspähten, völlig verdunkelt waren. Wir hörten die Stimme eines Polizisten, der durch ein Megaphon sagte: »Kippen Sie nicht den Wagen um! Kippen Sie nicht den Wagen um!« Genau in diesem Moment fiel Adolph eine nicht sehr ermutigende Geschichte ein:

»Ich saß mal mit Frank Sinatra in einem Bus, und wir waren von einer riesigen Meute Fans umzingelt. Der Bus neigte sich zu einer Seite, und wir dachten, wir wären erledigt, sie würden uns todsicher umkippen.«

Wir waren kein bißchen gefaßter, als es einem Polizisten endlich gelang, sich zu uns durchzukämpfen und die Tür zu öffnen. Er riß sie weit auf und brüllte: »Schnell, rennt!«

Wir spähten in die Gasse hinaus, durch die wir rennen sollten. Sie war so eng, daß Groucho, der sehr schlank war, seitlich hätte durchschlüpfen können, wenn er schnell genug gewesen wäre. Aber das war er nicht. Als wir die Mitte der Gasse erreicht hatten, löste sie sich auf. Adolph Green, der als erster losgegangen war, um Groucho den Weg zu bahnen, war plötzlich von uns abgeschnitten. Goddard schwang seinen britischen Regenschirm wie ein säbelrasselnder Eisenfresser, aber auch ihn verschluckte die Menge.

Groucho, Erin und ich waren eingekesselt. Groucho machte sich steif und setzte eine stoische Miene auf. Erin schimpfte auf die Menge, auf die Polizei, auf Himmel und Hölle, ohne viel zu erreichen. Sie wurde von dem fröhlichen Gesang übermütiger Fans übertönt, die drauf und dran waren, uns zu zerquetschen.

Als die Massen zu beiden Seiten der Gasse in ihrer Bemühung, Groucho noch näher zu sein, zusammentrafen, saßen wir zwischen ihnen fest. Zum Glück hatten die stärksten Fans die vorderste Front erreicht, und als sie erst einmal erkannten, daß ihr Idol durch ihre Liebe verletzt werden könnte, kehrten sie ihre Anstrengungen um. Die Vorderreihe hakte sich ein, um die herandrängenden Fans zurückzuhalten. Eine enge Gasse öffnete sich plötzlich wieder, und wir schafften es, uns bis ins Kino durchzuschlagen.

Ron Delsener, der als Produzent vieler Rockstars schon solche Alptraumszenen erlebt hatte, beobachtete die Episode mit Kennerblick:

»Als wir ankamen, hatte sich vor dem Kino eine Menge junger Leute zusammengerottet, und es gab wirklich keinen Weg hinein. Ich sagte sofort: ›Hier gibt's Ärger‹, denn die Veranstalter hatten nicht mit einer derartigen Menge gerechnet. Die Direktion hatte nichts

Richtiges vorbereitet, und es sah so aus, als hätten sie die Polizei zu spät gerufen, und ein paar Polizisten kreuzten auf, einige zu Pferde, aber es gab immer noch keinen Durchgang ins Kino. Als ich mit meiner Einladung in der Luft herumfuchtelte, sagte einer von den Kartenabreißern: ›Die hier sind o. k. Macht ihnen Platz.‹ Die Kids draußen waren in prächtiger Stimmung. Ihnen war nicht nach Gewalt zumute, und ein paar machten Platz, und wir kamen hinein.

Ich wartete eine Weile vor dem Eingang, dann stand ich immer wieder von meinem Platz auf, um zu sehen, ob Groucho durch die Menge käme. Schließlich kam er in einer Limousine an, und alles drängte sich natürlich um den Wagen. Du warst bei ihm in der Limousine. Dann stieg er aus und ging sofort in einem Meer aus Menschen unter. Ich glaubte, er würde zu Tode getrampelt. Ich sagte: ›Das wär's. Ausgerechnet hier.‹ Wie durch ein Wunder schaffte er es, er wurde durch die Menge gezerrt, weiß wie eine Wand, fast wie bewußtlos. Er bewegte sich wie ein Roboter. Drinnen ließen sie genau vor seinem Gesicht Blitzlichter los.

Wieder hinauszukommen, war eine enorm schwierige Angelegenheit. Ich ahnte, was passieren würde. Als ich merkte, daß der Film bald aus war, standen wir, meine Frau und ich, auf und gingen hinaus. Die Menge war immer noch da und hatte noch zugenommen, aber jetzt war viel mehr Polizei da. Als ich nach draußen kam, waren die Leute gerade dabei, die Gasse für die Herauskommenden wieder dichtzumachen.

Plötzlich stieß mich meine Frau zur Seite, weil ein Polizeipferd auf mich zu galoppiert kam. Das Pferd hätte mich um ein Haar erwischt. Limousinen setzten zurück, und wir saßen mitten drin im Schlamassel, aber irgendwie kamen wir wieder raus. Ich blieb nicht mehr allzu lange dort, aber ich sah noch, wie Groucho sich zu einem Wagen durchkämpfte und hineingestoßen wurde. Dann sprangen Leute auf das Auto, Menschen schrien, Pferde wieherten und Autos hupten.

Sie hätten es so machen sollen, wie ich es bei Popkonzerten mache. Vorher checkt man alle Ausgänge – damit man weiß, wie man rein und hinterher wieder raus kommt. Vielleicht muß man eben in einem Krankenwagen ankommen. Überhaupt muß man sich jedesmal was anderes einfallen lassen. Man geht auch nicht einfach durch den Bühneneingang rein. Man benutzt einen anderen Eingang. Und man kommt schon lange vor der Masse an.«

Die Notwendigkeit, Popstar-Sicherheitsvorkehrungen bei der Wiederaufführung eines Films von 1930 treffen zu müssen, auch wenn Groucho Marx persönlich auftrat, war unterschätzt worden, genau wie sein Charisma, besonders bei seinen jüngeren Fans. Als er schließlich auf die Bühne geleitet wurde, um seine Auszeichnung entgegenzunehmen, kommentierte er: »Ich bin erfreut, hier zu sein, obwohl ich fast ermordet worden wäre.«

Wir saßen alle in der letzten Reihe, die für uns reserviert war, damit wir ohne Schwierigkeiten rein und raus gehen konnten. Adolph Green saß an dem einen Ende und Betty Comden und ihr Mann am anderen Ende der Reihe. Groucho saß in der Mitte, und links und rechts von ihm Goddard und ich. Erin war so nervös, daß sie sich nicht setzen konnte und lieber den ganzen Film über stehenblieb. Vor der Vorstellung eilten einige Fans mit ihren Kameras nach hinten und kamen uns mit ihren Blitzlichtern so nahe, daß wir fast geblendet wurden. Das Publikum im Kino war über Grouchos Anwesenheit genauso aufgeregt wie die jungen Fans draußen.

Adolph Green und Betty Comden führten Groucho hinein, dann wurde er von Goddard Lieberson zur Bühne geleitet, wo ihm eine Plakette der Freunde der Cinémathèque Française verliehen wurde. In seiner Dankresrede sagte Groucho: »Es ist alles Schwindel. Ich muß sie wieder zurückgeben, aber ich werde sie ihnen verkaufen. Drei Hurras für Rot-Weiß-Blau und Dank euch allen.«

Während *Animal Crackers* gezeigt wurde, machte Groucho seine Kommentare, und Leute im Publikum, die nahe genug saßen, bemühten sich, jedes Wort zu verstehen:

★ Als Captain Jeffrey T. Spaulding das erste Mal auf der Leinwand erschien, sagte Groucho: »Das bin ich!«

★ Als Captain Spaulding in seiner Sänfte aufkreuzte, sagte Groucho: »Wer ist denn der junge Spund?«

★ Als er zu Margaret Dumont sagte: »Sie sind eine der schönsten Frauen, die mir je begegnet sind, und das will bei Ihnen nicht viel heißen«, erinnerte er sich daran, daß sie seine Witze wohl nie begriff.

★ Als er Margaret Dumont bat: »Würden Sie mir wohl ein paar Socken auswaschen?« sagte er zu mir: »Ich hatte viel Soxappeal.«

★ Während der Hungerdunger, Hungerdunger, Hungerdunger, Hungerdunger und McCormick-Szene mit Zeppo erzählte mir

Groucho: »Ich schrieb die ganze Szene und fügte jeden Tag noch etwas hinzu. Es ist eine gute Szene. Ursprünglich hieß es an der Stelle bloß: ›Bring einen Brief hin.‹« Später sagte er während derselben Szene: »Das finde ich gut, wie ich nach Zep ausholte und mich dabei fast selbst k. o. schlug.«

★ Als Chico sagte: »Ich sehe, du willst bloß ein Telefonhäuschen«, und Groucho antwortete: »Ich wollte mit Chic Sale Verbindung aufnehmen«, erklärte mir Groucho, was das bedeutete: »Du weißt nicht, wer Chic Sale war. Das war vor deiner Zeit. Er erzählte immer Klowitze.«

Wir gingen früh, um dem aufgeregten Publikum zu entkommen. Für Groucho war das in Ordnung. »Ich kenne den Schluß«, teilte er uns mit. Draußen war berittene Polizei eingetroffen, und die Pferde hatten sich vom allgemeinen Tohuwabohu anstecken lassen und amüsierten sich auf ihre Weise, indem sie so viele Probleme schufen wie sie lösten. Lange nach dem Ereignis sprach Groucho mit mir über diesen Abend.

GROUCHO Erinnerst du dich an den Abend mit *Animal Crackers* und der ganzen berittenen Polizei? Habe ich dir eigentlich erzählt, daß mich eines der Pferde um ein Autogramm bat?
ICH Bekam es eins?
GROUCHO Ja.
ICH Hat es sich gefreut?
GROUCHO Ich glaube schon. Es hat gewiehert vor Lachen.

An jenem Abend gab Groucho nach dem Film zur Feier des Ereignisses eine Party, bei der Comden und Green etwas zum Besten gaben. Eines ihrer Lieder war die *Marseillaise,* die sie zur Melodie von »Take Me Out to the Ball Game« sangen, und umgekehrt. Groucho fügte hinzu: »Ich spielte den Napoleon in *I'll Say She Is* und hatte zu sagen: ›Ah, die Mayonnaise! Die Truppen müssen sich beölen.‹« Grouchos Party fand in seinem Appartement im Regency Hotel statt, und außer denen, die ihn zu *Animal Crackers* begleitet hatten, hatte er auch Ahmet Ertegun eingeladen.

Auf der Plakette, die Groucho verliehen worden war, stand:

Für Groucho Marx,
dessen Komik zeitlos ist;
ein Herr und ein herrlicher Mensch;
der Meister des Unlogischen,
der sinnentleerten Platitüde,
der lustigen Wahrheiten,
der *reductio ad absurdum*

Mit Dank
und all unserem Lachen

DIE FREUNDE DER CINÉMATHÈQUE FRANÇAISE

Voller Dankbarkeit schrieb Groucho folgendes an S. M. Estridge, den Vorsitzenden des Komitees der Freunde der Cinémathèque Française:

LIEBER S. M.

Ich hatte die große Ehre, Ihre Plakette zu erhalten, und ich werde sie auf meinen Schultern tragen bis in alle Ewigkeit.

GROUCHO

Einige Zeit später unterhielt ich mich mit Betty und Adolph über den Abend.

ADOLPH GREEN Mir wurde plötzlich klar, zu welcher Legende er für die jungen Amerikaner geworden war. Es ging mir wirklich augenblicklich auf. Ich hatte nie zuvor daran gedacht.

BETTY COMDEN Er wird angebetet. Aber es war furchtbar, als Groucho versuchte, in das Kino zu kommen. Ich glaube, selbst er war überrascht, daß so eine riesige Menge dort wartete. Ich erinnere mich, daß ich tief besorgt um ihn war, denn da war eine Menschenmenge, die ihn einfach berühren und ihm nahesein wollte, was wunderschön ist, nur daß es einfach ein klein wenig beängstigend war.

ADOLPH GREEN Dabei waren sie so sanftmütig...

BETTY COMDEN Oh, ja, einfach nur außer sich. Sie waren so aufgeregt.

ADOLPH GREEN Das war fast wie »Ich grub mir meinen Weg durch eine Mauer menschlichen Fleisches und zerrte mein Kanu hinter mir her«, und alles wegen Groucho.

252

ICH Sie klopften mit Münzen auf das Auto, in dem wir saßen. Es machte fürchterlichen Krach.

BETTY COMDEN Das ist schon irgendwie beängstigend.

ADOLPH GREEN Das *ist* beängstigend.

BETTY COMDEN Den Film anzuschauen, machte natürlich einen Riesenspaß, und dann standen wir beide auf und überreichten Groucho die Auszeichnung. Dann, nach dem Ereignis, auf dem Rückweg ins Hotel, war Groucho sehr munter und fröhlich. Der Abend hatte ihn nicht im mindesten ermüdet.

ADOLPH GREEN Ich glaube, nach diesem Schrecken war er irgendwie übermütig.

BETTY COMDEN Wir sangen eine Weile und trugen was vor.

ICH Groucho liebt es, wenn ihr auf seinen Parties etwas vortragt.

ADOLPH GREEN Aber wir *müssen!* Wir müssen was vorführen. Es ist nicht nur ein Befehl. Das heißt schlicht: »Sonst…!« Es ist uns nur zu raten, etwas vorzutragen.

Während Grouchos Aufenthalt in New York waren zwei besonders wichtige Augenblicke die Besuche, die er nach vielen Jahren der Wohnung in der 93. Straße Ost, wo die Marx Brothers ihre Jugend verbracht hatten, und dem Haus in Great Neck abstattete, in dem er mit Ruth und seiner jungen Familie gewohnt hatte, nachdem sie es »geschafft« hatten. Das Viertel in Yorkville, in dem er aufgewachsen war, hatte sich weniger verändert, als man hätte annehmen können, aber Groucho war enttäuscht, als er das Lebensmittelgeschäft an der Ecke nicht wiederfinden konnte, wohin er immer geschickt worden war, um Bier zum Essen zu holen.

Der Ausflug nach Great Neck wurde von Ron Delsener arrangiert, der sich die Zeit von seinen Sommerkonzerten im Central Park und den Rockshows im Madison Square Garden abknapste, um uns auf eine Abenteuerreise mitzunehmen. Ron beschrieb das Unternehmen:

»Eines Tages sagte ich im Regency Hotel zu Groucho: ›Laß uns doch mal in deine alte Heimat fahren, in dein altes Viertel.‹ Natürlich war seine alte Heimat in Wirklichkeit Manhattan, die East Side der Neunziger Straßen, aber er hatte mir erzählt, daß er in Great Neck gewohnt hatte. Ich sagte zu ihm: ›Ich nehme mir den Nachmittag frei, und wir fahren dort raus.‹ Es war ein richtiger Regentag, und ich mußte ihn wirklich überreden, aber er hatte mir erzählt, er hätte schon immer mal zurückgehen und sein altes Haus in Great Neck besuchen wollen.

Ich sagte: ›Paß auf, das wird ein Spaß‹, und kurz bevor wir zur Brücke an der 59. Straße kamen, hielt ich bei einem Geschäft an und kaufte zwei billige Perücken, eine für Groucho und eine für mich. Ich kaufte eine blonde und eine brünette Perücke, und die probierten wir auf. Wir lachten, sangen und machten Witze, und er machte auf furchtbar weibisch. Er erzählte eine meiner Lieblingsgeschichten über diese Varietégruppe namens Swayne's Ratten und Katzen. Die Ratten saßen auf den Katzen wie Jockeys auf Pferden. Er sagte, er glaube, ich hätte die Geschichte bestimmt schon mal gehört, aber ich genoß sie trotzdem.

Als wir nach Great Neck kamen, erkannte er die Straße, in der er gewohnt hatte, aber es hatte sich seitdem vieles verändert. Er sagte, die Straße käme ihm etwas kleiner vor. Als er sich dem Haus näherte, sah man, wie die Erinnerungen langsam zurückkehrten, und als wir die Treppe hinaufgingen, war er richtig aufgewühlt.

Ein älterer Herr kam an die Tür, offensichtlich ein robuster Typ und bei bester Gesundheit, jedoch nicht viel jünger als Groucho. Im selben Moment, als er Groucho sah, wußte er, um wen es sich handelte. Er sagte: ›Groucho Marx! Groucho Marx!‹ Er war ganz außer sich und rief die Kinder im Haus. Es waren zwei Kinder da. Er war der Großvater und ungeheuer erfreut darüber, Groucho zu begegnen. Er sagte: ›Sie sind nach Hause gekommen. Dies ist Ihr Haus.‹ Auch Groucho war erfreut.

Wir gingen ins Schlafzimmer hinauf, und Groucho sagte: ›Es ist jetzt im Grundriß ein bißchen anders. Sie haben wohl die Wand rausgerissen.‹ Der Mann bestätigte das. Dann kam das kleine Mädchen herein, und der alte Mann sagte: ›Das ist Groucho Marx, er hat einmal in diesem Haus gewohnt.‹ Sie hatten ein großes Poster von Groucho in dem Zimmer hängen, dazu riesige Vergrößerungen von Szenen aus Marx Brothers-Filmen. Das Mädchen sah Groucho etwas schüchtern an und lächelte ein bißchen.

Der Großvater war ganz ärgerlich, daß seine Tochter nicht zu Hause war, und versuchte, sie zu erreichen. Er sagte: ›Wollen Sie nicht noch ein paar Minuten bleiben und eine Kleinigkeit essen?‹ Aber wir mußten zurück. Das Wetter war furchtbar. Es regnete immer noch. Aber es war ein großer Augenblick, und er hat sich immer daran erinnert, wenn ich ihn besuchte. Er hatte ein Mordsvergnügen an dem Tag!«

Aufgrund eines dieser seltenen Zufälle, die Groucho immer wieder erlebte, war der Mann, der uns in Grouchos altem Haus in Great Neck herumgeführt hatte, E. Bruell, der jahrelang Filmvorführer am Sutton Theatre gewesen war, eben dem Kino, in dem *Animal Crakkers* gerade wieder Premiere gehabt hatte. Als wir gingen, sagte Groucho zu Mr. Bruell: »Als ich geboren wurde, gab es keine Filme, und heute gibt es auch keine.«

Wir verließen die Lincoln Road 21, in der Groucho Jahre seines Lebens verbracht hatte, und fuhren ins Zentrum von Great Neck. Er wollte eine Bäckerei besuchen, an die er sich erinnerte. »Ich kaufte mir dort immer ein Brötchen, das voller Nüsse war [*full of nuts;* bedeutet aber auch: voller Blödsinn], genau wie ich«, erzählte er uns, als wir die Hauptstraße rauf und runter fuhren und vergebens in jede Bäckerei guckten.

Groucho warf in alle einen kurzen Blick, fand aber nicht, was er suchte. »Es ist doch erst fünfzig Jahre her«, sagte er mit gespieltem Entsetzen. »Die Dinge ändern sich so schnell.« In strömendem Regen fuhren wir zurück nach Manhattan.

Im Regency fuhren wir mit einer Hochzeitsgesellschaft von Brautjungfern und -führern im Fahrstuhl nach oben. »Wo ist die Braut?« fragte Groucho. Er wurde unterrichtet, daß die Gesellschaft im zwölften Stock stattfände, und von den kichernden Brautjungfern eingeladen, daran teilzunehmen. Wir stiegen auf der Etage seines Appartements aus, wo Erin mit Salwyn Shufro wartete, Grouchos Freund und Finanzberater seit den zwanziger Jahren. Dann fuhren wir alle nach oben, um die Hochzeitsgesellschaft zu besuchen, und Groucho küßte die Braut und alle Brautjungfern. Als wir gingen, erzählte er uns von einer anderen Hochzeitsgesellschaft, an der er und Harpo versehentlich teilgenommen hatten:

»Als wir gerade *I'll Say She Is* spielten, wurden wir von einem Freund, der heiratete, auf eine Junggesellenparty eingeladen. Harpo und ich stiegen in den Aufzug und zogen die Kleider aus. Wir waren splitternackt. Aber wir stiegen im falschen Stock aus, wo die Braut eine Gesellschaft für *ihre* Freunde gab. Wir rannten nackt in der Gegend rum, bis schließlich ein Kellner mit ein paar Geschirrtüchern vorbeikam.«

Kurz nach Grouchos fünfundachtzigstem Geburtstag wurde er von der University of Southern California geehrt. Als er von dem kommenden Ereignis erfuhr, dachte er über dessen Bedeutung nach. Schließlich fragte er nach einem Moment:

»Was werden sie wohl zum Lunch servieren?«

»Groucho, das ist doch wirklich die Höhe!« rief Erin aus.

»Na, ich schätze, ich stehe auf und sage ein paar heuchlerische Worte.«

Am 16. Oktober 1975 empfing er die Ehrung von der USC. Jack Lemmon, Roddy MacDowall, Lynn Redgrave und George Fenneman lasen Auszüge aus seinen Stücken, Briefen und Büchern. Anschließend sang Groucho, und Billy Marx begleitete ihn auf dem Klavier. Dann beantwortete er Fragen aus dem Publikum. Eine der Fragen lautete: »Wer ist der beste Komiker?« Ohne Zögern antwortete er: »Woody Allen.«

Groucho war stolz darauf, noch mit achtzig gefragt zu sein und im Showbusiness zu arbeiten. Er genoß es, Geld zu verdienen, nicht nur, weil er sich an die Wirtschaftskrise von 1929 erinnerte und seiner andauernden finanziellen Sicherheit gegenüber ständig auf der Hut blieb, sondern weil er auch der Meinung war, daß es einen adelt, wenn man für das bezahlt wird, was man tut. Er sagte frei heraus: »Ich bin nicht billig zu haben. Umsonst vielleicht. Billig — nie.«

Eines Morgens kam, während wir beim Frühstück saßen, die Post. Groucho zog aus einem der Umschläge einen Scheck, die Gage für einen kürzlich absolvierten Gastauftritt, und winkte mir damit zu: »Guck mal, ich habe einen Scheck gekriegt. Ich lebe noch.«

Nicht sehr viele Menschen haben das Glück, etwas von der besten Zeit ihres Lebens nach dem achtzigsten Geburtstag genießen zu können. Groucho war der erste, der zugab: »Ich habe Glück gehabt«, obwohl er gelegentlich zu Erin sagte: »Vergiß es nicht: ich habe dir die schlimmsten Jahre meines Lebens geschenkt.«

»Ich habe den Schlüssel zu meiner Haustür!«

Ende Mai 1975 war die Luft in New York eines Tages ungewöhnlich klar, und es war leicht windig. Ein paarmal flog Groucho die blaue Baskenmütze beinahe davon. Er hatte vorgehabt, einen Spaziergang die Fifth Avenue entlang zu machen und bei Gucci für Kalifornien Geschenke zu kaufen. Aber wir brauchten eine halbe Stunde, nur um einen Bruchteil eines Blocks weit zu kommen, weil so viele Leute stehenblieben, um mit ihm zu reden. Wir kamen jedenfalls nie zu Gucci, sondern beschlossen statt dessen, die Fifth Avenue Richtung Uptown zu spazieren, wo es weniger Fußgängerverkehr gab.

Auf dem Weg ab der 59. Straße die Fifth Avenue hinauf hatte fast jeder, der uns begegnete, Groucho mit dem Ausdruck freudigen Wiedererkennens angesehen. Die Gesichter leuchteten auf, und New York ist kein Ort, wo Gesichter leicht aufleuchten. Taxifahrer riefen: »Hi, Groucho!« »Bleib gesund, Groucho!« Er versah einige *Wallstreet Journals* und ein paar Exemplare der *New York Times* mit seinem Autogramm, dazu mehrere Visitenkarten, ein paar gebrauchte Umschläge und eine lederne Aktentasche, auf der die Tinte gar nicht haften wollte.

Ein Fan, der Groucho gesehen hatte, als wir mit unserem Spaziergang über die Fifth Avenue begannen, raste zur Buchhandlung Rizzoli und holte uns dann mit einer Paperbackausgabe von *The Groucho Letters* wieder ein, die er Groucho atemlos zum Signieren hinhielt. Der nahm das Buch und signierte es, und der Junge dankte ihm. »Nicht der Rede wert«, antwortete Groucho. »Es macht das Buch weniger wert.«

257

Kurz hinter dem Knickerbocker Club, als wir fast schon wieder im Sherry Netherland Hotel waren, dem augenblicklichen Zuhause, geschah etwas mit Groucho. Einen Moment lang war er so gut wie außerstande zu gehen und zu stehen. Barbara, die zierliche Krankenschwester, die er aus Kalifornien mitgebracht hatte, bemühte sich, ihm zu helfen, und versuchte, selbst auf den Beinen zu bleiben. Aber da ihn Schwäche wütend machte, war er nicht in der Laune, sich helfen zu lassen, und unternahm die äußersten Anstrengungen, sich sein Gleichgewicht und seine Freiheit zu bewahren. Mit einem absolut herkulischen Kraftaufwand gelang es ihm, ins Hotel zurückzukehren. Während wir buchstäblich zentimeterweise den Weg zurückkrochen und schließlich den Schutz des Foyers erreichten, grüßten ihn immer neue Passanten und baten ihm um Autogramme, vollkommen blind für die Qualen, die er litt.

Im Fahrstuhl machte er weiter, als gelte es sein Leben, während zwei tweedgekleidete Damen, ein französisches Paar und eine dicke Matrone mit ihm oberflächlich über *You Bet Your Life* ratschten und tratschten. Selbst wenn es ihm nicht gut ging, bewahrte er sich seine stoische Gelassenheit und seine Bühneneinstellung, niemals jemanden zu enttäuschen, und sei es auch ein noch so kleines Publikum. Er musterte die bis ins kleinste Detail knifflige Bemalung und Täfelung im Innern des geschmackvollen alten Fahrstuhls und sagte: »Dieser Fahrstuhl ist eine Antiquität. Er ist noch älter als ich.« Nach dieser Bemerkung verließ er, ganz eleganter Herr, den Aufzug, und erst in der Abgeschlossenheit seines Appartements brach er zusammen.

»Ich rufe den Hausarzt«, sagte Barbara.

Groucho, der jetzt im Bett lag, meinte schwach: »Warum denn? Mein Haus ist doch nicht krank.«

Der Arzt kam und sagte: »Mr. Marx, ich brauche Ihre Temperatur.« »Wohin wollen Sie die denn bringen?« erkundigte er sich.

Zum Glück ließen ein langer Schlummer und die Ankunft eines Freundes Groucho wieder aufleben, der mit neuer Energie auf die Beine kam. Der Freund war ein Spinett. Er hatte in seinem Hotelappartement ein Klavier vermißt, und so hatte er sich eines geliehen, das im rechten Moment auf der Szene erschien, hereingetragen von vier Möbelpackern mit mächtigen Muskeln. Da sie wußten, daß das Klavier für Groucho war, nahmen sie sich absurd viel Zeit zum Aufstellen. Grouchos Stimme, die aus dem Schlafzimmer zu hören war, ließ sie noch langsamer vorankommen, während sie erwartungsvoll die Schlafzimmertür im Auge behielten, hinter der die Stimme hervorkam. Doch ihre Ausdauer mußte sich selbst Lohn genug sein, denn einen anderen gab es nicht. Schließlich zogen sich die Packer aus dem Appartement zurück, offensichtlich niedergeschlagen und möglicherweise voller Argwohn gegenüber der Entschuldigung, Groucho sei unpäßlich. Lebenden Legenden werden nur widerwillig Schwächen zugestanden.

Sobald Groucho wußte, daß das Klavier da sei, erwachte seine Lebenskraft von neuem. Im Pyjama nahm er vor den Tasten Platz, Schwester Barbaras Proteste und Erins feuerwerkartige Ausbrüche ignorierte er. Es schien fast, als erhalte er aus den Tasten eine Blutübertragung, als er sein Repertoire mit »Fathers Day« eröffnete. »Das wäre Groucho gern gewesen«, bemerkte Erin, »ein Komponist.« Als Groucho »Take Me Out to the Ball Game« spielte, schneite Jack Nicholson herein, der ebenfalls gerade im Sherry Netherland wohnte. Jack, der zu Grouchos Klavierspiel sang, räumte ein, daß sein eigenes Liederrepertoire ziemlich beschränkt sei. »Aber meine Mutter sang immer mehrstimmig«, sagte er. Groucho nickte. »Meine auch.« Jack schlug vor, sie sollten mal »Easter Parade« versuchen, und das taten sie dann auch.

GROUCHO Ich habe gerade einen Brief von Irving Berlin bekommen. Er schreibt, wir wären ein paar »alte Cockers«. Er schreibt: »Bleib weiter am Ball! Es gibt nur noch wenige von uns alten Cockers.«

JACK NICHOLSON Er war ganz schön clever. Er hat all seine Musik selber verlegt.

Später fragte ich Groucho, was Irving Berlin gemeint habe. Er zögerte. »Das kann ich dir nicht erklären.« Dann dachte er einen Moment nach und sagte: »Ein alter Cocker [sprich: Kacker] ist so etwas wie ich, das ist es. Es ist ein alter Mann, der nicht mehr das ist, was er mal war.«

Groucho war ein paar Tage zuvor nach New York gekommen, um sich A Chorus Line anzusehen, für das Marvin Hamlisch die Musik geschrieben hatte. Seitdem Marvin Groucho in der Carnegie Hall begleitet hatte, hatte er außer den drei Oscars vier Grammies erhalten.

Groucho war zur Premiere eingeladen worden, hatte aber der Versuchung widerstanden, weil er es doch vorzog, am Premierenabend nicht die Haupt-Ablenkung abzugeben. Er wußte nur zu gut, daß anonym zu sein das letzte war, was ihm gelang. Dieser Besuch sollte auch mit Marvins einunddreißigstem Geburtstag zusammenfallen.

Groucho und seine fröhliche Gesellschaft waren am Samstagabend vor der Sonntagvorstellung von *A Chorus Line* aus Kalifornien eingetroffen. Erin, seine Köchin Robin und die Krankenschwestern »Happy« Cooper und Barbara Odum begleiteten ihn. Es war schon spät, als das Flugzeug landete und ich sie traf, aber Groucho war noch oben auf. »Mit euch Mädels mach' ich jetzt noch einen drauf«, bot er an, aber Erin meinte, sie wäre zu müde.

»Aber an was dachtest du denn?« fragte sie.

»Wie wär's mit der Bar Fuß?« antwortete er listig.

Er begnügte sich mit einem späten Mahl in seinem Appartement. Das Essen wurde um 22 Uhr New Yorker Zeit serviert, aber mit den drei Stunden Differenz war es in Kalifornien genau 19 Uhr — exakt die Zeit, zu der er immer zu Abend aß.

Als sich unsere Gesellschaft aufgelöst hatte, erzählte mir der junge Polizist, der den Nachtdienst am Fahrstuhl versah: »Ich sehe mir alles an, was er macht, immer und immer wieder. Ich kenne all seine Bonmots. Ich lache an den falschen Stellen. Ich lache zu früh, weil ich weiß, was kommt.«

Groucho hatte sich ein luxuriöses Appartement im 10. Stock genommen. »Ich weiß noch«, sagte er zu mir und sah aus dem Fenster auf den Central Park, »wie ich als Varietékünstler reiste und Angst hatte, ich würde nachts im Schlaf aus dem Fenster springen. Ich stellte meine Theaterkoffer vor die Fenster.«

Sonntag war als Ruhetag geplant. Goodman Ace sollte zum Essen kommen. Ich kam früh am Morgen hin, aber Groucho war schon seit Stunden auf. »Ich stehe jeden Morgen um sechs auf.« Er las gerade Woody Allens *Without Feathers* und Eric Lax' Buch über Woody, *On Being Funny.* Er begrüßte mich: ›Wachslippen. Hast du das von Woodys Wachslippen gelesen? Er ist ein lustiger Mensch.‹«

Robin servierte das gewohnte Frühstück, das Groucho jeden Tag zu Hause einnahm. Es gab Orangensaft, weichgekochte Eier und Toast, und für Groucho koffeinfreien Kaffee, den er damals immer trank. Nach dem Frühstück las er die *New York Times.* Er las sie jeden Morgen, ziemlich eingehend und mit gelegentlichen Kommentaren. »Schau dir diesen Namen an: Ratskin (Rattenpelz). So einen Namen könnte man gar nicht erfinden.« Er versuchte: »Groucho Ratskin«, »Julius H. Ratskin«.

Später dann traf Goody Ace zum Essen ein.

GROUCHO Was hört man so aus Kansas City?

GOODMAN ACE Ich kaufte mir meine Hemden immer bei Truman in Kansas City.

GROUCHO Ich aß bei Truman in Kansas City mal zu Mittag. Er war ein guter Präsident und ein ehrlicher Mann.

GOODMAN ACE Groucho, du siehst großartig aus. Ich wünschte, ich fühlte mich so, wie du aussiehst.

GROUCHO Du bist ein junger Mann im Vergleich zu mir. Wenn man lange genug lebt, wird man alt.

GOODMAN ACE Das mit Jack Benny ist wirklich schlimm.

GROUCHO Ich war auf der Beerdigung.

GOODMAN ACE Ich erzählte ihm mal einen Witz, und in der Geschichte nahm jemand kein Blatt vor den Mund. Die Pointe war, daß der Witz sich gegen die Intoleranz richtete. Und Jack sagte: »Ich könnte nie so einen Witz erzählen, weil ich auf niemand wütend bin.« Und ich sagte: »Was ist nötig, um dich sauer zu machen? Wenn auf einer Tür ›Weiße‹ steht, und auf der anderen ›Komiker‹?«

GROUCHO Er war nie auf irgend jemanden sauer.

ERIN Wo haben Sie Groucho kennengelernt?

GOODMAN ACE Ich lernte ihn in Kansas City kennen. Ich arbeitete an einer Zeitung. Es muß so '28 oder '29 gewesen sein. Ich fing bei einer Zeitung an, als ich achtzehn oder neunzehn war. Er trat im Shubert auf, entweder in *Animal Crackers* oder *The Cocoanuts*. Ich erinnere mich noch an seine Abreise. Ich war ein oder zwei Wochen mit ihm zusammen, und er warf mir ein Buch zu und sagte: »Wenn du in der Humorbranche bleiben willst, lies erst mal das.« Das Buch war vor ungefähr fünfzig Jahren von E. B. White und James Thurber geschrieben worden und trug den Titel *Is Sex Necessary?*

GROUCHO Ich mag das Stück, das du über die Milchsituation geschrieben hast. Jeder sollte eine Kuh haben. Und mir gefällt der Witz, den du mir neulich am Telefon erzählt hast. Erzähl ihn ihr *(Er zeigt auf mich)*.

GOODMAN ACE Welchen denn?

GROUCHO *The Star-Spangled Banner.*

GOODMAN ACE Ach, du meinst den Italiener, der auf dem Baseball-platz *The Star-Spangled Banner* singen lernt, also glaubt er, das Lied hört auf mit »Oh, say does that star-spangled banner yet wave o'er the land of the free and the home of the brave? Play ball!« Und kennst du den mit dem Polen und dem Italiener, die Selbstmord begehen wollen, indem sie von einem Schiff springen, aber der Pole findet nicht den Weg?

GROUCHO Ein guter Witz beruht nicht darauf, daß man sich über eine Volksgruppe lustig macht. Solche Witze bringe ich überhaupt nicht mehr. Ich sage einfach »der Dumme«.

GOODMAN ACE Aber du hast sie gemacht...

GROUCHO Ich habe vieles gemacht.

GOODMAN ACE Die Sachen, mit denen du dich durchgemogelt hast! Kaufman sagte mal: »Ich würde die Marx Brothers nur improvisieren lassen.«

GROUCHO Die Marx Brothers waren undiszipliniert, aber sie waren komisch.

GOODMAN ACE Einer von ihnen war Einbrecher. Harpos Nummer, wo er das ganze Silber klaut, hat mir immer besonders gefallen.

GROUCHO Wann kommst du mal und bist bei mir zu Gast?

GOODMAN ACE Niemals. Erinnerst du dich an das letzte Mal? Ich hatte einen Koffer und einen Kleidersack, und du fragtest: »Wie lange willst du bleiben?« Und dann hast du mir Orangensaft gegeben und gesagt: »Denk daran, Orangen wachsen nicht auf Bäumen.«

Nach dem Essen verabschiedete sich Goodman Ace, und Bud Cort kam mit seinen beiden Schwestern vorbei. Bud trug einen breitkrempi-gen Borsalino und ein rotes T-Shirt mit der Aufschrift »Drink Coca Cola«. Groucho trug sein Marx-Brothers-Hemd von Eric Ross, mit den Titeln aller Marx-Brothers-Filme darauf, das Bud sehr bewun-derte.

GROUCHO Ich besorg dir eins. Ich möchte, daß du es zum vollen Ladenpreis bekommst.

BUD CORT Ich möchte wetten, wir sind die drei bestgekleideten Männer der Welt.

ERIN Aber ihr seid doch nur zwei…

BUD CORT Groucho ist Nummer eins und ich bin Nummer zwei. Den Dritten kennen wir nicht, aber wir nehmen an, es gibt ihn irgendwo.

GROUCHO Das war Ronald Colman. Er sah immer toll aus. Und er war ein netter Kerl. Wir machten einen Film zusammen: *The Story of Mankind.*

BUD CORT Wie geht's deinem Haus, Groucho?

GROUCHO *(zieht einen Schlüssel hervor)* Ich habe den Schlüssel zu meiner Haustür.

BUD CORT Und deine Katzen?

GROUCHO Die haben kaum geschrieben, treulose Geschöpfe. Letzte Woche schrieb mir jemand, er hätte *Duck Soup* zwanzigmal gesehen und ein Rennpferd nach mir benannt. Er nennt sein Pferd »Groucho«. Jetzt ist ein Pferd nach mir benannt.

BUD CORT Mannomann! Willst du eine Vitamin-C-Tablette, Groucho?

GROUCHO Nein, danke. Ich versuche, damit aufzuhören. Arbeitest du?

BUD CORT Es gibt ein paar Filme, zu denen ich wahrscheinlich nach Kalifornien muß, um mich mit den Leuten zu unterhalten. Rat mal, was! Ich habe meine Gage von meinem letzten Film in Italien endlich bekommen. Mein Gott! Was für eine Erleichterung. Du glaubst es nicht! Ich habe den Film im Januar gemacht, stimmt's? Und gestern habe ich mein Geld gekriegt. Ich habe den Scheck bekommen.

GROUCHO Hast du schon versucht, ihn einzulösen?

BUD CORT Noch nicht.

GROUCHO Mein Bruder Chico gab einmal einem Mann einen Scheck und bat ihn, ihn am nächsten Montag um zwölf Uhr mittags einzulösen. Der Mann wartet bis Montagmittag nach zwölf, und der Scheck ist immer noch nicht gedeckt. Der Mann geht zu Chico zurück und sagt: »Ich habe bis Montagmittag zwölf Uhr fünfzehn gewartet, aber der Scheck ist geplatzt.« Sagt Chico: »Aber ich habe Ihnen doch gesagt, Sie sollen ihn *Punkt* zwölf einlösen!«

Groucho, Bud, seine Schwestern und ich machten uns gemeinsam zu einem Spaziergang auf. Als wir aus dem Fahrstuhl kamen, wurde

Groucho von einer Dame begrüßt, die er wiedererkannte. »Das war Harriet Deutsch«, sagte er zu uns. »Ihr Mann war der, den Loeb und Leopold umbringen wollten, bloß ließ er sich nicht blicken. Man muß schon Glück haben im Leben.«

Wir gingen fast eine Stunde spazieren, die Fifth Avenue hinauf und über die Park Avenue zurück, und Groucho zeigte uns verschiedenes, an das er sich erinnerte. Er zeigte uns, wo George S. Kaufman gewohnt hatte, und sagte:

»Darüber, daß einer wie er nicht mehr da ist, kommt man nicht hinweg.«

An diesem Sonntagabend fuhren Groucho, Erin und ich Downtown, um uns im New Yorker Shakespeare Festival Publik Theater *A Chorus Line* anzusehen. Auf dem Weg dorthin fiel Groucho wieder ein, wo man zu Dinty Moore's abbiegen mußte. Wir kamen am Flatiron Building vorbei, und er erzählte: »Hier standen wir immer und sahen den Mädchen nach. Wir guckten immer auf ihre Beine.«

Wir fuhren weiter, und er sagte: »Die Menschen sind doch recht interessant. Man weiß nie, was der Nächstbeste tun oder sagen wird. Darauf beruhte meine Quizsendung. Leute wie die kann man nicht herstellen.«

Als wir vor dem Theater eintrafen, stand eine Menschenmenge davor und wartete darauf, eingelassen zu werden. Als die Leute Groucho sahen, fingen sie an zu klatschen und spendeten ihm schließlich enormen Beifall, der erst nachließ, als er ihren Blicken entschwunden war. Lilly Hamlisch und Elisa Pickholz, ihre Freundin aus Buenos Aires, schlossen sich uns an. Mrs. Hamlischs Freundin sprach kein Englisch, nur Spanisch und Deutsch. Sie waren als Mädchen in Wien befreundet gewesen und hatten sich viele Jahre nicht gesehen. Groucho zeigte auf mich und sagte: »Sie kannte Perón und spricht Argentinisch.«

Während der Pause verkündete Groucho: »Ich gehe aufs Klo.« Nie tat er etwas, ohne daß irgend etwas Berichtenswertes geschah. Als er zurückkehrte, erzählte er:

»Im Pissoir baten sie mich um mein Autogramm. Ich sagte: ›Könnt ihr nicht warten, bis ich fertig bin?‹«

Nach der Vorstellung gingen wir hinter die Bühne, um das Ensemble zu besuchen. Sie wußten schon, daß Groucho im Publikum war, und warteten gespannt auf seinen Besuch. Hinter der Bühne wurde er mit Respekt und Hochachtung empfangen. Zur Premiere hatte er eine von Maurice Bontés Torten geschickt, die mit einem lebensgroßen Frauenbein, das sehr sexy in einem schwarzen Strumpf steckte, und mit einem Hammer verziert war, was auf den alten Premierenglückwunsch »Hals- und Beinbruch!« anspielte.

Wir fuhren zu fünft zum Sherry Netherland zurück, wo Groucho eine kleine Party zu Marvins einunddreißigstem Geburtstag gab. Unterwegs sangen Groucho, Lilly Hamlisch und ihre Freundin alte deutsche Lieder. Ich übersetzte ihm, was die Freundin auf Spanisch über die enorme Beliebtheit der Marx Brothers in Argentinien erzählte, und er sagte: »Nennen Sie mich einfach Goucho Marx.«

In Grouchos Appartement fanden wir Marvins Vater vor, der es schließlich doch geschafft hatte, an den strengen Sicherheitsvorkehrungen vorbeizukommen. Wenig später trafen Bud Cort und Marvin ein. Robin trug die Käseplatte hinaus, und Erin brachte eine mächtige, mit einunddreißig Kerzen geschmückte Schokoladentorte herein. »Jetzt sind wir beide zwei alte Strudel«, vertraute er Marvin an. Groucho erzählte Geschichten, die er mich dann ins »Argentinische« zu übersetzen bat.

ICH Keith Terpe von der Seafarer's International Union hat mir erzählt, daß deine Fernsehsendung die einzige war, die englischsprechende Menschen in spanischsprachigen Ländern regelmäßig auf Englisch empfangen konnten. Desi und Lucy sprachen Spanisch, Ed Sullivan wurde für einen Spanier gehalten, weil er immer synchronisiert war, aber du konntest nicht übersetzt werden, und so wurdest du immer auf Englisch gesendet.

MARVIN HAMLISCH Fantastisch. Ich glaube es. Es gibt niemanden, der wie Groucho reden könnte.

GROUCHO Man zeigt unsere Filme sogar in China, aber ich weiß nicht, ob wir dort Chinesisch reden.

Marvin arbeitete an der Musik für die Fernsehfassung von *The Entertainer,* mit Jack Lemmon in der Hauptrolle, die einst durch Laurence Olivier so berühmt geworden war. Grouchos Geschenk an Marvin war sein Exemplar des Buches *The Entertainer,* das Olivier Groucho mit der Widmung »*Der Entertainer dem Entertainer*« geschenkt hatte.

Marvin bat Groucho, ihm seine Lieblingsgeschichte zu erzählen, »die von Annie Berger, als sie dir keines von ihren Sauerkrautbonbons abgab.«

Am nächsten Tag, der weniger festlich war, traf sich Groucho mit seinen Rechtsanwälten Peter Fleming und John Sprizzo, »um den Prozeß kurz zu machen«, wie Groucho sich ausdrückte. Er trug einen Pyjama zu dem Treffen und verlor, wie Erin es mir beschrieb, nie seine Haltung, wohl aber seine Hosen, als sich der Gummizug bei der Darbietung von »Peasie Weasie« löste.

Obwohl Groucho seinen Prozeß sehr ernst nahm, konnte er dennoch sagen: »Ich konsultiere meinen Anwalt, und wenn er den Fall übernimmt, mache ich einen Fallrückzieher.«

Obwohl er mir gesagt hatte: »Man gewinnt nie«, wenn man in einen Prozeß verwickelt ist, verklagte er Autor und Verlag von *The Marx Brothers Scrapbook,* für das er seine Mitarbeit zugesichert hatte. Später bereute er das, da er das Gefühl hatte, das Buch werde ihm nicht gerecht, aber es war ihm nicht möglich, den Verkauf des Buches zu unterbinden. Die Angelegenheit bereitete ihm ständig neuen Ärger, trotz seiner gewöhnlich erfolgreichen Anstrengungen, sich Durchblick und Haltung zu bewahren.

Bevor wir mit Goddard Lieberson zum Lunch bei CBS gingen, saßen Groucho und ich im Wohnzimmer seines Hotelappartements, als Erin singend und tanzend aus einem der Schlafzimmer gewirbelt kam. Sie trug nur fleischfarbene, spitzenbesetzte Höschen und einen BH, trotzdem enthüllte ihr Aufzug wirklich nicht mehr als ein normaler zweiteiliger Badeanzug. Das Lied, das sie sang, während sie ihre Beine in die Luft warf, war improvisiert:

>»We 've got clothes,
>We 've got class.
>Come on, gang,
>Kiss our ass!«

Groucho wirkte angewidert. Ihre Aufmerksamkeit heischenden Versuche, ihn zu schockieren, kränkten ihn einfach nur. Er verlieh seinem Gesichtsausdruck Worte:

»Ich bin ein Puritaner. Ich bin ein altmodischer Mensch. Ich wurde mit Horatio Alger und *Mrs. Wiggs of the Cabbage Patch* erzogen.«

Während seines Aufenthalts in New York erhielt er viele Bitten um ein Interview. Er ging auf keine ein, aber er empfing den *New York Times*-Journalisten Israel Shenker, denn »ich habe zu Hause auf meinem Kaffeetisch ein Buch von ihm liegen.« Er lud auch den Doubleday-Verleger Ken McCormick zum Tee ein.

KEN MCCORMICK Letztes Mal sprachen wir über Somerset Maugham...

GROUCHO Er war ein großer Schriftsteller.

KEN MCCORMICK Maugham rangiert heute weit unten, und Conan Doyle verkauft sich besser denn je. Und an Edgar Wallace erinnert man sich kaum noch.

GROUCHO So ist es eben. Das ist Showbusiness. Das ist das Leben. Man weiß halt nie.

KEN MCCORMICK Bist du diesmal auch in irgendwelchen Aufruhr geraten? Das letzte Mal, als du hier warst, fand diese unglaubliche Premiere von *Animal Crackers* statt...

GROUCHO Ich wäre fast umgebracht worden.

KEN MCCORMICK Goddard erzählte mir, wie er mit dir in dem Wagen saß. Sie mußten berittene Polizei einsetzen, um dich zu befreien.

GROUCHO Eines der Pferde bat mich um mein Autogramm.

KEN MCCORMICK Hast du es ihm gegeben?

GROUCHO Ja. Dann bat ich es um sein Autogramm.

KEN MCCORMICK Was hat es gesagt?

GROUCHO Neigh! [Sprich: nee! – und das meint Groucho auch so. Neigh heißt aber auch »wiehern« – und das meint Groucho auch.]

Während dieses Besuches in New York erlitt Groucho einen kleineren Unfall. Beim Bonbonkauen schien es so, als fielen ihm ein paar Zähne aus, aber dann war es doch nur eine Brücke. Er bemerkte, daß es sich nicht um seine echten Zähne handelte und daß sie also auch nicht in die Sammlung einer seiner Krankenschwestern, Donna, gehörten, die seine Zähne aufbewahrte, wenn er einen verlor. »Sie hat jetzt drei, und wenn ich sterbe, wird sie sie versteigern. Sie hat sie immer in ihrem Portemonnaie.«

Er posierte für uns, indem er stolz mit seiner Zahnlücke protzte, während Schwester Barbara ihn aufzumuntern versuchte. »Es ist sehr kleidsam, Groucho.« Er gab zurück: »Du meinst, anzüglich.«

»Morgen hole ich den Zahnarzt«, sagte Barbara.

»Hol drei, dann spielen wir Bridge«, erwiderte er.

Er versuchte, die Lücke mit etwas Kaugummi zuzustopfen, und verkündete: »Ich weine ihnen keine Zähne nach.« Dann faßte er die Situation wie stets ohne jedes Selbstmitleid zusammen:

»Ein Höhlenkunde: Beißerchen gebt 8!«

Als letztes Ereignis während Grouchos Besuch in New York 1975 fand schließlich noch ein kurzes Essen mit Betty Comden, Adolph Green und Penelope Gilliatt kurz vor der Rückreise nach Kalifornien statt.

ADOLPH GREEN *(über Grouchos schwebenden Prozeß)* Wie steht's mit dem Fall *[case]*, Groucho?

GROUCHO In der Kiste *[case]* wird er billiger, nur zehn Dollar pro Kiste.

ADOLPH GREEN Nein, ich meine den Rechtsstreit.

GROUCHO Ich lasse ihn links liegen.

PENELOPE GILLIATT War es schön in New York, Groucho?

GROUCHO *A Chorus Line* hat mir gefallen, aber ich hab's wieder nicht geschafft, eines meiner alten Häuser zu besuchen.

Groucho wußte gern, wer in seinen ehemaligen Häusern wohnte. Er zog in Wirklichkeit nie ganz aus seinen alten Häusern aus. Angeblich unsentimental, besuchte er gern seine alten Wohnungen und deren gegenwärtige Bewohner, indem er einfach zufällig hereinschneite, sei es in Beverly Hills oder New York.

Einmal fragte er mich, ob ich gern in Hotels wohne.

»Ja«, sagte ich. »Es ist, als sei man Gast in seinem eigenen Haus. Wohnst *du* gern in Hotels?«

»Es ist ja immer nur für ein paar Tage«, antwortete er. »Und ich weiß immer, ich habe den Schlüssel zu meiner Haustür.«

Für Groucho verkörperte dieser Schlüssel sein Heim. Das war ihm immer äußerst wichtig gewesen, angefangen mit seinem ersten Zuhause, der Wohnung in der 93. Straße Ost, dann dem Haus in Chicago, gefolgt von dem größeren Haus in Great Neck, bis hin zu denen in Beverly Hills, wo er fast ein halbes Jahrhundert lebte. Für Groucho bedeutete das Haus Schutz und Zurückgezogenheit, zwei seiner wichtigsten Werte. Zu Hause war, wo Groucho sich seinen

Marotten hingeben konnte. »Es ist nicht bloß ein Ort, wo man sich zum Schlafen hinlegt.«

Groucho wurde mit einem Holzlöffel im Mund geboren, nicht mit dem sprichwörtlichen aus Silber. Dann, gerade als er das erreicht hatte, was ihm als Gipfel wirtschaftlicher Sicherheit erschien, nahm ihm die Wirtschaftskrise von 1929 alles wieder weg. Wenn dein Leben Showbusiness ist, kann wirtschaftliche Sicherheit sehr vergänglich sein.

An der Spitze ist nicht viel Platz, und wenn man sie einmal erreicht hat, weiß man nie genau, wie lange man dort bleiben wird. Nicht ohne böse Vorahnungen hatte Groucho jahrelang die »Zu Verkaufen«-Schilder beobachtet, die in der Landschaft von Beverly Hills zu Tausenden zu sehen waren. Einige Häuser werden aufgegeben, weil die Besitzer gesellschaftlich aufsteigen, andere, weil sie absteigen. Lange selbst an der Spitze, wartete er die meiste Zeit seines Lebens auf diesen möglichen schwarzen Tag. Die Unruhe aus der Zeit des Varietés und der Pensionen verließ ihn nie ganz. »Wir wohnten in diesen billigen Pensionen, um Geld zu sparen, und 1929 verloren wir alles.«

Groucho machte sich nicht mehr viel aus Reisen. Seine Varieté-tourneen hatten wohl dafür gesorgt, daß er für sein Leben lang genug davon hatte, trotzdem war er stolz darauf, fast jede Stadt in den Vereinigten Staaten und Kanada besucht zu haben. Als er 1930 *Beds* schrieb, bezeichnete er einen Menschen, der gern nur in *einem* Bett schläft, als »Monobettler«. Ich fragte ihn, ob das immer noch auf ihn zutreffe, und er antwortete ohne Zögern: »Ja.«

Schon sein Wohnzimmer war alles andere als sowas wie Grand Central Station, aber sein Schlafzimmer war sein privates Allerheiligstes, ein »Niemanns- und Niefrauland«, wenn die Tür geschlossen war. In gewissem Sinn übertrug er das auch aufs Hotel. Im Sherry Netherland verkündete er wie zu Hause in Beverly Hills: »Ich bin Herr und Meister meines Hauses.« Und mit leichtem Augenzwinkern: »Ich bin ein alter Meister.«

Als Betty, Adolph und Penelope sich von Groucho vor seiner Rückkehr nach Kalifornien verabschiedeten, küßte ihn Betty und sagte: »Goodbye, Groucho.«

»Nein«, sagte Groucho bestimmt. »Nicht Goodbye. Au revoir.«

Bei seiner Abreise traf er Jack Nicholson und Dick Cavett im Foyer des Sherry Netherland.

GROUCHO *(zu Jack)* Arbeitest du?

JACK NICHOLSON Hallo, Sportsfreund. Yeah, viel zu viel.

DICK CAVETT Weißt du, Groucho, die Leute schreiben mir immer noch, ich hätte Capote verteidigen sollen. Oder dich. *(Er bemerkt eine lange, flache Schachtel, die Groucho trägt.)* He, was ist das denn?

GROUCHO Ein Klafter Schokolade. Von ihr. *(Zeigt auf mich)*

DICK CAVETT Klafft er vorne oder hinten? *(Groucho zeigt weder ein Lachen noch ein Lächeln, also erklärt Dick Cavett)* Das hast du mal in *You Bet Your Life* gebracht.

Ehe Groucho in die Limousine stieg, die ihn zum Flughafen brachte, gab er mir einen Abschiedskuß. Er küßte auch zwei hübsche Mädchen, die gerade vorbeikamen und die er noch nie gesehen hatte. Der Portier fragte Groucho: »Wollen Sie mir nicht auch einen Kuß geben?«

Was Groucho tat.

»Um nichts in der Welt möchte ich noch mal 78 sein«

Kurz vor dem 2. Oktober 1975 wurde Groucho in einer Nachrichtensendung im Rundfunk alles Gute zum »achtzigsten« Geburtstag gewünscht. Groucho war ziemlich verwirrt. Tatsächlich feierte er seinen fünfundachtzigsten Geburtstag, und da er den vollen Preis gezahlt hatte, glaubte er, auch volle Anerkennung bekommen zu müssen.

Als im Jahr davor ein Reporter zu Grouchos »achtundsiebzigsten« Geburtstag anrief, sagte Groucho: »Um nichts in der Welt möchte ich nochmal achtundsiebzig sein, ich bin total verrückt auf vierundachtzig.«

Groucho hatte mir in einem Ferngespräch gesagt: »Ich wünsche mir, daß du zu meinem Geburtstag kommst. Bitte komm doch. Ich hoffe, Melinda kommt. Miles wird fünf, und ich werde fünfundachtzig. Ich schenkte Miles immer etwas, wenn ich Jade etwas gebe, und ich schenke ihm immer etwas Größeres. Er würde es nicht verstehen, wenn sie etwas bekäme und er nicht.«

Am Morgen seines fünfundachtzigsten Geburtstags läutete es an der Tür, und Groucho wurde mitgeteilt, draußen stünden ein paar junge Fans, die ihm zum Geburtstag gratulieren wollten. Er ging zur Tür und begrüßte sie mit den Worten: »Ihr denkt wahrscheinlich, ich wäre immer so alt gewesen.« Für die Teenager an der Tür aber lebte der Groucho der zwanziger, dreißiger, vierziger und fünfziger Jahre immer noch Seite an Seite mit dem Groucho der siebziger Jahre. Und sie waren nicht enttäuscht.

Während der ersten Oktoberwoche läutete das Telefon bei Groucho praktisch ununterbrochen, so viele Freunde riefen an, um ihm zu gratulieren. Er nahm es gelassen und bemerkte lediglich dazu: »Alt zu werden ist absolut nicht toll. Ja, jünger werden ... das wäre etwas.«

Fernseh-, Radio- und Zeitungsinterviews nahmen schon vor seinem Geburtstag viel Zeit in Anspruch. Die Medien schickten mehr Leute mit mehr Drum und Dran, als zum Drehen von *The Cocoanuts* nötig gewesen war, wie Groucho sich erinnerte. Die Fragen waren oft dieselben, aber seine Antworten waren fast immer verschieden. »Jeder von ihnen hört mir nur einmal zu«, erklärte er mir zwischen den Interviews, »aber ich muß jedesmal zuhören. Ich muß also sehen, wie ich mich selbst amüsiere.«

Groucho gab einem jungen Mann, der mit rauchender Zigarette zu ihm zum Interview gekommen war, einen Rat:

»Wenn man fünfundachtzig ist, sollte man Rauchen und Sex aufgeben. Das hat mal großen Spaß gemacht«, sagte Groucho herzlich. Dann schnauzte er los: »Warten Sie nur ab, wozu *Sie* noch in der Lage sind, wenn Sie fünfundachtzig sind!«

Der Oberbürgermeister von Los Angeles rief den 2. Oktober zum »Groucho-Marx-Tag« aus. Am 1. Oktober kam ein großer Umschlag an. »Vom Oberbürgermeister«, verkündete Erin. »Ich möchte bloß wissen, ob ich auch was von Metro und Goldwyn bekomme«, sagte Groucho, als er den Umschlag öffnete. Dann las er seine Version der Proklamation des Bürgermeisters vor:

»›Alldieweil und in Anbetracht dessen und im Hinblick und mit Rücksicht darauf...‹ Klingt wie aus *Animal Crackers,* nicht?«

In dem Umschlag fand sich ein Stück dicke Pappe, damit die Proklamation nicht geknickt würde. »Das ist der wichtige Teil«, sagte er und schwenkte fröhlich das Stück Pappe.

Am Abend vor Grouchos Geburtstag gingen Erin, Schwester Linda und ich mit ihm zusammen in sein Schlafzimmer, um die abendlichen NBC- und ABC-Nachrichtensendungen zu sehen, in denen die Filme gezeigt wurden, die zu seinem fünfundachtzigsten Geburtstag gemacht worden waren. »Seht euch doch bloß das gelbe Gesicht an«, rief Groucho, als sein Gesicht auf dem Bildschirm erschien. »Das liegt am Apparat«, beruhigte ihn Erin, und Schwester Linda korrigierte das Bild, so daß Grouchos Haut eine natürliche Färbung annahm.

Die ABC-Nachrichten zeigten eine Schokoladentorte des New Yorker Pâtisseriechefs Maurice Bonté. Er hatte die Torte mit einer gelben Marzipanente und einer Inschrift verziert, die lautete: »Das gesuchte Wort ist Groucho.« Dann fuhr die Kamera auf eine andere gelbe Ente zu, eine große Pappmaché-Ente, die eine Baskenmütze trug, Zigarre rauchte und vom Kronleuchter in Grouchos Eßzimmer herunterbaumelte.

Bei seinem Interview mit Steve Lenz von der ABC war Groucho in Topform.

STEVE LENZ Waren sie jemals…

GROUCHO Nein, nicht daß ich mich erinnern könnte.

Als die Sendungen zu Ende waren, ging Groucho zu dem großen Bild seiner Mutter hinüber und blieb davor stehen. Lange sagte er kein Wort.

Groucho fragte mich, ob ich mich noch an unser Gespräch über Adolph Zukor im Hillcrest Country Club erinnerte. Ich sagte ja. »Er ist schon über hundert«, sagte er. »So alt möchte ich nicht werden.«

Früh am Morgen des 2. Oktober sahen Groucho und ich kurz vor dem Frühstück zum Fenster hinaus und bemerkten auf der anderen Straßenseite das erste seiner »Ebenbilder«. Am Bordstein saß ein junger Mann, der Grouchos Kostüm und Schnurrbart trug. Wir erfuhren, daß es sich um Stephen Torrico handelte, den Präsidenten des Groucho-Marx-Fanclubs von Anaheim, der 422 Mitglieder zählte. Das war ihr Geburtstagsgeschenk für Groucho. »Wir dachten, es freute ihn vielleicht, uns zu seinem Geburtstag hier zu sehen.« Später am Morgen gingen Andy und ich aus dem Haus, um ein paar Kerzenhalter zu besorgen. Inzwischen hatte die Zahl der Groucho Doubles stark zugenommen, und als wir vorbeifuhren, riefen sie:

»Kennt ihr ihn? Kennt ihr Groucho?«

»Nein, ich nicht«, erwiderte Andy, »aber sie hier.«

Ehrfurchtsvoll sagte einer von ihnen: »In dem Haus zu sein, muß wirklich toll sein.«

Als wir uns auf den Weg machten, sagte Groucho zu uns: »Ich brauche fünfundachtzig Kerzen. Aber wenn ich es recht überlege, brauche ich bloß drei. Je eine für meine Ex-Frauen.«

Man hatte beschlossen, zwei Parties zu geben. Eine große Party wurde am Sonntag nach Grouchos Geburtstag gefeiert. Eine andere, intimere Party gab es an Grouchos tatsächlichem Geburtstag. Es war ein Geburtstagessen, zu dem er Arthur Whitelaw, Dr. Morley Kert (Grouchos Arzt) und seine Frau Bernice, Erin und mich eingeladen hatte. Außerdem war die Schauspielerin Phyllis Newman, Adolph Greens Frau, eingeladen, die erst spät kam, weil sie durch einen Auftritt in einer Fernsehtalkshow aufgehalten worden war.

Dr. Kert erzählte, daß Groucho, wenn er in seine Praxis kam, stets jeden im Wartezimmer gewarnt habe: »Noch haben Sie Zeit zu sehen, daß Sie hier rauskommen.«

Groucho und Arthur tauschten Erinnerungen an die Premiere von *Minnie's Boys* am Broadway aus. Zu diesem Anlaß wollte Arthur Groucho etwas ganz Besonderes schenken, es fiel ihm nichts Rechtes ein. Da hörte er, daß die alte Ruppert-Brauerei, ganz in der Nähe, wo Groucho aufgewachsen war, abgerissen werden sollte, und Arthur fuhr hin, um sich einen Backstein zu besorgen. Er brachte den Ziegel zu Tiffany, um eine silberne Plakette dafür anfertigen zu lassen; dann überreichte er ihn Groucho am Premierenabend von *Minnie's Boys*.

Arthur wußte einen Witz für Groucho:

ARTHUR WHITELAW Wußtest du, daß man den Warschauer Zoo geschlossen hat? Ihre Muschel ist gestorben.

GROUCHO Verstehe ich nicht.

ARTHUR WHITELAW Es war kein richtiger Zoo.

GROUCHO Es war kein richtiger Witz.

Nachdem Groucho die Kerzen auf seinem Kuchen (beträchtlich weniger als fünfundachtzig) ausgeblasen hatte, fragte ich ihn, was er sich dabei gewünscht habe, und fügte hinzu: »Aber vielleicht glaubst du, einen Wunsch sollte man für sich behalten.«

»Ich habe mir gewünscht, daß ich gesund bleibe. Erzählen oder nicht erzählen nützt da auch nichts.«

Er half, den Kuchen aufzuschneiden, dann stellte er sich in einem makabren Einfall mit diabolischem Grinsen für ein Foto in Positur, wobei er sich das Messer an die Kehle hielt.

Zur Feier des Tages ließ er seine übliche Diät außer acht und verschlang mit rücksichtsloser Hingabe eine riesige Portion des Kuchens, den ich aus New York mitgebracht hatte.

»Vor dreißig Jahren hätte ich die ganze Torte gegessen«, sagte er. »Heute esse ich so viel, und wenn's mich umbringt.« Als er den letzten Krümel verzehrt hatte, meinte er gedankenvoll: »Nichts währt ewig.«

Dann packte Groucho die Geschenke aus. Bud Cort schenkte ihm ein T-shirt mit der Aufschrift »Bullshit« quer über die Brust.

»Das wird sich großartig machen, wenn ich's zu Chasen's anziehe«, sagte Groucho.

Kerts verehrten ihm einen Kaschmirpullover von Eric Ross.

»Das wird mir nützlich sein, wenn's heiß wird«, sagte er bewundernd. Er schielte neugierig nach der nächsten Schachtel. »Die ist von Carroll and Company. Da kauft mein Sohn immer ein.« In seiner Aufregung riß er Einwickelpapier und Bänder ab, ohne auf Erins Mahnung zu hören, sie aufzuheben.

»Hoffentlich kriegen wir viele heiße Tage«, sagte er, als er noch einen Kaschmirpullover hervorzog. »Der ist sicher von meinem Sohn Arthur.« Er zerriß fast die Karte vor Begeisterung, die Grüße zu lesen.

»Oh... Er ist von Irene, der ersten Frau meines Sohnes. Er kommt aus Schottland.« Er machte eine Pause. »Wußtest du, daß mein Sohn ein großer Tennisspieler war?«

Er öffnete die Schachtel von Hermès und nahm die französische Silberschale in Entenform heraus, mein Geschenk. »Ich werde Nüsse hineintun«, sagte er. »Hast du mal Bob Hopes Bonmot gehört? ›Kalifornien ist voller Früchte und Nüsse [*fruits and nuts* – heißt auch: Schwule und Irre].‹ Großartig!«

Außerdem schenkte ich Groucho einen gewaltigen Schokoladenriegel von Krön, den ein hübsches Frauenbein in Spitzenstrümpfen zierte. Darauf stand: »Einen wahnsinnig lustigen Geburtstag wünsche ich dir.«

»Den stelle ich unter Glas«, sagte er bewundernd.

Schwester Linda schenkte ihm eine Pflanze mit einer Karte, auf der stand: »Laß uns zusammenkommen, um den Tag deiner Geburt zu feiern.« Schwester Barbaras Karte lautete einfach: »Von der Barbara aus Seville.«

Goddard Lieberson war nichts eingefallen, was er Groucho schenken könnte, und so hatte er ihm eine Geburtstagsmusik komponiert. Inspiriert hatte ihn ein guter Freund, der inzwischen verstorbene Igor Strawinsky, der dem Dirigenten Pierre Monteux zum 85. Geburtstag ein *Greeting Prelude* geschrieben hatte. Goddards Lied hieß »Groucho's Day«.

Die Disney Studios schickten ein Walt-Disney-Buch, auf dessen innerem Titelblatt eine Mickey Mouse zu sehen war, die einen Schminkeschnurrbart trug und Groucho imitierte.

Das Geschenk, das Groucho am besten gefiel, war Erins. Es war ein handgestrickter bordeauxroter Pullover, den sie bei Eric Ross bestellt hatte. Auf dem Vorderteil war Grouchos Porträt eingestrickt.

Es regnete die ganze Woche Geschenke, vor allem unzählige Kisten Zigarren von Leuten, die nicht wußten, daß Groucho das Rauchen aufgegeben hatte. Er stiftete sie wohltätigen Einrichtungen. Viele Geschenke wurden ihm von Menschen geschickt, denen er nie begegnet war. Die Geschenke, die schon ein paar Tage vor den edlen Spendern bei Groucho eintrafen, waren meist schon geöffnet. Erin hatte das bunte Geschenkpapier sorgfältig zusammengefaltet und die Bänder aufbewahrt.

Nachdem die Geschenke der Geburtstagsparty Nummer eins ausgepackt, bewundert und kommentiert worden waren, fühlte Groucho den Wunsch zu singen. Arthur Whitelaw begleitete ihn am Klavier zu »Peasie Weasie«, »Show Me a Rose« und anderen Groucho-Spezialitäten. Phyllis Newman traf ein und brachte einen Kassettengruß von Betty Comden und Adolph Green mit. »Mein Auftrag war, Groucho dies zu überbringen«, sagte sie atemlos.

Als Phyllis äußerte, daß sie gern ein Bild von Groucho hätte, erinnerte er sie daran, daß Adolph schon eines habe. Sie antwortete, genau das meine sie ja: »Ich will mein eigenes Bild! Ich will nicht bloß ein Bote sein, der ein Tonband bringt.«

Groucho nahm ihre Worte gierig auf, dachte kurz nach und ging in sein Schlafzimmer. Darauf kam er mit einem Foto zurück, auf das er geschrieben hatte: »Das Bild ist für Phyllis, nicht für Adolph und nicht für Betty.«

Die Bandkassette, die Phyllis Groucho gebracht hatte, enthielt einen komischen Sketch über zwei Drehbuchautoren, die versuchen, auf eine Idee zu einem Drehbuch zu kommen. Dem Sketch gingen ein paar Erinnerungen an Groucho voraus:

»Wir denken an vergangene Jahre, als du auf Parties zu kommen pflegtest und stets herausfandest, wann wir auf dem Programm standen. Wenn wir fertig waren, sagtest du Gute Nacht und gingst. Du warst nur gekommen, um *uns* zu sehen! Wir waren verwirrt, aber erfreut. Wir beteten dich aus der Ferne an, und heute aus der Nähe.«

Nachdem er sich das Band angehört hatte, rief Groucho aus: »Schickt ihnen ein Telegramm! Per Nachnahme.«

LIEBE BETTY, LIEBER ADOLPH:

Lange nicht gesehen. Auch gut. Die Aufnahme ist irre. Stellenweise sogar lustig. Ihr werdet viel Geld damit machen. Besonders, wenn ihr sie für euch behaltet. Ich liebe euch beide, als ob ihr mein eigen wäret. Eines Tages werden wir uns im Himmel treffen. In New York. Oder Philadelphia.

Euer ergebener H. HACKENBUSH

Groucho erzählte uns seine Lieblingsgeschichte über Betty Comden.

»Betty erzählte, als sie siebzehn war, habe sie sich ein Kissen unters Kleid gestopft, so daß jeder dachte, sie bekäme ein Kind. Sie bekam jedesmal einen Platz in der U-Bahn.«

Groucho setzte seinen Gesang mit einem Lied von Harry Ruby fort, »Omaha, Nebraska, in the Foothills of Tennessee.« Hinterher bemerkte er ernst: »Ein Teil meines Lebens ging dahin, als Harry Ruby starb, ein sehr wichtiger Teil.«

Ein anderes Lied, »Oh, How that Woman Could Cook!«, sang er mit deutschem Akzent und bat Arthur Whitelaw, »es auf Deutsch zu spielen.«

»Ich kann es nicht auf Deutsch spielen«, sagte Arthur mit gespielter Entrüstung.

»Du kannst es nicht auf Deutsch spielen? Was bist du denn für ein Pianist? Mozart hätte es auf Deutsch spielen können, und Marvin Hamlisch kann es auch auf Deutsch spielen.«

Zufällig riefen in diesem Moment Marvins Eltern aus New York an, um Groucho zu gratulieren. Mrs. Hamlisch sang »Happy Birthday« auf Deutsch, und Mr. Hamlisch begleitete sie am Klavier.

Unzählige Telegramme trafen ein. Eines kam von Woody Allen: »Alles Gute zum Geburtstag! Jetzt schuldest du mir ein Telegramm zu meinem Geburtstag.« George Burns, der irgendwo zu einer Show war, kabelte Groucho: »Happy Birthday. Hör nicht auf. Bleib am Ball.« Diese Betonung auf das Arbeiten — aufs Arbeitenwollen und auf den Wunsch, arbeiten zu können — war eine Tugend, die George Burns und Groucho gemeinsam hatten. King Vidor schickte Groucho eine Karte, auf der stand: »Alles Gute zum Geburtstag, Groucho Segovia Marx, von King Tildon Vidor.« Beide spielten gern Tennis und Gitarre.

Als er all die Telegramme und Karten durchsah, bemerkte Groucho: »Ich habe Johnny Carson ein Telegramm zu seinem dreizehnten Jahrestag bei NBC geschickt. Ich schrieb: ›Mehr Glück beim nächsten Mal.‹«

Als die Gäste gegangen waren, drückte mir Groucho die Hand und sagte: »Das war ein Abend, den ich nicht vergessen werde.« Es war die Party zu seinem *wirklichen* 85. Geburstag. Die, über die die Presse schrieb und die von viel Prominenz besucht wurde, fand am Nachmittag des 5. Oktober 1975, einem Sonntag, statt.

Groucho spielte eine wichtige Rolle bei der Planung der Geburtstagsparty Nummer zwei. Seine Frivolitäten nahm er immer ernst. Außer Erin half ihm Tom Wilhite, der mehrere Stunden vorher gekommen war, um die Dekoration aufbauen zu helfen. Sie bestand hauptsächlich aus Luftballons, auf denen »Groucho« stand. Es gab so viele davon, daß man den Stil der Ausstattung als »Frühballon« hätte bezeichnen können. Kurz vor vier Uhr, dem geplanten Beginn der Party, nahm Groucho seinen Ehrenplatz im Wohnzimmer ein, wo er die eintreffenden Gäste begrüßen wollte. »Das kann keine besonders tolle Party werden, wenn ich der Ehrengast bin«, sagte er. »Vielleicht gehe ich zeitig heim.«

Die ersten, die eintrafen, waren die Brüder Gummo und Zeppo, die aus Palm Springs gekommen waren. Sie kamen ungefähr vierzig Minuten zu spät. Niemand will so altmodisch sein und als erster auf einer Hollywoodparty erscheinen, darum beginnen die meisten Parties erst viel später, als auf den Einladungen steht.

Zeppo brachte Thunfisch mit, den er persönlich gefangen und eingemacht hatte. Groucho nahm das Geschenk mit der üblichen Huld entgegen. »Du hättest dich nicht selber zu bemühen brauchen. Du hättest den Fisch auch einfach schicken können.« Zeppo verstand und wäre auch wirklich beunruhigt gewesen, wenn sein älterer Bruder Julius mehr Rührseligkeit gezeigt hätte.

Was Zeppo auch machte, er machte es gut − Thunfisch eindosen, Karten spielen, komplizierte technische Erfindungen oder Geschäfte machen. Hemmungslos, aber relativ unaufdringlich hatte Zeppo die Gabe und Energie, Pionier, Erfinder, Geschäftsmann, Agent − sogar ein Marx Brother zu sein.

Nach Gummos und Zeppos Ankunft trafen allmählich die Gäste ein, die nach und nach die anderen Räume und die Veranda zu füllen begannen. Schließlich wartete eine lange Schlange von Prominenten darauf, Groucho begrüßen und zum Geburtstag gratulieren zu können. Immer und immer wieder wurde er gefragt: »Wie fühlt man sich, wenn man fünfundachtzig ist?« Um sich selber einen Spaß zu machen, gab er immer andere Antworten:

»Ich bin verrückt auf die fünfundachtzig.« Oder: »Es ist besser als vierundachtzig. Ich glaube, nächstes Jahr werde ich sechsundachtzig.« Oder: »Ich weiß gar nicht, warum alle so ein Gewese machen. Ich werde doch nicht von einem Tag auf den anderen älter, und alles an einem wird auf einmal alt. Es ist immer nur ein Stück auf einmal.«

Milton Berle fragte ihn, wie er sich fühle. »Altklug«, erwiderte Groucho.

Elliott Gould begrüßte ihn: »Wie geht's dir, Groucho?«

»Verglichen womit?« fragte Groucho.

Unter denen, die sich um ihn versammelten, waren Bob Hope, Peter Sellers, Jack Lemmon, Walter Mirisch, Sally Kellerman, Red Buttons, Carroll O'Connor, Liza Minnelli, Carl Reiner, David Steinberg, Edie Adams, S. M. Estridge, Irwin Allen, Stefanie Powers, Jacque Jones, Jerry Davis, Nat Perrin, Carol Burnett und ein paar hundert andere. Nachdem jeder seinen Platz gefunden hatte, stellte sich Bob Hope als Conférencier vor, und Groucho sang. Das Alter der Partybesucher reichte von achtzehn bis neunzig. »Genau wie ihr IQ«, scherzte Groucho.

Als er sich hinsetzte, um die riesige Erdbeer-Geburtstagstorte anzuschneiden, verkündete er: »Fünfundachtzig und immer noch vollkommen gesund — nur geistig nicht.«

Beim Ausblasen der fünfundachtzig Kerzen half ihm Edie Adams, die Schauspielerin, die er am liebsten in der Rolle seiner Mutter in *Minnie's Boys* gesehen hätte.

Als Groucho zu singen begann, versammelten sich die Gäste um ihn und lauschten aufmerksam. Weit davon entfernt, sich durch das prominente Publikum gehemmt zu fühlen, fand er Gefallen daran und war völlig in seinem Element, wenn er vor urteilsfähigen Leuten aus dem Showbusiness auftreten konnte. Tatsächlich sind die, die selber allein mitten auf der Bühne stehen müssen, vielleicht großzügiger in ihrer Anerkennung als ein »normales« Publikum. Nichts genoß Groucho mehr, als zu singen, und sobald er seinen Platz neben dem Klavier eingenommen hatte, hörte die allgemeine Unterhaltung sofort auf. Die auf die Veranda Geflüchteten kehrten ins Wohnzimmer zurück. Die Aufmerksamkeit aller, ob sie auf Stühlen saßen, auf dem Boden hockten oder standen, war auf den Star gerichtet. Groucho bat um einen Ton. »Ich hätte gern einen Ton, aber Lehm tut's auch.«

Machte Groucho einen Fehler im Text eines der alten Lieder, dann fühlte sich das sachverständige Publikum desto mehr als Insider, und Grouchos Darbietung erklomm immer größere Höhen, je mehr er die achtungsvolle Begeisterung seines Publikums spürte. Liza Minnelli, in schwarzen Hosen und einem Silberpulli, saß zu Grouchos Füßen auf dem Boden und arbeitete in ihrer Eigenschaft als Zuhörerin schwerer, als es die meisten Leute auf der Bühne tun. Sie flüsterte Jack Haley jr. etwas ins Ohr, der gleichfalls anerkennend nickte. Zwischen zwei Nummern eilte sie auf die Bühne und umarmte Groucho.

Als er, von Billy Marx am Klavier begleitet, »Oh, How That Woman Could Cook!« sang, nickte Groucho Grace Kahn zu. Sie war mit ihrer Tochter Irene und Andy, ihrem und Grouchos gemeinsamem Enkelsohn, da. Grace Kahn hatte dies Lied 1916 zusammen mit ihrem Mann Gus geschrieben, und Groucho sah sie beim Singen mehrere Male an.

»Nimmst du 'ne Doppel-LP auf oder was?« rief Bob Hope. Groucho sagte sanft zu der Versammlung: »Der Kerl da bringt mich zum Lachen.«

»Das darfst du nicht sagen«, entgegnete Hope.

»Wenn du nicht hier wärest, würde ich es auch nicht sagen«, schnappte Groucho zurück.

Zum großen Finale stimmten Erin und Robin in die Refrains von »Peasie Weasie« ein. Die beiden hatten dieses Lied Groucho oft privat vorgesungen. Hinterher verkündete Groucho, er habe für dieses Potpourri aus Holperversen bloß fünfundzwanzig Dollar bezahlt. »Ich glaube, die hast du längst wieder raus«, meinte Erin trocken dazu.

Als Groucho sang, hörte Elliott Gould damit auf, Luftballons aufzublasen und durch die Gegend zu werfen. Nach dem Lied bemerkte Elliott: »Das war sehr gut.«

»Ich war ja auch mal im Showbusiness«, entgegnete Groucho.

Groucho war stets das Zentrum der Aufmerksamkeit. Wann immer er irgendetwas sagte, echote es ehrfurchtsvoll durch den ganzen Raum: »Hast du gehört, was er gesagt hat?« Als Groucho das mitbekam, bemerkte er ironisch: »Yeah, großartiges Bonmot.«

Nach dem Programm sagte er: »Ich bin müde. Drum gehe ich jetzt ins Bett.« »Pâté ist aus«, fügte er hinzu, als er den Tagungsort in sein Schlafzimmer verlegte.

»Laß sie stets lachend zurück, wenn du Goodbye sagst.« Er schlüpfte relativ unbemerkt hinaus, wie er es gern tat.

Im Schlafzimmer zog er seinen Pyjama an und empfing in Pantoffeln, später dann barfuß. Groucho konnte selbst im Pyjama fabelhaft aussehen. Während seine nackten Füße unter der Bettdecke seines elektrischen Knopfdruck-Bettes hervorlugten, teilte er Besuchern seines Allerheiligsten mit: »Ich habe die saubersten Füße der Stadt. Das ist einer meiner wenigen Vorzüge.« Willkommene Gäste waren ein paar der hübschesten Mädchen Hollywoods, die er dazu einlud, zu ihm unter die Decke zu kriechen; auch seine männlichen Lieblingsfreunde lud er dazu ein. So kam die Zeitschrift *People* an das Foto, auf dem Sally Struthers und Carroll O'Connor mit ihm zusammen im Bett sitzen. *People* brachte einen Bericht von dem Ereignis, beziehungsweise über das Bett, und überschrieb ihn »You Bed Your Life«. (Jon Nordheimer von der *New York Times* war ebenfalls eingeladen.) Das Foto erwies sich als prophetisch, denn kurze Zeit später wurde Grouchos erstes Buch *Beds,* das es seit vierzig Jahren nicht mehr zu kaufen gab, neu aufgelegt.

Betten waren Groucho immer wichtig. Dieses hatte eine Schalttafel, mit der er es in jede gewünschte Position bringen konnte. Woody Allen hatte das Bett sehr fasziniert, er sagte aber, er wolle keine konkreten Fragen stellen. Das Kopfteil bestand aus den massiven Türen eines Zirkuswagens aus dem 19. Jahrhundert, die vor einem schmählichen Schicksal bewahrt worden waren, um nun eine weniger ruhelose Rolle zu spielen. Über dem Bett hing ein Bild von zwei kleinen Häusern, die Groucho an das Haus der Familie Marx in der Chicagoer Grand Avenue erinnerten. »Es ist nicht wirklich das Haus, in dem wir gewohnt haben, aber es sieht so aus«, erzählte er Gästen, die ihm ins »Bett schneiten«.

Die Party war um halb neun zu Ende, keine unübliche Zeit für Hollywoodparties. Erfolgreiche Hollywoodleute müssen früh aufstehen.

Nach der Party faßte Groucho seine fünfundachtzig Jahre so zusammen:

»Ich habe Glück gehabt. Das ist das wichtigste – Glück zu haben.«

»Ich sehe aus wie George Washington mit Schnurrbart«

Wegen seiner Einstellung zu Interviewern wich Groucho jahrelang Interviews aus. »Sie hören einem nicht zu«, sagte er zu mir. Eine Zeitlang hatte er einen solchen Widerwillen gegen Interviews, daß es sogar für seinen Enkel Andy schwierig war, eines mit ihm zustande zu bringen.

»Ich war im College«, erzählte mir Andy, »und besuchte einen Kursus, der sich ›Die Kunst der Komödie‹ nannte, und ich dachte mir, dafür könnte ich doch Groucho interviewen. Ich hatte einen Kassettenrecorder dabei, und er sagte: ›Niemand interviewt mich mit einem Kassettenrecorder. Selbst für zehntausend Dollar würde ich *Life* keinen Kassettenrecorder erlauben. Du mußt alles aufschreiben‹, was ich auch tat. Als wir ungefähr halb durch waren, sagte er zu mir, ich sei ein miserabler Interviewer, wüßte keine Fragen, hätte keine Ahnung vom Interviewen und so weiter.«

Eric Lax begleitete Groucho nach Ames, Iowa, zu Grouchos erstem »Konzert« und schrieb für *Life* einen Bericht über das Ereignis. Er erzählte mir von dem Interview mit Groucho: »Ich war nervöser als bei irgendeinem anderen Interview. Ich wollte jedes Wort mitkriegen, aber er hatte mir gesagt, ich dürfe keinen Kassettenrecorder benutzen. Ich hörte so aufmerksam wie möglich zu, anschließend fuhr ich ein kurzes Stück weit weg und kritzelte los wie ein Irrer.«

Darauf änderte Groucho seine Einstellung, und wir machten das Interview, aus dem unsere Freundschaft erwuchs, aus der dieses Buch entstand.

ICH Wie siehst du dich eigentlich?

GROUCHO Im Spiegel.

ICH Was für ein Mensch sieht dir da entgegen?

GROUCHO Ein rückständiger Mensch.

ICH Wie würdest du diesen Menschen beschreiben?

GROUCHO Etwas über vier Fuß groß. *(Hebt die Augenbrauen)* Hast du mal Lincoln ohne Bart gesehen?

ICH Nein.

GROUCHO Also, ich sehe aus wie George Washington mit Schnurrbart. Das ist aus *On the Mezzanine.* Wo willst du anfangen, in der Mitte?

ICH Wir können's ja mal mit dem Anfang versuchen. Wie war deine Kindheit?

GROUCHO Jemand klopfte an die Tür, und alle im Haus versteckten sich im Schrank oder sonstwo. Denn wir hatten die Miete nicht. Meine Mutter ging zur Tür und redete dem Hausbesitzer die 27 Dollar pro Monat aus, die wir ihm schuldeten.

Harpo lief immer im Central Park Schlittschuh, aber mit nur einem Schlittschuh. Und er mußte ihn mit einem Strick festbinden. Ich war arm und sparsam. Ich sparte das Geld für vier steinharte Bonbons zusammen. Ich lutschte an dem einen und hatte die drei anderen unter meiner Mütze. Dann gingen drei große Raufbolde auf mich los. Ich sagte: »Ich habe keinen mehr.« Einer von ihnen schlug mich. Ich lag dreißig Minuten lang im Schnee. Dann nahm ich einen von den drei Bonbons unter meiner Mütze vor und lutschte ihn.

Wir schliefen zu viert in einem Bett. Zwei an jedem Ende. Wir waren zu zehnt, und es gab nur eine Toilette. Das nenne ich ziemlich arm, aber wir wußten es nicht. Wir waren fröhlich. Wir liebten unsere Mutter und unseren Vater.

ICH Dann störte es dich nicht, arm zu ein?

GROUCHO Ich wollte immer reich sein. Ich will es immer noch.

ICH Aber ich habe dich oft sagen hören: »Ich bin ein steinreicher Mann.«

GROUCHO Ich bin ein glücklicher Mann.

ICH Was bedeutete reich zu sein deiner Meinung nach?

GROUCHO Man kann arme Verwandte unterstützen, wenn man welche hat. Man kann sich anständige Kleider kaufen, man kann sich ein anständiges Auto leisten, man kann sich's leisten, in einem hübschen Haus zu wohnen — ich glaube, ich habe das große Glück, all das zu besitzen.

ICH Wann fingst du an, dich reich zu fühlen?

GROUCHO Als ich stehenbleiben und etwas von der Straße aufheben konnte, ohne mich erst umsehen zu müssen, ob mich jemand dabei beobachtete. Natürlich kannst du das auch machen, wenn du wirklich arm bist. Aber wenn du reich bist, brauchst du nicht alles zu essen, was du auf dem Teller hast. Du mußt nicht erst auf die Preise sehen, wenn dir im Restaurant eine Speisekarte vorgelegt wird. Du gehst spazieren, weil du Lust dazu hast. Und keiner kann kommen und dir das Klavier wegnehmen.

ICH Erzähl mir von Polly, deiner Adoptivschwester.

GROUCHO Polly war das Kind der Schwester meiner Mutter, und als das Kind geboren wurde, lief ihr der Mann weg. Er ließ sie mit dem Kind sitzen. Und meine Mutter adoptierte Polly und zog sie auf. Sie hatte einen dicken Hintern, aber sie war irgendwie niedlich. Sie trug eine Brille. Ja, und da gab es einen Schneider namens Sam Müller, mit zwei Punkten auf dem U. Er war ein guter Schneider. Mein Vater war ein miserabler Schneider. Mein Vater konnte nie einen Anzug richtig passend machen, weil Chico immer die Schere klaute und ins Leihhaus brachte. Aber Sam Müller, der mit den zwei Punkten auf dem U, war ein guter Schneider. Er schneiderte Anzüge für fünfzig Dollar das Stück. Das war viel Geld damals, als ein ganzes Brot einen Nickel kostete. Und eins, das einen Tag alt war, vier Cents. Meine Mutter war entschlossen, Sam Müller mit Polly zu verkuppeln. Und so ließ sie meinen Vater ein gutes Essen kochen, denn er war ein guter Koch, lud Sam Müller ein paarmal ein und sagte, Polly hätte das Essen gekocht. Schließlich überredete meine Mutter Sam, Polly zu heiraten. Die Hochzeit fand in der Bronx im Royal Casino statt. Harpo und ich gingen auf die Toilette und da gab es zwei Pinkelbecken. Wir turnten darauf herum, bis sie abbrachen. Das Wasser lief allmählich bis dorthin, wo die Hochzeit stattfand. Und der Besitzer des Casinos kam angerannt und sagte: »Das kostet zweihundert Dollar.« Na, wir hatten keine zehn Dollar, also mußte Sam Müller das Geld aufbringen, die zweihundert Dollar für die Reparatur der Pinkelbecken. Dann ging die Hochzeit weiter. Und sie lebten glücklich seit der Zeit. Sie hatten vier Kinder.

ICH Bemerkte er später was an Pollys Kochkunst?

GROUCHO Wahrscheinlich, aber sie waren glücklich. Es war sowieso zu spät. Er saß in der Falle. Wie ich dir ja schon erzählt habe, bekam meine Mutter durch die Kocherei meines Vaters eine Menge Jobs für uns.

ICH Was waren denn seine Spezialitäten?

GROUCHO Oh, er rührte alles an, inklusive meine Mutter. Was er häufig tat. Es ist lustig — mein Vater war Franzose, und mein Bruder Italiener. Deshalb trage ich immer eine Baskenmütze. Mein Vater kam in Elsaß-Lothringen zur Welt. Er glaubte, Ed Sullivan sei Jude. Er nannte ihn immer »Ed Solomon«. Mein Vater schlug uns nie. Wenn er ärgerlich war, nahm er einen Kleiderbesen, hielt ihn einem direkt unter die Nase und erzählte einem, was nicht in Ordnung war. Aber er schlug uns nie. Dann legte er den Kleiderbesen weg. Er sagte: »Junger, Junger, Junger...« Er war ein miserabler Schneider. Er machte einen Anzug, da ging der eine Ärmel runter bis hier, und der andere ging nur bis hier. Aber er bekam immer neue Kunden, weil er ein bißchen Deutsch sprechen konnte.

ICH Und deine Mutter?

GROUCHO Sie war immer auf den Beinen. Sie war immer damit beschäftigt, uns Jobs zu besorgen. Sie hielt uns alle zusammen. Sie war eine großartige Frau. Mein Vater war ihr immer treu, bis sie starb. Dann besorgte er sich ein anderes Mädchen. Aber nicht auf der Beerdigung!

Er mochte Mädchen — wir mögen alle Mädchen. In der Familie Marx gab es keine Schwulen.

ICH Machte es deinem Vater Spaß, als Statist in euren Filmen mitzumachen?

GROUCHO Nein, aber er bekam zehn Dollar und versuchte, ein Mädchen aufs Kreuz zu legen. Schließlich riß er eine Matrone auf.

ICH Störte es dich? Dir lag so viel an deiner Mutter...

GROUCHO Nein. Sie war tot, und er war einsam. Er starb im Garden of Allah.

ICH Und deine Großeltern?

GROUCHO Meine Großmutter spielte Harfe und jodelte. Das war in Deutschland. Mein Großvater war Bauchredner und Zauberer.

ICH Hast du irgendwelche Zaubertricks gelernt?

GROUCHO Nein. Ich kann keine Tricks. Ich habe überhaupt kein Talent. Ich kann kaum ein Fenster aufmachen.

ICH Dein Großvater wurde 101, bei voller Gesundheit.

GROUCHO Darüber mache ich mir keine Sorgen. Ich schaffe das nicht. Aber er lebte ein langes, langes Leben und hatte nie irgendwelche Krankheiten. Außer, daß er im Haus alles aufaß. Er war ein großer Esser.

ICH Wie war deine Jugend in New York?

GROUCHO Ich glaube, ich habe dir von Weatherall erzählt, oder? Ich war Laufbursche in der Pine Street. Die Büros waren ungefähr so groß wie mein Bett. Und ich mußte jeden Morgen um neun zur Arbeit erscheinen. Mein Job war, wenn Weatherall irgendwelche Briefe bekam, dann mußte ich sie in so ein Ding stecken, am Rad drehen und sie in ein Buch pressen. Das Ding preßte die Briefe. Und ich bekam drei Dollar pro Woche.

ICH Was war der Zweck dieses Briefepressens?

GROUCHO Ich habe nicht die leiseste Idee. Er bekam nicht viele Briefe. Ich sollte um neun Uhr jeden Morgen dort sein. Also war ich dort. Und ich hatte einen Beutel Weintrauben mit. Das war mein Mittagessen. Am nächsten Tag war ich wieder um neun Uhr da, aber Weatherall kam nicht. Also kam ich am folgenden Tag um zehn. Dann begann ich langsam, um elf zu kommen, und er kam immer noch nicht. Also spazierte ich die Park Row entlang. Es war windig, und jemandem wurde der Hut vom Kopf geweht. Ich rannte mitten auf die Straße, um den Hut festzuhalten und dem Besitzer zurückzubringen. Und es war Weatherall. Ich wurde gefeuert. An diesem Tag wollte ich gerade zum Baseballplatz. *(Pause)* Habe ich dir erzählt, wie wir immer vor dem Theater standen und nach der Vorstellung Dreibögen machten, um uns Mädchen aufzureißen?

ICH Dreibögen verstehe ich nicht…

GROUCHO Wir standen vor den Plakaten. Für ein Plakat brauchte man damals drei Papierbögen. Eines Tages riß ich mir ein Mädchen auf, das schob einen Kinderwagen. Ich sprach sie an: »Du bist sehr schön. Bist du verheiratet?« Sie sagte: »Nein, das ist das Baby von meiner Schwester.« Sie log, es war ihr Baby. Sie nahm mich mit zu sich, und ich rauchte eine Zigarre. Plötzlich höre ich Schritte. Ich renne zum Schrank, lasse aber die Zigarre liegen, auf der Couch. Und der Kerl kommt rein. Er ist ungefähr zwei Meter vierzig groß. Er sagt: »Hier ist ein Mann.« Sie sagt: »Hier ist keiner.« »Was hat diese Zigarre hier zu suchen?« Er guckt in den Schrank. »Wenn ich den

Hurensohn finde«, sagte er, »bring ich ihn um.« Und er tastet im Schrank rum, aber da hingen eine Menge Kleider und er fand mich nicht. Als er in die Küche ging, sprang ich aus dem Fenster.

ICH In welcher Etage war das?

GROUCHO In der ersten. In Chicago hatten Gummo und ich zusammen ein Auto. Es kostete 300 Dollar. Wir zahlten jeder 150 Dollar. Und wir hatten keine Ahnung von Autos. Eines wußte ich: das Auto hatte keine Bremsen. Und es hatte keine Hupe. Und es war kein Dach drauf. Wir hatten ein paar Mädchen im Norden von Chicago, die wir besuchen wollten. Jedesmal, wenn wir sie besuchen wollten, baute Zeppo die Zündung aus dem Wagen aus. Er wußte sehr gut über Autos Bescheid. Er konnte das ganze Auto auseinandernehmen und den Motor in alle Einzelteile zerlegen und wieder zusammenbauen. Und wir hatten überhaupt keine Ahnung von Autos. Immer, wenn wir in den Norden fahren wollten, um die Mädchen zu besuchen, baute Zeppo die Zündung aus. Wir mußten jedesmal die Hochbahn nehmen, wenn wir sie sehen wollten, weil Zeppo dann das Auto benutzte. Einmal hatte ich einen Scripps-Booth. Scripps-Booth mit Bindestrich. Das war ein Auto, von dem du nie was gehört hast. Kostete mich zweihundert Dollar. Und ich hatte so ein Ding an der Tür — wenn man darauf drückte, ging die Tür auf. Eines Abends ging ich mit einem Mädchen aus, und sie drückte zufällig auf das Ding und flog aus dem Auto. Dann nahm ich mal ein anderes Mädchen mit. Sie war richtig aufgedonnert. Sie trug ein rosa Kleid und einen hübschen Hut, und wir gingen ins Majestic Theatre. Als wir wieder rauskamen, regnete es. Und als wir bei ihr zu Hause waren, war sie klatschnaß. Ihr Hut war ruiniert, ihr Kleid war ruiniert, alles war ruiniert. Als ich sie nach Hause brachte, kam ihr Vater an die Tür. Er sagte: »Solltest du dich jemals hier wieder blicken lassen, bringe ich dich um.« Also ging ich nie wieder hin. Es war ein wunderschönes Mädchen. Jetzt kann ich mich nicht einmal mehr an ihren Namen erinnern. Ich war so erschrocken, daß ich froh war, davongekommen zu sein. In Chicago spielten wir mal in einem Farbigen-Theater. Das habe ich dir nie erzählt. Es hieß Pekin. Und Jack Johnson besuchte eines Abends die Vorstellung. Er sollte mit Jim Jeffries um die Weltmeisterschaft kämpfen, wobei er übrigens Jim Jeffries k. o. schlug. Und wir sangen dort immer ein Lied. *(Singt)* »Ich wäre gern ein Freund von dir, und ein klein wenig mehr. Ich würde dich gern sehen, und ein klein wenig mehr.« Und wir sahen Johnson in der Loge sitzen, und wir hatten eine Parodie von dem Lied, in der Jeffries Johnson k. o. schlug. Aber als Johnson an dem Abend in der Loge saß, änderten wir den Text, und ließen Johnson Jeffries k. o. schlagen, was er auch wirklich tat. Nur schwarzes Publikum. An der State Street. Einunddreißigste, Ecke State. Nach der Vorstellung kam er hinter die Bühne, und wir trafen ihn im Salon. Er hatte ein Seidenhemd an — ein hübscher Mann. Ich habe dir doch von den drei Hemden erzählt, nicht?

ICH Ja. Aber erzähl's noch mal.

GROUCHO Chico hatte sich ein Mädchen aufgetan. Chico riß sich ständig Mädchen auf, Mädchen für uns alle. Wir wohnten gerade in einer Pension in Brooklyn. Sie hatte Gaslicht, es gab dort keinen Strom. Wenn man wollte, konnte man das Gas ganz runterdrehen, so daß man nicht sehen konnte, mit wem man vögelte, wenn man nicht wollte. Wir hatten drei Seidenhemden gekauft — Seidenhemden mit schwarzen Streifen. Harpo hatte eins, Chico hatte eins, und ich hatte eins. Ich lag im Bett und schlief, da kam Chico in mein Zimmer. Er fragte: »Willst du vögeln?« Ich sagte: »Yeah.« »Na, dann zieh dein Seidenhemd an und komm in mein Zimmer.« Das tat ich dann und machte es ein paarmal mit ihr. Dann ging er in Harpos Zimmer. »Willst du bumsen?« Harpo sagte: »Ja.« »Na, dann zieh dir dein Seidenhemd an und komm in mein Zimmer. Ich hab' da ein Mädchen.« Und Harpo ging und besorgte es ihr ein paarmal. Und dann kam Chico zurück und bumste sie nochmal. Und sie wußte nicht, wer wir waren, denn das Gaslicht war runtergedreht, und wir trugen alle dieselben Seidenhemden. Am nächsten Morgen standen wir am Bühneneingang vom Bushwick Theatre in Brookyln, als Chico sie Harpo und mir vorstellte. *(Pause)* Habe ich dir erzählt, wie ich meine Unschuld verlor? Es war in Montreal. Sowas vergißt man nicht. Sie hatte kein Zimmer und quatschte mich an. Ich war sechzehn. Ehe ich die Stadt verließ, hatte ich einen Tripper. Wenn man den Tripper einmal hat, hat man ihn angeblich für sein ganzes Leben. Das stimmt zum Teil. Ich hatte keine Ahnung von Mädchen. Chico verlor seine Unschuld beim ersten Mädchen, das er kennenlernte. Auch Zeppo hatte was los bei den Damen. Harpo war der einzige, der sich nicht viel herumtrieb. Er hatte ein paar Miezen. Aber nur drei Mädchen hatte er in seinem ganzen Leben, in die er wirklich verknallt war, und die hießen alle Fleming. Die letzte heiratete er. Susan Fleming.

ICH Und bei dir ist es Erin Fleming. Ist das ein Zufall?

GROUCHO Nein. Das ist kein Zufall.

ICH Wie würdest du Harpo als Privatmann beschreiben?

GROUCHO Harpo war ein schöner Mann. Er war kleiner als ich. Nicht viel, ein paar Zentimeter. Immer setzte er sich hin und spielte auf seiner verfluchten Harfe. Und ich haßte die Harfe. Ich lief immer aus dem Theater, wenn die Harfe drankam. Ich hatte sie so viele Jahre gehört, daß sie mich verrückt machte. Sie ist nicht mein Lieblingsinstrument, aber das störte mich nicht, denn sie war wenigstens leise. Harpo gab sich viel Mühe beim Harfespielen. Denn damals war er sehr stolz drauf. Es gab nicht sehr viele Harfenisten beim Varieté, verstehst du. Harpo arbeitete hart und gewissenhaft, und Chico arbeitete nie. Harpos Harfe ist jetzt in Israel. Wo Harpo ist, das weiß ich nicht.

ICH Glaubst du, daß du und Harpo sich am ähnlichsten waren?

GROUCHO Und Gummo. Gummo und Helen, das ist eine wirkliche Liebesgeschichte. Sie sind seit über fünfzig Jahren verheiratet. Gummo war ein hübscher Kerl, als er jung war.

ICH Was war mit Gummos Rolle bei den Marx Brothers?

GROUCHO Er spielte einen jüdischen Komiker. Gummo und ich wohnten immer zusammen, wenn wir unterwegs waren. Harpo und Chico wohnten nicht zusammen. Chico war immer auf der Suche nach Damen und Würfelspielen, Kartenspielen. Chico war ein Großmaul, wenn er Karten spielte. Wenn er mit jemandem spielte, der leicht zu schlagen war — sagen wir mal, er spielte um tausend Punkte, Pinokel, oder was es auch immer war — dann sagte er zu dem anderen: »Sieh mal, das ist doch zu einfach. Du mußt nur acht Punkte machen, und ich muß tausend machen.« Harpo dagegen war ein sehr gerissener Spieler. Er war ein sehr raffinierter Pokerspieler. Er spielte immer mit Franklin P. Adams, Woollcott, George Kaufman und solchen Leuten, und er kam immer mit Geld nach Hause. Weil er keine Spielernatur war. Er spielte, um zu gewinnen, das war alles. Und Chico war ein Großmaul. Zeppo war ein guter Kartenspieler. Rommé, glaube ich. Und er war auch ein ulkiger Mensch, Zeppo. Sehr ulkig.

ICH Ich finde, er ist immer noch ulkig.

GROUCHO Yeah. Er ist ein ulkiger Mensch. Er sprang mal für mich ein in Chicago, weißt du. Als mir der Blinddarm rausgenommen wurde. Und er bekam fabelhafte Kritiken.

ICH Du hast gesagt, du hättest dich deswegen beeilt und wärst schneller gesund geworden.

GROUCHO Ich verließ das Krankenhaus, so schnell ich konnte.

ICH Es war nicht wie bei dem Ersatzschauspieler in *Cocoanuts,* der einen Nervenzusammenbruch bekam, als er für dich einspringen sollte.

GROUCHO Das ist wahr. Er drehte durch. Zeppo nicht. Er hätte ein sehr ulkiger Komiker sein können. Zeppo mag dich.

ICH Er ging gerade Kartenspielen, als ich ihn besuchte.

GROUCHO Das machte auch seine Ehe kaputt, weißt du. Barbara wohnte in dem Haus, das ich in Palm Springs besaß, und jetzt ist sie mit Sinatra verheiratet. Hübsches Mädchen. *(Pause)* Chico war ein fantastischer Billardspieler. Wenn wir in eine Stadt kamen, spielte er mit jedem dort und schlug sie. Er war ein *glänzender* Billardspieler. Aber er kam völlig aus dem Tritt mit all den Spielern. Als wir in Detroit auftraten, verschwand er für eine ganze Woche. Harpo und ich mußten alle Vorstellungen ohne ihn auskommen.

ICH Du mußt sehr beunruhigt gewesen sein.

GROUCHO Darauf kannst du Gift nehmen! Er spielte oben in Windsor. Einmal beschlossen Harpo und ich, daß wir keine Filme mehr mit ihm machen würden. Wir sagten: »Wenn du deine Gage kriegst, verwalten wir sie für dich.« Und wir hatten 200 000 Dollar gespart. Eines Tages kam er und sagte: »Ich muß das Geld haben, die Spieler sind hinter mir her.« Also gaben wir ihm die 200 000 Dollar, denn sie hätten ihn umgebracht. Chico war krank. Er war ein krankhafter Spieler, und das ist einfach krank, wenn man so ist. Aber er hat sich immer glänzend amüsiert.

ICH Du und Harpo, ihr dachtet voraus.

GROUCHO Wir waren beide vernünftig. Chico starb ohne einen Pfennig, aber er hat seinen Spaß gehabt.

ICH Vielleicht ist es das, was zählt.

GROUCHO Harpo habe ich bewundert. Er war beständig. Er heiratete und führte eine gute Ehe, er adoptierte vier Kinder und zog sie erfolgreich auf. Ich achtete ihn. Für Chico war nach Spielen und Gewinnen das nächstbeste Spielen und Verlieren. Chico genoß es sogar, wenn er verlor. Er sagte, er hätte das Vergnügen gehabt, zu glauben, er würde gewinnen. Und dann, wenn es vorbei war und er verloren hatte, hatte er das Vergnügen zu glauben, er würde das nächstemal gewinnen. Chicos Philosophie war: »Es ist besser, immer wieder zu verlieren, als nie verloren zu haben.« *(Pause)* Habe ich dir erzählt, wie Harpo mal mit Ratten in einem Zimmer eingeschlossen war?

ICH Noch nicht.

GROUCHO Ich war sehr jung. Wir gingen damals immer in Puffs. Eines Abends waren wir im Puff… eigentlich waren wir immer im Puff. Wir waren der Hit aller Puffs. Das war der einzige Ort, wo man in einer fremden Stadt was zu vögeln kriegt. Schauspieler waren sehr unbeliebt. In vielen Städten versteckte man die Töchter. Wir waren in Cincinnati. Damals kamen die Nutten immer in die Vorstellung, und wenn ihnen dein Auftritt gefiel, schickten sie einem die Nachricht hinter die Bühne, daß man vorbeikommen und sie besuchen könnte, wenn man wollte. Also, wir waren ein großer Hit in diesen Läden. Harpo und Chico spielten Klavier, und ich sang.

Wir gingen in ein Haus, wo Harpo offensichtlich eines der Mädchen beleidigt hatte. Sie lud ihn also ein raufzukommen, öffnete die Tür und ließ ihn in ein Zimmer rein. Bis auf eine Bettstelle war der Raum leer. Harpo zog sich aus und auf einmal hörte er von der anderen Seite des Zimmers Ratten quieken. Er fing an, seine Kleider nach ihnen zu werfen, um sie zu verscheuchen. Dann machte eine von den Nutten die Tür auf und ließ ihn raus, und er rannte die ganze Treppe runter. Als er auf den Gehsteig kam, sah er nach oben, und dort standen die fünf Nutten und lachten ihn aus.

ICH Inwiefern hat Harpo deiner Meinung nach das Mädchen beleidigt?

GROUCHO Das weiß ich nicht mehr. Denn wir waren immer sehr nett zu den Mädchen. Faulkner hat mal gesagt, der ideale Ort zum Wohnen sei ein Hurenhaus. Deshalb kaufte er sich ein Haus und vermietete das Obergeschoß an Huren. Und er schlief im Parterre. Das war gut, denn sie arbeiteten die ganze Nacht, und er schrieb den ganzen Tag. Er war auch ein großer Schriftsteller. Hast du mal *Beds* gelesen?

ICH Ja, ich habe es im Bett gelesen. Ich habe eine Erstausgabe aufgetrieben.

GROUCHO Es ist mit das Lustigste, was ich je geschrieben habe — das und einen Scheck über zehn Dollar. Es ist ein lustiges Buch über Betten, über verschiedene Sachen, die im Bett passieren. Wie man mit

Mädchen schläft, oder wie sie einem eine Abfuhr erteilen, was sie oft machen.

ICH Wie hast du dich nach einer Abfuhr gefühlt?

GROUCHO Beim Einführen habe ich mich viel besser gefühlt. Betten sind wichtiger als du glaubst. Wir verbringen einen Gutteil unseres Lebens im Bett. Ich habe Frauen gehabt, die mich mit ihrem Gerede zum Einschlafen gebracht haben. Ich glaube, sie reden mehr als Männer. In vielen Fällen haben sie nichts zu sagen. Ich mag es, wenn eine Frau zuhören kann, denn ich höre nie auf zu reden.

ICH Warum reden deiner Ansicht nach manche Frauen so viel?

GROUCHO Sie wollen Aufmerksamkeit erregen. Es ist, wie wenn man sich parfümiert und großen Gestank verbreitet. Oder sich entsetzlich aufdonnert.

ICH Was für Kleider siehst du gern an Frauen?

GROUCHO Möglichst gar keine. Na, das hängt von der Frau ab. Wenn es ein Mädchen ist, nach dem ich verrückt bin, würde ich es gern nackt sehen.

ICH Du sagst, daß du Sex und Leidenschaft mittlerweile hinter dir hast. Sind andere Dinge wichtig geworden und nehmen jetzt die Stelle von Sex und Leidenschaft ein?

GROUCHO Ich denke überhaupt nicht mehr daran. Ich sehe gern eine gutaussehende Frau − viel mehr geht nicht mehr.

ICH Hast du viel daran gedacht, als du jünger warst?

GROUCHO Naja, nicht jede Minute. Heute könnte ich ein Mädchen haben und mit ihr ins Bett gehen, aber was sollte das? Wenn man in ein Mädchen nicht verliebt ist, was hat das dann für einen Sinn? Wenn keine Liebe da ist, was soll's dann?

ICH Ein paar von den Geschichten, die über dich veröffentlicht wurden, zeigen ein ganz anderes Bild.

GROUCHO Ich glaube, ich weiß besser als andere, woran ich interessiert bin. Sie kommen und stellen dir Fragen, aber sie hören sich die Antwort nicht an. Das wird schön für mich sein, wenn ich in einen Laden gehen und dein Buch über mich kaufen kann.

ICH Das wird auch schön für mich sein. Aber *du* brauchst es dir doch nicht zu kaufen.

GROUCHO Ich will für jeden, den ich kenne, eines kaufen. Wirst du es bis Weihnachten fertig haben?

ICH Ja, aber nicht diese Weihnachten.

GROUCHO Warum bringst du es nicht im Januar raus? Dann ist es das Buch, das man sich holen kann, wenn man die Weihnachtsgeschenke zurückbringt, die einem nicht gefallen. Ich will dir eine Geschichte erzählen, aber erst muß ich mal aufs Klo.

ICH Soll ich diese Bemerkung für die Nachwelt aufbewahren?

GROUCHO »Egal, wie reich man ist, ab und zu muß man aufs Klo.« Das sagte ich mal in einer Rede vor einem Frauenverein. *(Geht und kommt wieder)* Ich wollte dir eine Geschichte erzählen. Nein, ich wollte dir zwei Geschichten erzählen. Wenn sie mir noch einfallen. Eine passierte in Chicago. Es gab da eine Wahrsagerin, eine dicke Schwarze, die einem die Zukunft voraussagte. Meine Frau Ruth wollte hin. Man zahlte fünf Dollar. Sie reichten einen Hut herum, und da mußte man fünf Dollar rein tun. Zuerst kamen zwei große, dicke farbige Burschen heraus, die in irgendwelchen Uniformen mit Epauletten und so weiter steckten. Sie sagten: »Madame Zaza geht jetzt und versetzt sich in Trance. Wenn sie rauskommt, beantwortet sie Ihnen jede Frage, die Sie ihr stellen.« Dann verbrannten sie überall Weihrauch, und es stank wie die Hölle. Ich dachte, ich muß gleich kotzen. Na, jedenfalls tauchte sie schließlich aus ihrer Trance auf und sagte: »Also, ich werde Ihnen jetzt jede Frage beantworten, die Sie mir stellen.« Und ich fragte: »Wie heißt die Hauptstadt von Norddakota?« Und die beiden riesengroßen farbigen Burschen schnappten mich und warfen mich hinaus.

ICH Weißt du noch, wie die Hauptstadt von Norddakota heißt?

GROUCHO Fargo, natürlich.

ICH Und was ist die andere Geschichte? Du hast gesagt, du hättest zwei Geschichten.

GROUCHO Warte, bis sie mir wieder einfällt. Ja. Es gab mal einen Preisboxer, vor deiner Zeit. Er hieß Jack Root und war Schwergewichtsboxer. Ihm gehörte ein Theater in Iowa. Er war wirklich ein harter Bursche. Während die Jungs zu Hause schliefen, probte ich die Musik für die Show. Weil ich der einzige Sänger in der Nummer war. Und ich kam mit einer Zigarre auf die Bühne. Er sagte: »Das kostet dich fünf Dollar.« Ich fragte: »Wofür?« »Du weißt doch, daß es verboten ist, im Theater Zigarre zu rauchen.« In Chicago hatte es gerade ein Großfeuer gegeben, bei dem zweihundert Menschen verbrannt waren. Ich ging zu den Jungs und sagte. »Ich denke nicht daran, die fünf Dollar zu zahlen.« Es war Weihnachten. Chico war immer der große Schlichter, und er sagte zu diesem Burschen, Jack Root: »Wir zahlen fünf Dollar, wenn du auch fünf Dollar zahlst, und alles zusammen schmeißen wir in den Topf der Heilsarmee.« Das machten wir, und wir bekamen 900 Dollar für unseren Auftritt. Wir hatten ungefähr zwanzig Leute in der Nummer. Wir wollten den Zug um elf nehmen, und es war halb zehn. Er zahlte uns die ganze Gage in Pennies. Die ganzen 900 Dollar. Wir mußten alles auf den Boden kippen und nachzählen, um festzustellen, ob es auch die ganzen 900 Dollar waren. Zuletzt stiegen wir ohne unsere Kulissen in den Zug. Als der Zug abfuhr, saßen wir im Aussichtswagen. Und Harpo sagte: »Ich hoffe, diesem Hurensohn brennt sein Theater ab bis auf den Grund.« Am nächsten Morgen sahen wir in Waterloo in die Zeitung, und da war das Theater in der Nacht bis auf den Grund abgebrannt.

ICH Manchmal widersprechen die Geschichten, die du erzählst, anderen Geschichten, die du erzählt hast. Welche Version soll ich glauben, die erste oder die letzte?

GROUCHO Beide. Ich bin ein Lügner.

ICH Hatten du und deine Brüder gemeinsam den Sinn für Humor?

GROUCHO Nein, nicht gemeinsam. Jeder hatte seinen eigenen. Wir hatten alle einen ausgeprägten Sinn für Humor.

ICH Wart ihr euch jemals uneinig darüber, was komisch ist?

GROUCHO Nein. Wir kamen prima miteinander aus. Wir stritten nie.

ICH Was war deiner Meinung nach der wirkliche Wendepunkt eurer Karriere?

GROUCHO *I'll Say She Is;* das spielten wir, noch ehe ich Kaufman oder Ryskind kannte. Wir nahmen das Stück, weil Chico einen Burschen in Philadelphia, der ein paar Kohlegruben und eine Brezelfabrik besaß, dazu überredete, das Geld für die Produktion rauszurücken. Obendrein war der Kerl in eines der Revuemädchen verknallt, mit der auch Harpo schlief, aber das wußte er nicht. Ursprünglich hieß das Stück *The Thrill Girl,* aber wir kramten einen Haufen alter Kulissen zusammen und änderten den Titel. *I'll Say She Is* war ein großer Erfolg in Philadelphia. Es war eine furchtbare Klamotte, aber wir fühlten uns für die große Kunst bereit und gingen damit nach New York, wo es Woollcott gefiel. Es war den Sommer wirklich heiß in Philadelphia, aber die Hitze macht einem nur was aus, wenn man so alt ist wie ich jetzt. In dem Sommer starb Harding, und sie baten mich, in der Pause eine Rede auf ihn zu halten. Es regnete an dem

Tag; das Theater hatte ein Blechdach, und der Regen trommelte auf das Dach, während ich sprach. Ich erinnere mich daran, weil es so unheimlich war. Weißt du noch, wie ich zur Mike-Douglas-Show nach Philadelphia fuhr? Du bist nicht mitgekommen, aber ich ging in das Theater, und es war alles anders. Aber das Blechdach war immer noch da.

ICH Wußtest du immer, daß du Erfolg haben würdest?

GROUCHO Nein. Chico ja. Und er arbeitete am wenigsten in der ganzen Truppe. Aber er sagte: »Wir werden nicht für immer in diesen Bruchbuden spielen.« Und Chico trieb den Burschen auf, der die Kohlengruben besaß und uns das Geld gab, damit wir richtiges Theater machen konnten.

ICH Du hast mir erzählt, daß Chico auch Irving Thalberg überredete, euch bei MGM zu engagieren, als euer Vertrag bei Paramount auslief.

GROUCHO Ja, das tat er. Chico war ein gerissener Bursche. Er führte ein Ferngespräch mit der einen Mieze und ließ sich's währenddessen von einer anderen besorgen. Wenn's nicht das war, saß er irgendwo beim Würfeln. Chico war eine verlorene Seele.

ICH Ehe ihr zu Thalberg gingt, habt ihr die Möglichkeit erwogen, bei Samuel Goldwyn Filme zu machen.

GROUCHO Wir verhandelten mit Sam Goldwyn und mit Thalberg, und Goldwyn sagte: »Schaut mal, wenn Thalberg euch will, geht zu ihm, denn er hat mehr Talent in einem Finger als ich im ganzen Körper.«

ICH Ich weiß, du hast große Hochachtung vor Irving Thalberg.

GROUCHO Ich glaube, er war ein großer Produzent. Sam Wood war der Regisseur, aber Thalberg kam jeden Morgen und sah sich die Muster jeder Szene an, die wir drehten. Und wenn sie ihm nicht gefielen, ließ er sie Sam Wood noch mal drehen. Er war der Boss. Ich erinnere mich noch, wie wir ihn kennenlernten. Ich traf ihn bei Chico. Es war ein Tag, an dem Chico nicht würfelte oder hinter irgendeiner Braut her war. Chico spielte Bridge mit Thalberg und hatte Spielschulden bei ihm gemacht. Er überredete Thalberg, uns zu engagieren, um von seinen Schulden herunterzukommen. So bekamen wir den Vertrag.

ICH Erinnerst du dich an irgendwas aus *Humorisk,* eurem ersten Film?

GROUCHO Den hab' ich nie gesehen. Wir machten nur zwei Spulen, drüben in Fort Lee, und Jo Swerling arbeitete daran. Aber wir spielten damals am Palace Theatre, rasten dann immer nach Weehawken rüber und drehten eine Szene. Wir machten zwei Spulen, die überhaupt keinen Sinn ergaben. Es war einfach ein Versuch, komisch zu sein. Das war alles. Er ist verlorengegangen. Ich weiß nicht, wer ihn hat. Kein Schnipsel davon mehr da.

ICH Es wird erzählt, jemand hätte ihn in der U-Bahn liegen lassen.

GROUCHO Stimmt nicht.

ICH Du hast mir erzählt, daß es keine Regie gab.

GROUCHO Nein. Es gab nichts zu Regie-ren.

ICH Wer hat ihn finanziert?

GROUCHO Wir. Wir wollten Filmschauspieler sein. Wir wollten zum Film. Und wir dachten, das wäre der richtige Weg, zum Film zu kommen. Tja, wir drehten zwei Spulen. Und dann ließen wir's bleiben.

ICH Ist dir einer der Marx-Brothers-Filme der liebste?

GROUCHO Ich mag den Kriegsfilm *[Duck Soup]* und *Horse Feathers* sehr gern, und Teile von *Animal Crackers*. Aber mein Lieblingsfilm, glaube ich, ist *A Night at the Opera*.

ICH Warum?

GROUCHO Er ist am besten gemacht. Er enthält fantastische Szenen — großartige komische Szenen.

ICH Welche Szenen magst du besonders?

GROUCHO Naja, sicher die Szene in der Schiffskabine, wo ich mich mit dieser Dame treffe, Mrs. Claypool, und als sie vor der Kabine ankommt, kommen vierzehn Leute raus. Ich habe ein Rendezvous mit ihr. Das kann man nicht mit vierzehn Leuten machen! Ich mag auch die Vertragsszene sehr — das war eine hübsche Szene. Kaufman und Ryskind, die Guten.

ICH Welche anderen Szenen magst du noch besonders?

GROUCHO Na, die zwei Szenen am Anfang von *Animal Crackers,* mit Chico als Musiker. Und die Szene mit Zeppo, in der ich einen Rechtsanwalt spiele und einen Brief an Hungerdunger, Hungerdunger, Hungerdunger, Hungerdunger und McCormick diktiere. Ich schlage nach ihm. Das war großartig. Nicht nur das — wir imitierten Lunt und Fontanne und eine Nummer, die sie genau zu der Zeit spielten, als wir *Animal Crackers* machten.

ICH *Strange Interlude.*

GROUCHO Ja. Sie spielten auf dem Platz auf der anderen Straßenseite, während wir auf der Bühne eine Ulkszene daraus machten, in der ich es mit zwei Frauen trieb – mit Mrs. Rittenhouse und einer anderen.

ICH Du kanntest Bert Kalmar und Harry Ruby schon vor *Animal Crackers*...

GROUCHO Ich kannte Kalmar und Ruby noch vom Varieté. Ruby war Schlageranimator bei Waterson, Berlin and Snyder. Ich war dorthin gegangen, um ein Lied zu lernen, und Ruby war damals dort Schlageranimator. Und Kalmar wollte immer Zauberer sein. Später, als wir während des ersten Weltkriegs auf Tournee waren, spielte Ruby Klavier, ich sang, und Kalmar führte Zauberkunststücke vor. Einmal spielten wir in einem Bundesgefängnis... Dort gab's viele Leute, die von der Army desertiert waren. Und die waren ein tolles Publikum. Sie waren dort drin in dem Saal und konnten nicht raus. Sie konnten nicht einfach vor Ende der Vorstellung weg. Kalmar war ursprünglich mal Akrobat und ging dann ins Showbusiness. Ruby komponierte die Musik, und Kalmar schrieb die Texte. Kalmar starb vor vielen Jahren. Ich muß dir eine Geschichte von Ruby erzählen.

Wir spielten gerade *Animal Crackers* und beschlossen, jedem, wenn er Geburtstag hat, einen Bademantel zu schenken. Und so bekam Kaufman einen Bademantel, und jeder der vier Jungs bekam einen Bademantel. Als es soweit war, daß Ruby einen Bademantel geschenkt bekommen sollte, hatten wir beschlossen, keine Bademäntel mehr zu verschenken. Wir sagten, wir hätten es satt, Bademäntel zu verschenken. Wir sahen keinen Grund, warum wir Ruby einen Bademantel schenken sollten, aber er hatte sich schon an unseren vier Bademänteln beteiligt. In *Animal Crackers* also kam eine Szene mit einer großen Kiste vor. Sie war so groß wie diese Couch. Und eines Abends geht der Deckel von dem Ding auf, und Ruby steht da und fragt: »Wo ist mein Bademantel?« Es hatte mit dem Stück nichts zu tun.

ICH Wie fandest du das?

GROUCHO Ich fand das sehr drollig. Ich lachte. Einen fremden Mann aus einem afrikanischen Möbelstück herauskommen zu sehen, der fragt: »Wo ist mein Bademantel?«

ICH Bekam er seinen Bademantel?

297

GROUCHO Ja. Du bist zu jung, um dich an Walter Huston zu erinnern, aber als wir auf Varietétournee waren, hatte er im Zug das Bett unter mir und er bumste mit einem Mädchen. Ich hatte einen Haufen Kleiderbügel in meinem Bett oben — so etwas hatte man damals, um seine Kleider aufzuhängen — und ich schmiß mit den Kleiderbügeln nach ihm, während er da unten vögelte. Das erzähle ich immer seinem Sohn, John Huston.

ICH Das Leben in der Eisenbahn scheint mal bunter gewesen zu sein.

GROUCHO Es passierte alles mögliche. Einmal war eine Zaubertruppe, bestehend aus sechs Männern, mit im Abteil. Alles Chinesen. Chico lag im obersten Bett und fummelte mit einer Nutte oder sowas rum, in dem Zug. Dann lud er alle sechs Chinesen ein, die Leiter zum obersten Bett hinaufzusteigen, und alle sechs bumsten mit ihr.

ICH Alle zusammen?

GROUCHO Nein, einer nach dem andern. Wenn einer runterkam, stieg der nächste die Leiter hinauf.

ICH Und das passierte wirklich alles in der Eisenbahn?

GROUCHO Yeah! Wir waren Schauspieler und lernten immer eine Menge Mädchen kennen. Unsere Shows halfen uns dabei. Wir spielten mal einen großen Sketch mit W. C. Fields, und zwanzig Mädchen waren in der Truppe. Es war ein Schul-Sketch. Das gab vielleicht ein Gerammel! Wir fuhren auch auf Motorrädern von Stadt zu Stadt. Mit vier Mädchen auf jedem — zwei vorn und zwei hinten.

ICH Und wie habt ihr das mit dem Gepäck gemacht? Es konnte doch nicht mehr viel Platz auf dem Motorrad sein, mit euch drauf, und zwei Mädchen vorn und zwei hinten.

GROUCHO Unser Gepäck schickten wir mit der Bahn.

ICH Wie weit seid ihr so gereist?

GROUCHO Eine Tournee durch alle Staaten. Montgomery, Alabama, und Birmingham, Alabama, und Fort Worth, Dallas und San Antonio. Und noch zwei Städte. Einmal veranstalteten Harpo und ich ein Rennen. Um zu sehen, wer am schnellsten Motorrad fahren konnte. Ich hatte eine Indian und Harpo eine Henderson. Und wir rasten eine Landstraße lang und fuhren ein Maultier um. Es war tot. Wir machten, daß wir weg kamen. Das war damals, als wir in Kleinstädten spielten. Ich war ungefähr zwanzig. Wir hatten Mützen, die waren fest auf den Kopf gebunden, damit sie nicht wegfliegen konnten. Und Schutzbrillen. Wir waren verrückt nach Motorrädern, und später waren wir versessen auf Autos. Ein Motorrad kostete so um 150 Dollar.

ICH Das war viel Geld damals.

GROUCHO Aber denk an das Geld, das wir beim Reisen sparten, und wir liebten das Motorradfahren. Es war so aufregend.

ICH Du hattest damals deinen Schnurrbart noch nicht, deinen berühmten Gang, die Augenbrauen…

GROUCHO Ich hatte Augenbrauen. Ich hatte keinen Schnurrbart. Ich brauchte mich kaum zu rasieren. In der Rolle als Lehrer trug ich eine weiße Perücke. Ich sah aus, als wäre ich hundert. Das Stück hieß *Mr. Green's Reception.* Zu Beginn war ich der Lehrer, und die Kinder saßen im Klassenzimmer. Dann waren plötzlich zehn Jahre vergangen, und alle kamen mich besuchen. Es wurde dann sehr dramatisch. Wir hatten auf der Bühne einen Topf Zitronenlimonade, und Harpo steckte den Kopf bis zum Hals in die Limonade. Harpo liebte Limonade. Und Harpo liebte Kinder. Als wir den Football-Film machten, spielte ein kleines Mädchen mit, so groß. Sie war fünf Jahre alt. Und das süßeste kleine Mädchen, das ich je gesehen habe. Harpo war verrückt nach ihr. Er bot ihren Eltern 50 000 Dollar an, wenn sie ihm das Mädchen überließen. Natürlich machten sie das nicht. Aber aus dem Mädchen wurde dann Shirley Temple.

ICH Du bist einmal folgendermaßen zitiert worden: »Wir spielten immer mehr für uns und weniger fürs Publikum.«

GROUCHO Nein, das hast du falsch verstanden. Wir spielten immer mehr *mit* uns.

ICH Es muß doch vorgekommen sein, daß du persönliche Probleme hattest und auf die Bühne gehen mußtest, wenn dir gar nicht danach war. Was war, wenn du zum Beispiel einen furchtbaren Schnupfen hattest?

GROUCHO Wenn ich auf der Bühne stand, spürte ich es nicht. Wenn man auf der Bühne steht, denkt man an nichts anderes mehr.

ICH Warst du je nervös vor dem Auftritt?

GROUCHO Ich war nie nervös, denn ich wußte, ich war besser als das Publikum. So muß man die Sache ansehen, oder man kann nicht raus auf die Bühne und tun, was man tun muß. Das erste Mal, als Harpo auftreten mußte, schiß er sich in die Hosen. Ich versäumte ein paar Vorstellungen, aber nicht viele. Das eine Mal mußte Zeppo für mich einspringen, und er machte es großartig. Irgendwann vertrat Zeppo uns alle mal. Aber er konnte natürlich nicht Harfe oder Klavier spielen.

ICH Macht es dir was aus, daß du nicht mehr dort oben im Scheinwerferlicht stehst?

GROUCHO Nein, ich hatte das lange genug.

ICH Wenn du jünger wärst, gäbe es da eine bestimmte Rolle, die du gern spielen würdest?

GROUCHO Rip van Winkle. Ich glaube, das wäre eine tolle Show.

ICH Wenn du älter wärest, gäbe es da eine bestimmte Rolle, die du gern spielen würdest?

GROUCHO Ja. Rip van Winkle.

ICH Betty [Comden] und Adolph [Green] haben mir erzählt, daß du *Gypsy* für sie entdeckt hast, das sie allerdings nicht gespielt haben, und daß du einen fabelhaften Blick für erfolgsträchtige Shows und auch für möglicherweise erfolgreiche Darsteller hast. Was dich selbst betrifft, würdest du eine kleine, aber interessante Rolle in einem dramatischen Film, keinem komischen, in Betracht ziehen, wenn sie dir angeboten würde?

GROUCHO Ich weiß nicht. Das hinge von der Rolle ab, und die Drehzeiten müßten kurz sein. Ich kann sowas besser beurteilen, wenn es sich um Komödien handelt.

ICH Gab es eine Rolle, die du gern gespielt hättest, aber nicht gespielt hast?

GROUCHO Ich hätte gern in *My Fair Lady* gespielt.

ICH Die Rex-Harrison-Rolle?

GROUCHO Eine gute Liza Doolittle wäre ich nicht gewesen. Ich hätte auch gern in *The Matchmaker* gespielt. Ich wurde darum gebeten, aber ich habe ihnen das Stück zurückgeschickt und geschrieben, es wäre mir zu viel Arbeit. Ruth Gordon spielte es — sie ging damit nach England. Sie wollte, daß ich mitgehe. Es war ein verdammt gutes Stück.

ICH Bist du am glücklichsten, wenn du arbeitest?

GROUCHO Hängt davon ab. Ich war glücklich, als ich mit Bill Cosby zusammenarbeitete. Alles wurde improvisiert. Es gab ein paar Verabredungen, aber der Junge brachte alle Verabredungen gründlich durcheinander. Ich hatte viel Spaß mit Cosby. Er ist ein sehr ulkiger Mensch. Klar, es macht mir Spaß zu arbeiten, und ich will arbeiten.

300

So habe ich die Möglichkeit, zu singen und über viele Sachen zu reden, und das ist wunderbar.

ICH Du würdest dich nur ungern völlig zurückziehen?

GROUCHO Ich käme damit zurecht. Ich würde mich massieren lassen, einen Spaziergang machen, Nunnally besuchen und mir mit Erin noch mal *That's Entertainment* ansehen. Ich habe es schon dreimal gesehen. Es ist glänzend. Aber ich werde mich nicht zurückziehen.

ICH Würdest du sagen, dir machten Auftritte mehr Freude als irgend etwas sonst?

GROUCHO Nein, das würde ich nicht sagen. Mädchen mag ich noch lieber.

ICH Was macht deiner Meinung nach bestimmte Dinge komisch?

GROUCHO Diese Frage ist unmöglich zu beantworten. Ich mache eine Show, und ich rede, und ein paar von den Sachen sind komisch. Es ist leichter, die Leute zum Weinen zu bringen als zum Lachen.

ICH Lina Wertmüller hat mir dasselbe gesagt.

GROUCHO Es stimmt.

ICH Du hast so ein lustiges Timbre in deiner Stimme. Klingt es für dich selbst auch lustig?

GROUCHO Ja.

ICH Hat es dich überrascht, wenn das Publikum über etwas lachte, was du selbst gar nicht für so lustig hieltest?

GROUCHO Ja. Man probiert verschiedenes aus, und wenn eines nicht klappt, nimmt man's raus und versucht was anderes, bis man was hat, worüber das Publikum lacht. Wenn man lange genug redet, sagt man auch was Lustiges.

ICH *Du* vielleicht. Aber das passiert nicht jedem. Hast du es mal erlebt, daß du einen Witz erzählt hast, der beim Publikum ankam, ohne daß du wußtest, was daran so komisch ist?

GROUCHO Ja. Es gibt nur eine Antwort an das Publikum. Wenn es den Leuten gefällt, laß es drin. Wenn sie nicht lachen, tu's raus und probiere was anderes aus. Darum machten wir ja auch die Tourneen mit *A Night at the Opera* und *A Day at the Races* und probierten sie aus, bevor wir sie verfilmten. Es gab mal eine Truppe im Showbusiness, die hieß die Klein Brothers. Einer war der Komiker, und der andere war der Stichwortgeber. Der Komiker sagte irgend etwas vollkommen Sinnloses, und der Stichwortgeber fragte: »Worüber um alles in der Welt lachen die nur?« Und der Komiker sagte: »Was kümmert's dich, solange sie nur lachen?«

ICH Kommst du dir eigentlich schlecht vor, wenn die Leute über deine Witze nicht lachen?

GROUCHO Nicht alles, was man sagt, kann komisch sein. Ich habe mal zusammen mit Sid Perelman für eine Londoner Zeitung ein Interview gemacht, und ich glaube, es war das langweiligste Interview, das je mit zwei Leuten, die man für komisch hielt, gemacht wurde.

ICH Warum?

GROUCHO Weil wir uns zu übertrumpfen versuchten. Es ist nicht komisch, wenn man Leute sich überanstrengen sieht. Ich mag keine Komiker, die drücken. Hast du je von Robert Benchley gehört?

ICH Aber sicher.

GROUCHO Benchley war ein wundervoller Mensch. Er wurde ein richtig starker Säufer. Und ich liebte ihn, ich liebte viele Menschen. Mir gefällt, was Benchley immer sagte. Er sagte mal zu mir: »Irgendwann entdeckte ich, daß ich gar nicht komisch bin, aber nun hatte ich's schon fünfzehn Jahre lang gemacht und war so erfolgreich, daß ich einfach nicht aufhören konnte.« Er ging nach Harvard – viele Jahre, nachdem er die Schule absolviert hatte. Er sagte, es gehe ihm dort großartig als Zuschauer bei den Fußballspielen, bis auf einen Herzanfall hier und da. Er war einer der wenigen Komiker, die ich kannte, die über die Witze anderer Komiker lachten.

ICH Du weißt doch auch immer Witze anderer Komiker zu schätzen, wenn sie komisch sind.

GROUCHO Die Leute haben keine Achtung vor der Komik. Sie glauben, das ist leicht. Aber nur ganz wenige Leute haben als Komiker genug Geld zum Leben verdient.

ICH Glaubst du, es ist selbst für begabte Leute äußerst schwierig, oder glaubst du, komisch zu sein fällt einem in den Schoß?

GROUCHO Für mich war es nicht schwierig, komisch zu sein.

ICH Hast du dir jemals Sorgen darüber gemacht, ob du komisch bist? Woody Allen sagt, er macht sich Sorgen darum.

GROUCHO Das hat er nicht nötig. Er ist ein Genie. Ich machte mir Sorgen, als ich '29 an der Börse ruiniert wurde. Die Leute sprangen aus den Fenstern.

ICH Macht es dir was aus, wenn einer deiner Witze falsch verstanden wird und jemand sich durch deine Art persönlich verletzt fühlt?

GROUCHO Nein. Ich glaube nicht. Sie werden sich immer daran erinnern, was man gesagt hat. Das ist das Wesentliche.

ICH Hat dein Name irgend etwas mit deiner Veranlagung zu tun?

GROUCHO Was ist eine Marxveranlagung? Nein. Ich glaube nicht. Glaubst du, ich bin *grouchy* [griesgrämig]? Ich halte mich nicht für sarkastisch oder griesgrämig. Ich glaube, ich bin nichts.

ICH Ich halte dich überhaupt nicht für griesgrämig. Ich weiß, du hältst nichts von falscher Bescheidenheit. Ich glaube, du sagst die Wahrheit.

GROUCHO Selbst wenn ich die Leute aufziehe, sage ich die Wahrheit, und das ist kein Witz. Aber ich ziehe nur meine Freunde auf. Ich gehe nicht auf der Straße auf fremde Leute los und beleidige sie!

ICH Hat dich mal jemand beleidigt?

GROUCHO Nicht oft, aber manchmal kommen Leute auf der Straße auf mich zu, halten mich an und sagen: »Sie kennen mich doch, Groucho, nicht wahr?« Und ich sage: »Offen gestanden, nein!« Sie stellen sich einem nicht vor. Du weißt, ich begegne einer Menge Leute, und darum ist das so dumm und ärgerlich. Die Leute sollten so was mit einem nicht machen.

ICH Aber anscheinend nimmst du es selten krumm, wenn dich Leute auf der Straße anhalten oder beim Essen stören und um ein Autogramm bitten.

GROUCHO Nein. Ich denke mir immer, wie es wäre, wenn sie von einem nichts mehr wissen wollten.

ICH Wie würdest du deine Art Humor beschreiben?

GROUCHO Als drollig.

ICH Während des schlechten Films, den wir neulich abend sahen, hast du mir gesagt, das wichtigste Element in der Komik sei der Charakter, die beste Komik erwachse aus dem Charakter.

GROUCHO Das ist wahr. Ich *bin* ein Charakter.

ICH Neulich habe ich gehört, daß Bugs Bunny anfangs eine Groucho-Imitation war. Die Mohrrübe war mal als deine Zigarre gedacht, und Bugs Bunny benutzte oft Sätze von dir, zum Beispiel: »Ihnen ist klar, daß das Krieg bedeutet!« Was hältst du davon?

GROUCHO Ich werde ihn verklagen!

ICH Wie steht's mit Slapsticks?

GROUCHO Wir machten manchmal Slapsticks, aber geistreich. Die niedrigste Form des Humors ist, wenn ein Mann auf der Bühne steht und Grimassen schneidet, wie in diesem Film, den wir uns angesehen haben. Das Beste daran war das Popcorn. Das war das einzige, was frisch war. Und ich esse nicht im Kino.

ICH Ich auch nicht.

GROUCHO Du hättest eine Ausnahme machen können.

ICH Wer war, abgesehen von den Marx Brothers, deiner Meinung nach der größte Komiker?

GROUCHO Oh, Chaplin, keine Frage.

ICH Was hältst du von Harold Lloyd?

GROUCHO Er bekam seine Lacher damit, daß er Wände raufkletterte und solches Zeug. Er war ein guter Komiker. Eine Art Akrobat. Chaplin war großartig.

ICH Wie fandest du W. C. Fields?

GROUCHO Ein großer Komiker. Er war auch Schriftsteller. Wir spielten im selben Programm in Toledo, am Keith Theatre. Und er weigerte sich, weiter aufzutreten. Er sagte zu dem Theaterdirektor, er hätte »Humpers an den Carumpers«. Das waren einfach Worte, die er sich ausdachte. So war er: er wollte in der Show nicht nach uns drankommen. Wir machten eine große Nummer mit dreißig Leuten, und er stand alleine auf der Bühne, mit einer Zigarrenkiste in der Hand, und sang: »Yankee Doodle went to town«, und das Publikum verließ das Theater. Es war fünf Uhr. In Toledo aß man nicht um halb neun zu Abend. Und so beschloß Fields, mit der Show Schluß zu machen, und nahm den nächsten Zug nach New York. Ich war mit ihm Jahre später gut bekannt, als er in Hollywood arbeitete. Er versteckte sich immer in den Büschen vor seinem Haus und schoß mit seinem Luftgewehr auf vorbeikommende Touristen. Ich liebte es, wenn er sagte: »Zum Teufel mit der ganzen Welt«, und er *meinte* es so! Hast du mal die Namen Moran und Mack gehört?

ICH Nein, ich glaube nicht.

GROUCHO Das war eine Komikergruppe, die fabelhaft war, eine von den wirklich großartigen, die wir im Varieté hatten. Und Mack war ein hinreißender Würfelspieler. Wenn er würfelte, lagen die Würfel immer so, wie er sie wollte. Er nahm Harpo und Chico 3000 Dollar ab. Am nächsten Abend verwickelten ihn Harpo und Chico in ein Kartenspiel, und sie hatten Zeichen verabredet. Sie gewannen ihre 3000 Dollar zurück, und noch ein paar tausend dazu.

ICH Womit traten sie auf?

GROUCHO Sie hatten schwarzgeschminkte Gesichter und machten auf komische Neger. Mack sagte zu Moran, dem Komiker: »Ich habe gehört, du hast ein paar Schweine gekauft.« Er sagt: »Ja, ich hab ein paar Schweine gekauft.« »Was hast du dafür bezahlt?« »Einen Dollar pro Schwein.« »Und was hast du mit ihnen gemacht?« »Na, ich hab sie hierbehalten, und im Herbst habe ich sie für einen Dollar pro Stück verkauft.« »Aber da hast du ja gar nichts dran verdient.« »Nein, das stimmt. Aber die Schweine haben mir den ganzen Winter über Gesellschaft geleistet.« Dann sagt der eine: »Guten Morgen«, der andere sagt: »Guten Tag«, und der erste sagt: »Guten Abend.« Und der zweite sagt: »Na, Gott sei Dank, *der* Tag ist vorbei.«

ICH Du hast auch Will Rogers gut gekannt.

GROUCHO Ich besuchte ihn immer. Und er saß in seiner Garderobe und feuerte seine Witze los. Auf der Schreibmaschine. Dann brachte ich ihm Gitarre bei. Ich bekam fünfzig Dollar für eine Parodie auf das Lied »Oh, What a Pal Is Mary« und kaufte mir eine Schreibmaschine. Sie war so schwer, daß ich sie in meinen Koffer stecken mußte. Und in der nächsten Stadt, in die wir kamen, fiel sie durch den Kofferboden. Und ging zu Bruch.

ICH Erinnerst du dich noch an deine Parodie?

GROUCHO *(Singend)* »Oh, was für ein Bulle war Mary, oh was für ein Bulle war sie. Sie wurde geboren im September am Morgen, und zum Beweis trat sie mir eins vors Knie. Sie riß mir ein Loch in die Hosen und gab mir'n Tritt in den Arsch. Und obwohl sie vergangen, bleibt der Schmerz an mir hangen, denn der Vorname Marys war Jack.« Das war, als sich Mary Pickford von Douglas Fairbanks scheiden ließ.

ICH Die Marx Brothers waren ganz schön mutig und nicht leicht einzuschüchtern.

GROUCHO Wir waren jung. Wenn man jung ist, hat man keine Angst. Man kennt es gar nicht anders.

ICH Als Berühmtheit bist du eine sichtbare Zielscheibe. Hast du dich nie in Gefahr gefühlt?

GROUCHO Doch doch, ich bekomme ständig Drohbriefe.

ICH Und was unternimmst du deswegen?

GROUCHO Nichts. Ich hatte einmal ein Gewehr. Und die Kugeln hatte ich an einer Stelle im Haus, wo die Kinder sie nicht finden konnten. Eines Tages versuchte jemand einzubrechen. Und ich konnte die Kugeln nicht finden. Ich sagte zu dem Einbrecher: »Wenn Sie noch ein paar Minuten warten würden, bis ich sie finde...«

ICH Ist das wahr?

GROUCHO Ja, das ist wahr. Habe ich dir mal erzählt, was im Gus Sun Circuit passiert ist? Gus Sun hieß der Mann, und er hatte ungefähr zwanzig Theater, kleine Theater. Wir spielten in Cincinnati, und es gab eine Burleskshow in der Stadt, und wir waren wie verrückt hinter diesen Mädchen her. Der Direktor der Show war in die Hauptdarstellerin verknallt. Ich weiß noch, sie hatte sich in eine amerikanische Flagge gewickelt. Und jemand sagte: »So manche Schlacht ist unter dieser alten Flagge ausgefochten worden.« Na, der Direktor gab eine Geburtstagsparty für diese Tänzerin. Und wir waren eingeladen. Mit uns auf dem Programm war ein Sänger, Freddy Watson. Er war sehr gut, aber ein ungeheuer dreister Vogel. Als der Direktor also dieser Tänzerin die Geburtstagsparty gab, sagte er: »Ich liebe sie. Sie ist der Abgott meiner Mutter. Und sie ist erst siebenundzwanzig.« Und Freddy stand auf und sagte: »Ich möchte nicht hängen für jedes Jahr, das sie älter als dreißig ist.« Der Direktor nahm ein Messer und begann, Jagd auf uns zu machen. Er jagte uns direktenwegs aus dem Haus raus. Er hätte uns umgelegt, wenn er uns gekriegt hätte. Wir spielten in Gus Suns Theatern, weil sie damals sehr populär waren, und er hatte ungefähr zwanzig Theater. Der Besitzer, Gus Sun, engagierte immer zehn Truppen. Er probierte sie alle aus, und fünf Truppen behielt er und fünf ließ er gehen. Wir spielten im Programm mit einem Burschen namens Moe zusammen. Ich weiß seinen Nachnamen nicht mehr. Aber er benutzte einen Trick. Er steckte sein Kinn heraus, ungefähr so. Und das Publikum lachte! Er sang in dem Schul-Sketch. Er wollte dreißig Dollar, sonst würde er die Truppe verlassen. Wir bekamen jeder fünfundzwanzig Dollar. Also sagten wir: »Wir können dir keine 30 Dollar geben.« Und er ging. Und so begann ich, statt seiner zu singen. *(Pause)* Weißt du, was mir gefallen hat?

ICH Erzähle.

GROUCHO Ich muß dran denken, wie wir mit »Mr. Carnegie Hall« [Ron Delsener] mein Haus besuchten. Jedesmal, wenn ich nach New York komme, denke ich an all das, was ich machen will, und nie dazu komme. Ich muß immer einen Haufen anderer Sachen machen.

ICH Als wir mit Ron dein ehemaliges Haus in Great Neck besuchten, fandest du da, daß es sich sehr verändert hatte?

306

GROUCHO Es kam mir anders vor. Ich kenne jetzt dort niemanden mehr. Great Neck war damals sehr in Mode. Ich meine, Hammerstein und andere große Leute aus dem Showbusiness haben dort gewohnt.

ICH Du hast mir mal ein Foto von dir gezeigt, da stehst du in Great Neck neben einem großen Cabriolet.

GROUCHO Ja, ich hatte einen Packard. Ich fuhr nie weg damit. Ich wusch ihn jeden Tag. Ich besaß auch ein paar Cadillacs und einen La Salle. Ich hatte damals große Autos, denn ich verdiente einen Haufen Geld, 1929 dann verlor ich alles — 250000 Dollar — alles Geld, das ich über die Jahre gespart hatte, ging einfach flöten. Jetzt hebe ich mein Geld in Socken auf. Ich habe jetzt viel Socksappeal.

ICH Ich weiß, du ziehst inzwischen das Leben in Kalifornien dem in New York vor. Glaubst du, das Leben in Hollywood hat sich verändert, seitdem du hierhergekommen bist?

GROUCHO Nein. Nur sucht jeder nach einem Job, das ist alles. Und es gibt hier keine.

ICH Wie war Hollywood, als du hierherkamst?

GROUCHO Tja, ich war viel jünger. Das ist das eine. Ich kam 1930 aus New York hierher, schloß sofort mit Paramount ab und machte hier zwölf Filme. Als ich damals hierherkam, ritt ich zu Pferd den Sunset Boulevard lang, und so was wie Beverly Hills gab es noch nicht. Ich zog mich an wie ein Cowboy mit einem Zehn-Gallonenhut, nur hatte meiner nur neun. Die waren billiger. Wir hatten Spaß. Wir waren jung. Heute gibt es weniger Studios, weniger Filme, alles wegen des Fernsehens, und viele Leute gehen überhaupt nicht mehr ins Kino, es sei denn, es läuft ein ganz ungewöhnlicher Film, weil es ja auch so teuer geworden ist, ins Kino zu gehen.

ICH Wie würdest du Hollywood beschreiben?

GROUCHO Wie würde ich Hollywood beschreiben? Ich liebe es! Das ist meine einzige Beschreibung. Es ist der einzige Ort, wo ich glücklich bin.

ICH Magst du New York? Fühlst du dich dort wohl?

GROUCHO Ja, aber es ist nicht mein ganzes Leben.

ICH Glaubst du, das Leben eines Stars ist heute anders, als es mal war? Wenn ich höre, wie es hier einmal war, kommt es mir vor, als hätte damals alles mehr Glamour gehabt.

GROUCHO Ich will dir sagen, was sich verändert hat — das Fernsehen hat die Filmindustrie verändert, denn der Durchschnittsmensch bezieht seine Unterhaltung vom Fernsehen. Ich glaube, das ist heutzutage das Showbusiness.

ICH Schmerzt es dich, daß das Fernsehen das Ruder übernommen hat?

GROUCHO Nein, denn die meisten Filme sind miserabel. Wenn man älter wird, hat man keine Lust mehr, ins Auto zu steigen, zum Kino zu fahren und Schlange zu stehen, selbst wenn es ein guter Film ist. Der Durchschnittsmensch schaltet das Fernsehen ein, und manchmal sieht man eine gute Show. Es ist viel bequemer, sich einfach die Schuhe auszuziehen, in den Bademantel zu schlüpfen und sich ein paar miserable Fernsehshows anzusehen. Das ist alles.

ICH Warum werden deiner Meinung nach heute so wenige wirklich komische Filme gedreht?

GROUCHO Es gibt keine Komiker mehr. Wenn man über komische Filme redet, muß man bei Chaplin beginnen. Er arbeitet nicht mehr − er ist zu alt. Buster Keaton ist tot. W. C. Fields ist tot. Mae West ist nicht tot, aber sie macht nichts mehr. Als Dean Martin und Jerry Lewis noch zusammen waren, ja, da waren sie ein gutes Team. Alle anderen sind tot. Laurel und Hardy sind tot. Einer der Gründe, warum es keine Komiker mehr gibt, ist der, daß es auch kein Varieté mehr gibt. Heute gibt es keinen Ort mehr, wo man einen Komiker ausbilden könnte.

ICH Glaubst du, es gibt noch ein so gutes Publikum für komische Filme?

GROUCHO Wenn du heute einen lustigen Film zeigst, sehen sie sich ihn an. Das ist alles, was ich dir sagen kann. Zeig ihnen was Unterhaltendes, und sie kommen und sehen sich's an. Ich habe *That's Entertainment* dreimal gesehen, und ich werde es mir noch mal ansehen. *(Pause)* Du hättest hiersein sollen, als Mae West zum Essen hier war. Ich fragte sie: »Wie geht's Bill Fields«, und sie antwortete: »Ich sehe ihn nur noch in meinen Träumen.«

ICH Tut mir leid, daß ich's versäumt habe. Welche anderen Komiker hast du noch bewundert?

GROUCHO Fred Allen war großartig. Ein wundervoller Mann. Ich vermisse ihn. Er war ein glänzender Schriftsteller. Er hatte so einen Trampel als Komiker in seiner Show, Titus Moody, der sagte, er wohne in einer so kleinen Stadt, daß die Flut eines Tages weggegangen sei und nie wieder zurückgefunden habe. Dann sagte Fred, er spiele in einer so kleinen Stadt Theater, daß der Regieassistent ein Bär sei. Ich finde, das sind großartige Witze. Das ist Freds Handschrift. Er schrieb den größten Teil der Show selbst. Er war wie Woody Allen. Aber er starb jung. Er war erst etwas über fünfzig. Jetzt ist Woody Allen das Genie.

ICH Welcher Woody-Allen-Film gefällt dir am besten?

GROUCHO *Play it Again, Sam.* Er ist ein großes Talent − eines der wenigen großen Talente heute. Ich schwärme für ihn.

ICH Deine Meinung über Bill Cosby kenne ich.

GROUCHO Er ist so großartig wie nur irgend ein Schauspieler, den ich im Showbusiness gesehen habe. Es gibt niemanden, der kann, was er kann. Die Sache ist, er erzählt ja keine Witze. Er erzählt, was Leuten passiert, und wie sie sich verhalten. Er redet über jedes Thema. Er könnte über dich oder einen Stuhl oder über irgend etwas reden. Ein außergewöhnlicher Schauspieler. So etwas wie ihn habe ich noch nie gesehen. Kannst du dich erinnern, wie er auf meiner Party im Hillcrest war, alles improvisiert? Großartig, nicht?

ICH Ja, wirklich.

GROUCHO Phil Silvers war auch ein guter Komiker und immer ein netter Kerl. Weißt du, wir kennen uns schon sehr lange − schon als Melinda noch ganz klein war. Neulich fragte er mich: »Trägt Melinda noch den Cowboyanzug, den ich ihr gekauft habe?« Ich glaube, sie war drei Jahre alt oder so. Ja, ich bin jetzt so alt, daß man gerade ein Salamisandwich nach mir benannt hat. Salami und Provolone. Ein gutes Sandwich! Sie nennen es Groucho.

ICH Man muß nicht alt sein, damit ein Sandwich nach einem benannt wird.

GROUCHO Wie viele junge Leute kennst du, nach denen ein Sandwich benannt wurde?

ICH Auf Anhieb fällt mir keiner ein. Das war ein schönes Essen mit George Burns. Ich wußte gar nicht, daß du ihn mit Gracie Allen bekannt gemacht hast.

GROUCHO Ich lernte ihn in Schenectady kennen. Ich aß gerade mit Gracie Allen zu Abend. Ich mochte sie. Sie war eine sehr niedliche kleine irische Stepptänzerin. Ich war nicht interessiert an ihr; ich mochte sie einfach. Aber Burns heiratete sie. Er kam rüber zu uns. Er speiste an einem anderen Tisch. Und er kam rüber und sah Gracie und verliebte sich sofort in sie.

ICH Liebe auf den ersten Blick...

GROUCHO Er hatte sie schon gesehen, war ihr aber noch nie begegnet.

ICH Du warst ein Freund von Humphrey Bogart.

GROUCHO Ich war ständig bei Bogart. Er war ein wundervoller Gastgeber. Er goß sich zwei, drei Whisky hinter die Binde, und er hatte eine Yacht, auf die ging er, um von Lauren Bacall wegzukommen. Nicht daß er sie nicht gemocht hätte. Er wollte mit Männern zusammen sein. Eines Abends nahm ich ein Mädchen mit zu ihm. Sie hatte wahnsinnig große Titten. Er fragte: »Wer ist das Weib, das du da mitgebrachst hast?« Und ich sagte, sie wäre meine Sekretärin.

ICH Und du kanntest Spencer Tracy − ...

GROUCHO Katharine Hepburn besuchte mich mit Spencer Tracy. Ich führte mal einen von Edens Hunden aus und war kurz vor dem Gipfel dieses Hügels da, als ich Katharine Hepburn mit Spencer Tracy begegnete; sie hatten einen großen Hund. Dann kamen sie mich besuchen. Ich hatte einen Haufen Erdnüsse − ich war Baseballfan, weißt du − und sie sagte: »Oh, ist das nicht schön! Erdnüsse!« Ich glaube nicht, daß sie je eine Erdnuß gesehen hatte. In der Schale, meine ich. Wie man sie im Baseballstadion bekommt.

ICH Das klingt, als ob dich Katharine Hepburn auf den Arm genommen hätte.

GROUCHO Ich wollte, das hätte sie. Eine wunderbare Schauspielerin.

ICH Wer ist deine Lieblingsschauspielerin?

GROUCHO Sarah Bernhardt. Ich sah sie nur einmal, als ich mit ihr im selben Programm auftrat. Sie bekam jeden Abend 1000 Dollar, ehe sie auftrat. Sie hatte nur ein Bein, und ich hatte zwei und bekam nur 200 Dollar pro Woche.

ICH Womit trat sie auf?

GROUCHO Sie spielte einen dramatischen Sketch, bei dem sie in einem Sarg lag.

ICH Hat das Publikum das gut aufgenommen?

GROUCHO Vollkommen ernst! Sie war mit eine der ersten, die im Palace Theatre spielten, denn sie war eine große Attraktion.

ICH Lee Strasberg sagte mir, er meine, Barbra Streisand sei die Schauspielerin, die die Rolle der Sarah Bernhardt spielen könne.

GROUCHO Ich bewundere die Streisand. Sie ist eine fabelhafte Sängerin.

ICH Als du *Room Service* machtest, glaubtest du da, daß Lucille Ball so großen Erfolg haben würde?

GROUCHO Damals nicht, nein.

ICH War sie sehr bemerkenswert?

GROUCHO Sie war sehr attraktiv. Das bemerkte ich.

ICH Wer ist für dich die erotischste Schauspielerin?

GROUCHO Die erotischste?! Um das sagen zu können, müßte ich mit ihr ins Bett gehen. Ich wäre gern mit Jean Harlow ins Bett gegangen. Sie war ein schönes Frauenzimmer. Und der Kerl, der sich in sie verknallte, heiratete sie und war impotent. Er brachte sich um. Wußtest du das?

ICH Nein.

GROUCHO Na, nun weißt du's. Carole Lombard war eine sagenhafte Schauspielerin. Sie machte einen Film mit Jack Benny, und Lubitsch führte Regie. Ein toller Film. Jack Benney war großartig darin. Der Film hieß *To Be or Not to Be*. Lubitsch war einer der besten Regisseure Amerikas, glaube ich. Er wollte mal einen Film mit uns machen.

ICH Warum habt ihr den Film nicht gemacht?

GROUCHO Tja, wir waren damals an Paramount gebunden, wo wir diese fünf Pleiten produzierten. Er war ein Genie. Ich wollte immer einen Film mit ihm machen.

ICH René Clair erzählte mir, daß er sehr gern einen Film mit euch gemacht hätte.

GROUCHO Ja. Keiner war großartiger als er. Wir wollten ihn, aber es kam nie dazu.

ICH Du magst Jacques Tati, nicht wahr?

GROUCHO Dieser lange Bursche. Ein lustiger Kerl. Seine ersten Filme fand ich sehr lustig. Besonders den, wo er auf einen Friedhof geht und jemandem einen Reifen aufs Grab legt. Das war gut.

ICH *Les vacances de Monsieur Hulot.* Du hast mir mal gesagt, viele ausländische Filmkomödien büßen für dich eine Menge ein, wenn du die Untertitel lesen mußt.

GROUCHO Ich würde eher zu Hause bleiben und lesen.

ICH Welchen Marx-Brothers-Regisseur mochtest du am liebsten?

GROUCHO Leo McCarey. Er war ein großartiger Regisseur. Und ein lustiger Mensch. Wir hatten viel Spaß mit ihm. Mit Chico würfelte er für sein Leben gern. Die Hälfte der Zeit fand man keinen von beiden. McCarey war der beste Regisseur, den wir je hatten.

ICH Was hältst du von den heutigen Zuschauern?

GROUCHO Wenn sie lachen, finde ich das prima.

ICH Glaubst du, das Publikum ist heute genauso wie vor vierzig Jahren oder anders?

GROUCHO Anders? Nicht das Publikum, das zu uns kommt. In der Carnegie Hall hatte sich die Hälfte des Publikums so wie ich gekleidet, und die andere Hälfte wie Harpo und Chico.

ICH Wie hoch war das Durchschnittsalter?

GROUCHO Fünfzehn oder sechzehn.

ICH Warum finden deiner Meinung nach Leute in diesem Alter so viel Gefallen an euch?

GROUCHO Weil es niemanden mehr gibt, der sie zum Lachen bringt, außer Woody Allen, und er ist der einzige, den ich kenne.

ICH Was hältst du von den jungen Leuten von heute?

GROUCHO Tja, ich habe einen Enkel, der ist fünf. Meinst du ihn? Miles wächst heran. Er fängt an, Fragen zu stellen, die ich beantworten kann.

ICH Ich meinte ein bißchen ältere als ihn. Was hältst du von den jungen Leuten, mit denen du zusammenkommst, die dein Publikum sind? Glaubst du, sie sind genauso, wie die jungen Leute immer waren?

GROUCHO Ach, ich glaube nicht, daß sie anders sind. Vielleicht sind sie aufgeweckter. Vielleicht ist das Erziehungssystem dafür verantwortlich. Sie sind besorgter. Vielleicht müssen sie sich heutzutage mehr Sorgen machen.

ICH Bist du mit der Filmzensur einverstanden?

GROUCHO Ja. Ich finde, man sollte nicht zulassen, daß *jeder* x-beliebige Film, der gedreht wird, auf die Leinwand kommt. Nein. Denn es gibt auch viele Kinder, die ins Kino gehen, und ich finde, manches schändlich von dem, was gemacht wird. Ich mag keine schweinischen Filme. Ich glaube, es ist schwer, einen guten Film zu machen — und einen erfolgreichen Film —, der sauber ist.

ICH Bist du viel ins Kino gegangen, als du jung warst?

GROUCHO Ja, ständig. Ich habe alle Chaplinfilme mindestens zehnmal gesehen. Keiner war so gut wie er. Trotzdem sind seine Filme heute kein Geschäft mehr. Niemand will ihn mehr sehen.

ICH Warum nicht?

GROUCHO Er redet nicht.

ICH Aber Harpo redet auch nicht, und er ist heute sehr populär.

GROUCHO Das stimmt, aber es gab dafür andere in der Truppe, die redeten.

ICH Findest du persönlich Chaplin heute immer noch so großartig wie früher?

GROUCHO Einige seiner Filme sind immer noch wirklich gut. Aber einige sind einfach unglaublich schlecht. Er machte gute und schlechte Filme. Sein letzter Film war furchtbar schlecht. *A Countess from Hong Kong*. Er bestand darauf, einen Großteil des Films selber zu schreiben, und er trat darin sogar selbst als Kellner auf. Aber ich glaube, zu seiner Zeit war er der beste. Er sagte einmal zu mir: »Ich wünschte, ich könnte im Film so reden wie du.« Das war damals, als er ganz groß war. Er konnte nicht reden. Seltsam. Privat konnte er ganz gut reden. Schließlich bekam er eine Menge Ärger, ging nach Europa und blieb dort.

ICH Ist dir jemals Howard Hughes begegnet, als du die zwei Filme für ihn machtest?

GROUCHO Nein. Hughes kam nie ins Studio. Er war nur an Mädchen interessiert. Er dachte sich den Titel *Double Dynamite* aus, der auf Jane Russells Titten anspielen sollte. Es ist nur gut, daß der Kerl Millionär war. Wie hätte er sonst seinen Lebensunterhalt verdienen sollen?

ICH Als großer Baseballfan hast du alle berühmten Spieler kennengelernt.

GROUCHO Ja, ich kannte Babe Ruth. Er hörte sich immer unsere Quizshow an. Er war damals schon alt und hatte mit Baseball aufgehört. Aber nicht so alt wie ich jetzt.

ICH Welche anderen großen Baseballspieler kanntest du?

GROUCHO Christy Mathewson. Du kennst ihn sicher nicht.

ICH Werfer bei den New Yorker Giants.

GROUCHO Richtig. Du bist klüger als du aussiehst. Kennst du Tinker To Evers…?

ICH To Chance.

GROUCHO Steinfeld at third. Harry Steinfeld spielte third base für die Cubs, als Tinker To Evers To Chance dabei war. Ich kannte auch Joe DiMaggio.

ICH Das Spiel, das wir beide uns erst neulich angesehen haben, war gut.

GROUCHO Yeah. Aber ich bin im Baseball nicht mehr so auf dem laufenden wie früher.

ICH George Foreman schien genauso glücklich zu sein, dich kennenzulernen wie umgekehrt. Ihn hat beeindruckt, daß du so viel über Boxen wußtest.

GROUCHO Na ja, hab doch für Benny Leonard gearbeitet, der mal Weltmeister im Leichtgewicht war. Ich habe dir doch erzählt, daß er eine unserer Varieténummern finanziert hat.

ICH *On the Mezzanine.*

GROUCHO Stimmt. Ich habe für ihn geschwärmt, er war ein so großartiger Boxer. Er war in Hattie Darling verknallt, das Mädchen in unserer Truppe. Es gab niemand Jüdisches in New York, der nicht Benny Leonard hätte heiraten wollen. Wirklich! Männlein wie Weiblein. Er war ein so großartiger Boxer. Habe ich dir von Jim Corbett erzählt?

ICH Nein.

GROUCHO Er war Weltmeister im Schwergewicht. In New York spielte ich immer Poker mit ihm. Und verlor immer. Ich spielte nicht gut Karten. Aber zum Boxen ging ich sehr gern, auch als ich verheiratet war. Meine Frauen gingen nicht mit. Keine von ihnen. Ich ging mit mehreren Jungen und Männern hin. Männer sind sehr interessiert am Preisboxen, Frauen nicht.

ICH Verstehst du, warum?

GROUCHO Naja, ich glaube, es geht um die Geschicklichkeit von zwei Männern, die gegeneinander kämpfen, um zu sehen, wer der bessere ist. Die Leute tun es auf der Straße. Ich hab' mal mit einem Burschen namens Harry Applebaum geboxt. Er war ungefähr zwölf Jahre älter als ich. Es war auf der Straße, auf der 93. Straße.

ICH Worum ging's bei dem Kampf?

GROUCHO Meinungsverschiedenheiten. Ich weiß nicht mehr genau. Um ein Mädchen ging es nicht.

ICH Wer hat gewonnen?

GROUCHO Weiß ich nicht. Ich schlug ihm in den Magen, und er verpaßte mir ein blaues Auge. Ich hab' noch ein andermal geboxt, das war in der 14. Straße in New York. Es war Weihnachten, und ich arbeitete für zwei Wochen in einem Kaufhaus. Wenn einer jemandem was verkaufte, gab man mir die großen Sachen, die schweren Pakete, und damit rannte ich rüber zur Kasse. Und dann schlug ich mich mit

einem anderen Kassenjungen. Mitten auf der Straße, auf der 14.
Straße, im Schnee. Es war eine fantastische Art, Weihnachten zu
feiern.

ICH Wer gewann diesmal?

GROUCHO Es ging ziemlich unentschieden aus.

ICH Warst du verletzt?

GROUCHO Nicht sehr. Die Polypen machten der Sache ein Ende.
Aber das ist schon hundert Jahre her.

ICH Jetzt boxt du nicht mehr im Schnee. Du hörst Musik, Gilbert
und Sullivan...

GROUCHO Und Mozart und Brahms und Tschaikowsky. Eine Zeitlang spielte ich so ungeheuer viel Gilbert und Sullivan, daß ich's dann
fast nicht mehr hören mochte. Es war einfach zu viel. Ich glaube, es
gibt nur dreizehn oder vierzehn Theaterstücke von Gilbert und Sullivan, aber sie sind großartig. Du hast mir die Aufnahme ihrer ersten
Operette, *Thespis,* geschenkt. Sie ist interessant, aber sie ist nicht so
gut wie die anderen. Ich habe fast alle ihre Stücke gesehen. Und ich
war so begeistert davon, daß ich schließlich *The Mikado* für NBC
machte. Ich spielte Ko-Ko. So ergibt sich das im Leben. Man hat wirklich keine Kontrolle darüber. Dinge geschehen. Ich glaube, niemand
hat in der Hand, was geschieht und wie er ist. Ich schwärmte für
Gilbert und Sullivan und las alles, was ich kriegen konnte. Es gibt
Dinge, die sind eine Weile wichtig, und dann sind sie es eines Tages
nicht mehr. Man will nicht sein ganzes Leben dasselbe. Meine Ansichten ändern sich. Früher war ich gegen die Todesstrafe.

ICH Was hältst du davon, daß Schauspieler und Schauspielerinnen
neuerdings politisch so aktiv werden?

GROUCHO Ich finde, sie haben ein Recht auf ihre eigene Meinung,
genau wie jeder andere. Ich selbst habe feste politische Ansichten.

ICH Du warst ein Bewunderer Trumans...

GROUCHO Er war ein großartiger Präsident. Ich kannte ihn.

ICH Was hast du an ihm besonders bewundert?

GROUCHO Er sagte: »Bis hierher und nicht weiter.« *(Zeigt auf sich)*
Der Meinung bin ich auch. Bis hierher und nicht weiter.

ICH Wen sähest du gern als Präsidenten der Vereinigten Staaten?

GROUCHO Mich. Ich bekam mal das Angebot, in Kalifornien für den
Posten des Gouverneurs zu kandidieren. Und ich fragte: »Was bringt
der Job?« Und sie sagten, er bringt 25000 Dollar im Jahr. Und ich

sagte: »Das verdiene ich jede Woche mit der Quizshow.« Das war das Ende meiner politischen Karriere.

ICH Meinst du, du hättest einen guten Gouverneur abgegeben?

GROUCHO Ich glaube, ja. Ich bin im Grunde ein ehrlicher Mensch.

ICH Glaubst du, Ehrlichkeit ist die wichtigste Grundvoraussetzung?

GROUCHO Ja.

ICH Wie wäre dein Programm gewesen?

GROUCHO Demokratisch. War immer ein Demokrat.

ICH Aber was wäre dein politisches Programm gewesen?

GROUCHO Ich habe keine Ahnung. Es ist lange her. Heute wäre es anders. Heute würde ich mir um die Inflation und die Bodenschätze, wie zum Beispiel das Erdöl, Sorgen machen. Übrigens lehnte ich den Job ja ab!

ICH Du hast mir gesagt, Henry Kissinger ist einer von den Leuten, die du sehr gern kennenlernen würdest.

GROUCHO Fabelhafter Mann. Ich glaube, er ist ein anständiger Mensch. Ich hätte ihn gern als Präsidenten, aber ich glaube, er kann's nicht werden, weil er in Deutschland geboren wurde. Dort ist auch meine Mutter zur Welt gekommen, und sie hat's auch nicht zum Präsidenten gebracht. Ich hoffe, daß eines Tages in Amerika eine Frau Präsident wird. Es spräche doch nichts dagegen.

ICH Du hast mir deine Einladung ins Weiße Haus gezeigt, als du Eleanor Roosevelt vorgestellt wurdest.

GROUCHO Ja. Eine Marineband spielte auf dem Hof des Weißen Hauses, und ich sagte zu ihr: »Jetzt weiß ich, warum Sie immerzu auf Reisen sind.« Sie war eine großartige Frau.

ICH Worüber habt ihr gesprochen?

GROUCHO Über fünfzehn Minuten. Wir sprachen über ihn, über F. D. R. Er hatte offenbar eine Jagdpartie unternommen, um von Eleanor wegzukommen. Und als er zurückkam, hatte er einen langen Bart. Sie erkannte ihn kaum wieder. Er hatte auch eine Freundin, aber darüber redete sie nicht. Sie redete über vieles, woran sie interessiert war.

ICH Wie denkst du über die Erhaltung von Denkmälern?

GROUCHO Ich denke, ich sollte erhalten bleiben.

ICH Wie steht's mit anderen Denkmälern?

GROUCHO Dinge sind nicht gut, weil sie alt sind, aber sie sind auch nicht gut, nur weil sie neu sind.

ICH Kannst du dir das vorstellen? Es heißt, Grand Central Station solle abgerissen werden.

GROUCHO Das wäre ein Verbrechen.

ICH Was hältst du von Pornographie?

GROUCHO Sie bleibt obszön.

ICH Wie denkst du über die Homosexualität?

GROUCHO Ich denke nicht darüber nach. Sie hat mich nie gereizt. Ich denke, sie haben jetzt ihre Rechte.

ICH Welche Frage wird dir am häufigsten gestellt?

GROUCHO Die Leute fragen mich immer wieder, ob Harpo reden konnte. Natürlich konnte er's nicht.

ICH Gibt es noch eine Frage, die dir oft gestellt wird?

GROUCHO Ja. Man fragt mich ständig: »Wie sehen Sie die Komik von heute im Vergleich zu der vor vierzig Jahren?« Das ist die Frage, die mir Collegestudenten stellen.

ICH Betrachtest du dich als Intellektuellen?

GROUCHO Ich weiß nicht. Ich sehe es nicht so. Ich habe gelesen, und ich habe mich ein wenig gebildet, aber ich betrachte mich nicht als Intellektuellen. George Bernard Shaw, würde ich sagen, war ein Intellektueller.

ICH Bist du Shaw jemals begegnet?

GROUCHO Nein, aber Harpo. Woollcott nahm ihn mit nach drüben und stellte ihn Shaw vor. Harpo hatte ganz anderen Umgang als ich.

ICH Aber du kanntest T. S. Eliot. Eden hat mir von deinem Besuch bei ihm erzählt.

GROUCHO Ich lernte ihn und seine Frau in London kennen. Ich wollte mit ihm über seine Werke reden, und er war daran nicht interessiert. Er wollte über die Marx Brothers reden. Er schrieb mir mal einen Brief, darin hieß es: »Seit Sie zum Essen bei mir waren, verbeugen sich alle Kaufleute in der Nachbarschaft vor mir, wenn ich vorbeigehe.« Er schwärmte von unseren Filmen. Ich wollte mit ihm über einige seiner Stücke und Gedichte sprechen, aber daran war er nicht interessiert. Er sprach nur über die Marx Brothers.

ICH Was tust du, um dich zu entspannen?

GROUCHO Nichts. Ich kann mich nicht entspannen.

ICH Nie?

GROUCHO Nein. Und ich bin nie schläfrig. Ich schlafe nicht gut.

ICH Fühlst du dich manchmal einsam?

GROUCHO Nein.

ICH Hat es dich je gestört, allein zu sein?

GROUCHO Ich bin nie alleine. Ich lese. Ich war immer lesehungrig. Früher saß ich in meiner Garderobe und las. Ich ließ die Tür offenstehen, damit die anderen Schauspieler dächten, ich sei gebildet. Ich wollte immer mehr Bildung besitzen, und heute stehen meine Bücher in der Library of Congress. Ich las Autoren wie Anatole France und Horatio Alger. Mit Horatio Alger wurde ich aufgezogen.

ICH Welche Schriftsteller magst du noch?

GROUCHO Ich schwärmte für Somerset Maugham und tu es immer noch.

ICH Du bist ein Mensch, der vorwärtsgeht und etwas tut, ohne sich im voraus viel Sorgen zu machen.

GROUCHO Ja. Sich Sorgen machen ändert nichts.

ICH Findest du dich ungewöhnlich?

GROUCHO Ich bin ungewöhnlich, na klar. Eine ungewöhnliche Sorte Mensch.

ICH Inwiefern bist du ungewöhnlich?

GROUCHO Ich glaube, schon die Tatsache, daß ich über achzig bin, ist ungewöhnlich. Die meisten Leute sterben, ehe sie so alt werden. Weißt du, wie ich so alt geworden bin?

ICH Wie denn?

GROUCHO Mit Glück. Wenn ein Mensch fünfundachtzig ist und stirbt, sagt niemand: »Ist das nicht schrecklich, der Mann ist mit fünfundachtzig Jahren gestorben?« Ich habe ein gutes Leben gehabt. Fünfundachtzig Jahre sind eine lange Zeit. Ich hoffe, ich werde keine hundert. Es gibt nichts, was man dann noch tun kann, wenn man hundert ist. Altwerden ist verdammt lästig.

ICH Aber mit über achtzig machst du immer noch sehr viel.

GROUCHO Ich kann ausgehen und einen Spaziergang machen. Ich kann einen kleinen Drink zu mir nehmen — Tomatensaft — und bin glücklich. Viele Leute in meinem Alter haben nichts und sind bereit für den Friedhof. Habe ich dir erzählt, was auf dem Grabstein meines Onkels Al [Shean] steht?

ICH Nein.

GROUCHO »Ich könnte länger gelebt haben, aber jetzt ist es zu spät. Absolut, Mr. Gallagher, unbedingt, Mr. Shean.«

ICH Stellst du fest, daß du dich manchmal langweilst?«

GROUCHO Nicht, wenn ich was Gutes zu lesen habe. Ich lese gern Zeitung. Ich weiß sehr gern, was in der Welt geschieht.

ICH Glaubst du, was in der Zeitung steht?

GROUCHO Na ja, sie können sich nicht *alles* aus den Fingern saugen! Wie du ja weißt, haben sie mir bei der *Times* meinen Nachruf zu lesen gegeben. Es hat mich komisch berührt. Ich glaube, er hätte ihn mir nicht zeigen sollen.

ICH Du betrachtest dich als disziplinierten Menschen.

GROUCHO Ja, das bin ich. Eines Tages sagte ich, ich höre auf zu rauchen, und ich hörte auf. Ich sagte, ich höre auf zu trinken, und ich hörte auf. Ich sagte, ich esse nur zwei Stück Schokolade am Tag, und jetzt habe ich die zwei Stück gegessen, und es bleibt mir nichts übrig, als bis morgen zu warten. Früher aß ich alles. Jetzt kann ich nichts Gesalzenes mehr essen. Das einzige Getränk, das ich früher mochte, war Bourbon. Jetzt kann ich nicht mehr trinken, nicht mehr rauchen, ich kann überhaupt nichts mehr. Ich kann nicht einmal zu Nate 'n' Al's gehen, weil dort Salz verwendet wird.

ICH Welche Sorten Zigarren hast du geraucht, als du deine berühmten Zigarren rauchtest?

GROUCHO Berühmten-Zigarren hießen sie nicht. Sie kamen aus Havanna und kosteten vier Dollar. *Echte* Havanna, keine von den kanarischen Inseln oder sowas. Bill Cosby schenkte mir meine letzte Kiste. Cosby ist einer der begabtesten Leute im Showbusiness. Besonders, nachdem er mir die Zigarren schenkte.

ICH Du hast auch Pfeife geraucht.

GROUCHO Ja. Aber eine Pfeife schmeckt nur nach einer Zigarre gut.

ICH Warst du manchmal deprimiert?

GROUCHO Nicht oft, nein.

ICH Ich erinnere mich an die Ermordung der israelischen Athleten bei den Olympischen Spielen in München. Das ist eines der wenigen Male, wo ich dich schrecklich deprimiert erlebt habe.

GROUCHO Es war eines der schrecklichsten Dinge in meinem ganzen Leben.

ICH Wenn du deprimiert bist, wie kommst du dann drüber weg?

GROUCHO Ach, ich bin nicht so oft deprimiert, also könnte ich dir das nicht sagen.

ICH Wie ist deine Einstellung zur Psychoanalyse?

GROUCHO Die hilft nichts mehr, wenn man fünfundachtzig ist.

ICH Was hältst du von Psychiatern?

GROUCHO Die sind in Ordnung, wenn sie ihre Fingernägel sauberhalten.

ICH Kannst du dir vorstellen, daß du zu einem gingest?

GROUCHO Ja. Ich bin ein paarmal zu einem Psychologen gegangen. Weil ich Kummer hatte. Ich glaube, sie sind sehr wichtig. Wenn man Kummer hat, seelisch, können sie einen geradebiegen.

ICH Warum schläfst du bei verschlossener Schlafzimmertür?

GROUCHO Das mache ich, wenn ich glaube, ich bin ganz alleine im Haus und niemand ist da.

ICH Ich dachte, du tätest es vielleicht wegen all der Jahre im Varieté, als du in billigen Hotels wohntest.

GROUCHO Könnte sein. Ich schob immer die Kommode gegen die Tür. Das war eine Zeitlang so während meiner Varietézeit. Damals wohnten wir bereits in guten Hotels. Großen Hotels, wie dem Statler in Cleveland oder Detroit. Ich hatte immer Angst, ich könnte aus dem Fenster springen. Deshalb stellte ich meinen großen Reisekoffer vors Fenster. Wir hatten so riesige Theaterkoffer. Damals wohnte ich in Hotels, die waren fünfzehn und achtzehn Stockwerke hoch, und ich hatte Angst, daß ich eines Nachts ans Fenster gehen, es öffnen und rausspringen könnte. Wir hatten nicht die besten Zimmer in den Hotels, aber jeder hatte sein eigenes Zimmer, und ich hatte nachts immer Angst. Deshalb stellte ich den Koffer vors Fenster.

ICH Aber warum hattest du Angst, du könntest springen?

GROUCHO Ich weiß nicht. Ich nehme an, ich war damals sehr nervös, obwohl wir schon ziemlich erfolgreich waren. Ich hatte ein paar Boris-Karloff-Filme gesehen. Und ich hatte Angst. Ich war noch sehr jung damals. Ich sah einen Boris-Karloff-Film, und danach mußte ich einen Monat lang Schlaftabletten nehmen, jede Nacht. Es war der einzige Weg, wie ich einschlafen konnte.

ICH Aber du wußtest doch, daß das bloß Filme waren…

GROUCHO Das wußte ich, aber sie bewegten mich sehr. Es klingt, glaube ich, merkwürdig. Ich glaube, viele Leute bekommen Angst, wenn sie in einen Horrorfilm gehen. Sie versetzen mich in eine Höllenangst, diese Boris-Karloff-Filme. Ich weiß nur, daß ich nachts nicht mehr schlafen konnte. Deshalb nahm ich den Koffer und stellte ihn vors Fenster. Ich lernte schließlich Karloff persönlich kennen, und er war der liebenswürdigste Mensch, der mir in meinem ganzen Leben

Oben: A NIGHT IN CASABLANCA (Eine Nacht in Casablanca)
Unten: A NIGHT AT THE OPERA (Skandal in der Oper)

DUCK SOUP
(Die Marx Brothers im Krieg)

Groucho mit seinem Partner George Fenneman
in der preisgekrönten Radio-Show ›You Bet Your Life‹

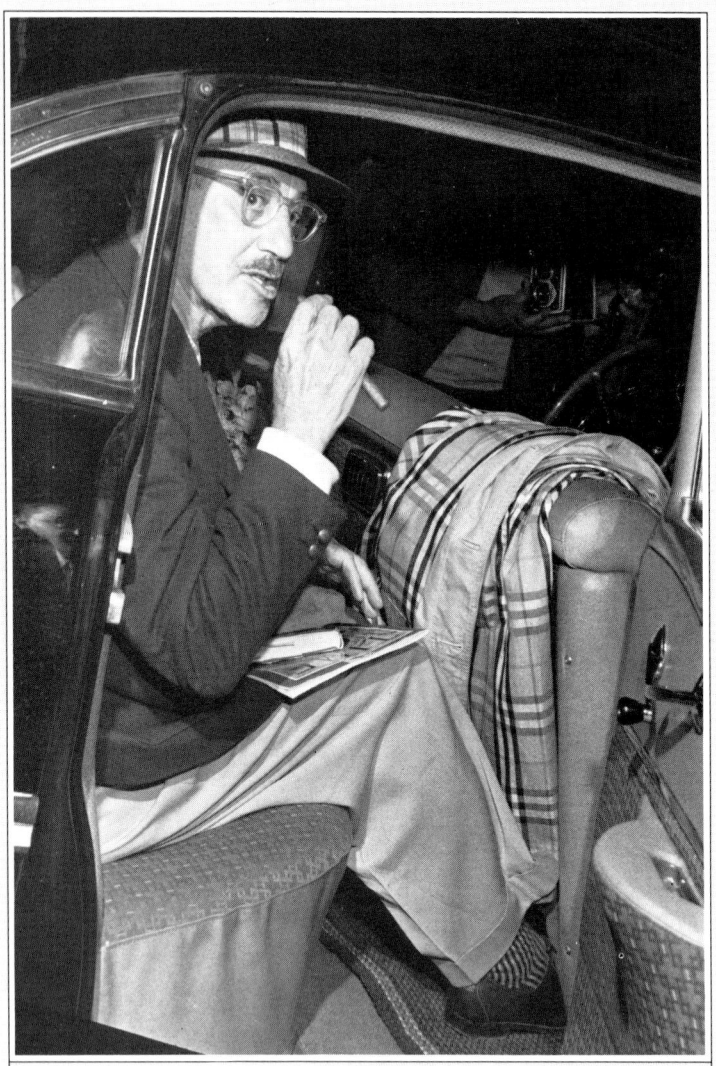

Groucho in London

begegnet ist. Ich hätte ihm fast mal ein Haus verkauft, das ich besaß. Er war ein sehr gebildeter Mann. Englische Erziehung — er stammte aus England.

ICH Welche Karloff-Filme haben dich am meisten geängstigt?

GROUCHO Jeder.

ICH Wodurch erschreckte er dich so?

GROUCHO Er sah wie ein Monster aus! Ich glaube, diese Filme haben viele Leute erschreckt. Ich glaube, alle Menschen haben Phasen im Leben, wo sie ein bißchen übergeschnappt sind oder glauben, es zu sein.

ICH Bist du der Meinung, wie es viele Menschen tun, daß das Leben heute ernster und problematischer ist?

GROUCHO Nicht für mich. Ich bin sehr glücklich. Ich esse gut. Ich habe mir neulich einen Film angesehen, der war ziemlich gut.

ICH Was für ein Film?

GROUCHO Du weißt schon. Den Film, den wir mit Andy gesehen haben. Paris in den neunziger Jahren. Der Film war so alt wie ich.

ICH Bereust du irgend etwas?

GROUCHO Im Augenblick nicht. Ich hab's bedauert, daß meine letzte Ehe kaputtging. Ich glaube, es war zum Teil meine Schuld.

ICH Würdest du noch mal heiraten?

GROUCHO Nein. Ich würde niemanden mehr heiraten. Zu alt. Aber wenn ich noch mal heiraten würde, wäre es Erin.

ICH Wie haben dich Erfolg und Ruhm, Zeit und Erfahrung verändert?

GROUCHO Ich habe mich nie verändert.

ICH Was ist die größte Veränderung, die berühmt und prominent zu sein in dein Leben gebracht haben?

GROUCHO Nicht mehr warten zu müssen. Vorher mußten wir immer warten. Ehe wir bekannt wurden, warteten wir auf Jobs. Dann, als wir Arbeit hatten, aber noch nicht berühmt waren, mußten wir viel herumsitzen und warten. Dann waren wir ein großer Hit und andere Leute mußten auf uns warten. Danach mußten wir nie mehr warten.

ICH Was ist das wertvollste im Leben?

GROUCHO Das ist sehr leicht zu beantworten. Bumsen! *Das* ist nicht zu überbieten!

ICH Es gibt mehr als das...

GROUCHO Natürlich, man kann sich auch Fotos, Bonbons und Schokolade schenken und den Leuten was auf dem Klavier vorklimpern. Wie viele Stunden am Tag kannst du mit Vögeln zubringen?

ICH Glaubst du, du bist als Privatmensch anders als als öffentliche Persönlichkeit?

GROUCHO Nein. Überhaupt nicht. Aber ich weiß, wenn ich morgen durch Beverly Hills spaziere, wird es kaum jemanden geben, der mich nicht erkennt. Die Leute halten mich an und fragen mich, wie es mir geht. Es besteht großes Interesse an mir. Neulich kam ein Mann auf mich zu und küßte mich. Er trug einen Bart, und ich küsse nicht gern Männer mit Bart. Er kam auf mich zu, schlang seine Arme um mich, küßte mich auf die Backe und sagte: »Groucho, du bist der Größte!« Und neulich ging ich dort im Village spazieren, wo gerade das Gebäude der Bank of Amerikca errichtet wird. Fünf Männer schrien vom fünften Stock runter: »Groucho!«

ICH Hältst du dich für einen guten Menschenkenner?

GROUCHO Ich weiß nur, ob ich jemanden gernhabe oder nicht, das ist alles.

ICH Hast du irgendwelche Lieblingswitze oder -sätze?

GROUCHO Die größten Sätze macht das Känguruh im Zoo. Was ist der Unterschied zwischen einem Mann, der einer Frau einen Hund schenkt, und einem Mann, der den Berg hinaufläuft?

ICH Ich weiß nicht.

GROUCHO Ich auch nicht. One is taking a gal a pup, and the other is taking a gallop up. Ein schwacher Witz. Es gab mal einen Witz über Krabbenbeine. Ich fragte eine Kellnerin im Restaurant in Dinty Moore's: »Haben Sie Krabbenbeine?« Und sie sagte: »Nein, es liegt am Rheuma.«

ICH Ich erinnere mich, daß du den Witz mal den Besitzern von »21« in New York erzählt hast. Nur waren es damals Froschschenkel. Es war der Abend, an dem du deinen Schlips abgenommen hast.

GROUCHO Ich habe seit Jahren keinen Schlips mehr getragen. Ich finde es albern, einen Schlips zu tragen. Ich würde gern ohne Hosen rumlaufen.

ICH Hast du noch irgendeinen anderen »schwachen« Lieblingswitz?

GROUCHO (zitiert) »Eine kleine alte Dame lebte einst im Schuh. Sie hatte keine Kinder und wußte doch, was tun. Eine kleine alte Dame lebte einst im Schuh. Sie hatte viele Kinder und wußte nicht, was tun.« »Die alte Mutter Piesepank ging zu ihrem Küchenschrank, da lag für die Tochter ein Knochen. Sie kam zu dem Fleck, der Knochen war weg. Und auch die Tochter hat sich eilig verkrochen.«

ICH Hast du dich je benutzt oder ausgebeutet gefühlt?

GROUCHO Ich denke nicht darüber nach.

ICH Es stört dich nicht, gelegentlich benutzt und ausgebeutet zu werden, fast so wie ein schönes Mädchen?

GROUCHO Nein. Ich wollte, ich hätte eins. Eines der schönsten Dinge auf der Welt ist ein hübsches junges Mädchen.

ICH Seit ich dich kenne, hast du selten ein obszönes Wort benutzt...

GROUCHO Ich habe sie benutzt, aber nicht in deiner Gesellschaft. Ich bin in vieler Beziehung sehr prüde − und galant.

ICH Wie würdest du dich selbst beschreiben?

GROUCHO Als einen alten, miesen Kerl.

ICH Und wenn du die Wahrheit sagtest, wie würdest du dich dann beschreiben?

GROUCHO Habe ich gerade getan.

»Die ich mag, behalte ich«

Beim Mittagessen mit Goodman Ace in Grouchos New Yorker Hotelsuite kam ich auf Grouchos schlagfertige Art, Leute zu beleidigen, zu sprechen. Ich fragte Groucho: »Verlierst du so nicht eine Menge Freunde?«

»Sicher«, antwortete er. »Aber mir ist es lieber so. Eine Menge Leute loszuwerden ist gut. Die ich mag, behalte ich.«

»Stimmst du mit Oscar Wilde überein, der gesagt hat, ›Ein Gentleman ist nie ohne Absicht unhöflich‹?« fragte ich.

»Ja«, sagte Groucho. »Ich kann mir einiges herausnehmen. Die Leute meinen, ich mache Spaß. Tu ich aber nicht. Ich sage nur das, was ich denke. Ich erzähle keine Witze. Ich sage die Wahrheit. Und die ist manchmal ein Witz.«

Groucho betonte das Negative, um eine positive Reaktion zu erzielen — »Egal was es ist, ich bin dagegen«. Groucho war der klassische Bilderstürmer. Ohne Scheu sprach er das aus, was normalerweise unausgesprochen bleibt, faßte in Worte, was sich andere vielleicht gerade noch zu denken trauen. Einige betrachteten das als Verfeinerung der Flegelkunst hin zu ungeahnten Tiefen. Als prominentes Mitglied des Undiplomatischen Corps zögerte er nicht, allem Bombast die Krücke unterm Arm wegzuschlagen.

Bei einem Spaziergang mit Groucho in Beverly Hills kam mir sein Verhalten einer Verehrerin gegenüber übertrieben herb vor, also fragte ich ihn hinterher, ob er nicht etwas zu weit gegangen sei. »Nein. Weil sie sich ihr ganzes Leben lang daran erinnern wird, was ich ihr gesagt habe«, erklärte er. »Das zählt. Hätte ich was Gängiges gesagt, wäre sie enttäuscht gewesen.«

Max Gordon erzählte mir, er habe Groucho einmal gesagt, er hätte bei T. S. Eliots Beerdigung vielleicht lieber keinen Witz erzählen sollen. »Ich bin Komiker«, war Grouchos Antwort gewesen. Eliot hätte es bestimmt so gewollt. Irene Atkins die mit Grouchos Sohn verheiratet war, faßte das Ganze so zusammen: »Von Groucho läßt man sich Dinge gefallen, die man sich von anderen womöglich nicht gefallen lassen würde.«

Sein Image in der Öffentlichkeit (und zum Großteil auch sein privates) war das eines Mannes, der so schlagfertig war, daß jede Art von Wortduell mit ihm einem gesellschaftlichen Selbstmord gleichgekommen wäre. Sein guter Freund Norman Krasna weigerte sich, als Gast in seiner Show *You Bet Your Life* aufzutreten. »Er hätte mich umgebracht.«

Es hatte den Anschein, als hätte Groucho eine ähnliche Vollmacht wie James Bond, mit dem Unterschied, daß er mit Worten töten durfte. Genauso wie niemand mit erhobenen Fäusten auf Muhammed Ali zuging und sagte: »Ich bin der Größte«, so traute sich kaum einer, sich mit Grouchos messerscharfer Zunge anzulegen. Er war in der beneidenswerten Position, nicht nur ein überlegener Kämpfer zu sein, sondern auch noch der Schiedsrichter dazu. In einer Welt, die sich an Spielregeln hält, ließen sich andere von einer Hemmschwelle aufhalten, die er ignorierte.

Natürlich hatte er nicht *immer* das letzte Wort. Diejenigen, die herausragen, sind auch leichter zu sehen und geben eine gute Zielscheibe her. Kein Prominenter kommt völlig ungeschoren davon. Über einen Prominenten will man Dinge erfahren, die man nicht mal von sich selbst wissen will. Groucho genoß sein Postament und sein zumeist aus Lorbeeren bestehendes Leben, aber der Kelch versuchter öffentlicher Schmähung ging auch an ihm nicht vorüber. »Die Art, wie ich rede«, erklärte er mir, »ist mein Selbstschutz.« Einige jener Augenblicke, in denen seine verbalen Bollwerke unter schwerem Beschuß lagen, haben sich in sein Gedächtnis eingegraben:

★ Als er vor einigen Jahren mit seiner Tochter Melinda im Disneyland war, kam eine Frau auf ihn zu und fragte ihn in einem Ton, der einem tätlichen Angriff gleichkam: »Sie sind doch Groucho Marx, oder?« Groucho machte den Fehler, ihr die Wahrheit zu sagen.

Worauf sie erwiderte: »Ihre Show würde ich mir nicht mal für tausend Dollar pro Abend anschauen.«

★ Einige Jahre später kam wieder mal eine Frau, die es auf ihn abgesehen hatte, auf ihn zu. Sie gab ihm nicht einmal die Chance, alles abzustreiten: »Sie sind Groucho Marx. Ich sage Ihnen was: komisch sind Sie nicht.«

★ Der Schriftsteller Harry Tugend weiß folgende Geschichte zu erzählen: Im Aufzug starrte ein kleiner Junge Groucho an. Groucho erwiderte den Blick, und der Junge sagte: »Keine Sorge. Ich weiß, wer Sie sind.«

Aber das ist ein Teil des Preises, den man als Prominenter zu zahlen hat, und Groucho zahlte ihn gerne.

»Es gibt Leute, die würden einen gerne fertig machen. Sie brauchen das. Aber wenn jemand zu mir sagt: ›Sie sind ein miserabler Komiker‹, dann sage ich: ›Wie wollen Sie das wissen? Sie sind doch nicht Alexander Woollcott.‹

Wenn man auf die Bühne geht und sich vor ein Publikum hinstellt, muß man das in der Überzegung machen, daß man besser ist als die, sonst geht es einfach nicht. Man macht Fehler, aber wenn man keine Fehler macht, provoziert man auch niemanden. Man tut überhaupt nichts.

Man kann nicht erwarten, daß einen jeder mag. Wenn es keine Leute gibt, die einen nicht mögen, ist man unten durch. Es gibt Leute, von denen man einfach nicht will, daß sie einen mögen.«

Grouchos Beleidigungen dienten der Belustigung. Die Leute erwarteten von ihm nicht, daß er irgend etwas Gängiges sagte, und sein Gespür für diese Erwartung setzte ihn ständig unter Druck, sein Publikum nicht zu enttäuschen.

Auf der Straße kam ein Mann auf uns zu und bat Groucho um ein Autogramm. »Würden Sie das bitte für meinen Sohn unterschreiben?«

Groucho fing an zu schreiben. Nach »Gro« setzte er ab.

»Wie alt ist er denn?«

»Elf Monate.«

Groucho gab dem Mann den Zettel mit seiner halben Unterschrift zurück und sagte: »Er ist noch zu jung zum Lesen.«

In der Gegenwart von Fremden und manchmal sogar vor Freunden hatte er das Gefühl, man prüfe ihn, also mußte er so tun, als laufe die Kamera. Wenn er etwas Alltägliches von sich gab, war er immer wieder erstaunt, wie sehr sein Publikum, auch wenn es aus alten Freunden bestand, mitging und seine Äußerungen viel komischer fand, als sie wirklich waren. Die Aura eines halben Jahrhunderts Gelächter reichte. Mit hochgezogenen Augenbrauen faßte er seinen Stil so zusammen: »Ich habe immer eine Antwort parat.«

haben konnte, die von unterdrücktem Kichern bis zu heulendem Gelächter reichte. Mit hochgezogenen Augenbrauen faßte er seinen Stil zusammen: »Ich habe immer eine Antwort parat.«

Manchmal begrüßte ihn ein Fremder derart überschwenglich, daß er das Gefühl hatte, seine Intimsphäre werde verletzt. Charakter und Ausstrahlung waren bei ihm so ausgeprägt, daß die Leute schon nach fünf Minuten das Gefühl hatten, ihn durch und durch zu kennen. Selbstverständlich kannten mehr Menschen Groucho, als er selber kannte. Auf unseren Spaziergängen liebten es die Leute nicht nur, ihn zu erkennen, sondern auch *von ihm* erkannt zu werden.

Seine Freunde waren sich alle einig darüber, daß sein Image in der Öffentlichkeit aus seinem wahren Ich herrühre. Ethel Wise, die ihn schon als Jungen kannte, und Hattie Darling, die ihn mit Ende zwanzig kennengelernt hatte, bestätigten, daß der Groucho des Kinos und des Fernsehens im Grunde dieselbe Person war, die sie gekannt hatten, und daß er sich nicht veränderte. Vielmehr hatte die ungeheure Popularität der Figur »Groucho« zur Folge, daß Groucho immer *mehr* Groucho wurde. Lee Strasberg, ein meisterhafter Menschenkenner, sagte mir:

»Ich weiß noch, wie ich mal vor langer Zeit Groucho begegnet bin. Ich weiß nicht mehr genau, was er sagte, aber ich weiß noch, daß, was er sagte, komisch war und vollkommen zu seiner Rolle paßte. Der Schauspieler war Ausdruck der Person.«

Groucho liebte es, aufzutreten und zu spielen, und er hatte das Glück, sein Leben lang für etwas bezahlt zu werden, das er auch umsonst gemacht hätte. Natürlich war es ihm lieber, bezahlt zu werden, und er lebte in einer Welt, in der die Höhe der Gage als Maßstab des eigenen Wertes betrachtet wird. Am glücklichsten war er auf der Bühne, besonders wenn das Publikum aus seinen Kollegen bestand.

Als er anläßlich der Wiederaufführung von *Animal Crackers* in New York war, lud Ron Delsener die britischen Satiriker Peter Cook und Dudley Moore zu Groucho in dessen Suite im Regency ein. Sie waren zwar komisch, aber gegen Groucho kamen sie nicht an. »Auch mit dreiundachtzig läßt sich Groucho nicht die Schau stehlen«, sagte mir Ron an jenem Abend. »Groucho hat der Abend mehr Spaß als uns allen zusammen gemacht. Er hatte die Gelegenheit aufzutreten, und das ist sein Leben.« Der Abend klang folgendermaßen aus:

GROUCHO Auf Wiedersehen bei mir in Kalifornien.

DUDLEY MOORE Das wird ein Spaß!

GROUCHO Da bin ich mir nicht so sicher.

Es ist möglich, daß Groucho mit über achtzig noch geselliger war als zuvor. Irene Atkins erinnerte sich an einen ruhigeren Menschen, der nicht so sehr zu Jubel und Trubel neigte. »Als ich mit Arthur verheiratet war, haben wir bei Groucho immer Platten gehört – Gilbert und Sullivan.«

Groucho war weiterhin als Gast gefragt, gesellschaftlich wie beruflich. Oft mußte er Leuten die Laune verderben, weil er unmöglich alle Einladungen annehmen konnte, die er erhielt. Er mußte mit seiner Zeit sparsam umgehen, sonst hätte er keine mehr für sich selbst gehabt. Manchmal nahm er eine Einladung zu einer Party mit den Worten an: »Ich komme um acht und gehe um halb neun.«

Obwohl er ein so gefragter Gast war, spielte er viel öfter den Gastgeber. Er war sehr stolz darauf, kein Nassauer zu sein. Auch in Restaurants zahlte er lieber selber und tat das meistens auch. »Ich bin früher [in New York] gerne in Danny's Hideaway gegangen«, erzählte er mir. »Aber dann mußte ich es bleibenlassen. Ich durfte nie zahlen.«

Wenn Groucho unter Menschen ging, war eine der Anstrengungen, denen er ausgesetzt war, daß er in Leuten, die nicht im Showbusiness waren, das Bedürfnis erweckte, sich zu produzieren. Oft erzählten sie ihm Witze, in der irrigen Annahme, den Entertainer entertainen zu müssen. Jeder Klempner, Gärtner und Fernsehtechniker hatte einen Witz für ihn parat. Eine seiner typischen Reaktionen war: »Warum mußten Sie mir diesen miserablen Witz erzählen? Ich brauche drei Monate, um mich davon zu erholen.« Und sie lachten.

Weil »Zivilisten« ihn zu sehr als etwas Besonderes behandelten, bevorzugte er die weniger anstrengende Gesellschaft von Entertainer- und Schriftstellerkollegen. Wenn er Gäste zum Abendessen haben wollte, lud er sich gerne Leute aus dem Showbusiness oder seiner

Familie ein — wobei seine Vorstellung von Familie nicht nur Bluts-verwandte und Angeheiratete umfaßte, sondern jeden, den er dazu zählte. Obwohl er ab und zu etwas Komisches bei Tisch sagte, zog er es vor, sich beim Essen zu entspannen und mit vollem Mund nicht zu reden. Außerdem stand er in der Gegenwart von Kollegen nicht so unter Druck.

Er genoß es, hin und wieder vom Geselligsein wegzukommen, besonders von der professionellen Geselligkeit. Als wir einmal mit David Hixon die Camden Avenue und den Sunset Strip entlang spa-zierengingen, fragte ihn David: »Groucho, warum schlägst du fast jeden Tag denselben Weg ein? Kennst du viele Leute, die hier wohnen?« Groucho antwortete: »Nein, eben nicht.«

Wie alle Superprominenten war er es manchmal leid, stets die Erwartungen der allgemeinen Öffentlichkeit erfüllen zu müssen, und er zog sich gerne in den schützenden Kokon seiner eigenen vier Wände zurück, in seine private, nur von Vertrauten bevölkerte Welt. Einmal fuhr ich abends mit Groucho zu einem Auftritt. Einer seiner regelmäßigen Besuche bei seinem kranken Freund Arthur Sheekman hatte ihn schrecklich deprimiert — was ihn übrigens nicht daran hin-derte, sie fortzusetzen, obwohl sie ihn stets deprimierten.

GROUCHO Ich habe dir ja schon erzählt, wie ich Sheekman kennen-lernte.

ICH Er schrieb für eine Chicagoer Zeitung…

GROUCHO Für die Chicagoer *Times*. Er wollte mich interviewen, und ich war diese Interviews so leid. Ich habe gesagt: »Ich gebe dir eins. Ich werd's selber schreiben.« Also hab ich's selber geschrieben. Dann gingen wir nach Kalifornien. Ich habe ihn als Autor rüberge-holt. Seine Frau hat eine Anzahl Filme gemacht. Sie war ein gutaus-sehendes Mädchen. Gloria Stuart. Und jetzt ist er ein alter Mann und sehr krank. Nicht so, wie du ihn hier erlebt hast. Heute war ich bei ihm. Ich habe ihm Pralinen und Kekse gebracht, aber er wollte nur schlafen. Es gibt nichts Fröhliches mehr. Und Ruby ist tot. Ein Teil von mir ist mitgegangen, als er starb. Ich habe geweint, als er starb. Zwei meiner Brüder sind tot. Da kann man nichts machen. Habe ich dir mal erzählt, was mir Kaufman gesagt hat? Er hat gesagt: »Man erwartet von mir, daß ich fröhlich erscheine und unterhaltsam bin, wenn mir traurig und mies ist.« Mir geht's genauso.

Groucho hat sich nicht einfach in den Schutz einer Freundesclique zurückgezogen. Sogar mit über achtzig — vielleicht *gerade* da — hat er fortwährend neue Leute dazugeholt. Seine Freunde kamen aus allen Altersklassen und Bereichen. Bei Freunden wie George Jessel und George Burns gab es eine gemeinsame Vergangenheit, zu der auch Swaynes auf Katzen herumreitende Ratten zählten. Mit seinen jungen Freunden ergab sich eine Beziehung, die aus dem Gefühl historischer Bedeutung herrührte, das sie in seiner Gegenwart bekamen. Terry Hamlisch faßte es in Worte, als sie das Erlebnis beschrieb, gemeinsam mit Groucho *Duck Soup* zu sehen:

»Es ist als erlebte man einen Augenblick, der nicht zu wiederholen ist, weil die Person, die das gemacht hat, direkt neben einem sitzt und Kommentare dazu abgibt, und er sieht es sich trotzdem so an, wie einer, der es zum ersten Mal sieht, und gleichzeitig wie einer, der lange damit gelebt hat. Er ist derjenige, der es gemacht hat, und jetzt ist er einfach ein Fan. Es ist irgendwie ein historischer Augenblick, und dann legt er einem die Hand aufs Knie.«

In der Beurteilung seiner Freunde war Groucho in der Regel recht demokratisch, und zwar sowohl geistig wie auch politisch. Obwohl er die politischen Ansichten Morrie Ryskinds und George Jessels nicht teilte, blieben sie all die Jahrzehnte seine Freunde. Wenn er in ein Nobelrestaurant essen ging, nahm er oft diejenige seiner Krankenschwestern mit, die gerade zufällig Dienst hatte. »Mich hat mal jemand gefragt«, erzählte er mir, »›Wie kann ein großer Star wie du, der einen Oscar bekommen hat, mit einem Mädchen zu Chasen's gehen, das bloß für dich arbeitet?‹ Diese Einstellung verstehe ich nicht.«

Allerdings war Grouchos Wohlwollen manchmal wandelbar. Langeweile konnte er nur schwer ertragen, und am leichtesten langweilte er sich in Gesellschaft von Leuten, die nicht vom Showbusiness waren. Bei Chasens's kam mal ein Fan, der etwas zu tief ins Glas geguckt hatte, auf Groucho zu und begann, ihn mit Lobeshymnen zu überhäufen. Groucho wand sich einige Minuten lang und hin und her, dann bereitete er den Ergüssen des Mannes mit einem herrischen »Sie sind betrunken!« ein jähes Ende.

Es ist ein leicht erkennbarer, allgemein menschlicher Zug, einem Oberschullehrer, der uns eine schlechte Note gegeben oder unseren Eltern erzählt hat, wir seien total unfähig, unseren Erfolg als Erwachsene vorzuführen, oder Freunden aus der Kindheit, die nichts von uns hielten, zu zeigen, wie weit wir es gebracht haben. Der junge Julius Henry Marx v. G. (vor Groucho) wurde von den meisten, die ihn kannten, als einer betrachtet, der es zu was bringen würde. Die Position, die er erreichte, übertraf jedoch bei weitem alles, was die Leute (von Minnie wahrscheinlich abgesehen) sich vorgestellt hatten. Als er kurz nach seinem Erfolg am Broadway seinem Jugendfreund Dave Geiger auf der Straße begegnete, aalte sich Groucho mit Wonne in der Bewunderung, die ihm einer entgegenbrachte, der zu den Erfolgreichsten in Grouchos Schulklasse gezählt hatte.

GROUCHO Ich hab' dir doch von David Geiger erzählt? Er wohnte in der 93. Straße wie wir.

ICH Du sagtest, alle meinten, er würde Richter am Obersten Bundesgericht...

GROUCHO Das oder was Ähnliches hatten wir uns vorgestellt. Er wurde Rechtsanwalt und verdiente $ 150 die Woche. In *Animal Crakkers* bekam ich $ 1500. Er kam in meine Garderobe und verlor kein Wort über die Show — die eine sehr komische Show war! Ich sagte: »Wie hat dir die Show gefallen?«, und er sagte: »Warum läßt du den Kram nicht sein? Du hüpfst da draußen um irgendwelche Stühle rum und machst dich lächerlich. Das ist doch nichts für einen Mann in deinem Alter. Warum machst du nicht mal was Anständiges?« Ich sagte: »Dave, das habe ich mir auch schon überlegt. Was verdienst du?« Er sagte: »Ich verdiene $ 150 die Woche. Und nächste Woche werden's wahrscheinlich $ 200.« Ich habe ihm nicht gesagt, wieviel ich verdiente. Er ist dann gegangen. Das nächstemal bin ich ihm auf der Fifth Avenue begegnet, und er hatte zwei Kinder, so sechs und sieben Jahre alt. Er sagte: »Groucho, weißt du noch, was ich dir gesagt habe?« Ich sagte: »Was?« Er sagte: »Daß du aus der Sache aussteigen sollst. Das ist doch so albern. Wann wirst du endlich erwachsen und machst was, was Zukunft hat?« Inzwischen bekam ich $ 2000 die Woche. Ich sagte: »Was verdienst du?« Er sagte: »Ich verdiene jetzt $ 200 die Woche.« Ich sage: »Ja. Das ist 'ne Menge Geld. Ich werd's mir überlegen. Du hörst noch von mir.« Ich habe ihn nie davon überzeugen können, daß ich im Showbusiness erfolgreich war.

Grouchos Zukunft stellte sich als sehr sicher heraus, und sein »Unvermögen«, seinen Jugendfreund zu beeindrucken, überlebte er. Aber er erzählte mir die Geschichte mit der Mahnung: »Es ist besser, die meisten Freunde im Geschäft zu haben.« Mit »Geschäft« meinte er das Showgeschäft.

Ein Thema, über das sich Grouchos Freunde ab und zu unterhielten, war der Erfolg:

SIDNEY SHELDON Was ist mit der Leere, die man nach einem großen Erfolg verspürt, wenn man sich fragt, ob man das je wieder schaffen wird?

GROUCHO Ist mir nie so ergangen.

SIDNEY SHELDON Aber was ist, wenn man dahinterkommt, und »es« ist nicht mehr es?

MARTY ALLEN Dein Psychotherapeut wird reicher.

GROUCHO Bogart hat immer gesagt: »Der einzige Sinn im Geldverdienen liegt darin, irgendeinem großen Tier sagen zu können, er könnte dich mal.«

Einmal unterhielt ich mich mit Groucho über das Thema »Freundschaft«:

ICH Was erwartest du von deinen Freunden?

GROUCHO Nichts. Erwartung ruiniert Freundschaften.

ICH Welche Eigenschaften teilen deine Freunde?

GROUCHO Sie mögen mich.

ICH Und was noch?

GROUCHO Sie haben Geschmack. Geschmack ist eins der wichtigsten Dinge. Spielt bei allem, was du machst, die entscheidende Rolle.

ICH Was schätzt du am meisten an einem Freund?

GROUCHO Ehrlichkeit.

ICH Bist du deinen Freunden gegenüber immer ehrlich?

ICH Ehrlich gesagt, nein.

ICH Warum nicht?

GROUCHO Gute Manieren sind sehr wichtig. Ich mag keine unhöflichen Leute.

ICH Was haben deine Freunde noch gemeinsam, außer guten Manieren?

GROUCHO Sie sind klug.

ICH Was mögen sie deiner Meinung nach an dir am meisten?

GROUCHO Ich sprühe förmlich vor Charme.

ICH Und was haben sie sonst noch gemein?

GROUCHO Meine Freunde sind nicht gemein. Aber in der Regel haben sie irgendwas mit dem Showbusiness zu tun. Menschen im Showbusiness sind anders. Sie sprechen eine eigene Sprache. Eine Menge meiner besten Freunde waren stets Schriftsteller. Erin sollte jemanden vom Showbusiness heiraten.

ICH Dich?

GROUCHO Nein. Jemanden, der ihr das geben kann, was sie braucht — sexuell.

ICH Kennst du Maughams *Theatre?*

GROUCHO Ja. Maugham hatte recht. Leute im Showbusiness *sind* anders.

ICH Hast du immer schon gewußt, daß du ins Showbusiness wolltest?

GROUCHO Ja. Nein, eine kurze Zeitlang wollte ich mal Arzt werden. Als Kind wollte ich Arzt werden, wie Dr. Beltrofer. Er war unser Arzt, als wir in der 93. Straße wohnten. Aber ich hab's ziemlich früh gewußt und habe nichts anderes gewollt.

ICH Haben deine Freunde noch etwas gemeinsam, außer daß sie Schriftsteller oder im Showbusiness sind?

GROUCHO Sie sind alle verrückt.

ICH Ist das eine Grundvoraussetzung?

GROUCHO Und ob!

ICH Warum?

GROUCHO Weil ich halbverrückt bin.

ICH Welche Hälfte?

GROUCHO Die untere nicht mehr.

Groucho gab zu, daß er das Golf- und Kartenspielen oft nur als Vorwand dazu benutzt habe, interessante Gespräche zu führen. Harry Tugend erinnert sich, daß Grouchos Gesprächigkeit auf dem Golfplatz etwas verwirrend sein konnte:

»Wir haben öfter mit ihm Golf gespielt. Das haben nur wenige getan, weil er die Angewohnheit hatte, beim Ausholen, wenn man versuchte, den Ball wegzukriegen, immer weiterzureden. Aber seinen Spielstand wußte er nie, hat ihn auch nie gekümmert. Golf war nur ein Vorwand, sich ein bißchen Bewegung zu machen, obwohl er schon vierzig Jahre spielte. Ein bißchen Bewegung und reden.«

Aber Groucho hörte auch zu. Wenn sich seine Freunde vielleicht auch nicht über alles einig waren, was ihn anging, so bestätigten doch alle, daß er ein guter Zuhörer war. Er verwendete die Zeit, in der andere redeten, nicht dazu, seine nächste Bemerkung zu formulieren. Ein guter Zuhörer zu sein war ihm sehr wichtig, und er sagte mir oft, wie sehr ihn Leute ärgerten, die nicht zuhörten:

»Du bist eine gute Zuhörerin. Aber es gibt welche, die nie zuhören. Im Hillcrest Club saß mal ein Mann, der nicht im Showbusiness arbeitete, bei uns mit an dem runden Tisch beim Mittagessen, wo wir uns immer komische Geschichten erzählten. Einer erzählte einen Witz, und dieser Bursche guckte ziemlich traurig drein. Dann sagte jemand: ›So schlecht war der Witz auch nicht.‹ Und der Bursche sagte: ›Mir geht's heute miserabel. Der Arzt hat gesagt, meine Mutter liegt im Sterben.‹ Und am anderen Ende des Tisches ertönte eine Stimme: ›Das ist noch gar nichts. Hört euch mal den hier an.‹«

Groucho konnte die Zeit zwischen Mah-Jongg und Backgammon ohne weiteres damit totschlagen, daß er weder das eine noch das andere spielte. Groucho konnte die Spielleidenschaft seiner Familie nie teilen. »Ich habe mal hin und wieder Kreuzworträtsel gelöst«, erzählte er mir. Harry Tugend bemerkte: »Groucho interessierte beim Kartenspielen das Gespräch, während seine Brüder und selbst Sam und Minnie das Spiel richtig ernst nahmen.«

Bei einem Abendessen bei Groucho erzählten mir Arthur Sheekman und seine Frau Gloria, wie Groucho einmal *fast* Bridge spielen gelernt hätte. Sie hatten eine sehr steife und wohlanständige kleine alte Dame engagiert, die ihnen das Spiel beibringen sollte. Als Sheekman mal kurz den Tisch verließ, äußerte Groucho mit einem lasziven Seitenblick, einem verstohlenen Blick auf Gloria, die in der Küche war, und vielsagend hochgezogenen Augenbrauen: »Sheek lebt mit seiner Schwester zusammen, wissen Sie?« Die Bridgelehrerin empfahl sich eiligst, huschte zur Tür hinaus und kam nie wieder.

Viele seiner Freunde schätzten nicht nur seine Freundschaft, sondern sie spürten auch, daß ihnen Grouchos Gunst im großen wie im kleinen beruflich half. Bert Granet erinnerte sich, wie Groucho in *You Bet Your Life* ganz ohne sein Zutun für seinen Film Reklame machte — etwas Unbezahlbares:

»Ich saß da und nippte an meinem Kaffee, und plötzlich machte er mitten in *You Bet Your Life* eine Pause und sagte: ›Sie kennen doch

Bert Granet. Er ist mein Freund. Er hat gerade einen Film gemacht, einen sehr guten Film.‹ Ich habe meinen Kaffee verschüttet. Es war eine vollkommen freiwillig gemachte Bemerkung und wahnsinnig viel wert. Wenn ich ihn aber gebeten hätte, für den Film zu werben, hätte er es nicht getan.«

Er tat etwas ganz Ähnliches, als ihn Dick Cavetts Verleger um einen Klappentext für Cavetts Fernsehbuch bat. Groucho schrieb ihn mit einem Enthusiasmus, der bei ihm nur aufrichtig sein konnte. Als Groucho ihn um ein Foto bat, schickte ihm Dick Cavett eins, auf dem er vier Jahre alt war. Groucho hängte es sich sofort an die Wand.

Groucho war sich seiner Großzügigkeit und des Wertes dessen, was er gab, bewußt. »Aber«, so riet er mir, »erwarte nie Dankbarkeit.«

Es machte ihm Spaß, inoffizieller Talentsucher zu sein, so was wie ein unbezahlter Agent, der junge Neulinge im Showbusiness fördert, die dann oft seine Freunde wurden. Der junge Steve Allen war zum Beispiel jemand, für den Groucho herumlief und freiwillig Empfehlungen abgab. Er hatte großen Respekt vor dem Talent, und dieser Respekt bildete das Fundament vieler seiner Freundschaften, alter und neuer, von Jack Benny bis Woody Allen. Groucho war ein sehr talentierter Talentsucher. Lange ehe sie zu großen Stars wurden, hatte er Lucille Ball, Marilyn Monroe und Marvin Hamlisch entdeckt. Einer, dessen Begabung er — zumindest bei der ersten Begegnung — nicht erkannte, war Bud Cort, der mir erzählte, was passierte, als er das erste Mal an Grouchos Haustür klopfte:

»Ich hob meine Hand, um anzuklopfen, aber bevor ich klopfen konnte, machte Groucho die Tür auf. Er war ungeheuer überrascht, jemanden da stehen zu sehen, besonders jemanden, dem es nicht erlaubt war, sich auch nur ein Haar abschneiden zu lassen, und der einen Bart und einen Pferdeschwanz trug. Damals gehörte ich der Brotherhood of the Source an, ich habe in ihrem Restaurant gearbeitet und Grapefruits ausgepreßt. Groucho sah mich kurz an und knallte die Tür einfach wieder zu. Dabei war ich fast genauso erschrocken wie Groucho, als die Tür aufging, bevor ich geklopft hatte.

Ungefähr dreißig Sekunden später, als ich immer noch dastand, ging die Tür wieder auf, und diesmal stand Goddard Lieberson da. Er sagte: ›Groucho, es ist Bud Cort.‹ Und Groucho sagte: ›Ich dachte, es wär' Manson.‹ So habe ich Groucho kennengelernt.«

Groucho sah sich getreulich die Fernsehauftritte seiner Freunde an. Er war der Meinung, daß sich der Großteil des Showbusiness jetzt in »dem Kasten« abspielte. Normalerweise rief er sofort nach der Sendung den jeweiligen Freund an, um ihm zu sagen, was für einen Spaß ihm die Sendung gemacht habe, aber *nur,* wenn das der Fall war. Groucho, Erin und ich sahen uns Elliott Goulds Fernsehsendung *Out for Lunch* an. Sobald der Nachspann gelaufen war (den sich Groucho immer ansah), griff er zum Telefon. Er war ungeheuer gewissenhaft, was berufliche Anteilnahme anging, und war sich ohne falsche Bescheidenheit des Wertes bewußt, den seine Meinung für seine Freunde hatte. Elliott Gould erzählte mir später, wie sehr ihn jener Anruf von Groucho gefreut habe.

Manchmal mußte Groucho einem Freund gegenübertreten, dessen Arbeit ihm nicht gefallen hatte. Dieses Problem kennt jeder im Showbusiness. Er war seinen Freunden treu, setzte sich aber nur für das ein, was er wirklich mochte. Oft war seine Antwort: »Na ja, umwerfend fand ich's nicht«, dann wechselte er das Thema so geschickt und schnell wie nur möglich. In so einem Fall wäre folgender Ausspruch für Groucho typisch gewesen: »Das Stück wird ein Riesengeschäft. Das größte Riesengeschäft, das ich kenne, ist Macy's.«

Wenn er einen Film mochte, verteidigte er ihn auch gegen eine andersdenkende Mehrheit. Auf Billy Wilders *The Front Page* wurde recht gemischt reagiert, als er im Motion Picture Academy Theatre gezeigt wurde, aber Groucho fand ihn fabelhaft. Nachher ging er vor dem Kino herum und erzählte jedem, wie sehr ihm der Film gefallen habe, und wies alle negativen Urteile, auf die er stieß, zurück. »Es ist ein Vergnügen, zwei großartige Schauspieler in einer gut geschriebenen Story zu sehen. Sie sind beide großartige Schauspieler [Lemmon und Matthau]. Der Vorspann war wunderbar.« Alle drei, Jack Lemmon, Walter Matthau und Billy Wilder, waren mit Groucho befreundet, aber sein entschiedenes Eintreten für den Film hatte berufliche und nicht persönliche Gründe.

Sogar seinen Freunden bereitete Grouchos ungeschminkte Offenheit manchmal Unbehagen. Sie alle bekamen irgendwann einmal einen Vorgeschmack davon, wie es ihnen selber ergehen könnte. Harry Tugend erzählte, wie er einmal kurz nach dem zweiten Weltkrieg mit Groucho in einem japanischen Restaurant gegessen und Groucho eine Anspielung auf Pearl Harbour gemacht hatte, die

Tugend eher peinlich als amüsant fand. Groucho saß da und sah so unschuldig aus, wie es nur die Schuldigen tun.

Manchmal war jemand von einer der unüberlegten Groucho-Pointen gar nicht amüsiert. King Vidor erzählte mir: »Vor ein paar Wochen ging ich mit einem Freund in die Polo Lounge und sah Groucho. Ich sagte: ›Hallo Groucho, ich möchte dir einen Freund von mir vorstellen‹, und stellte ihm den Mann vor. Und Groucho sagte: ›Soll ich jetzt beeindruckt sein?‹ Das fand ich nicht gut.«

Freunde und Bekannte vom Showbusiness baten Groucho um seine Meinung und bereuten es manchmal. Nach der Vorbesichtigung von *Samson and Delilah* fragte ihn Cecil B. De Mille, was er von seinem neuesten Epos halte. »Ich glaube nicht, daß der Film ein Erfolg wird«, sagte Groucho ganz sachlich. Verblüfft fragte ihn De Mille, warum. »Der Hauptdarsteller [Victor Mature] hat größere Titten als die Hauptdarstellerin [Hedy Lamarr].« De Mille fragte Groucho nie wieder nach seiner Meinung.

Als Charlton Heston gerade mit einem Film über Michelangelo fertiggeworden war, begegnete er Groucho auf einer Party. Heston ließ sich darüber aus, wie teuer der Film gewesen sei, worauf Groucho sagte: »Man hätte eine Menge Geld sparen können, wenn du statt der Decke den Fußboden der Sixtinischen Kapelle ausgemalt hättest.« Heston fand den Witz nicht gerade zum Brüllen.

Groucho bereute keinen seiner Kommentare, die in falsche Kehlen gerieten. »Was geschehen ist, ist geschehen, und damit hat sich die Sache«, sagte er zu mir. Gelegentlich aber gab er zu, daß es ihm leid tat. Einmal erhielten Bert und Charlotte Granet aus dem Hillcrest Country Club einen großen Korb mit Obst, Pralinen, Spirituosen und folgendem Entschuldigungsbriefchen:

LIEBE GRANETS,
Entschuldigt. Ich bin aus der Rolle gefallen.

GROUCHO

Charlotte Granet erklärte mir, was passiert war:

»Wir hatten sechs Theaterkarten, Premierenkarten in der elften Reihe. Wir luden Groucho und Eden und ein anderes Paar ein. Es war ein richtiges Kunststück, so viele gute Karten für ein Stück zu bekommen, das alle sehen wollten. Das Theater war gerammelt voll

337

mit Prominenz. James Garner saß zum Beispiel fünf Reihen hinter uns. Jeder kannte jemanden, aber Karten zu bekommen, war trotzdem schwierig.

Groucho ärgerte es, daß er keinen Ehrenplatz in den ersten vier Reihen hatte. Er hörte nicht auf zu meckern. Eden war sauer, weil sie meinte, andere Leute könnten ihn hören. Nach dem ersten Akt sagte er, ihm gefalle das Stück nicht und er wolle gehen. Wir sagten: ›Wir haben euch eingeladen und hergefahren, also werden wir euch auch nach Hause fahren.‹ Aber begeistert waren wir nicht.

Das nächste Mal waren wir mit Groucho auf einer Party. Ich saß mit Groucho an einem der Bridgetische, die man zum Abendessen aufgestellt hatte, und wenn Groucho einen Fehler gemacht hat und weiß, daß er im Unrecht ist, kann er nicht aufhören, darüber zu reden. Er erzählte die ganze Zeit von dem Stück, und wie schlecht die Plätze waren, und daß er weder was hören noch sehen konnte. Er hörte nicht auf davon, und ich konnte einfach nicht essen. Ich stand auf, sagte zu ihm: ›Du hast schlechte Manieren‹ und wechselte den Tisch.

Am nächsten Tag kam der Korb mit dem Briefchen.«

Obwohl Groucho ein Mann von festen Überzeugungen und Ansichten war, lauschte er bereitwillig neuen und anderen Ideen und war gewillt, seine Meinung gegebenenfalls sogar zu ändern. Zum Glück nahmen die meisten Leute seine Witze nicht ernst, auch wenn sie es hätten tun sollen. Andererseits nahmen sie sie manchmal zu ernst.

Bert Granet erzählte mir von einem Abend, an dem Grouchos Humor wieder mal ins Auge ging:

»Wir gaben einen Dinnerparty, bei der das Essen von einem Party-Service kam. Ein attraktives schwarzes Mädchen, das bediente, hielt Groucho die Puterplatte hin und fragte: ›Weißes oder dunkles Fleisch?‹, worauf Groucho sie ansah und sagte: ›Ich nehme das dunkle. Ich nehme *Sie*.« Das Mädchen schnappte ein und verließ den Raum mitten beim Servieren.

Es war eben ein Witz, der nicht hinhaute, was bedauerlich war, weil sich niemand weniger um die Hautfarbe schert als Groucho.«

Wie ich während meines Aufenthalts in seinem Haus feststellte, erwartete Groucho von seinen Gästen, daß sie sich bei ihm wie zu Hause fühlten, genauso wie er das bei anderen tat. Bert Granet beschrieb, wie es war, wenn Groucho zum Essen kam:

»Jedesmal, wenn wir Groucho in den Jahren einluden, als *You Bet Your Life* lief, tat er sofort ganz wie zu Hause. Er setzte sich ans Kopfende des Tisches und sagte: ›Ich sitze hier oben, weil ich der Älteste bin.‹«

»Ein Abendessen bei Groucho war wie eine Wundertüte«, sagte mir Sidney Sheldon. »Man wußte nie, wem man dort begegnen würde.« Was Bert Granet bestätigte:

»Bei Groucho trifft man fast immer interessante Leute, und er mixt auch die Leute auf interessante Art und Weise. Einmal waren Wilt Chamberlain, der Basketball-Star, und Edward G. Robinson zum Abendessen da. Eddi reichte Wilt bis zum Nabel.«

Norman Krasna war entzückt, eines Abends Artur Rubinstein bei Groucho vorzufinden. Oder man konnte Spencer Tracy begegnen, Humphrey Bogart, Ring Lardner, George Gershwin, Joseph von Sternberg, Eddie Cantor, Robert Benchley, W. C. Fields, Fanny Brice, Mischa Dichter, Cary Grant, Dinah Shore, Gregory Peck, Mae West, S. J. Perelman, Mike Nichols oder Jack Nicholson. Groucho lud nicht nur Prominente oder interessante Leute ein, sondern hatte auch ein Auge für ungewöhnliche Zusammenstellungen und vermied es, eine Party nur aus Paaren oder allzu ähnlichen Leuten zusammenzusetzen.

Prominente zieht es zu anderen Prominenten. Grouchos Stellung im Prominentenpantheon ermöglichte es ihm, Menschen zu sich einzuladen, die er nicht persönlich kannte, aber gerne kennenlernen wollte. Meist waren sie über seine Einladung erfreut und nahmen sie an. Oft kamen sie auch auf ihn zu. Gemeinsame Freunde brachten Groucho mit Prominenten zusammen, denen er sonst wahrscheinlich nicht begegnet wäre, wie Alice Cooper, Elton John und Dr. Jonas Salk.

Zu denen, die Groucho gern kennengelernt hätte, gehörten Hank Aaron, Henry Kissinger, Golda Meir und Lee Strasberg. Auch Einstein hätte er gern gekannt. Einer, den er ebenfalls kennenlernen wollte, war der Boxer George Foreman. Kurz nach dem Weltmeisterschaftskampf zwischen Foreman und Frazier stand ich mit Groucho im Foyer des Beverly Hills Hotel, als wir Foreman aus dem Loggia-Restaurant herauskommen sahen. Ich ging zu ihm hin und sagte ihm, daß ich mit Groucho Marx da wäre, der ein Fan von ihm sei. Groucho und ich hatten gerade seinen Sieg über Frazier bei Hugh

Hefner im Kabelfernsehen gesehen. Foreman war eine imposante Gestalt, und er und Groucho gaben nebeneinander ein eindrucksvolles Bild ab.

Als ich Foreman wieder begegnete – auf der Fifth Avenue, er kaufte gerade bei Gucci ein – erinnerte er sich an unsere kurze Begegnung und sagte, »Hi, Beverly Hills! Wie geht's Groucho? Der ist in Ordnung!«

Er sagte mir, Groucho habe sich seit jener Begegnung in Beverly Hills regelmäßig bei ihm gemeldet:

»Wissen Sie, seit dem Tag, an dem ich ihn und Sie kennengelernt habe, hat er mich oft angerufen und mir vor jedem Kampf alles Gute gewünscht. Das hat mir sehr viel bedeutet. Echt, der ist in Ordnung. Groucho, der ist echte Klasse!«

Jennifer Bogart Gould, die damals Elliotts Frau war, erzählte mir von ihrer ersten Begegnung mit Groucho:

»Es war auf einer riesigen Party, und ich kannte niemanden. Ich lernte Groucho kennen, und er schien mich sofort zu mögen und bot sich an, mich rumzuführen und allen Leuten vorzustellen. Es war eine typische Hollywood-Party in Beverly Hills. Groucho führte mich zum ersten Paar rüber und sagte: ›Darf ich Ihnen Mr. und Mrs. Smith vorstellen?‹ Und zum nächsten, und er sagte: ›Darf ich Sie mit Mr. und Mrs. Smith bekanntmachen?‹ Und so weiter. Für Groucho waren sie alle ›Mr. und Mrs. Smith‹.«

Wenn Gäste da waren, wurden sie aufgefordert, etwas zum Besten zu geben, falls sie Lust dazu hätten. Oft taten sie das, aber niemand mußte sich dazu gezwungen fühlen. Denn wenn Liza Minnelli sang, Fred Astaire tanzte oder George Jessel Geschichten erzählte, wurde das gewissermaßen als Profi-Auftritt anerkannt.

Viele von Grouchos Freunden waren geographisch weit von ihm entfernt. Sie lebten über den ganzen Erdball verstreut und reisten beruflich viel, aber Groucho hielt über die Jahre hinweg eine enorme Korrespondenz mit ihnen aufrecht. Er war stolz auf sein Buch *The Groucho Letters,* eine Auswahl aus dieser Korrespondenz. Darunter befanden sich unter anderem Briefe von George S. Kaufman, Fred Allen, T. S. Eliot und seinem Enkel Andy, der ihm aus einem Feriencamp schrieb.

Groucho hatte große Freude an den Briefen, die er weiterhin von E. B. White und Irving Berlin erhielt, auch an einem, den ihm die Nichte seiner früheren Nachbarin aus der 93. Straße, Marie Wagner, schrieb. Die Wagners hatten 93. Straße Nr. 172 gewohnt, gegenüber von den Marxens. Sie schrieb: »Meine Großmutter Wagner hat wunderbar gekocht, und die Marx Brothers kriegten viele Süßigkeiten aus ihrer Küche.« Ihre Tante, die Tennismeisterin Marie Wagner, an die sich Groucho gut erinnern konnte, war damals noch am Leben und über neunzig.

Ich erwähnte Groucho gegenüber, man könne genausogut nach den Briefen beurteilt werden, die man erhält, wie nach denen, die man schreibt – vielleicht noch besser nach den Briefen, die man erhält. »Oder nach den Rechnungen, die man erhält«, fügte Groucho hinzu.

»Ich schreibe heute nicht mehr so viele Briefe, weil so viele von den Leuten, mit denen ich korrespondierte, tot sind«, erzählte er mir traurig. Mit zunehmenden Alter wurde die Liste seiner alten Freunde immer kürzer. Es war der Preis dafür, so lange gelebt zu haben. »Ich vermisse so viele Leute«, sagte er zu Nunnally Johnson.

Obwohl Charlie Chaplin einer von Grouchos ältesten Freunden war, sahen sie sich, nachdem Chaplin von Kalifornien nach Europa umgezogen war, nur noch kurz. Als ich in die Schweiz fuhr, gab mir Groucho ein Exemplar der *Groucho Letters* für Chaplin in Vevey mit. Er hatte hineingeschrieben: »Lieber Charlie, ich kannte dich mal.«

Groucho sprach gern von seinen Freunden, aber er klatschte nie. Er betonte immer das, was sie beruflich taten. Für ihn war eine der grundlegenden Fragen: »Hast du Arbeit?«, weniger: »Wie geht's dir?« Das »Hast du Arbeit?« bezog sich ausschließlich auf das Showbusiness. Jedesmal, wenn er einen alten Freund besuchte, der krank war und bei dem wenig Hoffnung auf Genesung bestand, sagte Groucho traurig-resigniert: »Er wird nie wieder arbeiten.«

Groucho mischte sich nie in fremde Angelegenheiten ein. »›Leben und leben lassen‹ lautete seine Devise«, meinte sein Enkel Andy. Als ich in seinem Haus wohnte, fiel mir auf, daß er persönliche oder intime Fragen mied und die Privatsphäre anderer respektierte. Wenn Groucho über irgend etwas erschüttert war, hängte er seinen Kummer oder seine Niedergeschlagenheit niemals an die große Glocke. Als er hörte, daß Jack Benny gestorben sei, verbrachte Groucho den Rest des Nachmittages viel stiller als gewöhnlich; er saß in seinem Schlafzimmer und las. Andy erinnerte sich, daß Groucho auf traurige Nachrichten von seinen Freunden immer so reagierte. »Er ging einfach in sein Zimmer und machte die Tür zu.«

Das Gespräch bei Groucho war nicht immer unbeschwert, aber wenn mal ein wichtigeres Thema angeschnitten wurde, beendete er das Gespräch normalerweise mit einem für ihn typischen, humorvollen Einwurf:

ERIN Findest du nicht, daß eine Frau das Recht hat, in einer Ehe Treue zu erwarten?

GROUCHO Doch.

ERIN Was sollte eine Frau sonst noch in einer Ehe erwarten?

GROUCHO Untreue.

Da so viele seiner Freunde Prominente im Showbusiness waren, war es unentbehrlich, wechselnde oder sich turnusmäßig abwechselnde Freunde zu haben. Leute, die in Hollywood Filme machen, müssen im Morgengrauen aufsein, und nach einem anstrengenden Arbeitstag und noch anstrengenderem Warten sind nur die Super-Energiegeladenen in der Lage, noch was anderes zu tun, als sofort ins Bett zu fallen. Während sie also an einem Film arbeiten, ist abends nicht mit ihnen zu rechnen. Oder es arbeiteten auch viele seiner Freunde an New Yorker Bühnen oder im Ausland. Damit er das Interesse an seinen Gästen und seine Gäste das Interesse aneinander nicht verloren, versuchte Groucho bewußt, sie nur in gewissen Abständen einzuladen. Auch von seinen besten Freunden pflegte er zu sagen: »Sie waren eben erst da.«

Groucho Marxens Wert als Superprominenter war etwas, dessen Groucho sich durchaus bewußt war.

ICH Du wirst oft von Leuten ausgenutzt, ja ausgebeutet. Du brauchst bei einer Party nur zu erscheinen, und sie ist ein Erfolg. Die Leute sagen:

»Wir waren auf einer Party, und Groucho Marx war auch da.« Die Gastgeber bekommen Zusagen von anderen Prominenten, nur weil du da sein wirst. Mit dir gesehen zu werden, ist eine Art Statussymbol, und sogar für deine Freunde bist du sozusagen der Vorzeigeprominente. Stimmt das, was ich sage?

GROUCHO Doch doch.

ICH Macht es dir was aus, von guten Freunden, Bekannten und sogar von Wildfremden so ausgenützt zu werden?

GROUCHO Nein. Ich überlege mir, wie es wäre, wenn es andersrum wäre.

Groucho teilte alle seine Freunde mit mir. In seinem langen Leben erfreute er sich vieler wertvoller und treuer Freunde, und durch ihn wurden einige von ihnen die meinen.

Jeder Interviewer, egal wie unaufdringlich er auch ist, beeinflußt das Interview. Seine Persönlichkeit wirkt auf das ein, was der Interviewte sagt, und darauf, wie er es sagt; sie ruft Antworten hervor, die nur bestimmte Aspekte des Interviewten zum Vorschein kommen lassen. Hat man mehrere Menschen, mit denen man spricht, dann kann man auf verschiedene Art und Weise mit ihnen reden. Im Gespräch mit seinen Freunden zeigte sich der private Groucho wie auch der allseits bekannte Star von allen seinen Seiten.

Es war wichtig, ihn nicht nur *mit* seinen Freunden zu erleben, sondern auch *durch ihre Augen* das Bild zu sehen, das seine Freunde von ihm hatten. Durch die Bekanntschaft anderer Menschen lernen wir uns selber kennen. Für jeden Menschen, den wir kennen, stellen wir etwas anderes dar.

SIDNEY SHELDON

Sidney Sheldon und Groucho haben jahrelang gemeinsam ihren Humor auf die Menschheit losgelassen. Der Romancier Sheldon — er schrieb *The Naked Face, The Other Side of Midnight* und *The Stranger in the Mirror* — konnte mit fünfundzwanzig drei Broadway-Erfolge gleichzeitig verzeichnen. In Hollywood schrieb er das mit einem Oscar ausgezeichnete Drehbuch für *The Bachelor and the Bobby-Soxer,* für *Easter Parade* und *Annie Get Your Gun* bekam er jeweils den Preis der Screen Writers Guild für das beste Musical des Jahres. Mit dem Broadway-Musical *Redhead* gewann er einen Tony. Er hat Drehbücher für fünfundzwanzig große Kinoproduktionen und über zweihundert Fernseh-Drehbücher geschrieben. Zu der lange erfolgreichen Fernsehserie *I Dream of Jeannie* hatte er nicht nur die Idee, sondern schrieb auch jede Folge selbst.

Obwohl sich *Jeannie* sofort als Publikumsliebling erwies, waren die Kritiker darüber geteilter Meinung. Cleveland Amory meinte im *TV Guide,* die Idee sei entsetzlich, die Schauspieler seien entsetzlich, die Produktion sei entsetzlich, die Regie sei entsetzlich, und das Konzept sei entsetzlich. Sidney Sheldon litt einige Tage still vor sich hin, dann schrieb er an Cleveland Amory:

»Ich habe Ihre Kritik gelesen, und wenn es eines gibt, was ich nicht mag, ist es, wenn einer um den heißen Brei herumredet. Hätten Sie nicht einfach schreiben können, ob's Ihnen gefallen hat oder nicht?«

Sidney Sheldon wartete vergebens auf eine Antwort. Aber zum Jahresende widmete Amory einen ganzen Artikel dem komischsten Brief des Jahres, dem von Sidney Sheldon.

Zwar hatte sich Sheldon von Grouchos ätzendem Humor nie einschüchtern lassen, seine Frau Jorja dagegen schon. Sidney Sheldon erzählte mir, wie die Entspannung zwischen Jorja und Groucho zustande kam:

»Ich kann mich noch an die gemeinsamen Besuche bei Groucho erinnern, ehe ich mit Jorja verheiratet war. Sie hatte irrsinnige Angst vor ihm! Er war immer sehr nett zu ihr, aber sie hatte Angst, sie würde seinen bissigen Humor zu spüren kriegen und damit nicht fertig werden. Also flehte sie mich an, sie nie mit ihm alleine zu lassen. Er fragte sie zum Beispiel: ›Wann werden Sie denn schwanger?‹, was sie vollkommen umhaute, denn wir waren noch nicht verheiratet. Sie wußte nicht, wie sie darauf reagieren sollte.

Nach unserer Hochzeit waren die ersten Gäste, die wir zum Abendessen einluden, Groucho und Eden. Es war Samstag, und ich spielte Rommé und war entweder am Gewinnen oder am Verlieren, jedenfalls kam ich sehr spät nach Hause. Ich kam nach sieben Uhr nach Hause. Später erfuhr ich, daß Jorja die Türklingel gehört und gemeint hatte, ich hätte meinen Schlüssel vergessen. Sie machte die Tür auf und stand Groucho und Eden gegenüber. Jorja brach in Panik aus, weil sie das Gefühl hatte, ich sei nicht da, um sie zu beschützen.

Nun hatte Jorja vor unserer Ehe, glaube ich, noch nie einen Drink zu sich genommen, geschweige denn einen *gemixt.* Sie wußte nicht, wie man einen Drink mixt. Als Groucho dann sagte, er hätte gern einen Scotch mit Wasser, ging sie zur Bar, machte das Glas mit Scotch voll und goß ein kleines bißchen Wasser dazu. *Das* brachte das Eis zum Schmelzen. Als ich heimkam, amüsierten sie sich alle königlich.«

Sidney Sheldon sah ein, daß Jorjas anfängliches Mißtrauen schon seinen Grund hatte:

»Wie die meisten Komiker hat Groucho zwei Seiten: er kann sehr grausam und er kann sehr liebenswürdig sein. Ich weiß noch, wie wir einmal die Straße langgingen und ein Mann auf ihn zutrat und sagte: ›Groucho, erinnern Sie sich an mich?‹ Auf diese Frage gibt es ja eine Menge Antworten. Grouchos lautete folgendermaßen: ›Haben Sie in Ihrem Leben irgendwas gemacht, weswegen ich mich an Sie erinnern sollte?‹ Der Mann fand das nicht komisch, und ich sagte Groucho, ich hielte ein solches Benehmen für unnötig.

Vor Jahren sind wir öfters in einen Laden in der Fairfax Avenue gegangen, der sich Billy Grey's Bandbox nannte. Das war Joel Greys Vater. Wir wollten uns *The Fairfax Lady* ansehen. So hieß die Show des Komikers, der damals dort auftrat. Man gab uns einen Tisch direkt vor der Bühne, weil Groucho da war. Wir saßen direkt vor dem Komiker. Er trat auf und spielte so, als wäre nur Groucho da. Während der ganzen Show hat Groucho, glaube ich, kein einziges Mal gelächelt, geschweige denn gelacht. Das war Jorja so peinlich, daß sie die ganze Zeit schallend lachte, um Grouchos Schweigen wettzumachen; und sie hat die Witze nicht mal verstanden, weil sie größtenteils ziemlich ethnisch waren.

Im Gegensatz zu anderen Komikern kann er jedoch Kollegen gegenüber sehr großzügig sein, was die meisten Komiker *nicht* sind. Ich weiß noch, wie Groucho mir von Jackie Gleason erzählte, als er in *The Honeymooners* auftrat. Groucho fand die Show fabelhaft, und ich fand sie nicht so toll. Er sagte: ›Schau sie dir eben nochmal an.‹ Das tat ich, und so allmählich gefiel sie mir auch.

Dann erinnere ich mich auch, wie er von Shecky Greene meinte, der sei ein begabter Komiker. Ich hatte Shecky Greene noch nie gesehen. Grouchos Begeisterung brachte mich dazu, ihn mir bei meinem nächsten Besuch in Las Vegas anzusehen.

Von Woody Allen war er wirklich sehr begeistert. Und erst vor ein paar Tagen sagte er, er fände Buddy Hackett großartig, den er neulich kennengelernt hat. Wie gesagt, er ist sehr großzügig, was die Begabung anderer Komiker angeht. Bei einem Komiker ist das ein sehr ungewöhnlicher Zug.

Ich glaube, Groucho ist stolzer darauf, Schriftsteller zu sein, als Komiker. Die meisten Komiker sind literarisch nicht so gebildet, nicht so belesen. Groucho ist außerordentlich belesen. Er hat ungefähr ein halbes Dutzend Bücher geschrieben. Er ist Mitglied der Screen Writers Guild of America. Einmal habe ich für die Guild eine Show produziert, in der Groucho auftrat, und seitdem hat er oft dort mitgewirkt. Das letzte Mal bereitete ihm das Publikum stehend Ovationen.

Die meisten seiner Freunde sind tot, und ich glaube, er fühlt sich mir ebenso verbunden wie ich ihm. Groucho ist seinen alten Freunden, denen, die noch am Leben sind, sehr treu geblieben. Arthur Sheekman und Nunnally Johnson besucht er oft. Im Grunde hat er die meisten seiner Zeitgenossen überlebt. Jack Bennys Tod hat ihn sehr mitgenommen. Bis vor ungefähr einem Jahr hat Groucho nie darüber gesprochen. Er hat gesagt, er gehe nie auf Beerdigungen. Auf Bennys Beerdigung ist er gewesen, und jetzt spricht er sogar schon davon. Er scheint seine Abneigung überwunden zu haben.

Vor ein paar Tagen sagte er: ›Wenn ich hilflos bin und es mir wirklich dreckig geht, will ich nicht, daß sie mich am Leben erhalten. Dann will ich gehen.‹ So hat er noch nie geredet.

Ein weiterer interessanter Aspekt seines Charakters – wieder sehr ungewöhnlich für einen Komiker – ist die Freude, die er an den Erfolgen seiner Freunde hat. Wenn ich Erfolg mit einem Film, Stück oder Buch hatte, erzählte er mir immer, wie glücklich er darüber sei, und er sprach auch mit anderen Leuten darüber und freute sich wirklich. Das ist ein sehr seltener Charakterzug bei einem Komiker.

Groucho ist sich der Tatsache sehr wohl bewußt, daß er eine lebende Legende ist. Er spricht von all den Marx-Brothers-Festivals, die auf der ganzen Welt stattfinden. Einmal kam er zu einer Party zu uns und trug den Orden der französischen Ehrenlegion. Er hatte einen Frack an, obwohl die Party nicht formell war, also sprach ich ihn darauf an. Ich weiß nicht, ob es ihm ernst war oder nicht, jedenfalls sagte er, den Orden dürfe man nur zum Frack tragen. Also hatte er sich der Mühe unterzogen, einen Frack anzulegen.

Es gibt noch eine andere Geschichte über Groucho und Kleidung. Wir wollten zu viert zum Abendessen. Es stellte sich heraus, daß Jorja und Eden nicht konnten. Ich rief Groucho an und sagte, daß wir nur zu zweit sein würden, und er fragte: ›Wohin gehen wir?‹ Ich sagte: ›Ich weiß nicht. Irgendwohin, wo's nett ist.‹ Er sagte: ›Was soll ich anziehen?‹, und ich sagte: ›Zieh dich nett an, ich will mich nicht mit dir blamieren.‹

Ich holte ihn zu Hause ab. Er machte die Tür auf und hatte Edens Rock und Bluse an, Ohrringe, einen kleinen Kapotthut, Schuhe mit hohen Absätzen und rauchte eine Zigarette. Er sagte: ›Kommst du auf einen Drink rein?‹, und ich sagte: ›Klar.‹ Wir gingen ins Wohnzimmer und nippten an unseren Drinks, als es an der Tür schellte. Groucho ging aufmachen.

Was er vergessen hatte, war, daß sich ein paar Leute vom Fernsehen bei ihm angemeldet hatten, die sich mit ihm über eine neue Show unterhalten wollten. Jedenfalls kamen Bill Dozier und zwei andere Männer herein, und ich beobachtete ihre Gesichter. Keiner reagierte darauf, wie Groucho angezogen war! Kein Wort wurde gesagt. *Er* hat nichts gesagt. Sie haben sich ungefähr eineinhalb Stunden geschäftlich unterhalten, dann sind sie gegangen. Groucho brachte sie zur Tür, dann sagte er: ›Ich zieh mich jetzt um.‹ Er zog sich um, und wir gingen essen. Und über die Episode fiel kein einziges Wort mehr.

Ein paar Jahre später traf ich Bill Dozier und sagte: ›Bill, was hast du eigentlich damals gedacht, als du zu Groucho kamst und er Frauenkleider anhatte?‹ Er sagte: ›Eigentlich habe ich mir gar nichts dabei gedacht. Wenn es jemand anderer als Groucho gewesen wäre, dann wäre es mir ziemlich suspekt vorgekommen.‹

Groucho geht mit seinem Geld sehr vorsichtig um, was an der prekären Finanzlage seiner frühen Jahre liegen mag. Er ist nicht gerade als Verschwender bekannt, aber als ich mal nach New York fuhr und im Plaza wohnen wollte, rief er den Hoteldirektor an, mit dem er befreundet ist, und ich bekam eine wunderschöne Suite zum halben Preis. Ich weiß noch, daß ich sehr überrascht darüber war, daß Groucho ein Ferngespräch für mich führte.

Vor einigen Jahren sprach ich mit Groucho über eine geplante Serie, und er sagte, er wolle keine Serie mehr machen. Ich produzierte damals bei Screen Gems und erzählte ihm von einer Idee von mir, die ihm gefiel, und zwar von einem Showmaster, der ein ziemliches Scheusal sein sollte, gar nicht liebenswert, der die ganze Zeit die Leute anblödelt und ihnen das Leben schwer macht, und Groucho war begeistert. Ich sprach mit Screen Gems, und sie waren alle einverstanden. Ich schrieb ein Probescript, und es wurde angenommen. Um die Zeit starb einer von Grouchos Brüdern, und bei Screen Gems wurden sie nervös. Irgendwer sagte: ›Moment mal... vielleicht ist Groucho zu alt, um die Serie zu machen.‹ Ich habe versucht, ihnen gut zuzureden, aber es half nichts. Also mußte ich Groucho sagen, daß die Serie abgeblasen sei, und er sagte: ›Warum? Fanden sie mich zu alt?‹ Ich sagte: ›Nein, natürlich nicht‹, aber er fing immer wieder davon an und war sehr gekränkt, daß sie die Serie doch nicht machten. Ich finde, Screen Gems haben da einen Fehler gemacht, weil die Serie ein Riesenerfolg gewesen wäre. Es wäre wunderbar für sie gewesen und wunderbar für Groucho.

Ein Beispiel dafür, daß Groucho sich nie auf seinen Lorbeeren ausruhte: Eines Abends aßen wir bei mir zu Abend, und jemand machte den Vorschlag, Groucho sollte sich einen drei- oder vierwöchigen Urlaub gönnen, und jemand anderen *You Bet Your Life* machen lassen. Und Groucho sagte: ›Nein, kommt nicht in Frage.‹ Ich sagte: ›Klingt doch aber großartig.‹ ›Nein, wirklich nicht. Was ist, wenn mein Stellvertreter dann so gut ist, daß sie mich nicht mehr zurückhaben wollen?‹

Zu der Zeit liefen Shows wie *The $ 64 000 Question,* eine Menge Shows, bei denen man viel Geld gewinnen konnte; und das höchste, was man bei Groucho gewinnen konnte, waren $ 64. So lag es auf der Hand, daß sich die Leute die Show nicht wegen der Preise ansahen, sondern wegen Groucho. Und trotzdem hatte er Angst, man würde ihn ersetzen, wenn er ein paar Wochen nicht da wäre.

Mit zunehmendem Alter und nach seiner Scheidung von Eden wurde Groucho, glaube ich, sehr einsam. Ich machte ihn mit einem attraktiven Mädchen bekannt, sie war Schriftstellerin und Schauspielerin, ein sehr kluges Köpfchen, und er mochte sie ganz gern. Sie kam zu mir und sagte: ›Ich weiß nicht, was ich tun soll, Groucho will, daß ich bei ihm einziehe und mit ihm auf Reisen gehe.‹ Und dann: ›Weißt du, ich kann dem doch nicht mein ganzes Leben widmen.‹ Ich glaube nicht, daß es ihm um Sex ging, er wollte einfach nicht allein sein. Es gab immer irgendwelche Mädchen um ihn rum. Als dann Erin kam, war das genau, was er brauchte.

Ich glaube, die meisten Leute haben irgendwelche Aggressionen, aber die Gesellschaft hat uns beigebracht, den Mund zu halten, wenn wir jemanden nicht mögen, oder wenn jemand was tut, was wir nicht mögen. Wir sagen unsere Meinung nicht und sind nicht ehrlich. Egal, was er für Gründe hatte, jedenfalls fing Groucho schon sehr früh an, das zu sagen, was ihm am Herzen lag. Und darauf hat er seine ganze Karriere aufgebaut. Deswegen haben ihn die Leute nicht ernstgenommen. Sie haben sich von ihm Beleidigungen gefallen lassen, die jedem anderen eine Tracht Prügel eingebracht hätten.

Er sagte sehr wichtigen Leuten die entsetzlichsten Dinge ins Gesicht. Dazu gehört schon eine gewisse Mentalität. Ich würde fast sagen: eine gewisse Sicherheit, aber alles in allem ist es das, glaube ich, doch nicht. Irgendwas in ihm drin erlaubt ihm, Leuten diese entsetzlichen Sachen zu sagen, und die Leute meinen eben, er macht Witze. Aber in Wahrheit meint er jedes Wort so wie er's sagt. Allerdings ist er im Lauf der Jahre sanfter geworden. Er beleidigt Leute nicht, die er mag.«

Jorja Sheldon fügte hinzu:

»Manchmal sehe ich ihn an, wenn er bei uns am späten Vormittag vorbeischaut und lächelt, und ich weiß genau, wie er mit fünf Jahren ausgesehen hat, als seine Tante kam und sagte: ›Was für schöne Augen du hast, Julius.‹ Nein wirklich, wenn Groucho morgens reinkommt und lächelt, sehe ich diesen fünf Jahre alten Jungen und freue mich, daß ich ihn kenne.«

Eines Sonntags, als Groucho, Erin, Marty Allen, seine Frau »Frenchy« und ich bei den Sheldons zum Brunch eingeladen waren, tauschten Sidney Sheldon und Groucho Erinnerungen über die Anfänge ihrer Freundschaft aus:

GROUCHO Wo bin ich dir das erste Mal begegnet? Bei MGM?

SIDNEY SHELDON Nein, im Puff. Nein, Grouch, wir haben uns bei den Granets kennengelernt.

ERIN Hat dich Groucho sofort gemocht?

SIDNEY SHELDON Das weiß ich nicht. Ich glaube, wir haben uns über dieses und jenes unterhalten. Ich war bei MGM unter Vertrag, als Produzent und Autor. Das war die Zeit, als ich *Easter Parade* und *Annie Get Your Gun* machte. Ich habe ihm meine Visitenkarte gegeben.

GROUCHO Die ich sofort vernichtet habe.

SIDNEY SHELDON Ja, er hat mir sofort gefallen. Seitdem haben wir Groucho zu jeder Thanksgiving-Party zu Gast gehabt. Wir hatten ein Haus, das um einiges größer war als das hier, und zu Thanksgiving hatten wir immer achtzig bis hundert Leute zum Essen da. Das war Tradition. Groucho kam jedesmal und sagte: »Ich mag keinen Truthahn!« Dieser Ausbund an Höflichkeit!

JORJA SHELDON Ach ja, und Groucho wollte jedesmal was anderes als Drink. Einmal will er Bushmill, also sage ich: »Okay, ich muß 'ne Flasche Bushmill...

GROUCHO Jetzt ist es Irish Whiskey.

JORJA SHELDON ...für Groucho besorgen.« Und die Flasche steht da. Groucho kommt rein, und ich sage: »Bushmill, nicht wahr?« »Nein. Habt ihr keinen Campari? Hat doch jeder.« Natürlich hatte ich keinen Campari. Also habe ich welchen besorgt. Wir haben mindestens fünfzehn verschiedene Flaschen dastehen, aus denen bloß ein Drink fehlt.

SIDNEY SHELDON Er wollte jedesmal was anderes.

JORJA SHELDON Und dann hat er mir Vorwürfe gemacht, weil ich irgendwas Ausgefallenes, was er wollte, nicht hatte.

GROUCHO Jetzt trinke ich gar nichts mehr.

SIDNEY SHELDON Aber du machst ihr immer noch Vorwürfe. Wie erklärst du dir das?

GROUCHO Ich habe ja schließlich das Recht dazu.

SIDNEY SHELDON Wir fuhren einmal von einem Restaurant nach Hause, und eine Polizeistreife hielt mich an. Ich saß am Steuer. Ehe ich irgendwas sagen konnte, lehnte sich Groucho zum Fenster raus und sagte: »Sie haben absolut recht, Herr Wachtmeister. Der Mann gehört hinter Gitter.« Dabei bin ich nur mit Fernlicht gefahren, weil das andere nicht ging. Aber als sich Groucho noch einmischte, wäre ich fast verhaftet worden.

GROUCHO Ich bin einmal von einem Polypen auf einem Motorrad angehalten worden. Er kam zu mir ans Wagenfenster und sagte: »Zeigen Sie mir mal Ihren Führerschein.« Ich habe ihm schnell eine Zigarre in die Hand gedrückt. Er meinte: »Sie wissen doch, daß Sie sich auf dem Wilshire Boulevard falsch eingeordnet haben?« Ich sagte: »Tut mir leid, aber sowas kann ja mal vorkommen.« Dann sagte er: »Ich hätte mal eine Frage: Warum laufen im Fernsehen so wenige Laurel and Hardy-Filme?«

MARTY ALLEN Ich habe mal deinen Bruder Chico kennengelernt. Chico war im Sands Hotel, und ich war mit Nat Cole da. Ich führte dort eine Pantomime vor. Nach der Show stand ich mit Nat zusammen, und da kam Chico vorbei. Ich wußte gar nicht, daß er im Publikum war. Er ergriff meine Hand und sagte: »Meinem Bruder Harpo hätte Ihre Pantomime sehr gefallen.« Als er das zu mir sagte, schwebte ich schier in den Wolken. Nat Cole sagte: »Was ist denn los?« Ich erzählte ihm, was los war, und er sagte: »Okay, willst du als letzter auftreten?« Ich sagte: »Ist wohl besser so, ich bin ganz aus dem Häuschen!«

GROUCHO Du bist ein komischer Mann, trotz all dem Haar. *(Zu Marty Allens Frau)* Mein Vater hieß auch Frenchie. Aber er war nicht so hübsch wie Sie. *(Man steht auf, um sich zu verabschieden)* Kann ich eins von diesen Eiern meiner Köchin mitbringen?

SIDNEY SHELDON Es ist hartgekocht. Es ist ein Osterei.

GROUCHO Also, wenn du mir so kommst, laß ich's da. Brauch ich deine Eier?

MAX GORDON

In seinem Buch *Max Gordon Presents* schrieb Max Gordon unter das Bild von Groucho mit dem Schminkeschnurrbart: »Diesen Mann braucht man niemandem vorzustellen. Er war damals genauso verrückt wie heute, und er ist immer einer meiner besten Freunde gewesen.« Auf das Foto hatte Groucho geschrieben: »Für Max Salpeter. In Liebe, Dr. Hackenbush.«

Max Salpeter, später als Max Gordon bekannt, war der Produzent, der Stücke wie z.B. *Three's a Crowd, The Band Wagon, The Cat and the Fiddle, Design for Living, Roberta, The Shining Hour, Dodsworth, The Great Waltz, Ethan Frome, The Women, My Sister Eileen, Junior Miss, The Late George Apley, Born Yesterday* und *The Sold Gold Cadillac* an den Broadway brachte. Ich sprach mit ihm in seiner New Yorker Wohnung, wo er mich an seinen Erinnerungen teilhaben ließ.

MAX GORDON Ich bin den Jungs das erstemal ungefähr 1920 begegnet. Damals kamen sie gerade mit einer Show ins Casino Theatre, die in Philadelphia Premiere gehabt hatte. Wie Sie sicher wissen, waren sie ein Riesenerfolg, und wir haben uns sehr gut verstanden. Jedesmal, wenn Harpo Marx nach New York kam, rief er mich als erstes an, aß mit uns zu Abend, und wir nahmen ihn dann zu irgendeiner Show mit oder zu sonst was, worauf er gerade Lust hatte. Als ich einmal einen Kollaps hatte und im Bett lag, kam Harpo mich besuchen, und als er ging, warf er mir tausend Dollar aufs Bett. Am nächsten Tag rief mich

Groucho an und sagte: »Hoffentlich ist dir klar, daß fünfzig Prozent von mir sind.« Sie sehen, es war ein sehr herzliches Verhältnis.

Dann sagte, glaube ich, Groucho zu mir: »Wie wär's, wenn du uns bei *Duck Soup* helfen würdest? Sprich mit Lasky. Er kann dir kein Geld geben, aber sprich mit ihm und sieh mal zu.« Also bin ich zu Lasky gegangen. Natürlich waren sie damals pleite — das war 1932, 1933, als es allen sehr mies ging —, und Lasky gab mir einen Vertrag über $ 250 die Woche, und sobald sie ihr Geld mit dem Film wieder drin hätten, sollte ich zusätzlich $ 10000 bekommen. Dann vergingen ungefähr fünfzehn Jahre, eines Tages rief mich Gummo Marx an und erinnerte mich an die Sache. Die hatte ich natürlich schon total vergessen. Und ich bekam noch die $ 10000 dafür.

Jedesmal, wenn Groucho in New York war, trafen wir uns sofort zum Essen. Bei meinem ersten Musical, *Three's a Crowd,* war er mir natürlich eine große Hilfe. Er hat auch einen Sketch dafür geschrieben. Er war sehr interessiert und hilfsbereit, und wir haben uns sehr gut verstanden. So gut, daß ich mit ihm sogar von New York weggegangen bin. Ich sage Ihnen, er war fünfzig Jahre lang fabelhaft zu mir, bis zu unserem letzten Gespräch.

Im *New Yorker* hatte ich eine herrliche Notiz über Grouchos Ansprache auf T. S. Eliots Beerdigung gelesen. Aber damals hatte Groucho etwas gesagt, was ich geschmacklos fand, weil es ihm nur um den Lacher gegangen war. Ich rief ihn also an und sagte: »Menschenskind, das hättest du nicht sagen sollen. Der Mann ist doch tot. Ich fand's geschmacklos.« Er sagte: »Hör zu, ich bin Komiker.« Und ich sagte: »Du mußt nicht denken, du stehst *dauernd* auf der Bühne«, was mir leidtat. Seitdem habe ich nichts mehr von ihm gehört. Ich habe ihn vor drei oder vier Jahren in irgendwelchen Probeaufnahmen gesehen und fand ihn großartig. Dann habe ich noch diese Show über die Marx Brothers gesehen, wie hieß sie noch?

ICH *Minnie's Boys.* Kannten Sie Minnie Marx?

MAX GORDON Nein, seine Mutter nicht. Seine Mutter habe ich nie kennengelernt. Seinen Vater kannte ich. Sam war großartig. Sie sind natürlich zu jung, um noch Harpo gehört zu haben, wie er seinen Vater imitierte. Das war einfach umwerfend. Ehrlich gesagt kann ich mich an nichts erinnern, was Sam Marx gesagt hat, außer daß er sehr komisch war, und daß Harpo ihn fantastisch imitieren konnte.

ICH Was wissen Sie noch von den älteren Brüdern?

MAX GORDON Chico war das Gegenteil von Groucho. Er war ein Spieler und führte ein herrliches Leben – für seine Begriffe. Er war unverantwortlich. Wissen Sie, Gummo war der Geschäftsmann. Er wurde Geschäftsführer. Haben Sie Groucho in letzter Zeit gesehen?

ICH Ich war zu seinem fünfundachtzigsten Geburtstag da.

MAX GORDON Als ich ihn kannte, war er voller Pep. Wissen Sie, er hat diese Sache da über T. S. Eliot gesagt, die mir nicht gefallen hat. Im allgemeinen aber hatte er Geschmack. Aber er hat schon so ein paar Sprüche losgelassen! Einmal sagte ich was über meine Erfolge, und er sagte: »Laß mich mit deinen Erfolgen in Ruhe.« Trotzdem, wie gesagt, er war mir gegenüber immer fabelhaft. Ich bin in Städte wie New York Haven zu ihren Matineen raufgefahren. Dann sind wir noch ausgegangen, und er hat bei mir übernachtet, oder ich bei ihm.

ICH Haben Sie in den Jahren, als Sie Groucho kannten, schon mal was kritisiert, was er gemacht hatte?

MAX GORDON O nein. Das traute sich niemand. Er legte mit seiner Attacke los, und niemand konnte ihm standhalten. Aber vor dieser Sache mit T. S. Eliot hatten wir nie eine Meinungsverschiedenheit. Es war das erstemal in all den Jahren. Vorher habe ich ihn immer angerufen. Er nannte mich damals bei meinem richtigen Namen, Salpeter. Und ich habe viele liebenswerte Briefe von ihm erhalten.

ICH Er erzählt immer von damals, als Sie ihn 1929 nach dem Börsenkrach anriefen.

MAX GORDON Daran erinnere ich mich sehr deutlich. Der Markt brach zusammen, und ich rief ihn an und sagte: »Das Spiel ist aus.«

ICH Ich habe gehört, wie Groucho die Geschichte Jack Lemmon erzählt hat. Und Woody Allen.

MAX GORDON Wußten Sie, daß ich Woody Allen entdeckt habe? Er trat in einem Café auf. Ich sah ihn und fand ihn fabelhaft. Ich wollte ein Stück mit ihm produzieren, aber ich bekam einen fürchterlichen Nervenzusammenbruch. Was kann ich Ihnen sonst noch erzählen? Groucho ist ein großer Komiker, ein Genie. Er ist zweifellos ein hervorragender Mann. Und Groucho ist mit seinem Geld sehr klug umgegangen. Er war sehr konservativ und hat auf sein Geld gut aufgepaßt. Jetzt ist er ein reicher Mann, ein sehr reicher Mann. Er lebt mit dieser jungen Frau zusammen. Wenn man Grouchos Lebenslauf so betrachtet: Probleme hatte er natürlich auch. Aber jetzt ist er, glaube ich, ein sehr zufriedener Mensch. Das wäre eigentlich alles.

George Seaton

Als ich George Seaton fragte, ob er je daran gedacht habe, ein Buch über seine Hollywood-Erlebnisse zu schreiben, antwortete er: Nein, das habe er nicht, aber wenn, dann werde er es *George Wer?* nennen. Trotz seines eindrucksvollen Erfolgskatalogs als Autor, Regisseur und Produzent ist George Seaton während seiner außerordentlich erfolgreichen, mehr als vier Jahrzehnte überspannenden Hollywoodkarriere eher ein privater Prominenter geblieben. Sogar nach dem überwältigenden Erfolg des von ihm geschriebenen und verfilmten *Airport* verwechselten ihn die Leute immer noch mit dem verstorbenen George Stevens. Als George Seaton George Stevens' Beerdigung verließ, sagte der Geistliche zu ihm: »Danke, daß Sie gekommen sind, Mr. Stevens.« Seaton deutete einfach auf den Sarg. »Verzeihung — Mr. Seaton«, fügte der Geistliche schnell hinzu. »Ich nehme an«, sagte Seaton bedrückt, »auf meinem Grabstein wird mal stehen: ›Hier ruht in Frieden George Stev... Verzeihung — George Seaton.‹«

Neben *Airport* zählen zu seinen zahlreichen Filmen: *Miracle on 34th Street,* für den er einen Oscar bekam, *Bridges at Toko-Ri, The Country Girl,* für den er einen weiteren Oscar bekam, und *The Counterfeit Traitor.* Er hat auch für die Bühne inszeniert und war Präsident der Academy of Motion Picture Arts and Sciences.

Er ist möglicherweise die einzige große Hollywood-Persönlichkeit, die ihre Telefonnummer nicht ändern läßt, sondern sie sogar im Telefonbuch stehen hat, und sein Büro befindet sich in einem Motel gegenüber von Universal City. Er zog es einem Büro in einem glitzernden Neubau vor, weil er keine Lust hatte, sich dem allgemeinen Inneneinrichtungsplan unterzuordnen und das Mobiliar aufzugeben, das ihm seit seiner Ankunft in Hollywood gedient hatte.

Seatons Freundschaft mit Groucho begann Mitte der dreißiger Jahre, als er und Robert Pirosh, Nachwuchs-Autoren bei MGM, den Auftrag bekamen, einen Teil von Kaufmans und Ryskinds Drehbuch für *A Night at the Opera* umzuschreiben, mit dem der Produzent Irving Thalberg nicht zufrieden war. Sie hatten Groucho schon kennengelernt und mit einer Story beeindruckt, die Thalberg später ablehnte.

»Eigenartigerweise hatten wir die Idee eines Produzenten — Groucho —, der von seiner Show mehr Anteile verkauft, als es gibt, in der Gewißheit, daß sie ein Reinfall wird. Aber sie wird ein Riesenerfolg. Lange danach entstand ein Film mit dem Titel *The Producers* mit derselben Story als Grundlage. Thalberg hat von der Idee nichts gehalten, aber Groucho schon.«

Nach *A Night at the Opera* wurden Seaton und Pirosh mit dem nächsten Marx-Brothers-Film bei MGM beauftragt, *A Day at the Races.*

»Groucho hatte Vertrauen zu uns, und Thalberg vermutlich auch. Jedenfalls sagte er: ›Fangt mal an und bringt uns eine Story für *A Day at the Races.*‹ Bob und ich schrieben achtzehn komplette Drehbücher! Ich rede nicht von Umarbeitungen. Komplette Drehbücher! Ich weiß das noch, weil wir später in einem Plagiatsprozeß aussagen mußten. Ich weiß nicht, ob sich Groucho noch daran erinnert, aber er bekam eine Postkarte von irgendeiner Dame, die meinte: ›Wäre es nicht komisch, wenn ihr verrückten Kerle ein Krankenhaus leiten würdet?‹ Und er hat die Karte weggeschmissen. Wir haben sie nie zu Gesicht bekommen. Natürlich ging's beim *Day at the Races* unter anderem um ein Sanatorium, und die Frau hat geklagt.

Die Sache kommt also vor Gericht. Der Richter ist da, und Groucho sitzt im Zeugenstand. Der Richter sagt zu Groucho: ›Wissen Sie, Sie sind einer der komischsten Menschen, die ich kenne. Ich bewundere Sie sehr‹, und so weiter. Und Groucho sagt: ›Sie sind auch ziemlich ulkig mit diesen Klamotten da.‹ Die Frau bekam vom Studio $ 25 000.«

Groucho, George Seaton und ich unterhielten uns beim Sonntags-Brunch im Hillcrest Country Club miteinander.

GEORGE SEATON Wir zeigten Groucho das erste Drehbuch für *A Day at the Races.* Einiges davon fand er in Ordnung, anderes nicht. Thalberg sagte: ›Behaltet die Figur bei, aber fangt nochmal an.‹ Er war ein sehr geduldiger Mann, und da wir nicht besonders viel Geld bekamen, kostete es ihn auch nichts. Wir fingen nochmal von vorne an, fügten eine neue Szene oder eine neue Figur ein, und er sagte: ›Prima, aber schmeißt den Rest raus.‹ Wir überarbeiteten es einfach wieder und immer wieder. Dann kam Groucho mit dem Vorschlag, wir sollten uns mit George Kaufman zusammentun, was eine sehr gute Idee war.

GROUCHO Er war großartig. Über den Verlust von so jemandem kommt man einfach nicht weg.

GEORGE SEATON Ich habe wahnsinnig viel von ihm gelernt, und Bob auch. Kaufman war hier, aber er arbeitete gerade an einem Stück in New York und hatte wenig Zeit für uns. Ich werde das nie vergessen. Er saß einfach da, verzog keine Miene und blätterte eine Seite nach der anderen um. Kein einziges Lächeln, und innerlich vergingen wir schier vor Aufregung, weil hier der große Meister der Komödie saß und so ein mürrisches Gesicht machte. Endlich blätterte er die letzte Seite um und sagte: »Das ist eine der komischsten Ideen, die ich je gelesen habe.« Und kein einziges Lächeln die ganze Zeit. Manchmal sind wir mit einer Szene zu ihm gegangen, und er hat uns sehr gute Ratschläge gegeben. Er sagte: »Eins müßt ihr euch merken: Bei den Marx Brothers müssen nicht nur die Antworten komisch sein, sondern auch die Fragen. Weil Chico sonst sehr böse wird.«

GROUCHO Der hat sich sowieso nie die richtigen Fragen oder Sätze merken können.

GEORGE SEATON Er konnte sich nicht einmal das Pferd merken, auf das er gesetzt hatte. Apropos Pferde, ich weiß noch, wie wir einmal mit einer Szene zwischen Groucho und Chico nicht weiterkamen, einer längeren komischen Szene. Kaufmans Theorie war, fünf komische Grundsituationen zu nehmen und die Story dazwischenzubauen. Wir kamen also mit dieser komischen Szene nicht weiter, und Bob Piroshs Vater, der Arzt in Baltimore war, setzte auch auf Pferde. Er hatte Bob ein Telegramm geschickt, er solle auf dieses oder jenes Pferd setzen. Ich wettete nie, und Bob auch nicht, aber wir zeigten Chico das Telegramm, und Chico rannte herum und schrie: »Ich habe 'n heißen Tip!« Der Arzt hatte noch nie im Leben was gewonnen, aber Chico setzte eine Menge Geld darauf und rief alle seine Freunde an und sagte: »Ich habe gerade einen Tip aus Baltimore bekommen.« Jedenfalls brachte uns das auf eine Idee. Wir gingen runter zur Ecke Cherokee und Hollywood Boulevard und kauften jeden Schein, den wir kriegen konnten. Daraus entstand ein winziger Teil der Tootsie-Fruitsie-Szene. Wir versuchten dahinterzukommen, Sie wissen schon, hinter den Code auf den Tipzetteln. Wir mußten ein Codebuch kaufen, und daraus entstand diese Szene. Al Boasberg, ein sehr, sehr komischer Mann, hat dann während der Tournee noch was dazu beigetragen.

GROUCHO Ein sehr komischer Mann. Ich ging mal mit ihm in Salt Lake City spazieren. Er zog seinen Mantel aus und legte sich auf die

Eisenbahnschienen. In *A Night at the Opera* wollte er, daß ich mir die Hosen ausziehe. Und ich sagte, ich zöge meine Hose nie auf der Bühne aus. Tat ich auch nicht. Einmal war ich mit ihm auf einer Farm, ungefähr neunzig Kilometer von hier. Er hatte einige Bücher mit, und sobald wir dort angekommen waren, ließ er sich erstmal Wasser in die Badewanne einlaufen. Und über die Badewanne legte er ein Brett oder sowas zum Bücherlesen. Dann saß er fünf, sechs Stunden drin und las Bücher. Boasberg war ein sehr gescheiter Mann.

GEORGE SEATON Aber auch ein sehr verbitterter Mensch.

GROUCHO Ich mochte ihn wahnsinnig gern.

GEORGE SEATON Oh, ich auch. Ich habe wahnsinnig viel von ihm gelernt. Kannst du dich noch an seinen Spruch erinnern, Groucho: »Entweder er ist tot, oder meine Uhr ist stehengeblieben?« Zuerst war es eine Frage: »Ist er tot, oder ist meine Uhr stehengeblieben?« Keine Reaktion. Wir haben uns überlegt, wieso, weil es ganz sicher ein komischer Einfall ist. Groucho sagte: »Das liegt daran, daß es eine Frage ist, und die Leute erwarten eine Antwort. Es sollte einfach eine Feststellung sein.« In der nächsten Vorstellung sagte er: »Entweder er ist tot, oder meine Uhr ist stehengeblieben«, und die Leute haben sich halb totgelacht. Daraus habe ich gelernt, daß man nie versuchen soll, mit einer Frage einen Lacher zu erzielen.

ICH Welchen Eindruck hatten Sie von den anderen Marx Brothers?

GEORGE SEATON Harpo war ein lieber, sanfter Mensch.

GROUCHO Ein fabelhafter Mensch.

GEORGE SEATON Chico war sehr nett zu uns, zu Bob Pirosh und mir. Er versuchte uns immer in irgendwelche Nebenbeschäftigungen zu verwickeln, ein Drehbuch zu schreiben, oder er hatte irgendeine Idee, und wir haben uns darüber unterhalten…

GROUCHO Oder er wollte sich Geld borgen…

GEORGE SEATON Er wußte, daß er sich von uns keins leihen konnte. Wir haben nur fünfundsiebzig Dollar die Woche verdient. Chico war wirklich sehr nett zu uns. Aber meiner Meinung nach hatte Chico auch nicht ein Tüttelchen von dem Talent wie Groucho oder selbst Harpo.

ICH Waren Chicos Ideen gut?

GEORGE SEATON Sehr schlecht. Aber ich muß zugeben, und ich weiß nicht warum es so war: jedesmal, wenn Chico auf die Bühne kam und seine Sachen brachte, war das Publikum begeistert.

GROUCHO Er war ein wichtiger Teil der Show.

GEORGE SEATON O ja.

GROUCHO Erinnerst du dich an *Duck Soup?* Das war ein komischer Film.

GEORGE SEATON Der hat, glaube ich, erst in jüngster Zeit die Anerkennung bekommen, die er verdient.

ICH *(zu George Seaton)* Als sich herausstellte, daß Sie für die Marx Brothers schreiben sollten, haben Sie da mehr auf die früheren Marx-Brothers-Filme geschaut?

GEORGE SEATON Ja, aber Thalberg warnte uns, und ich glaube, Groucho wird das bestätigen...

GROUCHO Aber gerne.

GEORGE SEATON ...Er sagte, sein Erfolgsrezept für die Marx Brothers sehe so aus, daß sie jemandem aus der Patsche helfen müßten, damit sie einem sympathisch wären. Groucho zum Beispiel benahm sich der Dumont gegenüber unmöglich, und die anderen Jungs auch, aber solange sie versuchten, den jungen Liebenden, nennen wir sie mal so, zu helfen, würde ihnen das Publikum verzeihen und auf ihrer Seite sein. Ich glaube, das war ein gutes Rezept. In den frühen Filmen, zum Beispiel in *Duck Soup,* gab es eine Menge fabelhafter Gags, aber, wie Thalberg sagte, es fehlte einfach der Drive.

GROUCHO Als wir Thalberg kennenlernten, sagte er, er möchte Filme mit uns machen. »Aber keine so miesen Filme wie *Duck Soup.*« Das hat mich geärgert. Ich hielt *Duck Soup* für einen sehr komischen Film. »Ja«, sagte er, »aber das Publikum hat keinen Funken Sympathie für euch Jungs. Ich kann einen Marx-Brothers-Film machen, der halb so viele Lacher bringt, aber wirkungsvoller sein wird, weil das Publikum auf eurer Seite ist.« Er hatte recht.

GEORGE SEATON Groucho, ich möchte dich was fragen, weil es interessant für mich war, wieder im Theater zu arbeiten. Wenn du so zurückblickst, was hat dir mehr Spaß gemacht, das Theater oder der Film? Vom Geld mal abgesehen.

GROUCHO Das Theater.

GEORGE SEATON Ja, nicht? Das ist das Eigenartige. Matthau und Lemmon, den Jungs geht's genauso.

GROUCHO Man spürt sofort die Reaktion.

GEORGE SEATON Walter Matthau hat mir gesagt: »Filme machen ist, als reiße man sich mit einer Pinzette die Haare einzeln aus der

Nase. Du weißt schon, dieses Klein-Klein. Aber hier bist du den ganzen Abend dran, du mußt dich ins Ensemble einfügen, mit dir steht oder fällt die Show. Da gibt's keinen, der sagt: ›Aus! Noch mal von vorne.‹ Und wenn du dich versprichst, wenn du einen Satz vergißt, mußt du's verdammt klug anstellen und wissen, wie du aus dem Schlamassel rauskommst.«

GROUCHO *You Bet Your Life* macht mir einen Riesenspaß. Es läuft jeden Abend.

GEORGE SEATON Ja. Ich weiß. Ich schau's mir an.

GROUCHO Es läuft in New York und in Philadelphia und in Chicago. Es ist ein großer Hit. Es macht die Nachrichten einfach tot. Wer will schon um elf Nachrichten sehen?

GEORGE SEATON Ich will sie nicht mal um sechs oder um fünf sehen. Die sind doch furchtbar demprimierend.

GROUCHO Die Nachrichten sind gewöhnlich schlecht. Jemand hat mal gesagt: ›Man sollte nie öfter als einmal im Monat die Zeitung lesen.‹ Es gab mal eine Show, die hieß *People are Funny,* und das stimmt. Es gibt alle möglichen Leute, aber zusammengenommen bilden sie das Publikum.

GEORGE SEATON Aber das Erstaunliche, Grouch, ist, daß die Matineen im Downtown das beste Publikum haben. Wir haben uns überlegt, warum, denn normalerweise sind die Matineen...

GROUCHO Ich habe das Matineepublikum gehaßt. Es bestand größtenteils aus Pralinen essenden Frauen mit Hüten.

GEORGE SEATON Aber Walter und ich haben uns drüber unterhalten, und wir sind zu folgendem Schluß gekommen, der, glaube ich, richtig ist. Abends begeben sich die Leute dahin und essen groß zu Abend...

GROUCHO Und sind ziemlich müde.

GEORGE SEATON Und es gibt dort eine Bar — nicht wahr, sie nehmen in der Theaterbar ein paar Drinks zu sich. Und in den Pausen auch. Dadurch sind sie einfach so viel träger. Hinken die ganze Zeit etwas hinterher. Bei einer Matinee trinkt niemand was, und gegessen haben sie höchstens ein Sandwich. Die sind hellwach.

GROUCHO Sam Harris hast du nicht gekannt?

GEORGE SEATON Doch. Er hat sich mal von einem meiner Stücke die Rechte gesichert, als ich neunzehn oder zwanzig war.

GROUCHO Wir haben mit ihm gearbeitet.

GEORGE SEATON Was ist dein liebster Marx-Brothers-Film, Groucho?

GROUCHO Ich weiß nicht. *A Night at the Opera* gefällt mir am besten. Der Schlägertyp [Sig Rumann] darin war großartig.

GEORGE SEATON Das ist mir auch der liebste Marx-Brothers-Film.

GROUCHO Und *Duck Soup* mag ich.

GEORGE SEATON Aber *A Night at the Opera* hatte Form. Ich fand ihn disziplinierter. *Duck Soup* war sehr chaotisch und irrsinnig komisch.

GROUCHO Hatten wir nicht ein Pferd bei den Probeaufführungen von *A Day at the Races* dabei?

GEORGE SEATON Ja, bei ungefähr zwei Vorstellungen, dann haben wir's heimgeschickt.

GROUCHO Du warst nicht bei der Premiere der Wiederaufnahme von *Animal Crackers* in New York. Ich war mit ihr da. *(Deutet auf mich)* Da waren so viele Menschen, daß ich Polizeischutz brauchte. Und einige von ihnen waren sogar beritten. Eines der Pferde bat mich um ein Autogramm.

GEORGE SEATON Und du hast ihm wahrscheinlich deinen Fußabdruck gegeben.

GROUCHO Im Sand der Zeit. Ich glaube, damit hätten wir's.

GEORGE SEATON Mir fällt nichts ein, worüber wir nicht geredet haben, Grouch. Außer: Wie geht's dir?

GROUCHO Mir geht's rosig.

GEORGE SEATON Und ich stehe in den Roten. Ich mache downtown eine Show für 'n Gotteslohn.

GROUCHO Naja, Gott wird's dir lohnen. Aber die Miete zahlt er dir nicht.

ROBERT PIROSH

Robert Pirosh ist ein Drehbuchautor, der nicht nur den Marx-Brothers-Film *A Day at the Races* zu seinen Erfolgen zählt, sondern auch *I Married a Witch,* den sein Freund René Clair inszenierte, und *Battleground,* für den er einen Oscar erhielt. Er hat auch selber bei Filmen Regie geführt und für das Fernsehen geschrieben und als Produzent gearbeitet.

Bei einem gemeinsamen Frühstück im Beverly Hills Hotel erzählte er mir von seiner Zeit mit Groucho und den Marx Brothers:

ROBERT PIROSH Hat Ihnen George [Seaton] von unserer ersten Begegnung mit Groucho erzählt? Er hat doch sicher…

ICH Ja. Aber ich würde es auch gern von Ihnen hören.

ROBERT PIROSH Mein Gedächtnis wird nicht so gut sein wie das von George, aber ich erinnere mich an eine Sache, an die er sich vielleicht nicht mehr erinnert. Wir waren Nachwuchsautoren bei MGM, und eine Option war fällig. Ich hatte als Nachwuchsautor bei Metro-Goldwyn-Mayer mit 35 Dollar die Woche angefangen, das war während der Glanzzeit der Firma. Ich war sehr froh darüber, andererseits hatte ich vorher in New York in der Werbebranche viel mehr Verdienst. Jedenfalls erhöhten sie mein Gehalt nicht um die verlangten 25 Dollar, und George und ich schmissen den Kram beleidigt hin und verdienten woanders mehr.

Wir waren nicht gerade das, was man einen Superhit nennen würde, aber wir machten uns allmählich. Große Filme hatten wir nicht gemacht. Bei MGM hatten wir ein paar kleine Filme gemacht, und unser Agent brachte uns bei den Republic Studios unter, was wirklich das Unterste war. Wir hatten keine Ahnung, was wir da sollten, weil das bißchen Erfahrung, das wir gesammmelt hatten, die Arbeit an großen MGM-Filmen war, jedenfalls riesengroß im Vergleich zu Republic. Das waren damals alles Billigproduktionen. Sie müssen es sagen, wenn ich zu weit aushole…

ICH Nein, es ist wunderbar so.

ROBERT PIROSH Das sind Sie gewohnt, nicht wahr, daß die Leute nicht bei der Sache bleiben. Jedenfalls arbeiteten wir für einen Mann namens Nat Levine, der war, glaube ich, ein wichtiger Produzent bei Republic. Dann bekamen wir einen Anruf, wir sollten mal zu Irving Thalberg rüberschauen, der gerade einen Marx-Brothers-Film produzierte. Wir kriegten den Job, gingen zu MGM zurück und lachten uns ins Fäustchen, denn wir verdienten jetzt viel mehr als damals, als sie uns nicht mehr haben wollten. Der springende Punkt aber war, daß Nat Levine eben kein renommierter Produzent war, während Thalberg der liebe Gott persönlich war. Unser Agent sagte: »Ist das nicht großartig? Von Nat Levine zu Irving Thalberg! Vom Erhabenen zum Lächerlichen!«, was ich wegen der Umdrehung herrlich fand.

Ehrlich gesagt weiß ich nicht mehr, wie unsere erste Fühlungnahme mit MGM aussah. Ich denke, es war wohl Herman Mankiewicz, ein sehr lebhafter, witziger, wunderbarer Mann. Er hat uns sozusagen gesponsort. Ich hatte Herman kennengelernt und versuchte damals intensiv, einen Job zu bekommen, indem ich eigene Sachen schrieb und eine Ablehnung nach der anderen kassierte. Und Herman half. Jedenfalls gab man uns ein Drehbuch, das ein Autorenteam geschrieben hatte, und das Thalberg und Groucho nicht gefiel. Wir lasen das Buch und fuhren zu Groucho raus, furchtbar nervös, weil wir Groucho begegnen würden. Wir hatten wirklich einen miserablen Ruf.

Es war ein regnerischer Tag, Groucho kam an die Tür, dann gingen wir rein. Er sagte: »Habt ihr das Drehbuch gelesen?« Und wir sagten: »Klar.« Er sagte: »Wo ist es?« Und einer von uns sagte: »Ach, das haben wir draußen im Wagen gelassen.« Er sagte: »Na ja, da ist es ja gut aufgehoben, besonders, wenn's ein offener Wagen ist.« George hat Ihnen diese ganzen Sachen doch schon erzählt, oder?

ICH Ja.

ROBERT PIROSH Warum wollen Sie sie dann nochmal hören?

ICH Weil es anders ist, wenn jeder es erzählt.

ROBERT PIROSH Okay. Jedenfalls hatten wir nicht nur das Drehbuch mit, sondern hatten in der Zwischenzeit auch eine vollkommen neue Story für das geschrieben, was am Ende *A Night at the Opera* werden sollte. Es war nicht die, die dann verwendet wurde. Aber Groucho war davon begeistert, und dadurch bekamen wir auch den Auftrag. Und Thalberg gefiel sie auch gut, aber er sagte: »Ich nehme sie nicht.« — »Aber«, sagte er, »mir gefallen die Jungs, ihre Arbeit läßt auf einiges hoffen, also sollen sie weiter dran arbeiten.« Dann schrieben wir ungefähr eineinhalb Jahre daran.

Übrigens, aber das hat mit Groucho eigentlich nicht direkt was zu tun, basierte die Geschichte auf einer Idee, die Mel Brooks später sehr überzeugend in *The Producers* verfilmt hat. Es ging da um einen Mann, der zuviele Anteile an einer Show verkauft hat, in der Erwartung, daß sie ein Reinfall würde, aber sie wird ein Erfolg. Das war jedenfalls die Idee, die wir ursprünglich zu *A Night at the Opera* hatten. Groucho sollte darin den genialen Einfall haben, die miserabelste Oper aller Zeiten zu produzieren. Er engagiert einen gutaussehenden Burschen, Allan Jones, und ein hübsches junges Mädchen, das keine besonders gute Sängerin ist, und erwartet einen Riesenreinfall, stattdessen wird's ein Riesenerfolg. Und nun schuldet er ungefähr zehn Leuten 100 Prozent des Reingewinns.

Jedenfalls lehnte Thalberg das Buch ab. Die Idee gefiel ihm zwar, aber er sagte: »Man kann nicht eine Verrücktheit auf einer anderen Verrücktheit aufbauen.« Er sagte: »Ich will eine neue Art Marx-Bro-thers-Film machen. Das ist der Grund, warum ihre Filme nicht so erfolgreich waren. Ihre Stories sind so albern, daß es einfach nicht hinhaut, wenn sich die Burschen auch noch albern benehmen.«

Wir arbeiteten also an *A Night at the Opera*, und dann holten sie Kaufman und Ryskind dazu. Die schrieben ein Drehbuch, und das war dann das Drehbuch, was verwendet wurde. Aber Thalberg mochte uns irgendwie, und so durften wir hier und da eine kleine Szene schreiben, von denen sie einige verwendeten. Und dann wurde *A Night at the Opera* ein Riesenerfolg. Als sie dann den nächsten Film machten, *A Day at the Races,* da war das der Film, an dem wir eineinhalb Jahre arbeiteten.

Ich erwähne Groucho nicht nur deswegen so oft, weil Sie über ihn schreiben, sondern weil unsere Beziehung eben so war. Aber mit Chico hatten wir auch viel zu tun, und wir mochten ihn, aber irgend-wie anders. Wir sahen ihn ziemlich oft. Er wollte Drehbuchautor werden. Er wollte, daß wir mit ihm zusammen eine Story schreiben, und es gab irre Sitzungen, bei denen er zwischendurch mit Buchma-chern und sogenannten Damen telefonierte. Es war vollkommen unmöglich.

Harpo war ein wunderbarer, lieber Mensch. Aber am meisten Spaß hat es mit Groucho gemacht – uns jedenfalls. Das war ein großes Erlebnis für uns, wenigstens für mich. George hat ihn in den letzten Jahren öfters gesehen, wahrscheinlich wegen Hillcrest. Unser größtes Erlebnis mit ihm, die aufregendste und für unsere Karrieren so wichti-ge Erfahrung war, als wir mit *A Day at the Races* auf Tournee waren. Ich glaube, es war Thalbergs Idee. Vielleicht war's auch Grouchos, Thalberg hat ihr jedenfalls zugestimmt.

Die ganze Sache wurde behandelt, als ging's um eine Broadway-Show. Wir wollten eine Komödie machen, und wir wollten einen Marx-Brothers-Film machen. Aber die Brüder erinnerten sich sehr gut daran, daß sie mit ihren frühen Stücken, mit *The Cocoanuts* und all den anderen, ein paar Wochen auf Tournee gegangen waren und dann, wenn sie am Broadway ankamen, wußten, wo die Leute lachten und wo nicht. Und sie waren der Meinung, entweder Thalberg oder die Marx Brothers, daß man Filmkomödien schwer timen könne, weil sie nicht von vornherein wußten, wo die Leute lachen würden. Das war bei den Filmen, die sie nach Bühnenstücken gedreht hatten, ganz anders.

Jedenfalls bekamen wir nach monatelanger Arbeit ein Drehbuch zusammen, und sie sagten: »Okay, auf geht's.« Wir setzten downtown im Biltmore Theatre eine regelrechte Probezeit an. Es wurde, ich glaube mehrere Wochen lang, wie für ein Theaterstück probiert. Die komischen Szenen wurden probiert, umgeschrieben, und so weiter. Daraus wurde eine einstündige Show. Man nannte das eine Tab Show, von Tabloid, »Revue«. Es wurden damals in den großen Kinopalästen Bühnenshows gezeigt. Diese Tab Show wurde also in verschiedenen Provinzstädten zwischen den Filmen aufgeführt. Drei oder vier Vorstellungen am Tag, meist im Mittelwesten. Wir fingen in Duluth an, gingen dann weiter nach Minneapolis, Chicago und verschiedene andere Städte. Dabei hat sich die Show laufend verändert, wobei wir uns besonders auf die komischen Einlagen konzentrierten. Wir waren ein ganzes Ensemble. Margaret Dumont war auch dabei.

Sie war wirklich eine nette alte Dame ohne, wie ich meine, das geringste bißchen Humor. Sie war ständig die Zielscheibe für alle Scherze. Sie haben ihr immer die Perücke versteckt, die sie unbedingt brauchte. Das war Grouchos Vorstellung von Humor, obwohl es eher nach Chico klingt. Und Harpo war immer der einzige, der sich dachte: »Armes altes Mädchen. Das war mal wieder ein mieser Trick. Es war ihr ja so peinlich.«

Ich weiß noch, wie wir während der Tournee in einer dieser Städte waren und änderten und änderten und partout nicht das hinkriegten, was alle wollten. Es ging um eine Szene, in der eine Figur vorkam, die damals in den Zeitungen viel von sich reden machte, irgendeine Gangsterbraut oder so, mit Namen Cokey Flo. Es ging also um diese Szene, die jeder die »Cokey-Flo-Szene« nannte. Am Ende wurde das die Szene in *A Day at the Races,* in der Esther Muir reinkommt und Groucho ihr an den Rock will, und wo schließlich Harpo und Chico reinkommen und anfangen, zu tapezieren. Eine irre Szene. Aber sie wurde die Cokey-Flo-Szene genannt, und wir kamen nicht weiter damit.

Nachdem wir ein oder zwei Stunden in einem Restaurant daran gearbeitet hatten, in das wir nach der Show zum Essen gegangen waren, gingen wir ins Hotel. Das Foyer war menschenleer. Nur eine arme alte Putzfrau kroch auf allen vieren rum und schrubbte den Boden, und Groucho ging zu ihr rüber und sagte: »Sie haben nicht zufällig eine Cokey-Flo-Szene in der Tasche?« Und sie hat einfach nur geguckt. Sie wußte, daß das Prominente waren, und was sollte sie schon tun? Sie war so verwirrt. Und dann sah ich — die anderen waren schon vorausgegangen —, wie Harpo ihr ganz unauffällig einen Geldschein zusteckte, vielleicht einen Dollar oder fünf Dollar, weil ihm das peinlich und unangenehm gewesen war. Er hatte nicht diese sadistische Ader, die meiner Meinung nach wohl die meisten Komiker oder Komödienautoren haben. Harpo war anders.

Also, die Reise ging weiter, und wie bei jeder Show und bei jedem Film wurden wir sowas wie eine große Familie. Jeder kannte jeden, und es machte wahnsinnig Spaß, und man wird sein Leben lang befreundet bleiben. Dann geht man wieder nach Hause und weiter zum nächsten Projekt und sieht sich kaum mehr. Anderthalb Jahre — vielleicht auch etwas länger — haben wir Groucho sehr oft gesehen. Danach nur noch sehr selten.

ICH George Seaton erzählte mir, Sie hätten *A Day at the Races* achtzehnmal umgeschrieben.

ROBERT PIROSH Stimmt. Aber es war nicht wiederzuerkennen. Viele dieser Fassungen hätte man gar nicht *A Day at the Races* nennen können, weil es anfangs überhaupt nichts mit Pferden zu tun hatte. Ich erinnere mich, daß wir eine Menge Einfälle hatten, die Thalberg oder Groucho oder irgend jemand sonst ständig aus dem Ärmel schüttelte. Aber so ungefähr die ersten acht drehten sich um die Marx Brothers in einem Sanatorium.

Zur erstbesten Idee, die wir hatten, sagten sie: »Okay, laßt uns daran arbeiten.« Wenn Thalberg die Nase von uns voll hatte, machte Groucho sich für uns stark. Und so kam's zu all diesen Fassungen mit dem Sanatorium. Und irgendwie kam in einer eine Szene vor, die irgendwas mit Pferderennen zu tun hatte. Und Thalberg sagte: »Genau. Die beiden kombinieren wir. Damit haben wir das Aufregende vom Pferderennen, und das Sanatorium gibt uns die pedantische Atmosphäre, in der ihre Verrücktheiten komisch wirken.«

ICH Hat Groucho viel Text beigetragen?

ROBERT PIROSH Sicher, aber niemand verspritzt dauernd bloß Geist. Aber in dieser Art Komik — ich sage nicht, daß sie einzigartig ist, aber was Besonderes ist sie sicher — ist sein Stil leicht zu erkennen, und ab und zu, wenn man mit Leuten zusammen ist, sagt jemand was, und man denkt: »Das könnte von Groucho sein.« Jeder weiß, was Groucho-Humor ist. Und darin war er einfach hinreißend. Und der zweitbeste war meiner Meinung nach Kaufman, der eine andere Art von Humor hatte. Natürlich gab's in den Filmen eine Menge Sprüche, die wie fantastische Groucho-Bonmots klangen, die aber von einem Gag-Menschen stammten und dann Groucho-Pointen wurden. Und er änderte sie um.

In seiner Arbeit war er wirklich ein Perfektionist. Wenn auf dieser Tournee mit *A Night at the Opera* zum Beispiel eine Szene perfekt saß, dann wußten er und alle anderen genau, wann gelacht wurde, wie lange das Lachen anhalten würde und wie lange die Pause danach sein könnte. Aber er hat immer weiter probiert. Er stellte Wörter um oder benutzte andere, nur um noch mehr Lacher rauszuholen. Einmal sprach er ein Wort falsch aus. Es wurde gelacht, und er hat es so gelassen. Es war ein unangenehmes Wort, wie paraplektisch oder Paralyse. Das ist ein gutes Beispiel dafür, wie er etwas schon Festgelegtes veränderte. Und dann hielt er trotz seiner Freude am Improvisieren und Ändern daran fest, weil ihm der Lacher viel mehr bedeutete als ihm klar war.

Ich erinnere mich besonders an einen Satz. Harpo spielte Harfe, und Groucho pflaumte ihn dauernd an. Damals war S. A. Schearer ein bekannter Name. Das war ein Pfandleiher, der viel Reklame machte. Jedenfalls rief er Harpo immerfort zu: »Draußen ist jemand. Er kommt von S. A. Schearer. Er will die Harfe mitnehmen.« Es wurde gelacht. Das nächste Mal war's anders: »S. A. Schearer ist da wegen der Harfe.« Und das nächste Mal hieß es: »S. A. Schearer hat jemanden wegen der Harfe geschickt.« Er probierte einfach alles Mögliche durch, bis über eine Version am meisten gelacht wurde. Niemand weiß, warum. Aber er blieb dann dabei.

ICH Wie fanden Sie das, daß er Ihre Texte änderte? War Ihnen das recht? Oder ärgerte es Sie?

ROBERT PIROSH Nein. Auf der Tournee hat mir das überhaupt nichts ausgemacht, weil das Resultat dann jeder hören konnte. Man lachte mehr, man lachte weniger. Das war für ihn das Ausschlaggebende. Wir hatten einen sehr bekannten, sehr berühmten Regisseur, Sam Wood. Wenn Thalberg in puncto Humor auf 'ner Zehnerskala plus zwei hatte, lag Sam Wood bei minus sieben. Er hatte absolut keinen Sinn für Humor. Warum ausgerechnet er einen Marx-Brothers-Film drehen sollte, wird mir immer ein Rätsel bleiben. Und trotzdem mochten ihn die Marx Brothers, sie schätzten ihn, und es funktionierte ja auch. Er hatte keine Ahnung, ob ein Witz gut war oder nicht, aber da die Pointe sich auf der Tournee bewährt hatte, mußte sie ja wohl in Ordnung sein. Auf der Tournee war er nicht dabeigewesen.

Das finde ich interessant, wie ein Mann ohne Humor eine Komödie inszenieren kann. Ich weiß nicht, ob's auf der Bühne geht, aber im Kino ist es möglich, ich hab's erlebt. Nicht sehr oft. Nach meiner Komödienerfahrung, wie z.B. bei René Clair, kommt dann eine andere Art Komödie raus. Ich weiß, daß Sam Wood unmöglich einige von Renés Filmen nach demselben Drehbuch hätte drehen können.

ICH Das ist aber ein ziemlich extremer Vergleich.

ROBERT PIROSH Die Marx Brothers baten René auf den Knien, bei ihnen Regie zu führen. Wußten Sie das?

ICH Er hat's mir erzählt.

ROBERT PIROSH Sie wissen alles! Übrigens hatte René wahrscheinlich recht damit, es nicht zu tun. Er wollte ganz was anderes machen.

ICH Aber Sie meinen doch nicht, ein René-Clair-Film hätte ein Marx-Brothers-Film sein können?

ROBERT PIROSH Sicher, ein René-Clair-Film hätte ein Marx-Brothers-Film sein können, aber er hätte ihn nicht inszenieren können, wenn sie gesagt hätten: »Hier ist unser Drehbuch.« Sie hätten gesagt: »In Minneapolis ist an dieser Stelle sechs Sekunden gelacht worden«, und er hätte gesagt: »Minneapolis ist mir egal. Mir gefällt der Gag nicht.« Aber Harpo und René, das wäre großartig gewesen. Groucho auch. Aber René wäre nicht so an den langen Komiksequenzen interessiert gewesen. Es wäre eine Frage der Kontrolle, der Führung gewesen. Es hätte nett angefangen, sie hätten seine Autorität akzeptiert, und dann hätte irgendwas sie in Frage gestellt. Es hätte ein Chaos gegeben, weil René es nicht schätzt, wenn seine Autorität in Frage gestellt wird.

ICH Meinen Sie, das hätten sie getan? Ich weiß, daß Groucho ihn ungeheuer schätzt.

ROBERT PIROSH Wahrscheinlich hätte er ihn akzeptiert. Ich weiß es nicht. Im Endeffekt haben sie so verschiedene Ansichten von Humor … ich weiß es nicht. Ich glaube nicht, daß es funktioniert hätte.

ICH Haben Sie sich die frühen Filme angesehen, als Sie *A Night at the Opera* und *A Day at the Races* schrieben?

ROBERT PIROSH Aber klar. Ich hatte zwei oder drei gesehen und war begeistert. Aber von der Story abgesehen, hat sich ihre Komik meiner Meinung nach kaum verändert. Ich sagte schon, daß Kaufman da eine Rolle spielte, und zwar schon ziemlich zu Anfang. Wenn ich mich recht erinnere, schrieb Kaufman *Cocoanuts*. Ich glaube, ihr erstes Stück war *I'll Say She Is*. Wissen Sie, wer das geschrieben hat?

ICH Will Johnstone.

ROBERT PIROSH Das war ein Zeitungsmann. Als wir mal nicht weiterkamen, haben sie ihn geholt. Er war kein Hollywoodmensch und blieb nur drei oder vier Wochen. Er arbeitete in der einen Ecke und wir in der anderen. Er schrieb ein Treatment und haute wieder ab. Bei *A Day at the Races* war auch Al Boasberg dabei. Jeder war bei *A Day at the Races* dabei!

ICH Unglaublich!

ROBERT PIROSH Wahrscheinlich haben sie uns dabehalten, weil wir so billig waren. Sie hatten teure Leute geholt, aber mit denen klappte es irgendwie nicht, und sie ließen sie wieder fallen. Von heute aus betrachtet ist es ein Witz, solange an einem Film zu arbeiten, aber nur so funktionierte es. Das war zu einem sehr entscheidenden Zeitpunkt in ihrer Karriere, weil die Filmbranche der Meinung war, daß sie im Kino unten durch wären. Thalberg ließ sich auf das Risiko ein, und sie waren ungeheuer gespannt, denn es hatte ein paar kommerzielle Reinfälle gegeben, und man machte sich Sorgen.

ICH Sie haben Zeppo nicht erwähnt.

ROBERT PIROSH Nein. Na ja, ich kannte Zeppo nicht besonders gut, weil er bei keinem von den Filmen dabei war, an denen ich mitarbeitete. Damals kannte ich den anderen Bruder, Gummo, besser. Er war nett. Ich mochte ihn sehr, er war irgendwie eine Kombination der anderen drei. Er war sanft wie Harpo. Er hatte mehr Humor als Chico und nicht annähernd so viel wie Groucho.

Zeppo kannte ich als aggressiven, erfolgreichen Agenten, der im Atelier vorbeigesaust kam, manchmal war er auch beim Mittagessen dabei, ich kannte ihn nicht so. Meiner Meinung nach hat er zu den älteren Filmen nichts beigetragen, seine Darbietungen als romantischer Liebhaber waren einfach lächerlich. Wahrscheinlich hätte er Chicos Rolle spielen können. Chico war kein besonders guter Schau-

Oben: THE BIG STORE (Die Marx Brothers im Kaufhaus)
Unten: A NIGHT IN CASABLANCA (Eine Nacht in Casablanca)

A NIGHT AT THE OPERA (Skandal in der Oper)

Groucho
mit Barbra Streisand als Harpo-Kopie

spieler. Er war halt zufällig da, konnte komisch Klavier spielen und hatte seinen ulkigen italienischen Akzent. Aber er war nicht kreativ. Harpo dagegen ja.

Es war sehr schwer, für seine Pantomimen Stoff aufzutreiben. Wirklich, das einzige, was George und ich für ihn geschrieben haben, ist, soweit ich mich erinnern kann – ich glaube, das war in *A Night at the Opera* – die Sache mit dem Klavier. Er setzte sich an ein Klavier und fing an zu spielen, darauf rumzuklopfen und rumzuhämmern – es war ein Klavier, das von allein auseinanderfällt, ein Flügel. Es fing an, sich aufzulösen, dann fiel es auseinander, und er griff hinein und holte die Saiten raus. Sie hatten ungefähr die Form einer Harfe, und er fing an, die Harfe zu spielen. Das stammte von uns. Davon abgesehen waren fast alle seine kleinen Pantomimen von ihm selber. Darin war er sehr gut. Darin war er großartig!

ICH Was ist mit Chico? Steuerte er was bei?

ROBERT PIROSH Ab und zu. Er war nicht so interessiert. Er war mehr an Mädchen interessiert, an Pferderennen, am Kartenspiel. Wie Sie sicher wissen, waren Chico und Harpo eifrige Kartenspieler. Große Cracks, und sie spielten um riesige Einsätze. Sie spielten mit allen Geldleuten vom Film, aber um ungeheure Summen. Chico gewann hierbei und verlor beim Pferderennen. Er hat sein Geld einfach weggeschmissen. Er war ein sehr undisziplinierter Mensch. Sehr lieb, sehr nett. Aber vollkommen undiszipliniert.

Sie waren sehr, sehr verschieden, und im Grunde waren sie sich nicht nah. Vom Kartenspiel abgesehen, hatte jeder seinen eigenen Umgang. Harpo hatte seine Freunde, Groucho hatte seine Freunde; Chico liebte den Trubel, die sportliche Menge. Und Groucho war, wie Sie wissen, kulturell ambitioniert. Er wollte und mußte unbedingt schreiben, und er *hat* geschrieben. Er hörte Musik. Ich weiß noch, daß er zu einer bestimmten Zeit seines Lebens sehr an guter Musik interessiert war. Ich glaube, und das werden Sie sicher auch von ihm gehört haben, daß er sich immer wünschte, er hätte eine umfassendere Bildung. Ich glaube, er hat sehr bedauert, daß er nicht gebildeter war.

Sie waren alle sehr treue Menschen. Wie Sie sicher wissen, war Groucho ziemlich sentimental und empfand Treue Leuten gegenüber, die ihm seiner Meinung nach geholfen hatten. Ich weiß noch, wie er mir schrieb: »Lieber Bob, danke für *A Day at the Races*.« Aber *das* hatte ich überhaupt nicht geschrieben. Ich war einer von den vielen, die daran gearbeitet hatten. Aber es war nett. Er schrieb nicht: »Gerne denke ich an gemeinsame fröhliche Zeiten zurück« oder irgend sowas. Es war einfach eine nette Geste. Ich glaube, wenn ich ihn jemals um Hilfe gebeten hätte, von ihm hätte ich sie sicher bekommen. Wenn ich gesagt hätte: »Schau mal, wenn du ein gutes Wort bei Soundso einlegen würdest, könnte mir das helfen«, er hätte sich sicher die Mühe gemacht.

Zu Leuten, die er mochte, war er sehr herzlich, und soweit ich das beurteilen kann, hatte das − mit Ausnahme von Thalberg und ein oder zwei anderen − immer etwas mit ihrem Sinn für Humor zu tun. Und mit Ausnahme einiger seiner Mädchen. Ich glaube, er hielt nie viel von jemandem, es sei denn, der Betroffene konnte ihn zum Lachen bringen. Das liebte er. Wenn er einen seiner ätzenden Sprüche auf uns losließ und wir sofort einen besseren parat hatten, was sehr selten passierte, konnte er schallend lachen. Das begeisterte ihn. Und während er noch lachte, dachte er bereits über einen noch besseren Spruch nach. Aber offenbar war er nicht so kleinkariert eifersüchtig wie die meisten Komiker. Wenn wir zu acht in einem Zimmer saßen und uns den Kopf wegen einer Pointe zerbrachen, über die keiner lachen wollte, tat er sein Bestes, als erster draufzukommen. Und sehr oft geschah das auch. Wenn ihm aber ein anderer zuvorkam, verging er deswegen nicht gleich vor Gram, wie das viele andere tun.

MORRIE RYSKIND

Als George S. Kaufman ihn 1925 aufforderte, an *The Cocoanuts* mitzuarbeiten, war Morrie Ryskind ein junger Zeitungsmensch mit einem Faible für das komische Theater. Das war der Anfang einer langen und erfolgreichen Zusammenarbeit sowohl mit Kaufman als auch mit den Marx Brothers, besonders mit Groucho. Zusammen mit Kaufman und Ira und George Gershwin erhielt er 1931 den Pulitzer-Preis für *Of Thee I Sing*. Für die Marx Brothers arbeitete er als Ko-Autor Kaufmans an *Animal Crackers* und *A Night at the Opera* mit; *Room Service* bearbeitete er für die Leinwand. Unter anderem sind ihm auch *Louisiana Purchase* und die Drehbücher zu *My Man Godfrey, Penny Serenade* und *Claudia* zu verdanken.

Kurze Zeit nachdem Groucho den Oscar erhalten hatte, waren Morrie Ryskind, seine Frau Mary und ich bei Groucho und Erin zum Abendessen eingeladen. »Als Morrie und Mary heirateten«, erzählte mir Groucho, »war ich der Brautführer und Morrie der Brautverführer.«

GROUCHO Ich wette, ich bin der älteste Knacker, der je einen Oscar bekommen hat. Als wir zur Preisverleihung reingingen, geriet das Publikum schier aus dem Häuschen, als es mich sah — ich trug einen Gehrock, wie ich ihn früher immer getragen hatte, bloß diesmal war's ein guter...

MORRIE RYSKIND Diesen komischen Bratenrock, den du früher immer anhattest?

GROUCHO O nein. Diesmal war er teuer. Er kostete $ 300. Aber das nur nebenbei.

MORRIE RYSKIND Grouch, ich kann mich nicht erinnern, daß dir früher etwas an einem Gehrock gelegen hätte, geschweige denn, daß du $ 300 dafür ausgegeben hättest.

GROUCHO Nein. Aber inzwischen bin ich ein reicher Mann. Meine Hosen haben $ 150 gekostet!

MORRIE RYSKIND Ich werde nie George S. Kaufman vergessen...

GROUCHO Ich werde ihn auch nie vergessen. Ich war auf seiner Beerdigung.

MORRIE RYSKIND Ich habe George das letzte Mal gesehen, als wir in New York waren, ich rief ihn an und sagte, er solle rüberkommen und mit uns zu Mittag essen. Und er sagte: »Morrie, ich kann nirgendwohin. Tut mir einen Gefallen: Kommt zu mir, ja?« Und Kaufman war so glücklich darüber, daß wir ihn besuchen kamen, ich kann euch seinen Respekt und seine Bewunderung und seine Hochachtung gar nicht beschreiben!

MARY RYSKIND Er rief mich am nächsten Tage an und bedankte sich, daß wir gekommen waren.

MORRIE RYSKIND Er hatte Kummer mit seinen Augen und den ganzen anderen Problemen des Alters, und niemand wußte mehr, wer er war. Kurz vor seinem Tod gab's Leute, die nicht mehr mit ihm sprechen wollten. Mit zunehmendem Alter wünschte ich mir bei Gott, daß die Leute etwas mehr Respekt vor dem Alter hätten. Ich bin so erzogen worden, aber heute gibt's das nicht mehr.

Neulich abend habe ich mir *The Cocoanuts* in einem College angesehen. Sie hatten mich gebeten, was zu sagen, also bin ich hingefahren. Man hätte meinen können, es sei der komischste Film von der Welt. Noch nie in meinem ganzen Leben habe ich so ein Gelächter gehört. Ich habe den Dialog geschrieben, aber den konnte niemand hören. Als erster tauchte Groucho auf der Leinwand auf, und alle standen auf und jubelten fünfzehn Minuten. Dann kam Harpo, und sie haben nochmal fünfzehn Minuten gejubelt. Am Schluß klatschten sie Beifall. Schließlich verehrten sie mich als Großen Gott. Ich war sehr glücklich den Tag.

Also, Groucho, du kannst dich nicht beklagen. Du warst am Broadway unglaublich erfolgreich. Und du weißt ja auch, ihr Jungs hattet mit eurer ersten Show, *I'll Say She Is,* eine Menge Glück. Percy Hammond, Woollcott und die ganze Bande hätten euch bei eurer Premiere gar nicht gesehen, wenn diese andere Inszenierung nicht ausgefallen wäre. Wenn euch die zweite Garnitur Kritiker so umjubelt hätte, wär' damit natürlich nicht so viel gewonnen gewesen. Aber am nächsten Tag konnten sich die großen Kritiker gar nicht halten vor Begeisterung. Harpo – ich werde Harpo nie vergessen...

GROUCHO Das ist der, der nie geredet hat.

MORRIE RYSKIND Weißt du noch?

GROUCHO Yea. Er war ein netter Kerl.

MORRIE RYSKIND Alle waren wahnsinnig erstaunt, als Harpo eines Abends plötzlich den Mund aufmachte. Die Leute hatten allen Ernstes geglaubt, er sei ein armer Taubstummer. Bei Harpo fällt mir noch folgende Geschichte ein: An einem kalten Winterabend hatten wir zusammen gegessen und waren auf dem Weg zum Theater. Wir kamen an einem Burschen mit so einem großen Hut vorbei...

MARY RYSKIND ...der stand auf der 42. Straße und spielte Geige. Wir gingen vorbei, und Harpo ging wieder zurück und sagte: »Leihst du mir die mal für 'n Augenblick?« Und er hat auf der Geige von dem Burschen gespielt.

GROUCHO Ich dachte, er hat Harfe gespielt.

MORRIE RYSKIND Hätte er auch, aber der Bursche hatte keine Harfe.

ERIN Wie lange seid ihr beiden schon verheiratet?

MORRIE RYSKIND Seit 1929.

GROUCHO Mein Geburtsjahr.

MORRIE RYSKIND Genau. Wir haben geheiratet, um Grouchos Geburt zu feiern.

GROUCHO Weißt du noch, wie ich in der Journalistenschule gesprochen habe? Und wie sie dich fast aus der Columbia University rausgeschmissen haben?

MORRIE RYSKIND Ich wurde gebeten, an der Columbia University eine Reihe von Vorträgen zu halten, einen Kursus. Sie brauchten einen Vorwand, um mir ein Diplom zu geben. Und ich habe nichts weiter gemacht, als alle Leute, die ich kannte – Groucho, George Jessel, Lindsay und Crouse –, zusammenzutrommeln und zu bitten, was vorzutragen.

GROUCHO Die waren ziemlich gut, Lindsay und Crouse.

MORRIE RYSKIND Ja, das waren sie, und jetzt sind beide tot.

GROUCHO Alle sind sie tot!

MORRIE RYSKIND Nicht alle sind tot, Grouch. Wir beide sind noch da. Hör mal, ich hab' neulich eine fabelhafte Show gesehen, *The Sunshine Boys*. Ich fand sie fabelhaft, weil es meiner Meinung nach beim Theater um nichts anderes geht. Alle kamen glücklich und gutgelaunt raus. Es kam nichts mit Drogen vor, und Lesben waren auch nicht drin.

GROUCHO Sag nichts gegen Lesben. Einige meiner Lieblingsmädchen sind Lesben. Erzähl doch mal von dem Baseball-Spiel, das wir in Philadelphia gespielt haben. Wir haben das ganze Spiel in einem Hotelzimmer gespielt. Und wir versuchten, das Klavier aus dem Fenster zu schmeißen.

MORRIE RYSKIND Ihr *habt* das Klavier aus dem Fenster geschmissen. Nur blieb es auf einem Gesims liegen.

GROUCHO Es *sollte* aber bis ganz nach unten fallen.

MORRIE RYSKIND Na, jedenfalls fand das bei einer Fete statt. Wir waren alle in Stimmung, weil uns klar wurde, daß wir mit *Animal Crackers* einen Hit gelandet hatten. Ruby sagte: »Laßt uns doch einen draufmachen«, also sind wir alle rauf in das Zimmer, und natürlich die Mädchen, und sowas habt ihr noch nie erlebt. Chico und ich spielten ein Baseball-Match, wovon Harry Ruby ganz begeistert war, und die Kellner mußten immer zwischen uns durch. Ich habe noch nie so ein Tohuwabohu gesehen. In Hollywood hat's nie so eine Orgie gegeben, außer daß es hier nicht besonders sexuell zuging. Und dann meinten Harpo und Herbert, sie müßten unbedingt…

GROUCHO Herbert?

MORRIE RYSKIND Dein Bruder.

GROUCHO Ach so, du meinst Zeppo.

MORRIE RYSKIND Richtig. Harpo und Zeppo hoben das Klavier hoch und stellten es auf das Gesims vor dem Fenster. Schließlich kamen so drei Detektive vom Hotel rein, und das Zimmer ist total leer. Alle Stühle und Möbel sind weg, und sie sagten: »Wo sind die Möbel?« Und wir sagten: »Was für Möbel?« Als das vorüber war, war dem armen Ruby und Kalmar übel. Groucho und ich gingen zurück zu unserem Hotel, und beim Rausgehen sagte Groucho zum Portier: »Was ist das für ein Hotel? Ich habe Zimmer 802, und da oben brüllen und schreien sie die ganze Nacht rum. Da kann man ja kein Auge zutun. Schaffen Sie die raus, oder ich rufe die Polizei.« Und damit gingen wir weg. Ich weiß nicht, ob die Polizei dann gekommen ist oder nicht, jedenfalls mußten sich Kalmar und Ruby, die unschuldigsten Menschen von der ganzen Welt, mit dem Hotelpersonal auseinandersetzen.

GROUCHO Und Harpo? Erzähl ihnen doch mal, wie Harpo an jede Tür geklopft hat und dann runtergelaufen ist und sich beschwert hat, daß er nicht schlafen kann, weil irgend jemand dauernd an seine Tür klopft.

MORRIE RYSKIND Naja, Harpo hat noch ganz was anderes gemacht. Er spielte Klavier und steckte dann den Kopf zum Fenster raus. Und dann auch noch sein Hinterteil − einfach so zum Fenster raus.

GROUCHO Ein verrückter Kerl.

MORRIE RYSKIND Harpo konnte sich einfach alles leisten.

GROUCHO Sein Sohn war letzte Woche hier zu Besuch.

MORRIE RYSKIND Harpos Kinder waren alle adoptiert, nicht wahr?

GROUCHO Ja.

MORRIE RYSKIND Wie Harpo mit den Kindern gespielt hat − wunderbar.

GROUCHO Harpo hatte nämlich geschworen, nie zu heiraten. Ja, er wäre der einzige, der nie heiraten würde. Er ist in seinem Leben mit drei Mädchen gegangen, und sie hießen alle Fleming. Na ja, there's no business like show business. oder etwa nicht?

MORRIE RYSKIND Doch, doch. Grouch war dann am besten, wenn er das Gefühl hatte, daß das Publikum auf ihn reagiert. Wenn er das Gefühl hatte, daß es lahm war, wollte er die Sache so bald wie möglich hinter sich bringen. Ist ja allgemein so. Wer hat das gesagt, daß man, um fabelhafte Künstler zu haben, auch ein fabelhaftes Publikum haben muß? Wenn es auf nichts eingeht, dann kann auch nichts rauskommen.

GROUCHO Als der Börsenkrach war, spielten wir gerade *Animal Crackers,* und an dem Abend drehte sich alles, was ich dachte und sagte, um die Börse.

MORRIE RYSKIND Ich weiß nicht, was du gesagt hast, aber an dem Abend, an dem der Börsenkrach war, waren Max Gordon und ich bei dir zum Abendessen.

GROUCHO In Great Neck?

MORRIE RYSKIND Ja, in Great Neck. *(Zu mir)* Groucho hatte jahrelang versucht, mich für die Börse zu gewinnen. Ich hatte keinen blassen Schimmer davon, aber er war so begeistert, daß er mich endlich dazu brachte, hundert Aktien von irgendwas zu kaufen. Wir waren draußen in Great Neck und spielten eines Nachmittags Golf. So am dritten Loch kommt Chico völlig außer Atem an und sagt: »Grouch, du mußt unbedingt Canadian Marconi kaufen.«

GROUCHO Das war's, was du gekauft hast, Canadian Makkaroni.

MORRIE RYSKIND Genau. Und du auch.

GROUCHO Ich habe Goldman, Sachs gekauft. Ich habe mein Geld mit den allerbesten verloren.

MORRIE RYSKIND Moment mal. Ich weiß, was du an dem Tag gemacht hast: du hast Canadian Marconi gekauft. Zurück zur Story. Grouch sagt: »Nun ja, gut, vielleicht besorge ich mir morgen welche.« »Morgen?!« sagt Chico. »Morgen wird das Zeug zwölf Punkte raufgegangen sein, und du wirst es nicht mehr kaufen können.« Jedenfalls läuft Chico mit uns rum — und drei Löcher mit Chico — mein lieber Mann! Dieser Chico! Groucho sagt: »Komm, Morrie, wir müssen uns das Zeug jetzt holen.«

Also steigen wir in ein Taxi — wir hatten, glaube ich, noch die Golfschuhe an — und Groucho sagt: »Schnell, die Börse macht um drei zu.« Wir rasen los und werden von einem Polizisten angehalten. Wir sind so hundertzwanzig gefahren. Er sagt: »Was soll das?« Und er hier *(deutet auf Groucho)* sagt: »Hören Sie, Inspektor, ich bin Groucho Marx und meine Frau kriegt ein Kind, und wenn ich sie nicht sofort ins Krankenhaus bringe, kriegt sie's auf der Straße.« Und der Polizist sagt: »Soll ich Ihnen vorausfahren?« Jetzt hat Groucho aber Bammel, weil der Polizist ja irgendwann merken würde, daß er zum Makler fährt und nicht nach Hause zu seiner Frau. Also sagt er: »Nein, nein«, und läßt sich irgendeine Ausrede einfallen. Endlich kommen wir zum Makler, und es ist fünf vor drei. Groucho kann inzwischen kaum mehr sprechen, aber er sagt: »Geben Sie mir tausend Anteile von...

GROUCHO Goldman, Sachs.

MORRIE RYSKIND Nein, nein. Du hast gesagt: »Geben Sie mir tausend Anteile von Canadian Marconi.« Die standen damals nur bei zehn oder so. Dann dreht er sich zu mir um und sagt: »Morrie, warum kaufst du dir nicht auch welche?« Ich sagte: »Aber ich verstehe doch überhaupt nichts von der Börse.« Ich fragte mich immer wieder, was diese komischen Börsennachrichten überhaupt bedeuten sollten. Groucho meint: »Komm schon, Morrie – du fängst jetzt an, ein bißchen Geld zu machen.« Also sagte ich: »In Ordnung. Kauf mir hundert Anteile.« Das ist eine Investition von tausend Dollar. Und damals waren tausend Dollar ... mein Gott! Am nächsten Tag war ich also ein Börsenspekulant und hatte ein Maklerbüro von innen gesehen.

GROUCHO Erinnerst du dich noch an Gordons berühmten Ausspruch, als er mich anrief?

MORRIE RYSKIND Nein, weiß ich nicht mehr. Aber ich war mit ihm bei dir.

GROUCHO »Hier spricht Salpeter«, sagte er, »das Spiel ist aus.«

MORRIE RYSKIND Er hat's an dem Tag bei dir zu Haus gesagt, Groucho. Am Tag des Börsenkrachs. Er blätterte die Zeitung durch und sagte: »Schön, ich habe zwar nichts, aber dafür schulde ich auch nichts.« Er war sehr glücklich, und Groucho meinte, sie hätten das Haus in Great Neck verloren. Erinnerst du dich an den Abend?

GROUCHO Beim Börsenkrach verlor ich alles, was ich hatte: $ 250000.

MORRIE RYSKIND Ich habe jeden Pfennig verloren: $ 2800. Ein bißchen mehr noch. Ich hatte bei der Bank ein paar peruanische Pfandbriefe gekauft...

GROUCHO Die haben mir immer gefallen.

MORRIE RYSKIND Ich habe mich von der Bank beraten lassen. Ich wußte ja nichts. Und als dann der Börsenkrach kam, ging ich hin und sagte: »Kann ich die hier verkaufen?«, und sie haben gesagt: »*Was* wollen Sie verkaufen?« Es ging damals jedem an den Kragen. Man stand nicht etwa allein damit da. Und wir rissen Witze darüber.

MARY RYSKIND Erzähl doch mal die Geschichte von dem Text, den du damals für Groucho geschrieben hast, und was er dann mit dir gemacht hat.

MORRIE RYSKIND In der Show gab es mehrere Stellen, wo Groucho einfach auf der Bühne sitzen und Harpo und Chico zuhören mußte. Das machte ihn wahnsinnig. Zwei Minuten auf der Bühne zu sitzen und jemand anderem zuzuhören und nichts zu sagen — ihr wißt, was das für Groucho bedeutet.

GROUCHO Nun hör ihn sich einer an!

MORRIE RYSKIND Jedenfalls saßen wir eines Abends zusammen beim Essen, da sagte er: »Morrie, schreib mir 'n komischen Text, ja?« Und ich gab ihm den Text am nächsten Abend, und er fiel vor Lachen bald vom Stuhl. Er sagte: »Genau! Das ist einer der fantastischsten Texte, die ich je gelesen habe!« Wenn er sowas sagte, hielt ich immer sehr viel von seinem Urteil. Er probierte ihn am selben Abend aus und ging an die Sache ran, wie normalerweise Maggie Dumont an so eine Sache ranging: Groucho erklärte ihr, daß etwas komisch war, und sie ging dann zum Publikum raus und fragte, was eigentlich los sei. Und genauso hat's Groucho gemacht. Er geht auf der Bühne nach vorn bis zur Rampenmitte und sagt seinen Text. *Nicht das kleinste Kichern!* Keine Reaktion. Niemand lachte. Dann sagte er: »Und was lernen wir daraus? Nie mit Morrie Ryskind zu Abend essen!« Das Publikum brüllte vor Lachen. Das gefiel ihnen.

ICH Erinnern Sie sich an den Text?

MORRIE RYSKIND Nein. Aber ich habe früh gelernt, daß, wenn man was geschrieben hat, was das Publikum nicht versteht, man etwas anderes probieren muß, was es versteht.

GROUCHO Ich habe ein paar gute Sachen verfaßt. Wollt ihr eine hören?

MORRIE RYSKIND Wenn das geht, während wir essen, und du uns nicht den Appetit verdirbst, mach schon.

MARY RYSKIND Bei Möhrentorte wird's schon gehen.

GROUCHO In *Animal Crackers* hatte ich zu sagen, ich hätte einen Elefanten im Pyjama geschossen. Wie er in meinen Pyjama kam, weiß ich nicht. Und ich hatte Mühe, die Stoßzähne da rauszukriegen… He! Wollt ihr heute abend meine Show nicht sehen? Um elf?

MORRIE RYSKIND Ja, klar. Was Grouch zu dem gemacht hat, was er ist, das ist seine enorme Verve. Er kam auf die Bühne und ging immer gleich zum Angriff über.

Wißt ihr was? Neulich wurde ich angerufen, sie wollten die Bühnenrechte für *Animal Crackers*. Könnt ihr euch *Animal Crackers* ohne Groucho, Harpo und Chico vorstellen? Es geht einfach nicht. Man kann eine Show schreiben und sie dann besetzen, wie wir es bei *Of Thee I Sing* gemacht haben; aber eine Show für die Marx Brothers zu schreiben ist Maßarbeit. Sonst kriegt man keine Show zustande. Es ist allen vollkommen egal, ob der Junge das Mädchen liebt oder nicht. Berlin schrieb eine fabelhafte Musik für unsere Show, aber darauf hat kein Mensch geachtet, weil die Jungs die ganze Aufmerksamkeit allein auf sich zogen.

Einmal kam Chico zu Joe Santley und sagte: »Joe, brauchst du mich gerade? Wenn nicht, kann ich eben mal 'ne Stunde weg? Ich habe Kopfschmerzen.« Joe sagte: »Klar, aber komm wieder.« Eine Stunde vergeht. Joe Santley kommt zu mir und sagt: »Morrie, wo zum Teufel steckt denn Chico?« Ich sagte: »Warum zum Teufel hast du ihn weggehen lassen?« Er darauf: »Wo könnte er bloß sein?«

Ich hatte eine Idee. Wir waren in Astoria, und ich rief den New York Bridge Club an und sagte: »Ist Chico Marx bei Ihnen?« Sie sagten: »Ja«, und ich sagte: »Sagen Sie ihm, ich möchte ihn sprechen.« Sie sagten: »Er kann jetzt nicht. Er hat gerade sechs ohne Trumpf in der Hand.« Ich sagte: »Ist mir schnuppe, was er in der Hand hat. Schicken Sie ihn sofort rüber.« Chico mußte sich ein Taxi schnappen und für die Szene rüberkommen.

GROUCHO Jemand hat Chico mal gefragt, wieviel Geld er beim Spielen verloren habe, und er hat gesagt: »Erkundigen Sie sich, wieviel Harpo hat. Soviel habe ich verloren.«

MORRIE RYSKIND Genauso war's. Ihr mußtet ihn in Chicago ja sogar aus dem Knast freikaufen...

GROUCHO Öfters.

MORRIE RYSKIND ...sonst hätten sie ihn fertiggemacht.

GROUCHO Als wir in Detroit spielten, verschwand er eine Woche lang nach Windsor in Kanada, und Harpo und ich mußten die Show alleine bringen.

ICH *(zu Morrie)* Was mochten Sie am liebsten von den Sachen, die Sie für die Marx Brothers geschrieben haben?

MORRIE RYSKIND Ich glaube, allgemein wird *A Night at the Opera* für das beste gehalten.

GROUCHO Kalmar und Ruby hatten zuerst ein Drehbuch für *A Night at the Opera* geschrieben, und das gefiel uns nicht. Thalberg sagte: »Wen wollt ihr?« Und wir sagten: »Kaufman und Ryskind.«

MORRIE RYSKIND Dann rief uns Thalberg an.

ICH Was hielten Sie von Thalberg?

MORRIE RYSKIND Ich hatte ihn schon vage gekannt. Er war hier sowas wie der junge Wunderknabe. Schon mit sechzehn oder so hat er bei Universal den Laden geschmissen. Jedenfalls wußte ich, daß Thalberg ein großes Tier war, und natürlich hatte er ein paar berühmte Filme produziert. Aber als wir hierher kamen, sagte ich: »Wenn's Ihnen nichts ausmacht, arbeite ich im Hotel.« Er sagte: »Sicher, warum nicht.«

Ich arbeitete also im Hotel, und als ich mit ungefähr zehn Seiten Drehbuch fertig war, dachte ich mir, ich schau mal vorbei, rief ihn an und sagte: »Ich habe hier was, was Sie vielleicht interessieren könnte.« Und als ich angekommen war, setzte er sich hin und las es durch und lächelte nicht mal. Machte nicht mal 'ne aufmunternde Bemerkung. Und ich komme mittlerweile fast um. Dann schaut er mich an und sagt: »Morrie, das ist mit das Komischste, was ich je gelesen habe.«

GROUCHO Wir fragten George [Kaufman] mal, was er von Thalberg halte, und er sagte: »Das ist ein zweiter Sam Harris.«

MORRIE RYSKIND Das ist das größte Kompliment, was man jemandem machen konnte. Sam Harris war ein großartiger Bursche. Werde ich nie vergessen. Weißt du noch, wie wir an Margaret Dumont gekommen sind?

GROUCHO Über Sam Harris.

MORRIE RYSKIND Ich hatte für ihn einen kurzen Text geschrieben, als wir in Salt Lake City *A Night at the Opera* ausprobierten. Er versuchte es damit, und nichts passierte. Er sagt: »Morrie, ich probier's noch mal.« Ich bin ein Mensch, der stets sagt: »Na, werd' ich mit dir streiten?«, und so haben wir's an dem Abend noch mal damit versucht und dann noch zwei Tage lang. Trotz allem probierte er es immer wieder. Schließlich sagte ich: »Du hast es viermal probiert. Was soll das? Wenn sie jetzt nicht darüber lachen, werden sie es nie tun.« Und er sagte: »Nur noch ein einziges Mal.« Und er ging also wieder auf die

Bühne und bekam einen der größten Lacher von der ganzen Show. Und wißt ihr warum? Er hatte ein Wort falsch ausgesprochen, und worüber sie lachten, das war nicht der Witz, sondern die falsche Aussprache.

ERIN In der Filmfassung von *Animal Crackers* ist so viel weggelassen worden.

MORRIE RYSKIND Ja. Aber ich denke, diese Fassungen sind alle gekürzt. Auch wenn ich mir *A Night at the Opera* ansehe, fällt mir auf, daß eine Szene fehlt.

GROUCHO Ich erinnere mich an einen Teil, der geschnitten wurde. Und zwar in einer Rede, die ich hielt. Ein Satz lautete: »Die Welt wäre viel schöner für die Kinder, wenn die Eltern den Spinat essen müßten.«

MORRIE RYSKIND Ich glaube, meine Lieblingsszene mit den Jungs war in *Animal Crackers,* wo sie das gestohlene Gemälde suchen und schon das ganze Haus durchsucht haben. Aber kein Gemälde ist zu finden. Also beschließen sie, das Nachbarhaus zu durchsuchen. Aber es gibt gar kein Nachbarhaus, und so bauen sie sich eben eins! Das ist, glaube ich, der beste Nonsens, den ich je gesehen habe.

GROUCHO Der Nonsens, der mir am besten gefallen hat, war, als ich Zeppo einen Brief diktierte. Hungerdunger.

MORRIE RYSKIND Wißt ihr, wir haben Zeppo nie eine richtige Chance gegeben, weil wir das nicht konnten. Aber im täglichen Leben war Zeppo ein sehr amüsanter Bursche.

ICH Erinnern Sie sich an irgendwelche Beispiele für Zeppos Humor?

MORRIE RYSKIND Ich werde Ihnen eine Geschichte erzählen, die vielleicht ein bißchen heikel ist. Zeppo war ja mein Agent. Es gab eine Zeit, ungefähr einen Monat, da versuchte ich, Zeppo zu erreichen, und ich schaffte es nicht. Langsam wurde ich stocksauer und dachte: »Warum erreiche ich den Kerl nicht?« Ich machte also ein bißchen dicke Luft, und endlich kommt er, und ich sage: »Zep, seit einem Monat versuche ich, dich zu erreichen.« Er sagt: »Schön. Aber ich werd' dir was sagen; ich bin in psychoanalytischer Behandlung.« Ich guckte ihn einfach an. Wenn man Zeppo so gut kannte wie ich und sich vorstellen sollte, Zeppo könnte jemals so was sagen... auch *wenn* er in Behandlung gewesen wäre! Ich sagte also: »Um Gottes Willen, warum denn?« Er sagt: »Ich hatte mir das Onanieren angewöhnt.«

Natürlich stimmte das nicht. Das war nur ein Alibi. Ich sagte: »Was ist passiert? Bist du jetzt geheilt?« Und er sagte: »Nein, aber jetzt weiß ich, *warum* ich's tue.«

GROUCHO Weißt du, wen ich gerne kennengelernt hätte? Somerset Maugham. Er kam zur Premiere von *Cocoanuts* — er mußte hundert Dollar für seinen Platz zahlen, weil es keine Karten mehr für das verdammte Ding gab. Ihn wollte ich immer mal kennenlernen.

MORRIE RYSKIND Er war einer meiner Lieblingsautoren — ich glaube, einer der fabelhaftesten Burschen dieser Zeit. Ich war vollkommen perplex, als ich hörte, daß er... *(Lange Pause)*

ERIN Bisexuell war.

MORRIE RYSKIND Ich weiß nicht, ob er *bi*sexuell war oder nicht. Er hat doch Männer wie Frauen so hinreißend beschreiben können.

GROUCHO Er schrieb *Rain,* und Sam Harris produzierte es. Ich möchte eine Geschichte erzählen. Darf ich?

MORRIE RYSKIND Nur wenn's 'ne Zote ist.

GROUCHO Als das Lindbergh-Baby ermordet wurde, herrschte im ganzen Land entsetzliche Angst. Niemand wußte, wessen Kinder als nächste dran wären. Ich wohnte in einem Haus draußen am Sunset Boulevard, und als ich an dem Abend zu Bett ging, hörte ich einen Wagen draußen auf der Auffahrt. Ich sah zum Fenster raus, und da stand ein leerer Wagen — ein Ford, ein alter Ford mit niemandem drin. Als erstes nahm ich Arthur und Miriam, brachte sie ins Zimmer meiner Frau und schloß die Tür ab. Übrigens sehe ich Arthur morgen beim Mittagessen. Er ist jetzt fünfzig. Jedenfalls, die Polizei kam und nahm den Wagen mit. Ungefähr eine halbe Stunde später sah ich zur Haustür raus, und da stand schon wieder ein Wagen. Das war das Dienstmädchen von nebenan und ihr Freund, die haben's im Wagen getrieben. Das ist die ganze Geschichte, bis auf folgendes: zehn Jahre später tanzte ich im Mayfair Club in New York gerade mit Ginger Rogers, da kommt Larry Hart zu mir und sagt: »Hast du das mit dem Wagen vor deinem Haus jemals rausbekommen? Das war ich.« Das ist die ganze Geschichte. Sie ist nicht besonders interessant, also halte ich jetzt wieder die Klappe.

MORRIE RYSKIND Ich habe Ginger Rogers vor allem aus einem Grund sehr geliebt und nie vergessen. Ich hatte gerade einen Film hinter mir — ich weiß nicht mehr, welchen — und war drüben bei RKO und laufe an einem Zeitungsstand vorbei. Da sehe ich Ginger.

Ich hatte sie seit dem Theater nicht mehr gesehen, und wir fallen uns um den Hals. Am Kiosk hing das Titelbild von *Photoplay* oder sowas, und daneben steht also Ginger, das Wunderschönste, was man je gesehen hat, und sagt: »Morrie, sag mal: meinst du, ich könnte auch mal so aussehen?« Ich glaub', wir müssen jetzt weg.

GROUCHO Wollt ihr euch meine Show nicht ansehen?

MORRIE RYSKIND Wir sehen sie uns zuhause an. Natürlich.

GROUCHO Hinterher kriege ich eine Massage.

MORRIE RYSKIND Von wem?

GROUCHO Von einem hübschen Mädchen. Vielleicht gebe ich *ihr* eine.

MORRIE RYSKIND Könnte ich ein Exemplar vom *Playboy* bekommen? Den mit deinem Interview?

GROUCHO Klar, nur zu. Ich hab's noch nicht gelesen.

MORRIE RYSKIND Erzähl mir nichts. Ich wette, du kannst es auswendig.

MARY RYSKIND Hast du dir wenigstens das Klappbild in der Mitte angeschaut?

GROUCHO Nein, nackte Weiber interessieren mich nicht.

MORRIE RYSKIND Als Harpo mal nach Europa reiste, kaufte er sich ein französisches Buch. Ich fragte ihn: »Für was ist das gut?« Und er sagte: »Nu, ich verreise schließlich.« Harpo brachte zwar nicht mal die Grundschule hinter sich, aber er wollte Französisch lernen. Ich sagte zu ihm: »Also, was ist damit?« Und er sagte: »Paß auf. Jeden Tag fange ich auf Seite eins an. Das macht mich müde, und ich schlafe ein. Am nächsten Tag wache ich auf und fange wieder auf Seite eins an.« So war Harpo, wahrscheinlich der unbelesenste der Brüder, aber die Jungs haben ihn alle geliebt – Somerset Maugham, George Bernard Shaw...

ERIN Hat er ihre Bücher gelesen?

MORRIE RYSKIND Ich weiß nicht, ob er ihre Bücher gelesen hat, aber sie liebten ihn. Harp war, wie ich schon sagte, ein einfacher, herzlicher Mensch...

ERIN Mit lauter intellektuellen Freunden...

MORRIE RYSKIND Sicherlich hat Shaw sich mit Harpo nicht auf eine Diskussion über den fabianistischen Sozialismus eingelassen.

ERIN Als Groucho zu T. S. Eliot fuhr, versuchte er, *The Waste Land* zu lesen.

MORRIE RYSKIND Groucho hat sich immer über mich lustig gemacht — ich sei der, der studiert habe. Immer hatte er diesen Minderwertigkeitskomplex, was meiner Meinung nach das Dümmste von der Welt ist. Ich kenne eine Menge Leute, die nicht auf die Universität gegangen sind und deswegen einen Minderwertigkeitskomplex haben...

GROUCHO Ich auch.

MORRIE RYSKIND Das weiß ich. Das ist albern, weil viele Leute, die ein Diplom haben, die größten Langweiler von der Welt sind und von nichts 'ne Ahnung haben. Groucho war schon immer belesener als die Hälfte der Leute, die ich kenne.

ERIN Es wäre schön, wenn irgendeine Universität Groucho ein Diplom verleihen würde.

MORRIE RYSKIND Solltest du von Dartmouth nicht eins bekommen?

ERIN Sie wollten, daß er hinkommt und einen Vortrag hält.

GROUCHO Ich habe gerade einen Brief von Notre Dame bekommen, sie wollen, daß ich komme und was sage. Und von Harvard dasselbe.

MORRIE RYSKIND Aber kein Diplom?

GROUCHO Angenommen, sie gäben mir eins, was sollte ich damit?

ERIN Aber Groucho, dann wärst du doch ein Akademiker.

GROUCHO Na und?

ERIN Dann hättest du keinen Minderwertigkeitskomplex mehr.

GROUCHO Im Augenblick habe ich ja keinen.

MORRIE RYSKIND Irgendwie doch. Ich mußte heute an was denken: mir fiel eine von den Sachen ein, die du früher mal gebracht hast, und jemand sagte: »Wittier!« [Mehr Humor!] und du sagtest: »Der Dichter?« Wer weiß denn heute von den Jungen noch, wer Whittier war?

GROUCHO Heute waren ein paar Elfjährige bei mir vor der Tür und wollten mein Autogramm.

MORRIE RYSKIND Na wenn schon? Sind doch erst elf. Gib's ihnen, Groucho.

GROUCHO Hab ich auch, aber dann hab ich sie rausgeschmissen.

MORRIE RYSKIND Mich sucht niemand heim oder bittet mich um mein Autogramm. Sie wollen immer nur Geld.

GROUCHO *(fängt an, »God Bless America« zu singen)*

MARY RYSKIND Eigenartig: bei dem Lied stehen die Leute immer auf, als wär's die Nationalhymne.

383

GROUCHO Das sollte es auch sein.

MORRIE RYSKIND Als Pearl Bailey *The Star-Spangled Banner* sang — Jungejunge, das ging einem durch und durch!

GROUCHO Ein mieses Lied.

MORRIE RYSKIND Ist es nicht.

GROUCHO Es ist ein Lied über den Krieg. »Bomben explodieren in der Luft...« Ein mieses Lied ist das.

ERIN Ihm gefällt »God Bless America« besser.

MORRIE RYSKIND Grouch, erinnerst du dich, unter welchen Umständen das Lied geschrieben wurde?

GROUCHO Ja. Als Washington den Delaware überquerte.

MORRIE RYSKIND Nein. Als Baltimore niedergebrannt wurde. Und der Kerl steht draußen auf einem britischen Schiff und fragt sich, ob unser Land überleben wird. *Das* ist ein Lied.

GROUCHO Ein mieses Lied ist das. »God Bless America« ist ein großartiges Lied.

MORRIE RYSKIND Ist ja gut! Ich mag Berlin auch.

GROUCHO Berlin mag ich nicht. Frankfurt mag ich lieber.

MORRIE RYSKIND Sowas zu schreiben...

GROUCHO Und so viele andere Städte...

MORRIE RYSKIND ...während die Bomben explodieren, und sich dabei zu fragen...

GROUCHO ...die alle mehr taugen als Berlin.

MORRIE RYSKIND ...ob Amerika überleben wird, und...

GROUCHO Beeindruckt mich alles nicht.

MORRIE RYSKIND Ist ja gut. Vergiß es.

GROUCHO Mach ich auch.

MARY RYSKIND Wir sollten Groucho jetzt seiner Massage überlassen.

GROUCHO Ich zieh mir meinen Schlafanzug an und schau mir meine Show an.

MORRIE RYSKIND Hast du was dagegen, wenn ich sie mir zu Hause ansehe?

GROUCHO Ja. Es ist nicht das gleiche. Tempus fugit. Oder vielmehr, Tempus ist futsch. Kennst du ihn?

MORRIE RYSKIND Und ob.

GROUCHO Ich kenne ihn sehr gut. Schon seit vierzig Jahren kenne ich ihn sehr gut.

Mike Nichols, Jack Nicholson
und Marvin Hamlisch

Kurz nach der Oscar-Verleihung, bei der Groucho seinen Sonder-Oscar entgegennahm und Marvin Hamlisch ganze drei erhielt, aßen Groucho, Erin und ich mit Marvin, Mike Nichols, Jack Nicholson und Andy Marx zu Abend.

GROUCHO *(zu Mike, Erin und mir — Marvin und Jack waren noch nicht da)* Ich muß euch was von meinem Sohn erzählen, mit dem ich heute zu Mittag gegessen habe. Wißt ihr, es ist komisch, wenn das eigene Kind ins mittlere Alter kommt. Er ist fünfzig und der jüngste Alkoholschmuggler von Amerika. Wir spielten mal in Kanada, und Arthur hatte ein Kleid an…

MIKE NICHOLS Wie soll ich das verstehen? Du sagtest doch, er ist fünfzig.

GROUCHO Nein! Er war sechs Monate alt, und wir trugen ihn auf dem Arm. Damals herrschte die Prohibition, und man durfte keinen Schnaps hier ins Land einführen. Wir besorgten uns zwei Flaschen Whisky und versteckten sie in den Falten von Arthurs Kleid. Und brachten sie so ins Land.

MIKE NICHOLS Sie hätten ihn wohl kaum verhaftet.

GROUCHO Den Kleinen? Nein. Mich hätten sie verhaftet… Du erwähntest vorhin Greta Garbo. Ich weiß noch, wie ich mal im Thalberg-Building war und eine Frau in den Aufzug kam und mit dem Rücken zu mir stand. Ich hob ihren Hut an der Krempe hoch, daß er ihr fast ins Gesicht gefallen wäre. Sie drehte sich um, und es war Greta Garbo. Ich sagte: »Tut mir furchtbar leid, aber ich dachte, Sie wären ein Kerl, den ich mal in Kansas City kennengelernt habe.«

MIKE NICHOLS Wie hat sie reagiert?

GROUCHO Sie verließ den Fahrstuhl. Zehn Jahre später traf ich sie wieder, und sie erinnerte sich daran. Sie war der größte Star von MGM.

MIKE NICHOLS Du hattest nicht gewußt, daß es die Garbo war?

GROUCHO Aber nein. Ich erkannte sie nicht, bis sie sich zu mir umdrehte und mich ansah. Erst da sah ich, daß es die Garbo war.

MIKE NICHOLS Weißt du noch, wie dich Winchell nicht in den Aufzug gelassen hat?

GROUCHO Walter Winchell?

MIKE NICHOLS Ja. Jedesmal, wenn er einen Aufzug benutzte, durfte kein anderer rein.

GROUCHO Kann ich verstehen.

MIKE NICHOLS Das hatte er sich verdient. Er wollte eben lieber allein sein. Der Liftboy im Pierre oder im Plaza oder wo immer er auch wohnte, ließ die Leute nicht rein, wenn Winchell drin war, und sie hielten den Aufzug für niemanden sonst an, weil er's so wollte.

GROUCHO Ich war mal im Plaza im Aufzug, da kam ein Geistlicher rein und sagte: »Sie sind doch Groucho Marx, nicht wahr? Meine Mutter hält Sie für den Größten.« Und ich sagte: »Ich wußte gar nicht, daß Jungs wie ihr Mütter habt. Ich dachte immer, das wird mit unbefleckter Empfängnis gemacht.«

MIKE NICHOLS Hat er gelacht?

GROUCHO Nein. Ich habe *schleunigst* den Fahrstuhl verlassen.

MIKE NICHOLS Hast du gehört, wie Woody Allen Billy Graham im Fernsehen interviewte und ihn fragte: »Welches ist Ihr Lieblingsgebot?« *(Jack Nicholson tritt ein)*

ERIN *(zu Jack)* Ich habe eben mit deinem Anrufbeantworter gesprochen. Er hat sich mit »Hier bei Nichols« gemeldet.

JACK NICHOLSON Wundert mich gar nicht.

GROUCHO Na, du Gauner. Kommst erst um acht.

JACK NICHOLSON Tut mir wirklich leid, daß ich zu spät komme.

GROUCHO Du bist untröstlich, so ist es richtig. Wo ist deine Freundin?

JACK NICHOLSON Sie ist noch nicht nach Hause gekommen.

GROUCHO Hat sie einen anderen?

JACK NICHOLSON Sehr gut möglich, so wie ich mich verhalte.

GROUCHO Vielleicht hat sie eine andere Verabredung.

JACK NICHOLSON Laß ruhen, Grouch. Laß ruhen. *(Marvin Hamlisch tritt ein)*

GROUCHO *(zu Marvin)* Wunderbar, was du bekommen hast. Gleich drei Oscars. Daß du überhaupt noch mit mir sprichst!

MARVIN HAMLISCH Weißt du, Groucho, das beste an den Oscars… *(Wendet sich an die übrigen Anwesenden)* Es ist so, ich bin eigentlich ein New Yorker. Mein Herz gehört New York…

JACK NICHOLSON Tja, wer hätte das gedacht?

MARVIN HAMLISCH Nicht wahr? Na ja, ich war auf dem Weg nach New York, da sagt ein Polizist zu mir: »Klasse!« Er hatte mich erkannt. Und ich dachte: »Naja, das ist halt Hollywood.« Und dann komm' ich in meine Stadt, New York, und ein Taxifahrer – ihr wißt ja, wie die sind in New York – sagt: »He, Alter, das ist aber echt Klasse.« Da wurde mir erst so richtig klar, was passiert war. Am Tag der Oscar-Verleihung war ich so nervös, daß ich mich zweimal übergeben mußte. Man wird immer wieder nominiert, und alle, die's gut mit einem meinen, sagen einem: »Wir wissen ja, wie gut du bist, also wenn du den Preis nicht bekommst, mach dir nichts daraus.«

GROUCHO Du hast dich zweimal übergeben? Heute abend hast du noch 'ne Gelegenheit dazu.

MIKE NICHOLS Das find' ich Klasse.

GROUCHO Daß er sich übergeben hat?

MIKE NICHOLS Daß er was empfand. In der Situation fühle ich nie was.

GROUCHO Übrigens ist es fünfundzwanzig vor Groucho.

MARVIN HAMLISCH *(inspiziert Grouchos Groucho-Uhr)* Ich glaube, die geht zwei Stunden nach.

GROUCHO Ich ziehe sie nicht mehr auf. Nach einer Weile langweilen mich die Dinge – Uhren, Ehefrauen… *(Sie gehen ins Eßzimmer)* So, jetzt heißt's: Jeder für sich und alle für keinen.

MIKE NICHOLS In dem Jahr, in dem ich verlor, saßen wir so da, und Haskell Wexler, der Kameramann des Films, gewann. Und er stand auf und sagte: »Laßt unsere Kunst ein Werkzeug des Friedens und der Liebe sein.« Ich tat so, als müßte ich kotzen, und die Fernsehkameras hatten mich drin. Habt ihr das gesehen?

JACK NICHOLSON Einer der schönsten Augenblicke meines Lebens.

MIKE NICHOLS Dann kam das nächste Jahr, und ich dachte, wenigstens ist Haskell diesmal nicht nominiert worden. Hal Ashby war für irgendwas an der Reihe, als Cutter. Und er stand auf und sagte – ich schwöre, es ist wahr –: »Wie mein Freund Haskell Wexler schon sagte: ›Laßt unsere Kunst ein Werkzeug des Friedens und der Liebe sein.‹« Und wieder mal…

MARVIN HAMLISCH Wenn ich nochmal einen bekommen sollte, weiß ich, was ich sagen werde: »Wie schon zwei meiner besten Freunde sagten…«

MIKE NICHOLS Du müßtest dich gegen *Jesus Christ Superstar* behaupten...

GROUCHO Also bitte! Ich bin Jude.

MARVIN HAMLISCH Tatsächlich?

GROUCHO Seit dreiundachtzig Jahren. Meint ihr, Fatty Arbuckle ist erledigt?

MIKE NICHOLS Ich glaube, niemand ist jemals erledigt. Oder?

GROUCHO Man spricht immer noch davon. Und von diesem Hotel in San Francisco. Er war ein hervorragender Dicker seinerzeit. Letzte Woche habe ich einen fabelhaften Film gesehen. Der Dicke, der den Oscar bekam, hat ihn aus Frankreich mitgebracht. Habt ihr die Filme gesehen? Die sind achtzig Jahre alt. Faszinierend.

ICH Groucho und ich waren bei Filmex und haben uns die französischen Jahrhundertwende-Filme angesehen, die Henri Langlois von der Cinémathèque Française in Paris mitgebracht hatte.

MIKE NICHOLS Wißt ihr was? Als ich *The Graduate* machte, war mein Kameramann ungefähr fünfundsechzig. Als ich noch zur Highschool ging, war er bei einer MGM-Führung dabei und durfte bei den Dreharbeiten zum ersten Stummfilm der Garbo zusehen. Dabei lernte er den Kameraassistenten kennen. Und dieser Kameraassistent war auch noch *unser* Kameraassistent bei *The Graduate!* Er wirkte nicht besonders alt. Er war Sizilianer und hat in seiner Laufbahn alle Filme miterlebt, vom Anfang bis heute.

GROUCHO Kameraassistent klingt wie Kammerjäger.

MARVIN HAMLISCH *(zu Jack Nicholson)* Kommst du eigentlich manchmal wieder nach New Jersey?

JACK NICHOLSON Ich habe die erste Hälfte meines Lebens dort verbracht und versuche, jedes Jahr ein paar Tage wieder dort zu sein.

GROUCHO Ich habe dort mal zusammen mit Norman Krasna gespielt. Das Stück hieß *Time for Elizabeth.* Alles drehte sich um Elizabeth, New Jersey.

ERIN Was wollt ihr zum Nachtisch? Apfel- oder Erdbeerkuchen?

GROUCHO Ich nehme Apfelkuchen. Weil ich Amerikaner bin. Erdbeeren ist was für Tunten.

MARVIN HAMLISCH Ich nehme beides.

GROUCHO Heißt das, du bist eine amerikanische Tunte?

MARVIN HAMLISCH *(zu Mike Nichols)* Bist du nicht in Chicago zur Schule gegangen?

MIKE NICHOLS Ja. Northwestern.

GROUCHO Ich habe dort vor ungefähr drei Jahren mal 'ne Rede gehalten. Sie gaben mir 7000 Dollar dafür, und ich gab sie der Schule zurück, weil sie verschuldet war.

JACK NICHOLSON Ich war auch mal da.

MARVIN HAMLISCH Klasse Schule.

Nach dem Abendessen gingen alle wieder ins Wohnzimmer, wo jeder Gast Gelegenheit hatte, etwas zum besten zu geben. Groucho sang Harry Rubys »Show Me a Rose«.

GROUCHO *(nachdem er gesungen hatte)* Was sollen die Leute bloß von mir denken, wenn ich mich hier hinstelle und gratis singe?

ERIN Willst du nicht auch »Lydia« singen?

GROUCHO Ich will nicht, aber wenn ihr mich zwingt, tu ich's *(Singt »Lydia«)*

ERIN Ob wohl Aussicht besteht, daß Marvin mein Lieblingslied spielt, Groucho?

GROUCHO Später vielleicht, wenn ich ins Bett gehe.

MARVIN HAMLISCH Wie geht's deiner Katze?

GROUCHO Die Katze ist heute krank. Sie hat Filzläuse.

JACK NICHOLSON Und wie heißt deine Katze?

GROUCHO *(stolz)* Blackie.

JACK NICHOLSON Ganz bestimmt eine weiße Katze.

GROUCHO Nein, eine schwarze.

ERIN Wer ist jetzt dran? Jack?

JACK NICHOLSON Ich bin bereit.

ERIN Jack ist bereit, Groucho.

JACK NICHOLSON Ich werde jetzt Gedanken lesen.

GROUCHO Darf ich zuschauen?

JACK NICHOLSON Du darfst mir sogar die Hand halten.

GROUCHO Was soll das heißen?

JACK NICHOLSON *(zu Mike Nichols)* Nenne mir eine Zahl zwischen eins und zehn.

MIKE NICHOLS Soll ich sie laut sagen?

JACK NICHOLSON Ja.

MIKE NICHOLS Sieben.

JACK NICHOLSON Richtig.

GROUCHO Nicht schlecht.

MIKE NICHOLS Ich kann ein Zauberkunststück.

GROUCHO Das ist ja 'ne irre Party. Jack, sing ein Lied.

JACK NICHOLSON Ich glaube, ich kann gar kein richtiges Lied. Außer »Happy Birthday« vielleicht.

MARVIN HAMLISCH *(am Klavier)* Das kenne ich!

JACK NICHOLSON Sagt mal, ist das bei euch jeden Abend so?

ERIN Jeden Abend!

MARVIN HAMLISCH Und was macht ihr, wenn ihr Besuch habt?

GROUCHO Dann singe ich. Wenn ihr nicht aufpaßt, singe ich sogar gleich. Los, Mozart, laß krachen.

MARVIN HAMLISCH Ob Frau Mozart das auch zu ihrem kleinen Sohn gesagt hat?

ANDY MARX

Ehe wir bei Groucho zum Mittagessen Platz nahmen, stellte Groucho June Banker von der Academy of Motion Picture Arts and Sciences seinen Enkel Andy vor:

»Kennen Sie schon meinen Enkel Steve?«

Jahrelang war das einer von Grouchos Insider-Scherzen. Steve ist Andys älterer Bruder, obwohl Groucho sagte, Andys älterer Bruder heiße »Amos«.

Andy, Komponist von Beruf, ist auch ein Enkel von Gus und Grace Kahn, und sein Vater ist der Schriftsteller Arthur Marx. Andy ist ein hervorragender Pianist und begleitete Groucho bei Parties oft auf dem Klavier.

Andy, June und ich aßen, kurz nachdem Groucho seinen Oscar erhalten hatte, bei ihm zu Mittag. Krankenschwester Julie war auch dabei. Wie das seine Gewohnheit war, warnte Groucho Andy davor, zu jung zu heiraten.

GROUCHO Ich habe mit dreißig geheiratet. Du solltest jetzt noch nicht heiraten.

ANDY Ja, aber es gibt Leute, die mit Anfang zwanzig geheiratet haben und absolut recht damit hatten. Du warst dreimal verheiratet. Was ist schiefgelaufen?

GROUCHO Schönheit zu heiraten genügt nicht. Ich hab's dreimal getan. Und jedesmal war's eine Katastrophe.

ANDY Wann kamst du dahinter?

GROUCHO Nach der Scheidung.

ANDY Wonach hättest du statt dessen Ausschau halten sollen?

GROUCHO Nach einem sehr klugen Mädchen.

JUNE BANKER War denn keine deiner Frauen besonders intelligent?

GROUCHO Nein. Das hat mich nicht interessiert. Und Schönheit vergeht.

ANDY Aber wie weiß man, wann's soweit ist? Wie lange sollte man warten?

GROUCHO Man sollte auf keinen Fall heiraten, bevor man das Mädchen nicht ernähren kann.

ANDY Kann ich. Ich habe zwei Mädchen ernährt. Neulich, als ich gekocht habe.

GROUCHO *(gar nicht amüsiert)* Guter Witz, überzeugt mich aber überhaupt nicht. Da gehe ich jetzt wohl besser eine Weile fernsehen. *(Steht aber nicht auf)* Ich weiß noch, wie ich Andy Marx das erstemal begegnet bin. War'n ganz schöner Trumm.

ANDY Wißt ihr, was ich wog, als Groucho mich zum erstenmal sah? Fast sechs Kilo, als ich auf die Welt kam. Ich hatte sogar eine Brille auf.

GROUCHO Du wurdest mit Brille geboren? Da hattest du ja schon immer den Durchblick. *(Zu June und mir)* Ich weiß noch, wie er ungefähr zehn war. Er kam immer zu Weihnachten her, aber ich habe ihm nichts geschenkt.

ICH Das glaube ich nicht.

ANDY Doch, er hat mir immer was geschenkt.

GROUCHO Ich weiß noch, was ich einmal Weihnachten bekommen habe. Eine halbe Orange und eine halbe Banane.

ICH Warst du enttäuscht?

GROUCHO Nein, ich habe mich sehr darüber gefreut. Ich stellte keine großen Ansprüche. Und zur Bar-Mizwa bekam ich eine Armbanduhr. Eine goldene. Die nach zwei Wochen grün wurde.

ANDY Ich hatte keine Bar-Mizwa. Ich überlege mir schon, ob ich nicht zurückgehe und sie jetzt mit mir machen lasse.

GROUCHO Warum nicht? Ich schenke dir eine Groucho-Uhr.

ANDY Die nach drei Stunden grün wird.

GROUCHO Jedenfalls bekam ich eine goldene Uhr. Chico brachte sie sofort zum Pfandleiher.

ANDY Da wär ich auch grün geworden! Meinst du, Chico hätte auch seinen Oscar zum Pfandleiher gebracht?

GROUCHO Klar hätte er ihn verpfändet. Oder er hätte ihn beim Kartenspielen verloren. Oder ihn irgendeiner Mieze geschenkt.

ANDY Da wir gerade bei dem Thema sind, möchte ich was über die mündliche Empfängnisverhütung sagen.

GROUCHO Solange du's auf ein Wort beschränkst.

ANDY Ich habe einen Paradefall von mündlicher Empfängnisverhütung vor ungefähr zwei Wochen erlebt. Ich fragte ein Mädchen, ob sie mit mir schlafen will, und sie hat nein gesagt.

GROUCHO Vielleicht war's noch nicht ihre Schlafgehzeit.

ANDY Könnte wirklich ein Witz von Woody Allen sein.

GROUCHO Weißt du noch, wie du früher immer herkamst, Steve?

ANDY Ich bin Andy, Groucho. Er nennt mich immer »Steve«. Steve ist mein älterer Bruder.

GROUCHO Sein älterer Bruder heißt Amos.

ANDY Groucho hat mir eins seiner Bücher geschenkt und reingeschrieben: »Für Andy von Amos.« Na ja, jedenfalls kam ich früher immer hierher und begoß die Pudel mit Wasser. De Soto und Rainbow. Das waren ihre Namen. Aber Groucho störte das nicht. In einem Brief hat er mich sogar dazu aufgefordert. Er schrieb: »Komm her und begieße die Pudel. Hoffentlich erreicht dich mein Brief per Pony-Expreß.«

GROUCHO Ich weiß noch, als ich in Atlantic City war...

ANDY Ich war doch auch dort, oder? Waren wir nicht zusammen da?

GROUCHO Du warst mit mir da?

ANDY Ich war mit dir in Atlantic City.

GROUCHO Damals nicht.

ANDY Aber ich war mit dir bei der Santa Clausland-Parade.

GROUCHO Tatsächlich?

ANDY Ja. Im Bauch meiner Mutter. Steve und Melinda waren da, und meine Mutter war gerade mit mir schwanger. Ich war unterwegs. Dann war ich plötzlich da. Sie hat's ewig bereut.

GROUCHO Soll ich also nicht von Atlantic City erzählen?

ANDY Ich weiß nicht recht. Ich glaube, ich kenne die Geschichte.

GROUCHO Als ich in Atlantic City war, wohnte ich in einer sehr miesen Absteige. Und wir hatten nichts anderes zu essen als Fisch. Es gab Fisch zum Frühstück, zum Mittag- und zum Abendessen. Schon am Donnerstag kriegten wir keinen Fisch mehr runter. Wir hatten Fisch satt bis oben, und ich mag Fisch sowieso nicht. Jedenfalls gab's da einen Burschen, der auf der Strandpromenade Roastbeef-Sandwiches verkaufte. Eine Scheibe kostete zehn Cents, aber wir hatten kein Geld. Also tauschte ich meine Uhr gegen acht Roastbeef-Sandwiches. Als ich ihm die Uhr rüberreichte, rutschte sie mir weg und fiel ins Meer. Aber die Sandwiches hatten wir schon gegessen. Und am Samstag sollten wir sowieso unsere Gage kriegen. Aber wir hatten weitere zwei Tage kein Geld und mußten wieder Fisch essen.

ANDY Erinnerst du dich noch, Groucho, wie du im Trader Vic's die Schüssel Nudeln bestellt hast? Wir sind immer an Geburtstagen hingegangen, zum Beispiel an meinem, am 26. Juni.

GROUCHO Dein Vater hat am 21. Juli Geburtstag.

ANDY Groucho hatte immer was zu meckern, aber aus irgendeinem Grund landeten wir das nächste Mal dann doch wieder im Trader Vic's. Jedenfalls kamen wir einmal hin, und Groucho bestellte nur eine Schüssel Nudeln, »eine Schüssel Nudeln und ein Glas Wasser«. Der Kellner kommt und stellt Groucho den Teller Nudeln hin, und Groucho sagt: »Nehmen Sie sie und schütten Sie sie dem Chef über den Kopf.« Erinnerst du dich daran, Groucho?

GROUCHO Nein.

ANDY Einmal fuhr ich Groucho zum Arzt, und wir blieben im Verkehr stecken, und gleich neben uns stand so eine Art Hippie auf seinem Fahrrad, der saß auch fest. Groucho kurbelt das Fenster runter und sagt: »Sie sollten sich mal rasieren.« Ein andermal war ich mit zwei Mädchen und einem Jungen unterwegs, der ziemlich lange Haare hatte, und lief Groucho über den Weg. Groucho sagte: »Wie ich sehe, hast du drei Freundinnen.« Weißt du noch, Groucho?

GROUCHO Nein.

ANDY Groucho hat immer versucht, mich zum Lachen zu bringen, wenn wir irgendwo waren, wo man still und andächtig sein mußte. Er schnitt Grimassen und sah mich an, bis ich lachen mußte. Das kann er immer noch. *(Zu Groucho)* Neulich habe ich Nanny besucht.

GROUCHO Ich habe deine Großmutter schon vor dir gekannt. Sogar schon vor deinem Großvater. Sie war damals achtzehn. *(Zu June)* Es handelt sich um Grace Kahn. Sie war mit Gus Kahn verheiratet. Sie hatten denselben Namen. Er war großartig. *(Singt ein paar Zeilen von »Oh, How That Woman Could Cook!«)*

ANDY Mit meiner Großmutter Grace hab ich mich immer sehr gut verstanden. Ich bin mit ihr nach Europa gereist, als ich fünfzehn war, und habe eine Menge andere Reisen mit ihr gemacht. Ich weiß noch, wie ich Groucho erzählte, daß wir vorhätten, nach Europa zu fahren. Ich war damals vielleicht vierzehn. Er sagte: »Sei vorsichtig. Nimm genügend Präservative mit.«

JUNE BANKER Wie alt ist Ihre Großmutter jetzt?

ANDY Etwa in Grouchos Alter, nehme ich an. Aber sie wirkt nicht alt. Wissen Sie, gestern abend sind wir alle zusammen ausgegangen, um den Geburtstag meiner Mutter zu feiern, wir waren in Shelly's Manhole, um uns diesen Jazzkram da anzuhören. Es war ziemlich langweilig, aber meine Großmutter läßt sowas über sich ergehen. Ich weiß, eigentlich hat es ihr keinen Spaß gemacht, aber es war irgendwie komisch, sie dort zu sehen. Ich spiele ihr meistens meine Songs vor; wenn ihr einer gefällt, weiß ich, daß er gut ist, weil sie meistens recht hat. Die beiden, die der Verlag angenommen hat und die ich dann aufnehmen durfte, hat sie zum Beispiel auch gemocht.

GROUCHO Für sein Alter ist er schon weiter als sein Vater.

ANDY Ehrlich gesagt glaube ich, daß meine Großmutter das meiste vom Text gar nicht versteht. Ich habe ihr nicht nur mein Zeug gezeigt, sondern alles mögliche. Ich hab ihr was von Elton Johns Sachen gezeigt. Das fand sie etwas sonderbar. Naja, wenn's von der Tin Pan Alley kommt.

GROUCHO Elton John habe ich kennengelernt.

ICH Groucho hat mit Elton John Mittag gegessen, nur hat er ihn immer »John Elton« genannt.

ANDY Elton John und Woody Allen waren mal meine Idole.

GROUCHO Ähnlich sind sie sich ja nicht gerade.

ANDY Ich habe festgestellt, daß man seine Idole irgendwann aufgeben muß.

ICH Auch Groucho?

ANDY Das ist ganz was anderes. Ich glaube, jeder identifiziert sich irgendwie mit seinen Eltern oder Großeltern, egal in welcher Branche sie sind. Alle sagen mir, ich identifiziere mich irgendwie mit meinem Vater, oder versuche es zumindest, was wahrscheinlich stimmt.

ICH *(zu Andy)* Wie war deine Kindheit als »Grouchos Enkel?«

ANDY Du meinst, mit Lois [Arthurs zweiter Frau] und so? Ich war klein − ungefähr zehn −, aber ich kriegte alles mit. Aber ich war zu jung, um es bewußt zu erleben. Man ist in dem Alter, in dem man versucht, von allem zu profitieren. Man versucht, aus allen Verwandten so viele Spielsachen wie möglich rauszuholen. Und damit hat sich's eigentlich. Komisch, als ich *Son of Groucho* las, hab' ich das teilweise wiedererlebt.

ICH Erinnerst du dich an deine Großmutter Ruth, Grouchos erste Frau?

ANDY Ich erinnere mich an Ruth. Ich habe sie sehr gemocht. Ich ging sie immer besuchen. Zu Weihnachten gingen wir immer mit Dad und den Geschenken zu ihr. An Kay kann ich mich eigentlich überhaupt nicht erinnern. Eden sah ich neulich in der Academy. Beim Governors' Dinner ging sie gleich auf Groucho zu, als wir reinkamen.

GROUCHO Du meinst, die Gouverneursbällchen. Sie sagte: »Gratuliere«.

ICH Und was hast du gesagt?

GROUCHO Ich sagte: »Ich hab's verdient.«

ANDY Einmal traf ich Groucho im Delikatessenladen Nate'n'Al. Ich ging zu ihm und sagte: »Hallo!« Und er sagte irgendwas wie: »Ich schäme mich wirklich, dich hier zu sehen.« Und ich sagte: »Tja, genauso geht's mir auch.« Das schien er unglaublich komisch zu finden. Jedenfalls hat er gelacht.

GROUCHO Ich muß besoffen gewesen sein.

ANDY Du lachst nie über meine Witze.

GROUCHO Du erzählst ja nie welche.

ANDY Einmal gab ich ein paar Woody-Allen-Witze zum besten, die haben dir gefallen. Ich habe einfach improvisiert. Wie man das so macht. Wißt ihr, Groucho erzählt einem immer Witze, aber wenn man *ihm* welche erzählt, scheint er sie nicht zu kapieren. Oder er will einfach nicht lachen. Naja, das kann ich verstehen.

GROUCHO Ich kenne keine Witze.

ANDY *(zu June)* Es ist jammerschade, daß Sie die französischen Jahrhundertwende-Filme nicht sehen konnten. Die waren wirklich großartig. Wir drei waren dort. Es war mucksmäuschenstill, außer wenn Groucho was sagte, zum Beispiel: »Ich muß mal Pipi.«

GROUCHO Ganz egal, wie reich man ist…

ANDY Welcher war's eigentlich, der dir so gut gefallen hat, Groucho?

GROUCHO Der Säufer. Der war komisch.

ICH *(zu Andy)* Henri Langlois fand es sehr komisch, als er zum Tee hier war und du dich als »Grouchos Enkel« vorstelltest.

ANDY Niemand hat uns miteinander bekanntgemacht, darum sagte ich: »Ich bin der Enkel von Groucho Marx. Warum soll ich's nicht auch sagen? Die anderen sagen's ja auch.« Manchmal sieht es so aus, als wäre das Interessanteste an mir die Tatsache, daß ich Groucho Marxens Enkel bin. Es hat eine Weile gedauert, bis ich mich daran gewöhnte.

JUNE BANKER Finden Sie es manchmal lästig, der Enkel eines so berühmten Mannes zu sein?

ANDY Na ja, ich hab' mich früher immer verglichen, mit Groucho oder auch mit meinem Vater. Dann ist mir aufgegangen, daß ich doch ziemlich jung bin. Aber man kann sich irgendwie nicht in sie hineinversetzen, wie *sie* mit zwanzig waren. Sogar Marvin Hamlisch ist acht Jahre älter als ich, und ich hätte Angst, ihm am Klavier was vorzuspielen. Ich weiß, daß ich viel lernen muß. Als ich jünger war, fragte ich mich, ob ich's mit den Marx Brothers aufnehmen könnte. Dann wurde mir klar, daß ich vielleicht nie in meinem Leben so erfolgreich würde, das aber auch nicht nötig hätte. Ich hab' mir gedacht: »Okay, du wirst es überleben. Ich werde ich selber sein und das Beste draus machen.«

ICH Kannst du dich an Leute erinnern, die du im Laufe der Zeit bei Groucho kennengelernt hast?

ANDY Mal nachdenken… tja, wenn ich hier war, war an sich bloß immer Familie da. Ich würde sagen, Irwin Allen war jemand, der mich sehr beeindruckt hat. Die ersten Worte, die ich sprechen konnte, waren: »Irys Auto.« Und jedesmal, wenn er mich jetzt sieht, schreit er: »Irys Auto!« Er fuhr ein großes Cabriolet, bei dem das Verdeck runterging. Ich hielt es für ein Ungeheuer. Ich weiß noch, ich lag auf unserer Auffahrt – ich lernte übrigens erst mit vier sprechen – und das erste, was ich sagte, war »Irys Auto«. Also muß er mich sehr beeindruckt haben. Groucho, ich habe heute Billy Marx gesehen, und er hatte einen Aufkleber an seinem Wagen, auf dem stand: »Das Recht, Waffeln zu tragen«. Und da war ein Bild drauf von einem Soldaten mit einer riesigen Waffel in der Hand.

SCHWESTER JULIE Warum sagen Sie eigentlich immer Billy Marx anstatt Billy? Groucho und alle anderen hier sagen auch immer Billy Marx und Andy Marx statt Billy und Andy.

ANDY Naja, es gibt so viele Billys auf der Welt. Und eine Menge Andys. Aber nur einen Groucho.

GROUCHO *(guckt auf seine Groucho-Uhr)* Es ist fünfundzwanzig vor Groucho. Ich muß meine Beißer putzen. *(Steht auf)*

ANDY Ich muß auch los.

GROUCHO *(zu Andy)* Wiedersehen, Steve.

ANDY *(zu Groucho)* Wiedersehen, Bob.

JACK LEMMON
UND WALTER MATTHAU

Während ich bei Groucho wohnte, kam eines Samstags ein unrasierter Jack Lemmon zum Mittagessen. Er entschuldigte sich, daß er nicht so tadellos aussehe wie üblich, aber er habe am Nachmittag einen Matinée-Auftritt, und sein ungepflegtes Aussehen sei Bestandteil seiner Rolle. Das Stück war *Juno and the Paycock* im Mark Taper Forum.

»Ich hoffe, meine dreckigen Fingernägel stören euch nicht«, fügte er hinzu, wobei er sie uns zeigte, und setzte sich mit Groucho und mir zu Tisch. »Das ist für meine Rolle. Damit ich den Leuten in den ersten paar Reihen auch glaubwürdig erscheine, gehe ich immer in meinen Garten und mache mir die Fingernägel schmutzig.«

Es lag ihm sehr viel an dieser Rolle, wie es bei Filmschauspielern nun mal ist, wenn sie auf der Bühne stehen, und ganz besonders in Los Angeles, wo das Publikum so oft aus ihresgleichen besteht. Er sagte mir, normalerweise esse er vor einer Matinée nichts, aber für Groucho hätte er eine Ausnahme gemacht.

Es war auch ein Platz für Jack Benny gedeckt, den Groucho erwartete. Wir warteten ziemlich lange, aber Jack Benny kam nicht, rief auch nicht an. Ich hatte noch nie erlebt, daß Groucho so lange auf jemanden gewartet hätte, aber mit Rücksicht auf Jack Lemmons Matinée bat Groucho schließlich Robin aufzutragen, und wir fingen ohne Jack Benny an.

Jack Lemmon erzählte von all den Wehwehchen, die Walter Matthau während der Spielzeit des Stückes geplagt hatten, und beschrieb die eine kleine Garderobe, die sie sich teilen mußten. Er erzählte uns auch, wie aufregend der Besuch von Sean O'Caseys Witwe zur Premiere in Los Angeles gewesen war. »Es gab Wein, und die hat ganz schön was vertragen.«

Man kam auf die Depression zu sprechen, und Groucho erinnerte sich, wie er 1929 beim Börsenkrach alles verloren hatte. An die Zeit konnte sich Jack Lemmon auch erinnern:

»Ich war vier oder fünf. Ich weiß noch, wie mein Vater nach Hause kam und all seine Sachen auf die Kommode legte: sein Kleingeld, seine Schlüssel, seinen Zigarrenabschneider. Ich hörte, wie er mit meiner Mutter flüsterte. Ich hörte nicht, was sie sagten, aber irgendwas lag in der Luft. Und ich wußte, daß irgendwas Schreckliches passiert war.«

Gleich nach dem Mittagessen eilte Jack ins Theater. Groucho knackte Nüsse und fragte sich gekränkt, warum Jack Benny wohl nicht zum Essen gekommen sei und nicht mal angerufen habe. Ein paar Tage später wußten wir, warum.

Am 26. Dezember 1974 trafen wir während Grouchos Morgenspaziergang Milton Berle, der ihm mitteilte, daß Jack Benny im Sterben liege und vielleicht nur noch eine Woche zu leben habe. Zum Schluß sagte Milton Berle: »Über ihn hat niemand je was Schlechtes sagen können.«

Mitgenommen und wortlos ging Groucho nach Hause. Dann setzte er sich still neben seinen Plattenspieler und lauschte Ruth Etting, die »It All Depends on You« sang.

Bevor wir uns *Juno and the Paycock* ansahen, lud Groucho Billy Marx zum Abendessen ein. Billy kam in der Erwartung, er solle Groucho für mich interviewen, aber Groucho war nicht in der Stimmung dazu. Er war zu sehr in Gedanken über das Stück vertieft, fast so, als solle er selber darin auftreten. *Juno and the Paycock* war das damalige Theaterereignis, und Karten dafür waren sehr gefragt.

Beim Abendessen erinnerte Billy Groucho an eine Geschichte, die ihm Arthur, Grouchos Sohn, erzählt hatte:

»Du hattest Arthur gesagt, er sollte um zehn wieder zurück sein, aber er verspätete sich. Und er kam so leise und vorsichtig wie möglich rein, ging auf Zehenspitzen durchs Haus, versuchte, kein

Geräusch zu machen und zog sich im Dunkeln aus. Und gerade, als er ins Bett wollte, hörte er dich sagen: »Ich höre dich.«

Im Wagen unterhielten sich Billy und Groucho über Autoren und Musiker.

GROUCHO Franklin P. Adams war sehr gut. Aber Kaufman war er nicht.

BILLY Du und mein Vater, ihr habt beide Musik geliebt. Harpo mochte Gershwin und Ravel.

GROUCHO Ich mochte Brahms. Ich mochte Gilbert und Sullivan. Ich mochte Irving Berlin. Irving Berlin war in Ellin verliebt. Ihr Vater war sehr reich und wollte sie nicht heiraten lassen, aber sie heirateten doch. Dann kam der Börsenkrach, und nun war Irving der Reiche. Das ist die Sorte Geschichten, die er vertont hätte. Die beiden führten eine der wenigen guten Ehen, die ich kenne. Würde ein gutes Stück abgeben. *(Sie singen ein paar Songs von Irving Berlin)*

Im Mark Taper Forum erregte Groucho das übliche Aufsehen. Es war immer so, egal, ob das Publikum aus Prominenten bestand oder nicht. Eine reizende junge Platzanweiserin begrüßte ihn mit einem begeisterten Quieken, und Groucho zeigte sich der Lage vollkommen gewachsen und küßte sie.

Als wir uns setzen wollten, tauschte Groucho, der normalerweise gern am Gang saß, entgegen seiner Gewohnheit mit Billy den Platz. Der Grund war sofort klar: eine Blondine à la Grace Kelly. Groucho setzte sich neben sie, zog die Augenbrauen hoch und warf der Dame einen lüsternen Blick zu, der seinem »schäbigen Wollüstling« von einst alle Ehre gemacht hätte. Sie blieb kühl und ignorierte ihn. Aber Groucho ist weder durch eine kühle Schulter zu beeindrucken, noch durch Häuser, die über ihm zusammenstürzen, und so probierte er es noch einmal.

»Küß mich, Schatz.« Die Blondine wurde noch kühler. Dann stand sie mit einem arrogant abschätzigen Blick auf und tauschte den Platz mit ihrem Begleiter.

»Wahrscheinlich hat sie dich nicht erkannt«, versuchte Billy Groucho zu beruhigen.

»Wahrscheinlich *hat* sie es«, versetzte Groucho unerschrocken.

Während des ersten Aktes flüsterte mir Groucho zu: »Die Rolle hätte ich auch spielen können.« Er meinte die Rolle des Joxer Daly, die Jack Lemmon spielte. Bis zum Ende des Stückes sah sich Groucho Jack Lemmons Darbietung mit professionellem Interesse an. »Der Junge wird's noch zu was bringen«, stellte er mit schwerfälligem irischen Akzent fest, als der Vorhang zur Pause fiel. Und während Leute jeden Alters aus dem Publikum ihn umringten und ihn um ein Autogramm baten, sprach er weiter mit diesem irischen Akzent.

Ein junger Mann sagte zu Groucho respektvoll: »Sie sind in Ordnung!« Leicht perplex fragte Groucho: »Sie meinen, ich darf weitermachen?«

Groucho gab ein Autogramm nach dem anderen. Dann sagte er: »Jetzt muß ich mal für kleine Jungs.«

»Du willst dich nur vor dem Autogrammegeben drücken«, sagte ich.

»Nein«, sagte Groucho. »Dort muß ich auch welche geben.«

Nach dem Schlußvorhang gingen wir alle hinter die Bühne. Jedesmal, wenn Freunde von ihm auftraten und Groucho im Publikum war, war ein Besuch hinter der Bühne Pflicht. Als wir die enge Treppe hinaufgingen, entschuldigte sich Groucho dafür, daß er sich am Geländer festhielt. »Ich halte mich ja nur an der Stromschiene fest.«

Als wir zur Stargarderobe gingen, kamen einige der Schauspieler auf Groucho zu und baten ihn um sein Autogramm – ein ganz besonderes Kompliment. Bevor wir in die Garderobe gingen, teilte mir Groucho in vertraulichem Tonfall mit, er habe »Lemmon fruchtig-frisch« gefunden. »Schlechter Witz«, zensierte er sich selbst.

Billy bemerkte den Schauspieler, der in *Minnie's Boys* Harpo gespielt hatte, und sagte: »Da steht mein Vater!«

In der winzigen Garderobe, in die die beiden kaum reinpaßten, von uns ganz zu schweigen, fanden wir Jack Lemmon mit nacktem Oberkörper und Walter Matthau, der immer noch die Polsterung trug, die er für seine Rolle brauchte. »John Wayne trug sowas in seinen Filmen«, erzählte er uns. »Soll man sowas glauben?« Für die Rolle hatte er sich die Haare grau gepudert. »Ich bin der einzige Mensch, dessen Haare unter der Dusche schwarz werden.«

Walter Matthau öffnete einen kleinen tragbaren Kühlschrank und fragte Groucho, ob er sich mit ihm auf die Buttermilch stürzen wolle. »Danke, aber das wird hier zu eng«, sagte Groucho.

Eine hübsche junge Schauspielerin ging an der offenen Tür vorbei, und Groucho, dem weibliche Schönheit selten entging, nickte zustimmend. Walter Matthau bemerkte Grouchos schweifenden Blick und den Gegenstand seiner Aufmerksamkeit. »Aber langweilig«, sagte er.

GROUCHO Alle jungen Mädchen sind langweilig. Man sollte nicht mehr erwarten.
    JACK LEMMON Tu ich aber.
    GROUCHO Ich bin in deine Frau verliebt.
    JACK LEMMON Ich werd's ihr ausrichten.
    GROUCHO Hab ich schon gemacht.

Groucho hatte Walter Matthau und seine Frau Carol anrufen wollen, um sie zum Mittagessen einzuladen, hatte sie aber nicht erreichen können, weil sich ihre Telefonnummer geändert hatte. Viele Stars ändern dauernd ihre Nummern, um nicht belästigt zu werden, auch wenn das den Kontakt mit jenen Freunden erschwert, an denen ihnen wirklich liegt. Außerdem ziehen sie freiwillig oder berufsbedingt oft um, was das Führen eines Adressenbuchs, auf das man sich verlassen kann, äußerst schwierig macht. Als wir uns verabschiedeten, notierte sich Groucho Walter Matthaus neue Telefonnummer mit der Bemerkung: »Ich schreibe mir deine Nummer für den Fall auf, daß ich dich nicht anrufen möchte.«

NUNNALLY JOHNSON

Zu Grouchos ältesten und besten Freunden zählte der inzwischen verstorbene Nunnally Johnson. Obgleich er hauptsächlich Schriftsteller war, inszenierte, produzierte und schrieb er auch zahlreiche Filme, darunter *Night People, Black Widow, Oh, Men, Oh, Women* und *The Three Faces of Eve*. Er schrieb und inszenierte *The Man in the Gray Flannel Suit*. Sein letztes Drehbuch war *The Dirty Dozen,* aber am berühmtesten wurde er vielleicht mit *The Grapes of Wrath, The Gunfighter, The Mudlark, The Desert Fox* und *How to Marry a Millionaire.*

Groucho, der bei Nunnally Johnson regelmäßig zu Besuch war, unterhielt sich mit Erin und mir über ihn, als wir nach einem Tee bei den Johnsons wieder auf der Rückfahrt waren.

ERIN Muß ein großartiger Bursche gewesen sein, oder?

GROUCHO Nunnally war ein verrückter Kerl, als er jung war. Er hat fabelhafte Sachen gemacht.

ERIN Nämlich?

GROUCHO Mit Mädchen.

ERIN Ach so. Dachte ich mir schon. Sie mochten ihn.

GROUCHO Er hatte alles. Er war groß, intelligent und begabt.

Verschiedene Male war ich mit Groucho und Erin bei Nunnally Johnson zu Besuch. Sein schräger, bedächtiger Humor war ganz etwas anderes als Grouchos ironische Bilderstürmerei. Seine Frau, Dorris Bowdon, hatte in *The Grapes of Wrath* eine Hauptrolle gespielt.

Einmal war auch Lauren Bacall zu Besuch, als Groucho und ich ankamen. Die große, schlanke »Betty« (wie alle ihre Freunde sie nennen) war in Kalifornien, um Reklame für *Murder on the Orient Express* zu machen. Man sprach über gemeinsame Freunde wie Comden und Green, und sie erzählte, daß sie vorhätte, Ira Gershwin zu besuchen, den Groucho und Nunnally lange nicht mehr gesehen hatten. Groucho zeigte ihr ein Bild von Melinda und seinem Enkel Miles.

NUNNALLY JOHNSON Zeig ihm doch auch deine, Betty.

LAUREN BACALL Meine *was* soll ich ihm zeigen? Ich habe keine Bilder... aber was ganz anderes habe ich.

Als sie ging, sagte sie zu Nunnally in ihrem berühmten knurrigen Tonfall:

LAUREN BACALL Paß auf dich auf, du Dussel. Nächstes Mal gehen wir nach oben.

NUNNALLY JOHNSON Hier gibt's kein oben. Das ist ein Bungalow.

LAUREN BACALL Na und? Wir brauchen gar nicht nach oben zu gehen! *(Beim Rausgehen sang sie »Baby It's Cold Outside«)*

Groucho und Nunnally tauschten Erinnerungen über vergangene Zeiten und alte Freunde aus. Nunnally sprach von Herman Mankiewicz, dem Verfasser von *Citizen Kane*. Er erzählte, wie Mankiewicz, als man ihm den Auftrag zu einem Rin-Tin-Tin-Drehbuch gab, ein Buch ablieferte, in dem der Hund das Baby *in* das brennende Haus hineintrug, anstatt es daraus zu retten. Mankiewicz wurde nie wieder mit einem Rin-Tin-Tin-Film beauftragt.

Groucho entschuldigte sich für einen Augenblick. Als er von der Toilette zurückkam, strahlte er:

GROUCHO Du mußt da mal reingehen und dir das Bild anschauen, das da hängt. Na los. Es ist sehr interessant.

NUNNALLY JOHNSON Es ist ein sehr albernes religiöses Bild, das mindestens achtzig Jahre alt sein muß, denn eine der dargestellten Sünden ist das Eisenbahnfahren am Sonntag.

GROUCHO Da steht: »Es gibt einen Weg zur Verdammnis und einen…«

NUNNALLY JOHNSON Der andere ist der gerade, aber enge Pfad zum Seelenheil. Dorris hat das Bild auf einem Flohmarkt in London erstanden. Es ist auch ein Auto darauf zu sehen, aber in dem Jahr, mit dem es datiert ist, war das Auto noch gar nicht erfunden. Es ist also später verändert worden.

GROUCHO Ein großartiges Bild. Das hätte ich gerne.

NUNNALLY JOHNSON Na ja, es würde dir guttun, Groucho. Denn wenn du mal nicht weißt, ob was falsch oder richtig ist, gehst du einfach da rein und siehst nach.

GROUCHO Aber auf die Toilette *muß* man ja gehen.

NUNNALLY JOHNSON Klar, man geht auf die Toilette, um sich über die Moral zu informieren. In unserem anderen Haus hatte Dorris drei Bordell-Ansichtskarten aus dem Paris der zwanziger Jahre gerahmt und aufgehängt.

GROUCHO Du hast zur selben Zeit wie ich in Great Neck gewohnt… Da hat's einige wilde Parties gegeben. Sam Harris, Ring Lardner und Hammerstein und all die Leute wohnten da.

NUNNALLY JOHNSON Hammerstein hat's auf Parties nie besonders wild getrieben. Ihr wart am allerwildesten − ihr Sippschaft.

GROUCHO Da gab's einen Burschen namens Quinn Martin. Er schrieb immer die Kritiken für die *Morning World*. Na egal, er kam mal zu mir, es war gerade Rosch Haschana. Er streckte mir seine Hand entgegen und sagte: »Groucho, Rosch Haschana.«

NUNNALLY JOHNSON Er war Kritiker. So reden Kritiker halt. Einmal schnappten sich die Marx Brothers Sam Helman, der für die *Saturday Evening Post* Geschichten schrieb. Sam war ein großer, starker Kerl, sah ein bißchen wie George Kaufman aus und war wohl der uneitelste Mensch, den man sich vorstellen konnte. Aber sie veranstalteten ein paar kindische Spiele mit ihm.

GROUCHO Pinchie Winchie.

NUNNALLY JOHNSON Richtig, und sie schmierten Sam das Gesicht ganz schwarz. Und das ganze war nur ein Trick, um Sam dazu zu kriegen, in den Spiegel zu schauen und zu sehen, wie blöd er aussieht.

GROUCHO Pinchie Winchie.

NUNNALLY JOHNSON Pinchie Winchie war ein Spiel, das Zeppo aufbrachte und bei dem die Spieler im Kreise saßen. Die Regeln waren einfach. Der Spieler zur Linken des »Gebers« zwickte diesen in die Wange oder in die Nase oder ins Ohr und sagte: »Pinchie Winchie.« Dann zwickte der Geber den Mann zu seiner Rechten und sagte: »Pinchie Winchie«, und so weiter, bis das Spiel einmal rumgegangen war. Dann wurde eine neue Stelle ausgemacht, in die man zwicken mußte, und es mußte so schnell wie möglich im Kreis rumgehen, bis einer einen Fehler machte. Dann war er draußen, und das Spiel ging weiter, bis nur noch ein Spieler übrig war, das war dann der Sieger.

Das Spiel klingt zwar sehr simpel, aber es hatte einen heimlichen Dreh: einer der Spieler wußte nicht, daß der Spieler zu seiner Linken ein Stück Holzkohle in seiner Hand versteckt hielt, und daß er jedesmal, wenn er gezwickt wurde, was davon abbekam. Das war natürlich der ganze Knalleffekt des Spiels. Jedenfalls, Sam war besoffen, und sie stellten ihn vor die Spiegel in den Schlafzimmern und Badezimmern, aber Sam schaute kein einziges Mal rein. Er redete die ganze Zeit auf einen ein. Dann brachten sie ihn runter zu der Eisdiele in der Nähe vom Theater in Great Neck, da bestanden die Wände *nur* aus Spiegeln. Und sie führten Sam herum, aber er sah sich überhaupt nicht. Einfach unglaublich. Am Ende waren sie alle völlig verzweifelt, Sam *mußte* doch sehen, wie er aussah, und so fuhren sie alle zu mir und weckten mich. Meine Frau und ich wachten auf, weil auf meinem Dach so ein Höllenspektakel war, daß wir aufstanden und nachsahen, was los war, und da waren es die Marx Brothers mit Sam Helman. Und sie zwangen Sam einfach, sich anzugucken. Er war sehr erstaunt.

GROUCHO Dafür war Zeppo verantwortlich. Es war halt ein Pinchie-Winchie-Spiel. Man hatte ein bißchen Schwarz an den Fingern und drehte sich zum Nachbarn um und sagte »Pinchie Winchie!« und zwickte ihn in die Wange.

NUNNALLY JOHNSON Ein überaus intellektuelles Spiel. Einer war immer der Dumme.

GROUCHO Richtig. Sam Helman.

NUNNALLY JOHNSON Die anderen hatten kein Schwarz an den Fingern. Er dachte, die Leute zwickten sich einfach nur.

GROUCHO Tolles Spiel. Ich habe dir nicht von Lardner erzählt, wie er mal bei mir war.

ERIN Muß ich das schon wieder über mich ergehen lassen?

GROUCHO Nicht schmollen. Wir müssen bald weg. *(Schaut auf seine Groucho-Uhr)* Es ist Viertel vor Groucho.

ERIN Ich möchte noch mehr über Pinchie Winchie und Sam Helman hören. Habt ihr ihn dazu besoffen machen müssen?

GROUCHO Nein, Sam Helman hat man nie besoffen machen *müssen.*

NUNNALLY JOHNSON Man brauchte Sam nur Alkohol zu zeigen, und er trank ihn. Neulich hab' ich ein Buch über Fred Allen rausgeholt.

GROUCHO Ich auch. Ich habe Gummo neulich eins geschickt.

NUNNALLY JOHNSON Tja, er erzählt da von den Nummern, die sie damals gebracht haben. Und ich muß schon sagen, damals gab's eine Menge verdammt langweiliges Zeug.

GROUCHO Er hatte einen großartigen Spruch drauf. Er erzählte davon, wie sie in einer Stadt, einer sehr kleinen Stadt an der Küste von New England aufgetreten sind. »Die Stadt war so klein, daß die Flut wegging und nie wieder zurückkam.« Herrlich.

NUNNALLY JOHNSON Das war ein geistreicher Mann. Er wohnte in einem Hotel namens Windsor ungefähr Ecke 58. Straße und Sixth Avenue in New York City. Ich holte ihn für einen Film hierher.

GROUCHO Ich erinnere mich an den Film. Wie hieß er noch?

NUNNALLY JOHNSON *Thanks a Million.*

GROUCHO Das war, als er die Fehde mit Benny hatte.

NUNNALLY JOHNSON Harry Tugend hat ihn begleitet. Er hat damals für Fred Allen gearbeitet. Jedenfalls haben er und Portland [Fred Allens Frau]…

GROUCHO Ich habe Portland letztes Jahr im Beverly Hills Hotel getroffen.

NUNNALLY JOHNSON Jedenfalls hatten sie zwei Zimmer in diesem Hotel Windsor. Die ganze Zeit, die sie in New York waren, haben sie da gewohnt, und sie kauften sich nichts, um es sich etwas häuslicher einzurichten. Die Bilder an der Wand waren typische Hotelbilder. Zwei einfache Stühle und so weiter. Ich glaube, er besaß überhaupt *nichts*.

GROUCHO Ring Lardner schrieb immer in einem Hotel in New York. Er hatte vier Jungs zu Hause und kam nie zum Schreiben, deshalb ging er immer ins Pennsylvania Hotel, nahm sich ein Zimmer und ließ alle Jalousien runter, denn es hätte ja vielleicht jemand gegenüber auf der anderen Straßenseite sein können. Nur so konnte er schreiben. Er blieb immer ein oder zwei Wochen und fuhr dann nach Great Neck zurück. Dann kam er immer zu mir und ließ sich vollaufen.

NUNNALLY JOHNSON Ich kenne jemanden, der deine Shows aufnimmt, Groucho, und sich den ganzen Tag vorspielt.

GROUCHO Der spinnt doch. Na ja, ich muß jetzt gehen und mich auf den Kopf stellen.

NUNNALLY JOHNSON Schön, daß ihr da wart.

GROUCHO Es ist immer schön, dich zu sehen. Du bist ein lustiger Mensch und amüsierst mich. Ich glaube, das Buch, das ich euch mitgebracht habe, wird dir gefallen.

NUNNALLY JOHNSON Ich tu ja nichts anderes mehr — sitze rum und lese.

GROUCHO Ich tue auch nichts anderes.

NUNNALLY JOHNSON Läßt du mir deinen Oscar da?

GROUCHO Ich verkaufe ihn dir. Neulich hat mir jemand tausend Dollar dafür geboten, aber ich wollte elfhundert.

NAT PERRIN

Nat Perrin hatte 1931 gerade sein Jurastudium in New York beendet und bereitete sich auf den Anwaltsberuf vor, als er Groucho einen Marx-Brothers-Sketch vorlegte. Groucho war davon angetan und bat Perrin, nach Kalifornien zu kommen und am nächsten Film mitzuarbeiten. Am Montag und Dienstag legte Perrin sein Examen ab, am Mittwoch saß er im Zug nach Kalifornien. Er hatte schon mit der Arbeit an *Monkey Business* begonnen, als die Nachricht eintraf, daß er als Anwalt in New York zugelassen sei. Aber er blieb und arbeitete an weiteren Marx-Brothers-Filmen mit; seinen Anwaltsberuf hat er nie ausgeübt.

Wir hatten uns an Grouchos fünfundachtzigsten Geburtstag flüchtig kennengelernt. Bald danach besuchte ich Perrin, den Groucho manchmal »Diakon« nannte, in seiner Wohnung in Beverly Hills.

NAT PERRIN Groucho ist nicht so, wie er sich gibt. Er ist viel sentimentaler, als die Leute meinen. Er ist ein sehr loyaler Mensch, was für mich ausschlaggebend ist. Er ist nach wie vor vielen seiner alten Freunde treu. Obwohl er als eine der bösesten Zungen der Welt berühmt ist und andere stets zur Zielscheibe seiner Witze macht, sind ihm die meisten Leute absolut nicht böse, weil er offensichtlich niemanden allzu tief trifft. Ich kenne ihn jetzt seit fünfundvierzig Jahren.

Er hat eine sehr hohe Achtung vor dem Talent. Er hat sich etlicher Leute angenommen, ihnen Starthilfen gegeben und Freunde dazu gebracht, sie sich anzuhören, wenn er meinte, sie wären gut. Er ist nicht so, wie sein Humor vermuten läßt. Er hielt immer sehr auf Familie und familiäre Bindungen. Es war immer schön, ihn um sich zu haben, und das ist es immer noch. Er lehnt sich nicht einfach zurück, sondern tut sein Bestes, um die Dinge angenehm zu machen. Es ist aber nicht so, daß er immer wie auf der Bühne ist. Er benutzt die Leute nicht als Publikum.

Mit über achtzig ist er zur Kultfigur geworden, und ich glaube, dieser Vorgeschmack auf seine spätere Unsterblichkeit befriedigt ihn enorm. Es gab eine Zeit in seinem Leben, da war er ungeheuer erfolgreich, wurde aber auf der Straße von niemandem erkannt. In den Filmen trug er einen aufgemalten Schnurrbart, und wenn er ohne ihn rumlief, wußte die Welt zwar, daß Groucho Marx Erfolg hatte, aber die Person erkannte man nicht wieder.

ICH Wie haben Sie Groucho kennengelernt?

NAT PERRIN Ich hatte gerade mein Jurastudium beendet und sehr hart gearbeitet. Ich hatte schon länger ab und zu was für die Aufführungen der Theater in den jüdischen Sommerfrischen in den Catskills, den sogenannten »Borscht Circuit«, geschrieben und saß gerade in der Jurabibliothek an einem Sketch, als mir jemand über die Schulter guckte und sagte: »Das ist komisch. Ich kenne den Agenten, der Moss Harts Stück *Once in a Lifetime* an den Mann gebracht hat. Den Mann besorge ich dir.« Es stellte sich heraus, daß er nur den Botenjungen der Agentin kannte. Ich wollte meine Zeit nicht mit einer unnützen Fahrt in die Stadt vertun, darum diktierte ich mir selbst einen Brief, unterschrieb ihn und fuhr mit dieser Fälschung und meinem Sketch nach Brooklyn, wo die Marx Brothers im Albee Theatre auftraten. Ich gab Brief und Sketch dem Türsteher. Zehn Minuten später kam er raus und sagte: »Mr. Marx läßt bitten.« Ich wurde in Grouchos Garderobe geführt. Er hatte das Material gelesen und mochte es. Er sagte: »Wir machen jetzt keine Sketches mehr. Wir gehen nach Hollywood und machen einen Film. Aber so einen Burschen wie Sie könnten wir vielleicht gebrauchen. Kommen Sie doch mit.«

ICH Um was ging es bei Ihrem Sketch?

NAT PERRIN Chico kommt zu Groucho wegen eines Jobs, und sie reden über Geld. Chico will fünfzig Dollar, und Groucho bietet ihm zehn. Endlich einigen sie sich auf ein Gehalt, und Groucho sagt: »Wie steht's mit Referenzen?« Chico sagt: »Die brauchen Sie nicht. Mir gefällt Ihr Gesicht und das reicht mir.« Und Groucho sagt: »Von *Ihnen* will ich Referenzen.« Chico sagt: »Ach so, Referenzen« und weiß nicht, was das Wort heißt. Jedenfalls ruft Groucho dann jemanden an und erzählt ihm, daß sich Chico um einen Job bewirbt. »Ich möchte wissen, was Sie von ihm halten.« Dann hört man Groucho sagen: »Was? Ja! Was?« Chico sagt: »Ich nehme vierzig.« Groucho hört weiter zu und gibt dauernd entsetzte Ausrufe von sich, und Chico sagt: »Dreißig.« Dann sagt er: »Zwanzig«, und so weiter.

ICH Wie war es, für die Marx Brothers zu arbeiten?

NAT PERRIN In ihrer Gegenwart war es immer etwas chaotisch, aber es hat Spaß gemacht. Es hat *immer* Spaß gemacht. Im Laufe der Jahre habe ich eine Menge Leute erlebt, die schwierige Situationen durchmachten, Wut, Enttäuschung, Ekel und den Wunsch, alles liegen zu lassen und wegzurennen. Es gab *nichts* Chaotischeres, als bei einem Marx Brothers-Film mitzuarbeiten, aber solche Schwierigkeiten habe ich nie gehabt. Ich habe alles über mich ergehen lassen und meinen Spaß gehabt, trotz all dem Chaos.

Ich glaube, Chico wußte nie, um was es bei einer Story ging, ich glaube, er hat immer nur seinen eigenen Text gelesen, wenn überhaupt. Harpo trug eine Menge eigenes Material bei: dies und das, Requisiten, Ideen, alle typisch Harpo, egal, ob sie zur Story paßten oder nicht. Groucho steuerte immer enorm zum Entstehen eines

408

Drehbuches bei; im Studio, auf der Bühne, für sich, für alle. Nie ließ er sich als Ko-Autor im Vorspann nennen, im Gegensatz zu vielen, die das unverdienterweise taten. Das ist ein weiterer Unterschied zwischen dem verbissenen, beleidigenden Groucho Marx und vielen »liebenswerten« Komikern.

ICH Sie kannten den Vater. Wie war er?

NAT PERRIN Er war wie der Mann auf der Kölnischwasser-Flasche. Stets beschrieb er mit Daumen und Zeigefinger einen kleinen Kreis, wobei er sich an seinen Schnurrbart faßte, nicht wahr: »Perfekt!« Er sah sehr adrett aus. Er wollte immer nur angeln gehen, was mich etwas verblüffte, weil das kein Großstadt-Zeitvertreib ist. Einmal ging ich mit ihm angeln, und es passierte nichts. Wir fingen keinen einzigen Fisch. Wirklich interessant war, wie tief die Marx Brothers ihm immer zugetan waren. Es ging dabei nie nach dem Schema: Wir müssen ihn achten und ihm gehorchen, weil er unser Vater ist. Sie fanden ihn amüsant. Ich kannte ihren Onkel, Al Shean, der ihnen den Einstieg ins Showbusiness verschaffte. Er war ein liebenswerter Strolch, und wir gingen immer zusammen zu den Boxkämpfen. Zeppo trat mit ihm in einer Show auf, die sich *Quo Vadis, Upside Down* nannte — fragen Sie mich nicht, warum. In der Show kam auch eine Pferdeattrappe vor, und Zeppo war entweder die vordere oder die hintere Hälfte.

ICH Sie kannten auch Harpo gut...

NAT PERRIN Ein Kobold, egal, ob auf der Bühne oder im täglichen Leben. Eines Abends in Palm Springs hatten wir alle zusammen zu Abend gegessen und waren dabei, uns voneinander zu verabschieden. Da wir einander ständig sahen, gaben wir uns nicht die Hand, aber Harpo tat's diesmal, und dabei fiel ihm das ganze Tafelsilber aus dem Ärmel. Er hatte es im Restaurant mitgehen lassen. Wahrscheinlich hat er es wieder zurückgebracht. Harpo liebte ungewöhnliche Kopfbedeckungen. Groucho auch. Harpo trug gern eine französische Gendarmenmütze.

Harpo spielte immer im Tamarisk Country Club Golf. Dabei trug er seine Badehose. Am Golfplatz standen Häuser, und jedes hatte einen Swimmingpool. Harpo spielte ein bißchen Golf, dann sprang er bei irgend jemandem ins Becken, um sich abzukühlen, spielte wieder ein bißchen Golf und sprang wieder bei jemand ins Schwimmbecken. Wenn man es irgendwo planschen hörte, war's Harpo.

ICH Und Chico?

NAT PERRIN Chico hatte ich wahnsinnig gern. Er war meinem Bruder in einigen Zügen sehr ähnlich. Wenn Chico einen Dreier hatte, warf er einen davon ab und versuchte, zwei Paare zu bekommen. Er war wirklich ein sehr guter Kartenspieler, aber Kiebitzen mußte er zeigen, daß er es sich schwer machen konnte. Ich hatte auch so einen Bruder. Er hat sich's nie leicht gemacht, genau wie Chico. Chico hat sein Geld gern ausgegeben, deswegen war er am Schluß so pleite. Er war ein sagenhafter Spieler, aber er gab sich Mühe, beliebt zu sein. Harpo hingegen war einfach durch und durch ein liebenswerter Schelm. Zep ist der Schläger von der Truppe. Aber Zep ist sehr spaßig. Ein sehr humorvoller Bursche. Ich würde mich aber mit ihm nicht anlegen wollen. Er ist der rauhe Kerl unter den Marxens. Ich habe ihn nie besonders gut gekannt, aber ich mochte ihn immer aufrichtig gern, wie alle Marxens. Und deren Frauen.

Ich war noch sehr jung, als ich bei den Marxens anfing. Ich hatte gerade die Schule hinter mir. Ein Großteil meiner Gefühle ihnen gegenüber sind irgendwie gewachsen und haben sich im nachhinein gesteigert, weil mir bewußt wurde, ich war sozusagen noch ein Kind und sie schon große Stars. Ich war der Laufbursche und tat, was ich konnte, und sie hätten nicht netter zu mir sein können. Sie hätten mich in alles, was sie taten, kaum noch enger einbeziehen können. Ich wurde zu ihnen allen eingeladen. Ich habe Tennis mit ihnen gespielt. Ich habe mich wie zuhause gefühlt bei ihnen. Für mich waren sie geradezu Götter, und ich hatte mir nie auch nur für eine Sekunde träumen lassen, daß ich mich in solcher Umgebung bewegen könnte. Es geschah alles über Nacht. Zuhause hat mir das niemand geglaubt, daß ich ins professionelle Showbusiness einstiege.

ICH Sie erwähnten vorhin die Frauen der Marx Brothers. Wie waren die?

NAT PERRIN Ruth tanzte gern, ging gern in Nightclubs und war sportlich. Sie war eine gute Tennisspielerin. Sie wollte eine Menge Dinge machen, an denen Groucho kein Interesse hatte. Groucho hatte *seine* Vorlieben und Aversionen und seinen eigenen Geschmack. Er saß gern mit seinen Kumpels und Freunden rum, erzählte Witze, unterhielt sich über das Showbusiness und hörte sich Gilbert und Sullivan an. Groucho hatte sie sicher sehr gern, aber sie bewegten sich beide in entgegengesetzte Richtungen.

Kay war eine hypernervöse Frau. Wir kannten uns nur oberflächlich, von Parties her. Ein sehr hübsches Mädchen. Ihre Beziehung zu Groucho schien ihr irgendwie eine Qual zu sein. Sie fühlte sich — aber das ist nur mein Eindruck — von allem ausgeschlossen. Sie hatte das Gefühl, daß sie bei Grouchos Freunden fehl am Platze sei; das waren alles ziemlich gebildete, kultivierte Leute. Wie Sie ja wissen, korrespondierte er mit weltberühmten Leuten. Ich bin sicher, viele Leute, die ihn besuchten, waren sehr belesen und beredt und berühmt, und Kay war halt nur ein unbedeutendes Mädchen. Ich glaube, sie war diesen Leuten nicht gewachsen. Eden war erst vor einer Woche hier. Sie und Groucho schienen völlig verrückt nacheinander zu sein, und plötzlich waren sie geschieden. Sie sind immer noch befreundet. Er hatte mit seinen Frauen vor Gericht wegen Geld nie irgendwelche Kämpfe. Das zeigt, wie großzügig er ihnen gegenüber war, obwohl er aus armen Verhältnissen stammte und mit Geld nie um sich geschmissen hat.

Chicos Frau Betty war ein gutherziges Mädchen aus bescheidenen Verhältnissen. Sie wirkte außerordentlich freundlich, und plötzlich waren sie geschieden. Ich weiß nicht, warum. Sie schien die ideale Frau für Chico zu sein. Na ja, Chico war schwer zu bändigen. Sie hielt immer auch noch die andere Wange hin, aber nach einer Weile hatte sie keine mehr, und die Scheidung war unumgänglich. Zeppos Frau Marian seh ich noch ab und zu. Sie ist ein sehr gutherziges Mädchen und auch recht schlagfertig. Eine sehr attraktive Frau mit viel Stil. Sie himmelte Zeppo an, und er sie. Aber ich war nicht dabei und bin kein Hausdetektiv. Ich kann Ihnen nicht sagen, woher die Zerwürfnisse kamen, aber ich bin sicher, daß sie sich noch mögen — sehr sogar.

Zeppo war ein Spieler und ein sehr cleverer Geschäftsmann. Gewaltig unterschätzt, erfolgreich in fast allem, was er tat, außer bei den Marx Brothers. Trotzdem machte er einen Teil ihres Erfolges aus. Er löste sich von ihnen. Dann wurde er ein sehr erfolgreicher Agent. Die Agentur verkaufte er für eine Menge Zaster. Dann hat er irgendwas mit Munitionsherstellung zu tun und war wieder erfolgreich. Er machte irgendwas mit Zitrusfrüchten, und ich habe mir sagen lassen, daß er auch da ein Experte ist. Er besaß ein ganz ungewöhnliches Haus in Beverly Hills, das er größtenteils eigenhändig erbaut haben soll. Ein sehr extravagantes Haus mitten in Beverly Hills. Er ist ein äußerst vielseitig begabter Mann, aber die Leute scheinen das nicht zu begreifen. Er war ein etwas sonderbarer Bursche, aber sehr sympathisch. Ich habe großen Respekt vor seinen diversen Talenten, und ich kann mir vorstellen, daß er der unglücklichste von den Marx Brothers war, weil er am wenigsten zu melden hatte. Ich glaube nicht, daß er in seinen Liebhaber-Rollen in den Marx Brothers-Filmen sehr glücklich war. Er muß sich ziemlich albern vorgekommen sein.

ICH Wie entstand ein Marx-Brothers-Drehbuch?

NAT PERRIN Arthur Sheekman und ich kamen früh am Morgen zusammen, und manchmal war es schon Nachmittag, ehe wir wirklich anfingen. Manchmal unterhielten wir uns einfach, lasen Zeitung, spielten Schach, alles, um der Arbeit ja aus dem Weg zu gehen. Er war ein sehr netter, ehrlicher Mann, aber eines machte mir zu schaffen. Das war immer dann, wenn wir zum Produzenten mußten. Ich habe festgestellt, daß die meisten Produzenten angesichts der meisten Sachen sowieso schon nervös und unsicher sind, ohne daß man sie noch weiter verunsichert, indem man ihnen sagt, daß es sich ja nur um den allerersten Entwurf handle. Wenn man kein absolutes Vertrauen hat in das, was man ihnen vorsetzt, steht man sofort auf verlorenem Posten. Aber Sheekman war nie jemand, der »ich« statt »wir« sagte, wenn es um Material ging, das wir zusammen erarbeitet hatten. Mit dem Material standen oder fielen wir.

Ich erinnere mich, daß Sheekman Groucho vorwarf, er lasse die Kandidaten in seiner Quizshow *You Bet Your Life* nie ausreden, und Groucho machte sich nie was daraus, kritisiert zu werden. Natürlich ließ er die Kandidaten trotzdem nicht ausreden, aber gegen Kritik hatte er nichts. Ich glaube, es war nicht so, daß er die Kritik nicht wahrnahm oder daß sie ihn nicht interessiert hätte, aber sein Stil saß einfach so fest in ihm drin, daß er und sein Stil nicht voneinander zu trennen waren. Er war Groucho und konnte sich nicht ändern, und er hätte es auch nicht tun sollen.

ICH Ich habe Sie bei Grouchos fünfundachtzigstem Geburtstag gesehen, aber wir hatten keine Gelegenheit, uns zu unterhalten. Es waren so viele Leute da…

NAT PERRIN Es war entsetzlich voll, eine Menge Leute waren da, die ich nicht kannte, und viele junge Leute wie Sie. Es war sicher nicht der Ort für einen Meinungsaustausch. Es war eher Gelegenheit, mit jemandem in Berührung zu kommen, wenn der Jemand anziehend war. Nicht wahr, da steht irgendein Typ mit irgendeiner Mieze rum, die er zu sich nach Hause abschleppen will, und in einer anderen Ecke redet jemand über Fernsehen und Einschaltquoten. Es gab eine Menge gute Sachen zu essen und zu trinken, und wahnsinnig viele Leute waren da, um Groucho ihre Aufwartung zu machen. Ein offenes Haus sozusagen.

ICH Ein geschlossenes offenes Haus.

NAT PERRIN Ja. Ein geschlossenes offenes Haus.

ICH Groucho machte es immer einen Riesenspaß, auf seiner Party zu singen. War das immer so?

NAT PERRIN Früher hat er viel im Quartett gesungen. Er schnappte sich eine Gitarre und sang. Er hatte gern einen guten Pianisten um sich und fünf, sechs, sieben Burschen, die mehrstimmig singen konnten. Ich hatte immer den Eindruck, daß ihm sowas größeren Spaß machte, als wenn er einen seiner Solosongs wie z. B. »Captain Spaulding« vortrug. Er trug immer seinen Teil zu den Darbietungen oder zur Unterhaltung bei, aber im Gespräch war er immer genauso daran interessiert, wenn nicht sogar mehr, dem zuzuhören, was andere zu sagen hatten.

ICH Sie haben die Urfassung des Drehbuchs von *A Night at the Opera* geschrieben. Können Sie sich daran erinnern?

NAT PERRIN Überhaupt nicht wie der endgültige Film. Mir war da eine regelrechte Kriminalgeschichte eingefallen. Egal, wie gut oder schlecht sie war, sie *war* eine Story, was man von den anderen Marx Brothers-Filmen, außer von denen, die Thalberg bei MGM produziert hatte, nicht behaupten konnte. Meine Story ging zugunsten der Komikeinlagen über Bord, aber ich war immer der Ansicht, daß die komischen Einlagen in einer richtigen Story besser wirkten.

ICH Sie waren vor ein paar Tagen zusammen mit Groucho bei Julius Epstein zum Abendessen.

NAT PERRIN Richtig.

ICH Natürlich ist Groucho inzwischen fünfundvierzig Jahre älter geworden, aber hat er sich, davon abgesehen, sehr verändert, seit Sie ihn kennenlernten?

NAT PERRIN Nein. Vielleicht gibt er jetzt mehr Geld aus, als Konzession ans hohe Alter. Unter welchem Gesichtspunkt schreiben Sie über Groucho?

ICH Ich konzentriere mich auf die späteren Jahre, auf die Zeit, in der ich ihn kannte.

NAT PERRIN Das ist interessant. Ich glaube, das ist der interessanteste Gesichtspunkt. Es ist ganz unglaublich, wie die Leute heute zu ihm stehen. Man geht auf eine Party, man sieht die Rockgruppen, die Countrysänger, Elton John, Alice Cooper, all die hochaktuellen Leute. Man erwartet, daß der Ehrengast siebenundzwanzig oder achtundzwanzig ist, aber herein kommt ein Fünfundachtzigjähriger, und alles ist bloß seinetwegen. Alle sind auf ihre Art bedeutend, und trotzdem haben sie einen enormen Respekt vor Groucho als Gleichberechtigtem oder mehr, nicht nur als einem, der mal was war. Das Alter spielt keine Rolle mehr.

Im Grunde ist er ein Mensch ohne Alter. Er könnte der älteste Bursche im Business sein, aber er betrachtet sich nicht so. Er könnte einen anderen Fünfundachtzigjährigen anschauen, und das wäre für ihn eine ganz andere Welt. Das einzige, was ihn mit dem Alter verbindet, ist die Tatsache, daß er nicht mehr so rumhüpfen kann wie früher. Ich glaube, er hat nicht die mindeste Beziehung zum Altwerden. Er denkt wie ein junger Mann, läßt sich gehen und hat plötzlich keinen Sprit mehr. Aber solange er welchen hat, drückt er nun mal aufs Pedal.

JULIUS EPSTEIN

Der Schriftsteller Julius Epstein — für das Drehbuch von *Casablanca* erhielt er einen Oscar — war mit Groucho befreundet, seit er Mitte der dreißiger Jahre nach Hollywood gekommen war. Auf einer von Sidney Sheldon veranstalteten Party kam ich mit ihm ins Gespräch. Wenige Wochen vorher hatte Groucho bei Epstein an einer Dinnerparty teilgenommen.

Um uns unterhalten zu können, gingen wir in eines der Schlafzimmer in Sidney Sheldons Haus hinauf und machten die Tür hinter uns zu. Während des Interviews machten Sheldons Tochter Mary und einige ihrer Kommilitoninnen die Tür auf und waren sehr überrascht, uns dort zu finden. »Es ist einfach unmöglich, in dieser Stadt ein Verhältnis zu haben!« rief ihnen Julius Epstein scherzhaft nach, als sie schnell wegliefen.

JULIUS EPSTEIN Über was sollen wir reden? Die späteren Jahre?

ICH Nein, nicht nur über die späteren Jahre. Erzählen Sie mir von Ihrer ersten Begegnung mit Groucho.

JULIUS EPSTEIN Das muß ungefähr vierzig Jahre her sein. Grouchos damaligen Freunde sind immer noch seine Freunde, und das waren nicht unbedingt nur Superprominente aus dem Showbusiness. Er hatte immer großen Respekt vor Schriftstellern, eine Vorliebe für Autoren; und die, die noch am Leben sind, sieht man heute noch bei Groucho. Ich kann Ihnen zwei Groucho-Geschichten erzählen, die seine Einstellung zu Autoren widerspiegeln.

In der ersten Geschichte waren wir bei jemandem zu Besuch. Der Mann ist heute anwesend — ich nenne seinen Namen nicht. Ich war damals frisch verheiratet, es muß fünfundzwanzig, sechsundzwanzig Jahre her sein. Es war Sommer, und es fand eine Grillparty im Freien statt. Der Gastgeber war ein Grillexperte. Ich bin dazu zu ungeschickt, ich kann nicht mal einen Nagel in die Wand schlagen. Anscheinend haben Groucho und ich zwei Dinge gemeinsam: erstens heißen wir beide Julius. Das verband uns beide. Das zweite war, daß keiner von uns mit Hammer und Nagel umgehen oder irgendwelche anderen kleinen Dinge im Haus erledigen konnte, die man von einem Mann erwartet. Der Gastgeber machte sich mit viel Geschick am Grill zu schaffen, und meine Frau, die meine häusliche Unbeholfenheit ein bißchen ärgert, sagte: »Sieh ihn dir an! Schau, wie er das macht!« Groucho wurde wütend und sagte: »Warum soll er ihm beim Grillen zusehen? Grillen ist was für Leute ohne Talent.« Er hatte das Gefühl, man greife einen Freund an, mich, und dabei hatte es mir gar nichts ausgemacht.

Die andere Geschichte ereignete sich viele Jahre später. Wieder waren wir auf einer Party, und ich unterhielt mich mit einer sehr guten Freundin von mir, die als Drehbuchredakteurin in einem Filmstudio arbeitete. Wir saßen alle da und sprachen von meiner Cholesterindiät. Mein Arzt war einer der Pioniere dieser Diät, und ich war eines seiner ersten Versuchskaninchen. Diese Freundin fragte mich: »Hältst du dich den gewissenhaft an die Diät«, und ich machte einen sehr schlechten Witz. Ich sagte: »Sechs Tage in der Woche halte ich mich gewissenhaft daran, und am Samstag aus religiösen Gründen.« Sie sagte: »Das ist aber ein schlechter Witz«, und ich sagte: »Naja...« aber Groucho regte sich irrsinnig auf.

Er ging auf die Frau los und sagte: »Wie können Sie zu diesem Mann so etwas sagen? Haben Sie je in Ihrem Leben jemanden zum Lachen gebracht? Haben Sie je etwas Nennenswertes geleistet? Dieser

Mann hat die Menschen jahrelang unterhalten und zum Lachen gebracht, und Sie sagen ihm, das sei ein schlechter Witz!« Sie brach in Tränen aus, und ich sagte immer wieder: »Groucho, ist doch unwichtig. Es war nur ein Witz, sie hat's nicht so gemeint«, aber Groucho war nicht zu beruhigen. Er macht das immer: er verteidigt Leute aus dem Showbusiness, besonders Autoren, gegen Außenseiter oder »Zivilisten«, wie er sie nennt.

Groucho ist ein unglaublich treuer Mensch. Er hat vierzig Jahre lang dieselben Freunde und verteidigt sie immer. Das werden Ihnen bestimmt viele andere Leute bestätigen. Er ist sehr fürsorglich. Und in noch was ist er einzigartig: er ist der einzige weltberühmte Komiker, der von anderen, die er für begabt hält, anerkennend spricht. Ich erinnere mich, wie ich vor vielen, vielen Jahren mit ihm auf einer Party in Malibu war und er immer wieder sagte: »Ich muß diesen jungen Mann kennenlernen. Ich habe ihn gerade im Radio gehört. Er ist Discjockey und hat abends um elf seine Sendung. Er heißt Steve Allen.«

Wenn man heutzutage Groucho besucht, ist Steve Allen da. Groucho entdeckte ihn und legte überall für ihn ein gutes Wort ein. Sobald er Woody Allen hörte, erkannte Groucho, daß er komisch sei, und hat's jedem erzählt. Sonst kommt es nicht vor, daß ein Komiker den anderen lobt. Das ist eine von Grouchos besten Eigenschaften.

ICH Hat sich Groucho im Laufe der Jahre verändert?

JULIUS EPSTEIN Na ja, verglichen mit vor zwanzig Jahren ist alles langsamer geworden; wie unter Wasser sozusagen. Aber sein Gehirn funktioniert noch. Er hat noch Witz. Ich erinnere mich, daß er selbst an den Tagen, an denen er am ausgelassensten und vergnügtesten war, mit einer Sache immer sehr pingelig war: wenn das Essen nicht gleich auf den Tisch kam, sagte er einem sofort die Meinung.

ICH Am liebsten um sieben Uhr.

JULIUS EPSTEIN Na ja, so früh wie möglich. Und dann noch Grouchos Einstellung zu Frauen. Vor vielen Jahren habe ich mal ein Drehbuch zu *Minnie's Boys* geschrieben, das später ein Musical wurde. Mein Drehbuch wurde nicht verfilmt, weil es im Studio hieß: »Wer soll denn bloß die Marx Brothers als Jungs spielen?« Es ging hauptsächlich um die frühen Jahre, als die Marx Brothers heranwuchsen.

ICH Ich wußte gar nicht, daß es ein Drehbuch gab. Das war vor der Bühnenfassung?

Groucho

Heyne BT 32/232 "Groucho", S. 25-28 zu Bg. 26/27

A NIGHT AT THE OPERA (Skandal in der Oper)

Beide Fotos: A NIGHT AT THE OPERA (Skandal in der Oper)

JULIUS EPSTEIN O ja, lange davor. 1955 oder 56. Und sobald es stand, hieß es: Und wo holen wir die Schauspieler her, die die Marx Brothers spielen? Wer kann einem vormachen, es wären die Marx Brothers und es wäre genauso komisch wie sie? Sie waren nicht zu besetzen. Ich weiß nicht, was sie im Musical gemacht haben, aber ich kann mir vorstellen, daß sie dasselbe Problem hatten. Als ich das Drehbuch schrieb, hat mich Groucho ständig beraten. Er erzählte mir all die Anekdoten über ihre Streiche, wie sie durchs Fenster fliehen und die Stadt verlassen mußten. Es lag ihm viel daran, daß diese Episoden ins Drehbuch kamen. Alle Marx Brothers sind sehr stolz auf ihren Erfolg bei Frauen. Er hat immer von Harpo erzählt — Harpo war der größte Don Juan aller Zeiten.

ICH Und natürlich Chico.

JULIUS EPSTEIN Na ja, ich erinnere mich, daß der Onkel meiner ersten Frau Chico verprügeln wollte. Aber Harpo liebten alle, und Harpo war zweifellos der Größte. Groucho sagte ständig: »Nimm das ins Drehbuch auf: Wir waren in Punxsutawney, Pennsylvania, und mußten aus dem Fenster klettern, als die Ehemänner kamen«, und andere solche Sachen. Er war ziemlich stolz drauf. Aber ich glaube, Groucho kann stolz darauf sein, daß seine Freunde von damals immer noch seine Freunde sind. Mit Ausnahme derer, die nicht mehr leben, begegnet man ihnen immer noch in seinem Haus.

Ich erinnere mich an einen Abend, an dem Bogart da war — das werde ich nie vergessen: er trank in regelmäßigen Abständen aus einer kleinen Flasche, in der eine dicke, weiße Flüssigkeit war. Er nahm immer wieder einen Schluck von dem weißen Zeug — jemand sagte, es sei Medizin. Wir fragten ihn: »Was fehlt dir?«, und Bogart grinste und sagte: »Ich habe Krebs.« Wir haben es damals noch nicht gewußt, aber er hatte wirklich Krebs. Die Medizin war gegen die Schmerzen in seinem Hals. Aber alle von Grouchos alten Freunden waren da. Einige von ihnen waren Autoren, noch ganz unten auf der Rangliste. Ich glaube, die meisten von Grouchos alten Freunden waren schon vor vierzig Jahren da. Leute wie Nunnally Johnson, Nat Perrin, Harry Tugend, Sidney Sheldon und Bert Granet sind nach all den Jahren immer noch seine Freunde. Für mich war das immer seine hervorstechendste Eigenschaft — und seine unglaubliche Großzügigkeit anderen Kollegen gegenüber, was bei Leuten im Showgeschäft sehr ungewöhnlich ist.

Die Faszination, die er auf junge Leute ausübt, ist unglaublich. Das ist ungefähr wie bei Bogart. Groucho und Bogart hatten vieles gemeinsam. Wenn man sich überlegt, daß Bogart jetzt schon über siebzig wäre, wenn er noch lebte... Ich erinnere mich an eine kleine Dinnerparty vor ungefähr zwei Jahren; Groucho war da. Mein Sohn, der damals neunzehn war, kam mit einem Freund, der zu Groucho sagte: »Sie können sich gar nicht vorstellen, wie aufregend es für mich ist, Sie kennenzulernen, Groucho«, und dann endlos so weiterredete. Natürlich war Groucho das peinlich, und er machte eine typische Groucho-Bemerkung wie: »Was wissen Sie denn schon?« Irving Brecher war da, und er stand auf und sagte: »Groucho, genau dasselbe haben auch wir all die Jahre von dir gedacht.« Dem war nicht mal Grouchos enormes Selbstbewußtsein gewachsen. Es war ein stiller Augenblick.

ICH Und wie hat der Freund Ihres Sohnes auf Grouchos Reaktion reagiert?

JULIUS EPSTEIN Er hatte von Groucho nichts anderes erwartet. Ich bin allerdings der Meinung, daß Groucho das Gefühl hat, er müßte ständig seinem Image gerecht werden. Er *müßte* jeden beleidigen; er meint, sie erwarten von ihm, daß er sie wie Margaret Dumont behandelt.

ICH Hat Groucho auch Sie mal beleidigt?

JULIUS EPSTEIN Nein, ich kann mich nicht erinnern, von ihm beleidigt worden zu sein, auch nicht, daß er irgendwelche anderen Freunde beleidigt hätte. Das hat er sich, glaube ich, für die »Zivilisten« aufgehoben.

ICH Ist Groucho für Sie im täglichen Leben genauso wie in seinen Filmen?

JULIUS EPSTEIN Ja, doch. Ich habe aber auch das leise Gefühl, daß er irgendwie die Rolle spielen muß. Aber Groucho ist auch ein sehr liberaler Mann, er hat sich immer für Politik und das Weltgeschehen interessiert, er verschlingt, was ihm an Büchern in die Finger kommt. Ich weiß eine Menge über ihn, nicht nur von ihm persönlich, sondern auch durch die Arbeit an dem Drehbuch.

ICH Sie kannten seine Ehefrauen.

JULIUS EPSTEIN Ja. Ich glaube, Groucho hat immer dieselbe Frau geheiratet. Ich kannte sie alle. Ruth war die erste Frau, und wie alle war sie Nichtjüdin, attraktiv, hübsch. Sie spielte gut Tennis. Ich vermute, sie war die einzige Sportliche unter seinen Frauen. Von ihr hat's Grouchos Sohn Arthur. Er war ein ausgezeichneter Tennisspieler. Haben Sie mit Nunnally Johnson gesprochen?

ICH Mehrere Male.

JULIUS EPSTEIN Nunnally hat mal bei Groucho den größten Spruch losgelassen, eine der flapsigsten Bemerkungen aller Zeiten. Es fand ein großes Abendessen kurz nach dem Riesenerfolg von *Guys and Dolls* statt. Frank Loesser war da, und Nunnally Johnson war da. Wir waren zu zwölft oder zu vierzehnt, und das große Gesprächsthema war ein Rechtsanwalt, dessen Mandanten Theaterleute waren. Er war ein großer Frauenheld, war immer mit einem Star verheiratet oder ging mit einem aus, und das Gespräch wandte sich bald der Frage zu, ob er falsche Zähne habe oder nicht.

Frank Loesser, der sich sehr newyorkerisch vorkam, sagte: »Fällt euch eigentlich kein anderes Thema ein?« Schweigen. Natürlich beleidigte er damit praktisch die ganze Runde, und Nunnally legte sein Besteck hin, verschränkte die Arme, und sagte: »Okay, Frankie... jetzt zeig uns mal, wie man sich in New York unterhält.« Frankie hat den ganzen Abend kein Wort mehr gesagt. Es war etwas, was auch Groucho hätte sagen können. Manchmal reden Grouchos Freunde genau wie er. Es färbt ab. Grouchos Freunde bedienen sich manchmal seines Stils. Ich sage Ihnen, die Abende bei Groucho waren immer lustig. Es waren immer sehr unterhaltsame Leute da – kein Ballast.

ICH An welche Freunde können Sie sich bei Groucho erinnern?

JULIUS EPSTEIN An Bogart. Steve Allen war oft da, weil Groucho meint, er hätte ihn entdeckt. Irwin Allen ist ein guter Freund von Groucho. Waren Sie auf seiner Geburtstagsparty?

ICH Ja.

JULIUS EPSTEIN Wir waren gerade in Europa, deshalb konnten wir nicht kommen. Aber das dürfte ziemlich bezeichnend für Grouchos Freundeskreis sein.

ICH Im Grunde halten Sie Groucho also für den, der er immer war?

JULIUS EPSTEIN Er ist nicht mehr ganz so schlagfertig, aber ab und zu kommt er noch mit was an. Ich glaube, »Groucho« wird mal ins Wörterbuch kommen. Viele Leute mochten Harpo lieber als Groucho, aber ich hielt Groucho immer für den bedeutenderen Charakter. Ohne Groucho hätten die unverwechselbaren Merkmale der Marx Brothers nicht existiert. Er war der Hauptdarsteller. All die

Bonmots, die immer zitiert werden, drehen sich um Groucho. Was läßt sich schon von Harpo zitieren? Auf die Hupe drücken oder so? Harpo war, glaube ich, einer der nettesten Menschen, die ich je gekannt habe. Sehr still, sehr sanft. Der Intellektuellste. Ich glaube, keiner von ihnen hatte auch nur die mindeste Bildung. Groucho hat sich eine Menge angelesen. Wenn sie irgendeine Art von Bildung gehabt hätten, wer weiß, was sie da gemacht hätten.

ICH Vielleicht nicht dasselbe.

JULIUS EPSTEIN Vielleicht nicht dasselbe. Wie heißt die Geschichte von Somerset Maugham über den Kirchendiener?

ICH »Der Küster.«

JULIUS EPSTEIN Richtig. Das hat er aus einem alten jüdischen Volksmärchen, bei dem es um einen Schammes geht. Er hat einen Küster aus ihm gemacht, der gefeuert wird, weil er seinen Namen nicht schreiben kann. Der wird dann Geschäftsmann und Multimillionär. In der Bank stellt sich heraus, daß er nicht mal seinen Namen schreiben kann, und jemand sagt: »Stellen Sie sich vor, was aus Ihnen hätte werden können, wenn Sie lesen und schreiben gelernt hätten!« Und er sagt: »Ja, ein Kirchendiener.« Das ist ein jüdisches Volksmärchen, und es trifft wahrscheinlich auf Groucho zu. Er hat sich selbst gebildet. Er liest alles, zumindest hat er das mal getan.

ICH Das tut er immer noch.

JULIUS EPSTEIN Er ist sehr belesen. Weiß über alles Bescheid, was passiert − politisch, geistig − alles. Die »Zivilisten« haben Angst vor ihm, wissen Sie. Haben sie schon immer gehabt. Er hatte nie großen Respekt vor Leuten außerhalb der Branche. Und die meisten seiner Freunde waren, glaube ich, Autoren. Ich weiß noch, als er sein Buch schrieb, sagte er ständig: »Mein Gott, jetzt hab ich noch viel mehr Respekt! Jetzt weiß ich, wie schwer es ist, was aufs Papier zu bringen!«

ICH Mir sagte er, er fände Bücherschreiben nicht schwer.

JULIUS EPSTEIN Damals war er anderer Meinung.

ICH Welchen Titel würden Sie einem Buch über Groucho geben?

JULIUS EPSTEIN Weiß ich nicht. Ehrlich gesagt bin ich ein Versager, was Titel angeht, auch bei meinen eigenen Filmen. Wie wär's mit *Nicht mit Karl verwandt?* Übrigens war Groucho sehr stolz auf seine deutsche Herkunft. Seine Eltern sprachen nicht Jiddisch, sie sprachen Deutsch. Und er hat drei Nichtjüdinnen geheiratet: Ruth, Kay und

Eden. Ich glaube, die lebenslustigste von den dreien war Kay. Eden ist eine sehr gute Malerin. Recht gut. Ich glaube, keine seiner Frauen war eine starke Persönlichkeit. Man kann als starke Persönlichkeit nicht mit Groucho verheiratet sein. Erin ist ganz anders als alle seine Frauen. Eine richtige Demarkationslinie, diese Erin. Groucho ist immer noch eine starke Persönlichkeit.

Ich erinnere mich an seinen Auftritt in Columbus, Ohio. Ich habe ein Publikum mein Lebtag nicht so lachen hören. Jedesmal, wenn er auf die Bühne kam, sind die Leute wieder aufgestanden und haben gejubelt. Wissen Sie, ich habe in meinem Leben schon eine Menge Gelächter gehört — auf der Bühne, im Kino, überall — aber so viel Gelächter wie bei Grouchos Auftritt habe ich noch nie gehört. Ich weiß, der Titel ist schon anderweitig verwendet worden, aber auf Grouchos Stil trifft er absolut zu: *Nothing Sacred* — »Nichts ist ihm heilig«.

WOODY ALLEN

An einem kalten Februarnachmittag des Jahres 1973 interviewte Woody Allen Groucho für mich in New York. Groucho wohnte im Pierre, einem Hotel, das als sicherer Zufluchtsort der Prominenz bekannt ist. Woody trat lässig gekleidet in die Empfangshalle: er trug Jeans, einen alten Pulli, zweifarbige Mokassins, einen Anglerhut (seine »Verkleidung«) und seinen Do-It-Again-Sam-Mantel. Der wachsame Mann an der Rezeption ließ Woody solange warten, bis feststand, daß Mr. Marx ihn *tatsächlich* erwartete.

Als er hörte, daß Woody auf dem Weg zu ihm war, rief Groucho: »Von ihm kann ich nicht genug kriegen!« Als Woody die Suite betrat, waren Grouchos erste Worte: »*Das* ist ein Komiker.« Paradoxerweise war Woody Allen einer der wenigen, die in Grouchos Gegenwart nicht versuchten, komisch zu sein. Und in diesem besonderen Fall wirkte die Aufgabe, Groucho zu interviewen — die Woody sehr ernst nahm —, noch ernüchternder auf sein Verhalten.

Für Groucho war Woody Allen »ein sehr komischer Mann« — kein geringes Lob von einem, dessen Spezialität das absolute Understatement ist. »Er ist ein Genie«, fügte Groucho manchmal hinzu, und das ganz ernsthaft.

Groucho hat seine Beziehung zu Woody am bündigsten formuliert: »Ich finde ihn großartig, und er findet mich großartig. Und so kommen wir prima miteinander aus.«

GROUCHO Es muß heute heiß draußen sein. Niemand trägt einen Hut.

WOODY ALLEN Ja ja, es ist eiskalt. Acht Grad minus oder so.

GROUCHO Aber wenn du keinen Hut aufhast, ist es nicht kalt.

WOODY ALLEN So entscheidest du das?

GROUCHO Man kann ja auch was anderes tragen. Ich trage dicke Unterwäsche. *(Groucho zeigt sein Unterhemd, auf dem »Tell 'Em Groucho Sent You« steht)* Wenn du so alt wärst wie ich, würdest du auch sowas tragen. Und einen Hut.

WOODY ALLEN Es heißt ja: je älter, desto kälter.

GROUCHO Da hast du recht. Das letzte Mal, als ich Chaplin sah, sagte er nichts weiter als: »Halt dich warm. Halt dich warm.«

WOODY ALLEN In welchem Jahr war das?

GROUCHO Als er den Oscar bekam. Er kam nach Kalifornien. Wir aßen zusammen zu Mittag, und beim Gehen legte er mir den Arm um die Schulter und sagte: »Groucho, halt dich warm.« Damals wußte ich nicht, was er meinte, aber jetzt weiß ich's. Wenn man älter wird, sollte man wärmere Sachen tragen. Und einen Hut.

WOODY ALLEN Verstehe.

GROUCHO Er sagte mal zu mir: »Ich wünschte, ich könnte im Film so reden wie du.« Chaplin war großartig, aber er arbeitet nicht mehr. Eine Pleite hat er fabriziert, die konnte sich wirklich sehen lassen. *Countess from Hong Kong.* Das war einer der schlechtesten Filme, die ich je gesehen habe. Marlon Brando spielte mit. Ich möchte den neuen Brando-Film sehen *[Last Tango in Paris]*, denn ich habe mir sagen lassen, davon kann man was lernen.

WOODY ALLEN Hast du jemals pornographische Filme gesehen?

GROUCHO Nein, kein Interesse. Ich weiß, wie nackte Mädchen aussehen.

WOODY ALLEN Hast du nach Carnegie Hall noch andere Soloauftritte gehabt?

GROUCHO Ja. Ich habe in Los Angeles gespielt und in San Francisco für Bill Graham. Frisco ist eine aufregende Stadt, weißt du.

WOODY ALLEN Ja. Es ist zwar klein, aber viel aufregender als Los Angeles.

GROUCHO Ich weiß noch, wie wir von New York das erste Mal nach Los Angeles kamen. Damals gab's sowas wie Beverly Hills noch nicht.

WOODY ALLEN Hat's dir damals besser gefallen?

GROUCHO Viel besser. Damals roch es nach nichts anderem als Orangen- und Zitronenblüten. Chico sagte, in Kalifornien riechen nicht die Blumen, sondern die Frauen. Na ja, er mußte es ja wissen.

WOODY ALLEN Wie heißt das Studio in der Nähe vom Flughafen?

GROUCHO MGM. Bei MGM haben wir fünf Filme gedreht, zwei davon mit Thalberg. Er war der beste.

WOODY ALLEN Ich weiß, das hast du schon mal gesagt. Über Thalberg hör ich immer die gegensätzlichsten Geschichten. Daß du ihn sehr gerne mochtest, weiß ich.

GROUCHO Er war der Meister. Der erste Film, den er mit uns machte, war *A Night at the Opera*. Mit einem zweiten fingen wir an, *A Day at the Races,* aber er starb mittendrin. Er war jünger als ich, als er starb. Das war 1936. Jetzt haben wir 1974, und ich lebe immer noch.

WOODY ALLEN Woher weißt du das?

GROUCHO Ich merk's, wenn ich am Morgen aufstehe. Wenn ich nicht aufstehe, heißt das, ich bin tot.

WOODY ALLEN Hast du immer noch dieses Bett, wo…

GROUCHO Ja! Und solltest du mal eine Nacht mit mir verbringen wollen, keine falsche Scheu!

WOODY ALLEN Es war das erste Bett, das ich gesehen habe, mit dem man sich die Füße massieren lassen konnte, den Rücken, alles, was man wollte. Dafür gab's einen Schalter unter der Matratze.

GROUCHO Bei mir geht alles mit Fernbedienung — Fernseher, Licht, alles. Ich kann tagelang im Bett sitzen, ohne aufstehen zu müssen.

WOODY ALLEN Erzähl mal, wer sind deine Freunde?

GROUCHO Ich habe keine Freunde.

WOODY ALLEN Na ja, wen hast du in letzter Zeit so gesehen?

GROUCHO Nunnally Johnson, den ich für einen der großen Autoren in Hollywood halte. Und George Seaton. Ich weiß nicht, kennst du ihn?

WOODY ALLEN Tu ich. Nicht persönlich, aber ich weiß, wer er ist.

GROUCHO Netter Kerl. Und begabt. Und Arthur Sheekman sehe ich hin und wieder.

WOODY ALLEN Harry Ruby?

GROUCHO Ja. Ich habe acht oder zehn Freunde.

WOODY ALLEN Also tagsüber entspannst du dich halt irgendwie, und dann trefft ihr euch und spielt Karten…

GROUCHO Karten spiele ich nicht.

WOODY ALLEN Karten spielst du nicht. Was machst du dann?

GROUCHO Ich lese eine Menge. Plunder.

WOODY ALLEN Aha. Langweilt dich das nicht nach zwei Stunden?

GROUCHO Nein. Dann schau ich mir eben irgendwelchen Plunder an.

WOODY ALLEN Schaust du dir Filme an oder siehst du fern?

GROUCHO Ich sehe mir Serien an, zum Beispiel *Sanford and Son, All in the Family, Maude* und ein paar andere.

WOODY ALLEN Und mit wem triffst du dich so in New York?

GROUCHO Mit Comden und Green und Goddard Lieberson, mit Dick Cavett und Goody Ace. Mit ein paar Leuten in der Richtung. Leute, die ich gern habe. Ich bin sowieso nie lange hier. Ich weiß noch, wie's 1929 den Börsenkrach gab. Wußtest du, daß Marx Gordon in Wirklichkeit Salpeter heißt?

WOODY ALLEN Ja, ich hab's in seinem Buch gelesen.

GROUCHO Er hat ein Buch geschrieben?

WOODY ALLEN Klar hat Max ein Buch geschrieben: *Max Gordon Presents.*

GROUCHO Ich wußte gar nicht, daß er schreiben kann.

WOODY ALLEN Jedenfalls hat er ein Buch geschrieben. Über seine Erlebnisse.

GROUCHO Wir sind früher immer zusammen in Great Neck rumgelaufen. Wir haben zusammen Golf gespielt. Die Kurse waren damals so hoch, jeder verdiente sich ruckzuck eine Million. Dann kam eines Tages 1929 der Börsenkrach. Er wohnte damals in New York und ich in Great Neck. Ich machte, glaube ich, gerade *Animal Crackers.* Und er ruft mich an und sagt: »Marx« — er redet immer so — »hier ist Salpeter. Das Spiel ist aus.« Und legt auf. In der Woche verlor ich 250 000 Dollar.

WOODY ALLEN Wo hattest du denn dein Geld? Hat's dich wirklich so schlimm erwischt?

GROUCHO Ich war vernichtet. Aber ich bekam für *Animal Crackers* tausend Dollar die Woche und habe mich schnell wieder gerappelt.

WOODY ALLEN Hast du dich in deinem Leben mal an eine Diät gehalten?

GROUCHO Ich nehme zu mir, worauf ich Lust habe. Ab und zu sogar mal ein Mädchen.

WOODY ALLEN Ich will noch mal auf Charlie Chaplin zurückkommen. Wart ihr eigentlich früher befreundet?

GROUCHO Ja. Ich lernte ihn vor über sechzig Jahren in Kanada kennen. Vor ein paar Wochen habe ich versucht, mir einen von seinen Filmen anzuschauen, aber Chaplin ist nicht mehr besonders komisch.

WOODY ALLEN Ich finde, er hat drei großartige Filme gemacht. Hier in New York haben sie eine Retrospektive all seiner Filme veranstaltet, und drei davon finde ich immer noch komisch, die anderen nicht. Na ja, sagen wir dreieinhalb. Einige finde ich zu rührselig. Ich mag *Modern Times, City Lights* und *The Gold Rush*. Die anderen finde ich alle ziemlich ermüdend. *The Great Dictator* oder *Monsieur Verdoux* oder *Limelight* mag ich gar nicht. Kanntest du Keaton?

GROUCHO Und ob.

WOODY ALLEN Fandest du ihn komisch?

GROUCHO Na klar. Als wir bei MGM waren, arbeitete er für Harpo. Er hat Gags eingebaut.

WOODY ALLEN Fandest du ihn in seinen Filmen komisch? In *The Navigator* oder in *The General?*

GROUCHO Ja. Den *Navigator* fand ich großartig. Aber, weißt du, außer dir gibt's überhaupt keine Komiker mehr.

WOODY ALLEN Aus irgendwelchen Gründen dreht niemand mehr Filmkomödien. Ich weiß nicht, warum. Die Leute fragen mich das immer, und ich weiß nicht, warum keine mehr gemacht werden.

GROUCHO Sie sind halt schwer zu machen.

WOODY ALLEN Ja. Körperlich schwer, meinst du. Es gibt einfach keinen, der versucht, komische Filme zu drehen. Eine Zeitlang gab's Jerry Lewis.

GROUCHO Als ich letzten Sommer in Frankreich war, haben sie mich gefragt, was ich von Lewis hielte, und ich habe gesagt, er sei sehr gut, wenn er zusammen mit Dino Martin arbeite.

WOODY ALLEN Ich verstehe das nicht: einmal gibt's sechs, acht, zehn Komiker deines Niveaus − Keaton, Chaplin, dich, Fields − alle im selben Zeitraum, und ganz plötzlich gibt's überhaupt keine mehr.

GROUCHO Meinst du nicht, daß der Tod des Varietés was damit zu tun hat? Als das alte Varieté starb, wo sollte man da noch komisch sein?

WOODY ALLEN Sie waren alle Varieté-Komiker, Music-Hall-Komiker. Für mich ist das einfach unglaublich. Es war wie eine Renaissance – nicht wahr, alle waren auf einmal da. Hast du mal irgendwelche Bob-Hope-Filme gesehen, die dir gefallen haben?

GROUCHO Er hat gerade einen neuen gemacht: *Cancel My Reservation.* Ich habe ihn noch nicht gesehen.

WOODY ALLEN Und wie war das so vor zwanzig Jahren, in den vierziger oder fünfziger Jahren?

GROUCHO Ich finde, daß er früher mit Crosby gut zusammengearbeitet hat. Das Publikum hat sie gemocht. Hope ist ein guter Komiker, und Bing ist ein guter Sänger.

WOODY ALLEN Ich habe zum Beispiel Harold Lloyd nie komisch gefunden. Oder Laurel und Hardy.

GROUCHO Harold Lloyd hat nie was anderes gemacht als an Häusern hochzukrabbeln.

WOODY ALLEN Was war eigentlich der Unterschied zwischen Chaplin und Keaton. Warum war Chaplin beliebter als Keaton?

GROUCHO Ich finde, Keaton hat ein paar gute, komische Filme gemacht, und Chaplin eine Menge.

WOODY ALLEN Findest du? Fandest du alle die kurzen Sachen komisch?

GROUCHO Nein, aber ich kann mich an einen von Chaplin erinnern, der hieß *Easy Street,* wo er einen Polizisten spielt.

WOODY ALLEN Richtig. Der ist großartig.

GROUCHO Das ist ein komischer Film. Ungeheuer komisch.

WOODY ALLEN Der ist ganz kurz. Ich finde, Keaton war der bessere Filmemacher, aber Chaplin war komischer.

GROUCHO Vielleicht sind die Tage der Komiker gezählt, wenn man von dir mal absieht.

WOODY ALLEN Mag sein, ich weiß es nicht. Was hältst du von Tati? Jacques Tati?

GROUCHO Dieser lange Kerl? Er hat einen, vielleicht auch zwei sehr komische Filme gemacht. *Les vacances de Monsieur Hulot* haben mir gefallen. Aber er hat vor nicht allzulanger Zeit einen gemacht, der nicht gut sein soll.

ICH *Trafic.*

GROUCHO Richtig. Du hast ihn ja in Paris interviewt.

WOODY ALLEN Ich würde gerne hören, wie du Chaplin in Kanada kennengelernt hast.

GROUCHO Da gibt's nicht viel zu erzählen. Das war lange vor deiner Zeit. Dort gab's damals zwei Theaterkonzerne: Pantages und Sullivan-Considine. Von denen hast du nie was gehört, dazu bist du zu jung.

WOODY ALLEN Von Pantages hab ich gehört.

GROUCHO Jedenfalls spielten wir in Kanada, und Chaplin ebenfalls. Er spielte einen Sketch, der hieß *A Night at the Club.* Das war eine sehr komische Nummer. Ich erinnere mich, daß eine würdige alte Dame in dem Sketch auftrat, die auch sang, und während sie sang, kaute Chaplin an einem Apfel rum und spuckte ihr das Zeug ins Gesicht. Das war die Art Komödie, die er vor sechzig Jahren spielte.

Nun war's so, daß alle meine Brüder Poolbillard spielten. Zwar nicht professionell, aber gut. Als wir nach Winnipeg kamen, verschwanden die Jungs und machten sich auf die Suche nach einer Billardhalle. Wir hatten dort ungefähr drei Stunden Aufenthalt, bevor die Reise in Richtung Küste weiterging. Da ich weder Poolbillard noch Karten noch sonstwas spiele − ab und zu rauche ich, gerade genug zum Husten − ging ich spazieren und kam an einem Sullivan-Considine-Theater vorbei. Und wie ich so vorbeigehe, höre ich, wie die Leute drin brüllen vor Lachen. Ich zahle zehn Cents und gehe rein. Es war die großartigste Geschichte, die ich je gesehen habe.

WOODY ALLEN Was war daran so großartig?

GROUCHO Er war so komisch.

WOODY ALLEN Was hat er gemacht?

GROUCHO Verrückte Sachen. Er hatte so einen komischen Gang. So. *(Groucho führt den Gang vor)*

WOODY ALLEN Und was machten die anderen?

GROUCHO Ich weiß das nicht mehr nach so vielen Jahren. Aber ich weiß noch, daß der erste Abend in Winnipeg zusammen mit Chaplin war. Er arbeitete bei Sullivan-Considine und wir bei Pantages. Er hatte die ganzen sechs Wochen dasselbe Hemd an, weil er bloß fünfundzwanzig Dollar die Woche bekam und kein Geld für ein sauberes Hemd ausgeben wollte. Wir lernten ihn kennen. Die Woche darauf ging ich zu ihm in die Garderobe, um ihm zu sagen, wie fabelhaft er sei. Dann traten wir wochenlang immer in denselben kanadischen Städten auf wie er. Ich kann mich nicht mehr an all die Städte erinnern, weil das ewig lange her ist, aber wir sind immer zusammen ins Bordell gegangen.

WOODY ALLEN Aha, mm-mm.

GROUCHO In diesen Städten konnte man als Schauspieler nirgendwo hingehen, es sei denn, man hatte das Glück und riß sich 'n Mädchen auf. Aber im allgemeinen gab's keine Mädchen. Man mußte in den Puff gehen, auf die Art und Weise lernten wir uns sehr gut kennen. Nein, so meine ich das nicht. Ich meine, ich bin nicht mit ihm gegangen. Das heißt, schon mit ihm hingegangen, aber nicht...

WOODY ALLEN Verstehe. Damals hatte er noch keine Filme gemacht.

GROUCHO Nein. Keinen einzigen.

WOODY ALLEN War von Filmen die Rede? Hat er gesagt, daß er Filme machen wollte?

GROUCHO Nein. Der Gedanke kam ihm gar nicht. Er hatte großen Erfolg mit seiner Nummer. Als wir dann nach Seattle kamen, sah Mack Sennett Chaplin in *A Night at the Club* und bot ihm einen Vertrag an. Eines Tages war ich mit Chaplin im Gespräch und sagte: »Wie ich höre, hat dir Mack Sennett 200 Dollar die Woche angeboten.« Und er sagte: »Ich hab's abgelehnt.« Ich sagte: »Bist du wahnsinnig? Du hast 200 Dollar die Woche abgelehnt, obwohl du für diesen miesen Varieté-Sketch nur 25 kriegst?« Er sagte: »Ich hab drüber nachgedacht. Niemand ist 200 Dollar die Woche wert. Und wenn ich keinen Erfolg habe, was dann? Also hab' ich abgelehnt. Ich wollte den Job nicht.« Er hatte Angst, und danach ging er nach England zurück. Sechs Jahre später machte ich eine Tournee durch die Orpheum-Theater...

WOODY ALLEN Ich muß dich kurz unterbrechen. Wärst du froh gewesen, wenn Sennett *dir* damals angeboten hätte, in Filmen aufzutreten?

GROUCHO Nein. Ich arbeitete mit meinen Brüdern, und die waren damit beschäftigt, Poolbillard zu spielen.

WOODY ALLEN Gut. Aber mal angenommen, Sennett hätte gewollt, daß ihr alle beim Film arbeitet, was hättest du damals dazu gemeint? Hättest du Sennetts Angebot angenommen und Stummfilme gemacht?

GROUCHO Wahrscheinlich nicht.

WOODY ALLEN Warum nicht?

GROUCHO Weil wir nicht der Ansicht waren, wir wären 200 Dollar die Woche wert.

WOODY ALLEN Aber das war doch Chaplins Begründung!

GROUCHO Ja!

WOODY ALLEN Aber worauf ich hinaus will: Meinst du, die Marx Brothers hätten Stummfilme machen können? Chaplin natürlich. Ihr habt erst Filme gemacht, als es Ton gab. Meinst du, ihr hättet komisch sein können – hättet ihr Stummfilme machen können?

GROUCHO Erstens hat Harpo ja sowieso kein Wort geredet.

WOODY ALLEN Stimmt.

GROUCHO Und Chico hat den Mund gehalten, sobald er eine Frau am Wickel hatte.

WOODY ALLEN Verstehe.

GROUCHO Also war ich der einzige, der wirklich geredet hat.

WOODY ALLEN Na ja, du warst ja die Hauptperson bei euch. Meinst du also, daß die Marx Brothers bei Mack Sennett einen komischen Stummfilm hätten machen können?

GROUCHO Wir *haben* einen Stummfilm gemacht. Es war die größte Pleite aller Zeiten.

WOODY ALLEN Wann?

GROUCHO Ungefähr 1921. Jeder von uns steuerte tausend Dollar bei, und dann drehten wir in New Jersey. Wir filmten größtenteils auf einem leeren Grundstück neben dem Theater, in dem wir gerade auftraten.

WOODY ALLEN Wie hieß er?

GROUCHO *Humorisk.* Ich kann mich nur noch erinnern, daß ich der Bösewicht war, und daß er nur einmal bei einer Kindermatinee in der Bronx gezeigt wurde. Ich wünschte, ich könnte eine Kopie auftreiben. Wir waren sowieso mehr am Broadway interessiert als am Film.

WOODY ALLEN Am Broadway war damals ganz sicher mehr los. Aber ich unterbrach dich, als du sagtest, sechs Jahre später kam Chaplin zurück...

GROUCHO Chaplin kommt zurück, und wir tingeln gerade durch die Orpheum-Theater. Ich spreche, Chico spricht, und Harpo schweigt. Er machte hauptsächlich Pantomime. Und das war komisch. In Los Angeles bekommen wir also von Chaplin, der inzwischen ein Filmstar ist, eine Einladung. Inzwischen war er so reich geworden, daß er sich die Villa von Mary Pickford kaufen konnte. Sie war ein großer Star bei dem Studio in Hollywood, zu dem du bald gehst. Also, er lud uns zu sich ein, und hinter jedem Stuhl stand ein Butler, und alle Teller waren aus purem Gold. Es war das fantastischste Essen, das man sich denken kann. Aber als er mir damals sagte: »Niemand ist $ 200 wert«, da wußte ich, daß er spinnt oder was weiß ich. Oder daß er sich nicht zutraute, im Film aufzutreten. Jedenfalls wurde er im Kino der Größte, und wir spielten immer noch im Varieté für'n Appel und'n Ei.

ICH Hat der Erfolg Chaplin verändert?

GROUCHO Er wirkte reicher.

WOODY ALLEN Du hast kein Interesse mehr, etwas zu schreiben?

GROUCHO Ich hab' fünf Bücher geschrieben. Das reicht.

WOODY ALLEN Wieviele kenne ich denn? Ich kenne *Memoirs of a Mangy Lover* und…

GROUCHO Das hat nichts getaugt.

WOODY ALLEN Ich habe *The Groucho Letters* gelesen, aber das betrachte ich an sich nicht so sehr als Buch. Was gab's davor?

ICH *Beds, Many Happy Returns* und *Groucho and Me.*

WOODY ALLEN Ich dachte an *Beds.* Es ist vergriffen, aber ich kenne jemanden, der's hat.

GROUCHO *Ich* habe nicht mal ein Exemplar. Kann's nicht finden. Ist ein dünnes Buch.

WOODY ALLEN Planst du noch irgendwelche Filme?

GROUCHO Erin ist gerade dabei, einen Dokumentarfilm über mich zusammenzustellen. Unterdessen plane ich zu sterben.

WOODY ALLEN Na, du bist ja ganz schön direkt! Hast du eine Kopie von *Animal Crackers?*

GROUCHO Niemand hat eine.

WOODY ALLEN Warum läuft der Film nie?

GROUCHO Sehr einfach. Georg Kaufman hat den Film seiner Adoptivtochter vermacht, einer sehr netten Frau, die sich genauso anhört wie er, wenn sie redet. Aber der Film gehört zum Kaufman-Nachlaß, und sie können sich mit Universal nicht einigen.

WOODY ALLEN All die Jahre? Ich habe ihn vor − ich würde sagen − 25 Jahren in einem Kino gesehen und seitdem nicht mehr.

GROUCHO Wir kriegen immerzu Post, in der es heißt: Warum kriegen wir *Animal Crackers* nicht zu sehen?

woody allen Ich habe das Drehbuch — du sicherlich auch. Hast du nicht vor ungefähr zehn Jahren was aus *Animal Crackers* in einer Hollywood-Palace-Sendung gebracht? Du hast in der Show auch einen komischen Monolog vorgetragen. Du warst gerade in Paris gewesen und hattest die Bardot kennengelernt, oder solltest sie kennenlernen.

groucho Ich kann mich nicht daran erinnern. Mein Gedächtnis ist miserabel.

woody allen Ja, aber du steckst noch voller Geschichten aus der Zeit von vor fünfunddreißig oder vierzig Jahren, das erstaunt mich so! Übst du noch auf der Gitarre?

groucho Nein. Ich tu überhaupt nichts mehr.

woody allen Überhaupt nichts? Siehst du dir keinen Baseball an?

groucho Nein. Baseball interessiert mich nicht. Ich kenne die Mannschaften nicht. Weißt du, wenn es heißt, Memphis schlägt Dallas, dann kenne ich die Teams einfach nicht. Wie soll ich mich für was begeistern, wenn ich nicht weiß, wer spielt?

woody allen Ich weiß noch, wie ich vor ein paar Jahren bei dir war und du von den Dodgers erzähltest. Damals warst du ein großer Fan — ein großer Fan von Sandy Koufax.

groucho Bin ich immer noch, aber Koufax spielt schon seit Jahren nicht mehr Baseball.

woody allen Ich weiß, aber wenn man sein ganzes Leben lang Baseball-Fan ist, kann man nicht einfach so aufhören. Also, was treibst du so?

groucho Nichts. Und das macht mir wahnsinnig viel Spaß.

woody allen Stehst du jeden Tag auf und liest die *Times?*

groucho Die *New York Times?* Nein, die krieg ich nur am Sonntag. Die ganze Woche lang Nachrichten zu lesen, könnte ich nicht verkraften. Das wäre einfach zu viel. Liest du sie denn jeden Tag?

woody allen Jeden Tag, klar. Ich bin von den Nachrichten auch nicht so begeistert, aber ich lese sie jeden Tag.

groucho Hab' ich dir mein Carnegie-Hall-Feuerzeug gezeigt?

woody allen Dunhill, stimmt's? Ich war ehrlich überrascht, wie schnell dein Soloabend in der Carnegie Hall ausverkauft war. Ich dachte mir, natürlich hast du Fans, die dich sehen wollen, aber die Carnegie Hall wird normalerweise mit Klassik und Folk ausverkauft, so was in der Art — Rockmusik. Aber die Geschwindigkeit, mit der das bei dir vonstatten ging, hat mich sehr überrascht. Es war einfach unglaublich.

GROUCHO Dreitausend Leute haben sie an dem Abend wegschicken müssen.

WOODY ALLEN Ich weiß. Die Karten sind ganz schön hoch gehandelt worden.

GROUCHO Richtig. Ich auch.

WOODY ALLEN Ich finde es wichtig, daß du jetzt arbeitest. Ich glaube, dein Publikum ist im Augenblick genauso stark wie immer, wenn nicht noch stärker. Es ist denkbar, daß es noch umfangreicher ist als früher, weil all die jungen Leute, die ganze College-Jugend über dich Bescheid weiß und ganz Amerika deine Quizshow kennt. Während deines Auftritts haben sie doch Filmausschnitte gezeigt, oder?

GROUCHO Ein Stück aus der Kabinenszene aus *A Night at the Opera*. Dabei ging der Projektor kaputt. Vielleicht war's auch der Vorführer.

WOODY ALLEN Bei dieser Art von Soloabenden finde ich es immer besser, wenn sie erst Filmausschnitte zeigen. Das war bei Gloria Swanson auch so. Erst haben sie Ausschnitte aus ihren Filmen gezeigt, und dann, als sie auf die Bühne kam…

GROUCHO Um wen geht's?

WOODY ALLEN Gloria Swanson. Sie zeigten Filmausschnitte…

GROUCHO Das war eine gute Schauspielerin. Lebt sie noch?

WOODY ALLEN Ja. Und sie sieht prima aus. Sie zeigten Filmausschnitte…

GROUCHO Muß ja mindestens sechzig sein.

WOODY ALLEN Locker. Jedenfalls zeigten sie einen Ausschnitt aus einem sehr komischen Film, einem Stummfilm mit ihr. Sie war da in einer U-Bahn und hat ganz fabelhaft und komisch gespielt, wirklich gut. Aber Chaplin meinte damals, aus ihr würde nie eine Komikerin werden, sie sei überhaupt nicht komisch, und wollte sie gar nicht haben. Aber sie war sehr komisch.

GROUCHO Wann kommst du nach Kalifornien?

WOODY ALLEN Bald. Ich suche ein Haus, das ich mieten kann, während ich den *Sleeper* drehe.

GROUCHO Ein kleines Haus?

WOODY ALLEN Ja. Es muß in der Nähe von Martindales Buchladen sein... Ehrlich gesagt verstehe ich nicht, wie du in Kalifornien leben kannst. Daß jemand mit deinem scharfen Verstand an der Westküste leben kann, ist mir ein Rätsel.

GROUCHO Zum einen haben wir dort einen guten Bäcker. Wie heißt er doch gleich?

ICH Pupi's.

GROUCHO Gibt's für einen Bäcker einen besseren Namen?

WOODY ALLEN Hör zu − ich weiß nicht, wie ich dir das beibringen soll, aber ich muß jetzt gehen.

GROUCHO Hattest du die Geschichte, wie ich Chaplin kennenlernte, noch nie gehört?

WOODY ALLEN Nein, die kannte ich noch nicht.

GROUCHO Warum willst du sie dann nicht nochmal hören?

WOODY ALLEN Na ja − *so* gut war sie nun auch wieder nicht. Ich muß gehen, und wir sehen uns nächste Woche in Kalifornien, morgen fliege ich hin.

GROUCHO Du fliegst morgen, hä?

WOODY ALLEN Ja.

GROUCHO Auf dem Flug ist 'ne Mieze, die du unbedingt kennenlernen mußt. Fabelhaftes Mädchen. Unglaubliche Titten hat sie. Du hast dir wohl noch nie eine im Flugzeug aufgegabelt, was?

WOODY ALLEN Ich doch nicht. Ich sitze bloß da und lese.

GROUCHO Weißt du, ich erzähle diese alten Geschichten so oft, daß ich sie schon wieder vergesse. Ich glaub', ich mache 'n kleines Nickerchen. Wenn ich schlafe, rauche ich nicht, und wenn ich nicht rauche, huste ich nicht. Und wenn ich nicht huste, kann ich vielleicht schlafen. »Nicht das Paffen rafft dich fort, erst der Pfaffe schafft dich fort.«

BILL COSBY

Groucho sang mir sein Loblied auf das Talent seines Freundes Bill Cosby: »Hast du Cosby mal in einem Nachtclub erlebt? Er ist fantastisch. Er erzählt keine Witze. Er macht Leute nach. Zum Beispiel, wie eine Mutter mit ihrem Kind redet, und wie der Vater mit demselben Kind redet. Solche Sachen. Und er macht dir Leute vor, die Drogen nehmen. Der Mann ist brillant.«

Nachdem wir eines Abends bei Groucho gegessen hatten, sahen Groucho, Bill Cosby, Erin und ich uns Jean Anouilhs *La valse des toréadors* mit Anne Jackson und Eli Wallach an. Nach der Aufführung gingen wir in die Garderobe, um ihnen zu gratulieren.

Mit dem gehörnten Wagnerhelm aus dem Stück auf dem Kopf sagte mir Groucho, als Bill Cosby ging:

»Einmal habe ich mir zusammen mit George Burns Bill Cosby angesehen. George wandte sich mir zu und sagte: ›Ich wollte, er wäre Jude.‹«

Bevor wir ins Theater gegangen waren, hatte sich während des Abendessens folgendes Gespräch entwickelt:

BILL COSBY Du sagst, es gab mal ein Lied, das hieß »Unter dem Matzebaum«? Jetzt mal ehrlich, hast du das erfunden?

GROUCHO Nein. »Unter dem Matzebaum« war eine Huldigung an Israel.

BILL COSBY Muß ich mir das den ganzen Abend bieten lassen?

GROUCHO Das Lied hat wirklich jemand geschrieben.

BILL COSBY Und es war eine Huldigung an Israel?

GROUCHO Es war eine Huldigung an Bäume.

BILL COSBY Eben hast du noch gesagt, es war eine Huldigung an Israel. Du willst mich auf den Arm nehmen.

GROUCHO Will ich nicht. Meine Hände liegen doch hier.

BILL COSBY Na, und wer zerrt da an mir rum?

GROUCHO Muß eins von den Mädchen sein.

BILL COSBY Unmögliche Zustände. Übrigens hast du gestern abend bei der Oscarverleihung sehr edel ausgesehen. In diesem Smoking…

ERIN Frack.

GROUCHO Schwalbenschwanz. Klingt obszön, nicht wahr? Früher habe ich immer einen Schwalbenschwanz für die Mädchen angezogen.

BILL COSBY Hat's ihnen Spaß gemacht?

GROUCHO Ich glaube nicht. Ich war nicht sehr gut im Bett.

BILL COSBY Und im Frack?

GROUCHO Im Frack war ich viel besser als im Bett.

ERIN Und in Dallas, Groucho?

GROUCHO Ich hatte mal ein Mädchen im Adolphus Hotel in Dallas, in der Nacht hab ich sie achtmal gebumst. Ich war achtzehn.

BILL COSBY Gut. Gut. Ich hab' mir schon Sorgen gemacht. Ich dachte, es wär' vielleicht vorige Woche gewesen.

GROUCHO Nein, damit ist es aus.

BILL COSBY Tatsache?

GROUCHO *(singt)* »Ich liebte dich, doch jetzt ist's aus, ist's außerordentlich.«

BILL COSBY Und was machst du jetzt? Ich meine, du…

GROUCHO Ich haue einfach auf den Putz.

BILL COSBY Worauf ich hinaus wollte…

GROUCHO Du wolltest hinaus?

BILL COSBY Nein hinauf, aber das geht dir ja nicht runter.

GROUCHO Deiner Kleinen geht's doch jetzt wieder gut?

BILL COSBY Ja. Wir haben sie ins Krankenhaus gebracht, aber es stellte sich heraus, daß sie bloß ein bißchen erkältet war.

GROUCHO Aber deine Frau hat geweint.

BILL COSBY Du weißt doch, wie Mütter mit ihren Kindern sind.

GROUCHO Meine Mutter hatte fünf Jungs. Eigentlich hatte sie sechs, aber einer starb, als er drei war. Sie sagte zu mir: »Sam kann die ganze Nacht husten, und ich hör's einfach nicht. Aber sobald eines der Kinder hustet, bin ich hellwach.«

BILL COSBY Armer Sam.

GROUCHO *(singt)* »Sam, du hast die Hosen zu kurz gemacht.«

BILL COSBY Wie gefiel dir die Huldigung, die sie dir bei der Oscar-Verleihung dargebracht haben, als die vier Burschen da sangen und…

ERIN Wir kamen auf dem Weg zur Bühne gerade an dem Monitor vorbei.

BILL COSBY Du hast die Ausschnitte nicht mitbekommen?

GROUCHO Nein, aber ich habe mal Ausschlag bekommen.

BILL COSBY Tatsächlich?

GROUCHO Ich war fünfzehn und hatte mir oben in Kanada einen Trapper angelacht. Da gibt's die besten.

BILL COSBY Die besten Trapper?

GROUCHO Wir haben immer Silbervitellin genommen.

ERIN Also bitte, Groucho! Wir wollten doch jetzt essen…

BILL COSBY Für was ist das Silbervitellin?

GROUCHO Für den Tripper.

BILL COSBY Ach so, *Tripper!*

GROUCHO Das haben sie einem als Mittel in den Penis gespritzt.

BILL COSBY Du machst Witze!

GROUCHO Doch. Du nimmst eine Spritze und haust sie dir da rein.

BILL COSBY Und dann bist du gleich wieder gesund?

GROUCHO Nicht *gleich*. Es dauert ungefähr vier Wochen.

BILL COSBY Vier Wochen? Du großer Gott!

GROUCHO Als ich klein war, gab's kein Penizillin. Es gab keine Autos. Und es gab keine Flugzeuge.

BILL COSBY Aber den Tripper gab's.

GROUCHO Den konnte man immer kriegen.

BILL COSBY Die Zeiten von damals haben mich schon immer interessiert, auch die vor deiner Zeit... und wie das war, wenn man mit einer Geschlechtskrankheit rumlaufen mußte.

ERIN Winston Churchills Vater ist daran gestorben.

GROUCHO Ich aber nicht.

BILL COSBY Anscheinend nicht.

GROUCHO Du bist dir nicht sicher?

BILL COSBY Wo ist der Oscar?

GROUCHO Im Eßzimmer.

BILL COSBY Gut, dann laß ihn da. Wir sehen ihn, wenn wir nachher zum Essen reingehen. Kommt oben ein Docht raus? Kann man ihn anzünden?

GROUCHO Nein.

BILL COSBY Ist ja langweilig.

GROUCHO Mir hat gestern abend jemand tausend Dollar dafür geboten.

BILL COSBY Hast du ihm da mit dem Ding keine runtergehauen?

GROUCHO Nein, es war zu schwer zum Heben.

BILL COSBY Ehrlich? Vielleicht haben sie dir das Ding nur geschenkt, damit du dir'n Bruch hebst. Aber du hast gut ausgesehen gestern. Du hattest dir den Orden der Ehrenlegion drangehängt und so weiter.

GROUCHO Bei mir hängt sowieso alles.

ERIN Hast du Bill von der Klage gegen das Buch erzählt?

GROUCHO Es ist voller Unanständigkeiten...

BILL COSBY Ah-ha!

GROUCHO ...und Vulgaritäten. Wir klagen auf zehn Millionen Dollar.

ERIN Es waren fünfzehn, aber wir geben uns...

GROUCHO …mit vier zufrieden.

BILL COSBY Ich würde mich mit einem Gratis-Mittagessen bei Nate 'n' Al zufriedengeben.

GROUCHO Dort kann ich nicht mehr essen.

BILL COSBY Wieso?

GROUCHO Weil ich kein Salz mehr essen darf.

BILL COSBY Aber die haben doch bestimmt was ohne Salz.

GROUCHO Ja, ein paar Sachen.

BILL COSBY Hüttenkäse?

GROUCHO Tolle Mahlzeit!

BILL COSBY Ich überlege ja nur, was du essen könntest. Mal sehen… also Hüttenkäse und… Petersilie…

GROUCHO Ich könnte mir ein ganzes Essen aus Petersilie vorstellen.

BILL COSBY Klar. Gebackene Petersilie. Und Götterspeise und Magermilch.

GROUCHO Was sonst noch?

BILL COSBY Und, ähm… Matzen.

GROUCHO Früher saß ich immer unterm Matzebaum.

BILL COSBY Ja, ich weiß. Na, wenn das nicht reicht.

GROUCHO Ich denke doch. Schon allein die Petersilie.

BILL COSBY Was macht übrigens unser Abendessen? Gibt's Hüttenkäse?

GROUCHO Warst du schon mal in Atlantic City?

BILL COSBY Ich habe da mal Leute in Rollstühlen rumgeschoben.

GROUCHO Ehrlich? Vielleicht hast du mich auch mal geschoben.

BILL COSBY Vielleicht habe ich's getan und gar nicht bemerkt.

GROUCHO Ja.

BILL COSBY Hätte ich's bemerkt, dann hätte ich dich ins Wasser geschoben.

GROUCHO Dort gab's unser erstes Stück, *Cocoanuts.* Irving Berlin ging jeden Abend nach Hause, um Lieder zu schreiben. *(Das Essen wird aufgetragen)* »Groucho Marx, sei kein Fisch, nimm die Ellenbogen vom Tisch.« Das haben sie als Kind immer zu mir gesagt. Wer hat die Soße versteckt?

BILL COSBY Wo ist der Salzersatz? Versucht doch nicht andauernd, ihn mir vorzuenthalten.

GROUCHO Machst du auch eine Diät mit wenig Salz?

BILL COSBY Na, sicher… Wenn ich dich so anschau…

GROUCHO Ich muß eben!

BILL COSBY Aber ich denke, ich fange jetzt auch am besten damit an. Wenn es dann mal soweit ist, daß ich kein Salz essen darf, vermisse ich's vielleicht nicht mehr. Was hältst du davon?

GROUCHO Nicht besonders viel.

BILL COSBY Dann reich mir das Salz. Ich glaub', damit bin ich doch besser beraten.

GROUCHO Als ich bei der Marine war, bin ich in Salz geschwommen.

BILL COSBY Dann kannst du also *doch* schwimmen!

GROUCHO Klar kann ich schwimmen.

BILL COSBY Wie kommt's dann, daß du neulich im Swimmingpool fast ertrunken bist?

GROUCHO Na ja, ich war lange nicht mehr geschwommen.

BILL COSBY Aber das Schwimmen verlernt man doch nie.

GROUCHO Nein. Aber das Untergehen lernt man dazu.

BILL COSBY Richtig. Also warum bist du nicht wieder hochgekommen?

GROUCHO Bin ich doch. Ich bin bis an das eine Ende des Pools geschwommen und wollte zurückschwimmen, da wurde ich müde. Erin hat mich gepackt und aus dem Pool gezogen. Sonst wäre ich jetzt eine Wasserleiche.

BILL COSBY Und ich müßte woanders essen.

GROUCHO Genau.

BILL COSBY Aber du hättest mir deinen ganzen Salzersatz vermacht.

GROUCHO Da bin ich nicht so sicher.

BILL COSBY Und deine ganze Zigarrensammlung und ein paar Baskenmützen.

GROUCHO Ich habe heute mit einem englischen Autor namens Richard Adams zu Mittag gegessen. Er hat ein ganzes Buch über Häschen geschrieben. Ich meine nicht solche mit großen Titten, ich meine richtige Hasen.

BILL COSBY Wie dick ist es? Fünf Seiten?

GROUCHO Nein, ist ein wirklich dickes Buch. Sie *(deutet auf mich)* hat eins gekauft.

ERIN Charlotte hätte ein Exemplar umsonst bekommen können.

BILL COSBY Klar, aber sie schreibt auch, verstehst du. Deshalb hat sie Respekt vor dem Beruf und kauft das Buch. Und darum müssen die anderen Autoren ihres kaufen. Ich mach' es genauso, wenn ich irgendwo hingehe und die Karte bezahlen will.

GROUCHO Er hat sich wahnsinnig gefreut, mich kennenzulernen, dieser englische Autor. Er schrieb mir einen Brief, in dem stand, es gäbe in den Staaten nur einen Mann, den er kennenlernen möchte.

BILL COSBY Von Bugs Bunny abgesehen.

ERIN Was ist mit Bugs Siegel?

GROUCHO Heute morgen hab' ich noch einen Siegel getroffen.

BILL COSBY Hoffentlich nicht siegelverkehrt.

GROUCHO Kannst du dich an Sol Siegel erinnern? Er war mal Chef von MGM. Jedenfalls traf ich neulich einen seiner Söhne, und heute habe ich noch einen getroffen. Er hat drei Söhne. Ich gehe lieber nicht mehr auf die Straße. Er hat keine Töchter.

BILL COSBY Sind es Siegellackaffen?

GROUCHO Willst du mich lackmeiern? Das sind junge jüdische Burschen. Keine Siegellackaffen.

BILL COSBY Hör mal, der ist ja fantastisch! *(Sieht sich Grouchos Oscar an)* Fantastisch! *(Hebt ihn hoch)* Gott, ist der schwer! Warum sind die Dinger denn so schwer?

GROUCHO Muß einen Marktwert von mindestens zehn Dollar haben.

ERIN Das ist nicht wahr, Groucho.

GROUCHO Warum sagst du das, Kleines?

ERIN Weil, erhabener Julie, jemand dafür Tausende zahlen würde, wenn wir ihn verkaufen wollten. Er ist unbezahlbar.

GROUCHO Ich verkaufe ihn aber nicht.

ERIN Natürlich nicht. Ich sag' ja nur, daß er Tausende wert ist.

GROUCHO *(zu Cosby)* Du müßtest auch einen bekommen.

ERIN Man hört, dein Film soll so großartig sein.

BILL COSBY Wer hat euch das gesagt?

ERIN Unsere Presseagenten.

BILL COSBY Ach, die Jungs halten alles für großartig. Ich hab' von denen noch nie ein schlechtes Wort über irgendwen gehört.

ERIN Wirklich?

BILL COSBY Die gehen zu deiner Beerdigung und lassen sich da auch noch was Nettes einfallen.

GROUCHO Du solltest einen Oscar bekommen.

BILL COSBY Ich verleihe mir selbst einen.

GROUCHO Das ist mein Ernst.

BILL COSBY Meiner auch.

GROUCHO Dein Auftritt gestern… der gehört zum besten, was ich je gesehen habe.

BILL COSBY Vielen Dank. Eben habe ich meinen Oscar bekommen.

ERIN Was für einen?

BILL COSBY Er hat ihn mir gerade verliehen. Den Groucho-Marx-erzählt-dir-beim-Abendessen-wie-toll-du-bist-Oscar. Wißt ihr, was ich jetzt tu?

GROUCHO Nein. Was tust du jetzt?

BILL COSBY *(singt)* »Was kann ich tun, wenn du so fern bist, und ich bin dun, was kann ich tun?«

GROUCHO *(fängt an, »The Darktown Strutters' Ball« zu singen)* »Gotta be ready about quarter past four…«

BILL COSBY Nicht »quarter past four«! Was soll sich denn auf »four« reimen? Du mußt »eight« singen, dann paßt wenigstens »don't be late«.

GROUCHO *(singt)* »I'm gonna be there when the darkies start playing…«

BILL COSBY Nicht »darkies«! »Band«, nicht »darkies«. Du bringst ja alles durcheinander. Du bringst mich wirklich sehr oft in Verlegenheit!

GROUCHO Paß auf. Der Kerl, der dieses Lied geschrieben hat, trat in Canton, Ohio, im selben Programm auf wie ich. Und sie wollten ihn nicht im See baden lassen, weil er ein Schwarzer war.

BILL COSBY Richtig. Damals war er genau gesagt farbig. Schwarz wurde er erst später.

GROUCHO Er war wie du. Und ein großartiger Songschreiber. Aber er durfte nicht ins Wasser.

BILL COSBY Also sagte er: »Aber ich habe das Lied hier geschrieben…«

GROUCHO Er hat verschiedene geschrieben.

BILL COSBY Und sie sagten: »Ist uns egal, was du geschrieben hast, unser Wasser verunzierst du nicht.«

GROUCHO Richtig. Er hätte es ja dreckig machen können.

BILL COSBY »Und wir müssen dann den See ausschrubben.«

GROUCHO In einem seiner Lieder sang er vom Zirkus, und ein Löwe war ausgebrochen. Da hieß es: »Der Löwe marschierte durch Tennessee, und ich marschierte durch Georgia.« Er war ein großartiger Liederschreiber.

BILL COSBY Weißt du, mit wem du mal essen solltest, Grouch? Kennst du Bobby Short?

GROUCHO Nein, aber ich kannte ihn, als er Long hieß.

BILL COSBY Jaja, aber jetzt trägt er Shorts.

GROUCHO Er ist, glaube ich, ein ziemlicher Shortsenjäger.

BILL COSBY Jedenfalls kennt Bobby Short ganz fabelhafte Songs.

ERIN Gibt's ihn noch?

BILL COSBY Klar. Er singt in der Lounge vom Carlyle Hotel. Ich sage ihm, er soll dich mal anrufen.

GROUCHO Aber er soll nicht zu laut läuten.

BILL COSBY Er kennt all die Songs, die du kennst, und spielt Klavier wie ein Weltmeister. Eines Abends saßen wir da…

GROUCHO Wo habt ihr gesessen?

BILL COSBY Im Carlyle Hotel…

GROUCHO Ach ja.

BILL COSBY …in der Lounge, und Bobby war gerade mit Singen fertig.

GROUCHO Und dann?

BILL COSBY Er kam rüber und setzte sich zu uns. Er gratulierte mir zu einem Buch, zu dem ich ein Vorwort geschrieben hatte, *The Black Book*. Darin geht es um…

GROUCHO Hättest du kein *White Book* schreiben können?

BILL COSBY Naja, ich hab's ja versucht, aber die meinten, das gäb's schon. Jedenfalls sagte Bobby, er hätte sich die ganzen alten Songs aus dem Buch rausgesucht, und er hätte in seiner Sammlung Hunderte von alten Songs, die von Anno dazumal stammen und antischwarz und rassistisch sind. Aber echte Hits. Und er fing an, einen dieser Songs zu singen. Das war so komisch. Er hieß: »You May Look Like a Hawaiian, But You're Just Another Nigger to Me«.

ERIN Also wirklich!

BILL COSBY Aber er war komisch. Der Text lautete so: *(Singt)* »Du hast deine Haare glatt frisiert und deine Hautfarbe retouchiert, aber für mich biste immer noch'n Nigger. Jetzt siehste aus wie einer aus Hawaii, aber für mich biste immer noch'n Nigger.« Und Bobby stieg da richtig ein, versteht ihr, wie er das spielte, Mann! Er ist mal in einer schwarzen Fernsehshow aufgetreten, und der Gastgeber hat übers

Schwarzsein geredet, und Bobby hat gesagt: »Schon mal was von diesen Songs gehört?« Dann fing er an, ein paar von diesen Songs zum besten zu geben, und der Showmaster, militant wie er war, hat's einfach nicht packen können. Er konnte einfach nicht hinhören.

GROUCHO Ich hab' neulich Trumans Buch gelesen...

BILL COSBY Fantastisch!

GROUCHO Er erzählt darin, daß sein Großvater Sklaven hatte. Er hat mir mal erzählt, wenn ein Paar damals geheiratet hat, dann bekam es vier Sklaven geschenkt. Einen Koch, jemand für den Garten, ein Kindermächen und noch ein weiteres Mädchen. Sie bekamen sie *geschenkt!*

BILL COSBY Ich habe nichts bekommen, als ich heiratete.

ERIN Nur eine sehr hübsche Frau.

GROUCHO Nicht mal 'n Tripper?

BILL COSBY Ich bekam eine Frau, keinen Tripper! Mann, ich war doch nicht in Kanada.

ERIN Du hast deinen Salat nicht mal angerührt.

BILL COSBY Wer, ich?

ERIN Nein, Groucho.

GROUCHO Den hab ich gar nicht gesehen. Hat er die ganze Zeit dagestanden?

ERIN Ja, hat er.

GROUCHO Na, sowas!

BILL COSBY Und mach nicht so viel Lärm beim Essen.

ERIN Wir müssen in einer Viertelstunde aufbrechen.

BILL COSBY Das Restaurant hier macht aber früh zu. Ich wollte mir's eigentlich noch ein bißchen bequem machen. Aber jetzt schmeißt mich die Wirtin raus.

GROUCHO Sie schmeißt dich nicht raus. Sie bittet dich zu gehen.

BILL COSBY Ach so. Na ja, wir müssen rechtzeitig im Theater sein. Weißt du, um was es bei dem Stück geht?

GROUCHO Nein.

BILL COSBY Um *dich!* Es handelt von einem Mann, der alles, was rumläuft, vögeln will.

ERIN Das stimmt!

BILL COSBY Oben im Haus liegt seine Frau krank, sie ist Invalidin. Und er ist unten...

GROUCHO Und vögelt.

442

BILL COSBY Nein, er versucht's nur. Er rennt rum und versucht, alles zu vögeln, was sich bewegt.

ERIN O, du mußt Bill unbedingt Chicos Witz erzählen. Erinnerst du dich noch an ihn?

GROUCHO Welchen Witz?

ERIN Chicos Lieblingswitz. Wenn du willst, erzähle ich ihn.

GROUCHO Erzähl du ihn.

BILL COSBY Sie will heute abend ein bißchen schweinisch sein.

ERIN Er darf beim Kauen nicht sprechen. Das hat Dr. Kert verboten.

BILL COSBY Wieso denn? Was hat das damit zu tun? Kennst du alle die Geschichten, die über dich im Umlauf sind? Ich glaube keine.

GROUCHO »Die geheimen Laster des Groucho Marx.« *(Martha, die Köchin, kommt herein)*

MARTHA Wünschen Sie noch etwas Kaffee?

BILL COSBY Ich nehme alles, wenn's nur dunkel und heiß ist.

GROUCHO Nimm dich lieber in acht, Martha. *(Martha geht kichernd hinaus).*

BILL COSBY *(Inspiziert den Oscar)* Jetzt guckt euch mal diesen goldenen Flitzer an...

ERIN Hat 'n ziemlich schmalen Hintern, was?

BILL COSBY Sieht eher aus wie einer von meinen Leuten als wie einer von euren. Hat 'n fabelhaften Backenbart. Und ein großartiges Profil. Ich könnte mir vorstellen, daß das eine Frau ganz schön aufgeilt und sie sich auf die Suche nach dem Original macht.

GROUCHO Ziemlich phallisch, nicht?

ERIN Und ob. Und im *Herald* ist heute ein Bild von Groucho, wie er ihn küßt. Darf ich bitte Chicos Lieblingsgeschichte erzählen?

BILL COSBY *(Singt einen Tusch)* Ta-ta-taaa, ta-ta-taaa...

ERIN Okay, Chicos Lieblingsgeschichte. *(Räuspert sich)*

GROUCHO Übergib dich nicht gleich.

ERIN Also: ein alter Goldsucher war jahrelang im Wald und hat die ganze Zeit keine Frau zu Gesicht bekommen. Er ist fix und fertig und einfach unheimlich geil. Eines schönen Frühlingstages kommt er plötzlich auf eine Lichtung und sieht eine Holzhütte. Genau in der richtigen Höhe ist ein Astloch. Er kann's nicht glauben. Er rast rüber, reißt sich die Kleider vom Leib und macht sich ran. Plötzlich geht die Tür von der Hütte auf, und ein Mann kommt raus. Er klopft dem

Goldsucher auf die Schulter und sagt: »Entschuldigen Sie, Sir. Würde es Ihnen was ausmachen, reinzukommen und es von innen nach außen zu machen? Wir sitzen gerade beim Abendbrot.«

BILL COSBY O mein Gott.

GROUCHO Ich mag dich. Bist'n bißchen dunkel, aber 'n netter Kerl. Etwas Pumpernickel gefällig?

BILL COSBY Weißt du, mit Pumpernickel hab' ich immer Schwierigkeiten.

GROUCHO Wie dies?

BILL COSBY Wenn's im Restaurant sehr dunkel ist, schmier ich mir die Butter auf die Hand.

ERIN Wußtet ihr schon, daß ich eine Hauptrolle in einem Stück im Music Center gespielt habe?

GROUCHO Warum hast du mir das nicht erzählt?

ERIN Eine ganz interessante Rolle. Ich habe die Bluse ausgezogen und meinen Busen gezeigt!

GROUCHO *Deswegen* hast du's mir nicht gesagt.

BILL COSBY Ich habe gehört, Groucho hat die Karten für alle Vorstellungen gekauft, damit niemand den Busen zu sehen kriegt.

GROUCHO Gestern bei der Oscarverleihung ist ihr eine Brust fast rausgesprungen. Sie trug ein sehr tief ausgeschnittenes Kleid, das heißt eher einen kleidlosen Abendträger…

ERIN Ich wollte mir noch ein doppelseitiges Klebeband ins Kleid tun, aber ich hab's vergessen. Das war ein Abend! Auf dem Weg zur Oscarverleihung hatten wir eine Autopanne und mußten irgendeine alte Schrottkiste anhalten. Der Wagen war mir egal, aber er war so dreckig, und ich habe mir mein Kleid hinten dreckig gemacht.

BILL COSBY Ist ja schrecklich.

ERIN Die Garderobenfrau ist rumgerannt und hat was gesucht, und ich mußte ja nicht mal auf die Bühne. Ich gucke mich also nach Groucho um, und plötzlich…

BILL COSBY War eine Brust draußen.

ERIN Ja! Und Burt Reynolds kam rüber und sagte: »Nett«.

BILL COSBY Wundert mich, daß er den »Meine Dame, sie haben Ihr Baby verloren«-Witz nicht gebracht hat. Kennt ihr den? Von der Dame, der die Brust raushüpft, und ein vorbeigehender Wermutbruder sagt: »Fräulein, ich will ja nicht unhöflich sein, aber sie haben eben Ihr Baby verloren.« Nicht gut?

GROUCHO Schwamm drüber.

BILL COSBY Was hat der Bursche gestern abend im Fernsehen gesagt? Dieser »kleine« Witz? Da gibt's einen Fernseh-Showmaster, der mich unheimlich an dich erinnert, Grouch. Neulich hat er sich mit einem Herrn namens Kissen unterhalten und ihn gefragt, wie ihn seine Freunde nennen. Und der andere sagt: »Nadel«. Das Publikum lacht, und der Mann fährt fort: »Da mein Name Kissen ist, nennen mich meine Freunde Nadelkissen.« Da sagt der Showmaster: »Das ist der *kleinste* Witz, den ich je gehört habe.« Dann erzählt der andere noch einen Witz, und der Showmaster sagt: »Verzeihung. *Das* war der kleinste Witz, den ich je gehört habe.« Die Show müßtest du dir irgendwann mal ansehen. Der Typ erinnert mich an dich. Die Show heißt *The Best Of Groucho*. Und der Showmaster sieht dir wirklich ungeheuer ähnlich, aber er ist nicht so locker, verstehst du. Er ist zwar komisch, aber nicht so distinguiert wie du.

GROUCHO Das hast du aber sehr schön gesagt. Du bist wirklich entzückend.

ERIN Ißt du jetzt deinen Nachtisch, Groucho? Wir müssen uns beeilen.

BILL COSBY Warum schmierst du dir ihn nicht in die Bluse? Mann, ist das ein Gehetze! Wißt ihr, es gibt Restaurants, da schmieren sie einem das Essen in die Kleider, wenn man nicht alles aufißt. Dann geht man eben hin, wo man hingehen muß, und hat sein Essen dabei. Den Salat tust du dir einfach in die Hosentasche und das Steak in deine Westentasche. Dann steckst du den Toast ins Portemonnaie und schmierst dir den Nachtisch auf die Jacke und sagst: »Was für 'n fabelhaftes Essen! *Und* wir sind rechtzeitig weggekommen!«

ERIN Wir haben nur noch sechs Minuten, Groucho, und du bist immer noch beim Salat..

BILL COSBY Also, wir haben hier eine Dame am Tisch, unsere Schriftstellerin, die Charlotte. Wenn sie was nicht essen will, sagt sie: »Ich möchte das nicht«, schlicht und einfach. Warum muß man in seinem Essen herumnaschen, bloß damit's so aussieht, als hätte man was davon gegessen?

GROUCHO Paß auf, jetzt erzähle ich dir eine Geschichte von zwei alten Juden.

BILL COSBY Merkst du, wie sie uns auf die Straße setzen will? Ich schlage vor, wir geben kein Trinkgeld.

GROUCHO Dann gebe ich es eben. Kann es sein, daß du meine Geschichte von den zwei alten Juden nicht hören willst?

BILL COSBY Ja.

GROUCHO Gut. Also, sie sind in Israel und stehen nebeneinander im Pissoir, und der eine schaut zum anderen rüber und sagt: »Sind Sie Jude?« Der andere antwortet: »Natürlich bin ich Jude.« »Warum sind Sie dann nicht beschnitten?« Und er sagt: »Ich weiß noch nicht, ob ich dabeibleibe.« *(Gelächter)*

BILL COSBY Die Leute lachen auch über alles.

GROUCHO Wie man sieht.

BILL COSBY Allerdings. Sie haben auch gestern abend über »Nadelkissen« gelacht. *(Martha kommt mit einer Kaffeekanne herein)*

MARTHA Noch etwas Kaffee? *(Sie will eingießen, aber die Kanne ist leer)*

BILL COSBY Nein, danke. Wir müssen nämlich gehen, und ich will nicht, daß man mir den Kaffee in den Pulli gießt. »Moment«, sagt sie, »noch etwas Kaffee?« Dabei gibt's gar keinen mehr. Was ist das hier überhaupt für ein Haushalt? Alles nur Angabe. *(Martha geht hinaus)*

GROUCHO Wir müssen uns bei einigen Dingen einschränken.

BILL COSBY Aber sie wollte angeben. Ich kenne das: in der Küche heißt es: »Hoffentlich will keiner mehr Kaffee, aber wir gehen hin und fragen trotzdem.« Dann kommen sie raus und sagen: »Wünscht noch jemand Kaffee?« Und ich sage: »Ja, bitte.« Dann schenken sie ein, und kein Kaffee kommt raus. Peinlich.

GROUCHO Und ob.

BILL COSBY Möchtest du vielleicht ein bißchen zerquetschten Nachtisch? Von unserer Autorin? Übrigens unterhalten wir uns manchmal am Telefon. Sie sagt, ich habe eine sexy Stimme.

GROUCHO Hast du auch, aber nicht am Telefon, nur im Bett.

BILL COSBY Oh! Meine Mutter ist übrigens sehr gekränkt. Ich habe ihr gesagt, daß du sie nicht kennenlernen willst.

GROUCHO Kannst du aber verstehen, oder?

BILL COSBY Natürlich. Ich habe ihm erzählt, daß meine Mutter 121-121-121 hat, und wißt ihr, was er gesagt hat? »Oh.« Ich habe gesagt: »Sie würde dich gerne kennenlernen.« Und er sagte: »Oh.« Dann sagte ich: »Und?« Und er sagte: »Oh.« Und dann: »Weißt du, ich bin sehr krank.« Und ich sagte: »Seit wann?« Und er: »Seit dem dritten 121.«

ERIN Wenn wir rechtzeitig im Theater sein wollen, müssen wir *augenblicklich* los.

BILL COSBY Ich glaube, wir werden aus dieser Pinte einfach rausgeschmissen. Schreib mir die Adresse auf, damit wir wissen, wo wir nicht mehr hingehen.

ERIN Groucho muß sich noch die Zähne putzen.

BILL COSBY Ehrlich? Bring ihn raus und laß das Mädchen ihn bearbeiten. Inzwischen können wir noch den Nachtisch essen.

GROUCHO Neulich haben mich acht Mädchen zu einer Party eingeladen, und ich war der einzige Mann. Sie *(deutet auf mich)* war auch da.

BILL COSBY Charlotte ist ganz still und blinzelt dauernd. Das gefällt mir.

ICH Ist mir gar nicht aufgefallen.

BILL COSBY Aber du mußt aufpassen. Wenn du viel blinzelst, denken die Leute, du fotografierst sie.

ERIN Okay, putzt du dir jetzt deine Zähne?

GROUCHO Ja, Baby.

BILL COSBY Kinder, Kinder! Soll ich gehen?

GROUCHO Jemand was dagegen, wenn ich das kleine Stück Kuchen mitnehme?

BILL COSBY Er kriegt so selten was Anständiges zu essen – nur wenn Besuch da ist. Ich weiß alles.

GROUCHO Nein, wir essen jeden Abend anständig. Wir haben eine gute Köchin.

BILL COSBY Ich weiß, man hat dir gesagt, daß du das sagen sollst. Ich bin gekommen, um dich zu retten. Wir holen dich hier raus. Man sagt, sie schließen dich oben in ein Zimmer ein, und dein Hosenstall ist offen, und auf einem »Neger« steht: »Zieh ihn hoch!«

GROUCHO Mit offenem Hosenstall? *(singt)* »Mit weit geöffnetem Hosenstall träume ich…« Schon mal gehört?

BILL COSBY Jetzt ja.

GROUCHO Das war nicht der genaue Wortlaut.

BILL COSBY Man mogelt eben manchmal.

ERIN Gehen wir.

GROUCHO Ich geh' nirgendwohin, bevor ich mir nicht die Zähne geputzt habe.

BILL COSBY Richtig!

GROUCHO Wann fängt denn diese Katastrophe an?

BILL COSBY Um acht.

GROUCHO Wir haben massenhaft Zeit. Was soll die Eile?

ERIN Weil wir um acht *da sein* müssen.

GROUCHO Es ist doch erst sieben.

ERIN Es ist halb acht!

BILL COSBY Hat sie uns nicht schon genug bemeckert? Soll das noch schlimmer werden? Will sie noch immer weiter meckern? Mecker, mecker, mecker!

GROUCHO Nenn sie doch einfach Mekka und Medina.

GEORGE BURNS

Ein kleiner Kreis intimer Freunde wußte von George Burns, daß er in der Lage war, Jack Benny »zum Brüllen« zu bringen. »Jack war Georges bestes Publikum«, erzählte mir Groucho. »George konnte Jack jederzeit zum Brüllen bringen. Er konnte ihn so zum Lachen bringen, daß ihm Tränen in die Augen traten.«

»Jack und ich treten noch nicht ab, weil wir beide noch engagiert sind«, sagte George zu Groucho und mir eines Tages beim Mittagessen. Aber kurz darauf starb Jack Benny, ehe ihm sein Leinwand-Comeback gelang. Die Rolle, die er in *The Sunshine Boys* hatte spielen sollen, ging an den Mann, den er sich dafür bestimmt ausgesucht hätte. Für seine Darstellung eines alten Varieté-Komikers erhielt George Burns seinen ersten Oscar.

Als er den Oscar entgegennahm, sagte George: »Wenn man lange genug wartet, wird man neu entdeckt.« Grouchos Kommentar: »Wenn man lange genug wartet, wird man um neun geweckt.«

Obwohl George Burns seine Funktion im Duo Burns & Allen mit einem bescheidenen »Ich brauchte bloß dazustehen« umschreibt, war seine schauspielerische Leistung als Stichwortgeber für den Erfolg des Duos von unschätzbarer Bedeutung. Und eine schauspielerische Leistung war es, denn George Burns war immer ein Schauspieler. Ganz am Anfang war es George, der die Witze erzählte: »Gracie war die Stichwortgeberin, aber egal, was sie sagte, die Leute lachten, weil sie die Stichworte so köstlich servierte.« Galanterweise verzichtete George Burns dann während ihrer gemeinsamen Karriere, in der sie im Vaudeville, dem Rundfunk, Kino und Fernsehen arbeiteten, auf die größere Ehre, selbst die Lacher zu ernten. Sie fingen in den frühen zwanziger Jahren als Varieté-Team an; 1926, nach einigen gemeinsamen Jahren auf der Bühne, heirateten sie. George bezeichnete ihren Start im Varieté als »Enttäuschung, d.h. man saß zu Hause mit gepackten Koffern rum, und wenn jemand krank wurde, sprang man ein«.

Groucho und George hatten diese Varieté-Erfahrung mit Jack Benny, George Jessel und anderen, die nicht mehr leben, geteilt. George erzählte uns: »Ich kenne mehr Tote als Lebende. Wenn's ein *Dort* geben sollte, treffe ich dort garantiert eine Menge Bekannte.« Wenn Groucho und George zusammen waren, kam das Gespräch gewöhnlich aufs Varieté, das George Burns folgendermaßen mit dem Fernsehen verglich: »Damals konnte man mit siebzehn guten Minuten siebzehn Jahre lang arbeiten.«

George war eine Mischung aus Zurückhaltung und Enthusiasmus. Beim Mittagessen zeigte er sich ausgelassen, ja fast jungenhaft, sein vitales Auftreten ließ einen nicht die Herzoperation vermuten, die er gerade hinter sich hatte. Grouchos junge Krankenschwester Julie war auch da.

»Hallo, Kleiner«, begrüßte George Groucho in seinem trockenen, kratzigen Tonfall.

Nachdem George Burns gegangen war, meinte Schwester Julie: »Ich fand das so fabelhaft, wenn wir das nochmal beim Essen machten, bekäme *ich* wahrscheinlich einen Herzinfarkt!«

ICH Erzählen Sie von Ihrer ersten Begegnung mit den Marx Brothers.

GEORGE BURNS Tja, als ich den Marx Brothers das erste Mal begegnete, waren sie schon Stars. Ich habe sie damals aber nicht richtig kennengelernt. Ich bin den Marx Brothers begegnet, als ich mit Gracie schon erfolgreich auftrat. So erfolgreich wie sie waren wir allerdings nicht. Wir waren bloß eine kleine stinknormale Mann-und-Frau-Nummer. Damals bin ich auch Jack Benny das erste Mal begegnet. Er war als Alleinunterhalter sehr gefragt.

GROUCHO Ich habe Benny schon vor dir gekannt.

GEORGE BURNS Ja. Er kriegte damals etwa 450 Dollar die Woche. Ja, genau. Und Gracie und ich bekamen zusammen so 350. Seine 450 kriegte er allein.

ICH Sind Sie zusammen mit Jack Benny jemals im selben Programm aufgetreten?

GROUCHO Ich bin mit Benny aufgetreten.

GEORGE BURNS Ja. Ich bin zweimal mit Benny aufgetreten.

GROUCHO Wir haben alle Orpheum-Theater abgeklappert.

GEORGE BURNS Ich bin mal mit Benny im Palace Theatre aufgetreten. Und er wollte eine Nummer mit mir machen. Also ging ich raus auf die Bühne und stand da. Ich sollte den ersten Satz vorlesen, und hab's nicht getan. Ich stand einfach da und guckte. Er wartete auf den ersten Satz, und ich las ihn nicht. Und er sagt: »Was ist, willst du nichts sagen?« und ich sagte: »Nein.« Er sagt: »Warum bist du dann auf die Bühne gekommen?« Ich sagte: »Ich wollte dich arbeiten sehen. Mir gefällt das, wie du arbeitest.« Da war's aus mit Benny. Er war so schlecht wie nie, und ich ging von der Bühne runter. Aber Groucho kennt Jack Benny schon länger als mich. Und Gracie kannte er auch schon, bevor ich sie kennenlernte. Die Marx Brothers traten im selben Programm wie sie auf. Sie führte eine irische Nummer vor.

GROUCHO Richtig. Ich war mit ihr essen, als ihr euch kennenlerntet.

GEORGE BURNS Ich glaube nicht, daß du mit Gracie essen warst, als ich dich kennenlernte.

GROUCHO Hat sie nie gegessen?

GEORGE BURNS Doch, du warst mit Gracie essen, aber du bist mir da nicht begegnet. Damals kannte ich dich noch nicht. Als du mit Gracie essen warst, war sie mit Larry Reilly zusammen, stimmt's?

GROUCHO Richtig. Sie war eine gute Tänzerin.

GEORGE BURNS Gracie und ihre Schwestern waren vielleicht die besten irischen Tänzerinnen der Welt. Wißt ihr, wie man irisches Tanzen bewertet? Irisch zu tanzen ist sehr, sehr schwierig. Man tanzt auf einem Podest, unter dem die Schiedsrichter sitzen, und was zählt, das sind die Stepschritte. Deine Ausstrahlung spielt keine Rolle.

GROUCHO So'n Glück.

GEORGE BURNS Die alten Iren sitzen unter dem Podest, und wenn ein Schritt fehlt, heißt's gleich: »Aus!« Das ist alles, sie hören einfach zu. Es geht nur ums Steppen, weil das irische Tanzen nur von der Hüfte an abwärts passiert. Schwierig zu tanzen. Ich glaube nicht, daß ich damit einen Blumentopf gewinnen könnte. Ich war immer ein rechtsbeiniger Tänzer. Meinen linken Fuß bekam ich nicht von der Stelle.

GROUCHO Haben sie dich mal am Haken gehabt?

GEORGE BURNS Klar, in der Bowery. Aber bist du mal in einen Reifen geraten? Du weißt doch, was der Reifen ist? Die man trudeln lassen kann. Die hatten sie auf Stöcke montiert. Die Jungs mit den Reifen saßen in der ersten Reihe, und wenn sie dich nicht mochten, schnappten sie dich und zogen dich über die Rampenlichter. Wie findest du sowas? Nett, nicht wahr? Das war schlimmer, als der Haken. Mit dem Haken haben sie dich einfach von der Bühne runtergezogen.

GROUCHO Einmal ging ich mit Harpo zum Dewey Theatre. Wir hatten keine Nummer. Und Talent hatten wir auch nicht, aber wir hatten uns ein komisches Make-up aufgemalt. Der Direktor kam nach hinten und sagte: »Wascht euch eure dreckigen Gesichter und zieht Leine.«

ICH Seid ihr überhaupt auf die Bühne gekommen?

GROUCHO Nein. Wir standen in den Kulissen, und ich hatte dieses komische Make-up. Auf die Bühne sind wir gar nicht gekommen.

GEORGE BURNS Ich bin auch mal im Dewey Theatre aufgetreten. Sie haben's abgerissen und das Jefferson Theatre daraus gemacht. Gegenüber war die Musikhochschule. Okay, ich trete also im Dewey Theatre auf und führe eine Rollschuhnummer vor. Die Nummer vor uns kommt gerade zum Schluß, und mein Partner, Sam Brown — wir nannten uns Brown und Williams, ich war Williams — mußte auf die Toilette, was nicht ging, weil die in ihrem Auftritt schon bei der letzten Nummer waren. Das hieß, wir mußten auf die Bühne. Also pinkelte er in die Kulissen. Damals waren die Zuschauerräume eben, und die Bühne war geneigt, heutzutage ist es umgekehrt. Aber damals ging alles bergab. Und als er pinkelte, lief es in die Rampenlichter. Es fing an zu rauchen und zu stinken. Ich brauche nicht zu sagen, daß dem Publikum unser Auftritt ein bißchen mehr stank als die anderen.

GROUCHO Ich wollte euch was von Harpo erzählen.

GEORGE BURNS Schieß los.

GROUCHO Wir spielten im Henderson's in Coney Island...

GEORGE BURNS Da habe ich auch gespielt.

GROUCHO Und das war das erste Mal, daß Harpo auf einer Bühne war, und er war so nervös, daß er sich in die Hosen schiß.

GEORGE BURNS Du, ich sag dir was: um nervös zu sein, mußt du gut sein. Erstens. Zweitens mußt du die Möglichkeit haben, aufs Klo zu gehen. Aber ich war nie nervös, weil ich nie gut war. Ich war miserabel. Als Gracie sich zurückzog, wurde endlich was aus mir, denn solange Gracie am Leben war und arbeitete, brauchte ich gar nicht gut sein.

GROUCHO Du hast die Stichworte gegeben.

GEORGE BURNS Nicht mal das. Als ich mit ihr auftrat, war ich im Ruhestand. Ich bin auf die Bühne und sagte: »Wie geht's deinem Bruder?« Und sie stand da und redete und redete und redete und kriegte die Lacher ab. Und ich stand da und rauchte meine Zigarre. Als wir in Oklahoma City auftraten, hieß es in den Zeitungen, Gracie Allen sei eine brillante Schauspielerin. Sie hätte eine große Zukunft und könnte ein großer Star werden, wenn sie nur alleine arbeitete. Das war die Kritik in der Zeitung. Da seht ihr, wie gut ich war.

Als Gracie dann von mir ging, wollte ich nicht abtreten. Ich lernte eine Menge Lieder, eine Menge Witze; etwas tanzen konnte ich schon immer. Wenn man tanzen kann, geht man von der Bühne runter, und es ist leicht, wieder raufzukommen. Man raucht einfach und sagt: »Hallo, Leute.« Man hat einen Abgang, man kann arbeiten. Also habe ich damals angefangen, was zu machen. Aber als ich mit Gracie zusammen war, kannte ich den ganzen Ablauf hinter den Kulissen, weil ich vier oder fünf Fernsehshows hatte, die mir gehörten. Ich kannte mich zwar geschäftlich aus, aber nicht auf der Bühne. Ich weiß nicht, warum. Ich stotterte und stammelte bloß, machte alles schon im voraus. Zum Beispiel mußte ich mit erhobenem Finger auf die Bühne und zu Gracie sagen: »Ich will mit Ihnen reden.« Wißt ihr, was ich tat, als die Musik zu spielen anfing? Ich stand in der Kulisse, den Zeigefinger schon erhoben, bevor ich raus ging und »Ich will mit Ihnen reden« sagte. Da seht ihr, wie jämmerlich ich war.

GROUCHO Erinnerst du dich an das Princeton Hotel in New York?

GEORGE BURNS Ja, Gracie stieg da immer ab. Gracie wohnte im Princeton, als sie mit Benny Ryan ging. Die beiden wollten heiraten. Bud Hanlon und die Marx Brothers wohnten auch da.

GROUCHO Berlin kam immer und hat Klavier gespielt.

GEORGE BURNS Ich hab nie im Princeton gewohnt, weil Benny Ryan mich nicht mochte.

GROUCHO Na ja, er war ja mit Gracie zusammen.

GEORGE BURNS Er war mit Gracie zusammen, und Benny Ryan war, wie du weißt, sehr begabt. Er konnte singen, war ein großartiger

Tänzer, schrieb fantastische Songs. Er hat »When Frances Dances with Me« geschrieben. Er hat ein paar großartige Songs geschrieben, nicht wahr, zum Beispiel »M-I-S-S-I-S-S-I-P-P-I«. Er war ein sehr begabter Mann. Er war das große Talent mit einer sehr gefragten Nummer — Ryan und Lee —, und ich war nichts! Ich spazierte sogar mit den Noten unterm Arm durch die Gegend, um den Leuten zu zeigen, daß ich im Showbusiness war. In Gracies Augen wurde ich erst zu was, als wir in der Provinz auftraten. In Altoona war ich gut. In Schenectady war ich gut. Aber in New York war ich mies. Weil Benny Ryan da war. Aber in Altoona war ich genauso gut wie Benny Ryan. Darum habe ich mit ihr jahrelang in der Provinz getingelt.

GROUCHO Wo bleibt das Essen?

GEORGE BURNS Kommt schon noch. Vielleicht haben wir's schon gegessen.

GROUCHO Gestern ja.

GEORGE BURNS Eigenartig, mit dem Mittagessen. Ich weiß nicht mal, ob ich es überhaupt essen darf. Wenn viel Salz drin ist, sollte ich es eigentlich nicht…

GROUCHO Wir haben Salzersatz.

GEORGE BURNS Salzersatz? Taugt er was? *(Probiert ihn)* Soll das ein Witz sein? Das kannst du in den Sandkasten tun, wenn dir der Sand ausgeht. Schlechtes Salz. Taugt nichts. Gibt besseres als das da. Besseres falsches Salz als das. Das explodiert dir ja im Mund wie kleine Kristalle. Schauderhaft. Ein Mann, der Millionen von Dollars verdient, lädt einen zum Mittagessen ein und setzt einem dabei dieses billige Salz vor.

GROUCHO Weißt du, wer zum Abendessen kommt? Jessel.

GEORGE BURNS Ah, der ist lustig. Viel Sinn für Humor.

GROUCHO Find' ich auch.

ICH Groucho, du wolltest doch fragen, wie dieser Liederkomponist heißt, über den du dich neulich mit Bill Cosby unterhalten hast.

GROUCHO Der, der »Darktown Strutters' Ball« geschrieben hat?

GEORGE BURNS Shelton Brooks. »Some of These Days« hat er auch geschrieben.

GROUCHO Ich bin mit ihm in Canton, Ohio, aufgetreten.

GEORGE BURNS Hast du je mit einem gewissen Joe Whitehead gearbeitet?

GROUCHO Der Name kommt mir bekannt vor.

GEORGE BURNS Er war ein großartiger Tänzer und Alleinunterhalter. Ich habe mit ihm gearbeitet. Im selben Programm war eine Nummer, die sich The Gascoynes nannte, Jongleure oder so. Und die waren gewaltige Säufer. Gascoyne vor allem. Und Joe Whitehead war auch ein ungeheurer Säufer. Ich muß gerade daran denken, weil du Canton, Ohio, erwähnt hast, und das hier passierte in Akron.

GROUCHO Man spielte die ganze Woche in Canton, und am Wochenende obendrein in Akron.

GEORGE BURNS Ja, genau. Canton und Akron. Gascoyne kriegte jedenfalls Delirium tremens, und man holte einen Arzt. Joe Whitehead war mit ihnen im Zimmer. Und als Joe Whitehead rauskam, fragte ich: »Wie geht's Gascoyne?« Und er sagte: »Furchtbar. Ganz schlimm.« Und dann sagte er: »Der Arzt hat ihn gefragt: ›Sehen Sie irgendwelche rosa Elefanten oder grünen Mäuse?‹ Gascoyne hat gesagt: ›Nein.‹« Und Joe sah mich an und sagte: »George, im Zimmer hat's bloß so gewimmelt davon!«

GROUCHO Imhof war eine sehr gute Nummer.

GEORGE BURNS Roger Imhof. Großartig.

ICH Was war das für eine Nummer?

GEORGE BURNS Sie spielte in einem Hotel, und dem Burschen da fiel sein Pferd direkt vor dem Hotel tot um. Er geht rein und übernachtet dort. Da kam ein Satz drin vor, den ich für das größte hielt, was ich in meiner gesamten Showbusiness-Laufbahn gehört habe.

Als sein Pferd tot war, ging er ins Hotel, und in dem Hotel gab es nur zwei Zimmer. Aber die waren vermietet, also mußte er im Foyer schlafen. In der Mitte des Foyers stand ein großer Kohleofen, ihr wißt schon, einer von diesen Bulleröfen, die man mit Kohle heizen mußte. Und die Kohle war unter dem Bett, darum mußten sie ihn alle paar Minuten wecken, um an die Kohle zu kommen. Der Portier des Hotels weckte ihn andauernd und fragte: »Wie wär's mit einer Partie Dame?« Und er sagte: »Mir ist nicht nach Dame. Mein Pferd ist tot, und ich habe das Pferd gern gehabt. Ich möchte lieber schlafen.« Er schlief weiter, und sie mußten wieder an die Kohle. Und der Portier kam wieder und weckte ihn und sagte: »Nur eine Partie. Eine einzige Partie Dame.« Er sagte: »Ich *will* nicht Dame spielen. Ich habe mein Pferd geliebt. Es war ein gutes Pferd, und jetzt ist es tot. Ich bin nicht in der Stimmung, um mich bei einer Partie Dame zu amüsieren.« Und der Portier weckte ihn wieder und sagte: »Nur eine Partie«. Und er sagte: »Okay. Eine einzige Partie.« Und der andere guckt ihn an und sagt: »Haben Sie ein Brett?« *(Allgemeines Gelächter, inklusive Burns)* Das war dieser fabelhafte Satz: »Haben Sie ein Damebrett?« Großartige Nummer. Ich war ungefähr achtzehn Wochen lang in den Orpheum-Theatern nach ihnen dran. Stellt euch das mal vor, nach denen auf die Bühne zu gehen! Fast so schlimm, wie nach den Marx Brothers oder W. C. Fields dranzukommen.

GROUCHO Baby LeRoy war sechs Monate alt… in einem Film mit Fields. Es mußte damals ein Kindermädchen bei den Dreharbeiten mit dabei sein. Als das Mädchen mal auf der Toilette war, nahm Fields die Milchflasche, leerte sie halb und goß Gin rein. Sie mußten die Dreharbeiten drei Tage unterbrechen. Und Fields sagte: »Der Kleine ist halt kein Schauspieler.«

GEORGE BURNS Ich erzähle euch noch eine Geschichte von W. C. Fields. Eine unglaubliche Geschichte. Wie ihr wißt, ging Fields als junger Mann nach England. Er war im Vorprogramm, nicht als Komiker, sondern als Jongleur. Er trat mit seiner Frau auf. Er war mit einem wunderschönen jungen Mädchen verheiratet. Fields und seine Frau waren damals Anfang Zwanzig. Sein großes Finale war das Jonglieren mit Zigarrenkisten, das hat er auch lange danach noch gemacht, als berühmter Komiker. Jedenfalls trat im selben Programm ein großer englischer Komiker auf, ein älterer Herr…

GROUCHO Tate?

GEORGE BURNS Vielleicht war's Tate. Und der flog auf Fields' Frau, und sie auf ihn. Er gefiel ihr, also blieb sie in England, sie ließ Fields alleine nach Amerika zurückgehen. Aber dafür hat Fields Tate die Pointen versaut. Tate hat ihm seine Frau geklaut, und Fields hat Tate die Pointen vermasselt. Fields zog sich also mit Humor aus der Affäre.

GROUCHO Einmal trat Fields in den Ziegfeld Follies auf. Ed Wynn versuchte, komisch zu sein…

GEORGE BURNS Ach ja, diese Billardsache. Hat ihm mit dem Billardqueue eins übern Schädel gesetzt. Ed Wynn saß unterm Billardtisch und schnitt Grimassen. Das nannte man »Fliegenfangen«, während man auf der Bühne war. Man kriegte natürlich keinen Lacher, wenn jemand hinter einem stand und in die Gegend guckte, denn dann fing das Publikum natürlich auch an, sonstwohin zu gucken. Zwar gibt's keine Fliegen, dafür aber auch keine Lacher. Jedenfalls hat Wynn das gemacht − unterm Billardtisch gesessen und Fliegen gefangen.

W. C. Fields konnte sich nicht denken, warum niemand über ihn lachte. Dann wurde ihm gesagt, daß Wynn unterm Tisch säße. Das nächste Mal sah er unter den Tisch und da saß Wynn, und Fields gab ihm mit dem Billardqueue eins über den Kopf. Damit war das Problem Wynn gelöst, und Fields bekam wieder seine Lacher. Und Wynn hatte ungefähr vier Wochen lang Kopfweh.

GROUCHO Fields war ein harter Bursche.

GEORGE BURNS Ich habe ihn öfters zu mir zum Essen eingeladen. In seiner Weste hatte er vier kleine Taschen. Und in jeder Tasche hatte er eine kleine Flasche Gin, falls es irgendwo keinen Gin gab, denn er trank nur Gin. Hat immer vier große Schluck Gin dabeigehabt.

GROUCHO Er hatte Tausende Kisten Gin im Keller, weil er Angst hatte, die Prohibition könne wieder kommen.

GEORGE BURNS Ich habe mal in einem Film mit den Titel *International House* zusammen mit W. C. Fields gearbeitet, und Gracie saß mit fünf oder sechs anderen Leuten in einem Restaurant. Jedenfalls sagte Fields irgendwas zu Gracie, und sie läßt einen ihrer exzentrischen Sprüche los und geht, und Fields blieb einfach die Spucke weg. Er ging zu Leo McCarey, dem Regisseur, und sagt: »Fällt Ihnen irgendwas ein, was ich sagen kann, wenn sie geht, denn irgendwas muß ich sagen. Sie läßt mich einfach sprachlos dasitzen.«

Sie haben versucht, sich einen Satz zu überlegen, aber es ist ihnen nichts eingefallen. Und ich ging hin und sagte: »Mr. Fields, ich glaube, ich kann Ihnen helfen.« Er sagte: »Wie denn?« Und ich sagte: »Nun, Sie haben vor sich auf dem Tisch ein Glas Wasser und ein Glas Scotch, und einen schwarzen Kaffee stehen. Warum nehmen sie nicht zwei Stück Zucker, tun sie ins Wasser, rühren den Kaffee um und trinken den Scotch?« Da sagte er: »Sie sind der netteste Jude, der mir je begegnet ist!«

GROUCHO Weißt du noch, was du zu mir gesagt hast, als wir uns Bill Cosby ansahen? Nach seinem Auftritt hast du gesagt: »Ich wollte, er wäre ein Jude!«

GEORGE BURNS Stimmt. Sehr begabt.

GROUCHO Großartiger Nachtklub-Entertainer.

GEORGE BURNS Sieh mal, wenn die ganze Welt aus Juden bestünde, gäb's keine Probleme. *(Lacht)* Zum Beispiel sähe ich's gern, er würde meine Schwester heiraten. *(Pause)* Habt ihr Tee? Irgendeinen, wenn er nur heiß ist. Ich habe festgestellt, daß niemand feststellen kann, daß das Essen schlecht ist, solange es heiß ist. Man kann das großartigste Essen auftischen, aber wenn's kalt ist, ist es miserabel. Keiner weiß den Unterschied. Aber man kann ja immer ein bißchen Ketchup drauftun. Mit Ketchup schmeckt alles. Ich darf ja keinen mehr essen.

ICH Es gibt auch salzfreien Ketchup.

GEORGE BURNS Ja, den kenn' ich schon. Der schmeckt wie dieser miese Salzersatz, den er hier hat. *(Zu Groucho)* Warum du da Salz reintust, werde ich nie begreifen. Das brauchst du bei der Suppe doch gar nicht.

GROUCHO Ich tue auch auf Apfelkuchen Salz.

GEORGE BURNS Ehrlich? Ich tue Ketchup auf Vanilleeis. Ich habe Ketchup sogar schon auf Trixie Hart getan.

ICH Wer ist Trixie Hart?

GEORGE BURNS Sie ist inzwischen gestorben. Komische Sache mit Trixie, aber man weiß nie, wie alt man ist. Als junger Mann, so mit Anfang zwanzig, ging ich mit dieser Trixie Hart, und sie entsprach genau meiner Vorstellung von Sex. Immer wenn ich die nächsten fünfzig Jahre an Trixie Hart dachte, mußte ich mir einen Zweireiher anziehen. Wenn ich keinen anhatte, wußte man sofort, daß ich an sie dachte. Vor ein paar Jahren komme ich aus dem Brown Derby raus, da kommt eine kleine, alte, grauhaarige Frau auf mich zu und sagt: »Du erinnerst dich wohl nicht mehr an mich?« Und ich sagte: »Nein.« Da sagte sie: »Ich bin Trixie Hart«, und da wußte ich, wie alt ich war, und sagte: »Hör mal, Kleine, an deiner Stelle würde ich mir langsam einen anderen Vornamen zulegen. Wie wär's denn mit Santa Maria?« *(Lacht)*

GROUCHO Erzähl ihr mal von dem Burschen, der immer für dich geschrieben hat.

GEORGE BURNS Ach ja, John P. Medbury. Okay, eine großartige Medbury-Story — ich mache sie ein bißchen stubenrein. Medbury hatte seine Büroräume im Hollywood Plaza Hotel, und es gab da einen jungen Autor, Harvey Helm, der für ihn arbeitete. Er arbeitete im anderen Zimmer. Später haben sie mal beide für mich gearbeitet. Jedenfalls kam seine Frau ins Büro, machte eine Schublade auf und fand einen Damenslip aus rosa Spitzen darin. Sie hob den Slip ganz behutsam hoch und fragte Medbury: »Wie kommt denn das hierher?« Und Medbury brüllte ohne mit der Wimper zu zucken: »Harvey!«, und Harvey kam rein, und Medbury sagte: »Sie sind entlassen!«

GROUCHO Na ja, aber dann gab's doch noch die Party.

GEORGE BURNS Ach so, aber die Party war was anderes. Er gab Gracie und mir und Olsen und Johnson zu Ehren eine Party. Das ist doch die Party, die du meinst? Da war ein Zelt und so ein Bursche...

GROUCHO Da war irgendwas mit einer Toilette.

GEORGE BURNS Richtig. Im Zelt saß einer auf'm Klo, ein anderer lag in der Badewanne. Und um zur Party zu gelangen, mußte man durchs Zelt. Und als erstes kam man an vier angebundenen Eseln vorbei. Man parkte seinen Wagen und hatte keine Ahnung, was da los war. Dann ging man durchs Zelt, und da saß einer auf der Toilette. Ein anderer lag in der Badewanne, und der Kerl auf der Toilette las eine Zeitung. Man kam rein, total in Schale geschmissen, und er sagte: »Zur Party geht's da lang.«

Man ging zur Party rein und auf dem Weg dahin kam man an acht oder zehn Leuten vorbei, die saßen in den Bäumen. Es gab dort eine richtige Auffahrt zum Haus – die saßen in den Bäumen und angelten. Fragt mich nicht, was das alles zu bedeuten hatte – keine Ahnung. Ich hab's nicht verstanden. Seine Garage hatte er wie einen Puff hergerichtet. Mit so Perlenschnüren in der Tür wie bei einem Bordell. Und drinnen war ein Bett, und draußen die Frau versuchte, einen anzumachen. Und als man dann zur Tür kam, stand Medbury mit irgendeiner Frau da, die war fantastisch angezogen. Er sagte: »Darf ich Ihnen meine Frau vorstellen: Mrs. Gladys Medbury.« Und wenn man rein ging, kniff sie einen in den Hintern. Er hatte sie irgendwoher aus der Komparserie.

Dann kam man ins Haus, und da stand der Weihnachtsmann. Das war im Juli. Und ein großer Baum war da, und der Weihnachtsmann, der sehr wütend wurde, wenn man sich dem Baum näherte, und einen mit einem Stock schlug. Und alle dreißig Minuten kam ein Page durch – es waren ungefähr 250 Leute da – und sagte: »Es ist jetzt acht Uhr! Es ist jetzt acht Uhr!« Um halb neun sagte er: »Es ist jetzt acht Uhr!« und um neun... es war immer acht Uhr. Keine Ahnung, was das sollte. Dann kam ein Russe rein. Irgendeine Art von russischem Diplomaten, mit Pluderhosen und Schärpe und einem großen goldenen Orden, der stellte sich hin und hielt eine Rede – das ist die volle Wahrheit – eine zwanzig Minuten lange Rede auf Russisch.

Aber der größte Gag war, wenn jemand reinkam. Sobald jemand zur Tür reinkam, fragte man ihn: »Haben Sie vielleicht ein Streichholz?« Man holte also die Streichhölzer aus der Tasche und gab dem Betreffenden Feuer. Und ehe man sich's versah, nahm er einem die Streichhölzer weg. So standen auf der Party 250 Leute ohne Streichhölzer rum. Die haben *jedem* die Streichhölzer weggenommen! Aber es gab Streichhölzer in so kleinen Glasdingern, die gingen an, aber die gingen auch sofort wieder aus. Und wenn man sich im Saal umsah, versuchte jeder vergeblich, ein Streichholz zum Brennen zu bringen. Alles mögliche ist da veranstaltet worden. Eine wirklich *wilde* Party. Und Olsen und Johnson kamen im Leichenwagen an.

GROUCHO Erzähl ihnen von der Venus.

GEORGE BURNS Nee! Das kann ich nicht. Das ist zu unanständig. Ich erzähle statt dessen eine andere Geschichte aus England. Wißt ihr, die haben ja einen eigenartigen Sinn für Humor. Als Gracie und ich zum Beispiel drüben waren, gab's da eine Tanznummer, die sich die Ward Brothers nannte. Die Ward Brothers waren Engländer, und die trugen gelbe Westen, die mit zwei Spitzen über die Hose runtergehen. Und gestreifte Hosen hatten sie an, und kurze, schwarze Jacken mit einem gelben Taschentuch in der Tasche. Und dann hatten sie sowas wie Filzhüte auf... wie hier bei uns in der Gangsterzeit. Sie sahen sehr schnieke aus. Als ich im Showbusiness anfing, war ich furchtbar dämlich. Ich dachte, alle Engländer ziehen sich so an. Hatte vergessen, daß es nur Bühnenklamotten waren.

Naja, jedenfalls hatten Gracie und ich ein Engagement in England, und ich sagte mir: »Ich will nicht unangenehm auffallen, ich ziehe mich so an wie die Engländer.« Ich besorgte mir eine gelbe Weste, gestreifte Hosen, die schwarze Jacke und den Hut. Ich sah aus wie ein Idiot, aber ich ging zu Henry Sharick – unser Engagement war im Victoria Palace. Damals gab's das Palladium noch nicht. Sharick warf einen Blick auf mich und traute seinen Augen nicht. Er sagte zu mir: »Paß auf, Junge, das kannste ausziehen. Ihr seid erst am Montag dran.« Er dachte, ich hätte schon meine Bühnenklamotten an.

GROUCHO Erzähl ihr von Wienig's. Weißt du noch? Es war gleich beim *Variety*-Büro. 45. Straße, so in der Gegend zwischen der Third und der Lexington Avenue. Ein koscheres Restaurant. Eine ganze Mahlzeit hat fünfunddreißig Cents gekostet. Es sei denn, man aß Geflügel, dann waren es vierzig Cents.

GEORGE BURNS Richtig, ganz in der Nähe vom Princeton. Na ja, das waren zwei Juden, und denen gehörte ein Restaurant namens

Wienig's in der 45. Straße. Das waren vielleicht Typen! Man kam rein, und Swerber wußte nie, daß man mit ihm redete. Er erinnerte sich immer an das Gespräch davor, aber nicht an das, das man gerade mit ihm führte. Wenn man zum Beispiel rein kam und Swerber fragte: »Hallo, Mr. Swerber. Ist Manny Manashur da?«, sagte er: »Schauen Sie mal auf den Fußboden. Vielleicht ist er runtergefallen.« Oder irgendeinen ähnlichen Blödsinn. Und alle aßen da − alle die großen Stars... die Boxer... und alle Prostituierten, spät am Abend.

Jedenfalls ist Jolson eines Abends da und ißt Gemüse mit saurer Sahne. Und Swerber geht an Jolson vorbei und sagt zu ihm: »Weißt du, Rockabye« − er redete immer jeden mit dem Namen seiner Rolle an oder mit dem, was man gerade sang. »Rockabye Your Baby« war damals ein großer Hit. Und er nannte Jolson »Rockabye«. Eddie Cantor nannte er »Whoopee«. Was halt gerade dran war. Er nannte einen nie beim richtigen Namen, sondern immer beim Rollennamen. Jedenfalls sagte er: »Weißt du, Rockabye, ich liebe dich, weil ich deinen Gesang liebe, und weil ich die Musik liebe.« Und Jolson guckt ihn an und sagt: »Du hast Musik tatsächlich gern?« Swerber sagt: »Ich bin aus Chicago.« Was das zum Teufel heißen soll, weiß ich nicht. Er sagt: »Ich bin aus Chicago, und ich gehe in jede Oper. Zum Beispiel *Carmen*. Ich habe *Carmen* zwanzigmal gesehen. Ich kenne sie auswendig.« Jolson sagt: »Und wie geht das?« Und Swerber: »Gut«.

Ach ja, und das Telefon hing an der Wand. Und um zu telefonieren, mußte man dem Restaurant den Rücken zukehren. Sobald es läutete, ging entweder Swerber oder Wienig ran. Aber wenn sie zum Hörer griffen, sahen sie nicht zur Wand, sondern ins Restaurant. Denn jeder nahm sofort ein Stück Zucker in die Hand. Und wenn zum Beispiel Swerber an den Apparat ging und »Hallo?« sagte, hat er sich sofort geduckt, weil jeder mit Zucker warf. Dann hatten es die beiden Juden satt, mit Zucker beworfen zu werden, und taten Streuzucker rein. Aber da kam niemand mehr zum Essen, bis wieder Würfelzucker in den Zuckerdosen war. Verrücktes Restaurant.

GROUCHO Das mit den Trinkgeldern war auch sowas.

GEORGE BURNS Na ja, fünf Cent Trinkgeld waren das Übliche. Und zehn Cent waren ein ganz großes Trinkgeld. Denn ein Menü − eines mit sieben Gängen − kostete fünfunddreißig Cents. Am Schluß wurden's dann vierzig Cents. Und irgendwann waren's dann fünfundachtzig Cents, das war das allerhöchste. Aber damals waren's fünfunddreißig. Also gab man dem Ober fünf Cents Trinkgeld. Und die Ober hatten die Trinkgeldgeber immer scharf im Auge. Sagen wir mal, Groucho kommt rein. Er ließ immer zehn Cent da. Das galt als großes Trinkgeld bei einer Fünfunddreißig-Cent-Mahlzeit. Er ließ also zehn Cents da. Sofort ging ein anderer Ober von einem anderen Tisch vorbei, ließ fünf Cent auf den Tisch fallen und klaute sich die zehn Cent. Die haben sich gegenseitig bestohlen. Er nahm deine zehn Cent und ließ ein Fünf-Cent-Stück da. Und dann hat der andere Kellner gedacht, Groucho wär ein Geizhals. Das waren Typen. Ich überlege gerade, was die sonst noch so gemacht haben. Ach ja, Damon Runyon war mal da. Und nebenan war Abe und Jack's, ein Tabakladen. Und im Wienig's wurde mit dem Heringspreis von fünf auf sechs Cents raufgegangen...

GROUCHO Sechs Cents für Hering?

GEORGE BURNS Klar, Hering. Ein ganzer Hering. Na ja, eine Mahlzeit kostete fünfunddreißig Cents. Jedenfalls gab's einen furchtbaren Stunk mit Abe vom Tabakladen. Er meinte, Wienig und Swerber seien Räuber, wenn sie sechs Cents für einen Hering verlangten, für den sie gestern nur fünf verlangt hätten. Und dann kam's zu dem Riesenkrach. Und Runyon, der war ein großer Zeitungsmann, saß da, und er ging raus, kaufte ein Stück Hering und band einen kleinen Zettel dran, auf dem stand: »Wienig und Swerber sind Räuber«. Das hat er ins Lokal geschmissen. Swerber hob den Hering auf, ging zum Tabakladen nebenan und schmiß ihn da rein. Na ja, den ganzen Abend haben sie sich dann mit Hering beworfen. Ein *wildes* Restaurant.

ICH Groucho sagte mir, Sie seien mit Harpo gut befreundet gewesen.

GEORGE BURNS Harpo kannte ich von allen Marx Brothers am besten.

GROUCHO Großartiger Mensch.

GEORGE BURNS Fand ich auch. Wirklich fabelhaft. Er hat mir mal was sehr, sehr Nettes gesagt... Wie Sie wissen, hat er vier Kinder adoptiert. Und ich sagte zu ihm: »Wann machst du Schluß? Wie viele Kinder willst du denn noch adoptieren?« Und er sagte: »Ich möchte so viele Kinder adoptieren wie ich Fenster habe. Wenn ich mal weg muß, möchte ich, daß aus jedem Fenster ein Kind sieht und mir nachwinkt.« Süß, nicht wahr?

GROUCHO Wunderbarer Mensch.

GEORGE BURNS Fand ich auch. Einmal hat er was gemacht. Er hat's zwar in seinem Buch beschrieben, aber nicht richtig. Wir sind zusammen ins Pantages Theatre gegangen; Gracie, Susan, Harpo und ich. Und er mochte schwarze Gummibonbons so gern. Nirgendwo gab's schwarze Gummibonbons, plötzlich sieht er einen kleinen Süßigkeitsladen neben dem Kino. Das war während des Krieges. Plötzlich sieht er diesen Bonbonladen, und im Schaufenster liegen schwarze Gummibonbons. Er geht rein und sagt: »Wieviele schwarze Gummibonbons haben Sie?« Der Bursche sagt: »Naja, ich habe heute einen ganzen Posten reinbekommen, ich habe dreißig Dollar für schwarze Gummibonbons ausgegeben.« Harpo sagt: »Ich gebe Ihnen fünfunddreißig Dollar für alle schwarzen Gummibonbons.« Könnt ihr euch vorstellen, wieviele Gummibonbons man für fünfunddreißig Dollar bekommt?

Naja, Gracie hatte eine Tüte Gummibonbons, und Susan hatte eine Tüte, weil wir ins Kino wollten und der Bonbonladen schon zu hätte, wenn wir rauskämen. Und zum Auto hätten wir sie auch nicht bringen können, sonst hätten wir den Anfang vom Film verpaßt. Also schleppten wir vier so ungefähr zehn Kilo schwarze Gummibonbons ins Kino. Aber... ehe wir rein gingen, hat er noch für zehn Cents bunte Gummibonbons gekauft. Wenn *wir* nämlich einen wollten, gab er uns einen von den bunten, weil die schwarzen niemand von uns anrühren durfte!

GROUCHO Kann ich verstehen.

GEORGE BURNS Ist das nichts? *(Lacht)* Er hat's in seinem Buch nicht wahrheitsgetreu erzählt. Er hat die Geschichte erzählt, aber den Schluß hat er weggelassen.

GROUCHO Er hat dann auch die schwarzen Gummibonbons weggelassen. Er hat später nie wieder welche gegessen.

GEORGE BURNS Die komischste und meiner Meinung nach großartigste Story aus dem Showbusiness, die ich kenne, und sie ist wahr, heißt es, war, als Wilton Lackaye in Cincinnati auftrat — ich habe sie euch möglicherweise schon erzählt —, aber sie ist einfach großartig. Im selben Programm war eine Tanznummer — Brown and Williams. Als sie um zwölf auf einen Drink in eine Bar gingen, ist da auch Wilton Lackaye, und natürlich sind sie total aus dem Häuschen darüber, daß sie im selben Programm sind wie Wilton Lackaye. Sie

462

hatten noch nie in einem großen, berühmten Theater gespielt, aber das dort war ein großes, berühmtes Theater, und Wilton Lackaye war der Star.

Sie gingen zu ihm – er stand an der Bar – und sagten: »Mr. Lackaye, wir sind die Tanznummer Brown und Williams, die mit Ihnen auftritt, und es ist wahnsinnig aufregend, mit einem großen Star wie Ihnen im selben Programm zu sein.« Lackaye sagt: »Danke Jungs«. Und Brown sagt: »Wir würden es uns als Ehre anrechnen, wenn wir Ihnen einen Drink spendieren dürften.« Und er sagt: »Jungs, ehrlich gesagt würde ich lieber alleine trinken, weil ich gerade ein Telegramm bekommen habe, daß ich meine Mutter verloren habe.« Und Brown guckt ihn an und sagt: »Wir können uns denken, wie Ihnen zumute ist. Wir haben unseren Schrankkoffer verloren.« Das ist die schönste Showbusiness-Geschichte, die ich kenne, denn der Schrankkoffer stellte sämtliche Ersparnisse dar. Der Schrankkoffer kam noch vor der Mutter. Herrliche Geschichte.

GROUCHO Du hast meine Mutter nicht gekannt!

GEORGE BURNS Nein, hab' ich nicht. Ich kannte die Marx Brothers damals noch nicht. Vergiß nicht, daß ich nur auf kleinen Bühnen aufgetreten bin, bis ich siebenundzwanzig war. Und da waren die schon bekannte Leute. Sie waren Broadway-Stars, nicht wahr.

ICH Dann waren Sie alle bei Paramount unter Vertrag?

GEORGE BURNS Na, das kam später. Nachdem ich Gracie kennengelernt hatte. Erst mit Gracie ist aus mir was geworden. Weil sie mich sozusagen hochgezogen hat. Jedenfalls habe ich die Marx Brothers erst später dann kennengelernt, und Groucho und ich wurden ziemlich enge Freunde. Susan war... ich glaube, das war so ziemlich die großartigste Ehe, von der ich je gehört habe, Susan Marx und Harpo. Sie tat alles, was Harpo wollte. Sie hatte zum Beispiel die vier Kinder, und auf dem Herd stand das Abendessen. Um sieben, sagen wir mal, war das Essen fertig. Und Harpo kommt rein und sagt: »Susan, laß uns essen gehen.« Sie sagte: »Okay.« Zack! Licht aus, und weg waren sie. Ist das nicht fabelhaft? Großartige Frau.

GROUCHO Großartiger Mann.

GEORGE BURNS Tja. Und eines Tages hat einer seiner Jungs, Alex, die Schule geschwänzt. Harpo steht morgens auf und sieht Alex. Es ist neun Uhr morgens. Er sagt: »Alex, was machst du hier?« »Pssst! Sag niemand was!« sagt Alex, »ich schwänze die Schule.« Und Harpo sagt: »Du holst sofort deine Bücher und gehst in die Schule!« Und der Kleine holt seine Bücher, guckt seinen Vater an und sagt: »Harpo, dir erzähl ich nie wieder was!« Find ich herrlich, daß sie ihn alle »Harpo« nannten.

ICH Kannten Sie auch Chico?

GEORGE BURNS Ja. Ich probier mal den salzlosen Käse da. Nur ein winziges Stück. Nicht übel! Das mache ich manchmal, wenn ich mich hinsetze und einen Martini trinke. Ich vertrage keine Vorspeisen mehr – die sind alle gesalzen. Statt dessen esse ich ein Stückchen Käse auf einem Beygel.

GROUCHO Komm doch wieder mal zum Mittagessen. Erin möchte dich sehen.

GEORGE BURNS Klar, mach ich.

GROUCHO Sie dreht gerade einen Film. Großartiges Weib.

GEORGE BURNS Ja, du kannst von Glück reden, daß du sie hast.

GROUCHO Und sie kann von Glück reden, daß sie mich hat.

GEORGE BURNS Natürlich! Du bist jetzt an dem Punkt, wo du einfach jemanden brauchst, der dich warmhält. Ich auch, Groucho. Deswegen darf ich dir das ja auch sagen. Das andere kannst du vergessen.

GROUCHO Möchtest du eine Kiste guter Zigarren?

GEORGE BURNS Nein. Weil ich keine guten Zigarren rauche. Die sind mir zu stark. Und ich rauche nur Zigarren, die in meine Spitze passen. Diese kleinen einheimischen. Die mag ich, weil sie in meine Spitze reinpassen. Ich finde, wenn man eine Havanna raucht, sollte man dafür bezahlt werden. Die sind sehr stark. Wie Milton Berles Zigarren. Ihr wißt schon, zwei Dollar das Stück. Wenn ich für eine Zigarre zwei Dollar ausgäbe, würde ich erst mal mit ihr ins Bett gehen. Ist doch ein Witz, zwei Dollar für eine Zigarre.

GROUCHO Als ich noch ein junger Mann war, gab's eine Zigarre, die hieß La Preferencia, von der es hieß: »30 Minuten in Havanna.« Sie hat zehn Cent gekostet, und ich habe mir eine gekauft, ging in mein Zimmer, legte mich ins Bett und zündete sie an. Ich stellte die Uhr. Nach fünfundzwanzig Minuten war die Zigarre alle. Ich ging zum Zigarrenladen zurück und sagte: »Hier steht: ›30 Minuten in Havanna‹, und sie hat bloß fünfundzwanzig Minuten gehalten. Ich will eine neue Zigarre.« Und sie haben mir eine neue gegeben. Das gleiche passierte wieder. Und ich ging wieder hin, und sie gaben mir

ANIMAL CRACKERS

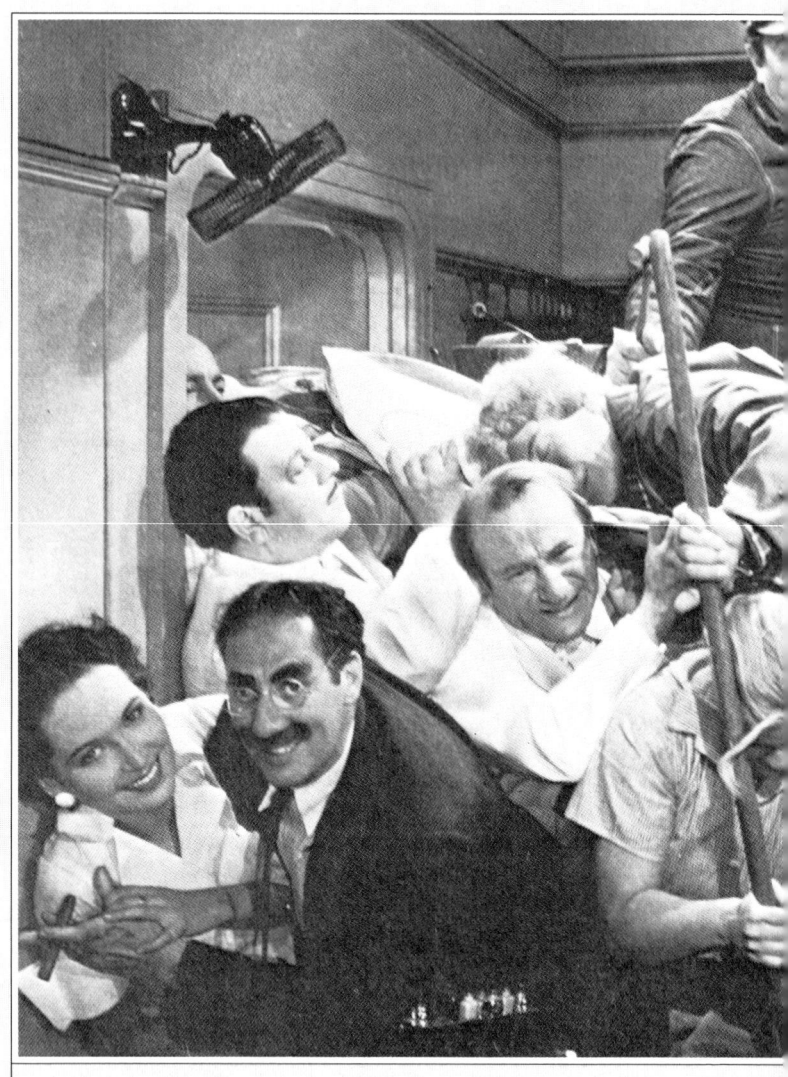

A NIGHT AT THE OPERA (Skandal in der Oper)

Groucho mit seiner Tochter Melinda

noch eine. Als ich das dritte Mal ankam, schmissen sie mich raus. Es war gar keine Havanna; der Tabak stammte aus Connecticut. Und als Junge hab' ich zusammengerolltes Zeitungspapier geraucht.

GEORGE BURNS Als Junge habe ich was besonders Witziges gebracht. Mit meinen Gedanken war ich nur beim Showbusiness. Ich arbeitete als Zuschneider für Damenkleider. Da wurden in einer sehr billigen Firma billige Kleider gemacht, die man zu Hause beim Kochen trägt, ihr wißt schon. Die nahmen den Stoff und legten ein Teil so rum und das andere andersrum — so rum und andersrum, so rum und andersrum, so rum und andersrum, damit man praktisch nur ein halbes Kleid zuschneiden mußte. Wenn man einen Ärmel zuschnitt, war der zweite auch gleich da. Wenn man ein halbes Vorderteil zuschnitt, war das andere auch gleich da. Immer eine Seite und das Gegenstück.

Blöd, wie ich bin, geht mir gerade »Tiger Girl!« durch den Kopf, ich denke an irgendwelche anderen Songs und lege das ganze Material nur mit einer Seite hin. Und ich verschneide tausende und abertausende dieser Kleider. War nicht wieder gutzumachen.

Naja, der Chef kommt rüber zu mir. Ich bin gerade am Zuschneiden und singe »Tiger Girl!«, und er guckt sich die Rüschen und das Zeug an und merkt, daß alles in einer Richtung daliegt. Er sagt: »Weißt du, was du da gemacht hast?« Ich sage: »Oh, das habe ich gar nicht gemerkt.« Er sagt: »Verstehe. Seit wann arbeitest du hier?« Ich sage: »Seit ungefähr sechs Wochen. Meine Schwester hat mir den Job verschafft.« »Deine Schwester arbeitet auch hier?« »Zwei Schwestern — meine Schwester Mamie und meine Schwester Sarah.« Er sagt: »Hol deine Schwestern und komm rauf in mein Büro.« Wir gingen rauf, und er feuerte die ganze Familie.

Und einmal habe ich für M. D. Mersky gearbeitet, und der Bursche war auf einem Haufen Matrosenblusen sitzengeblieben. Ihr wißt ja, wie die Dinger aussehen. So kleine weiße Dinger mit marineblauem Kragen und zwei Sternen in den Ecken.

GROUCHO Fehlt nur ein junges Mädchen drin.

GEORGE BURNS Genau. Jedenfalls hatte er Abertausende dieser Matrosenblusen. Ich gehe zu Mersky und sagte: »Mr. Mersky, ich weiß, wie wir die Matrosenblusen loswerden.« Er sagt: »Wie denn?« Ich sage: »Schicken Sie überall dreizehn Dutzend Matrosenblusen hin und schreiben Sie: BEILIEGEND ZWÖLF DUTZEND MATRO-

SENBLUSEN. Jeder kriegt ein Dutzend umsonst.« Und dann sage ich: »Damit verlieren Sie zwar ein paar Dollar, aber die Matrosenblusen sind Sie los.« Er sagt: »Sie sind ein sehr kluger junger Mann. Was verdienen Sie die Woche?« »Elf Dollar.« »Ab jetzt sind's dreizehn Dollar«, sagt er.

Er schickte überallhin dreizehn Dutzend Matrosenblusen und schrieb dazu: »BEILIEGEND ZWÖLF DUTZEND MATROSEN-BLUSEN.« Zwei Wochen später kommt er zu mir und sagt: »Das war eine gute Idee von Ihnen, aber alle haben sie das eine Dutzend behalten und die anderen zwölf zurückgeschickt. Aber ich stehe zu meinem Wort: ich habe Ihnen eine Gehaltserhöhung von zwei Dollar versprochen. Sie verdienen immer noch dreizehn Dollar die Woche, aber Sie arbeiten nicht mehr bei mir.«

GROUCHO Wir sind mal in einer kleinen Stadt in Texas aufgetreten. Die Farmer kamen und banden ihre Pferde vor dem Pantages Theatre an. Wir waren damals eine Gesangstruppe, The Three Nightingales. Keiner von uns konnte singen. Während unseres Auftritts rennt ein Maultier weg, und das ganze Publikum hinterher und fing es wieder ein. Dann kamen sie alle zurück, aber mittlerweile waren wir so wütend, daß wir sarkastische Bemerkungen von uns gaben. Das war das erstemal, daß wir uns als Komiker versuchten.

GEORGE BURNS Ihr wart gezwungen zu reden. Und das Publikum mußte über eure sarkastischen Kommentare lachen.

GROUCHO Ja.

GEORGE BURNS Ab da habt ihr nicht mehr gesungen und die Kommentare beibehalten. Also verdankt ihr euren Erfolg einem Maultier!

GROUCHO Donkey schön.

GEORGE BURNS Ich erzähle euch noch eine Geschichte über Chico, und dann muß ich gehen. Er kam in den Club und spielte gern. Ich bin kein Spieler. Ich spiele jeden Tag Bridge, aber nicht um viel. Eines Morgens so um neun treffe ich Chico im Club. Außer mir war keiner da. Und wie gesagt, Chico spielte leidenschaftlich gern. Es war ihm egal, ob er gewann oder verlor. Alles, was ihn interessierte, war das Spiel.

Er sagte: »Laß uns ein bißchen Rommé spielen. Fünf Cents *across gin*.« Das kann eine Menge Geld kosten. Ich sagte: »Danke Chico, ich spiele Rommé nicht um Geld.« Und er sagte: »Zweieinhalb Cent.« Ich sagte: »Ich spiele auch nicht um zweieinhalb Cent. Das ist zuviel

Geld für mich.« Dann sagte ich: »Chico, ich mag Rommé nicht.« Er sagte: »Hör zu, wir spielen um einen Cent. Drei Spiele. Wir zählen zu allen deinen Punkten zehn dazu. Du kannst nicht vernichtet werden, aber ich. Ich gebe dir zehn Punkte Vorsprung.« Pro Spiel sind's hundert Punkte, und am Ende wollte er mir noch fünfzig Punkte geben. Alles, nur um sein Geld zu verlieren!

GROUCHO Was er auch geschafft hat.

GEORGE BURNS Allerdings.

GROUCHO Er ist total pleite gestorben.

GEORGE BURNS Eine lustige Geschichte über Harpo… Harpo und ich und Mack Gordon — der Bursche, der »Did You Ever See a Dream Walking?« geschrieben hat… Mack Gordon und Georgie Raft spielten Bridge im Bridge-Club. Ich war Mack Gordons Partner und hatte sieben Pik auf einer Dame. Das ist alles, was ich hatte, was die Punkte in meinem Blatt angeht. Dame, Bube, Zehn, Neun, Acht, usw. Aber keinen König, nichts. Nur sieben Pik-Karten. Und mein Partner beginnt mit Herz zu reizen. Ich hatte aber kein Herz. Und sage ein Pik.

Tja, und Mack Gordon war ein… er hielt sich für einen großartigen Bridgespieler. Er war ein guter Liederkomponist, aber kein guter Bridgespieler. Was ich übrigens auch nicht bin. Jedenfalls sagt er zwei Herz. Und ich sage zwei Pik. Jetzt nahm er seine Karten, schob sie zusammen, legte sie auf den Tisch, verschränkte seine Arme und sah mich ungefähr zehn oder fünfzehn Sekunden lang ohne eine Miene zu verziehen an und sagte: »DREI HERZEN.« Ich schob ebenfalls meine Karten zusammen, legte sie hin, verschränkte meine Arme und sah ihn fünfzehn Sekunden lang an und sagte: »DREI PIK.« Nun sah er zum Fenster raus — wir saßen am Fenster — und brüllte zum Fenster raus: »VIER HERZEN.« Ich sagte: »Ich wußte zwar nicht, daß wir mit jemandem auf der anderen Straßenseite spielen, aber wenn das so ist, sollen sie mich auch hören«, und ich brüllte: »VIER PIK.« Naja, jedenfalls sagte er sechs Herzen an. Aus reinem Daffke. Und ich sagte: »Sieh mal, Mack. Ich habe genausoviel Geld wie du — sieben ohne Trumpf.« Was unmöglich ist.

Inzwischen merkten Harpo und Georgie Raft, daß zwischen uns ein Spiel ablief, und hatten gar nicht vor, zu verdoppeln, weil sie ganz genau wußten, daß wir das Blatt überhaupt nicht spielen würden. Aber Mack Gordon bat mich runter, um sich mit mir zu schlagen, und ich hatte mich noch nie im ganzen Leben mit jemandem geschlagen. Nur, weil ich »sieben ohne Trumpf« gesagt hatte. Und er war immer ein großer Esser — doppelte Portionen Bologna-Wurst — er aß immer so drei Zentimenter dicke Wurststücke. Also sagte ich: »Okay, gehen wir runter und schlagen uns, denn ich möchte sehen, wie das Zeug wieder rauskommt, wenn ich dir eins in den Magen haue.« Und auf dem Weg nach unten — Harpo ging mit Georgie Raft, Mack Gordon und mir runter — sagte ich zu Harpo: »Harpo, das großartigste Lied, das ich je in meinem Leben gesungen habe, ist ›Did You Ever See a Dream Walking?‹« Darauf sagte Mack Gordon, der das Lied geschrieben hatte, »Kommt, gehen wir rauf und spielen das Spiel zu Ende.«

GROUCHO Harry Ruby war großartig. Kanntest du Harry Ruby?

GEORGE BURNS Natürlich! Wer kennt ihn nicht? Aber er ist tot. Alle sind sie tot — was kann man da machen? Man kann nichts dagegen tun. Wenn sie an deine Tür klopfen und dir deine Bilder zurückgeben, gehst du eben. Wenn's einen anderen Ausweg gäbe, hätten wir ihn schon gefunden. Aber wenn ich gehe, nehme ich meine Musik mit. *(Steht auf)* Ich laß dich jetzt, Kleiner. Ich muß weg.

JACK BENNY

Groucho und Jack Benny lernten sich 1909 kennen, als die Four Nightingales in Jacks Heimatort Waukegan in Illinois auftraten. Jack war Geiger im Hausorchester des Barrison Theatre, »der einzige in Knickerbockern«, wie er sich erinnert. Anläßlich der March of Dimes-Ehrung für Jack Benny 1974 beschrieb Groucho ihre Begegnung:

»Als wir uns kennenlernten, war Jack sechzehn und ich neunzehn. Jetzt ist er achtzig und ich bin dreiundachtzig. Wie die Zeit vergeht.«

Grouchos Worten folgte eine unglaubliche Ovation. Enthusiastisch wurden die großen, geigenförmigen Programme aus Pappkarton in der Luft umhergeschwenkt.

Auf der Fahrt zur Veranstaltung erzählte mir Groucho, wie er Jack Benny kennengelernt hatte:

»Wir stiegen aus dem Zug, und da stand so ein Bursche, der einem fünfzig Cent pro Mann abverlangte, um einen ins Hotel zu bringen. Er nahm sein Pferd am Zügel, das Pferd ging über die Straße, und da waren wir schon im Hotel. Am nächsten Tag ging ich ins Theater. Dort war ein junger Bursche, der Geige spielte. Wir fragten seine Mutter − meine Mutter fragte seine Mutter −, ob er mit uns mitkommen dürfe. Und sie sagte nein, er sei zu jung. Weil er erst sechzehn war. Ich bin ihm dann öfters in den Orpheum-Theatern begegnet, auch in vielen anderen Theatern.«

Am 21. März 1974 fand im International Ballroom des Beverly Hilton Hotels ein Dinner zu Ehren Jack Bennys statt. Ich war mit Groucho und Erin da. Jack Benny wurde als der March of Dimes-Mann des Jahres mit dem Humanitarian Award ausgezeichnet. Auf dem Podium saßen neben Jack Benny und Groucho Dr. Jonas Salk, Rosalind Russell, Lucille Ball, Bob Hope, George Burns und − als Zeremonienmeister − Johnny Carson. Groucho war wegen allem furchtbar aufgeregt, nicht nur, weil das Essen zu Ehren seines Freundes Jack Benny stattfand, sondern auch, weil Dr. Jonas Salk anwesend sein würde. »Das ist jemand, den ich schon immer kennenlernen wollte«, sagte er auf der Fahrt zum Dinner im Wagen zu mir.

Als wir über den roten Teppich, den man zu der Gelegenheit ausgelegt hatte, ins Hotel gingen, streckten viele der Fans, die links und rechts hinter den Seilen standen, die Hände nach Groucho aus, um ihn zu berühren. Irgend jemand griff sich einen meiner Knöpfe und versuchte, ihn abzureißen. Groucho war über meinen neuen Prominentenstatus ganz und gar nicht amüsiert. Ich fragte ihn, ob ihm das denn nichts ausmache, ewig von so vielen Fremden angefaßt zu werden, und er sagte: »Nein. Das Gegenteil wäre schlimm − wenn dich niemand haben will.«

Unser Einzug wurde von »Hallo, Groucho«- und »Wie geht's, Groucho?«-Rufen beinahe musikalisch begleitet. Wie immer, verzog er kaum eine Miene.

Ehe wir Jack begrüßten, sagte Groucho zu mir: »Hör zu, du mußt mit Jack Benny reden. Er möchte, daß du ihn interviewst.« Als er mich vorstellte, sagte er zu Jack: »Sie hat früher mit mir getingelt«, und fügte etwas ernsthafter hinzu: »Vergiß nicht, sie gehört mir.« Jack hatte mein Interview mit Groucho gelesen und dem *Playboy* darauf einen Brief geschrieben.

Als Jack unseren Tisch verließ, sagte Groucho zu mir:

»Er hat im Varieté alles gemacht, was ihm über den Weg lief; hat kleine Rollen in anderer Leute Nummern gespielt, alles − umsonst.

Aber er hat eine Menge gelernt. Er hat's auf dieselbe Art und Weise so weit gebracht, wie wir: Varieté, billige Absteigen, mieses Essen.

Er ist ein sehr gebildeter Mann und unglaublich begabt. Großartiges Timing. Brillant. Und Jack Benny ist einer der nettesten Menschen, die ich je kennengelernt habe. Er macht den Juden alle Ehre, und dem Showbusiness. Er ist achtzig, weißt du, und arbeitet immer noch. Er ist ein großer Star.«

Ein paar Tage später unterhielt sich Jack mit mir im Beverly Hills Hotel über Groucho und die Marx Brothers:

»Sie haben immer die verrücktesten Sachen gemacht. In ihren Filmen brauchten sie gar nicht zu schauspielern. Das waren Filme *über* sie. *Niemand* konnte ihnen die Show stehlen. Und ich hatte es bei meinem Stil besonders schwer, nach ihnen auf die Bühne zu gehen. Sie lösten ein solches Tohuwabohu aus, daß mir danach überhaupt keiner zuhörte, weil ich sehr leise arbeitete, wie jetzt, nur noch leiser. Es war ziemlich frustrierend, aber eine große Herausforderung. W. C. Fields meinte auch, man könne unmöglich nach ihnen auf die Bühne gehen. Aber ich habe mich dadurch anstrengen müssen, und im Endeffekt hat es mir, glaube ich, genützt.

Ich habe mich über sie krankgelacht, wenn ich sie mir vor meiner Nummer ansah, aber wissen Sie, wenn Sie mich fragen, was sie genau gesagt oder getan haben, dann kann ich das nicht sagen. Das hätte ich Ihnen auch damals nicht genau sagen können. Die Marx Brothers konnte man nicht erklären. Außerdem haben sie nie etwas zweimal auf die gleiche Art gebracht. Ich hab' sie immer beneidet, wie sie einfach auf die Bühne gingen, und wie alles so aus ihnen rausprudelte, und sie offenbar noch großen Spaß bei der Sache hatten. Damals arbeitete ich sehr hart daran, den wirklichen Jack Benny zu finden. Und jetzt weiß ich, daß sie damals auch hart gearbeitet haben, obwohl es so aussah, als spielten sie.

Das Schlimmste war, als der Direktor eines dieser Theater den Vorschlag machte, die Marx Brothers und ich sollten zusammen eine Nummer machen. Es war an sich meine Nummer, und ich hatte Angst, sie würden mich einfach rausdrängen, aber nach einer Weile hat's mir einen Riesenspaß gemacht. Ich amüsierte mich köstlich mit ihnen.

Eine Zeitlang teilte ich mir mit Zeppo ein Zimmer, und im täglichen Leben gab es einfach keinen komischeren Menschen, deshalb war es eigenartig, daß er in der Show der Normale war. Ich weiß nicht, ob seine Art Komik auf der Bühne gewirkt hätte, aber Sie könnten ja auch enttäuscht sein, weil ich hier sitze und nicht so bin wie auf der Bühne — sondern einfach ein stiller Mensch. Aber wenn Zeppo nicht auf der Bühne war, wußte er einfach nicht, wie er *nicht* komisch sein sollte.

Aber Groucho war das Genie. Groucho ist ein richtiger Schriftsteller. Was nicht heißt, daß er auf der Bühne nicht großartig war, und im täglichen Leben kann er auch ziemlich komisch sein. Im Hillcrest ist er immer komisch. Als Groucho sehr jung war, hat er viel gelesen, wann immer er Zeit hatte. Während andere weggingen und sich mit Freunden amüsierten, las er ein Buch. Wenn er ein gutes Buch entdeckte, das er noch nicht kannte, war er so aufgeregt, wie es andere Leute sind, wenn sie jemanden kennenlernen, den sie wirklich mögen.«

Als Jack nach dem Mittagessen im Hillcrest Country Club zu Groucho stieß — für beide lange Zeit der bevorzugte Aufenthaltsort —, drehte sich das Gespräch größtenteils um die Gesundheit: für beide ein Thema von unschätzbarer Bedeutung.

JACK BENNY Denk bloß nicht, ich sitze hier rum, weil ich auf deine Gesellschaft so versessen bin. Ich habe nur keine Lust, rauszugehen und Golf zu spielen…

GROUCHO So umwerfend find' ich dich auch nicht.

JACK BENNY Obendrein willst du nicht Golf spielen. Du sitzt doppelt in der Klemme.

GROUCHO Ja. Ich muß dableiben und mir sagen lassen, was ich essen darf und was ich nicht essen darf. Erin weiß über alles Bescheid, was ich nicht zu mir nehmen soll.

JACK BENNY Ja ja, siehst du. Und es gibt bestimmte Sachen, die ich auch nicht essen soll. Weißt du, ich habe was anderes. Ich habe…

GROUCHO Filzläuse?

JACK BENNY Nein. Die habe ich schon länger. Ich habe… du weißt schon, wo man keinen Zucker essen darf. Diabetes. Schon seit siebzehn Jahren, aber ich brauchte nie Insulin zu nehmen. Heute morgen haben sie einen Blutzuckertest mit mir gemacht. Wetten, wenn ich anrufe, sagt man mir: »Sie sind bestens in Ordnung.« Ist das nicht komisch?

GROUCHO Lustig ist es nicht. Aber komisch.

JACK BENNY Es *ist* komisch. Ich hab' nie irgendwelche Probleme gehabt. Jetzt muß ich nur vorsichtig sein. Vorsichtig! Aber was meine Zuckerkrankheit angeht, kann ich praktisch alles essen. Und mein Arzt sagt: »Wenn Sie Lust auf Malzmilch haben, nur zu!« Ist das nicht komisch? Was ich nicht essen sollte, esse ich nicht, es sei denn, ich kriege einfach nichts anderes runter. Oder ich muß es unbedingt haben. Dann esse ich's.

ERIN Macht das beim Reisen keine Schwierigkeiten?

JACK BENNY Nein. Dann nehme ich einfach keinen Zucker. Manchmal mogele ich ein bißchen und genehmige mir eine kleine Nachspeise. Aber wenn ich dann zurückkomme, mache ich immer gleich einen Blutzuckertest. Mir ist was Komisches passiert: ich war mal eine Woche bei Sinatra zu Besuch, und aus irgendeinem Grund war mir alles egal. Ich spielte jeden Tag Golf, hatte einen Riesenspaß, aß alles, Pudding und Eis und Kuchen, und war das dritte Mal in meinem ganzen Leben — soweit ich mich erinnern kann — betrunken. Jedenfalls komme ich nach Hause und habe Angst vor dem Zuckertest. Ich rufe also die Krankenschwester an und sage: »Schauen Sie bei mir vorbei und machen Sie einen Blutzuckertest. Aber sagen Sie dem Doktor bitte, was ich alles gemacht habe.« Ich erwartete, daß der Blutzucker ziemlich hoch wäre. »Ich hab' die *ganze* Woche gemogelt. Ich hab' getrunken und Pudding gegessen und Kuchen.« Sinatra liebt Bostoner Sahnetorte. Und auch ich habe mich mit Bostoner Sahnetorte vollgeschlagen. Ihr wißt ja, wie dies ist: der reine Zucker. Na, ich komme zurück und verdammt will ich sein: mein Arzt ruft mich an, und ich habe Bammel, ans Telefon zu gehen. Er sagt: »Jack, ich muß dir was sagen: du wirfst alle Gesetze der Medizin über den Haufen.« Tja, ich wußte nicht genau, was er damit meinte. Er sagte: »Trotz allem, was du getan hast, ist dein Test vollkommen normal!« Er sagte: »Ich kann's gar nicht fassen. Trotz allem, was du getan hast!« Dann sagte er noch: »Du mußt ja wirklich viel Spaß gehabt und dich herrlich amüsiert haben.« Ich sage: »Allerdings«. Und er sagt: »Naja, das hat was mit dem Diabetes zu tun, damit, wie gut oder schlecht deine Kondition ist. Das heißt aber nicht, daß du das jede Woche machen kannst!« Stellt euch vor, alles falsch machen zu dürfen, und das jeden Tag! Er sagte: »Es muß dir wirklich riesig Spaß gemacht haben, denn dein Test ist in Ordnung.« Ich bin jetzt gerade von einer Konzerttournee durch Kanada zurückgekommen — Winnipeg, Calgary, Vancouver —, und wenn ich unterwegs bin, mogele ich eben ziemlich viel mit dem Essen. Normalerweise ruft mich mein Arzt sofort an, wenn irgendwas nicht stimmt, aber er hat sich bisher noch nicht gemeldet. Ich werde ihn bald mal anrufen. Wahrscheinlich sagt er mir, daß alles in Ordnung ist.

ERIN Golf spielst du trotzdem nicht.

JACK BENNY Ich muß mich immer zum Golfspielen zwingen. Es tut einem so gut, und das Wetter ist so schön, und ich gucke immer und hoffe, daß es zu regnen anfängt, damit ich nicht raus muß zum Golfspielen. Ist das nicht grauenvoll? Übrigens macht mich das wahnsinnig, wenn's Winter wird und es zu früh dunkel wird. Das macht mich wahnsinnig, weil ich dann sage, ich habe keine Zeit zum Golfspielen. Jetzt habe ich massenhaft Zeit. Ich habe heute nichts zu tun, wenn ich nicht will.

GROUCHO Ich frage dich das nicht gerne, aber was für eine Schlagzahl spielst du?

JACK BENNY Ganz furchtbar. Ich zähle schon gar nicht mehr mit. Ich spiele einfach.

GROUCHO Das ist aber ein fciger Trick.

JACK BENNY Ich weiß. Aber ich spiele eben nur. Ich habe noch nie so schlecht gespielt wie im Augenblick, und es hat mir noch nie so viel Spaß gemacht.

GROUCHO Gott sei Dank spiele ich nicht mehr. Ich war ein miserabler Golfspieler.

JACK BENNY Als ich noch einigermaßen gut spielte, war ich kein gern gesehener Partner, weil ich immer der Bessere sein wollte. Und alle haßten es, mit mir zu spielen. Jetzt, wo ich überhaupt nicht mehr spielen kann, macht's mir einen Mordsspaß. Ich geh einfach hin und geb dem Ball Saures, und damit hat sich die Sache.

ERIN Mit wem spielst du jetzt?

JACK BENNY Egal. Meistens kriege ich den Pro, oder ich nehm einen Caddie und einen Wagen, und der Caddie fährt, und ich gehe zu Fuß. Alle Caddies lieben mich, weil sie fahren und ich immer nur zu Fuß gehe. Und wenn ich müde werde, steige ich in den Wagen, und damit hat sich die Sache.

GROUCHO Hat sich ausgezahlt, all die Jahre kein Trinkgeld zu geben.

JACK BENNY Du meinst, all die Jahre mehr Trinkgeld zu geben als irgend jemand sonst. Darf ich euch eine Geschichte erzählen? Wißt ihr, weil ich im Grunde ein Geizkragen bin, gebe ich immer sehr viel Trinkgeld, besonders Kellnern und Taxifahrern. Ich fahre mit dem Taxi meist nur kurze Strecken, und das ist mir peinlich, weil ich fürchte, ich hole sie von einer guten Ecke weg.

Einmal habe ich mir in Las Vegas ein Taxi vom Sahara Hotel zum Riviera genommen, denn es regnete ein bißchen. Die Fahrt kostete ungefähr $ 1.10, und ich gab ihm drei Dollar und sagte, er solle den Rest behalten. Und jetzt kommt's. Der Fahrer schaut mich an und sagt: »Mr. Benny, ich wollte, Sie hätten das nicht getan.« Ich sagte: »Warum?« Und er: »Jetzt kann ich meiner Frau nicht mehr erzählen, was für ein mieser Geizkragen Sie sind«, genauso hat er's ausgedrückt. Ich sagte: »Das können Sie ihr immer noch sagen. Geben Sie mir mein Trinkgeld wieder! Dann können Sie's ihr sagen. Warten Sie, tun Sie mir einen Gefallen. Behalten Sie das Trinkgeld. Aber sagen Sie ihr trotzdem, daß ich knausrig bin. Es ist komischer, wenn die Leute von mir denken, ich bin geizig.« Es gab Leute, die tatsächlich wütend darüber wurden, daß ich große Trinkgelder gab und mich nicht rollenkonform benahm. Wißt ihr, wenn man beim Film ist oder so, sind die Leute, die einen auf der ganzen Welt tatsächlich kennen, die Taxifahrer. Ich kann irgendwo hinkommen, wo mich keiner kennt, aber aus irgendeinem Grund wissen alle Taxifahrer, wer ich bin.

ERIN Das ist ja interessant! Marvin Hamlisch war neulich Abend bei Groucho zu Besuch, und wir fragten ihn: »War das nicht sehr aufregend, als du die drei Oscars bekamst?« Und er sagte: »Wißt ihr, was am aufregendsten war? Ich kam nach New York, um irgendwas aufzunehmen, und komme aus der Gepäckausgabe und stelle mich in die Taxischlange, da rufen alle Taxifahrer: ›He! Hamlisch!‹«

JACK BENNY Ich habe noch nie was von ihm gehört.

ERIN Er hat Groucho begleitet.

GROUCHO Er ist mit mir in der Carnegie Hall aufgetreten.

JACK BENNY Ich sitze jetzt hier und unterhalte mich mit euch, weil ich nicht Golf spielen will.

GROUCHO Das ist die schmeichelhafteste Bemerkung, die ich je gehört habe.

JACK BENNY Ich habe dir heute morgen schon genug schmeichelhafte Dinge gesagt.

474

ERIN Ja genau, ich habe gehört, du hast Groucho heute morgen angerufen und ihm gesagt, daß du gestern seine Quizshow gesehen hast...

JACK BENNY Und Groucho sah... er sah gestern wie keine fünfzig aus.

ERIN Unglaublich, nicht wahr? Er war damals so um die fünfundsechzig.

JACK BENNY Hat man ihm aber nicht angesehen.

GROUCHO Ich habe ja auch nie im Leben Bostoner Sahnetorte gegessen.

JACK BENNY Nein, ich sag' dir ganz ehrlich, es war eine wundervolle Show. Die Shows waren alle großartig. Aber sieh mal, Groucho, du hast es leicht, weil du dich nur um den Ansager zu kümmern brauchst. Wenn sie meine Show im Fernsehen wiederholen wollen, müssen die von MCA, das ist der Verleih, jeden fragen, der in meiner Show aufgetreten ist, all die Schauspieler. Im Grunde sollten sie sich doch an der Ehre gekitzelt fühlen, daß sie wieder zu sehen sind. Das ist der einzige Grund, warum ich wollte, daß die Show weiter läuft. Aber meine Show ist auch ganz anders. Wenn Weihnachten ist, ist es eine Weihnachtsshow. Groucho dagegen hätte seine Show jederzeit bringen können.

ERIN Als ich die Show an den Mann bringen wollte, mußte ich immer wieder hören: Wer will schon eine Quizshow sehen? Aber jetzt, wo sie läuft, sehen sie, daß sie komisch ist.

JACK BENNY Die Show gestern abend war einfach fabelhaft, und sie kommt eine halbe Stunde vor Johnny Carson, was natürlich fürs Publikum fantastisch ist...

GROUCHO Ich muß dir von meinem Golfspiel erzählen.

JACK BENNY Natürlich, da wir gerade beim Thema sind. Erzähl.

GROUCHO Ich spielte mal mit Frank Crumit Golf. Erinnerst du dich noch an Frank Crumit? Hat immer Gitarre gespielt und gesungen.

JACK BENNY Yeah.

GROUCHO Wir spielten in San Francisco Golf, und er war ein sehr guter Golfspieler. Und ich hatte noch nie gespielt, höchstens drei- oder viermal. Wir waren auf dem Municipal Golf Course. Wir kamen zum siebten Loch, und es waren so an die 140 Meter. Ich schlug den Ball aufs Grüne, und er rollte ins Loch. Mit einem Schlag! Die Reporter kriegten davon Wind, und am nächsten Tag stand im *Chronicle* und im *Examiner:* »Marx gesellt sich zu den Unsterblichen.« Und sie brachten ein Bild von Bobby Jones und eins von Walter Hagen, und ich in der Mitte. Als ich das nächste Mal Golf spielte, waren eine Menge Reporter da. Ich schlage den Ball aufs Grün, und er rollt in den Bunker. Ich schlage ihn aus dem Bunker raus, und er rollt in den nächsten. Kurz und gut, ich kam auf eine Schlagzahl von 140. Und am nächsten Morgen steht in den Zeitungen: »Marx verläßt die Unsterblichen.« Dazu ein Bild von Bobby Jones und eins von Walter Hagen, aber meins fehlte. Ich war immer ein miserabler Golfspieler.

JACK BENNY Ich werde das nie vergessen, wie ich vor Jahren mit Harpo und George Burns spielte. Und wenn George Burns und ich relativ gut spielten, lag meine Schlagzahl so in den Achtzigern. Na, das ist nicht übel...

GROUCHO Wer hat in den Achtzigern gespielt? Du?

JACK BENNY Ja. Jedenfalls machte das Spielen mit mir dann keinen Spaß mehr, weil ich in die Siebziger kommen wollte. Und George Burns hat nicht mal so gut gespielt wie ich, aber er spielte. Eines Tages wurde er wahnsinnig wütend — er kam rein und sagte: »Jack, du hast mich eben mein letztes Golfspiel machen sehen.« Naja, du weißt, Groucho, daß das jeder sagt, und es passiert nie. Aber er hat seitdem keinen Schläger mehr angerührt, und das ist jetzt ungefähr sechsundzwanzig Jahre her. Er sitzt einfach da und spielt Bridge.

GROUCHO Ich spiele auch nicht mehr.

ERIN War Harpo ein guter Golfspieler?

GROUCHO Recht gut.

JACK BENNY Ja, aber Harpo und George haben immerzu gespielt. Und George kann dir die komischsten Geschichten über Harpo beim Golf erzählen. Er hatte Angst zu atmen, wenn Harpo spielte, weil Harpo ihn für alles verantwortlich machte. Ich erzähle euch noch eine Golfgeschichte, dann muß ich gehen.

Ihr kennt Norman Krasna doch so gut, und dieser Geschichte muß ich eine Einleitung vorausschicken, obwohl es mir gar nicht gefällt, die Geschichte so einzuleiten, aber sonst ist sie nicht komisch. Norman Krasna ist einer meiner allergrößten Fans. Er ist der Ansicht, daß alles, was ich im Showbusiness mache, perfekt ist, egal, ob ich fürs Kino, den Rundfunk, das Fernsehen oder die Bühne arbeite — er meint, ich kann nichts falsch machen. So ein Fan ist Norman Krasna. Schön.

Eines Tages spielen wir Golf, und ich werde während des Spiels immer verrückter – verrückt wie ein Teufel. Und Norman wird auf mich sauer, schmeißt seine Schläger hin und sagt: »Verdammt nochmal, Jack, alles was du im Showbusiness tust, ist perfekt. Muß das denn auch beim Golf so sein?« Dann wurde ich sauer und sagte: »Hör zu, Norman: Ich würde lieber ein paar Fernsehshows machen, die nicht so wahnsinnig gut sind, und dafür ein bißchen besser Golf spielen.« Er sagt: »Okay, wie gut willst du Golf spielen?« Ich sage: »Norman, das kommt ganz darauf an. Wie mies sollen meine Fernsehshows denn sein?« Und er fing an zu lachen, und das ganze war erledigt. Aber war der sauer!

GROUCHO Einen Achtziger hab ich nie geschafft. Hoch in den Neunzigern war bei mir das Übliche.

JACK BENNY Wenn ich doch jetzt noch bloß so in den Neunzigern schlagen könnte! Ich wäre der glücklichste Mensch auf der Welt. Ich liege so bei 110. Willst du wissen, warum ich Golf spiele? Entweder spiele ich Golf oder gehe spazieren, um fit zu bleiben. Oder es kommt jemand vorbei und trainiert ein bißchen mit mir. Heute habe ich bereits ein wenig gespielt, sonst würde ich von hier zu Fuß in mein Büro gehen.

GROUCHO Ich geh' gerne auf der Straße spazieren, da kann man gut Weiber aufreißen.

JACK BENNY Wenn ich spazierengehe, schlendere ich nicht rum, sondern gehe wirklich. So kriege ich gleich ein gutes Training.

GROUCHO Das mache ich jeden Tag.

JACK BENNY So hält man sich übrigens besser fit als mit Golf. Ich mache das, was der Arzt Dudley White immer sagte: Überallhin, wo's geht, zu Fuß laufen, auch wenn's Treppen raufgeht.

GROUCHO Ich schenke dir eine meiner Groucho-Uhren, wenn ich sie kriege.

JACK BENNY Ich habe dir doch einen meiner Geldklipps geschenkt, oder?

GROUCHO Weiß ich nicht. Geld war keins dabei.

JACK BENNY Ich weiß, aber den Klipp habe ich dir geschenkt.

GROUCHO Das Geld wäre mir lieber.

JACK BENNY Das ist mir klar.

GROUCHO In der Tasche ist Geld besser aufgehoben. Da braucht man keinen Klipp.

JACK BENNY Weißt du, einmal habe ich dem Präsidenten John Kennedy einen Klipp geschickt. Ich war Conferencier bei seiner Geburtstagsfeier im Madison Square Garden und habe meine Karikatur auf der einen Seite und seine Karikatur auf der anderen anbringen lassen. Aber ich vergaß, ihm den Klipp mitzubringen. Am nächsten Tag war Pat Lawford bei mir im Hotel, wir gönnten uns ein paar Drinks, und ich sagte zu ihr: »Pat, ich habe vergessen, dem Präsidenten (der ihr Bruder ist) das hier zu geben. Ich weiß nicht, was ich jetzt tun soll. Stell dir vor, ich gehe da hin, und vergesse sein Geschenk.« Sie sagte: »Ich sehe ihn recht bald, wenn er seinen Vater im Krankenhaus besucht.«

Also, ich gebe ihr den Klipp und tue einen lausigen Dollarschein rein und schicke das dem Präsidenten. Ich schrieb dazu: »Lieber Mr. President...« Wir waren nämlich sehr eng befreundet. Wenn wir unter uns waren, nannte ich ihn Jack. Okay: »Lieber Mr. President«, schrieb ich, »hier ist ein Geburtstagsgeschenk für Sie. Sollten Sie's nicht brauchen, schicken Sie's zurück. Nicht den Klipp – den Dollar.« Und er schickte mir einen langen, handgeschriebenen Brief, in dem stand: »Lieber Jack, habe deine Geldkarte erhalten.« So nennen sie die Dinger anscheinend in Boston. »Jetzt hör dir bloß mal an, was Pat Lawford gemacht hat. Du hast doch sicher $ 500 oder $ 1000 in den Klipp gesteckt. Und bei Gott« – das ist der genaue Wortlaut –, »als sie ihn mir gab, war nur ein einziger lausiger Dollar drin.« Und dann schrieb er noch: »Ich behalte den Dollar, weil ich ihn für den nächsten Wahlkampf brauche, aber ich erzähle niemandem, wo ich ihn herhabe.« Ist das nicht fabelhaft?

GROUCHO Singst du eigentlich, wenn du auf Parties gehst?

JACK BENNY Nein, und ich spiele auch nicht Geige. Ich lasse George [Burns] singen. Aber weißt du was? Ich war ja so zufrieden mit meinen drei letzten Konzerten! Ich hatte viel geübt, und habe, weiß Gott, recht gut gespielt. Akustisch waren die Säle einfach hervorragend, verstehst du. Und das erste Mal seit siebzehn Jahren hat ein Kritiker geschrieben: »Jack Benny hat einen Mythos zerstört. Er spielt *tatsächlich* ziemlich gut Geige.« Habe ich mich darüber gefreut!

Morrie Ryskind, der eines Abends mit Groucho und mir essen war, äußerte folgendes über die Ausstrahlung, die Männer wie Jack Benny und Groucho für das Publikum haben:

478

»Ich habe Jack Benny gestern in der *Dinah Shore Show* gesehen. Bei Jack geht's mir genauso wie bei Groucho. Wenn er auf die Bühne kommt, ist ihm das Publikum regelrecht dankbar dafür. Es ist dieselbe Zuneigung, die sie für Bob Hope und Groucho empfinden – für all das, was sie getan haben. Wenn man erst mal solche Pluspunkte hat, kann man nichts mehr falsch machen.«

Einer von Grouchos Lieblingsfilmen – sein Enkel Andy mußte ihn zu Hause immer wieder vorführen, wenn Gäste da waren – ist die *Jack Benny Show,* in der er auftrat. Sie basierte auf Grouchos eigenem Fernsehquiz, *You Bet Your Life.* Eigenartigerweise hatte Groucho große Hemmungen, in dieser Show aufzutreten, nachdem er sich anfangs sehr enthusiastisch gezeigt hatte. Er mochte die Idee, sträubte sich dann aber gegen das Drehbuch. Jack sagte mir, sie sei eine seiner Lieblingsshows, ich müsse versuchen, sie zu sehen. Er erklärte mir, was passierte.

»Groucho hat meine Shows immer sehr gemocht. Er erzählte mir immer, wie gut ihm meine Autoren gefielen. Und so bat ich Groucho, eine Show mit mir zu machen, und dabei wurde ich fast meine Autoren los – gerade die, von denen Groucho immer so begeistert gewesen war. Groucho war immer ein nervöser Perfektionist. Ich glaube, er lehnte das Buch schon ab, bevor er es überhaupt las. Ich fühlte mich dadurch etwas verletzt, aber als ich Groucho dann im Hillcrest begegnete, schien er überrascht zu sein, daß ich das so empfand. Ich sagte ihm, daß ich der Meinung sei, es würde eine gute Show werden. Jedenfalls hat er sich dann doch breitschlagen lassen, und wir haben's beide nicht bereut.«

Was Groucho Unbehagen bereitete, als er das Buch zur *Jack Benny Show* las, war sein enormer Respekt vor dem geschriebenen Wort. Sobald etwas gedruckt war, konnte Groucho es nicht mehr als nebensächlich betrachten. Für ihn hatte das geschriebene Wort etwas Endgültiges. Deswegen war es für ihn äußerst wichtig, daß jedes Wort genau stimmte; auf diese Weise machte er es sich und denen, die mit ihm arbeiteten, nicht leicht.

Groucho sagte zu mir: »Ich habe was für dich. Ich möchte, daß du dir was ansiehst.« Sobald Groucho, Andy und ich mit dem Mittagessen fertig waren, wurde Andy an den Projektor geschickt. »Gleich kommt Benny«, sagte Groucho in diesem zurückhaltenden Tonfall freudiger Erregung, der Ausdruck seiner größten Begeisterung war.

Der Film der *Jack Benny Show* fing mit vier Leuten an, die als Groucho verkleidet waren und sangen und tanzten. Groucho sah amüsiert zu. Der Höhepunkt war der Ausschnitt aus *You Bet Your Life* mit Groucho. Jack trat als der Kandidat Rodney Forsythe auf, erster Geiger im Los Angeles Symphonie-Orchester. Er war verkleidet, allerdings nicht sehr, trug eine Perücke und redete ohne Unterlaß, um auf das »gesuchte Wort zu kommen«. Das gesuchte Wort war »Telefon«, und Jack sagte: »Ich trink ein Vier*tele von* dem«, womit er sozusagen indirekt das gesuchte Wort aussprach.

Manchmal sagte Groucho, wenn das Telefon läutete, in Anspielung auf die Show: »Ich muß ans Viertele von dem.«

Der Ausschnitt endete damit, daß »Rodney« den Großen Preis verfehlt, indem er auf Grouchos Frage, wie alt Jack Benny sei, »neununddreißig« antwortete. Am Schluß der Sendung erkennt Groucho Jack und fragt ihn, warum er das getan habe. Jack Benny sagt: »Vielleicht bin ich kein Geizhals, aber, mein Lieber, einen gesunden Geschäftssinn kann mir keiner absprechen. Wo kann man sich schon zweiundzwanzig Jahre für nur dreitausend Dollar kaufen?«

»Er ist sehr gut«, meinte Groucho, als Andy den Projektor ausschaltete.

Als Andy den Film dieser Show in einem Schrank verbuddelt entdeckte, war Groucho fasziniert gewesen. Andy mußte ihm den Film so oft vorführen, daß er schließlich alle Rollen auswendig konnte.

Ich sagte zu Groucho, ich hätte Interesse, mich noch weiter mit Jack Benny zu unterhalten, und Groucho sagte: »Ruf *du* ihn an und lad ihn hierher zum Mittagessen ein.«

Jack freute sich, als ich ihn anrief und ihm von Grouchos Begeisterung über seine Show berichtete. »Das größte Kompliment für einen Komiker ist das Lob eines anderen Komikers«, sagte Jack. Allerdings, fügte er hinzu, liefen seine Shows natürlich nicht so reibungslos ab, wie es im Film den Anschein hätte. Um ihre ungezwungene Spontaneität zu erlangen, müßten Komiker hart arbeiten. Jack war sehr aufgeregt und erfreut darüber, daß er in Neil Simons *The Sunshine Boys* mitmachen sollte. Er war vom Gedanken, noch einen Film zu drehen, begeistert, und setzte seine ganze Zeit dafür ein, die Rolle zu lernen, als er plötzlich starb.

Groucho sagte zu mir: »Er war ein sehr komischer Mensch, und ein sehr netter Mensch – ich hoffe, das sagt man auch mal von mir.«

GEORGE JESSEL UND BILLY MARX

»Man sollte es nicht beschreien«, sagte Groucho, als er hörte, daß George Jessel Zeit habe, zum Abendessen zu kommen. »Das sagt Jessel nämlich immer«, fügte er hinzu.

George Jessels Karriere reicht vom Varieté über Theater, Film, Radio bis hin zum Fernsehen und begann in den Tagen von Gus Edwards und dem *Jazz Singer,* in dem Jessel am Broadway die Hauptrolle spielte. Er genießt einen Ruf als hervorragender Geschichtenerzähler, und sein phänomenales Gedächtnis für Anekdoten und Showbusiness-Historie ist bekannt.

Eines Abends saßen George Jessel, Groucho, Billy Marx und ich vor dem Essen bei Groucho im Wohnzimmer, umgeben von den Andenken aus Grouchos langer Showbusiness-Karriere. Die Zuneigung, die Jessel für Harpo empfunden hatte, den er besonders respektierte, übertrug er auch auf Billy, Harpos Adoptivsohn. Jessel nannte Groucho immer »Julius«.

GROUCHO Wie alt bist du?

GEORGE JESSEL Sechsundsiebzig, Julius.

GROUCHO Du bist ja noch ein Kind! Ich bin dreiundachtzig.

GEORGE JESSEL Ich überlege gerade, wann ich dich kennengelernt habe.

GROUCHO Gus Edwards' Nummer.

GEORGE JESSEL Nein.

GROUCHO Noch früher?

GEORGE JESSEL Später. *On the Mezzanine.*

GROUCHO Mit Hattie Darling. Und Benny Leonard hatte Geld ins Bühnenbild gesteckt.

GEORGE JESSEL Er war in Hattie Darling verschossen.

GROUCHO Er war ein fantastischer Boxer. Und es gab keine Jüdin in New York, die nicht mit ihm ins Bett gegangen wäre.

BILLY Weißt du noch, was die Marx Brothers in *On the Mezzanine* gemacht haben?

GEORGE JESSEL Ich weiß es nicht mehr. Ich hab's vergessen.

GROUCHO Ich habe Witze erzählt. Und Chico sagte: »Ich möchte mich von Ihrer Frau verabschieden.« Und ich habe gesagt: »Wer möchte das nicht?«

GEORGE JESSEL *(zu Billy Marx)* Dann spielte dein Vater Harfe, und Chico Klavier.

GROUCHO Und Harpo trat Chico pausenlos in den Hintern.

GEORGE JESSEL War Gummo damals mit dabei, oder Zeppo?

GROUCHO Nein, Zeppo.

ICH Wann war das ungefähr?

GROUCHO Ungefähr 1850.

GEORGE JESSEL 1921.

GROUCHO Und Benny Leonard war Weltmeister.

ICH Wahrscheinlich sehe ich Hattie Darling demnächst.

GROUCHO Ich glaube, sie wohnt in...

GEORGE JESSEL Chicago.

GROUCHO Sie ist mit einem Juwelier verheiratet.

GEORGE JESSEL Er ist gestorben.

BILLY Wie alt ist sie jetzt?

GROUCHO Sie ist jünger als ich.

GEORGE JESSEL Sie war damals höchstens achtzehn oder neunzehn. Sie war 1923 mit mir im Winter Garden.

GROUCHO Habe ich dir erzählt, wie ich eines Abends in den Winter Garden ging? Ich trug keinen Schnurrbart, und Houdini führte einen Trick vor. Er steckte sich ein paar Nadeln und etwas Faden in den Mund und wollte ihn in die Nadeln fädeln. Darauf bat er einen Freiwilligen aus dem Publikum auf die Bühne, und ich ging rauf. Er wußte nicht, wer ich war. »Was sehen Sie da drin?« fragte er, und ich sagte: »Paradentose.«

GEORGE JESSEL Ich werde euch die komischste Houdini-Geschichte erzählen. Erinnerst du dich an Joe Cook?

GROUCHO Klar, sehr gut sogar.

GEORGE JESSEL Großartiger Komiker. Heywood Broun hatte im George Cohan Theatre eine große Wohltätigkeitsveranstaltung aufgezogen. Alle Stars waren da, und ziemlich zum Schluß kam Joe Cook dran. Er sagte zum Publikum: »Sie haben alle von Houdini gehört. Sein berühmter Trick ist: er läßt sich in eine Milchdose einsperren und ins Meer schmeißen, und er kommt wieder raus. Aber meine Damen und Herren, sie werden bemerkt haben«, sagte er, »daß er immer nur seine eigene Milchdose verwendet. Wenn also jemand im Publikum zufällig eine Milchdose dabei hat, möchte ich ihn bitten, sie hier raufzubringen. Es wird mir ein Vergnügen sein, mich aus ihr zu befreien.«

Dann wartete er einen Augenblick und sagte: »Na ja, wenn niemand eine hat…!«

GROUCHO Als ich ihn sah, war er nicht im Meer, sondern im Delaware River.

GEORGE JESSEL Jaja. Egal wo er war, raus kam er immer.

GROUCHO Er kam immer frei. Er wohnte direkt gegenüber von mir auf der anderen Straßenseite.

GEORGE JESSEL Er ist einer der wenigen, die an die Wiedergeburt glaubten.

GROUCHO Ja, ich weiß. Er hat $ 50000 Dollar ausgesetzt, wenn jemand beweisen könnte, daß man wiedergeboren werden kann. Das Geld ist immer noch da.

GEORGE JESSEL Ich bin noch mit Houdini aufgetreten.

GROUCHO Harpo und Chico haben gesagt, sie würden nach ihrem Tod was von sich hören lassen, wenn's ginge.

GEORGE JESSEL Hast du was von ihnen gehört?

GROUCHO Kein Sterbenswörtchen.

GEORGE JESSEL Fred Allen ist jetzt schon über zwanzig Jahre tot. Allen war gut, nicht?

GROUCHO Großartig.

GEORGE JESSEL Ich will dir mal erzählen, was jeder große Komiker haben muß: man muß was Unverwelkliches besitzen, und ein Teil von diesem Unverwelklichen ist der Sex-Appeal. Die Leute stehen auf einen Fred Allen oder einen George Gobel, der komisch ist und Charme hat, und auf eine Menge anderer Leute. Das soll nicht heißen, daß die Frauen im Publikum sagen: ›Ich will mit ihm schlafen.‹ Aber haben muß man schon irgendwo ein bißchen…

GROUCHO Sex.

GEORGE JESSEL Was Frauen anzieht. Und ich habe noch nie jemanden sagen hören: ›Ich möchte mit Fred Allen schlafen.‹ Oder mit George Gobel oder Bob Hope oder Don Rickles oder mir. Die Marx Brothers – sie hatten alle das gewisse Gespür für Sex. Gar keine Frage.

BILLY Don Rickles sieht man in letzter Zeit zu oft im Fernsehen.

GEORGE JESSEL Mein lieber Billy: Man kann nicht oft genug gesehen werden. Nur der Kunde ist wichtig. Ich habe mal für eine Frau namens Mrs. Clark gearbeitet, die hatte ein Ding, das hieß Tums. Und ich mußte bei jeder Vorstellung singen, und die Leute wollten das nicht jeden Abend hören. Kein Mensch weiß, warum jemand im Fernsehen ist oder nicht.

GROUCHO *You Bet Your Life* macht mir ungeheuren Spaß. Es läuft jeden Abend.

GEORGE JESSEL Ja, ich weiß.

GROUCHO Es läuft in New York und in Philadelphia und in Chicago. Ein großer Hit. Die Nachrichten können daneben einpakken. Die Leute wollen um elf keine Nachrichten sehen.

GEORGE JESSEL Um die Zeit bin ich sowieso meist im Bett.

GROUCHO Die Nachrichten sind gewöhnlich schlecht. Es hat mal jemand gesagt: »Niemand sollte mehr als einmal im Monat die Zeitung lesen.« Ich lese die Sonntagsausgabe der *Times*.

GEORGE JESSEL Kanntest du Amy Leslie? Sie war Theaterkritikerin bei einer Zeitung. Weißt du noch?

GROUCHO *Daily News,* Chicago.

GEORGE JESSEL Vorher war sie Theaterkritikerin in Fort Wayne, Indiana, wo Eddie Foy mit *Mr. Blue Beard* eine Tournee begann. An einem Samstagabend war die letzte Tournee-Vorstellung, am Sonntag sollte das Stück im Iroquois Theatre in Chicago anlaufen. Um's ihrem neuen Redakteur bei der Chicagoer *Daily News* zu zeigen, schrieb sie schon am Abend vorher die Kritik, weil sie die Show kannte, und brachte sie morgens zur Zeitung. Der Redakteur sagte: »Das war hervorragend, Miss Leslie, das war wunderbar, wie Sie geschrieben haben, wie Mr. Foy alle die Zugaben gebracht hat. Leider nur ist das Theater gestern abend abgebrannt, und es *gab* gar keine Vorstellung.«

GROUCHO Als wir hier Theater spielten, hatten wir einen Sketch, der hieß *Home Again*. Ein Kritiker aus Los Angeles kam und schrieb: »Die Marx Brothers in *Home Again* wären besser dort.«

GEORGE JESSEL In Chicago gab's in der Halsted Street ein Theater, das hieß The Grand. Wenn die Show gut war, stiefelte der Direktor mit einer Mütze auf dem Kopf und einer Zigarette im Mund immer in den Gängen auf und ab und sagte: »Seht ihr? Sowas engagiere ich hier! Seht ihr, wie gut die sind?« Sonst, ganz egal, was man zu ihm sagte, sagte er immer nur: »Ich mache sie alle fertig!« Wenn man ihn fragte: »Wie geht's Ihnen heute abend?«, sagte er: »Ich mache sie alle fertig!«

Er verknallte sich in eine dicke, fette Sopranistin. Sie trat auf und sang, und man pfiff und buhte sie aus. Und er schrie: »Schnauze! Die

Frau hab' ich in Italien angeheuert, und sie kriegt 'ne Menge Kohle. Ich will keine Beleidigungen mehr hören. Ich will keine Pfiffe mehr hören. Los weiter.« Dann sah er runter auf einen im Publikum und sagte: »Wegen diesem Arschloch da muß ich alle Penner hier im Saal beleidigen.« Ich war im Programm!

Und als ich in London auftrat, gab's da einen Laden, der hieß London Shortage – härter als die Bowery, die alte Bowery in New York. Die Härte schlechthin. Und du weißt ja, in England nehmen sie kein Blatt vor den Mund. Die haben Schimpfwörter, die kennst du gar nicht.

Das Programm bestand aus siebzehn Nummern, und wir traten als vierzehnte auf – Jessel und Edwards, *Two Patches from the Crazy Quilt*. So hieß unsere Nummer. Wir waren entsetzlich. Ich sagte: »Als vierzehnte? Mein Gott, das wird ja Mitternacht!«

Aber die Nummern dauerten alle nur so zwei Minuten. Der Conferencier sagte zum Beispiel: »Und jetzt, Sandy MacDonald aus Glasgow«, und der kam dann raus und sang, »I'm a laddie…«, und dann schrien sie: »Verpiß dich! Los, verpiß dich!« Dann kam so'n Cockney-Engländer auf die Bühne mit einem Derby auf'm Kopf, und sang und war zum Davonlaufen. Dann schlang er sich ein Tuch um den Hals und sang: »Mein Name, der ist Woppo, besitz den Barbier-Shoppo, ich nehm mir ein Stiletto, und eß damit Spaghetto.« Sie schrien: »Verpiß dich!«, aber er wollte nicht gehen. Er sagte: »Meine Damen und Herren, man hat mich rausgeschickt, damit ich Sie unterhalte, und Sie können mich mal alle!«

Dann war ich dran mit meinem Partner. Wir haben ein bißchen gequatscht, was miserabel war, dann sang ich ein Lied, das hieß »Nathan, Nathan, Tell Me for Vy You Are Vaitin'«, und das gefiel ihnen. Dann fingen wir wieder an, was zu reden, aber sie brüllten: »Laß es bleiben, Alter. Sing noch'n bißchen ›Nathan‹.« Ich habe den Refrain ungefähr sechsmal gesungen, und unser Engagement wurde verlängert.

BILLY Mit Chico und Dad habe ich alle Varieté-Theater in Großbritannien bereist. London Palladium, 1948.

GROUCHO Damals war ich noch ein Knirps.

BILLY Ein Dreikäsehoch. Ich erinnere mich an Chico und Mary. Du weißt doch noch, Mary.

GROUCHO Das ist doch ganz in der Nähe von Weihnachten, oder?

GEORGE JESSEL Sie war Chicos zweite Frau. Meine erste Frau kanntest du. Nicht so gut wie dein Bruder Chico sie kannte. Aber du kanntest sie.

GROUCHO Chico hat sie gebumst.

GEORGE JESSEL Nicht solange ich mit ihr verheiratet war!

GROUCHO Chico hat sogar versucht, mich zu bumsen.

GEORGE JESSEL Ja, sicher! Chico hat erst mit über siebzig seine Hosentüre zugeknöpft.

GROUCHO Chico hat's mit den Frauen von allen getrieben.

BILLY Chico, muß ich euch sagen, habe ich bei weitem nicht so gut gekannt wie Groucho. Er war ›Onkel Chico‹. Aber ich hatte immer das Gefühl, daß niemand was Schlechtes über Chico sagen könnte.

GROUCHO Außer seiner Frau.

BILLY Außer seiner Frau. Chico war eigentlich ein Einzelgänger. Das Gefühl hatte ich jedenfalls. War er ein Einzelgänger, Groucho?

GROUCHO Das war er immer. Sogar schon als wir Kinder waren. Er hat nie mit uns gespielt. Er ging rüber zum nächsten Block, zur 94. Straße, und machte Würfelspiele.

BILLY Hatte er familiäre Bindungen? Ich meine, ist er immer wieder zur Familie zurückgekommen?

GROUCHO Ja. In einer Show hat er zwölf Mädchen vom Ballett gebumst. Vierundzwanzig gab's im ganzen. Er hatte alle Hände voll zu tun.

ICH *(zu Billy)* Du bist mit deinem Vater und Chico auf Reisen gegangen…

BILLY Naja, Dad meinte, so wäre das Varieté wirklich gewesen. 1948 sind wir die Britischen Inseln rauf und runter gereist, und wir hatten einen Jongleur dabei, wir hatten ein Rollschuhduo, Mann und Frau, die alle möglichen Kunststücke auf Rollschuhen machten. Wir hatten eine Tiernummer. Wir hatten einen Zauberer.

GROUCHO Swaynes Ratten und Katzen war die beste Tiernummer, die ich je gesehen habe.

GEORGE JESSEL Mit Swaynes Ratten und Katzen bin ich aufgetreten. Mit denen war nicht leicht auszukommen. Sie konnten Juden absolut nicht ausstehen.

BILLY Wir hatten einen Typ, das war keine Tiernummer, der kam auf die Bühne, setzte sich an ein Schlagzeug, haute wie ein Teufel auf seine Trommeln und klopfte komische Sprüche dazu.

486

GROUCHO Warum? War er sauer?

BILLY Anscheinend. Er hat Sprüche gebracht, und das war seine Nummer. Dad sagte immer zu mir, darum drehe sich das ganze Varieté, egal, ob es Swaynes Ratten und Katzen seien oder Max Bacon. Der wog dreihundert Pfund, saß vor seinem Schlagzeug, drosch wie ein Teufel auf seine Trommeln, erzählte einen Witz und drosch weiter. Ich hatte die Gelegenheit, mit Dad und Chico auf Tournee zu gehen und zu erleben, wie das Leben in den zwanziger Jahren wahrscheinlich wirklich war.

ICH Was war denn Harpos und Chicos Nummer?

BILLY Kartenabheben haben sie gemacht, Groucho erinnert sich daran. Es war das Kartenspiel aus *Go West,* glaube ich. Sie brachten eine Nummer, in der Dad an Doc Rockwell Tantiemen zahlte. Doc Rockwell war ein Komiker...

GROUCHO Er war sehr komisch.

GEORGE JESSEL Doc Rockwell war der Vater dieses Knaben, der die amerikanische Nazipartei leitete.

BILLY Dad bezahlte ihn für das Privileg, einer Opernsängerin den Rock abzuschneiden. Jahrelang hat er das gebracht. Ihr werdet euch sicher an die Nummer erinnern. Er warf auch Messer. Lauter so Zeug. Und Chico spielte Klavier und erzählte Geschichten. Sie brachten ungefähr fünfundvierzig Minuten, die ganz gut waren. Und mein Eindruck war, jetzt weißt du wirklich was über das Varieté, ohne amerikanisches Varieté erlebt zu haben. Ich war wirklich begeistert, daß ich dazugehörte. Ich war damals vierzehn. Und, Groucho, ich kam immer im Engelskostüm auf die Bühne und brachte Daddy seine Harfe. Auf dem Rücken meines Engelskostüms war eine Leuchtreklame: »Eßt bei Joe«, die ging immer aus und an. Das war meine große Varietékarriere.

GROUCHO Als Harpo starb, vermachte er Israel seine Harfe.

GEORGE JESSEL Harpo war das, was Harfe eigentlich bedeutet: ein Engel.

GROUCHO Ein guter Mensch.

GEORGE JESSEL Ich stellte ihn mal jemandem vor. »Wissen Sie«, sagte ich, »in Brüssel gibt es eine Kirche, und obendrauf sind lauter kleine Putten. Und alle sehen sie aus wie Harpo Marx.« Al Jolson dagegen galt nicht als Engel. Ich habe ihn beerdigt, ohne ein Wort über ihn als Mensch zu sagen — nur über seine Leistungen und seine

Angriffe aufs Publikum. Eine gottbegnadete Sache, und zwar tat er's unbewußt. Es ist ihm nie klar geworden, daß er das ganze Bild des Juden auf der Bühne verändert hat. Vor Jolson — frag Groucho — trug jeder, der auftrat und wie ein Jude aussah, einen Bart, so lang, und einen schlecht sitzenden Anzug, und sein erster Satz lautete ungefähr so: »Wir hatten eine Versammlung der Israelitischen Kultusgemeinde — dreihundert waren wir —, und ein Ire hat uns aus dem Gebäude gejagt.« Und Jolson kam wie ein georgischer Prinz auf die Bühne und machte mit alldem Schluß. Alle Bärte verschwanden, und die meisten von uns schminkten sich dunkler...

BILLY Das war vielleicht seine wichtigste Leistung.

GEORGE JESSEL Das war ihm überhaupt nicht bewußt. Das erinnert mich an das Komischste, was W. C. Fields je gesagt hat. Wir waren in einem Saloon namens Seven Seas, eine ganze Clique, die ziemlich gebechert hat, inklusive mir — Spencer Tracy, Errol Flynn, Jack Barrymore, Bill Fields und John Decker. Wir trafen uns dort jeden Abend um halb sechs. Einmal kam Fields später, und als er brummelnd hereinkam, fragten wir ihn, wo er gewesen sei. »Ach, bei Universal drüben!« »Machst du da einen Film?« »Nein. Dieser Scheißjude Cliff Work. Ich komme mit ihm nicht aus.« Wir sagten: »Cliff Work ist doch römisch-katholisch!« Fields sagte: »Das sind die schlimmsten Juden!«

GROUCHO Ich bin mit W. C. Fields mal in Toledo, Ohio, aufgetreten. Er war der Schlußpunkt der Show und wir die Zugabe. In unserer Nummer traten fünfundzwanzig Leute auf, und er kam mit Schachteln auf die Bühne...

GEORGE JESSEL Genau, er hat jongliert.

GROUCHO Jedenfalls bei der Matineevorstellung lief das Publikum während seines Auftritts raus, weil die Frauen nach Hause mußten, um für ihre Männer das Essen zu kochen. Er ging zum Direktor und sagte: »Ich gehe. Ich habe Humpers an den Carumpers und kann nicht mehr jonglieren.« Er ging, nahm den Zug und fuhr nach New York. Ich traf ihn zehn Jahre später auf einer Party, die er für Ed Sullivan gab, und sagte: »Wie geht's den Humpers an den Carumpers?« Und er: »Mir hat überhaupt nichts gefehlt. Ich wollte nur nicht nach euch auf die Bühne.«

GEORGE JESSEL Ich will euch was von Fields erzählen. Fields war ein Schwindler durch und durch. Er jonglierte mit Zigarrenschachteln. Jongliert hat er. Bauernfängerei. Einmal spielte er in Leeds in England und hatte seine Frau dabei. Im selben Programm traten zwei englische Muskelmänner auf, und einer von ihnen nahm ihm seine Frau weg.

GROUCHO Hat er sie wieder zurückgebracht?

GEORGE JESSEL Nein, aber danach haßte er alle Engländer.

BILLY Ich habe mal eine Nummer gesehen, als ich mit Dad im Londoner Palladium auftrat...

ICH Als Engel?

BILLY Als Engel, und die Nummer hieß Warren, Latona und Sparkes. Sie war die fantastischste Akrobatennummer, die ich je gesehen habe. Sowas hatte ich noch nie gesehen. Es war eine komische Akrobatennummer. Ein paar Jahre später sind sie ein paarmal in der Ed Sullivan-Show aufgetreten. Es fing an mit einem Typen in der Loge, in der die Königin sonst sitzt. Ich meine, oben in der Luft. Der tat so, als sei er betrunken. Er stand auf, torkelte auf dem Geländer rum und fiel den beiden Typen in die Arme, die er beschimpft hatte. Das war eine von Daddys Lieblingsnummern.

ICH Welche Erinnerungen hast du an deinen Vater?

BILLY Also, die beste Stellungnahme, die ich dir dazu geben kann, stammt von Maxine Marx, Chicos Tochter. Sie hat mal gesagt: »Ich kenne niemand, der seinen Lebensstil so verändert hat wie Onkel Harpo. Die ersten achtundvierzig Jahre seines Lebens war er ein totaler Spinner. Ein netter Mensch, aber Chutzpe ist überhaupt kein Ausdruck. Er schreckte einfach vor nichts zurück. Es gab nichts, was er nicht gemacht hätte. Ein total Verrückter.« Aber nach Maxines Meinung hat sich Dad plötzlich um hundertachtzig Grad gedreht.

Nachdem meine Mutter sich ihn gekrallt hatte, befand er sich plötzlich in einer anderen Welt, wie in einem Traum, von dem er nie geglaubt hatte, daß er wahr werden könnte. Von der New Yorker East Side in ein schönes Haus, das er sich in Beverly Hills gebaut hatte. Er ging einfach in einen Traum hinein und blieb den Rest seines Lebens da drin – nicht in Beverly Hills oder Palm Springs, sondern in diesem Traum.

Als er heiratete, erfüllte sich sein Leben, und alles, was er wollte, war, eine Familie haben und sich um sie kümmern. Es war, als wäre er als Kind in eine andere Familie neu hineingeboren worden. Er war nicht der Vater – er erlebte seine zweite Kindheit. Als ich ihn kennenlernte, wurde ich *sein* Vater, und wahrscheinlich übertrage ich deswegen eine Menge dieser Gefühle auf Groucho. Am Ende war ich sein Vater und sorgte für ihn, schwitzte bei jedem Auftritt Blut und Wasser und arbeitete mit ihm. Schließlich schrieb ich ihm alle seine Harfenarrangements.

Wir hatten ein sehr interessantes Leben zusammen. Wir spielten zusammen Golf, gingen zusammen zum Baseball. Und immer hatte ich das Gefühl, daß er sehr zerbrechlich sei. Man mußte ihn aufmuntern und ihm Selbstvertrauen geben, weil er ein paar Herzattacken hinter sich hatte, und er brauchte einfach das Gefühl, daß er eine Familie hatte und sich jemand um ihn kümmerte. Er war fünfzig Jahre älter als ich. Ich war ungefähr vierzehn, oder fünfzehn, als mir die Bedeutung der Beziehung zu einem Menschen wie ihm voll bewußt wurde, und ich begann, mich um ihn zu kümmern. Nein, eigentlich fing ich schon mit zwölf damit an.

Er lebte in seiner eigenen Welt, und wir kreisten um sie rum. Wir liebten ihn alle. Es gab nichts an ihm, was man nicht mögen konnte. Er war ein durch und durch reizender Mensch, der in der Lage war, etwas wie George Wallace, die Staatenrechte und den Standpunkt der Bundesregierung zu betrachten und, während er im Krankenbett lag, zu sagen: »George Wallace hat recht. Die Bundesregierung hat recht. Was bedeutet mehr Rechte für mehr Leute? Die Bundesregierung!« Er nahm alles auseinander, was irgendwie stank. Das war seine Meinung, und die basierte darauf, daß man an den Kern der Dinge gelangte, und nicht gleich sagte, jemand hat unrecht oder der ist zum Kotzen oder irgend sowas. Er erkannte auf beiden Seiten das Recht an und fragte sich: »Wer ist später für mehr Menschen das Richtige?« Das machte seinen großen Charme aus, sein starkes Empfinden für Menschlichkeit.

Aber er war ein Zyniker, weil er das Gefühl hatte, daß sich nur durch Blutvergießen irgendwas ausrichten ließe. Damals lag er im Mount Sinai Hospital und verfolgte die Krawalle in Rochester. Daddy ist als Zyniker gestorben. Er war immer der Meinung, die Menschheit hätte nicht den geringsten Einfluß auf das ganze Treiben. Aber er war in der Lage, sich auszudrücken und eine Sache ohne Drumherum zu sehen und zu ihrem Kern zu gelangen. Das ist ihm geblieben.

Er hat mir mal gesagt: »Weißt du, ich hatte ein unverschämtes Glück auf dieser Welt. Hätte ich keine vier Brüder gehabt, die mir halfen, mich durch das alles durchzukämpfen, was wir durchmachen mußten, ich hätte es nie geschafft.« Er sagte: »Ich habe das größte Mitgefühl für den Ein-Mann-Komiker, der auf die Bühne geht, sich vor ein Publikum stellt, ganz allein, den ersten Witz erzählt – und niemand lacht. Das ist hart.« Sogar für Schmierenkomödianten empfand er Sympathie. Über seine eigene Karriere sagte er: »Ich habe Glück gehabt. Ich habe Partner gehabt, Leute, die meine Schlachten für mich schlugen.« Chico schlug die Schlacht für ihn, und Harpo die von Chico. Sie sahen sich sehr ähnlich.

ICH Welchem seiner Brüder stand er deiner Meinung nach am nächsten?

BILLY Als er jung war, würde ich sagen: Chico, weil sie sich so ähnlich sahen und sich ergänzten. Ich glaube nicht, daß er sich einem näher fühlte als dem anderen, außer vielleicht, als er älter wurde, da fühlte er sich Gummo näher nur wegen Gummos Einstellung zur Familie. Aber intellektuell war Dad, glaube ich, Groucho am nächsten. Ich weiß nicht genau, wie ich es nennen soll, vielleicht Egobedürfnis. Dad wirkte nach außen nicht wie ein Egoist. Aber letzten Endes liebte er es, sich zu produzieren. Zum Beispiel gab er vorübergehend scinen Ruhestand auf, um für das Riverside Symphony Orchestra eine Benefizvorstellung zu geben.

ICH Was ist deine früheste Erinnerung an Groucho?

BILLY Meine früheste Erinnerung an Groucho ist, als alle fünf Marx Brothers zusammen bei Dad waren, und Zeppo erzählte ein paar Varieté-Geschichten. Und meine erste Erinnerung an Groucho, ehrlich, war, wie er vor Lachen fast am Boden lag. *(Zu Groucho)* Du lachtest, und die Tränen liefen dir die Wange herunter. Zep erzählte Geschichten davon, wie er die eine Hälfte von sowas wie cinem Pferd war, das in den Orchestergraben fiel. Ich erinnere mich sehr gut daran...

GROUCHO Er war ein halbes Pferd?

BILLY Genau. Er war das Hinterteil eines Pferdes.

GROUCHO In welchem Jahr?

BILLY Weiß ich nicht mehr, aber das ist meine früheste Erinnerung an dich. Ich weiß noch, du brülltest einfach vor Lachen. Zep war offenbar ein großartiger Geschichtenerzähler, und er brachte dich zum Lachen. Sonst habe ich immer bloß gesehen, wie du andere Leute zum Lachen brachtest, und diesmal war er's, über den du dich fast schief lachtest. Und ich weiß noch, wie du mir vor drei oder vier Jahren erzähltest, daß Zep deiner Meinung nach als einziger ein urkomischer Mensch gewesen sei und dich zum Lachen gebracht hätte.

GROUCHO Stimmt auch.

BILLY Ich weiß auch noch, wie du in dem Haus in Hillcrest Billard gespielt hast. Und Gitarre. Das ist schon ewig her.

GROUCHO Habe ich heute auch gespielt. Nicht Billard. Gitarre.

BILLY Du hast einmal eine Geschichte darüber erzählt...

GROUCHO Alles Lügen.

BILLY *(lacht)* Entschuldige. Aber du bist mit Dad in einen Billardsalon in Philadelphia gegangen, und da waren so Billardprofis. Die wollten dich herausfordern, und du sagtest: »Ich komme gleich wieder. Ich habe in der Stadt einen Freund, der spielt, den hole ich her, und dann spielen wir.« Du hast akzeptabel Billard gespielt. Aber du warst kein Crack...

GROUCHO Chico war ein großartiger Billardspieler.

BILLY Jedenfalls bist du zurück ins Hotel gegangen, und ich glaube, Dad ist dann mit einem anderen Burschen zurückgegangen. Der hat angestoßen und dann konsequent abgeräumt. Der Bursche war der Billard-Champion Willie Hoppe.

GROUCHO *(zu Jessel)* Erzähl ihnen von der Eule.

GEORGE JESSEL Könnt ihr das nochmal hören?

ICH Groucho hat mir gesagt, es sei eine seiner Lieblingsgeschichten.

GEORGE JESSEL Die Geschichte hab ich schon öfters erzählt. Einmal bei einem Dinner im Lambs-Club, aus dem ich schon vor Jahren ausgetreten bin, und zwar erzählte ich sie da Alfred Lunt, einem sehr sensiblen Menschen. Besonders seinetwegen gab ich der Geschichte eine Tiefsinnigkeit, die sie gar nicht verdient. Naja. Vor vielen Jahren, Gott sei's geklagt, gab es etwas, das sich Vaudeville nannte, eine große Kunst, die inzwischen fast vollständig vergessen ist. Und besonders großartig war diese Kunst in Chicago, wo es ein Tourneeunternehmen gab, das Western Vaudeville Circuit hieß. Die Leute, die mit dieser Firma tingelten, traten in Dubuque und Joliet auf, vielleicht auch in Toledo...

GROUCHO Zu denen gehörte ich auch.

GEORGE JESSEL ...und hatten keinen Ehrgeiz, an den Broadway zu gehen oder so. Sie wollten nur genug Geld verdienen, um den Sommer vielleicht in Muskegon oder irgendso einem Badeort verbringen zu können. In der Randolph Street in Chicago gab's ein Restaurant, das hieß Henrici's, wo alle Varieté-Schauspieler entweder aßen oder draußen rumhingen. Die meisten, die keine Arbeit hatten, behielten absichtlich den Kragen mit der Schminke vom letzten Auftritt an, damit es so aussah, als seien sie am Vorabend aufgetreten.

Zu dieser buntscheckigen Schar gehörte ein Duo, das sich Pennavessi und Gilbow nannte – ein deutscher Komiker und seine Partnerin. Besonders gut waren sie nicht, aber Frau Pennavessi war ein sehr attraktives blondes Mädchen, sehr mollig und jung, in der Lillian Russell-Zeit so eine Art Schönheitsideal. Der Kerl, der die Engagements für dieses Tourneeunternehmen machte, hieß Tink Humphreys. Jedesmal, wenn Pennavessi und Gilbow ein Engagement brauchten, machte sie Mr. Humphreys einen Besuch und kam mit mindestens einer Woche Arbeit wieder raus. Alle warteten geduldig, und als sie da so standen, kam sie auf sie zugelaufen. »Hast du 'ne Woche?« »Ich hab' drei Wochen! Wir fangen in Dubuque, Iowa, am Sonntag an.« »Mädchen, ist ja großartig!«

Es gab damals weder Verträge noch Gewerkschaften. Egal, in welcher Stadt man spielte, wenn der Theaterdirektor einem ein schlechtes Zeugnis ausstellte, wurde man gestrichen. Jedenfalls lief Pennavessi hierhin und Gilbow dorthin, um ihren Kollegen von ihrem Glück zu berichten. Und die Pennavessi trifft Peppino, einen Ziehharmonikaspieler. Peppino sagt: »Was gibt's Neues, Penny?« »Was es Neues gibt? Wir haben drei Wochen gekriegt. Am Sonntag geht's in Dubuque los.« Und Peppino sagt: »Mensch, das tut mir aber leid für euch, daß ihr in Dubuque startet.« »Wieso denn? Ist das Publikum so mies?« »Naja, so mies ist es nicht. Es ist ein sehr altes Theater, und im zweiten Rang sitzt schon seit ungefähr fünfunddreißig Jahren eine Eule. Der Direktor ist sehr exzentrisch. Egal, wie gut du beim Publikum ankommst, der Direktor guckt die Eule an, und wenn sie schreit, schickt er dich heim.« Da sagt die Pennavessi: »Ach, zum Kuckuck. Mit Tieren kommen wir gut aus. Wir sind mit Straußen aufgetreten, mit Cohns Krebsen...«

Jetzt läuft der andere Typ, Gilbow, auch ein paar Freunden über den Weg und erzählt ihnen von seinem Glück. Und der eine sagt: »Schade, daß ihr in Dubuque anfangt.« »Meinst du wegen der Eule?« »Na, das ginge ja noch. Aber der Inspizient ist der schönste Mann, den du je gesehen hast. Locken, offenes weißes Hemd. Pennavessi verliert seine Frau so sicher wie das Amen in der Kirche!« »Nein! Sie liebt ihn.«

Jedenfalls kommen sie nach Dubuque. Sie gehen ins Theater, um eine Musikprobe abzuhalten, und der Inspizient sieht Frau Pennavessi und steckt sie in die Stargarderobe. Und sie ist nicht mal in der Nummer drin! Und Gilbow und Herrn Pennavessi steckt er in den Keller mit einem rosa Hocker.

Der Direktor ist da, die Eule sieht bei der Probe zu, und die Show geht los. Als sie auf die Bühne kommen, ist kaum Publikum da, und sie erzählen ein paar Witze. Inzwischen hat der Inspizient in der Kulisse schon den Arm um Frau Pennavessi gelegt. Sie sieht der Show zu. Der Seriöse singt ein Lied, der Komiker eine Parodie. Mittlerweile erlaubt sich der Inspizient schon diverse Freizügigkeiten mit Frau Pennavessi. Und dann kommt der große Witz, und der Seriöse fragt den Komiker: »Wo sind Sie von Three Rivers, Michigan, aus hingezogen?«, und sie gucken hin und sehen, wie's der Inspizient mit Frau Pennavessi treibt. Der Seriöse gibt nochmal das Stichwort. »Wo sind Sie von Three Rivers, Michigan, aus hingezogen?« Pennavessi sagt: »Mann, guck doch bloß, was der Kerl mit meiner Frau macht!« Und der Seriöse sagt: »Scheiß auf ihn! Guck lieber, was die Eule macht!«

BILLY Groucho, ich wollte dich das schon immer fragen. Stimmt es, daß Dad eines Abends ein bißchen was getrunken hatte und zum erstenmal einen Adagiotanz sah…

GROUCHO Einen was?

BILLY Einen Adagiotanz? Du weißt schon, wo der Mann die Dame in der Gegend rumschmeißt. Und Dad, der sonst nie trank, hatte ein paar intus, und sowas hatte er noch nie gesehen, und er stand also auf und fiel über den Mann her.

GROUCHO Nein. Das stimmt nicht.

GEORGE JESSEL Die komischste Varieté-Nummer, die es je gab, war ein Duo, das Duffy und Sweeney hieß.

GROUCHO Oh, die waren herrlich!

GEORGE JESSEL Und beide waren sie Säufer. Im Winter Garden in New York traten sie in Trikots oder irgend sowas auf und lutschten an einem Lolli. Duffy sagte: »Mein Partner wird Ihnen zeigen, wo er eine Zwei-Liter-Flasche abgekriegt hat.« Sweeney hatte einen Schnitt am Kopf. Dann sagte er: »Wir denken uns jetzt ein Lied aus. Die meisten Leute denken sich bei ihrem *Auf*tritt ein Lied aus. Wir machen's euch mal auf unserem *Ab*tritt vor.« *(Singt)* »Seht ihr den Gentleman da drüben? Seht ihr den Gentleman da drüben? Natürlich ist er noch da drüben, denn ich seh ihn doch da drüben.« Dann krochen sie beide unters Klavier und sagten: »Wir geben euch die Nummer morgen telefonisch durch.«

Naja, in New York war das in Ordnung. Aber sie traten auch in New Orleans auf, und das Theater war früher eine Kirche gewesen, und in der Garderobe waren immer noch bunte Glasfenster. Ich war auch im Programm. Sie gingen auf die Bühne und wurden mit ihrer Nummer ausgepfiffen und ausgebuht. Sie wollten nicht runter von der Bühne, und dann sagte einer von ihnen: »Mein Partner ist mal kurz weg gegangen, einen Baseballschläger holen. Damit geht er durchs Publikum und prügelt das liebe Jesulein aus euch raus.«

Als sie wieder in die Garderobe kamen, sagte der Direktor: »Jetzt ist Schluß. Ihr seid besoffen.« Duffy sagte: »Würde ich sowas tun, wenn ich besoffen wäre?« Und knallt seine Hand durch das bunte Glasfenster und richtet sie sich furchtbar zu. Na, das war natürlich das Ende.

Mit mir war ein Bursche dort, den ihr gut gekannt habt. *(Zu Billy)* Er war ein guter Freund von deinem Dad — er hat mit ihm immer Pinokel gespielt. Sam Bennett. Er war ein sehr pingeliger Knabe und legte nachts immer seine Hose unter die Matratze, um sie zu glätten. So einer war er. Er und Joseph L. Browning — erinnert ihr euch? — er und Browning spielten Pinokel. Es war gerade ein wichtiges Spiel. Wenn man Pik spielt, gilt's doppelt. Man verliert doppelt, oder man gewinnt doppelt. Es war ein wichtiges Spiel für Sam Bennett. Er dachte lange darüber nach. Er brauchte 140 Punkte und fing an auszuspielen. Jetzt war's so, daß Duffy — das war während der Prohibition — Ed Pinures Haarwasser getrunken hatte.

GROUCHO Sehr lecker.

GEORGE JESSEL Er kam total besoffen rein. Und Bennett zählt seine Punkte. Inzwischen pinkelt Duffy ihn an. Pinkelt auf seinen gebügelten Anzug, pinkelt auf alles. Bennett sagt kein Wort und rechnet stur weiter, bis er 140 Punkte hatte. Dann drehte er sich um und haute Duffy eins auf die Nase.

GROUCHO Mein Vater stieg mal zusammen mit einem Farbigen ins Business ein, und die Nummer hieß Marx und Washington. Der Farbige hieß Washington. Sie waren nicht im Showbusiness. Sie waren im Bügelgeschäft. Sie besorgten sich eine neue Bügelmaschine, um damit Hosen zu bügeln, und sie rechneten sich aus, daß sie 500 Paar Hosen am Tag bügeln würden, aber sie bügelten nur drei Paar am Tag. Sie machten pleite, weil sie ungefähr $ 500 für die Maschine bezahlt hatten. Es war eine neue Maschine, die sehr schnell Hosen bügeln konnte. Sie hatten eine Menge freie Zeit. Aber ist das nicht ein herrlicher Name für eine Varieténummer: »Marx und Washington?«

GEORGE JESSEL Damals hing in den Varietétheatern an der Bühnentür immer ein großes Schild: »Alle Nummern, in denen die Worte ›verflucht‹, ›Scheiße‹ oder ›Gott‹ vorkommen, werden sofort gekündigt. Keine Wäsche weggeben, bevor wir uns nicht Ihre Nummer angesehen haben.«

GROUCHO *(zu Jessel)* Sag mal: bist du jemals im Gus Sun-Circuit aufgetreten?

GEORGE JESSEL Klar. East Liverpool, Ohio, Springfield, Hamilton…

GROUCHO Jaja. Er engagierte immer zehn Nummern und steckte sie alle in die erste Show. Davon nahm er fünf und schmiß den Rest raus. Damals gab's keine Verträge.

GEORGE JESSEL Jetzt muß ich euch was von George M. Cohan erzählen, was ihr unbedingt hören müßt. Kanntest du John Golden?

GROUCHO Natürlich. Sehr gut.

GEORGE JESSEL Cohan haßte John Golden. Wenn Cohan jemanden nicht mochte, erzählte er mir immer, wie er den Kerl loswerden würde. Dafür hatte er ein Signal. Wenn Cohan und ich im Plaza saßen und ein Typ rüberkam, den er loswerden wollte, sagte er zu mir: »Kennst du Jim?« Und ich sagte dann zu dem Typen: »Lassen Sie uns bitte allein. Wir sprechen gerade über Geschäfte.« Sobald Cohan »Jim« sagte, wußte ich, daß er den betreffenden Typ für mies hielt.

Golden besaß zusammen mit Cohan einen Anteil am Grand Opera House in Chicago. Er kriegte mich am Wickel und sagte: »Ich kann George Cohan nicht finden, und es geht um Geschäfte. Du siehst ihn doch jeden Abend. Sag ihm, daß ich ihn geschäftlich sprechen möchte. Hat nichts mit Showbusiness zu tun. Es geht um Geld. Ich will das Theater loswerden.« Ich sagte: »Ich mache das schon. Wir reden mit sehr wenigen Leuten, und wenn wir einen nicht mögen, nennen wir ihn Jim. Das heißt, daß wir ihn abblitzen lassen, aber ich arrangiere für dich ein Treffen mit Cohan.«

Zu George sagte ich: »Paß auf, Golden hat irgendwas geschäftlich mit dem Theater vor. Triff dich morgen mit ihm in der Bar vom Plaza, im Oak Room.« Er sagte: »Ach, du liebe Güte. Na gut, ich treffe mich mit ihm. Aber du kommst zehn Minuten später rein. Ich will nicht mit dem Kerl zusammensitzen.« Zehn Minuten später kam ich rein, und Cohan redete gerade mit Golden. Als ich reinkam, sagte George zu mir: »Du kennst doch sicher Jim Golden, nicht wahr?« Und Golden stand auf und rannte raus. Cohan sagte: »Hab dir ja gesagt, der Kerl spinnt.« Und ich sagte: »Nein, ich habe ihm von diesem Burschen namens Jim erzählt.«

GROUCHO Ich habe mal für Jerome Remick Songs unters Volk gebracht. In Philadelphia habe ich mal von einer Loge aus ein Lied gesungen, und ich kriegte fürs Singen fünfundzwanzig Dollar die Woche. *(Beginnt zu singen)* »In dear old Georgia, my southern home.«

GEORGE JESSEL *(zu Billy und mir)* So kriegen sie die Künstler dazu, ein bestimmtes Lied zu singen. Dann verkaufen sie die Noten mit den Texten, versteht ihr?

GROUCHO Wenn man das machte, wurde man »Song plugger« genannt. Ich war Song plugger. Und Ruby auch.

GEORGE JESSEL Damals führte Ruby zusammen mit Harry Cohn eine Varieté-Nummer auf. Ruby spielte Klavier, und Harry − er nannte sich Harry Edwards − sang Lieder. Und Jack Benny war bloß ein ganz normaler Geiger, ohne die Witze. Cantor brachte damals 'ne komische Sache. Er forderte verschiedene Leute im Publikum auf, Karten zu ziehen. Er gab ungefähr zehn Karten aus, dann sagte er: »Okay, jetzt schauen Sie sich Ihre Karten an und merken Sie sich, welche es waren. Danke sehr. Und jetzt singe ich Ihnen ein neues Lied vor.« Damals konnte man alles machen. Und wenn sich jemand seine Sachen schreiben ließ, um Gottes Willen! Wenn man nicht seine eigenen Sachen brachte, war man einfach ein Niemand.

GROUCHO Ich war verrückt nach Autoren.

GEORGE JESSEL Du brauchtest doch keine.

GROUCHO O doch.

GEORGE JESSEL Du brauchtest halt einen Vorwand.

GROUCHO *(singt)* »Oh, vorwandle mich…« *(zu Billy)* Du hast doch herausbekommen, wer deine wirklichen Eltern waren, nicht wahr?

BILLY Ja, hab' ich. Mein Vater war ein jüdisch-polnischer Kantor.

GROUCHO Eddie Cantor?

BILLY Nein, ein richtiger jüdischer Kantor. Und meine Mutter war eine polnisch-katholische Klavierlehrerin. Ich habe das rein zufällig erfahren. Sie waren beide sehr musikalisch, deswegen habe ich auch etwas Musik in mir.

GROUCHO Wie hast du Klavierspielen gelernt?

BILLY Mit Gewalt.

ICH Wann hast du damit angefangen?

BILLY Als ich zwei oder drei war, kam Alex Woolcott öfters zu Besuch, setzte mich auf sein Knie und sang: »I'm just a widdle wabbit wunning awound in da sunshine.« Ich ritt auf seinem Knie, und er sang. Dazu summte ich immer irgendein Thema aus einer Beethoven-Symphonie − ich weiß nicht mehr, was. Als ich dann fünf war, entschied Dad eines Tages, daß ich Klavierstunden nehmen sollte. Und damals fing ich dann mit dem Klavierspielen an. Aber ich erinnere mich noch, wie ich auf Woolcotts Knie ritt. An ihn selber kann ich mich überhaupt nicht erinnern. Nur, daß wir Hoppereiter spielten. Und daß ich ihn nie wieder sah. Ziemlich bald danach starb er.

GEORGE JESSEL Er war in deinen Vater verliebt.

BILLY Das glaube ich auch. Ganz sicher.

ICH An welche anderen Besucher kannst du dich noch erinnern?

BILLY Weißt du, der Abend, an den ich mich vor allem erinnere, ist der, an dem alle fünf Marx Brothers da waren. Dad saß meistens [im Hillcrest] am runden Tisch mit den berühmten Leuten − *(zu Jessel)* wie dir und den anderen. Aber abends waren selten berühmte Leute zum Essen da, weil er dann mit der Familie allein sein wollte. Darum erinnere ich mich kaum an welche. Aber an einen Abend erinnere ich mich deutlicher als an alle anderen, da waren alle fünf Brüder da, und Zeppo erzählte seine Geschichten, und Groucho wälzte sich buchstäblich am Boden vor Lachen. Und ich weiß noch, daß ich zu meiner Mutter sagte: »Ich habe Groucho lachen sehen. Ich habe ihn lächeln sehen. Aber ich habe noch nie gesehen, daß er vor Lachen Tränen in den Augen hatte.« An den einen Abend erinnere ich mich. Aber nicht an irgendwelchen berühmten Besuch oder solchen Quatsch.

ICH Passierte das selten, daß alle fünf Marx Brothers zusammen waren?

BILLY Sehr selten. Das war sogar das einzige Mal, daß ich sie alle beisammen sah, außer im Hillcrest.

ICH Erinnerst du dich an den Abend, Groucho?

GROUCHO Nicht besonders.

ICH *(zu Billy)* Erinnerst du dich noch, welchen Marx Brothers-Film du als ersten gesehen hast?

BILLY Der erste, den ich sah, war *The Big Store,* im Orpheum Theatre. Daddy nahm mich mit, und am Ende des Films...

GROUCHO Harpo hatte Rollschuhe an.

BILLY Du auch. Nur hat dich da jemand gespielt, der nicht so aussah wie du. Es war jemand anderes.

GROUCHO Das war ich. Ich habe den Stuntman gespielt.

BILLY Du hattest ein Double. Und Harpo auch. Den Schluß konnte ich nicht ausstehen. Der ärgerte mich.

GROUCHO Warum bist du nicht rausgegangen?

BILLY Das konnte ich nicht. Dad war ganz hingerissen.

ICH Hat sich dein Vater gern seine Filme angesehen?

BILLY Keine Ahnung. Das ist der einzige Film, den ich mit ihm zusammen gesehen habe. Außer *A Night in Casablanca.* Den meisten gefällt *Casablanca* nicht, aber ich mag ihn. Ich fand ihn gut.

GROUCHO Das ist einer der schlechtesten Filme, die wir je gemacht haben.

ICH Welche sind dir die liebsten Marx-Brothers-Filme?

BILLY *Horse Feathers.* Und dann *Duck Soup* und *A Night in Casablanca.* Wenn du mich fragst, welcher ihr bester Film ist, da sage ich *A Night at the Opera.* Aber meine Lieblingsfilme sind *Horse Feathers, Duck Soup* und dann *A Night in Casablanca.* Ich finde sie komischer. Und dann mag ich noch *Monkey Business.* Die Filme bei Paramount gefallen mir besser. Wirklich. Sie sind komischer. Ich halte sie nicht für so gut, aber mir sind sie lieber.

ICH Welchen Film hat dein Vater am meisten gemocht?

BILLY *Duck Soup.* Das war sein Lieblingsfilm. Meiner Meinung nach ist von allen Filmen die wirklich beste Komik in *A Night at the Opera.* Aber was die Geschichte als ganze angeht, da scheint mir, ging in dem Film von den Marx Brothers was verloren. Ich meine, es gab große Gesangs- und Tanznummern, aber was ich eigentlich sehen wollte, waren doch die Marx Brothers.

GROUCHO *(zu Jessel)* Erzähl ihnen doch mal von Norma Talmadge.

GEORGE JESSEL Sie war eine großartige Frau. Bis zum dritten Drink hatte sie die Manieren einer Prinzessin. Machte man ihr den Hof, dann war sie wie eine Königin. Nach dem dritten Drink pinkelte sie auf den Fußboden.

GROUCHO Erzähl ihnen von dem Diamantring.

GEORGE JESSEL Weiß ich nicht mehr. Hat sie den Ring ins Klo geschmissen?

GROUCHO Ihr habt euch gestritten, und du gabst ihr den Ring, und sie warf ihn dir an den Kopf. Sie sagte: »Mit dir will ich überhaupt nichts mehr zu tun haben.« *(Zu Billy und mir)* Dann schmiß sie ihn raus und knallte die Tür zu. Er läutete, und sie machte die Tür auf. Er sagte: »Tut mir leid, daß wir uns nicht vertragen können, aber kann ich vielleicht den Swimming Pool benutzen?«

GEORGE JESSEL Ja, ja. Das stimmt.

GROUCHO Die Rede, die du für Benny gehalten hast, war sehr komisch.

GEORGE JESSEL Na ja, sie war ganz in Ordnung, nehme ich an.

GROUCHO Na, jedenfalls haben die Leute darüber gelacht.

GEORGE JESSEL Du hast doch noch mit Sarah Bernhardt gespielt, stimmt's, Julius?

GROUCHO Richtig. Sie bekam pro Auftritt tausend Dollar, und zwar im voraus. Sie hatte nur ein Bein, und ich hatte zwei und bekam nur $ 200 pro Woche.

BILLY Hat sie denn was getaugt?

GROUCHO Sie hat sich kaum auf den Beinen halten können.

GEORGE JESSEL Naja, vor allem, Billy, weil's damals noch keinen Ton gab, übertrieb jeder und drückte mächtig auf die Tube. Und sie spielte Stücke von Racine und Dumas, wie zum Beispiel *Camille* und so weiter, und da konnte man deklamieren und herumtönen und all das. Man mußte wie auf einem Sockel spielen. Jolson hat erst mit siebzig ein Mikrofon zu Gesicht bekommen. Wir mußten mit dem Publikum reden. Mrs. Fiske und George M. Cohan konnten im Theater mit dem Rücken zum Publikum spielen und kamen immer noch rüber.

GROUCHO Es war sicherer so.

GEORGE JESSEL Die Ohren waren darauf eingestellt, den Schauspielern zuzuhören. Ich habe mit der Bernhardt im Majestic Theatre in Chicago gespielt. Kannst du dich an den Hauptdarsteller erinnern, Julius?

GROUCHO Nein, wer war das?

GEORGE JESSEL Eine große, gutaussehende französische Tunte. Vor Sarah Bernhardt gab es noch eine Jüdin, die hieß Rachel, von der hat es geheißen, sie sei die größte Schauspielerin der Welt. Sie war ein sehr frommes Mädchen und schlief mit Napoleon III., mit Dumas, Vater und Sohn, Victor Hugo und dem Empire City-Quartett. Als sie starb, wurde sie in Paris an einem verregneten Tag von einer Viertelmillion Menschen bis zum Friedhof begleitet. Jedenfalls habe ich mir ein paar Bücher über sie gekauft und wollte mit Lizzie Taylor einen Film über sie machen. Aber Miss Taylor hatte gerade Dick Burton geheiratet, und sie kamen drei Jahre nicht mehr aus dem Bett raus, sie haben das Buch nicht gelesen und spielten zwischendurch immer bloß Gin Rummy. Ich sehe ständig dieses Bild vor mir — und das könnte man heute auch drehen, weil man heute alles drehen kann — wie Rachel am Freitag die Sabbatkerzen anzündet, und im Heu warten zwei Kerle auf sie.

GROUCHO Und einer davon ist Chico.

BILLY *(zu Jessel)* Erinnerst du dich an eine Nummer, die hieß Clark und McCullough? Daddy hat mir davon erzählt.

GEORGE JESSEL Großer Gott, und ob!

BILLY Worum ging's in der Nummer?

GEORGE JESSEL Na ja, McCullough war für Clark, was Zeppo für Groucho war. Bobby Clark war ein sehr, sehr komischer Komiker, und die Kritiker liebten ihn. Es gibt gewisse Komiker, die von den Kritikern geliebt werden, und die nichts falsch machen können. Ed Wynn, Bobby Clark…

GROUCHO Jack Benny.

GEORGE JESSEL …Jimmy Durante. Und unser Gastgeber.

Groucho gewann sich lange Zeit Freunde und beeinflußte Menschen, aber nicht auf die Art von Dale Carnegie. Als wir zusammen in New York spazieren gingen, kam freudestrahlend eine Frau auf Groucho zu.

»Ich freue mich sehr, Sie zu sehen, Groucho«, sprudelt es aus ihr heraus.

»Kann ich verstehen«, sagte er.

Wenn ihm Unbekannte vorgestellt wurden und ihm überschwenglich ihre Freude darüber beteuerten, sagte er oft: »Kann ich verstehen«.

An dem Tag, an dem er durch die Himmelstür trat, hat Petrus wahrscheinlich zu ihm gesagt: »Wir freuen uns sehr, Sie bei uns begrüßen zu dürfen, Mr. Marx.« Worauf Groucho, mit etwas schief-sitzendem Heiligenschein, vermutlich geantwortet hat: »Kann ich verstehen.«

Rückwort

Als ich Groucho erzählte, daß ich statt eines Vorwortes ein Rückwort schreiben und gegen Ende des Buches einfügen wollte, sagte er: »Warum stellst du es nicht an den Anfang?« Ich fragte ihn, warum.

»Weil ich rückworts gewandt bin«, sagte er. »Ich finde, das Vorwort sollte am Schluß des Buches stehen, weil man bis dahin schon weiß, daß man das Buch nicht mag. Natürlich könnte man das Rückwort auch in die Mitte des Buches tun, dann brauchte man es nur bis zur Hälfte zu lesen.«

Die Idee, dieses Buch zu schreiben, rührte von Grouchos Freude an dem Interview, das ich mit ihm gemacht hatte. Damals sagte er mir, es sei »... das einzige, was irgend jemand bisher über mich gemacht hat, wo alles gestimmt hat, wo alles der Wahrheit entspricht.« Nach Erscheinen des Interviews schrieb Groucho folgenden Brief an den *Playboy:*

15. Februar 1974

Mr. Murray Fisher
PLAYBOY
919 North Michigan Avenue
Chicago, Illinois 60611

LIEBER MR. FISHER,

ich war neulich abend bei Hefner, um mir im Kabelfernsehen den Kampf Ali-Frazier anzusehen. Dabei fiel mir auf der Damentoilette zufällig ein Vorausexemplar der Märznummer in die Hände. Ich möchte Ihnen zu dem hervorragenden Interview mit mir gratulieren, das in dieser Ausgabe Ihrer Zeitschrift erscheint. Wenn ich gewußt hätte, daß es so gut werden würde, hätte ich dafür ein wahres Vermögen von Ihnen verlangt, mindestens aber ein Dutzend Kisten Havannas. Wußten Sie, daß mir Bill Cosby immer nur eine gibt und ich mir meine eigenen Kubanischen mitbringen muß?

Charlotte Chandler hat eine fabelhafte Reportage gemacht. Mit der Frau kann man schon was anfangen. Wenn ich zwanzig Jahre jünger wäre, würde ich sie heiraten und gleichzeitig Ihnen einen Heiratsantrag machen. Sie hat alles geschrieben, was ich sagen wollte, ohne auch nur ein Wort meines Dialogs (zur Abwechslung) auszuwechseln.

Jedenfalls war das ein schöner Abend. Ali hat gewonnen. Ich habe ein Stück von Barbis Geburtstagstorte gegessen — dabei war es nicht mal ihr Geburtstag — und die Mädchen waren bezaubernd. Gute Interviewer sind gar selten und mein Steak esse ich selten gar.

Das war vielleicht eine aufregende Woche, und wir haben erst Dienstag. Mein Befinden im Augenblick ist so handgreiflich wie das von Frazier. Mir ist gerade mitgeteilt worden, daß ich am 2. April den Oscar bekomme. Gott steh Ali bei, wenn er auf Forman trifft. Er sollte am besten eine Pistole mitnehmen. Ich hoffe, er schafft's. Er ist ein fabelhafter Boxer, ganz in der großen Tradition.

Ich habe versucht, bei Charlotte Chandler anzurufen, um mich bei ihr zu bedanken, stellte aber fest, daß sie nach Spanien gefahren ist, und guckte in die spanische Röhre. Sollten Sie sie mal wieder zu Gesicht bekommen, dann sagen Sie ihr, ich sei bereit, ihr das schönste Geschenk zu machen, das ein Mann einer Frau machen kann.

In der Hoffnung, betr. meines Schreibens vom 15. bezugnehmend verbleibe ich o.a. in der Anlage — bzw. hochachtungsvoll im Auftrag. Kürze ist die Sohle des Witzes. Haben Sie zufällig einen bei sich?

Ihnen und dieser eigenartigen Bande vom *Playboy* alles Gute.

Auf ewig

GROUCHO*

Als Groucho und Erin mich in Barcelona anriefen, verpaßten sie mich knapp. Kaum war ich dann in meinem Hotel in Madrid, da eilte der Portier auf mich zu, um mir zu sagen, es sei für mich ein Anruf aus den USA da, und zwar von derselben Person, die schon seit Stunden versuche, mich zu erreichen. Am anderen Ende der Leitung war Erin,

---

die mir mitteilte, daß Groucho den Sonder-Oscar erhalten solle und mich bei der feierlichen Verleihung dabeihaben wolle. Ich flog hin.

Nach der Dinner-Party im Anschluß an die Oscar-Verleihung stießen Groucho, Erin und ich bei ihm zuhause zu einem alkoholfreien Toast an.

»Auf Oscar und Groucho, in umgekehrter Reihenfolge«, schlug ich vor.

»Nein«, wehrte Groucho ab. »Ich hätte ihn früher bekommen sollen, als Chico und Harpo noch da waren.« Er hob sein Glas. – »Auf ›Einfach Hoch‹ – möge sie ein zweites bekommen.«

Im Dezember 1974 wohnte ich gerade bei Groucho und teilte mit ihm vom frühen Morgen bis in die späte Nacht sein Alltagsleben, das keineswegs alltäglich war, da erfuhren wir, daß Erin aus Paris zurückkehre und Zeppo kurz auf Besuch komme. Ich begann, meine Sachen zu packen, um das Gästezimmer freizumachen. Groucho fragte mich, wo ich hinginge und warum. Er war ziemlich aufgebracht.

»Gefällt's dir hier nicht?« fragte er.

Ich versicherte ihm, daß es mir sehr gut gefalle.

»Warum gehst du dann?«

»Zeppo kommt, und vielleicht möchte er das Zimmer haben«, meinte ich.

»Zeppo mag dich, da könnt ihr euch doch das Zimmer teilen.«

»Ich bin aber schon ziemlich lange hier.«

»Ich beklage mich doch nicht«, entgegnete Groucho galant.

Ich gab ihm die riesige Tafel Schokolade, die ich mir für diesen Augenblick des Abschieds aufgehoben hatte und auf der »Hallo, ich muß jetzt gehen« stand.

Er las es, und dann sagte er zärtlich: »Ich will nicht, daß du gehst.«

»Groucho, ich will ja bleiben. Aber ich finde, man kann sich nur auf zweierlei Weise verabschieden: zu früh oder zu spät. Ich tu's lieber zu früh.«

Er lächelte und akzeptierte meine Entscheidung. Ich zog ins Beverly Hills Hotel, blieb aber lange genug, um mit Groucho Weihnachten zu feiern.

Das Leben jedes Menschen ist interessant, wenn man es lange genug beobachtet, und gleichzeitig ist es auch langweilig, denn das Leben hat nicht die Dramaturgie eines Films. Das Erstaunliche ist, daß

Groucho tatsächlich ein Mensch war, der für seinen Diener, hätte er einen gehabt, ein Held gewesen wäre.

Der Spiegel beeinflußt das Spiegelbild, und dieses Groucho-Porträt ist natürlich nicht nur davon beeinflußt, was Groucho gesagt hat und wie er es gesagt hat, sondern auch dadurch, wie ich es gehört habe. Ich wollte relativ objektiv sein; absolute Objektivität ist unmöglich und vielleicht auch gar nicht wünschenswert. Man kann sich im Grunde in niemanden wirklich hineinversetzen, und nur subjektive Objektivität ist möglich. Deshalb stellt das Buch ein impressionistisches, verbales Groucho-Porträt dar.

Groucho spielte nicht nur *vor* dem Publikum, sondern auch *auf* ihm. Ebenso wie Stokowski seinen Musikern verschiedene Klangfarben entlockte, um der Akustik des jeweiligen Konzertsaales gerecht zu werden, so richtete Groucho seine Auftritte nach den Wesensmerkmalen seines Publikums aus. Ich hoffe, er wird hier so dargestellt, wie ihn viele Augen und Ohren gesehen und gehört haben, und so, wie ich meine Eindrücke und Erinnerungen an seine Eindrücke und Erinnerungen bewahrt habe.

Vor langer Zeit schlug er einmal vor, ich solle das Buch *Groucho and I* nennen, aber ich wollte es eher *Groucho and i* nennen und hoffte, daß er in diesem Buch für sich selber spricht. Was er sowieso immer getan hat.

Vieles von dem, was Groucho hier erzählt hat, ist noch nie erzählt worden. Über einiges wiederum ist schon erzählt oder geschrieben worden. Aber er war die Summe seiner mehr als achtzig Jahre, und keiner von uns fängt irgendwann tatsächlich wieder von vorne an. Hätte ich etwas gestrichen, nur deswegen, weil er es schon mal gesagt hatte, dann hätte ich ein verzerrtes Porträt von Groucho gemalt. Außerdem waren für Groucho einige der alten Geschichten die besten, denn sie hatten die Prüfung durch die Jahre bestanden. Trotzdem brachte er mit Mitte achtzig jeden Tag in Beverly Hills noch neues Material hervor, ob bei Sonnenschein oder Smog. Er konnte immer noch der Groucho mit dem lüsternen Grinsen sein; da er aber eher Humorist als Komiker war, hatte er ein Gespür für sich wandelnde Verhältnisse, so daß er auch seine Reaktionen dementsprechend änderte. Er verließ sich nicht einfach auf alberne Bemerkungen oder auf seinen Schatz an Anekdoten. Den »normalen« Regeln des gesellschaftlichen Umgangs als solchen schloß er sich immer noch eher aus als an. Er konnte noch so prüde, seriös und ausgewogen erscheinen — mit Knigge hätte er sich nicht verstanden.

Groucho hatte einen ausgeprägten Stil, der analysiert und interpretiert, kopiert, aber nie erreicht werden kann. Er selbst hatte wenig mit ausführlichen Analysen seines Stils oder des Stils irgendeines anderen im Sinn. Er neigte zu der intuitiven Überzeugung, daß Gefühle und Emotionen, Zufriedenheit und Glück, ja selbst der Humor sich bei einer übertriebenen Nabelschau in nichts auflösten. Wann immer ich ihm eine Frage stellte, die seinen Stil berührte, ging er jedem gelehrten Versuch aus dem Weg, seinen Humor zu erklären, sondern antwortete nur schlicht und einfach: »Ich bin eben ein drollig aussehender Bursche« oder »Ich bin eben ein Original«.

Für Aristoteles bestimmte das *Ethos* des Redners seine Glaubwürdigkeit. Das *Ethos* stellt die Summe der offenkundigen und verborgenen Eigenschaften dar, die einen Menschen aus vergangenen und augenblicklichen Situationen zugeflossen sind. Es bestimmt seine Überzeugungskraft und seinen Erfolg. Grouchos *Ethos* trug immer wesentlich zum Humor von allem, was er sagte, bei.

Groucho (dessen Vorname wie bei Bing, Liz, Elvis und Jackie allein ausreicht) war auch mit über achtzig sofort erkennbar. Als LeRoy Neiman ihn in New York zeichnete, meinte er: »Wenn man einen Menschen zeichnet, stellt man manchmal fest, daß er schon eine Zeichnung ist.« Groucho war eine charismatische Erscheinung, die andere zum Lächeln brachte, wenn sie ihn sahen, und zum Lachen, wenn er redete. Das Image, das ihn begleitete, machte Sachen komisch oder komischer. Morrie Ryskind hob hervor, daß niemand lache, wenn er dieselbe komische Geschichte erzähle, die Groucho einmal erzählt habe. Groucho war Schmeicheleien, grellen Metaphern und hochfliegenden Vergleichen abgeneigt; aber Dick Cavett sagte mir einmal:

»Seine Stimme hat die Zauberkraft, jeden normalen Satz in etwas Komisches zu verwandeln. Er sagt: ›Das hätte ich nie gedacht‹, oder ›Das ist das Dümmste, was ich je gehört habe‹, und wenn er es sagt, ist es komisch.«

Zwar betrachtete Groucho Bescheidenheit als eine Art Heuchelei, dennoch faßte er seine respektlose Einstellung selbst sich gegenüber vielleicht am besten in dem Titel zusammen, den er mir für dieses Buch vorschlug: *Groucho Marx and Other Short Stories.*

Groucho hatte meistens das letzte Wort, da sollte er es auch jetzt haben.

»Welches soll's denn sein, Groucho?« fragte ich ihn.

»Ich vertraue dir, ›Einfach Hoch‹. Du kennst mich besser als ich.«

Ich beharrte: »*Du* sollst das letzte Wort haben.«

Groucho lächelte zustimmend. Dann sagte er: »Amen!«

»Sag nie Goodbye, sag nur Auf Wiedersehen«

Als ich mich nach unserer ersten Begegnung von Groucho verabschiedete, ermahnte er mich, »Sagen Sie nie Goodbye.« Groucho erwartete von mir, daß ich immer daran dachte, auch am Telefon, und das tat ich auch. »Bis bald«, sagte ich stattdessen. Als wir uns dann besser kannten, beendete er Ferngespräche mit »Ich liebe dich« anstatt mit »Goodbye«.

»Sagt *Auf Wiedersehen*«, mahnte Groucho gute Freunde, »*Hasta la vista. Au revoir.* Sagt irgendwas. Aber sagt nie Goodbye.«

Groucho, der das hohe Alter immer nur als das beste aller verfügbaren Übel empfahl, brachte es dennoch auf verschiedenste Weise fertig, seine letzten Jahre recht voll auszuleben. Er blieb aktiv, produktiv, erfolgreich und war nicht einsam. Das Gebet, das Groucho jeden Abend vor dem Einschlafen sagte, drückte seine Lebensphilosophie am besten aus:

»Gestern ungeboren, morgen tot; warum sich quälen, wenn das Leben schön ist?«

GROUCHO Dieses Jahr drehe ich die letzte Runde. Das tut mir nicht leid, denn ich hab's schön gehabt. Ich habe fast hundert Jahre gelebt, jetzt bin ich müde. Weißt du, was mir leid tut?

ICH Was?

GROUCHO Ich werde dein Buch über mich nicht lesen können.

ICH Warte auf mich. Wenn du das könntest, würde ich langsam schreiben…

GROUCHO Ich will keine Lobeshymnen von dir. Ich bin kein Heiliger. Weißt du, woher ich weiß, wie alt ich bin? Niemand gebraucht mehr das Wort »Tod« in meiner Gegenwart. Man könnte meinen, niemand stirbt mehr. Der Tod hat Urlaub. Seitdem weiß ich, wie alt ich bin. Es heißt immer: »Du siehst gut aus, Groucho«, aber ich weiß, wie diese alte Visage aussieht. Ich rede nicht vom Tod, weil's zuviel davon gibt und man nichts dagegen tun kann.

Grouchos Freunde, die ihn mit Mitte achtzig kannten, hatten ihre große Freude daran, aber auch einigen Schmerz. Traurig erinnerte sich Woody Allen:

»Ich rief ihn an, als er im Krankenhaus lag. Er klang sehr geschwächt, schien aber über meinen Anruf erfreut zu sein. Wir unterhielten uns, und er fragte mich, wann ich wieder in Kalifornien sein würde, und dann unterhielten wir uns noch ein bißchen weiter, und da wurde mir klar, daß er mich für Cavett hielt. Das hat mich furchtbar deprimiert.«

Eines Nachmittags besuchte LeRoy Neiman Groucho in New York. Groucho war in Erzählerlaune und redete mehr als gewöhnlich. Er erzählte einige seiner Lieblingsgeschichten, einige davon mehr als einmal. Als LeRoy Neimann sich verabschiedete, ging ich mit ihm zum Fahrstuhl, und als ich wiederkam, wirkte Groucho sehr niedergeschlagen.

GROUCHO Habe ich mich oft wiederholt?

ICH Im Flur hat mir LeRoy gesagt: »Er ist fabelhaft. Sagen Sie ihm schönen Dank von mir. Es war super!«

GROUCHO Jemand hat mir erzählt, Nunnally sage, ich erzähle ihm immer wieder dieselben Geschichten.

ICH Ich war mit dir öfters bei ihnen zu Besuch, und den Eindruck habe ich nicht gehabt. Ich bin sicher, daß Nunnally sowas nicht sagen würde.

GROUCHO Mach ich es bei dir?

ICH Du erzählst in meiner Gegenwart oft dieselben Geschichten, weil du sie jedesmal jemand anderem erzählst und ich zufällig dabei bin. Ich meine, es wäre schwierig oder unmöglich, so viele Leute zu kennen und ihnen zu begegnen und sich dabei nicht zu wiederholen. Außerdem erzählst du die Geschichten immer anders.

510

GROUCHO Ich habe keine Angst vorm Sterben. Das einzige, wovor ich Angst habe, ist, senil zu werden. Ich will nicht, daß sie jemanden am Leben erhalten, der mal ich war.

Nach Grouchos spektakulärer Party zum fünfundachtzigsten Geburtstag ging es mit dem bunten Treiben langsam zu Ende, und der gesellige Groucho verschwand praktisch von der Bildfläche. Dann kam eine Hüftoperation und ein weiterer Schlaganfall, und danach war Groucho nicht mehr in der Lage, seine heißgeliebten Spaziergänge durch Beverly Hills zu unternehmen. Die kleinen Dinge des Lebens wurden zunehmend zur Anstrengung. »Man kann nichts als selbstverständlich betrachten«, sagte Groucho zu mir. Das außergewöhnliche Leben des Groucho Marx neigte sich seinem Ende zu.

Ich erinnere mich an unser letztes Telefongespräch:

GROUCHO Wie kommt das Buch voran?

ICH Als ich damit anfing, war es mein Hobby. Jetzt bin ich sein Hobby.

GROUCHO Wir werden zusammen in allen Talkshows auftreten, es sei denn, ich bin tot.

Die Feindseligkeiten, die immer schon zwischen Erin Fleming und Grouchos einzigem Sohn, Arthur, bestanden hatten, nahmen zu. Erin, deren Rolle in Grouchos Leben einige als schädlich für sein Wohlergehen betrachteten, wurde ihres Postens als vorübergehender Vormund enthoben.

Grouchos langjähriger Freund Nat Perrin nahm den Posten an, obwohl er traurig feststellen mußte: »Im Grunde ist es nicht mehr Groucho Marx. Ein paar Stunden scheint er guter Laune zu sein, dann wird er schnell müde und verliert das Interesse am Wachbleiben.«

Arthur und Erin standen einander vor Gericht gegenüber, und die Zeugenaussagen waren im allgemeinen sensationell. Unter Eid stellten Zeugen sie als eine Frau dar, die schrie, fluchte, tobte, drohte, ohrfeigte, Groucho packte und schüttelte und ihn überhaupt tyrannisierte, ja gefährdete. Erin wies diese Beschuldigungen zurück.

Tatsächlich konnte man die Aussagen mildernd auslegen. Groucho war teilweise taub und konnte sie nur hören, wenn sie schrie. Er wich vor der Härte des Lebens zurück und wurde manchmal sowohl verbal als auch körperlich von Erin in die Realität zurückgeholt, in einer Weise, die von einigen, die Groucho kannten und liebten, als grausam betrachtet wurde. Vor die Wahl gestellt, entweder Erin, wie sie ist, oder keine Erin um sich zu haben, schien Groucho gewillt, ihren Sturm und Drang und dessen Auswirkungen hinzunehmen. Ihr Eifer und sein Status als Objekt der Leidenschaft schienen ihm teilweise zu gefallen. »Jedenfalls weiß ich so, daß ich noch am Leben bin«, erzählte er mir nach einem von Erins Ausbrüchen. Vor Gericht betonte Erin, Groucho habe sie heiraten oder adoptieren wollen.

Nat Perrin räumte ein, daß er seine Ernennung zum Vormund als »zu große gefühlsmäßige Belastung« empfinde, und bat darum, abgelöst zu werden. Bert Granet, Sidney Sheldon und George Seaton wurden gebeten, an seine Stelle zu treten, aber sie lehnten ab.

Zwischen Arthur, Erin und dem Gericht — in der Person des Richters Edward Rafeedie — kam ein Vergleich zustande, dem Groucho vom Krankenbett aus zustimmte. Andrew Marx, Grouchos Enkel und Arthurs Sohn, wurde zum Vormund bestimmt.

Kurz vor seiner Ernennung plauderte Andy mit mir über bessere Zeiten mit Groucho. »Aber jetzt«, bemerkte er traurig, »ist es wie in jeder anderen Familie.«

Während der Ruhm der lebenden Legende noch weiter zunahm, wurde Julius Henry Marx immer hinfälliger. Dennoch bot Groucho alle Kräfte auf, um nach Hause zurückzukehren. Ich hörte, wie er sagte: »Ich habe den Schlüssel zu meiner Haustür.« Aber Grouchos Heimkehr währte nicht lange. Man brachte ihn wieder für »kurze Zeit« ins Krankenhaus. Es sollte keine kurze Zeit werden.

Am 21. April 1977 starb Grouchos Bruder Gummo, aber Groucho wurde es nie gesagt.

Am 19. August 1977 starb Groucho im Cedar Sinai Medical Center.

Kurz vor seinem Tode teilte Erin der Presse mit: »Groucho träumt gerade was Hübsches. Er macht ein kleines Schläfchen und ruht sich die nächsten paar Jahrhunderte aus.«

Obwohl die Freunde von Grouchos immer schlechterer Gesundheit wußten (und trotz seines hohen Alters), waren sie kaum auf die Endgültigkeit seines Todes vorbereitet. Man war vielleicht geistig vorbereitet, gefühlsmäßig aber niemals.

Mit jenem Schuldgefühl, das den Tod eines geliebten Menschen begleitet, fragten sich seine Freunde: »Was hätte ich sonst noch für ihn tun können?« Dick Cavett faßte dieses Gefühl im nachhinein zusammen: »Warum hatte ich immer zuviel zu tun?«

Eines Abends hatten Groucho, Goddard Lieberson und ich zusammen gegessen und uns über eine Beerdigung unterhalten, zu der Groucho gehen sollte. Er hatte erwähnt, wie verhaßt ihm das Ritual einer Beerdigung sei, und uns ermahnt, nicht zu *seiner* Beerdigung zu kommen: »Es bringt nichts. Wenn du tot bist, bist du tot. Ich will nicht, daß ihr zu *meiner* Beerdigung kommt. Ich will, daß ihr nachseht, wo ein Marx-Brothers-Film läuft, und sehr viel lacht.«

Eine kleine Gedächtnisfeier für die Familie und einige Freunde wurde am Sonntag, dem 21. August 1977 im Hause von Arthur veranstaltet. Am Montag darauf fand für Groucho ein Gottesdienst in der Synagoge Beth-El in Hollywood statt. Groucho hatte immer gesagt, er wolle keine große Beerdigung, eine Einäscherung wäre ihm lieber. »Ich will mich nicht so breitmachen.«

Während des heftigen Rechtsstreites zwischen Arthur und Erin hatte Zeppo Erins Rolle in Grouchos Leben verteidigt. »Sie hat Groucho am Leben erhalten«, sagte er. Zeppo, der letzte der Marx Brothers, wurde weder zu der Feier in Arthurs Haus in Bel Air noch zum Gottesdienst in der Synagoge eingeladen. Von Grouchos Tod erfuhr er durch die Presse.

Erin veranstaltete in ihrem Haus eine eigene kleine Gedächtnisfeier.

In seinem Testament vom 24. September 1974 hinterließ Groucho sein Vermögen — auf zwei bis sechs Millionen Dollar geschätzt — seinen Kindern Arthur, Miriam und Melinda. Gummo und Zeppo hinterließ er jeweils fünfzigtausend Dollar, seine Enkelkinder bekamen je fünftausend Dollar. Für seine Ex-Frau Kay wurde ein Treuhandfonds von fünfundzwanzigtausend Dollar eingerichtet, aus dem sie Zeit ihres Lebens hundert Dollar pro Woche erhalten sollte, »oder bis das Geld alle ist«.

Erin hinterließ er die Nadel der Ehrenlegion und hundertfünfzigtausend Dollar.

Jeder, der das Testament anfocht, sollte seines Anteils verlustig gehen und statt dessen einen Dollar erhalten, während der Rest seines Anteils an jüdische Wohlfahrtseinrichtungen gehen sollte.

Als ich von Grouchos Tod erfuhr, hatte ich plötzlich ganz stark die Empfindung, meine Hand erinnere sich daran, wie sich die Klinke von Grouchos Haustür anfühlte. Ich war unzählige Male ein- und ausgegangen, aber als ich (wie sich später herausstellte) das letzte Mal das Haus verließ, zögerte ich einen Augenblick, bevor ich die Türe zumachte. Milton Berle, der kurz vor mir hinausgegangen war, fragte mich: »Haben Sie etwas vergessen?« »Nein, ich habe nichts vergessen«, sagte ich, als die Tür hinter mir ins Schloß fiel.

Zeittafel

Lafe Schönberg geboren	1818
Lafe heiratet Fannie	1848
Simon »Sam« Marx geboren	1861
Minna »Minnie« Marx geboren	1865
Sam Marx wandert (17jährig) aus Elsaß-Lothringen nach New York City aus	1878
Familie Schönberg wandert aus Dornum in Friesland nach New York City aus (Minnie ist 15)	1880
Sam und Minnie heiraten (Sam ist 23, Minnie 19)	1884
Manfred Marx geboren, der im Kindesalter stirbt	1885 – 1888
Chico geboren	1887
Harpo geboren	1888
Margaret Dumont geboren	etwa 1889
Groucho geboren	1890
Familie Marx zieht von der 78. Straße Ost in die 93. Straße um	1890
Gummo geboren	1897
Fannie Schönberg stirbt	1898
Zeppo geboren	1901
Groucho geht ins Showbusiness	1905
Debut der Three Nightingales	1909
Familie Marx zieht nach Chicago	1910
Fun in Hi Skule	1912
Mr. Green's Reception	1913
Home Again	1914
Gummo geht zum Militär, Zeppo schließt sich der Truppe an	1918
The Cinderella Girl	1918
Premiere von *Home Again* im New Yorker Palace	1919
Familie Marx zieht wieder nach New York	etwa 1919

Lafe Schönberg stirbt (mit 101)	1919
Groucho heiratet Ruth Johnson (Groucho ist 30, Ruth 19)	1920
Arthur geboren	1921
Humorisk in New Jersey gedreht, in New York verlorengegangen	etwa 1921
On the Mezzanine Floor	1921
Premiere von *I'll Say She Is* in Philadelphia	1923
Premiere von *I'll Say She Is* in New York	1924
Too Many Kisses, MGM-Film mit Harpo	1925
The Cocoanuts	1925
Miriam geboren	1927
Animal Crackers	1928
Die Paramount verfilmt *The Cocoanuts*	1929
Minnie Marx stirbt, 64 Jahre alt	1929
Beds, vorabgedruckt in *College Humor,* erscheint in Buchform	1930
Die Paramount verfilmt *Animal Crackers*	1930
Familie Marx zieht nach Kalifornien	1931
1931 Varieties in London	1931
Monkey Business	1931
Horse Feathers	1932
Duck Soup	1933
Zeppo verläßt die Truppe und macht eine Agentur auf	1933
Sam Marx stirbt mit 72	1933
Flywheel, Shyster and Flywheel im Rundfunk	1934
Groucho tritt in der Bühnenfassung von *Twentieth Century* auf	1934
A Night at the Opera	1935
A Day at the Races	1937
The King and the Chorus Girl	1937
Room Service	1938
The Kellogg Show im Rundfunk	1939
At the Circus	1939
Go West	1940
The Big Store	1941
Marx Brothers kündigen ihren »Ruhestand« an	1942
Groucho und Ruth lassen sich scheiden	1942
Many Happy Returns erscheint	1942
The Pabst Show im Rundfunk	1943
Groucho (55) heiratet Catherine (»Kay«) Marvis Gorcey (24)	1945

»Wenn's einen Lacher bringt, bleibt's drin«

»Aufs Publikum gibt's nur eine Antwort. Wenn sie nicht lachen, kommt die Sache raus, und man probiert was anderes aus. Wenn's einen Lacher bringt, bleibt's drin. Wenn man lange genug redet, sagt man schon was Komisches.«

Das ist so ziemlich alles, was Groucho zu einer Analyse seiner eigenen Komik beizutragen hatte. Das Geheimnis der Komik ist sehr flüchtig, und Groucho spürte, daß eine übertrieben genaue Untersuchung ihr nur schaden würde. In einem dunklen Kino, beim Ansehen eines Films, den er nicht komisch fand, beugte sich Groucho zu mir rüber und flüsterte mir durch das uns umgebende Geräusch knallenden Popcorns zu: »Jemand hat mir gesagt, das hier soll wie die Marx Brothers sein, ist es aber nicht. Sie hauen bloß drauf. Sie haben keine Charaktere. Und Komik basiert immer auf Charakter.«

Obgleich der Erfolg der Marx Brothers aus ihren eigenen Charakteren erwuchs und daher, daß sie sich selber spielten (»mit uns selber spielten«, korrigierte mich Groucho immer), waren all die Jahre in kleinen Varieté-Theatern nicht vergeudet, in denen sie Texte und Grundsituationen ausprobierten und an ihren Bühnencharakteren feilten. Als »Nightingales« und »Mascots« steckten sie in der Mittelmäßigkeit der niedersten Varieté-Gefilde, allerdings hätte es einen gewundert, wenn sie dort lange dahingesiecht wären.

Wie Groucho schon sagte: »Eines Tages inspirierte uns ein Maultier zu Eseleien. Wir fingen an, das Publikum zu beschimpfen, und es hat gelacht.«

Von da an hat das Publikum im Grunde nie aufgehört zu lachen, obwohl es Hoch- und Tiefpunkte gab. Groucho sagte: »Wenn man viele Glückstreffer hat, ist das nicht bloß Zufall.« Der Schul-Sketch mag ein Glückstreffer gewesen sein, aber für die ersten komischen Darbietungen der Marx Brothers war er der ideale Aufhänger. Gibt es einen besseren Ort zur Zerrüttung der althergebrachten Ordnung als die Schule? Von *Fun in Hi Skule* bis *Horse Feathers* und in fast allem, was sie später machten, entfalteten die Marx Brothers diese rasende Energie, die von Jungs aus einer Wohnung in der 93. Straße in der künstlich gehemmten Atmosphäre eines Klassenzimmers nicht anders zu erwarten war. Selbst *You Bet Your Life* spielt eigentlich im Klassenzimmer, aber diesmal stellt der Lehrer das zersetzende Element dar, nicht die Schüler.

Zum Glück wurden zwei Bühnenerfolge der Marx Brothers auf Film festgehalten: *The Cocoanuts* und *Animal Crackers*. Aber die Charaktere waren schon geformt, Texte und Situationen schon getestet, also hat sich auch zwischen Groucho, Harpo und Chico aus *The Cocoanuts* und *The Incredible Jewel Robbery* mehr als drei Jahrzehnte später relativ wenig verändert. Einige Kritiker haben bei der Entstehung der Marx Brothers als Filmcharakteren ihren Autoren eine wichtige Rolle zugeschrieben. Das einzige Kinodokument der Marx Brothers vor *The Cocoanuts* ist verschollen. Groucho sagte, eine Kopie davon gäbe es mit Sicherheit nicht mehr, und unterstrich seine Überzeugung mit der Ankündigung, er sei bereit, fünfzigtausend Dollar für eine Kopie zu zahlen. Auch wenn *Humorisk* auf wunderbare Weise irgendwo in einem Keller in einer rostigen Filmbüchse auftauchen würde, bekämen wir dadurch nur einen begrenzten Eindruck von den Marx Brothers von 1921. Erstens war es ein Stummfilm, und zweitens würden wir die Marx Brothers ganz anders als erwartet zu sehen bekommen, da sie nicht ihre üblichen Charaktere spielten. Dasselbe gilt für den Stummfilm *Too Many Kisses,* in dem Harpo 1925 mitwirkte. Da also kein Stumm- oder Tonfilm der Marx Brothers vor *The Cocoanuts* existiert, kann man sich nur anhand ihrer eigenen Berichte und der ihrer Zeitgenossen ein Bild davon machen, wie sie waren.

Neulich hat man einen seltenen Streifen entdeckt, der veranschaulicht, wie die Marx Brothers schon 1921 waren. Er wurde mir von dem inzwischen verstorbenen Henri Langlois von der Cinémathèque

Française zur Verfügung gestellt. Als die Marx Brothers 1931 nach Hollywood kamen, bat sie die Paramount, einen Promotion-Trailer anzufertigen, der an die Kinos als Werbung für ihren nächsten Film, *Monkey Business,* verteilt werden könnte. Da *Monkey Business* noch nicht fertig war, mußten sie auf eine ihrer alten Nummern zurückgreifen — eine, die leicht verfilmbar war, die jedoch weder in *The Cocoanuts* noch in *Animal Crackers* verwendet worden war. Sie einigten sich auf die Anfangsszene ihres ersten Broadway-Erfolges *I'll Say She Is.* Da dies auch die Anfangsszene von *On The Mezzanine Floor* war, kann man einen Eindruck davon gewinnen, wie die Marx Brothers 1921 waren, ehe George S. Kaufman und Morrie Ryskind an ihrer Karriere mitarbeiteten.

In diesem Promotion-Trailer sind die Charaktere der Marx Brothers leicht erkennbar, mit der Ausnahme, daß Zeppo eine größere und wichtigere Rolle hat, als er sie je in den Spielfilmen bekam. Statt an vierter Stelle zu stehen, agiert er als Dolmetscher der Marx Brothers in der Welt, in die sie eindringen. Er ist weder nur Stichwortgeber noch ganz Komiker, sondern kombiniert die Elemente beider Gattungen, wie es auch Margaret Dumont tat. Zeppos Bedeutung für den Anfangserfolg der Marx Brothers lag darin, daß er ein Marx Brothers war, der als normaler Mann »durchgehen« konnte. Keiner von Zeppos Ersatzmännern (Allan Jones, Kenny Baker und andere) konnte diese Rolle so überzeugend spielen wie Zeppo, weil sie eben Schauspieler waren, während Zeppo das Original war, der Typus der Rolle. Bezeichnenderweise gewann Chicos »Stichwortgeber«-Funktion beim Ausscheiden Zeppos an Bedeutung. In dem Promotion-Trailer sorgen Zeppo und der Stichwortgeber (der in der *Monkey Business*-Fassung dieser Szene eine ähnliche Rolle spielt) für Kontinuität, indem sie eine glaubhafte, wenn auch komische Norm aufstellen, von der Groucho, Harpo und Chico abweichen können. Die Marx Brothers sind mehr oder weniger so, wie sie immer waren, mit wenigen geringfügigen Unterschieden. Eine davon ist Chicos italienischer Akzent, der am Anfang stärker ist und dann für den Rest der Szene aus unerfindlichen Gründen einfach wegfällt. Grouchos Rolle ist kleiner als sonst, aber er hat Gelegenheit, sein kokettes Lächeln und seine hochgezogenen Augenbrauen bei den unanständigen Witzen, die er so zu lieben scheint, spielen zu lassen. Obwohl er dessen selten gewürdigt wird, war Groucho so graziös wie ein Tänzer, und wie mir Lee Strasberg sagte, »unterstrich seine Art, sich zu bewegen, seinen Charakter ungemein«. Grouchos Reaktionen können ebenso wichtig sein wie seine Aktionen, und wenn seine Brüder gerade im Rampenlicht stehen, kann er sie meisterhaft unterstützen. Wenn Harpo auftritt, kann man Groucho üblicherweise im Hintergrund während Harpos Pantomime irgendwelche passenden Kommentare machen hören, auch sonst, wenn mal eine kurze Pause in dem Höllenspektakel eintritt.

Die »Handlung« ist einfach: die vier Marx Brothers kommen nacheinander in eine Theater-Agentur und spielen vor. Zufälligerweise haben sie alle dieselbe Nummer drauf − eine schlechte Imitation von Maurice Chevalier und seinem »You Brought a New Kind of Love To Me« aus dem Paramount-Film *The Big Pond*. In *I'll Say She Is* hatten sie Joe Frisco imitiert, einen damals populären Tänzer, aber im Promotion-Trailer wurde an seiner Stelle Chevalier verwendet, da er bei Paramount unter Vertrag war. Mr. Lee, der Inhaber der Agentur, sagt ihnen, kaum daß sie ein paar Takte gesungen haben, sie sollten beim Rausgehen die Tür nicht zuschmeißen. Aber für die Marx Brothers ist das natürlich nur eine Aufforderung dazubleiben.

Lees Theater-Agentur. Mr. Lee sitzt an seinem Schreibtisch und arbeitet. Es klopft an der Tür.

MR. LEE Herein. Herein. *(Zeppo tritt ein)*

ZEPPO Ich heiße Sammy Glatt und kam grad in die Stadt. Ich sah Ihre Anzeige, Mr. Lee. Mit mir machen Sie Kohle wie noch nie.

MR. LEE Was machen Sie?

ZEPPO Tanzen und singen.

MR. LEE Spielen Sie Rollen?

ZEPPO Was Sie wollen. Mr. Lee, ich bin Ihr Mann. Es gibt nichts, was ich nicht kann.

MR. LEE Wo waren Sie vorher engagiert?

ZEPPO Im Kaufhaus habe ich brilliert.

MR. LEE Wer sagt, Sie seien talentiert?

ZEPPO Für Geld wird alles arrangiert. Probieren Sie mich. Warum nicht?

MR. LEE Vielleicht sind Sie gut.

ZEPPO Wer kann das sagen?

MR. LEE Was ist Ihre Spezialität?

ZEPPO Sie meinen meine große Sensation? Ich haue sie alle k.o., wenn ich meine Chevalier-Imitation abziehe. *(Singt:)* »If a nightingale could sing like you, they'd sing much better than they do, 'cause you brought a new kind of love to me…« Na, was meinen Sie?

MR. LEE Wenn Sie rausgehen, schlagen Sie nicht die Tür zu. Das war eine wundervolle Imitation von Ethel Barrymore. *(Es klopft an der Tür. Chico kommt rein, Zeppo setzt sich hin)*

CHICO Ich freue mich, daß Sie mich sehen.

MR. LEE Herein mit Ihnen.

CHICO Sind Sie Mr. Lee?

ZEPPO Ich heiße Sammy Brown…

MR. LEE Kommen Sie rein. Sie wollen mich sprechen?

CHICO Ich willa sprechen mita Mr. Lee.

MR. LEE Ich bin Mr. Lee.

ZEPPO Das isser.

CHICO Verstehe. Wollen Sie ein gutes Nummer?

MR. LEE Ja.

CHICO Also, ich bin genau der Mann für Sie. Mein Englisch is nix sehr gut, habe ich aber Pep und Mut.

MR. LEE Was machen Sie?

CHICO Kunststücke.

MR. LEE Wie heißen Sie?

CHICO Amalie. Aber das allerbeste ist meine Chevalier-Imitation. *(Singt:)* »When the nightingale, they look like you…«

MR. LEE Das reicht!

ZEPPO Wenn *Sie* rausgehen, schlagen Sie die Tür nicht zu.

CHICO War das schon genug?

MR. LEE Ich brauche 'n Schluck!

CHICO Sehr gutt, ich nehme den Schluck.

MR. LEE Raus mit Ihnen.

ZEPPO Leine ziehen.

CHICO Ich will nicht raus. Ist viel kalt da drauß.

MR. LEE Würden Sie jetzt bitte still sein?

CHICO Ich hab' nix gesagt. *(Chico setzt sich hin)*

MR. LEE Kein »und«, kein »aber« und kein »wenn«. Kein Wort von Ihnen, bis ich Sie dazu auffordere.

CHICO Ist ja gut, Sie blödes Mann. *(Mr. Lee will reagieren, wird aber durch ein Klopfen an der Tür abgelenkt. Groucho tritt ein)*

GROUCHO *(Mit stark russischem Akzent)* Will ich sprächen mit Mr. Lee. Bin ich dramatischer Schauspieler.

MR. LEE Verstehe Sie. Bin Mr. Lee.

GROUCHO Und ich ein sehr großes Genie.

MR. LEE Können Sie eine Rolle spielen?

GROUCHO *(läßt den Akzent)* Ob ich eine Rolle spielen kann? Wissen Sie, wen Sie vor sich haben?

MR. LEE Nein.

GROUCHO Caesars Geist. Ich hab' mal eine Rolle in Ben Hur gespielt.

MR. LEE Welche Rolle haben Sie gespielt, mein Herr?

GROUCHO Ein Mädchen, das hat die Rolle des Ben gespielt.

MR. LEE Und Sie?

GROUCHO Ich habe sie gespielt. *(Hebt die Augenbrauen und lächelt kokett)*

CHICO Wenn Sie rausgehen, schmeißen Sie die Tür feste zu.

GROUCHO Wie darf ich das verstehen?

MR. LEE Ich verlier die Geduld. Daran sind Sie schuld. Nun will ich aber was sehen.

GROUCHO *(Hebt an, wieder mit Akzent:)* Will ich spielän dramatische Rollen, was sich Frauenherzen wollen. Sollen Sie gieren für mich zu krepieren...

MR. LEE Eine Torte möcht' ich auf Ihrem Kopf demolieren.

GROUCHO *(läßt den Akzent)* Versteh schon. Ausländerfeindlichkeit. Da rezitiere ich lieber.

MR. LEE Schon gut. Legen Sie los.

GROUCHO Es folgt eine Rezitation. Oder wollen Sie lieber meine Chevalier-Imitation? *(Singt:)* »When a nightingale could sing like you, they sing much sweeter than they do, 'cause you brought a new kind of love to me...« Nun, was meinen Sie?

MR. LEE Gebt mir einen Ziegelstein!

GROUCHO Hier ist einer. Für diese Imitation hab' ich immer einen bei mir.

MR. LEE Damit sollte ich Sie zumauern.

GROUCHO Das dürfen Sie nicht. Sie sind nicht in der Maurer-Gewerkschaft. *(Es klopft an der Tür. Harpo kommt rein, und die Brüder sind entzückt, ihn zu sehen)*

ZEPPO, CHICO UND GROUCHO Ahhh!

GROUCHO Poop-poop-a-doo! Poop-poop-a-doopie!

(Harpo geht durch die Versammlung mit ausgestreckter Hand hindurch, als wolle er sie allen geben, verfehlt aber jede Hand, bis auf die von Mr. Lee, in der er seinen Stock deponiert. Wenn er bei Chico ankommt, klatschen sie fest in die Hände, tun so, als hielten sie einen Baseball-Schläger und versuchten, ihn mit der eigenen Hand immer höher als der andere zu umklammern. Mr. Lee ist von diesen infantilen Darbietungen schockiert und zieht Harpo von Chico weg. Dabei zieht Harpo graziös einen Hot Dog aus seiner Tasche und reicht ihn Mr. Lee.)

MR. LEE He, was glauben Sie eigentlich, wer Sie sind?

GROUCHO Sachte, sachte. Wissen Sie, wer das ist?

MR. LEE Nein.

GROUCHO Er verkauft Wiener Würstchen. Er ist der Kaufmann von Wienérdig.

MR. LEE Na und, was wollen Sie? *(Mit eleganter Gebärde zieht Harpo eine Karte aus seiner Tasche und reicht sie Mr. Lee, der sie laut vorliest:)* »Mein Name ist Na Und. Ich bin nicht ganz gesund. Ich hab sie wohl nicht mehr, deshalb kam ich hierher…« Hören Sie mal… was *soll* denn das?!

GROUCHO Moment mal. Ganz langsam. Vielleicht ist er verrückt. Moment, das finde ich schon raus. *(Zu Harpo)* Du willst zum Theater? *(Harpo nickt bejahend)* Verrückt.

MR. LEE Hören Sie zu. Sie sagen mir jetzt, was Sie wollen, oder ich schmeiße Sie raus… *(Harpo hängt sein Bein in Mr. Lees Hand ein)* Lassen Sie das, sonst können Sie…

CHICO Warten Sie, nicht so schnell. Dieser Junge kann gut tanzen. *(Zu Harpo)* Tanz für ihn.

MR. LEE Na, gottseidank gibt's keine Chevalier-Imitation.

HARPO *(Legt seinen Hut auf den Schreibtisch, nimmt Mr. Lee den Strohhut vom Kopf und setzt ihn sich auf. Er tanzt und pfeift ein paar Takte des Chevalier-Songs, den die anderen gesungen haben).*

GROUCHO Was halten Sie von ihm?

MR. LEE Ich würd ihm keinen Dollar die Woche zahlen.

CHICO Nicht so laut, sonst sagt er ja.

ZEPPO Hören Sie mal zu, Sie machen einen großen Fehler. Diese Burschen sind sehr clever. Das sind komische Jungs, und ich habe hier ein Stück, das ich geschrieben habe und Ihnen gerne erläutern würde.

(Harpo, der zwischen Zeppo und Mr. Lee steht, fährt mit seiner Bein-in-die-Hand-Alberei fort, erst bei Mr. Lee, dann bei Zeppo) Ich möchte Ihnen das Manuskript hier vorlesen. Es ist ein fabelhaftes Stück, und die Jungs hier würden prima reinpassen. *(Sobald Harpo es satt hat, mit seinem Bein abgewiesen zu werden, klettert er den Leuten auf die Schultern)* Wenn Sie sich jetzt einen Moment mit mir hinsetzen wollten, erkläre ich Ihnen das Ganze. *(Sie schieben Harpo von ihren Schultern runter und gehen zum Schreibtisch rüber. Mr. Lee setzt sich hinter den Tisch, Zeppo auf einen Stuhl daneben. Chico und Groucho setzen sich an die andere Seite des Schreibtisches und ziehen ihn zu sich herüber. Mr. Lee zieht ihn zurück)* Also, das hier ist nicht *Monkey Business,* oder ist es etwa *Pineapples?* *(Inzwischen redet jeder, und Zeppo muß schreien, um sich verständlich zu machen)* Ich will Ihnen die Sache erklären. Also, die erste Szene findet in einem wunderschönen Haus statt. In einem ganz prachtvollen Haus. Einem Herrensitz. Und wenn ich Herrensitz sage, dann meine ich auch Herrensitz.

(Das altmodische Telefon läutet. Harpo nimmt einen schwarzen Gummistempel und reicht ihn Mr. Lee, der meint, er hat den Telefonhörer in der Hand. Dann nimmt Harpo selber den Hörer und lauscht, wobei er als Antwort Morsezeichen mit der Gabel macht. Nachdem er umsonst in den Stempel hineingelauscht hat, nimmt Mr. Lee Harpo den richtigen Hörer ab. Inzwischen ist der Lärm so groß, daß man keinen Dialog mehr verstehen kann. Zeppo erzählt immer noch von seinem Stück, Mr. Lee telefoniert, und Groucho und Chico plappern über irgendwas Unverständliches. Groucho öffnet eine Schreibtischschublade und wirft seinen Zigarrenstummel hinein. Harpo zieht ebenfalls eine Schublade auf und spuckt seinen Kaugummi hinein. Harpo holt einen Gummihandschuh aus der Tasche und bläst ihn auf, bis er einem Kuheuter ähnelt. Er legt seinen Hut darunter und tut so, als melke er den Handschuh in den Hut, dann nimmt er den Hut und tut so, als trinke er daraus. Dann setzt er den Hut wieder auf. Ein Bote erscheint mit einem Telegramm für Mr. Lee, aber ehe er es entgegennehmen kann, hat Harpo es sich schon geschnappt, in kleine Stücke zerrissen und auf dem Boden verstreut. Ein Mädchen kommt rein, Harpo klettert auf den Schreibtisch, setzt sich auf Mr. Lees Kopf und schüttelt dem Mädchen die Hand. Mr. Lee telefoniert immer noch

und merkt nicht, daß Harpo auf seinem Strohhut sitzt. Wenn die Szene ausgeblendet wird, schüttelt Harpo dem Mädchen immer noch die Hand, als wolle er ihr den Arm ausrenken, während sich die anderen Brüder um sie versammeln).

Die drei Marx Brothers: Drudel von Groucho

Werkregister

The Three Nightingales (1909)

Musikgruppe mit Groucho, Gummo und Mabel O'Donnell, unter der alles arrangierenden Hand von Minnie Marx; ein Jahr darauf THE FOUR NIGHTINGALES mit Harpo als vierte Nachtigall; schließlich THE SIX MASCOTS mit Mutter Minnie und Tante Hannah Schickler; dann mit Chico und verschiedenen Besetzungen (u.a. George Lee und Paul Yale) FOUR MARX BROS. & CO.
69, 161 ff., 174, 466

Fun in Hi Skule (1912)

Musik-Sketch, erste, halbstündige Version eines sogenannten ›school act‹; mit den vier Brüdern, Paul Yale u.a.
39, 159, 164, 171, 520

Mr. Green's Reception (1913)

Musik-Revue, Fortsetzung von FUN IN HI SKULE
165, 169 f., 299

Home Again (1914)

Wendepunkt in der gemeinsamen Karriere der Marx Brothers, aus der 2. Hälfte von MR. GREEN'S RECEPTION entstanden; mit wechselnder Besetzung, ab 1919 u.a. mit Ruth Johnson, Grouchos erster Frau
69, 81, 170 – 177, 184, 484

The Cinderella Girl (1918)

Musik-Komödie. Buch: Jo Swerling; Musik: Gus Kahn; mit Zeppo
statt Gummo
69, 171 f.

Humorisk (ca. 1921)

Unvollendeter, verschollener Stummfilm (2 Akte). Buch: Jo Swerling
176, 235, 295, 429, 520

On the Mezzanine Floor (1921); in England: **On The Balcony**

Musik-Revue. Buch: Herman Timberg; Produzent: Benny Leonard,
Weltmeister im Leichtgewicht, der auch mitspielt; mit Hattie Darling
u.a.
68, 176 – 179, 283, 314, 481, 521

I'll Say She Is (1923)

Weiterer Wendepunkt in der Karriere der Marx Brothers; Bearbeitung des Musicals *Gimme a Thrill (A Thrill Girl)* unter Verwendung
von Material aus ON THE MEZZANINE FLOOR. Buch und Songs: Will B.
Johnstone; Musik: Tom Johnstone; mit wechselnder Besetzung (u.a.
Lotta Miles) und ›30 gefährlich schönen Mädchen‹
138, 149, 169, 179 – 183, 251, 255, 294, 368, 372, 521 f.

Too Many Kisses (1925)

Stummfilm mit Harpo. Produktion: MGM
520

The Cocoanuts (1925)

Musik-Komödie. Buch: George S. Kaufman; Musik und Songs:
Irving Berlin; Regie: Oscar Eagle; Choreographie: Sammy Lee; Pro-
duzent: Sam H. Harris; Darsteller: Groucho, Chico, Harpo, Zeppo,
Margaret Dumont u.a.

– (1929) Filmversion. Regie: Robert Florey, Joseph Santley; Buch
und Dialoge: George S. Kaufman, Morrie Ryskind; Kamera: George
Folsey; Schnitt: Barney Rogan; Musik und Songs: Irving Berlin; Darsteller: Groucho, Chico, Harpo, Zeppo, Mary Eaton, Oscar Shaw,
Margaret Dumont, Kay Francis, Basil Ruysdael u.a.; Produktion:
Paramount
63 f., 78, 82, 107, 165, 183 – 186, 189, 193, 229, 235, 261, 272, 363,
368, 372, 381, 437, 520 f.

Animal Crackers (1928)

Musik-Komödie. Buch: George S. Kaufman, Morrie Ryskind; Musik
und Songs: Bert Kalmar, Harry Ruby; Regie: Oscar Eagle; Choreographie: Russell E. Markert; Produzent: Sam H. Harris; Darsteller:
Groucho, Chico, Harpo, Zeppo, Margaret Dumont, Robert Greig
u.a.
– (1930) Filmversion. Regie: Victor Heerman; Buch: Morrie
Ryskind, Pierre Colling; Kamera: George Folsey; Songs: Bert
Kalmar, Harry Ruby, Moe Jaffe, Natt Bonx, Shelton Brooks; Darsteller: Groucho, Chico, Harpo, Zeppo, Margaret Dumont, Lillian Roth,
Louis Sorin, Hal Thompson, Margaret Irving, Kathryn Reece, Robert
Greig; Produktion: Paramount (B. P. Schulberg)
10 f., 19, 40 f., 66, 105, 110, 120, 131, 150, 164 f., 186, 189 f., 198,
202 f., 235, 242 – 247, 250 f., 261, 267, 272, 296 f., 327, 331, 370,
377 f., 380, 424, 430 f., 520 f.

Beds (1930)

Vorabgedruckt in *College Humor*
88, 190, 291, 430

Monkey Business (1931)

Film. Regie: Norman McLeod; Buch: S. J. Perelman, Will B. John-
stone; Zusätzliche Dialoge: Arthur Sheekman; Kamera: Arthur L.
Todd; Songs: Chico Marx, Sol Volinsky, Irving Kahal, Pierre
Norman, Sammy Fain, Leo Robin, Richard Whiting, Edward
Heyman, Dana Suesse; Darsteller: Groucho, Chico, Harpo, Zeppo,

Rockcliffe Fellowes, Harry Woods, Thelma Todd, Ruth Hall, Tom Kennedy; Produktion: Paramount (B. P. Schulberg)
40, 180, 190, 406, 499, 520 f.

Horse Feathers (1932)

Film. Regie: Norman McLeod; Buch: Bert Kalmar, Harry Ruby, S. J. Perelman; Musik und Songs: Bert Kalmar, Harry Ruby; Kamera: Ray June; Darsteller: Groucho, Chico, Harpo, Zeppo, Thelma Todd, David Landau, Florine McKinney, Guinn William, Joseph Saurers, Reginald Barlow; Produktion: Paramount (B. P. Schulberg)
149, 164, 190, 235, 296, 499, 520

Duck Soup (1933)

Film. Regie: Leo McCarey; Buch, Musik und Songs: Bert Kalmar, Harry Ruby; Musikalische Beratung: Arthur Johnstone; Zusätzliche Dialoge: Arthur Sheekman, Nat Perrin; Kamera: Harry Sharp; Schnitt: LeRoy Stone; Bauten: Hans Dreier, W. B. Ihnen; Darsteller: Groucho, Chico, Harpo, Zeppo, Raquel Torres, Louis Calhern, Margaret Dumont, Verna Hillie, Leonid Kinsky, Edmund Breese, Edwin Maxwell; Produktion: Paramount (B. P. Schulberg)
14, 99, 110, 189 f., 192, 195 f., 235 f., 263, 296, 330, 358, 360, 499

Flywheel, Shyster and Flywheel (1934)

Radioprogramm mit Groucho und Chico
191

A night at the Opera (1935)

Film. Regie: Sam Wood; Buch: George S. Kaufman, Morrie Ryskind nach einer Story von James Kevin McGuinness; Musik: Herbert Stothart; Songs: Nacio Herb Brown, Arthur Freed, Bronislav Kaper, Walter Jurmann, Ned Washington; Choreographie: Chester Hale; Bauten: Cedric Gibbons; Kamera: Merritt B. Gerstad; Schnitt: William Le Vanway; Darsteller: Groucho, Chico, Harpo, Allan Jones, Siegfried Rumann, Edward Keane, Kitty Carlisle, Walter King,

Margaret Dumont, Robert Emmet O'Connor; Produktion: MGM (Irving Thalberg)
— Bühnenversion zur Erprobung und Erarbeitung des Stoffes für den Film. Mit z. T. abweichender Besetzung
26, 108 ff., 195 f., 214, 222, 228, 235 f., 296, 301, 354 f., 360, 363, 366, 368 ff., 379 f., 413, 423, 432, 499

A Day at the Races (1937)

Film. Regie: Sam Wood; Buch: Robert Pirosh, George Seaton, George Oppenheimer; Musik: Bronislaw Kaper, Walter Jurmann; Songs: Gus Kahn; Bauten: Cedric Gibbons; Kamera: Joseph Ruttenberg; Schnitt: Frank E. Hull; Darsteller: Groucho, Chico, Harpo, Allan Jones, Maureen O'Sullivan, Margaret Dumont, Leonard Ceeley, Douglass Dumbrille, Ester Muir; Produktion; MGM (Irving Thalberg)
— Bühnenversion zur Erprobung und Erarbeitung des Stoffes für den Film
45, 79, 104, 110, 164, 168, 195, 198, 214, 301, 355, 360, 363 ff., 369, 423

The King and the Chorus Girl (1937)

Drehbuch von Groucho und Norman Krasna, das unter der Regie von Mervyn Le Roy verfilmt wurde
200

Room Service (1938)

Film. Regie: William A. Seiter; Buch: Morrie Ryskind nach dem Stück von John Murray und Allan Boretz; Kamera: J. Roy Hunt; Schnitt: George Crone; Bauten: Van Nest Polglase; Darsteller: Groucho, Chico, Harpo, Donald McBride, Lucie Ball, Ann Miller, Frank Albertson; Produktion: RKO
44, 198, 311, 370

At the Circus (1939)

Film. Regie: Edward Buzzell; Buch: Irving Brecher; Kamera:
Leonard M. Smith; Schnitt: William H. Terhune; Musik: Harold
Arlen; Songs: E. Y. Harburg; Choreographie: Bobby Connolly;
Bauten: Cedric Gibbons; Darsteller: Groucho, Chico, Harpo, Kenny
Baker, Florence Rice, Eve Arden, Margaret Dumont, Nat Pendleton;
Produktion: MGM (Mervyn Le Roy)
198, 235

Go West (1940)

Film. Regie: Edward Buzzell; Buch: Irving Brecher; Songs: Gus
Kahn, Roger Edens, Bronislav Kaper, Charles Wakefield Cadman;
Kamera: Leonard Smith; Bauten: Cedric Gibbons; Schnitt: Blanche
Sewell; Darsteller: Groucho, Chico, Harpo, John Carroll, Diana
Lewis, Walter Woolf King, Robert Barrat, June McCloy, George
Lessey; Produktion: MGM (Jack Cummings)
170, 198, 487

The Big Store (1941)

Film. Regie: Charles Riesner; Buch: Sid Kuller, Hal Fimberg, Ray
Golden nach einer Idee von Nat Perrin; Songs: Hal Borne, Sid Kuller,
Ray Golden, Artie Shaw u.a.; Kamera: Charles Lawton; Bauten:
Cedric Gibbons; Schnitt: Conrad A. Nerving; Darsteller: Groucho,
Chico, Harpo, Tony Martin, Virginia Grey, Margaret Dumont, Dou-
glass Dumbrille, William Tannen, Marion Martin, Virginia O'Brien;
Produktion: MGM
56, 198, 489

Many Happy Returns (1942)

Buchveröffentlichung von Groucho
191, 430

534

A Night in Casablanca (1946)

Film. Regie: Archie Mayo; Buch: Joseph Fields, Roland Kibbee; Musik: Werner Janssen; Songs: Ted Snyder, Bert Kalmar, Harry Ruby; Kamera: James Van Trees; Schnitt: Gregg G. Tallas; Bauten: Duncan Cramer; Darsteller: Groucho, Chico, Harpo, Charles Drake, Lois Collier, Sig Ruman, Lisette Verea, Dan Seymour, Lewis Russell; Produktion: United Artists (David L. Loew)
199, 499

You Bet Your Life (1947)

Radio-Quizshow mit Groucho, ab 1950 als Fernsehshow, die bis 1961 von der NBC gesendet wurde
29, 31, 40 f., 84, 101, 164, 191, 200 f., 214, 257, 325, 334, 339, 348, 359, 412, 479 f., 484, 520

Copacabana (1947)

Film mit Groucho. Buch: Laslo Vadnay; Regie: Alfred E. Green; Produktion: United Artists (Sam Coslow)
199

Time for Elizabeth (1948)

Bühnenstück von Groucho und Norman Krasna, das am Broadway nur 7 Aufführungen erlebte. Wiederaufführung 1957 –60 als Sommertournee mit Groucho in der Hauptrolle
201, 388

Love Happy (1949)

Film. Regie: David Miller; Buch: Frank Tashlin, Mac Benoff nach einer Idee von Harpo; Musik: Paul Smith; Bauten: Gabriel Scogamillo; Kamera: William C. Mellor; Schnitt: Basil Wrangell; Darsteller: Groucho, Chico, Harpo, Vera-Ellen, Ilona Massey, Marion

Hutton, Raymond Burr, Melville Cooper, Paul Valentine, Eric Blore, Bruce Gordon, Marilyn Monroe; Produktion: United Artists (Lester Cowan Productions)
106, 200

Mr. Music (1950)

Film mit Groucho. Buch: Arthur Sheekman nach einem Bühnenstück von S. Raphaelson; Regie: Richard Haydn; Produktion: Paramount
199

Double Dynamite (1951)

Film mit Groucho, zusammen mit Frank Sinatra. Nach einer Erzählung von Leo Rosten; Regie: Irving Cummings; Produktion: RKO (Irving Cummings jr.)
199

A Girl in Every Port (1952)

Film mit Groucho. Buch und Regie: Chester Erskine; Produktion: RKO (Irvin Allen u. Irving Cummings jr.)
199, 201

The Story of Mankind (1957)

Film mit Groucho und Auftritten von Chico und Harpo; Regie: Irvin Allen
201, 263

The Incredible Jewel Robbery (1959)

Sketch der Marx Brothers zum letzten Mal gemeinsam in der TV-Show *General Electric Theatre*
201, 520

Groucho and Me (1959)

Buchveröffentlichung von Groucho. Deutsch: *Schule des Lächelns,* Sanssouci Verlag, Zürich 1961
44, 191, 430, 506

The Mikado (1960)

Stück von Gilbert und Sullivan, mit Groucho als Ko-Ko, der Lordoberscharfrichter, in einer Fernsehfassung von NBC
40, 201, 213

Tell It to Groucho (1961)

Kurzlebige Showserie von CBS als Nachfolge von YOU BET YOUR LIFE; mit Groucho
201, 217

Memoirs of a Mangy Lover (1963)

Buchveröffentlichung von Groucho
191, 430

Hollywood Palace (1965)

TV-Show mit Groucho und Margaret Dumont als Gäste
113, 202

The Groucho Letters (1967)

Buchveröffentlichung von Groucho. Deutsch: *Die Groucho Letters,* Briefe von und an Groucho Marx, Hanser Verlag, München 1981
191, 257, 340 f., 430

Skidoo (1968)

Letzter Filmauftritt Grouchos; Regie: Otto Preminger
202

Minnie's Boys (1970)

Musical über das Leben der jungen Gebrüder Marx. Von Julius Epstein ursprünglich als Drehbuch geschrieben; wurde jedoch nie verfilmt, sondern als Musical aufgeführt
18, 90, 202 f., 234, 274, 279, 352, 400, 416

Ames, Iowa (1972)

Soloabend mit Groucho an der Universität. Am Klavier: Marvin Hamlisch
53, 202, 221, 282

Carnegie Hall (1972)

Soloabend mit Groucho in New York. Am Klavier: Marvin Hamlisch
60, 158, 203, 221, 422, 431

Cannes Filmfestival (1972)

Groucho erhält den Orden der Französischen Ehrenlegion
125 f.

Oscar-Verleihung (1974)

Groucho wird mit dem Special Academy Award der Academy of Motion Picture Arts and Sciences geehrt
127, 131, 147, 189, 201, 232 ff., 238 ff., 242, 386 f.

Unentbehrliche Nachschlagewerke für jeden Filmfan

Wilhelm Heyne Verlag
München

HEYNE
BÜCHER

Mega-Stars

des internationalen Films in der Heyne-Filmbibliothek

Wilhelm Heyne Verlag
München

HEYNE BÜCHER

Berühmte deutsche Filmschauspieler

HEYNE FILMBIBLIOTHEK

Gregor Ball

HEINZ RÜHMANN

SEINE FILME – SEIN LEBEN

32/24

Außerdem lieferbar:

Meinolf Zurhorst/Heiko R. Blum
Mario Adorf
32/176

Friedemann Beyer
Karlheinz Böhm
32/171

Rolf Thissen
Eddie Constantine
32/151

Dorin Popa
O.W. Fischer
32/111

Gregor Ball
Gert Fröbe
32/37

Heiko R. Blum
Götz George
32/103

Heiko R. Blum
Manfred Krug
32/186

Michael O. Huebner
Lilli Palmer
32/104

Herbert Spaich
Maria Schell
32/99

Benichou/Pommier
Romy Schneider
32/21

Wilhelm Heyne Verlag
München

Starke Männer

Hollywoods neue Helden

HEYNE FILMBIBLIOTHEK

Meinolf Zurhorst

ROBERT DeNiro

Seine Filme – sein Leben

32/108

Burt N. Silva
Arnold Schwarzenegger
Eine Erfolgsstory
32/158

Ulli Weiss
Sylvester Stallone
32/126

Wilhelm Heyne Verlag
München

BÜCHER

Faszinierende Frauen

Die neuen Stars in Hollywood

HEYNE FILMBIBLIOTHEK

Robert Fischer

JODIE FOSTER

Hollywoods Wunderkind

32/179

Außerdem erschienen:

Meinolf Zurhorst
Isabelle Adjani
Ihre Filme - ihr Leben
32/163

Adolf Heinzlmeier
Kim Basinger
Ihre Filme - ihr Leben
32/177

Katharina Blum
Juliette Binoche
Die unnahbare Schöne
32/215

Edward Z. Epstein/Joe Morella
Mia Farrow
32/210

Karsten Prüßmann
Whoopi Goldberg
Komödiantin mit Herz
32/202

Cookie Lommel
Michelle Pfeiffer
Ihre Filme - ihr Leben
32/170

Meinolf Zurhorst
Julia Roberts
»Pretty Woman«
32/168

T.D. Maguffee
Sigourney Weaver
Ihre Filme - ihr Leben
32/194

Wilhelm Heyne Verlag
München

HEYNE
BÜCHER

Der internationale Film: Genres, Titel, Hintergründe

Wilhelm Heyne Verlag
München